改革开放
建言录

迟福林 主编

中国社会科学出版社

图书在版编目（CIP）数据

改革开放建言录 / 迟福林主编. —北京：中国社会科学出版社，2021.10
ISBN 978-7-5203-9228-0

Ⅰ. ①改… Ⅱ. ①迟… Ⅲ. ①改革开放—研究—中国 Ⅳ. ①D61

中国版本图书馆 CIP 数据核字（2021）第 193676 号

出版人	赵剑英
责任编辑	喻 苗
责任校对	胡新芳
责任印制	王 超
出　　版	中国社会科学出版社
社　　址	北京鼓楼西大街甲 158 号
邮　　编	100720
网　　址	http://www.csspw.cn
发 行 部	010-84083685
门 市 部	010-84029450
经　　销	新华书店及其他书店
印刷装订	北京君升印刷有限公司
版　　次	2021 年 10 月第 1 版
印　　次	2021 年 10 月第 1 次印刷
开　　本	710×1000　1/16
印　　张	54.25
插　　页	2
字　　数	709 千字
定　　价	278.00 元

凡购买中国社会科学出版社图书，如有质量问题请与本社营销中心联系调换
电话：010-84083683
版权所有　侵权必究

序　言

自 1991 年 11 月 1 日成立以来的 30 年，中国（海南）改革发展研究院（简称中改院）始终恪守知识分子的时代责任，自觉地、主动地以"直谏中国改革"为己任，始终坚持服务全局，始终坚持以问题为导向的行动研究，始终秉持"家国情怀、执着精神"的价值追求，始终坚持"以改革的办法办院"。这是中改院 30 年来的基本追求和全部实践。

30 年来，中改院始终坚持"立足海南，面向全国，走向世界"的办院宗旨，始终坚持"网络型、国际化、独立性"的机构特色，探索实践新型社会智库的发展之路。

30 年来，中改院向中央有关部委提交了 300 余份政策建议报告，出版了 360 余本改革著作，公开发表了 2200 多篇改革研究论文。这些成果，有些直接为中央决策采纳，有些被用作出台改革政策和法规的重要参考，有些在改革研究中产生广泛影响。

在建院 30 周年之际，我们把过去 30 年部分改革研究建议汇编成册，作为纪念自己 30 岁生日的一份礼物，奉献给关心中国改革开放、关注和支持中改院成长的各界朋友和广大读者。

建院 30 年，是一个全新的起点。在我国改革开放进入新发展阶段，我们将不忘初心，继续竭心尽力，以更多、更好的研究成果回报于社会，奉献于改革开放这一伟大事业。

我的同事张飞负责本书的具体编辑。孙佳妮、崔燚、邢晓卫、陈所华为此书的整理做了具体细致的工作，中国社会科学出版社对本书的出版给予大力支持，在此一并表示感谢！

谨以此书献礼党的百年华诞！

迟福林

2021 年 7 月 1 日

目　　录

绪论　以直谏改革为己任……………………………………（1）

第一篇　建言市场经济体制改革

在经济快速增长中有效地抑制通货膨胀

（50条建议）（1994年12月）…………………………（19）

以解决不良债务为重点　加快商业银行体制改革

（30条建议）（1995年12月）…………………………（37）

打破垄断：引入竞争的中国基础领域改革

（22条建议）（1999年11月）…………………………（58）

建立和完善社会主义市场经济体制

（15条建议）（2002年1月）……………………………（81）

以激活社会资本为重点深化市场化改革

（18条建议）（2014年4月）……………………………（99）

放开服务业市场：深化市场化改革的重大任务

（15条建议）（2015年2月）……………………………（106）

以扩大内需为导向完善社会主义市场经济体制

（24条建议）（2018年8月）……………………………（124）

"十四五"深化要素市场化配置改革的重大任务

（15条建议）（2020年7月）……………………………（139）

第二篇 建言赋予农民更多财产权

深化农村经济改革
　　（60条建议）（1995年3月） ………………………（149）
赋予农民长期而有保障的土地使用权
　　（18条建议）（1998年7月） ………………………（179）
建言中国农村土地使用权立法
　　（15条建议）（2000年1月） ………………………（198）
为农民提供基本而有保障的公共产品
　　（12条建议）（2003年8月） ………………………（207）
让农民工成为历史
　　（9条建议）（2010年8月） …………………………（218）
以居住证制取代城乡二元户籍制
　　（16条建议）（2016年3月） ………………………（224）

第三篇 从国有企业转向国有资本

从国有企业向国有资本过渡
　　（8条建议）（1993年11月） ………………………（237）
从整体上搞活国有经济
　　（20条建议）（1995年5月） ………………………（241）
在经济转型时期实行职工持股计划
　　（20条建议）（1996年5月） ………………………（259）
利用资本市场加快国有企业战略重组
　　（20条建议）（1997年6月） ………………………（275）
全面推进国有企业股份制改造
　　（22条建议）（1997年12月） ……………………（288）
完善公司治理结构，加快建立现代企业制度
　　（30条建议）（1998年12月） ……………………（301）

承认并实现创业型企业家价值

　　(22 条建议)(1998 年 12 月) ………………………… (320)

以公益性为重点调整优化国有资本配置

　　(16 条建议)(2012 年 5 月) …………………………… (340)

优化调整东北国有经济布局

　　(20 条建议)(2021 年 1 月) …………………………… (348)

第四篇　建言基本公共服务均等化

率先建立新型社会保障体制

　　(30 条建议)(1992 年 11 月) ………………………… (359)

加快建立社会主义公共服务体制

　　(18 条建议)(2006 年 8 月) …………………………… (376)

加快推进基本公共服务均等化

　　(12 条建议)(2007 年 10 月) ………………………… (387)

让基本公共服务惠及 13 亿人

　　(32 条建议)(2008 年 7 月) …………………………… (401)

以健康中国为目标重构公共卫生体系

　　(30 条建议)(2019 年 7 月) …………………………… (421)

实行以"选择性退休"为主要特点的退休制度

　　(14 条建议)(2020 年 12 月) ………………………… (432)

第五篇　建言政府转型

中国经济转轨时期加快政府改革

　　(25 条建议)(1997 年 2 月) …………………………… (441)

从"经济建设型政府"转向"公共服务型政府"

　　(14 条建议)(2003 年 6 月) …………………………… (458)

加快建设公共服务型政府

　　(24 条建议)(2003 年 12 月) ………………………… (465)

推进以政府转型为主线的行政管理体制改革

（10条建议）（2009年8月） ………………………（478）

以公共服务体系建设为目标的事业单位改革

（11条建议）（2011年7月） ………………………（499）

走向公共服务型政府

（25条建议）（2011年12月） ……………………（507）

推动简政放权改革向纵深发展

（15条建议）（2015年8月） ………………………（515）

以监管转型为重点深化简政放权改革

（24条建议）（2015年9月） ………………………（532）

高水平开放下的政府治理

（26条建议）（2021年4月） ………………………（542）

第六篇　建言民富优先

尽快制订并实施国民收入倍增计划

（12条建议）（2010年4月） ………………………（557）

以转变发展方式为导向改革收入分配制度

（16条建议）（2010年12月） ……………………（564）

从国富优先走向民富优先

（8条建议）（2011年2月） ………………………（572）

民富优先的二次转型与改革

（9条建议）（2011年2月） ………………………（586）

以民富优先为导向的发展转型

（10条建议）（2011年6月） ………………………（609）

努力形成6亿中等收入群体

（13条建议）（2012年12月） ……………………（618）

扩大中等收入群体，跨越中等收入陷阱

（8条建议）（2016年6月） ………………………（632）

第七篇　建言二次转型

深化以发展方式转变为主线的"十二五"改革
(21 条建议)(2009 年 9 月) ………………………………(639)

以发展方式为主线的二次转型
(9 条建议)(2010 年 2 月) ………………………………(646)

由物质型向服务型消费转型
(15 条建议)(2014 年 4 月) ………………………………(658)

走向消费新时代的转型与改革
(12 条建议)(2014 年 5 月) ………………………………(669)

加快形成服务业主导的经济结构
(25 条建议)(2015 年 6 月) ………………………………(680)

由工业主导向服务业主导转型
(11 条建议)(2016 年 3 月) ………………………………(690)

推进消费导向的经济转型
(9 条建议)(2021 年 5 月) ………………………………(701)

第八篇　建言二次改革

积极稳妥地推进结构性改革
(11 条建议)(2002 年 5 月) ………………………………(711)

以改革应对危机挑战
(24 条建议)(2009 年 2 月) ………………………………(724)

建立高层次改革协调机构
(9 条建议)(2013 年 1 月) ………………………………(738)

改革跑赢危机的行动路线
(30 条建议)(2013 年 5 月) ………………………………(744)

以处理好政府与市场关系为主线的"十三五"改革
(20 条建议)(2014 年 8 月) ………………………………(758)

赢在 2020 转折点的改革行动

（30 条建议）（2017 年 3 月） ……………………（771）

推进消费导向转型的结构性改革

（11 条建议）（2021 年 5 月） ……………………（781）

第九篇　建言二次开放

中欧自贸区：深化中欧合作的重大选项

（13 条建议）（2016 年 6 月） ……………………（791）

在二次开放中推进自由贸易与全球治理变革

（12 条建议）（2016 年 9 月） ……………………（799）

中国走向"二次开放"的战略选择

（11 条建议）（2017 年 3 月） ……………………（810）

"一带一路"为经济全球化开新局

（17 条建议）（2017 年 3 月） ……………………（823）

应对中美经贸摩擦的思考与对策

（10 条建议）（2018 年 7 月） ……………………（833）

以高水平开放形成改革发展新布局

（16 条建议）（2020 年 1 月） ……………………（838）

在高水平开放中赢得未来

（16 条建议）（2021 年 5 月） ……………………（846）

绪　论

以直谏改革为己任

习近平总书记在庆祝改革开放40周年大会上的讲话中明确指出：改革开放是党和人民大踏步赶上时代的重要法宝，是坚持和发展中国特色社会主义的必由之路，是决定当代中国命运的关键一招，也是决定实现"两个一百年"奋斗目标、实现中华民族伟大复兴的关键一招。

作为改革智库，其历史使命和历史价值在于提出改革建议，凝聚改革共识，服务改革决策。30年，在中华民族伟大复兴历史进程中，只是弹指一挥间；30年，中改院投身改革开放的伟大事业，始终不忘建院初心，以直谏改革为己任，坚持以问题为导向的行动研究，向中央及有关部门提交改革政策和立法建议报告300余份，发表论文2200余篇，公开出版改革研究著作360余部，至今已举办86次中国改革国际论坛。

30年来，中改院始终坚持直面问题，跟踪研究改革进程中的重大热点和难点问题，及时提出推进改革的政策和行动建议；中改院始终坚持国际比较研究，在研究借鉴相关国际经验的同时，深入交流中国实践、中国案例，扩大中国影响；中改院始终坚持"小机构、大网络"的研究模式，发挥"大网络"的优势，形成广泛的智力资源，显著提升"小机构"的软实力。

一 服务改革发展全局的咨政研究

(一) 服务重大改革决策,及时提出相关建议

30年来,在改革发展的重大关头,中改院主动、适时提出相关建议。如,面对1994年前后通货膨胀的严峻形势,提交了《在经济快速增长中有效地抑制通货膨胀的五十条建议》,建议把有效治理通货膨胀作为经济快速发展中宏观调控的重要目标来抓。这一建议受到中央决策层的高度重视,被有关部委在制定政策时大篇幅采纳。再如,1995年,面对国有银行日益上升的债务风险,提出了"以解决不良债务为重点加快商业银行体制改革的建议(30条)",建议通过债务托管解决不良债务,进而推进银行商业化、股份化改革。此建议对推进国有银行改革有重要参考价值,原国家计委、国家经贸委领导为此组织专人讨论研究。

赢在转折点,这是在改革发展新阶段中改院对发展全局做出的基本判断。2009年,在提交给国家发改委关于"十二五"改革研究的报告中,中改院明确建议把发展方式转变作为"十二五"深化改革的主线,具体包括以经济增长方式转型为主线的经济体制改革、以适应社会公共需求转型为主线的社会体制改革、以政府转型为主线的行政管理体制改革。这份材料成为国家"十二五"规划起草组重要的基础性参考材料。2013年6月,提交了《改革跑赢危机的行动路线(30条建议)》,做出"经济转型到了关节点、社会转型处于临界点、治理转型到了关键点"的重要判断,建议以全面深化改革跑赢可能出现的危机。这份建议报告被用作党的十八届三中全会决议起草的重要参阅件。2017年初,中改院撰写提交《赢在2020转折点的改革行动——2017—2020经济结构性改革的30条建议》,较系统地提出我国推进结构性改革的重大任务。这份建议被用作党的十九大报告起草的重要参阅件。

(二) 服务重大发展战略，提出前瞻性对策建议

30年来，中改院把握经济社会发展的中长期趋势，主动提出前瞻性、战略性、储备性的政策主张和相关建议。例如，2003年SARS危机中，中改院首次建议从"经济建设型政府"转向"公共服务型政府"，并且提出《加快建设公共服务型政府的若干建议（24条）》。这一建议获得中国经济学界的最高奖项"孙冶方经济科学奖"。其后，相继提出"政府转型"的理念与一系列的政策建议。这些建议，受到国家相关部门的重视，并对政策决策与理论研究产生重要影响。

进入21世纪以来，中改院研究提出，我国社会矛盾出现了新的阶段性特征，其中突出表现在全社会公共需求全面快速增长同公共服务不到位、基本公共产品短缺之间的矛盾。我国在成功解决私人物品短缺问题后，开始进入公共产品短缺时代，需要加大公共服务投入，解决基本民生问题。这就要加快构建公共服务体制，推进基本公共服务均等化。为此，2004年起中改院提出加快推进基本公共服务均等化的一系列建议，在构建社会主义和谐社会的相关决策中发挥了积极作用。

扩大内需，释放13亿人巨大的内需潜力，是中改院近些年的重要主张。2018年，中改院撰写《释放内需的巨大增长潜力——加快完善社会主义市场经济体制的建议（24条）》，明确提出"把充分释放内需潜力作为完善社会主义市场经济体制的战略基点"。这些观点和建议受到多方面的广泛关注。

(三) 服务重大政策需求，积极开展政策咨询

30年来，中改院承担了国家相关部委委托的一系列政策咨询课题。如，受国家发改委委托，于2009年9月完成《中国公共服务监管改革研究》，提出我国公共服务监管改革的一系列举措；于2010年7月完成《"十二五"基本公共服务均等化政策研究》，提

出了"十二五"我国基本公共服务均等化的政策目标与重点任务；受教育部委托，于2010年12月完成《"十二五"教育公共服务体系建设：突出矛盾与主要任务》，提出了"教育二次改革"的理念；受国务院医改办委托，于2011年9月完成《以调整利益关系为主线推进公立医院的改革攻坚——公立医院改革顶层设计的建议报告》；受国家卫生健康委员会委托，于2019年7月完成《以健康中国为目标重构公共卫生体系（30条建议）》；受人力资源和社会保障部委托，2020年10月完成《实行"选择性退休"——我国退休政策与制度改革的研究建议》。这些咨询报告在推动相关政策决策中发挥了重要作用。

适应我国政府职能转变的趋势，积极承担行政体制改革的政策咨询课题。如，受中编办委托，于2010年4月完成《城镇化背景下的省直管县改革》的研究报告，提出以城镇化为主线、以统筹城乡发展为目标推进省直管县行政体制改革的思路性建议；2011年12月完成《走向公共服务型政府——未来5—10年深化行政管理体制改革战略研究》研究报告。报告以建设公共服务型政府为目标，从转变政府职能、优化行政权力结构、理顺中央地方关系、完善公共治理结构四个方面提出推进新阶段行政管理体制改革的思路性建议，呈送给中央编委各领导参阅。积极开展机构编制立法研究，于2014年9月完成《机构编制法制化研究报告》，提出我国机构编制法制化的思路、目标和重点任务。对政府对外经济职能进行专题研究，于2017年11月完成《关于组建国家对外经济合作总署的建议——"一带一路"背景下政府对外经济职能转变及机构设置》。

2015年，国务院领导当场交办中改院对我国行政权力结构进行专题研究，于当年7月完成《面向2020年的行政权力结构改革（60条建议）》，得到国务院主要领导的批示，这份报告中的相关建议对国家机构改革有重要参考价值。

服务深化"放管服"改革的需求，积极承担改革评估工作。如，受国务院办公厅委托，于2015年8月完成《推动简政放权改革向纵深发展——关于"简政放权、放管结合、优化服务"政策落实情况的第三方评估报告》，这是社会智库首次参与国事评估。2015年9月16日，中改院课题组就全国简政放权政策落实情况的第三方评估向国务院常务会议做简要汇报。2015年11月，中改院课题组完成《推进监管转型——破题"放管结合"的改革路径》研究报告，提出了我国监管体制改革的思路性建议。形成《以监管转型为重点深化简政放权改革的24条建议》，得到国务院主要领导的批示。

（四）服务地方改革发展需求，承担相关咨询研究

30年来，中改院承担了地方综合性改革发展的咨询研究。如，服务于湖南长株潭两型社会建设的需求，承担两型社会综合配套改革总体方案研究，于2008年5月完成《长株潭两型社会综合配套改革总体方案建议》。2012年，受国家发改委委托，承担长株潭城市群两型社会综合配套改革试验评估，完成《探索实践科学发展的两型之路——长株潭城市群两型社会综合配套改革试验总体评估报告》，受到好评。

服务广东改革发展的需求，承担基本公共服务均等化和新时代对外开放专题咨询。于2008年9月完成《广东省基本公共服务均等化规划（2009—2020）》咨询报告；2009年6月完成《珠三角基本公共服务一体化规划（2010—2020）》咨询报告。这两份咨询报告，得到广东省的高度评价，在推动广东省公共服务均等化的实践中产生重要影响。

服务云南扩大开放的需求，承担对外开放相关政策咨询课题。于2010年10月完成《加快构建面向西南开放重要桥头堡的体制机

制——云南"十二五"重点领域改革规划研究》；于2015年3月完成《"一带一路"战略背景下云南沿边开放的"3+1"方案》；于2021年5月完成《推进中老磨憨—磨丁经济合作区建设的重大任务和政策建议》。这些咨询报告在推动云南区域开放中产生积极影响。

服务甘肃改革开放的需求，承担甘肃省体制改革与对外开放政策咨询课题。于2014年12月完成《转型升级为目标——甘肃省"十三五"深化经济体制改革研究》；于2019年2月完成《新时代甘肃融入"一带一路"打造"五个制高点"前期研究和战略规划（"五个制高点"——"一带一路"下甘肃的最大机遇与重大任务)》和《甘肃融入"一带一路"建设南向通道研究（打造国际陆海贸易新通道北端战略枢纽)》。当年2月26日，甘肃省唐仁健省长带队到中改院召开课题评审会，并对报告成果予以高度认可。

二 把握趋势的基础理论研究

（一）对社会主义市场经济理论的研究

20世纪90年代初，社会主义与市场经济能否结合，是事关全局的重大理论问题和实践问题，各方高度关注。邓小平同志南方谈话后，中改院率先对社会主义市场经济理论进行系统研究。如，1993年开始陆续出版了《走向市场经济的中国》一套10本的中英文丛书，较为系统地探讨了中国走向市场经济的重大理论与现实问题，率先提出"把国有资产推向市场""公有制实现形式"等重大改革思路，这些研究成果上报给有关领导和国家有关部门，受到高度重视。2002年1月，受国务院体改办委托，形成"建立和完善社会主义市场经济体制的建议"，此报告受到委托方好评，并被作为内部参阅件呈报中央。

在20世纪90年代初，中改院提出"从国有企业向国有资本过渡"的改革建议，其中包括加快实现从国有资产管理向国有资本管理的根本性转变；从国有企业数量目标的追求转向国有资本总体效益的追求的转变等。此后，又提出"以公益性为重点调整优化国有资本配置"的建议，包括对国有资本布局进行战略性调整，把更多的国有资本投向涉及公共福祉的领域；加大国有资本的分红比例等。

（二）服务深化改革的重大理论研究

理论是行动的先导。建院30年来，中改院不断深化改革发展重大理论问题研究。如，2007年，受联合国开发计划署委托，撰写《中国人类发展报告2007/2008》。这份报告率先提出我国发展阶段变化的判断，开始"从生存型阶段向发展型阶段过渡"跃升。在发展型新阶段，社会主要矛盾呈现阶段性特征，改革面临新的需求与新的挑战。发展阶段变化及主要矛盾的阶段性特征，成为中改院提出相关改革建议的理论支撑。

这些年来，中改院一再呼吁加快推动由投资主导向消费主导的经济转型。2012年，出版以"消费主导"为主题的年度中国改革研究报告，较早系统阐述了我国实现消费主导的重要性与迫切性，并提出了经济、社会、政府等领域的改革建议。2014年4月，中改院完成国家社科基金重点项目《推进消费主导的经济转型——我国经济增长方式转变的路径研究》，对走向消费主导的转型与改革进行系统性的理论研究。2021年5月，出版《中国消费——构建双循环新发展格局》年度改革研究报告，对消费能否拉动经济增长等问题进行了系统研究分析，并在多方面产生广泛影响。

（三）对重大改革问题的专题研究

2009年以来，中改院每年都发布一部中国改革研究报告，对当时改革开放领域重大理论与现实问题进行专题研究，并成为智库品牌之一。2009年至2021年的中国改革研究报告题目分别为"危机挑战改革""第二次转型——处在十字路口的发展方式转变""民富优先——二次转型与改革走向""消费主导：中国转型大战略""改革红利——十八大后转型与改革的五大趋势""市场决定——十八届三中全会后的改革大考""转型抉择——2020：中国经济转型升级的趋势与挑战""转型闯关——"十三五"：结构性改革历史挑战""二次开放——全球化十字路口的中国选择""动力变革——推动高质量发展的历史跨越""新型开放大国——共建开放型世界经济的中国选择""中国消费——构建双循环新发展格局"。中国改革研究报告系列成果的出版，不仅分别入选国家出版基金项目、"十三五"国家重点图书出版规划项目、国家主题出版重点出版物、国家社科基金中华学术外译项目、经典中国国际出版工程、"丝路书香工程"重点翻译资助项目，被翻译成英文、韩文、越南文等出版，还在法兰克福、伦敦等国际书展上展示。

中改院较早系统提出"二次改革""二次转型""二次开放"等观点建议并进行深入研究。提出的"二次转型"与"二次改革"的重要判断：第一次转型与改革主题是解放和发展生产力，目标是建立社会主义市场经济体制；第二次转型与改革则主要是改变经济结构，实现公平与可持续的科学发展。第二次转型实质是"经济发展方式转型"；"一次开放"主要是商品开放，"二次开放"主要是服务领域开放，是制度型开放。相关国家部委、地方政府把《第二次改革》《第二次转型》《二次开放》作为领导干部参考读物。

2011年，提出"民富优先"的战略思路，认为我国经济发展方式转变的实质，是实现发展导向由经济总量向国民收入的历史性转变，走公平与可持续的科学发展之路。建议"十二五"规划应把收入分配调整指标作为约束性指标，逐步构建由国富优先转向民富优先的收入分配制度。

三　问题导向的行动研究

（一）适应社会发展趋势的行动研究

30 年来，中改院一直坚持问题导向的行动研究，以理论研究为基础，注重解决实际问题，不做批判性研究和争议性研究。著名经济学家吴敬琏曾评价说："一是选题抓得好，二是研究报告可操作性强。"

问题导向的行动研究的一个突出特点是把握趋势。如，面对社会公共需求全面快速增长的态势，建言建设公共服务型政府。在 2004—2012 年温家宝主持的座谈会上，迟福林院长几次以自己了解到的情况为例，向总理建议加大公共服务支出规模与比例，特别是要逐年加大社会性公共服务的比重，政府要担当起公共服务方面的责任，加快推进政府转型。

我国进入发展新阶段，公共需求全面快速增长与基本公共产品短缺的矛盾已经成为各种社会矛盾和问题的重要根源。基于这一判断，先后提出若干份加快实现城乡基本公共服务均等化的相关建议。在《中国人类发展报告 2007/2008》的结尾有这样一段话：在发展市场经济的背景下，建立惠及 13 亿人的基本公共服务制度和体系，推进基本公共服务均等化，是中国人类发展的必由之路。就其所涉及的人口规模而言，在世界上是空前的；就其制度建设对于实现全面小康社会目标的意义而言，可以同近 30 年的市场经济体制改革相提并论。中国正在为建立惠及 13 亿人的基本公共服务体系做出巨大努力。这将对中国人类发展产生巨大而深远的影响。

（二）直面重大现实问题的行动研究

问题导向的行动研究的另一个突出特点是直面改革进程中的重大现实问题，不回避矛盾，及时提出供决策参考的政策建议。围绕国有企业股份制改革问题，先后提出若干建议报告。1994 年提出

"以建立国有控股公司为重点深化国有企业改革"的政策建议报告；1995 年提出了"从总体上搞活国有经济的建议（20 条）"的政策建议报告；1997 年提出"以国有大型企业为重点，积极稳妥地推进股份制改革的建议"；1998 年提出"关于完善公司治理结构，加快建立现代企业制度的若干建议"，受到国家有关部委的重视。1999 年，中央十五届四中全会文件起草小组调用中改院关于中国国有企业公司治理结构研究报告 50 套，作为起草文件的参阅件。这些建议，在改革实践中产生了积极的影响。

从建院开始，中改院就把农村改革作为重点研究课题。1995 年，提出"关于深化农村经济改革建议（60 条）"，指出了实现农户土地使用权的长期化、物权化、资本化的相关建议。1998 年，再次提出"尽快实现农村土地使用权长期化的政策建议"，引起有关领导的重视。中共十五届三中全会《决定》做出的《中共中央关于农业和农村工作若干重大问题的决定》，直接采纳了"赋予农民长期而有保障的土地使用权"这一重要提法。1999—2000 年，对土地立法问题进行研究，提出应把"土地使用权真正交给农民"纳入立法，形成系列"农村土地使用权立法的建议"。这一建议，在我国土地承包法的起草过程中被参考，其中部分内容被采用。全国人大农村工作委员会领导，三次带队到中改院征求对土地立法的意见，并对中改院的研究成果给予很高评价。

（三）基于基层实地调研的行动研究

调查研究是问题导向行动研究的重要手段。中改院相关改革建议，大都是在调研的基础上形成的。例如，1996—1997 年，中改院进行多次农村调研，在此基础上，向中央有关部门递交了《尽快实现农村土地使用权长期化的建议》，建议尽快实现农民土地使用权的长期化、物权化、资本化。在 1999 年初调研中发现，农村签订了 30 年不变承包合同的比例只占 60.5%。为此，两次建言农村土地使用权立法,建议赋予农民土地承包权物权属性,并用法律形式确定下来。2006 年以来,中改院在赴广东、湖南、四川、浙江等地深入调研的基础上,率先提出"让农民工成为历史""以城乡统一的居住证制度全面取代城乡二元户籍制度"的政策建议。

四 服务全局的国际比较与合作研究

(一)利用国际合作与交流项目开展国际比较研究

30 年来,中改院承担一系列的多边双边国际合作研究项目。例如,国家相关部委与联合国开发计划署、世界银行、国际劳工组织合作的中国社会保障制度改革研究研讨和培训项目;中国人民银行与世界银行合作的"中国金融体制改革研讨项目";中改院与联合国开发计划署的经济体制改革、区域经济发展、农村土地制度改革、经济社会协调发展等项目;中改院与德国国际合作机构的国有企业改革和经济与结构性改革项目;中改院与挪威城市区域研究所合作的中挪社会政策论坛和城乡公平可持续发展研究项目等。在国家相关部委和海南省委省政府的指导和支持下,中改院联合国内国际合作伙伴举办了 86 次中国改革国际论坛、5 次中欧论坛和 2 次中欧改革论坛、4 次中日韩合作对话,以及海南自由贸易港与东南亚区域合作国际论坛、东北振兴与东北亚区域合作国际论坛等 100 多次重要的学术研讨。

例如,从 2002 年开始,中改院与挪威城市区域研究所开展合作研究,依托"中挪社会政策交流促进"项目,双方合作召开了 10 次中挪社会政策论坛,围绕社会保障制度改革、收入分配制度改革、城乡协调发展、城乡基本公共服务均等化、扩大中等收入群体等社会政策,开展学术交流、政策对话、合作研究与国际研讨,产出了大量具有广泛政策影响、媒体影响和社会影响的重要成果。以项目成果为基础,先后向政府相关决策部门提交政策建议报告 22

份，研究报告、考察报告和政策分析报告 62 份。

把握我国人口老龄化的严峻形势，积极开展人口老龄化政策与制度的国际比较研究。近年来，中改院把老龄化社会的政策与制度安排作为国际比较研究和国际合作研究的重点之一。2018 年以来，围绕人口老龄化与退休政策、养老服务体系建设、老龄化社会的治理等开展国际合作研究与交流研讨，并在赴挪威考察的基础上，完成《弹性延迟退休的国际经验与制度分析》《实行"选择性退休"——我国退休政策与制度改革的研究建议》《关于实行"选择性退休"的建议（14 条）》等报告。这些研究报告和政策建议为服务我国人口老龄化的政策决策提供了重要参考。

2018 年以来，面对国内外形势的深刻复杂变化，中改院与中国日报社、中国银行、中国公共外交协会合作举办"改革开放的中国与世界""大变局下的中国与世界""高水平开放的中国与世界"等系列中国改革国际论坛，形成"全面深化改革开放赢得未来""以高水平开放形成改革发展新布局""以高水平开放赢得未来"等研究报告，出版了《赢得未来：改革开放的中国与世界》《大变局下的中国与世界》《高水平开放的中国与世界》等图书，为大变局下我国推进高水平开放建言献策、凝聚共识、营造氛围。

（二）通过国际调研与国际比较，提出适合我国国情的政策建议

除了重视国内调研，中改院也充分利用国际合作项目开展国际调研。例如，关于"人口城镇化"的建议，是中改院课题组在 2010 年 11 月赴墨西哥考察的基础上，结合我国城镇化的实际提出的。考察中，研究形成题为《发展中的痛苦》的考察报告。报告分析了墨西哥城镇化的经验教训：第一，过度的城市化。由于城市化缺乏工业和农业的支撑，加之政府财力捉襟见肘，城市公共服务供给不足，使墨西哥的城市化缺乏有力的支撑，演变为"过度城市

化"。第二，剥夺农村的城市化。墨西哥的城市化是农村经济衰败后不得已而为之的"被城市化"，或者说是资本剥夺农民的过程。第三，沉重的城市化。由于墨西哥城市化的进程非常快，而且城市人口又相对集中在墨西哥城等少数几个大城市，从而，过度的城市化导致"大城市病"越发严重，交通、环境污染等社会问题日益突出。第四，失衡的城市化。主要表现为收入分配差距的日益扩大和公共服务的不均等。这次考察使课题组对城镇化的发展产生深深思考，并在2012年提出"以人口城镇化为支撑的公平可持续发展"的相关建议。

（三）通过国际学术交流积极建言区域合作

30年来，中改院坚持通过国际学术交流积极推动国际合作。例如，在博鳌亚洲论坛创设初期，中改院是唯一的智力支持机构，为博鳌亚洲论坛2001—2006年年会的议题设计、专家网络建设、会议成果整理等提供智力支持。2009—2014年，中改院每年都举办亚洲新兴经济体智库经济政策对话，围绕国际金融危机下亚洲转型国家和新兴经济体合作应对危机、促进经济复苏增长、促进经济转型与经济改革、促进宏观政策协调等开展国际交流与合作研究。2013年，提出"以类欧盟为导向加快打造中国—东盟自贸区升级版"。

抓住有利时机，较早提出建立中欧自贸区的建议。2014年4月1日，习近平主席在欧洲学院发表重要演讲，提出"建设中欧改革进步之桥"。当天下午，中改院在我国驻欧盟使团的支持下，与欧洲学院合作举办以"中国改革对欧洲和世界影响"为主题的国际研讨会，倡议加快推进中欧自贸进程。2015年2月，中改院在首届中欧改革研讨会上建议尽快启动中欧自贸区可行性研究。2016年6月，中改院在欧洲议会、欧洲政策研究中心发布《建立中欧自贸区：2020深化中欧合作的重大选项》研究报告。在与欧盟智库、专家、学者广泛交流的基础上，2020年中改院课题组完成国家社科基金重点项目《建立中欧自贸区面临的结构性矛盾及其破解》，提出中欧自贸区的思路性建议，并公开出版该课题研究报告《大变局下的中欧经贸合作》。其中，相关研究成果获得国务院领导的批示。

适应区域经济一体化的趋势，中改院通过国际交流积极呼吁并推动中日韩经贸合作。2017年以来，参与主办了4次中日韩合作对话，聚焦加快中日韩自贸区进程、以服务贸易为重点，推动尽快达成全面、高水平、互惠互利的中日韩自贸协定等方面研究。2020年发起举办东北振兴与东北亚区域合作国际论坛，研究提出推进东北经济一体化与东北亚经济一体化合作进程等政策建议。

五 "小机构、大网络"的研究模式

（一）集中专家智慧，提出供决策参考的政策建议

"大网络"有效整合了多方面的高端智力资源。中改院自成立之初就每年坚持举办若干场学术研讨会和论坛，通过研讨吸纳专家观点，提出相关政策建议并提交相关部门。例如，1995年1月，提交的《在经济快速增长中有效地抑制通货膨胀（50条建议）》，就是在1994年11月召开的"亚太区域经济快速增长与稳定发展国际研讨会"会后，以专家观点为基础形成的。1995年11月，提出的《以解决不良债务为重点加快商业银行体制改革的建议（三十条）》，是在"中国商业银行体制改革国际研讨会"会后吸纳专家观点后撰写形成的。1998年12月，形成的《完善公司治理结构，加快建立现代企业制度（30条建议）》，就是在"中国公司治理结构国际研讨会"会后集中专家观点提出的。1999—2003年，中改院连续5年召开关于基础领域改革的国际论坛，在此基础上提出多份政策建议报告。

（二）"小机构"建立"大网络"

"大网络"就是广泛联络对改革研究有造诣的各路精英，直接或间接参与相关的研究课题。其中，相对固定的有两个层次，一个是以原国务院发展研究中心主任王梦奎为主任的、由国内30多名著名专家学者组成的学术委员会；一个是由数百人组成的紧密网络专家队伍，参与中改院具体的研究课题。这两支队伍的成员，来自党政部门、中央研究机构、大专院校甚至企业界、金融界，大都是改革研究某一领域的领军人物或具有影响的人物。

这些"大网络"中的专家，能把改革政策研究的前瞻性、全局性、战略性、对策性、行动性等特点与学术机构专家学者研究的理论性和学术性结合起来。例如，2007年受联合国开发计划署委托，承担《中国人类发展报告2007/2008》的研究撰写，组成了以时任中国发展研究基金会理事长王梦奎为组长的国内高层次专家组，研究撰写15份背景报告，成为总报告的坚实基础。再如，2015年6月完成的《面向2020年的行政权力结构改革（60条建议）》初稿，并在北京召开专家座谈会，征求专家意见。会上，专家提出的建立统一权威的食品药品监管体制、组建国家移民局、组建国家金融监管总局等建议，被吸纳到建议报告中。

很多政策研究机构和各类智库"好奇"，为什么国内这么多高层次的专家对中改院这么认同？中改院的学术研讨活动，无论是几百人规模的国际论坛，还是只有几十人规模的中国改革形势分析会，为什么都开得如此生动活泼？这是因为：中改院组织的改革开放研讨活动，都紧扣改革难点、焦点、热点问题，务实不务虚，不回避矛盾，为专家提供一个有改革研究使命感和责任感的、有吸引力和感召力的交流研讨平台；组织学术研究研讨活动具有显著的开放性、国际性和独立性，来自不同领域的官员和专家能够在这个交流研讨平台上平等讨论对话、畅所欲言；高度重视改革研究成果的转化渠道，通过政策建议报告和媒体传播等多种途径，使专家学者贡献的思想和智慧能够及时在改革政策决策中发挥作用。

（三）有效发挥"大网络"的作用

高层次网络专家的参与，有助于提高改革政策研究成果的决策影响力、媒体影响力、社会影响力和国际影响力。例如，2008年，承担湖南省发改委委托课题《长株潭两型社会综合配套改革总体方案》研究时，邀请了中国宏观经济研究院的常修泽教授等专家参与课题的调研、提纲讨论与部分内容的撰写等工作。形成的重要研究成果，请高层次专家把关和提建议，确保研究成果的质量。

经常来中改院参加改革研究研讨交流的中国经济体制改革研究会原会长宋晓梧有感于此，挥毫写下"群贤毕至"四个大字赠送中改院。一是改革这个共同的历史使命和时代责任让大家走到了一起，中改院为专家学者提供了一个能够畅所欲言地发表自己的改革研究成果及其改革观点和主张的平台；二是多年来中改院始终如一，为专家学者提供热情、真诚、周到的服务，使专家学者一到这里就有宾至如归、回到改革研究大家庭的温馨感受。正如中改院原董事局主席陈锦华所说："单个的研究院本身，即使不断加强软实力建设，人再多，你能作出的贡献都是有限的，你不可能集各家之长，做得很全面。所以，还需要利用社会资源、利用国家方方面面的智力机构的智慧、利用它们不同角度的研究成果，来综合、吸纳，形成一些好的智慧、好的理念、好的主意。因此，要发展网络合作，把现代的网络技术和社会资源与院本部的研究工作结合起来，形成一个非常广泛的智力资源。"

中改院以"直谏中国改革"为己任，就是始终把自身价值、知识分子的时代价值与国家、民族的发展需求结合起来。30年来，家国情怀、执着精神，激励中改院人坚持把服务改革、建言改革、研究改革作为自己的时代责任和主要追求。

第一篇

建言市场经济体制改革

中改院从建院之初就开始并长期关注宏观经济形势，适时提出市场化改革的相关政策建议。面对1994年的通货膨胀，1995年1月，提交《在经济快速增长中有效地抑制通货膨胀的50条建议》，提出把有效治理通货膨胀作为经济快速发展中宏观调控的重要目标，在加快改革、加快发展中有效地抑制通货膨胀，这一政策建议被有关部委在制定政策时采纳。1995年12月，提交了《以解决不良债务为重点加快商业银行体制改革的30条建议》，提出通过债务托管解决不良债务，推进银行商业化、股份化改革的建议。2002年，受国务院原经济体制改革办公室委托，形成了"建立和完善社会主义市场经济体制的建议（15条）"。近年来，随着我国社会主义市场经济体制的逐步完善，面对新发展阶段内外形势变化，相继提出深化要素市场化配置改革、以扩大内需为导向完善社会主义市场经济体制等政策建议。

在经济快速增长中有效地抑制
通货膨胀（50条建议）*

（1994年12月）

目前的通货膨胀是改革开放以来第三次也是最高的一次通货膨胀，并明显地对经济生活产生了种种不良影响，客观上导致部分群众实际生活水平下降和困难，必须引起足够的重视。在经济生活中，应始终把抑制通货膨胀当成突出问题来抓，争取尽快有所缓解，坚持抑制继续攀高。

一　1994年一系列重大改革进展比较顺利，宏观经济形势总体是健康的。必须恰当估计通货膨胀的影响，在加快改革、发展中有效地抑制通货膨胀

1. 目前的通货膨胀仍在可承受的范围内，1995年应把经济增长速度控制在10%左右，在继续保持较高的经济发展速度中治理通货膨胀。宏观调控使1995年的总体经济形势有了很大改善，软着陆的目标基本实现。以建立社会主义市场经济体制为目标的几项重

---

* 中改院课题组：《在经济快速增长中有效地抑制通货膨胀（50条建议）》，《中改院简报》总第105期，1994年12月19日。

要改革措施陆续出台，总的来说进展比较顺利。从总供给与总需求的关系看，保持了基本平衡，其中消费品90%以上供大于求或供求平衡，没有发生类似1988年那样的抢购现象。1994年的通货膨胀与以往有很大不同，具有很强的特殊性，许多重要经济指标表明，1994年的经济状况与1993年上半年相比，已有明显改善。应当对当前宏观经济形势有清醒的、全面的认识，在加快发展中加强和改善宏观调控，从而使经济"软着陆"目标进一步取得成功。我国自1979年以来，经济每年平均增长9.3%，零售物价每年上升6.44%。今后几年我国的经济增长仍要保持9%以上，在经济转轨时期，经济增长率如果低于8%，则会带来企业大量亏损、停产、产品积压、失业严重等问题，并有可能危及社会稳定。今后一两年，经济增长率至少应保持9%—10%，这样才能使国民经济的良好发展势头得以继续。

2. 在市场化和经济结构调整阶段，由改革所引起的物价总水平在一定时期和一定程度的上升是难以完全避免的。应当在保持基本稳定的条件下逐步推进并完善各项市场化改革，在改革中抑制通货膨胀。1994年的较高通货膨胀，除了因1993年固定资产投资规模过大、增幅过高、投资需求拉动价格上升等原因外，主要因素是由于结构性的物价调整或放开、公务员工资制度改革、汇率并轨、税制改革等带来的生产成本提高和人们心理预期所引起的。对此固然不能掉以轻心，但也不必大惊小怪。改革必然付出一定的代价，只有在加快并完善各项改革后，才能消除通货膨胀的体制根源。

3. 充分估计通货膨胀对社会生活的影响，把有效治理通货膨胀作为经济快速发展中宏观调控的重要目标来抓。较高的通货膨胀率导致了相当部分群众实际生活水平下降，社会不安定因素增加。一些停产、半停产、效益不好的国有企业的职工和退休职工，或者工资不能按期如数发放，或者退休费赶不上物价上升的幅度造成生活困难。各方面反应强烈。因此在实际工作中要切实把抑制通货膨胀作为宏观调控的重要目标，防止通货膨胀搞乱经济关系，误导资源配置，扭曲利益格局，影响社会稳定。

4. 1995年在加快改革中把通货膨胀率控制在15%左右不仅必要，而且可行。随着推动1994年通货膨胀的一些主要因素的消化，1995年的通货膨胀压力会有所缓解，但1994年的通货膨胀会对1995年产生"翘尾巴"影响，纺织品价格上调的后滞效应以及房改等新的涨价因素会推动物价上涨，尤其是农产品价格还会呈缓慢上涨的趋势，因此对1995年的通货膨胀必须有充分的估计，采取一些必要的措施，把通货膨胀控制在15%左右。控制通货膨胀率的目标定得太低，实际上很难达到，易失信于民，或者即使达到低的通货膨胀目标，经济速度回落过快，可能出现"滞胀"，这是必须引起注意的。

二 农副产品价格上涨是1995年通货膨胀的重要原因，其中受政府主动出台的结构性调价影响很大。目前，必须把增加农副产品的有效供给当作抑制通货膨胀的突出矛盾来抓

5. 抑制通货膨胀必须首先适当控制农产品的价格上涨，真正花大力气抓农业生产，确保丰富而高效的农副产品供给。1994年通货膨胀的一个最主要特点是粮食及各类农副产品价格涨幅高。1—8月份，食品价格上涨在零售价格上涨中的份额为60%，3种主要粮食价格涨幅明显，大米、小麦、玉米分别比1994年同期上涨84.7%、48.8%、40.1%。粮食价格上涨带动了饲料及肉、禽、蛋的价格上涨。在目前中国工薪阶层的收入比例中，基本生活费用支出占一半以上。在农副产品涨幅过大的情况下，对人们日常生活影响也就十分突出。应当看到，在取消低价收购、取消补贴后，农产品价格比较真实地反映了它的价值，或者在市场定价之后，我国农业要素稀缺得到了反映，所以农产品价格上涨是必然趋势。1995年仍有上涨的基础和空间。因此，从上到下应形成共识：11亿人的大国要真正把农业作为基础来重视，从根本上减缓农产品价格上涨的速度和幅度。

6. 严格控制耕地流失，避免东南沿海出现稻谷产量较快下降的局面。适当调整对稻谷的合同定购价，使稻价高于麦价。认真解决粮食供求中的品种、品质矛盾。由于我国城镇居民稻谷消费比重占其口粮的60%—65%，而且呈逐步上升趋势，只要稻谷的供给偏紧，整个市场就会显得偏紧。而我国水稻主要产区的南方，由于经济的发展，对增加比较利益偏低的水稻生产热情下降。因此，不采取有力措施控制耕地的减少，不适当调整稻谷与其他品种粮食的比价关系，要恢复南方稻谷的产量将是很困难的。要采取有力措施控制耕地的流失，强化耕地的复垦补偿制度。鉴于目前政府拥有的储备粮平抑不了质量较高的市场上的粮食的价格，建议放开粮食的合同收购价格。要适当鼓励北方增加稻谷生产，北方稻谷品质好，特别适合于中国北部和东部地区居民的需求。增加北方稻谷的生产，对于缓解中国北部和东部优质大米的短缺，作用将日益突出。

7. 目前可适当扩大利用国际市场来调节国内稻谷的供求。鼓励有外汇支付能力的东南沿海发达省份适当增加一定数量的大米进口，以调节国内市场稻谷的供求。如按目前的市场价格计算，广东珠江三角洲地区的早稻价格为每吨人民币1400—1600元，中晚季优质稻每吨为1700—2400元，折合成米，分别为2000—2300元和2350—3300元左右。因此，只要有外汇支付能力，目前增加进口部分大米，在经济上并不吃亏。在扩大进口稻谷的同时，必须对国际市场稻谷的供给有十分清醒的认识。目前世界稻谷消费的比重已占粮食消费比重的50%左右，并且是一个逐步上升的趋势，预计今后20年左右上升的幅度达70%以上。国际90%的稻谷供给来自亚洲，而亚洲稻谷的耕地已很难扩大。因此，国际市场上稻谷也会偏紧，中国大量进口稻谷无疑会迅速拉动国际市场稻谷的价格。从长远来说，11亿人口的大国靠国际市场调节国内稻谷的供求是很不现实的。

8. 粮食购销体制走购销都放开的路子，建议对5000万吨合同定购粮实行"保量放价"办法。粮食收购中的政府定价过低，引起了诸多矛盾，如农民不愿向政府粮食部门交售粮食，政府只能购到低质粮食，难以发挥平抑市场粮价的功能；政府粮食部门的购销差价过大，粮食生产者的利益被中间环节截留过多，与国际市场的价格相差太大，不利于政府利用国际市场的粮食来调节国内粮食市场的供求与价格波动等。因此粮食购销体制要尽快全面放开。目前，可考虑把5000万吨合同订购粮实行"保量放价"的办法。

9. 逐步放开棉花收购价格，加速主要农产品的市场化进程。目前，棉花收购矛盾十分突出。如果不让农产品价格真实地反映其价值就会伤害农民利益，反而影响供求。由于流通体制改革不彻底，造成中间费用过高，农民没有得到很大好处，城市居民也为此付出了一定的代价。一项可考虑的政策建议是，在放开收购价格后，政府政策目标的定位应重点放在控制影响农产品价格的中间费用上。

10. 必须重视农业投入不足的问题，切实增加农业投入。多年来对农业的资金投入不足，一直是农业发展的一个卡脖子环节。农业基本建设投资占国家基本建设投资总额的比重不断下降，而且近一年来工农业产品交换的剪刀差仍在不断扩大。各级政府，尤其是经济发达地区重工轻农思想客观存在，而且很难转变。因此要统一认识，加大对农业投入的力度，尤其是增加对农业的科技投入。

三 在很长一个时期内，我国经济增长主要依靠投资增长。由投资过热引起通货膨胀的主要问题是投资结构不当和投资效益低下。重要的在于加快投资体制改革，最大限度地控制投资拉动的通货膨胀

11. 关键是投资体制改革要加快。目前和今后一个时期中，我国经济的快速增长很大程度上取决于投资增长。从1981—1993年，投资率与经济增长率的相关系数为0.63，中国经济增长的60%左右依赖于投资增长。今后若干年投资对增长仍有很强的拉动力。随着投资的高增长，在一定程度上会拉动通货膨胀，我国几次通货膨胀都反映了这个问题，具有一定的普遍性。但问题不在于投资本身，而在于投资体制尚未根本改变。目前，由于投资体制的不合理，国家直接投资效益远远低于社会投资效益。因此，要加快投资体制改革，使投资主体进一步多元化，投资结构合理化，投资效益最大化。

12. 对投资总量的控制要恰当和适度。目前，关键的问题在于保持投资增长的同时，通过加快改革的办法解决投资结构和投资效益问题。如果对投资总量控制力度过大，经济发展会受到影响。而没有发展，通货膨胀问题更难以解决。在当前主要生产资料已接近成本价时，应适当放松投资调控力度，有选择地增加投资，否则，因缺乏必要的投资量而产生的负效应会突出地影响整个宏观经济形势。

13. 鼓励和支持社会各方面的投资，形成竞争性的多元投资主体。目前国家直接投资约占社会总投资额的60%—70%，而且投资效益低，所以要严格控制国家直接投资的范围和总量。要通过形成社会多元投资主体，提高投资效益，把投资对通货膨胀的影响降到最小程度。国家投资应逐步从一般竞争性领域撤出，转到基础领域、关键部门和公用事业中去，尤其要加大对基础设施的投入，在市场经济中实现国有资产效益的最优化。我国的投资增长和经济发展，都受到来自基础设施和基础产业的"瓶颈制约"，这与我国投资结构集中于加工工业等一般竞争性领域相关，因此要优化投资的结构，在调整投资方向时实现投资效益的最大化。

四 大量外资流入是通货膨胀压力升高的新因素，因此相关政策必须跟上，但必须坚持扩大利用外资的开放政策

14. 外资的流入对我国经济增长有着积极作用，必须放宽外商投资领域，鼓励更多的外商直接投资。资本流入在我国表现为直接利用外资的增加，这些投资大多用于急需发展但又缺乏资金的基础产业和工业等方面，因而发挥了很好的作用。1993年引进外资实际促进经济增长率为13.4%。相对于世界经济的不景气，中国经济的持续高速增长提供了吸引外资的极好机遇。近几年，国际资本大量流入发展中国家，1993年高达1048亿美元。中国必须抓住机遇，放宽外资投资领域和比例等限制，在基础设施等领域加大吸引外资的力度。

15. 重视研究外资大量流入对通货膨胀的影响，并寻求积极有效的宏观调控手段。近年来外资流入量大幅增加，1993年达367.7亿美元，1994年1—8月外商直接投资达204亿美元。国际资本的大量流入引起本币和外币的供应相对过多，一定程度上推动了通货膨胀。1994年宏观经济政策对此准备不足，因此有必要研究和探讨外资大量流入过程中，如何实施有效的宏观调控。在注重外资流入的同时，对资本外流问题要引起足够的重视。目前资本外流现象非常严重，估计已有2000多亿美元，对通过各种渠道流出的资本，国家应制定一个长期、明确的政策，适当限制资本的流出，使资本流出合理化、规范化。

16. 应加快对外商投资企业实行国民待遇。通过实施优惠政策吸引外资在一定时期是十分必要的。随着我国加快向市场经济过渡，外资企业与国内企业需要平等地竞争。如果仍过度对外资企业实行优惠政策，则很不利于市场经济环境的形成。对外资企业实行国民待遇，是国际上吸引外资的成功经验。要从我国的实际出发，尽快对外资企业实行国民待遇并逐步使之法制化。否则，对外资企业长期过度优惠会对资本外逃形成诱惑力。

17. 对外资进入投机性领域进行必要限制，鼓励并支持出口导向型直接投资。外资流进、流出的变动性太大会造成经济的波动。近年来，部分外资有流入投机领域的倾向，因此有必要认真研究，制定必要的政策措施。目前，外资企业的进出口额占全国进出口额的1/3，必须坚持出口导向型利用外资策略，进一步提高外资效益，强化我国产品的国际竞争力。

18. 未来两年外资进入我国可能会滑坡，政策调整须十分谨慎。周边国家对外来资本的竞争十分激烈，都在千方百计吸引外资。西方发达国家经济的复苏也会加大国际资本供求矛盾。而且，随着近年来中国劳动力特别是合资企业的职工工资增长幅度加大，使得中国低劳动力成本的比较优势很快会消失，从而减弱我国与周边国家对外资的竞争力。因此，对引进外资形势不能过于乐观，外资政策必须相对稳定，并逐步向国际惯例靠拢。

五 汇率剧烈波动和外汇储备量过大对通货膨胀有重要影响，要充分运用汇率杠杆调节宏观经济，稳定汇率，加强外汇管理，逐步实行人民币完全可兑换

19. 要充分估计汇率波动和外汇储备对通货膨胀的直接影响，并采取措施减少外汇对通货膨胀的压力。这次通货膨胀与来自外汇方面的重大变化有直接关系：一是1993年市场汇率的盲目波动对价格总水平上升起了很大推动作用。1993年初调剂市场汇价是6.8

元/1美元，1993年中间汇价盲目上涨到10元/1美元。后经政府采取措施，市场汇价迅速回落。但汇率的剧烈波动，影响了群众对人民币的信心，引起物价上涨；同时，进口产品价格受汇价影响上涨后，难以完全回落到原有水平。二是1994年汇率并轨后，国家调低汇率，人民币贬值使进口的生产资料和机器设备等生产成本加大，推动了物价上涨。三是目前外汇储备过大，引起货币供给大量增加，外汇储备这一块的货币供给已占新增货币的67%，从而加剧了通货膨胀的压力。

20. 国家要采取稳定汇率的政策，避免汇率的盲目波动和人民币升值。要使汇率保持在合理的水平，以便能逐步实现人民币完全可兑换。通常当国内通胀比国外高时，预期汇率会下跌，但中国目前却出现汇率上升情况。中国"复关"后，市场全面放开在一定时期可能引起人民币升值。人民币升值在短期内有利于抑制通胀，但从长期看是不利的，会增加出口的生产成本和产生汇率波动压力，形成境内资金外流，最后导致外汇储备大幅度地减少，或者最终导致人民币贬值。

21. 要加强对外汇的管理，堵住外汇市场的漏洞。要降低外汇储备量，严格用本币作为支付手段，禁止用港币或美元作为支付手段。要严格对国内企业售汇买汇的控制，堵住外汇市场操作的漏洞。要控制外汇结存的增加，降低外汇储备量。要防止大规模外汇资本闲置浪费和资本大量流出。

22. 要加速建立统一的外汇市场。外汇调剂市场应当与银行间的外汇市场并轨。如果不能并轨，则应逐步取消外汇调剂市场。要使银行间的外汇市场获得更大的发展。

23. 应当逐步创造条件，实行人民币完全可兑换。要实现经常账户的全部可兑换，取消对非贸易项目供应外汇的限制。加快金融体制改革，加强和完善中央银行的功能，建立发达的商业银行体系，充分发展资本市场和外汇市场，加快建设国际金融中心，以吸引国外资本的留存。

六　利用目前外汇储备的有利条件，适当加大进口，利用国际交换来调节国内供求关系

24. 在目前国际收支、外汇储备非常强的情况下，要考虑减少进口限制，调节国内市场需求。通货膨胀从根本上讲是由供求矛盾引起的，利用国际交换来弥补国内结构性生产不足，调节国内市场的供求关系，是抑制通货膨胀的有效办法。要运用指导性计划和经济手段，鼓励进口国内相对短缺的原材料和半成品及一部分成品。进口计划要有更大的前瞻性和灵活性，避免出现某些物资忽而进口不足，忽而进口过度的现象。在外汇储备较强的情况下，可考虑适当放宽某些进口限制，加大进口。

25. 加快完善外贸体制改革。促进外贸发展要扩大外贸经营范围，赋予企业进出口自主经营权，要逐步取消一般进出口限制，加快实行进出口配额公开招标、拍卖制度。

26. 实行出口导向政策，防止资源外流。要严格控制国内原材料和初级品的出口，特别是要控制国内短缺资源的出口，鼓励出口高附加值的加工产品。

七　货币扩张政策是发生通货膨胀的根源。要加快金融体制改革，控制货币增长速度，适当提高银行利率，优化银行信贷结构

27. 要充分估计目前的金融体制对通货膨胀的重大影响，加快金融体制改革。通货膨胀本质上是一种货币现象，本次通货膨胀的潜在压力主要是1990—1992年期间货币供应偏多造成的，这3年名义GNP增长50%，M2的年平均余额则增长了108%，后者比前者高出58个百分点。加快金融体制改革，充分发挥银行体系调节货币供应量的作用是十分必要的。中央银行要有相对独立的货币政策，调控货币供应量。加快商业银行体制改革，尽快形成商业银行的自我约束机制。

28. 保持稳定的货币政策，控制货币供应量。避免经济出现大起大落和发生严重的通货膨胀，需要一个稳定的货币政策。为此，必须保证中央银行的相对独立性。中央银行作为货币管理部门，必须具有很高的权威，能够抵挡来自政府和企业对实施货币政策的压力。鉴于货币供应增长速度过快，大大高于 GDP 平均增长速度，今后应把货币供应量 M1 和 M2 的调控目标确定在 20%—25% 之间。

29. 加快国家银行商业化、企业化的改革，硬化信贷约束机制。目前国有专业银行商业化、企业化经营进展缓慢，银行仍然主要依据行政指令，采用行政手段控制贷款，并在贷款深度负利率的情况下运转。银行的硬约束机制和风险责任制都没有很好解决。因此，必须加快对国有专业银行的重组，使之按企业化的财产结构和组织结构进行运作，实现银行的自主经营、自负盈亏、自担风险和相互竞争。对于规模过大、调度不力的国有商业银行，要分立为多家银行，要排除政府对商业银行的行政干预。

30. 实现银行利率市场化，目前要适当提高银行利率。要充分发挥利率杠杆调节宏观经济、稳定货币、控制投资规模、抑制通货膨胀的作用。应当根据市场供求关系和宏观经济政策来调整银行利率。目前国有银行贷款利率低于通货膨胀率，从而造成市场扭曲，为腐败和寻租行为创造了机会。应当适当提高银行利率，改变社会的通货膨胀预期，提高社会资金的使用效率。

31. 应当加大对非国有经济的贷款比重，优化银行信贷资金的使用。我国经济的高速发展，很大程度上是依靠非国有经济创造的，而国有企业却占用着 80% 的银行贷款，投入产出效益十分低下。应当改变商业银行的贷款方向和结构，对于长期效益低下，资不抵债、没有前途的国有企业，应当停止贷款，促使国有企业改革或重组。应当加大对非国有经济的贷款比重，支持非国有经济的更快发展，从而影响和促进整个经济的增长。

八　财政收支严重失衡，预算软约束，是造成通货膨胀的重要因素。要重视运用财政政策，合理调整财政需求，增加财政收入，以控制通货膨胀

32. 财政赤字过大对通货膨胀有直接影响，要控制财政赤字，合理调整财政需求。目前的通货膨胀与财政赤字规模愈来愈大有很大关系，1984—1993年间，财政累计出现硬赤字1128.26亿元，都是通过向银行透支弥补的，造成中央银行货币扩张。由于财力短缺，财政对国有企业的补贴、应由财政安排的公用事业和基础设施投资，也要依靠银行用贷款安排，又迫使中央银行增加货币。因此，要严格控制财政赤字规模，预算赤字占国内生产总值的比重应降到3%以下。要从紧控制支出，压缩财政补贴，严格控制行政经费开支；同时要努力增加财政收入，严格控制减免税，强化税收征管。

33. 财政直接投资过大会加重财政收支失衡，要严格控制财政直接投资的比例。财政投资应当控制在公用事业、基础设施建设和基础产业范围内，要加大结构调整的力度，集中力量解决"瓶颈"制约的矛盾，增加有效供给。

34. 加强税收征管，严格依法征税，增加财政收入。要完善中央和地方税务机构，改革税收征管制度，改革税收征管员制为税收自动申报制，建立偷漏税重罚制度。要开征消费税，控制消费需求。建立个人财产申报制度，严格征收个人所得税。

九　消费基金过快增长是导致通货膨胀的一个重要因素，要通过对消费基金的控制和引导以抑制通货膨胀

35. 应当注意消费基金的过快增长造成需求过热，带动物价上涨。由社会集团消费和工资过快增长所引起的消费基金扩张，对通货膨胀有很大影响。据测算，在投资需求扩张时，投资中转为工资、社会集团消费等部分约占40%，如此庞大的数字进入消费领域，必然会推动需求过热。要严格控制集团消费。集团消费在我国消费基金增长中占有很大的比例，它不仅带动需求扩大、物价上升，而且加大了党政机关的财政开支和投资需求扩张。特别是要控制党政机关的集团消费和投资中转为集团消费的部分，对此要做出具体的制度规定。

36. 要控制工资的大幅度增长，工资增长应与生产率增长同步。1994年全国工资总额计划比上年增长18.4%，实际工资增长在30%以上，是历年增长最快的。国有部门工资外收入增长更快，相当于工资的1/3，有的甚至超过了工资，而国有企业全员劳动生产率年均仅递增8%。工资增长带来成本上升和消费水平的提高，不可避免地会拉动消费物价的上涨。因此，应当控制工资过快增长，避免出现工资、价格轮番上涨的现象。在国有企业，控制工资增长的措施可以与实现劳动力产权结合起来，企业职工通过职工持股计划享有劳动力产权，并同企业的长远利益紧密结合。它可以使控制工资增长有可靠的基础，又可以消除企业与职工的利益矛盾，调动劳动者的积极性。

37. 注意引导社会短期消费转向长期消费。加快以出售住房为主的住房制度改革，以成本价将住房出售给购买者。这样，既可以把一部分消费基金引到长期消费上来，又可以使住房建设少占用银行信贷，实现住房资金自身循环。应鼓励本企业职工购买本企业股票，可考虑在职工自愿基础上，将职工内部股转为职工持股基金。

38. 要引导社会消费基金向投资转移。当前，可考虑的具体办法：一是适当发展国内投资基金，引导一部分社会消费基金和居民储蓄转入投资基金；二是在社会保障制度改革中，逐步加大个人账户的比重，创造条件逐步向公积金过渡，目前可先实行住房公积金制度。

十　1994年通货膨胀与价格改革引起的成本推动和心理预期有直接关系。应当看到，价格改革不可避免地会在短期内引起一定程度的通货膨胀，要在保持基本稳定的条件下逐步推进并完善价格改革，在实现价格市场化过程中抑制通货膨胀

39. 正确认识价格改革对通货膨胀的影响，由价格改革引起的物价上涨短期内是不可避免的。目前通货膨胀很大一部分是由结构性价格调整引起的。粮食、棉花收购价格大幅度提高，农用生产资料和原油的提价，成品油、钢材、煤炭等价格放开等与1994年的通货膨胀有着直接的联系。1994年零售物价上升的20%中，属于结构性调价和放开的部分，估计要占70%—80%。将传统计划经济体制下扭曲的价格体系加以改革，使之合理化、市场化，对于促进有效竞争加快经济发展有重大作用，虽然它在短期内会推动物价总水平上涨，但这种通货膨胀是不可避免的，在一定时期是必要的；而随着价格市场化的机制形成并稳定后，这种通货膨胀是不可能持久的。中国"复关"后，必须进一步进行深层次的价格改革，使之与国际市场接轨。

40. 考虑到目前通货膨胀压力很大，1995年的价格改革要十分慎重。1994年价格改革的范围和幅度都很大，对通货膨胀有很大影响。鉴于1995年我国有可能"复关"，考虑到国有企业对价格上涨因素难以消化，目前通胀压力很大，所以1995年价格改革要十分慎重。鉴于运输价格的调整对企业生产成本影响很大，可考虑推迟

出台。

41. 正确掌握价格控制手段。不要过多运用行政手段控制价格或调整价格。对价格的控制方面应当与价格改革的方面相一致，不能用行政手段使价格改革倒回去。对日常生活必需品的价格控制，应当依据市场供求状况，正确把握控制力度，尽可能少采用国家定价、最高限价、计划供应之类办法。政府的价格管理政策要稳定，不要随意性太大，也不要频繁进行价格调整，以免造成人们对价格上涨的心理预期，或囤积商品、待价而沽。

42. 政府要从对价格的控制重点转到市场建设上来。价格合理化必须以充分的竞争和健全的市场为基础。价格市场化并非都直接引起价格上升，在充分竞争条件下，某些价格水平会有所下降，并逐步形成合理、稳定的价格水平。因此，要加快市场体系的建设，建立全国统一的市场，消除市场分割和封锁，反对行政垄断市场而妨碍竞争。

十一 国有企业改革滞后，使国有企业对价格改革因素难以消化，这是造成通货膨胀的深层次原因。控制通货膨胀要从根本上解决国有企业的问题，加快推进国有企业改革

43. 要充分估计到国有企业改革滞后对通货膨胀所造成的重大影响，国有企业效益低下，不能适应市场机制，是1994年出现较高通货膨胀的要害所在。现阶段突出的矛盾是，国有企业投入产出比例非常悬殊，效益严重低下。它不仅消化不了结构性价格上升和农产品涨价的因素，而且还要搭车涨价。国有企业大面积亏损，资金严重短缺，使银行利率不能上调，过高投资需求难以抑制，使货币总量难以控制。国有企业问题是我国通货膨胀居高不下的最深层次原因和新旧体制矛盾摩擦的反映。要真正缓解以至解决通货膨胀问题，不从根本上搞好国有企业改革，把国有企业的高投入、低产出转为低投入、高产出，从而实现整个经济的良性循环，那是很困难的，甚至会导致整个经济的滞胀。因此，必须高度重视和解决国有企业的问题，深化国有企业改革。

44. 下决心分类深化国有企业改革，以转换企业经营机制，优化国有企业结构，提高国有企业效益，缓解通货膨胀压力。国有企业改革目前可考虑的措施是：在不影响社会安定的条件下，对一些长期亏损、资不抵债、产品没有市场的企业，分步实行破产；将一些规模很小、效益不好、人数不多、资产数量不大的小企业，通过改、股、租、卖等办法，逐步转为非国有企业或国有民营企业；在一般中型企业中，认真落实企业自主权，实现政企分开，迫使企业自负盈亏，优胜劣汰；在少数大型企业中，积极搞好公司制改造和建立现代企业制度的试点，逐步实现企业制度创新和机制转换。通过分类改革，以尽可能减少国有企业对社会资金资源的巨大浪费，从总体上优化国有企业的结构，明显提高国有企业的效益。从而既有效解决企业本身面临的种种困难，又能够消化因基础产品价格上升对成本的影响，缓解通货膨胀的压力。

45. 积极慎重地将企业债务重组与企业本身的改革、重组有机结合起来，通过一部分债权转股权的方式解决国有企业的历史债务问题。首先应当将需要进行债务重组的企业改造为股份制企业，在此基础上对企业的经营状况和债务状况进行分类分析，严格确定债务重组的范围。承担债务重组的机构应是资产经营性质的机构而不是行政机关，如由专业银行控股的信托投资公司或证券公司、具有经营国有资产能力的控股公司。债务重组应与企业产权制度改革相结合，要做到企业产权在公有制为主体的前提下使股权分散，同时解决公有制所有者的缺位问题。

46. 当前要深化国有企业改革有赖于一套比较完善有效的社会保障制度的建立。要积极推进社会保障制度的改革，可以考虑在认真研究、广泛宣传、逐步实施条件下先行推出社会保障制度改革，在此基础上再扩大国有企业的优胜劣汰。社会保障制度改革方案应当以养老、失业保险为重点，同时积极推进医疗、工伤等社会保障制度的改革，建立多层次的社会保障体系。

十二 区域经济发展不平衡，形成中国区域间通货膨胀的重大区别。实事求是，从国情出发制定区域性控制通货膨胀措施，是面对现实、立足长远、抑制通货膨胀的重要政策

47. 允许各区域制定不同的符合实际的控制通货膨胀政策。区域发展不平衡是中国长期存在的问题。区域发展不平衡，使区域间通货膨胀具有较大差别。要重视研究区域通货膨胀，解决统一的货币信贷政策与各地经济增长现实差别的矛盾。国家可以根据国民经济发展的实际情况，对东部、中部、西部分别提出不同的控制通货膨胀目标和其他重要经济指标（如货币供应量目标）。国家要为促进区域经济发展制定政策性信贷和融资政策，要把抑制区域性通货膨胀、保持币值稳定作为重要任务。

十三 非经济性因素对通货膨胀有重要影响。要采取措施，消除非经济因素对刺激通货膨胀的消极影响

48. 必须对通货膨胀的非经济因素引起高度重视，这些非经济因素包括行政垄断、人为哄抬物价、心理预期等。具体分析非经济因素对通胀的影响并制定相应的对策，消除其对经济正常运行带来的负效应具有重要意义。当前，要对传统的计划经济体制中长期存在的行政垄断因素对经济改革过程的消极影响有足够的估计。制定具体的措施，如出台《反垄断法》，抑制由于市场垄断造成的通货膨胀。非规范的政府干预行为形成的行政垄断因素必须得到科学的治理，要通过制定相应的行政法规来正确界定、约束政府非规范行政干预造成的通胀因素。

49. 充分认识中国市场化建设的艰巨性，依法建立规范的流通秩序，防止哄抬物价的人为因素潜伏发展或恶性膨胀。应当通过艰苦细致的组织、宣传工作，教育广大群众，整顿市场环境。同时要采取有力措施打击哄抬物价的不法分子，把因哄抬物价造成的物价上涨诱发的通货膨胀消灭在萌芽状态。总结推广各地平抑市场物价、加强工商行政管理的经验，克服"搞市场经济不需要物价管理"的错误认识，创造条件逐步实现完全由市场健康地决定物价的良好市场环境。

50. 要加强对社会各阶层以及企业集团、机关团体消费心理和通货膨胀预期的分析研究，将这项工作作为建立和完善科学的宏观调控体系的重要组成部分认真抓出成效来。中国人民银行定期公布货币供应量目标，并着手制定和定期公布价格目标或抑制通货膨胀的政策目标。组织有关专家和研究机构多渠道、多层次、多种形式地进行社会消费心理和通货膨胀预期调查，不定期地向社会公布调查结果。努力向政府决策部门提供准确的消费心理和通货膨胀预期信息，促成政府与公众对通货膨胀的协调行动，消除不必要的隔阂和扭曲状态，形成全社会总体上健康成熟的通货膨胀心理预期。深化统计系统改革，严格执行《统计法》，保证国家统计的严肃性、独立性、科学性，保证对通货膨胀的分析建立在统计资料科学与权威的基础上。

以解决不良债务为重点　加快商业银行体制改革（30条建议）[*]

（1995年12月）

我国经济体制转轨时期面临着的一项艰巨任务，是如何积极妥善地解决传统计划经济体制下所造成的大量债务问题。不全面彻底地解决债务问题，国有经济的战略性改组和国有银行商业化改革都难以迈开步子，取得实质性进展。债务问题已成为牵动和影响我国改革和发展全局的关键性因素。本报告从我国这一基本现实情况出发，提出以解决不良债务为重点，加快商业银行体制改革的若干建议。报告认为：（1）在解决债务过程中，把国有经济战略调整与国有银行商业化同步推进。（2）尽快建立权威性的债务托管机构，全面实行债务托管，力争在"九五"期间彻底解决债务问题。（3）以解决债务问题为契机，稳步推进银行组织体系向公有制为主体的股份化商业银行转变。（4）经济转轨时期，尤其在解决债务过程中，必须把防范金融风险放在首位。

---

[*] 中改院课题组：《以解决不良债务为重点　加快商业银行体制改革的建议（三十条）》，《中改院简报》1995年12月30日。

一　银行大量不良债务已成为影响和牵动全局的关键性因素，必须把商业银行改革与国有企业战略调整同步推进

1. 银行不良债务已成为制约改革和发展的重要因素，对此必须有清醒的估计和准确的判断。

据有关材料估计，目前银行的贷款中约有20%左右难以收回本与息，有30%左右只能收息而很难收本，这两项加起来，已达到贷款总额的50%左右。问题的严重性还在于，由于历史性因素，特别是目前国有企业的经营状况，近年来不良资产呈上升趋势。

目前不良债务的严重情况，已在多方面产生极其不利的影响，并且已成为牵动和影响改革发展全局的关键性因素。一是在大量不良债权债务的情况下，由于考虑经济社会稳定的复杂因素，银行还不得不按照行政指令继续向少部分债务沉重、经营困难的国有企业注入资金，这在很大程度上制约了国有经济结构的调整。因此，规范的硬债权债务约束机制形成不了，国有资产的保全就成了一个严重的问题。二是大量的不良债务给国有商业银行带来严重影响。它不仅成为银行经营效益低下的直接原因，而且已经对银行的生存和发展构成威胁。

大量的不良债务已严重制约国有银行的商业化改革。在经济转轨时期，加速推进国有银行的商业化，对于中国宏观经济和微观经济改革都有着全局性的影响。没有银行的商业化，中央银行通过市场调节货币，通过货币政策来稳定经济就缺乏微观基础；没有银行的商业化，国有企业的改革就缺乏最重要的条件，即消除国有银行对企业的软预算约束；没有银行的商业化，也不可能按市场原则配置资源，以实现提高社会经济效益的目的。总之，如果不尽快妥善解决大量的债务问题，加快建立中国商业银行体制，就不可能有中国经济的全面市场化，就难以真正建立起社会主义市场经济体制，有效的宏观调控也缺乏坚实的基础。

2. 转轨时期国内储蓄的主体是社会公众，大量不良债务直接影响社会的稳定。

经过十几年的经济体制改革，我国国民收入分配格局发生了深刻的变化，并由此引起国内储蓄由政府和国有企业储蓄为主，转为个人储蓄为主。在国民储蓄总额中，1979年个人部门占23.55%，企业部门占33.65%，政府部门占42.8%，到1991年，三者在国民储蓄总额的比重分别转变为71%、25%、4%，1995年估计三者的比重分别为70%、25%和5%。可见，目前我国国内储蓄近70%来自于个人，而个人储蓄90%通过银行集中与分配。如果不妥善解决大量的不良资产问题，就会直接影响到广大储蓄者的利益，由此对保持社会稳定产生不利影响。对此，应当有清醒的估计。

3. 从解决债务问题入手，加速国有经济战略调整。

过去国有企业主要依靠政府、依靠财政注入资本，而现在主要依靠银行。目前国有企业的负债率处于明显偏高的状态。我国国有经济总资产为4.13万亿元，而总负债为3.10万亿元，资产负债率已达75.1%。有两个数字更能说明问题：国有企业的资产盈利率目前大约为6%—7%，而贷款的平均利息率为12%左右，如此之高的资产负债率和如此之低的资产盈利率，使国有企业亏损严重，运作陷入困境，国有企业只得把亏损以赖账方式转嫁给银行。由此看来，银行给企业的贷款少部分已成为呆滞款项，一部分实际上已变成企业的资本。这部分贷款银行也是很难收回的。所以，解决银行的不良资产需要与国有企业产权重组资本重组结合起来进行，从制度创新中寻求银企间的新型关系和解决债务问题的根本性措施。

庞大的不良债务是传统体制和体制转轨时期遗留给国有经济的历史性包袱。这个问题如不能得到切实解决，国有经济的战略性改组就无法真正进行。"九五"时期，是我国建立社会主义经济体制的关键时期。十几年来，我国的改革走了一条循序渐进的道路，从最容易取得成功的领域开始并逐步推进，由此获得了举世瞩目的巨大成就，经济体制和运行机制发生了实质性变化；但同时我们把改革的难点问题尤其是国有经济内部的问题累积起来，留到了目前的这个阶段。现在看来，债务问题尤其突出，是拖不过去的。我们应在"九五"期间下大决心彻底解决这个历史遗留的问题。只有这样，我们才能主动地对国有经济进行重新改组，才能保证在20世纪末初步建立社会主义市场经济体制。

4. 银企债务关系恶化久拖不决会导致信用危机，从国际经验看愈早解决愈主动。

从国际经验来看，从90年代初，日本的金融机构就背起了因80年代后期累积的房地产、股票等泡沫经济崩溃所产生的不良债权的包袱。当初对泡沫经济崩溃的影响认识不足的日本金融当局，只是静观事态的发展。而每年土地、股票等资产价格都在下降，不良债权的金额也在增大。与不动产相关的不良债权增大所造成的金融危机，最近在美国、法国和北欧各国时有发生。日本在反省处理金融危机的对策时认为，由于早期对策迟缓，导致了日本金融体制的危机，政府也因此而被强加了巨额资金的负担。因此，损害商业银行健全性的最大癌灶就是不良债权的发生，对此症宜早发现与治疗。

就现状而言，庞大的不良债务问题不解决，国有专业银行走向自负盈亏的商业银行迟早会出现信用危机，十分危险。国有企业背负着沉重的债务包袱，债务越滚越大，生产经营难以为继，最终将陷入无法摆脱的债务危机，也有可能因此而诱发严重的经济与社会问题。中国商业银行的不良资产也已到了非彻底解决不可的地步了。

5. 债务问题是国有银行向商业银行转轨无法逾越的障碍，解决债务问题对于企业和银行均具有紧迫性，且时机较为成熟。

目前债务问题已造成银行和企业关系的恶性循环：银行加强对

债务的管理与催要，对企业申请的新贷款持谨慎态度；企业一方面无力偿还债务，抱怨银行逼得太紧，另一方面又难以取得新贷款以发展生产。

沉重的历史债务包袱使企业发展如履薄冰，转轨建制、优化结构、提高技术水平、建立现代企业制度等均遇障碍。银行方面面临的困难也很突出：一是加大了贷款资金风险和损失，银行资产难以保全；二是资金难以合理流动和优化配置，存量不活，增量不优；三是信贷约束软化，金融调控乏力，因而信贷资产质量提高异常艰难，银行无法按商业银行机制运转；四是货币政策传递和宏观金融管理都无法取得预期效果，中央银行不能实施有效的宏观监管。这种格局必然使国有专业银行向国有商业银行转轨步履维艰。

我国已提出了"九五"时期进行国有经济的战略改组、彻底调整国有企业结构的改革任务。此外，《中国人民银行法》《商业银行法》又颁布实施。这些都为寻求债务问题的解决，进而推进银行的商业化和国有资产的市场化创造了条件。因此，债务问题解决的时机基本成熟。

二 以债务托管为主，结合多种措施，力争在"九五"期间全面解决债务问题，加快推进银行商业化

6. 成立具有权威性的全面解决债务的托管机构。

从中国专业银行和国有企业的债权债务现状出发，迫切需要由政府组织建立一个从中央到地方（省、市）具有权威性和过渡性的债务托管机构，一揽子负责经营、管理和处置目前国有商业银行的不良资产，并进而推动国有企业的重组。该机构可考虑以现行国有资产管理局为主体筹建，要力争在"九五"时期里完成其债务托管使命。

债务托管机构的主要任务有两个：

第一，从国有银行接管企业的不良债务，把银行解放出来，确保银行经营和业务正常运作，使银行的商业化能真正迈开步子。从此，商业银行不再承担任何指令性政策性贷款，完全按照商业化原则实施贷款。

第二，托管机构通过拥有相关企业的债权，参与企业重组，进而推进企业全面的市场化改革。通过重组企业债权调整企业结构，加快国有企业尤其是中小企业的产权流动，并强化企业经营管理，提高整体经济效益，在解决历史债务的同时，又防止新的银企不良债务的形成。

我国国有企业的债务问题有其特殊性。债务托管机构的运作应当充分考虑到国家、企业、银行等多方利益的协调。在我国，实际上只有一个债权人，即国有银行。由于债权（国有银行）和债务人（国有企业）最终由同一个"人"（国家）所拥有，所以原则上讲核销债务即可解决。然而，在同一名义所有者（国家）之下，与企业债务有重大利害关系的有三个部门：国有企业期望注销和减免更多的债务，国有银行则反对这样做，除非银行系统能得到足够的补偿，财政部门也不愿用更多的财政收入为企业重新注资，造成国家财政紧张和扩大赤字。所以，债务托管方案的顺利实施，关键是在债权债务人都做出一定牺牲的情况下寻求各方利益的平衡。

同时，如何科学合理地界定到一定时点的不良信贷资产，并将其从银行的全部贷款中剥离出来，直接转给债务托管机构，也是需要在债务托管中认真研究的重要操作性问题。可以设想的方案是，专业银行的基层行（处），在清产核资中，把《商业银行法》实施以前的不良债权逐笔登记造册，经当地人民银行、财政、审计与企业主管部门共同认可后，上报各自上级行，经过一定的分离程序转给托管机构。

7. 托管机构接管不良债权后，银行、政府、企业、托管机构等均应为化解债务做出贡献。

——作为债权人的银行必须为一次性解决不良资产做出牺牲。在债务托管过程中，以具有吸引力的折扣向托管机构转让债权，争取通过这种方式解决20%左右的不良资产。这个折扣应由银行的呆账准备金和一定的资本金来承担。在债务剥离过程中债权人的必要付出是值得的，尽管银行必须较显著地减少资本金，缩小规模，但有助于从整体上搞活国有银行的国有资产，有助于银行摆脱历史包袱进入真正的商业化经营，更好地加强债务约束。

——债务托管机构需要政府适当注资，由中央财政和地方财政共同注入一定数量的资金以便托管机构购买银行的不良债权，设想这部分注入能占到不良债权的10%左右。这样做，不仅减轻银行债务负担，而且可以改善银行资产质量，满足银行资产流动性需要，有效调整信贷结构。"九五"期间政府拟对那些历史包袱和社会负担重，而又在国民经济中占有重要地位的国有大中型企业投入一笔"资金"。建议这笔投入能直接注入债务托管机构来统筹解决大中型国有企业的负债问题，有望获得较为理想的产出。

——政府应支持托管机构通过多种方式筹资购买债权，力求筹措到购买不良资产总额25%左右的资金。债务托管机构可采取发行债券、建立债务重组基金等办法筹措国内外投资者的资金，以此购买专业银行对相关国有企业的不良信贷资产，从而对负有专业银行债务的相关国有企业拥有债权。托管机构可对企业的部分产权转债券。托管机构也可先接管银行的不良债权，然后进行债券化处理，并把这部分债券拿到国有企业债务流通市场进行转让，可以转让给其他投资银行、非银行金融机构或其他企业。通过这种办法来减轻企业债务并收回一部分资金，补偿银行的损失。当然，这就需要培育国有企业产权流通市场和债务流通市场与之相配套，需要我国证券市场的进一步发展和完善。

——在企业重组中获得一部分债权补偿，力求获得20%左右的不良债权补偿。根据国际上通行的做法，当企业处于过度负债、自身难以清偿到期债务而陷入困境时，大多采取两种途径来处理。一是出售企业资产或进行破产清算以抵偿债务；二是对企业进行改组，通过各种方式调整资产负债结构，使企业获得新的生存基础、寻求新的发展机会。托管机构接管不良债权后，应加快推进企业重组，区别情况，采取相应转化措施，盘活资金存量。也可通过债转股、招商、租赁、转让、拍卖等方式化解不良债权。

——争取25%左右的不良债权的良性化。在债权托管过程中，对于不良债权需严格区别，分别处理。对于相当一部分尽管债务沉重但产品有市场，发展有前景的企业债务可采取暂时免息、停息和推迟偿还本金等办法支持企业发展。并由债务托管机构与企业重新签订债务偿还协议，使一部分不良债权化解为良性债权。

8. 债务托管机构接管银行不良债权后，对于关系国计民生的大型企业可试行债转股，化解企业不良债务。

对于大型国有企业可在债务股权化中进行产权重组。国有企业现存债务问题的根源是产权问题，其产权界限模糊和产权主体虚置，对企业经营管理者缺乏产权约束和财务压力，这个问题不解决，债务问题就难以从根本上得到解决。因此债务托管机构必须在接管银行债权后对企业进行公司化改造，实现产权重组，达到解决债务负担的目的。在债务问题上，也应贯彻"抓大放小"的战略方针，对于关系国计民生具有战略意义的大型国有企业，因非企业因素形成的债务，托管机构可将所有不良债权转换成企业股权，并尽可能将这部分股权转让给投资银行，由投资银行持股。对于那些特大型的基础工业企业，其贷款中凡属于财政拨款改贷款的，这类贷款均可改为由政府投资形成的股权，这部分股权，由国家控股公司从托管机构购买而持有。

9. 债务托管机构可委托非银行金融机构参与债务重组。

由于不良债务数量庞大，债务托管机构应积极鼓励非银行金融机构、资产经营机构等中介机构提供资金参与债务重组。中介机构参与债务重组的好处：一是在解除国有企业不良债务的同时进行企业改制，通过中介机构的介入，改变原国有企业国家单一所有的股权结构，将国有企业改造为有限责任公司或股份有限公司；二是能优化银行资产负债结构，为银行商业化创造条件；三是通过中介机构参与债务重组，有助于塑造一大批资本市场的投资主体，为我国资本市场的形成与完善奠定基础。目前，全国企业产权交易发展的势头强劲，为中介机构购买托管后的不良债权，参与债务重组提供了充分的信息来源与运作空间。因此，完全有条件在债务托管后，加大非银行金融机构等中介机构参与解决银企债务的力度，为不良债务的解决寻求资金支持。

10. 债务托管机构应加快推动企业产权交易，在国有资产的流动中盘活不良信贷资产。

产权是一种商品，既包括物权，又包括债权；既包括价值形态，又包括实物形态；既包括有形资产又包括无形资产。企业产权交易实质上是进行存量分解，实现资产存量优化配置，也是化解银行不良信贷资产的市场手段。随着产权交易市场的发展和对外开放的进一步深化，国内机构投资者，尤其是外商对通过购买托管机构的债权来收购某个企业的做法会越来越感兴趣。债务托管机构可引进外资和民私营资本，把一部分国有企业改为多元所有企业，化解部分债务。一部分企业也可通过出让部分资产的形式归还债务。

11. 债务托管机构应加大企业兼并、合并及破产的力度，在企业重组中解决一部分不良债权。

目前我国不少效益较好的企业远没有达到规模经济。因此，通过兼并，企业只需投入少量资金和调整生产管理方法，就可达到扩大生产规模、降低生产成本的目的。企业在合并中形成了新的生产组织，释放生产力，这有助于活化一部分不良债权。破产、拍卖一些企业，清偿不良债权。现在银企之间的一部分不良债权债务，因体制和历史的因素，已经变成死账，应对其实施破产。托管机构在全面介入破产企业的清盘活动中，最大限度地解决债务问题。债权托管机构对一些严重资不抵债、又没有转制前途的、也不关系国计民生的中小型企业，可以采取公开竞争拍卖、有偿转让等方式使之民营化，并回收一部分资金。

部分小型国有企业的债务可由企业的职工平均承担，职工通过向托管机构购买债权的方式向企业入股，相应拥有企业的产权，将企业改制组成股份合作制企业。这样，不仅托管机构可以活化一部分债权，而且企业经过改制后，领导及管理体制发生变化，经营机制得到转换，经济效益会好转。这样把债务重组的一部分成本转给了职工，职工用支付的这部分成本获得了企业的所有权和日后的收益权。

12. 通过制度变革建立市场化的新型银企关系，防止新的不良债务的产生。

在经济转型时期，债务托管是实行银行商业化以及推进企业改革不得已而为之的措施，这对于解开银企间的债务链，使双方放下包袱走向市场是有积极意义的。但弄不好容易给企业造成误导：借债可以不还，使一些企业寻求摆脱困境的途径时，走上逃债的误区，这将给整个信用秩序带来灾难性后果。因此，在债务托管过程中，政府应当发出明确的信号：债务托管仅对历史债务而言，而且下不为例。国有银行商业化已经开始，银行也是企业，因而将完全根据效益原则发放贷款，银企双方均以利润最大化为目标。以债务托管为契机，企业应与银行建立起正常的资金借贷关系，形成"举借债务—发展生产—获取效益—归还债务"的良性循环。

13. 解决历史债务须与建立现代企业制度相配套。

国有企业投资的低效率和经营管理的低效率是造成企业高负债率和银行巨额不良资产的根本原因。通过银行与企业间债务的重整可在一定程度上减轻企业负担，提高一些企业的经营效率，但是逐年降低企业高负债率，消化银行不良资产的最根本途径是国有企业效率的稳定提高。否则，旧债刚解决，新债又会产生，负债率很难降低。因此，债务重组必须与明晰国家与企业间的产权关系，政府与企业的关系相结合，加大国有企业战略调整的力度，加快建立现代企业制度。

14. 转轨时期要尽可能减少商业银行承担的社会义务。

在实现国有专业银行的商业化过程中，还存在着某些非商业性金融业务。国家政策性银行成立以后，原则上国有商业银行不应再承担非商业性金融业务。如果一方面要求国有银行加快改革，向商业银行转化；另一方面又要求其承担一定的社会义务，如给亏损企业贷款等，这不仅不能从根本上解决债务问题，而且国有银行的商业化改革将难以进行。在目前的过渡阶段，如果国有银行还不得不承担少量的非商业性金融业务，对此必须给予量化。具体操作可以参照国外的经验，即根据银行在当地的业务量，主要是吸收存款的数量，规定其中应有一定的比例用来扶持和发展当地的企业和地方建设，并对此实行分账管理。

15. 大力培育和拓展资本市场，为债务重组和产权流动创造良好条件。

资本产业的兴起，是在财产所有权与企业法人财产权大规模分离基础上发生的市场经济内部的新的产业分工。这一分工产生的合理性和必然性在于：唯有专门从事资本经营和投资活动的资本产业的存在，才能超越直接从事商品生产企业的狭隘眼界，在不同部门、不同企业、不同地区和国家范围合理而高效地配置资本。

我国国民经济正处于国际化过程之中,整个世界也正处于经济一体化过程之中。世界经济一体化的本质是各国资本的国际化与一体化国际资本市场的形成。各国之间的经济竞争不再仅仅表现为产品贸易的竞争,而是集中表现为在统一的世界资本市场上的资本竞争。在这种情况下,为在一体化世界经济格局中实现我国的经济强国之愿,我们必须通过大力拓展我国的资本产业,参与国际间的资本竞争。

我国作为一个经济大国,不仅具有丰富庞大的自然经济资源,而且通过几十年的努力拥有了规模巨大的实物资产。从世界经济总体格局分析,我国目前并不具有绝对优势产业,但却存在着一种巨大的潜在资本优势。通过大力培育和拓展我国的资本市场,这种巨大的潜在资本优势就会转变为巨大的现实资本优势,从而为债务重组和产权流动提供空间、奠定基础。

16. 在国有经济战略性改组中保持经济的持续增长,有助于消化和吸纳不良债权。

根据发达国家的经验,经济的发展能给不良债权的消化创造良好的条件。就中国现状而言,大量的债务是历史形成的,依靠发展,保持经济的持续增长可以消融一些债务。因此,必须在加快市场化进程中,促进资本结构的调整和社会资源的有效配置,使社会资本特别是国有资本发挥出更大的效益。加大吸引和利用外资的力度,一般竞争性领域主要由非国有经济进行投资,国有资产主要应在基础领域、关键部门和公用事业中发挥作用。这样既有利于经济发展,也有利于债务问题的解决。

17. 在债务托管后,综合运用多种措施,力争全面化解不良债务。

中国债务问题的复杂性,要求在托管后吸收解决不良债务的其他思路的一些可行做法：因为国有企业不良债务不完全是企业经营不善带来的，而主要是长期以来形成的企业制度不合理、产业结构和企业社会负担过重等因素综合作用的结果，因此可由国家财政拨款核销一部分托管后的债务；也可将托管后的债权一部分转变成托管机构的股权，由托管机构对企业持股；也可向非银行金融机构和国有资产经营机构转让债权，进而实现"债权—股权"的转换。政府必须在政策上支持投资银行和非银行金融机构购买托管后的不良债权，如让投资银行购买一部分效益好的企业的股权，以保证其资产质量等级。

三 结合债务问题的解决，推动银行组织体系变革

18. 加快银行业产权制度改革，逐步对国有商业银行实行股份制改造。

由国家独资的四大国有专业银行，今后要不要进行产权制度改革，这主要取决于要把国家银行办成什么样的商业银行，是国家独资的商业银行还是国家控股的股份制商业银行。从国际上国有商业银行发展的经验和我国银行的现状看，国家控股的股份制商业银行具有更多的优越性。

在法国、意大利、西班牙、奥地利等国家，过去都是实行银行国有化的国家，由于国有化不成功，迫使这些国家的政府拍卖国有银行，实行股份制。如奥地利政府将拥有的两家大银行的股份减少至51%，法国把原来已经国有化的法国兴业、东方汇理、法国商业等银行重新出售，意大利出售意大利信贷和意大利商业银行。墨西哥政府出售了在18家银行中的股份，获得120亿美元的收益。波兰政府保留对银行30%的股权，还有一些国家的政府保留对银行的少量"金股权"，即拥有足够的投票表决权，使政府对收购兼并具有否决权，以确保银行不被外国收购。

从国际惯例看，绝大多数国家政府都控制政策性银行和专业性金融机构，如进出口银行、邮政储蓄银行、房地产储蓄机构等，而对商业银行实行股份制。从我国的情况出发，加快国有银行的公司制改革，并选择一两家国有银行进行试点，在此基础上逐步实行国有银行向公有制为主体的股份制商业银行的过渡。

19. 在债务托管后为保证商业银行资本金的充足率，应吸收投资基金等机构投资者入股。

国有银行的国有资本金经债务托管后会相应缩减，估计在20%左右。在此情况下，可吸收企业和机构持股补足资本金，并由此形成广泛的公有股和较为合理的股权结构。同时，一部分区域性的商业银行还可让出10%—20%的比例吸收外来资本入股。这是我国商业银行走向国际化、参与国际竞争的有效途径。

20. 国有独资商业银行要尽快建立起企业法人治理结构。

目前应加快将国家专业银行转变为国家独资公司，并真正依公司法操作。国有独资公司是有限责任公司的一种，它虽仅有国家这一个股东，但依公司法成立和组织，因而不同于原有的国家专业银行。因此，必须强调认真按照公司法操作。首先，在转变国有独资公司之前，认真进行国有资产的评估；其次，在组织机构上，依《商业银行法》规定建立监事会、董事会，董事长、经理的产生及职权，均应执行公司法的规定，公司机构的运营应严格依公司法办理，国家作为股东，享有股东权。

21. 以解决债务为契机，可试行将一家专业银行组织机构先行调整，形成大商业银行、区域性商业银行和合作银行并举的格局。

我国原有的四家专业银行的组织体制的特点表现为：银行的数量少，但每个银行的规模很大；银行的分支机构是按行政系统设置；多数分支机构只从事管理，不从事经营，即三级（或四级）管理，一级经营。这是一种自上而下按行政系统分配资金的体制。实践越来越证明，这种组织体制已不大适应国有银行向商业银行的转变。首先，按行政系统设分支机构，管理层次多，管理成本高，经营效益低。其次，银行规模过大，银行数量过少，并且按农业、工商业等业务分工设置银行，每家银行在各自的服务领域内都处在垄断地位，因而阻碍竞争，影响效益；而且少数几家国有独资银行也不适应众多的不同类型、不同所有制企业的融资需要。

调整国有专业银行的组织结构，需要和我国商业银行组织结构的整体设计结合起来考虑。我国银行的服务对象主要是企业，这些企业大致有三大类：一是大型企业和企业集团；二是中型企业或地方性企业；三是小型企业。根据这三类服务对象，可以设计三种类型的商业银行，即全国性的大商业银行、区域性商业银行和合作银行，这种组织结构类似日本的商业银行体系。借鉴日本的经验，我国的大商业银行主要为大型企业和企业集团服务，区域性商业银行以中型企业、地方企业为主要服务对象，也可以参加对大企业融资的银团贷款，合作银行则主要为各类所有制的小型企业融资。

构筑我国商业银行的组织体系，可以从两方面入手，一是调整和重组原有的银行机构；二是建立一批新的商业银行，包括合作银行。对于原有的国有专业银行，由于其规模过大，并且有垄断性，因此改革的途径应该是对原有的银行试行分解，使其适当缩小规模，增加银行的数量。目前，可考虑选择一家专业银行先行试点。

22. 加快培育和发展一批新的商业银行，为专业银行的改造与债务重组拓展空间。

适应我国经济发展需要，应当在进行国有银行改革的同时，加快培育和发展一批新的以公有制为主体的股份制商业银行。

在国家专业银行商业化改革面临诸多障碍的情况下，商业银行的制度创新与增量改革，不仅具有制度结构替代上的变革效应，而且有助于弱化存量市场化改革的阻力，促进专业银行制度的逐步调整，从而使进一步改革的社会成本递减。并且在商业银行发展过程中，其提供的金融产品在金融市场交易中占有相当大份额时，又会逐步吸纳处于改制过程中的国有企业的资金需求，从而使其对国家专业银行资金供给依赖度减弱，专业银行的社会经济压力会在一定程度上减轻，改革的步伐会进一步加快。

四 解决大量不良债务过程中，必须把防范金融风险放在首位

23. 在最大限度避免金融风险的前提下积极妥善解决不良债务问题。

经济转轨时期，我们在解决大量不良债务中面临两难问题：一是不加快解决大量不良债务，势必会加大始终存在着的金融风险；二是在解决大量不良债务过程中，有可能会发生金融风险。出路在于，在最大限度防范金融风险的前提下，积极稳妥地解决债务问题。由于形势的快速发展和变化，债务问题久拖不决，迟早会发生金融风险，为此必须加快解决债务问题。在解决债务问题过程中，又要时时防范全局性的金融风险出现。

近年来国际金融风险的加大，给我们提供了两个方面的重要启示：一是诸如墨西哥金融风潮、巴林银行破产等教训告诫我们，在坚定实行经济对外开放的前提下，必须加强宏观调控，从本国实际出发制定有效措施，防范金融风险。二是一些国家目前正面临着的金融危机，都同债务过重、经济困难直接相关。如日本的呆账、坏账已高达12000亿美元，使日本的金融体制面临战后最严重的金融危机。这表明，大量债务问题不解决，严重的金融危机是随时可能发生的。

就我国的基本国情而言，既不能寄希望由政府大量注入资金，又不可能通过加重社会负担来解决大量的债务问题。唯一的出路是依靠市场化改革来化解不良债务，在加快建立和完善市场经济体制中积极寻找妥善解决不良债务的有效办法。

24. 采取多种措施减少和防范商业银行的信用风险。

我国经济转轨时期，由于大量不良债务的存在，使国有银行在一定程度上面临信用风险，甚至有可能出现局部的信用危机。特别是目前尚未从制度上完全杜绝新的不良资产的产生，这又加大了国有银行的负担。由于现阶段国有银行同国有企业和社会公众利益的直接联系，银行的信用风险必然直接导致经济和社会的震荡。转轨时期没有哪一种风险比来自银行的信用风险更具有全局性的影响。因此，防范金融风险，第一位的是要想办法减少和杜绝可能发生的银行信用风险。

从根本上解决国有银行信用风险，应当在改革中采取多种解决办法，例如银行适当出让一部分股权和鼓励机构投资者参股，补充和扩大银行资本；尽可能在短期内把银行一切政策性、社会性业务分离出去，加快银行的商业化步伐；适当减少银行的营业税收，提高银行准备金比例和处理债务问题的能力；等等。

25. 在逐步推进利率市场化中提高资金使用效率，防止不良债务的不断增加。

当前中央银行宏观金融调控的主要手段是规模和利率的双控制。这种控制手段容易导致专业银行资金与规模的脱节，使资金的闲置与资金的不足同时并存，资金利用效率难以提高。同时，被控死的利率水平既不能跟踪物价，又不能合理反映资金供求关系，缺乏弹性和灵活性。就中国企业现状而言，由于低利率对贷款需求没有抑制性，造成企业只有贷款冲动，而无还贷约束，从而不断形成新的不良债务。因此逐步实行利率市场化，既是市场经济的客观要求，也是有效防止银行新的不良债务形成的重要措施。

从对中国宏观经济模型的计算和模拟分析中，可以推论：中国的经济增长每年可吸纳大约16%的货币供给增长，而不致引发严重的通货膨胀。在中国目前的经济运行机制下，不必担心利率变动对通货膨胀有明显的影响。通过将官方利率和实际存在的市场利率逐渐并轨，将使得判断均衡利率水平成为可能，并有可能使资金约束放松，有效投资增加，银行不良债务减少，实际国内生产总值增加。

从我国的现实情况出发，放开利率可采取渐进方式。目前可首先调整利率的浮动幅度，实行可调控的浮动利率，促使利率在改善企业和银行经营状况中发挥较大的作用，并逐步过渡到市场利率。

26. 借鉴国际经验，实行储蓄保险制度。

由于改革开放以来，储蓄结构发生了变化，国内储蓄的主体是个人，银行对国有企业的贷款及建设资金主要来自老百姓的存款，数千亿元不良债务涉及存款人的利益如何保护的问题。这是一个需要高度重视的大问题。与此同时，保持中国经济的持续增长，迫切需要银行集中广大社会公众的更多资金予以支持。因此，保护存款人的利益，就是保护银行在公众中的良好信誉，就是保证中国经济稳步增长的主要资金来源。

借鉴一些发达国家的经验，为减少因债务等问题引发金融风险而导致存款人利益损失，我国目前就应当着手实行储蓄保险制度，并抓紧制定相关的储蓄保险法。从法律上严格规定储蓄保险机构的责任准备金及存款人在一定条件下可获得的存款保险金，使存款人的利益得到切实保护。这也将有助于预防局部的挤兑等金融风险的发生。

27. 从实际出发，努力改进限额控制下的资产负债比例管理。

巴塞尔协议改变了国际商业银行以资产总量比高下的传统，提出了以银行资本和资本充足率评价银行实力和防范银行金融风险的新概念。巴塞尔协议规定，商业银行的资本充足率必须达到8%。我国国有专业银行在向商业银行的转化中总资本对全部风险资产的比率逐步达到8%是可以做到的。问题在于，国有企业市场化改造不最后完成，国有商业银行就不可能摆脱不良资产的困扰。因此要根据实际情况，区别不同类型的商业银行，分阶段制定中国商业银行自身的资本充足比率。作为配套措施，还应当通过降低营业税、适当股份化、提留准备金和增加附属资本等来多渠道补充银行资本。对实行股份制改造的商业银行，可以采取扩股形式增加自有资本，从而提高资本充足率。对国有独资的商业银行，可以从税前利润中按一定比例提取自有资本金。

此外，要从实际出发，努力改进限额控制下的资产负债比例管理。目前在国有专业银行全面实施的"限额控制下的资产负债比例管理"办法表明，资产负债比例管理暂时还不能取代贷款限额管理。因为要完全取消贷款限额管理，有待银行环境的改善，如政策性业务和经营性业务的严格分开，银行能够实行真正商业化的自主经营，金融市场包括资本市场与货币市场的进一步开拓和完善规范等。在同时实行贷款限额管理和资产负债比例管理的情况下，可以把资产负债比例管理的要求有机地纳入贷款限额管理的序列，逐步创造条件最终实行完全意义上的资产负债比例管理。

28. 加快建立和完善商业银行资产风险管理制度，加强严格的监督和内部控制。

为了有效地防范金融风险，我国银行业参照国际惯例，并根据自身环境和条件，初步构造了以审贷分离、资产负债比例管理、资产风险量化管理为代表的资产风险管理制度框架，并在实践中积累了一定的经验。从转轨经济的实践角度，我们还需要从宏观上重视建立商业银行的风险分析制度。包括信用分析、市场风险分析、宏观经济环境分析等，同时，充分认识银行风险分析的相对性，完善银行资产风险补偿机制。要完善呆账准备金制度，即采取对不同风险权重的资产提取不同比例的风险准备金的办法，并随着负债成本上升、风险明显加大，适度提高呆账准备金比例，以保证足够的自留资金抵御和补偿风险。要建立风险调整的资本收益系统，把收益、风险、自有资本有机地结合在一起，对每笔收益进行风险调整，并按每一项业务的风险准备相应的自有资本，为可能的损失提供足够的补偿和保障。

要建立评审制度，对贷款对象的信用度、风险度进行评估审查，按信用等级发放贷款，并对贷款项目的可行性、效益性进行评估分析，对企业的经营风险及抗风险能力进行监测。

要加强稽核监管，建立现代商业银行的内部控制制度。按照银行内部合理分工产生的相互联系、相互制约关系，建立一系列具有控制职能的方法、措施和程序，并予以规范化、系统化，使之成为严密、完整的内部监控体系。

要深化银行内部管理体制改革，搞活经营机制，强化银行会计和财务管理。从强化管理的角度，建立起一套财务事前预测、事中监控、事后检查的稽核制度。要以效益为核心，对银行各主要部门的经营目标、责任与成果进行经常性调控和考核，特别是对资金组织、资金应用及本息回收情况进行系统监管。

29. 通过理顺财政与银行的关系，有效地防范金融风险。

要严格划清财政与信用的界限，正确界定财政资金与信用资金的作用范围。严格规定和执行中央财政发生赤字时不得向中央银行透支，而是通过发行长短期债券从市场筹集资金。为此应大力推进公开市场操作，把国债、主要是国库券作为严格划清财政和信用界限的现实选择。

要增加财政资金使用的透明度，财政部应定期向社会公众公布财政资金使用状况，增加市场资金的信息量，通过市场运行机制来增强正确划分财政与银行关系的力度。

严格区分政策性贷款和金融性贷款，防止银行的财政化倾向；

坚持竞争性生产建设项目必须通过市场获得资金支持,减少增加新的不良债务的可能性。

30. 确立中央银行实行银行监控的权威,加大政府对金融监管的力度。

转轨时期金融秩序混乱是造成经济秩序混乱的根源,经济发展越快越要加强金融监管。要认真贯彻《中国人民银行法》和《商业银行法》关于银行监管的有关条款,在中央银行和商业银行之间、商业银行和商业银行之间、商业银行和存款人之间建立起正常规范的监管机制,努力实现银行监管机制的统一性、权威性和协调性。

目前具有实际意义的是如何真正确定中央银行作为银行监管唯一主体的法律地位和权威,使其能够真正独立公正地行使包括检查监管权、管理权、制裁权在内的法律权力。为此,建议在中央银行领导下建立银行监管局,并通过立法或行政法规,赋予其相应的权力。与此同时,要注重通过吸收金融专家和社会的力量加强中央银行实施金融监管的力度和提高金融监管技术化程度。

中央银行要努力掌握和分析金融信息,消除因信息不灵而造成金融风险的可能。为此,中央银行的监管内容要从过去对金融机构合规性监管为主转变为合规性监管与风险性监管相结合,变事后监管为预防监管;要从过去现场稽核为主转变为现场稽核与非现场稽核相结合,变被动监管为主动监管;监管手段要从过去的手工操作转变为大量运用计算机等现代化工具,变人力监管为科学监管。

在营造公平的金融竞争环境、逐步允许外国商业银行参与中国银行业竞争的过程中,要加强对外资的监管。在外资参与中国金融业竞争的进程当中,要根据中国金融市场的发育程度和银行监管的实际水平,逐步放开对外资进入中国金融行业的限制;对外资银行机构经营人民币业务应持谨慎态度,要在解决不良债务的过程中,鼓励外资参股或购买部分商业银行一定比例的股份。

打破垄断：引入竞争的中国基础领域改革（22条建议）*

（1999年11月）

在我国当前的宏观经济背景下，扩大内需和拉动社会投资，重要的途径之一是加快基础领域改革。这是因为，当前制约社会投资启动的原因是一般加工业投资饱和，民间不愿投，而市场空间较大、具有长期稳定效益的基础设施产业和服务业，如电信、铁路、航空、城市基础设施、教育、金融等产业门槛过高，存在着较强的行政垄断，过多的行政干预和过滥的不合理收费，使社会资金的进入受到市场准入的限制。尽管改革开放以来，某些行业、局部地区为了发展的需要，有限度引入民间资金和外资投资基础设施，但是从整体上看，基础领域市场化改革并未有实质性的突破，尚未建立比较完善的市场竞争机制。基础领域投资体制改革的严重滞后不仅对国民经济的发展产生严重制约，而且远不能满足广大群众日益增长的消费需求。更为紧迫的背景在于，我国即将加入WTO，而我国基础领域与发达国家相比，不论是在管理体制和经营机制方面，

---

* 中改院课题组：《打破垄断：引入竞争的中国基础领域改革（22条建议）》，1999年11月。

还是在技术装备、资金、人才、管理、服务等各方面均有很大的差距。因此，如何把握好近两三年的时间，加快推进基础领域改革，初步完成基础领域引入民间投资和建立竞争机制的改革任务，已成为相当严峻和迫切的重大课题。

一 从我国经济社会发展的全局出发，正确判断基础领域改革的迫切性

1. 加快基础领域改革，推进基础领域投融资的市场化进程，是通货紧缩压力下我国宏观经济政策的重要内容。1998年以来，针对我国出现通货紧缩的趋向，政府实施积极的财政政策，加大对基础领域的投资，这一政策选择不仅对制止经济下滑、改善宏观经济环境起到重要作用，而且也反映了我国经济发展对基础设施的内在需求。从基础设施和经济增长的内在关系来看，当一国经济发展到一定阶段，就需要相应增加基础设施的供应，这时增加基础设施投资所产生的边际效益将会大大超过用于其他方面的等量投资的边际效益。问题在于，面对基础设施庞大的投资需求，政府的力量是有限的，政府不可能成为投资的主体，真正的主体是企业和社会。如果社会投资没有启动，仅仅依靠政府发行国债，扩大政府的直接投资来刺激经济增长，其效果只能是暂时和有限的。

民间投资迟迟不能启动的根本原因在于我国基础领域的管理体制和运行机制严重不适合基础领域发展的需要，产业门槛太高，民间资本进入受到市场准入的限制。因此，只有通过开放基础设施投资领域，放松市场准入限制，采取多种措施，充分调动民间和社会各方面投资的积极性，让民间资本大规模地进入基础领域，加快改变基础设施落后面貌，才能为经济长期稳定发展奠定基础。

2. 产业结构失衡是我国经济增长低速、通货紧缩的深层次原因，基础领域改革是改变制约我国经济增长的产业结构偏差的重要

环节。交通运输、邮电通信、金融保险、教育科技等第三产业部门，不仅是连接第一、二产业与市场的中间环节，还是一、二产业发展的重要条件。我国第二产业的产出比重过大，是传统计划经济体制下片面推行工业化的产物。当我国的市场经济有了一定发展时，由于市场制约使工业增长不能恢复到较高速度，从而主要由工业增长支撑的经济增长就不可避免地受到影响。目前世界经济结构有了根本性的改变，以制造业为主的第一、二产业比重逐步下降，包括金融、旅游、电信等在内的服务业比重已上升为50%，少数国家更是高达2/3左右。而90年代以来我国交通运输、邮电通信、金融保险业以及教育科技在GDP中的比重一直是很低的，有的还有所下降。从我国现实的情况分析，交通运输、邮电通信等基础领域发展滞后的局面，与基础领域的改革滞后直接相关。正是由于基础领域行政垄断，不仅导致基础设施供不应求、产品短缺、服务质量差、收费价格高，而且造成一些竞争性较强的行业，如制造业、加工业、零售业等出现投资过度，供大于求，恶性竞争，加大了企业投资的风险，导致供给结构与需求结构的严重脱节，造成资源配置的低效率。这是我国整个经济不能转入效率提高型持续增长轨道的直接原因。目前国民经济运行中通缩现象表明，我国经济发展必须以较大的经济结构调整为前提，而基础领域改革为产业结构调整提供了有利条件。通过基础领域市场化改革，使社会资金向基础领域转移，既能改变基础领域供不应求状况，又能通过投资结构的转变实现产业结构的调整。

3. 市场经济的发展和社会的稳定对公共产品提出新的要求，加快基础领域改革是政府保证公共产品供给的有效途径。20世纪50年代以来，随着科学技术的进步，社会财富的增长，人民生活水平的不断提高，公众对公共产品的需求也不断提高。人们需要有安全稳定的社会环境，效率高、服务好的发达的基础设施，和谐的生态环境，良好的福利待遇等。面对公众日益增长的需求，西方发达国家为了提高公共产品和服务的供给效率，改善服务质量，满足公众需求，减轻财政支出的负担，纷纷对过去由国家垄断垂直经营的公用事业部门，如供水、供电、通信、航空等这一领域进行市场化、私有化改革，将这一部分公共产品和服务供给交给私人资本去完成，政府提供的公共产品则更多地集中于医疗、教育、社会保障等福利性支出，这一改革不仅极大地促进了基础领域的发展，而且也促进了整个社会福利水平的提高和社会的稳定发展。

长期以来，我国政府在公共产品的提供上，一是偏重生产性的盈利性的经济类基础设施，而对社会保障、文教、环保等公共事业的投入长期不足。二是在公共事业的投入上，又没有把经营性的和非经营性的分开，导致公共产品领域不断扩大，给财政形成沉重的负担，使财政支出捉襟见肘，这既限制了基础设施的发展，使这个新经济增长点难以发挥对推动经济增长的贡献作用，又限制了公共事业的发展，难以满足社会公众对公共产品的日益增长的需求。政府只有有所不为，才能更好地有所为。通过基础领域改革，把一部分竞争性、经营性强的传统公共产品交给民间去投资，减轻财政负担，才能使财政对生产经营领域的投入转到提供基础教育、卫生、文化等公共服务及健全社会保障体系上来。同时，加强对经济的宏观调控，促进经济结构协调平衡并不断升级，通过财政资金投入方式的根本转变，重点保证政府向全社会提供最有效的公共产品，由此为经济发展和社会稳定创造最重要的保障条件。

4. 中国加入WTO后所形成的大开放的格局"倒逼"基础领域的改革，基础领域改革的时间和空间都已经十分有限，对此要有清醒的判断。我国即将加入WTO，改革开放也将进入与国际接轨、与跨国公司合作竞争的新阶段。在短时期内，对基础领域来说，所带来的冲击与机遇并存。目前我国基础设施领域与发达国家相比不仅在技术、装备、资金、人才、管理和市场化等方面均处于明显劣势，更重要的是我国基础领域尚未建立完善的竞争机制，企业尚未在真正的竞争环境下磨炼过内功，基础设施产业的管理体制和充分的市场经济下的管理体制相比，还有很大的差距，缺少规范行业行为的法律文件等。因此，进入WTO后对基础领域的冲击肯定会有的，但是，冲击才会带来发展，企业的发展来自于利润的动力和竞争的压力，引入竞争是提高水平的有效手段。从现在到加入WTO、到取消对部分行业的保护期限，只有两三年左右的时间，留给基础领域自我调整和发展的空间已经十分有限。在有限的时间里，基础领域的产业和企业要增强危机感和紧迫意识，充分利用我国加入WTO带来的压力，大刀阔斧地推进改革，尽快完成基础领域引入民间资本建立竞争机制的基本任务。以改革推动基础领域优先发展，提高基础领域自身竞争力，尽量减少外国资本进入对自身的冲击。

二　基础领域改革的目标是建立充分的市场竞争机制

5. 加快打破垄断、引入竞争机制是基础领域改革的重中之重。当前基础领域存在的问题很多，矛盾重重，如政企不分、产权不清、行业垄断、人浮于事、互相扯皮、服务质量差、经营成本高、集团利益重、资源浪费严重、信息封闭、技术落后、设备老化、管理僵化等。垄断造成的经济低效的种种现象严重地存在于我国的基础领域。因此，解决基础领域各种矛盾的关键是竞争，竞争是反对垄断力量，保持消费者利益的最有效而且是唯一有效的手段。在竞争的环境下，所有企业的管理者的刺激机制是建立在可比较的绩效标准基础上，从而促使管理者尽可能降低成本，提高生产效率，提供更好的产品和服务。竞争还能产生许多信息，消除所有者与代理人、管制者与被管制者之间的信息不对称，打破信息垄断，迫使企业按照边际成本或平均成本的原则定价，以实现分配效率，从而促使整个社会效率的提高。

竞争在一定时期对不同的所有制企业都有兼容性。在竞争的环境下，不仅私有企业会提高效率，国有企业也会提高效率。但如果不存在竞争，被管制的私人企业效率并不一定高于国有企业，也可能会低于国有企业。基础领域国有企业的低效率，其根源在于缺乏竞争。因此基础领域改革的重中之重，就是增加市场竞争，而不是在竞争建立之前，就匆忙进行所有制的变革。

6. 我国基础领域引入充分竞争的关键是尽快形成以市场为基础的价格竞争机制。价格机制是市场机制的核心。建立反应灵敏、信号准确、功能齐全、运转健康的价格制度是基础领域改革的基础性工作。长期以来，我国的基础设施产业主要不是根据一定的经济原理，而是较多地考虑非经济性因素来制定管制价格的，具有较大的行政规定性。这种定价原理不仅缺乏对企业生产效率的刺激，企业没有自我发展的潜力，而且，许多管制价格低于边际成本，这也不符合社会资源配置效率的要求。

近几年，政府放松了对部分电信、电力产品（服务）的价格管制，导致这些基础设施产业中的某些业务领域资本过度进入，无序竞争，从另一极偏离价格形成的经济原理。可见，我国基础领域价格管制急需改革。

随着市场经济改革的深入进行，基础领域价格管制应主要针对自然垄断行业，而不是在一般非自然垄断性业务领域。由于多家企业竞争性经营，竞争机制会自动调节价格，因此对竞争性强的基础领域产品价格，要逐步放开，根据供求关系，由市场决定价格。只有自由竞争形成的价格，才能反映资源相对紧缺程度，指导投资者的投资方向，实现资源的有效配置。

对带有自然垄断性的行业的产品和服务，其定价方法应遵循

"公平合理、切实可行"的原则,由政府、企业、消费者共同谈判、协调,针对市场准入、价格、服务建立约束市场供求双方的准则,达到既能最大限度保护消费者的应有权益,又能保障生产者开展正常经营的积极性。同时,还要提高价格管制效率,防止有的行业和企业滥用市场垄断力量谋取高额利润,充分发挥价格机制在市场经济中调节资源配置的作用。

7. 政府管制应以维护有效竞争为前提。我国在过去被认为自然垄断的一些部门引入竞争,这是一重大进步。目前需要解决的突出矛盾是,一些行业中一部分业务带有自然垄断性特征,因其显著的规模经济,直接的、过度的竞争,反而会导致浪费和低效率,出现消极的竞争结果,如电网、信息网、供水网、铁路网等物质网络经济,这些部门内部存在着竞争有限的问题。但是这并不意味着这些领域就不能引入竞争。在这样的部门引入竞争是为争夺市场而进行的竞争。通过拍卖机制,选择谁成为主要生产者,主要生产者一旦确立,市场潜在进入者的竞争压力和对正在市场上的供给者行为加以很强的约束机制,会促使现有生产供给者提高经营绩效,提高本企业信誉,提高竞争新市场的能力。

政府管制是维护自然垄断性行业有效竞争的前提和基础。当政府决定对那些具有相当市场垄断力量的国有企业进行市场化改革,引入竞争机制时,企业利益和社会利益的冲突就十分明显。为了保护消费者的利益,防止垄断者利用垄断权力获取其他部门的市场权力,政府应通过设计适当的管制机制,采取适当的政策措施来控制企业的垄断力量,例如通过取消壁垒或调整垄断性市场结构,增强现实或潜在竞争的力量;打破企业对信息垄断,获得有关企业降低成本潜力的信息,进行价格管制等。

8. 区别对待、分类推进,探索基础领域建立竞争机制的有效途径。基础领域不同的行业引入竞争的方式和途径是不一样的,要积极探索各行业改革的整体方案。中国电信改革：总的原则和方向应是统一规划、多元投资、开放经营。具体地说：（1）在政府成立授权的专业机构经过充分调查、科学研究的基础上，统一制定信息基础设施建设规划，并以立法的方式保障其权威性。（2）对信息基础设施建设实行统一标准、统一规范，确保通信设施先进、实用和各种网络之间互联互通。（3）在投资方面，为了保障竞争，强调投资结构的多元化，这样既可拓宽投资渠道，加快建设速度，又可以优化资产结构，改善经营状况。（4）在电信基础设施和服务业务的经营方面，打破垄断，实行长话与市话和传输网络与电信业务的分离，保证电信部门内部竞争机制的建立。

电力行业的改革：应当进一步放松管制，政企分开，网厂分离，竞争上网。具体地说：（1）政企分开，一是国家电力公司要将自己定位在企业的位置上进行公司化改造，而不要办成第二个电力专业主管部门；二是中央政府要改变政企不分的管理模式，科学界定政府、电力企业、电力行业管理的职能，减少政府对电力行业的行政干预。（2）网厂分离，竞争上网。即发电与输、配电分离，国家电力公司独资经营管理国家电网，国家电力公司所属的发电公司按区域分解成若干独立的经营实体，并在此基础上进行股份制改革，成为独立的股份制公司，实行所有发电企业，无论国有、中外合资、股份制企业都在公开、公正、公平的原则下竞争上网，迫使电力企业加强管理、降低成本、降低电价。（3）进一步放松管制。在发电领域进一步打破垄断，放松限制，逐步放宽用户对电力企业选择的限制，允许大用户通过输电网向发电公司直接购电，输配电企业只收一定的"过网费"，不再从事电力买卖。

中国铁路改革的大方向是：上下分离、分类建设、分类经营。具体地说：（1）上下分离。打破目前铁路运输行业的大一统管理体制，将铁路的基础设施（路网部分）与路网上的运营设备部分

(客货运输)分开,分别组建线路公司和运输公司,把运输经营推向市场。(2)分类建设。铁路的线网建设中要区分公益性铁路建设和商业性的铁路建设,一些属于国土开发,消除地区间经济发展不均衡,加强民族团结,支持边疆建设,满足军事需要等类型的铁路具有明显公益性,这类铁路不能通过市场经营获得正常的收益和回报,其建设应由国家投入。除公益性铁路网之外的商业性铁路具备了市场化建设和经营条件,对其建设和经营能产生足够的商业利润,这种类型的铁路,应建立市场化的多元投资机制,鼓励地方和广大民间投资主体投资铁路,拓宽铁路建设资金的来源渠道。(3)分类经营。目前我国铁路运输企业除商业运营之外,还承担大量以优惠价或无偿性方式提供的公益性运输业务,如抢险、救灾、支农、军运、专列等,这部分业务造成的亏损应由国家有关部门来承担。

中国民航的改革:我国民航虽然局部初步实现了政企分开和企业分割,但管制尚未完全放开,表现为不完全竞争。为了使人为推动的民航竞争市场进一步生存、发展、壮大,民航业尚需进一步改革。(1)进一步放松管制,鼓励竞争,保护企业间竞争的有效进行。(2)在产品竞争发展到一定程度,鼓励企业相互之间的兼并与联合,将产品市场竞争转向资本市场的竞争。(3)在管制价格达到均衡价格后,应逐步放开价格的管制,通过竞争抑制企业提高价格和取消垄断利润。

9. 扩大股份制规模,培育基础领域市场的竞争主体。基础领域竞争机制建立与基础领域企业的产权制度改革是同步进行的。只有建立明晰的产权关系和完善的内部治理结构的企业,才是基础领域市场的竞争主体,而股份制正是在保持投资主体多元化的条件下,最适合现代基础领域发展要求的投资组织制度和企业组织制度。现代股份公司管理体制的一个重要特征是资本所有者和经营者的分离。在基础设施产业推行股份制的好处：一是能在较短的时间内集中大量的资金，实现资金使用社会化；二是能使具有专业技术知识和管理经验的经营者享有独立的经营权利，有权独立地开展经营管理，提高经营效益；三是股份制把投资者的责任权利紧密结合在一起，引入动力机制，投资的损失浪费现象会大大减少，工期也会进一步缩短，从而提高了基础设施项目的建设效率和效益；四是有利于建立政企分离的政府管制体制；五是股份制有利于优势企业和核心企业通过资本市场形成以资本为纽带的现代企业集团，优化市场竞争主体结构。由此看来，股份制应成为基础领域企业的主体形式。对未来一些营利性的运输、通信、能源等基础产业和基础设施，要大力鼓励采用股份制的方式进行建设，加快推进基础领域股份制规模的扩大。

三　尽快采取有效措施吸收民间资本进入基础领域

10. 尽快引入民间资本是基础领域改革的关键环节。当前，基础领域改革的主要矛盾是引入民间资本。这不仅在于民间资本的进入能够解决基础领域的资金短缺、投资不足的问题，而且民间资本的进入还是基础领域建立竞争机制、投资约束机制和风险机制的基本条件。首先，引入民间资本与竞争机制建立是相辅相成的，如果某一行业政企分开、引入竞争后，没有大量的民间资本进入，只有少数几个国有企业经营，其结果是要么行业的竞争难以真正形成，要么进入竞争的企业缺乏持久的竞争力，从而形成新的几个寡头垄断格局。这比单一行政垄断更能损害国家和消费者利益。其次，引入民间资本是投资风险约束机制建立的基础和前提。民间资本产权清晰、自我决策、自担风险、自负盈亏，具有很强的自我约束能力，投资比较谨慎和理性，能够充分论证项目的可行性，减少项目决策的失误率。一旦投资以后，为了维护自己的利益，民间投资者更加关注项目，加强管理，降低成本，从而降低项目投资风险。

当前，民间投资迟迟不能启动的重要原因，是基础领域产业门槛太高，阻碍民间资本的进入。目前在基础服务和新兴服务业均存在着较强的行政垄断，过多的行政干预和过滥的不合理收费，使民间资本的进入受到市场准入的限制。正是由于基础领域的投资体制严重滞后，不仅导致基础领域普遍缺乏竞争力，而且使这些有发展前景的产业，不能成为拉动国民经济的新增长点。

11. 采用多种途径和方式，吸引民间资本进入基础领域。从国际经验来看，民私营经济进入基础设施领域的方式多种多样，每种方式都有利有弊，不同部门的企业可根据本部门和业务的特点，结合自身的情况，在市场化不同阶段，慎重选择引入的方式，尽量趋利避害，降低风险。

（1）管理合同。当政府不想把某基础设施领域完全让私人经营或者在放手让私人经营以前通常都先采用管理合同的方式。管理合同是指一家私营公司与一家基础设施领域的国有企业签约，由这家私营公司代为管理国有企业的日常经营活动，私营公司不需投入自己的资金，也不全盘承担包括收缴费用在内的一系列事情的商业风险。管理合同方式有助于帮助政府摸清企业及其市场的情况。私营企业之所以愿意承揽管理合同的部分动机，是希望由此能在将来的特许权颁发或私有化过程中享有特殊待遇，他们将对这个企业及其市场了解更多，并可能由此击败其他潜在投标者。

（2）租赁。即由私人公司经营并维持一家国营企业，自己承担商业风险，其收入直接从收费中得来。租赁形式一般要求对收费做出承诺，收缴的费用必须至少能弥补运营和维修的成本，并通过确保收费的管理以及经营成本的最小化来提高经营者的积极性。

（3）经营权转让。基础设施经营权转让是政府以特许经营的方式将已建成的基础设施经营权以一定价格在一定期限内出让给购买方进行自主经营，期满后，受让方将基础设施无偿归还转让方，然后可能重新招标。这是吸引民间资本直接投资基础设施领域，盘活基础设施领域现有大批固定资产的一种很有效的方式。经营权转让方式在供水、海港、机场和收费公路领域是个普遍运用的方式，在这些领域，政府需要私人投资，但从长远看又不愿意放弃资产所有权，可以采用这种方式。

（4）开放某一细分市场，鼓励民私营企业的加入。这种方法是对基础设施领域某一细分市场完全或部分取消垄断，并允许私人投资者自担风险进入市场。被批准进入的私人企业与现存的国有企业的关系有两种情况：一是互相补充型，二是互相竞争型。如果竞争型市场准入战略被采纳，尽管在许多情况下要想在国有企业和私人投资者之间建立起"平等竞争市场"是比较困难的，但竞争压力还是会促使国有企业提高业绩表现和改善企业形象。如果互补型的市场准入战略被采纳，则效率高的私人企业将起到模范作用，从而通过互相比较的竞争，间接影响国有企业的业绩表现。以上这两种准入战略也是培养政府和公众对私人参与基础设施建设信心的机会，可以促进公共企业非国有化的发展。

（5）出售国有资产。将一部分基础领域的国有资本卖给民私营企业，是国家实现以价值形态管理经济的有效办法。

（6）优先股融资。一些基础设施本身带有特殊性，涉及国计民生，对这一类项目，如果引进民间资本进行建设，政府就面临是否可以牺牲对基础设施的控制权来换取私人资本的投入问题，利用优先股的方式，可以解决这一问题。优先股是一种旨在保持基础设施控制权掌握在国家手中的一种融资方法。

（7）股份合作制。股份合作制是吸引民间资本直接参与基础设施项目建设的一种有效方法，它主要是由一家或几家企业（或个人）与政府授权的国有资产投资经营公司联合成立项目公司对项目进行投资建设，并按协定比例出资和占有股份。此种形式，由于有政府的参与，可以提高投资者对投资的信心；由于有私人资本的参与，可以提高资金效率和经营服务水平。

（8）捆绑组合型。这是一种通过两个或两个以上项目（无投资回报和有投资回报项目）的捆绑与组合，将投资负担与投资回报相结合，从而形成一个项目成为另一个项目的信用保证的投融资方式，采用这种方式的先决条件是两个或两个以上项目同属于一家项目公司。这种投融资方式的操作是多种多样的，如道路的修建与道路两边土地的开发捆绑组合，污水处理与排污收费项目组合等，对于一些小型基础设施项目还可采用公与民相组合的方式，如民建公助、公建民助或民建公营、公建民营等，通过这种方式可以把民间资本引入那些看起来无投资回报的但能产生较好社会效益和生态效益的项目中去，如公园、道路、污水处理等。

12. 建立公私营合作中心是民间资本进入基础领域的必要保障。当前我国基础领域已经有了许多公私营合作的尝试，特别是在能源与收费公路部门。但是由于每个公私营合作的个案都有其独特性，目前还未能归纳出各类模式的优点及其需要改进的地方。为了有效地推进民间资本进入基础领域并保证其实施能使所有利益相关者（政府、消费者、企业等）受益，对于民间资本的进入提供能力建设和体制扶持，政府应当尽快建立促进公私营合作的专门机构——公私营合作中心。这个中心是一个不同于一般政府部门运作的机构，是在融资与管理方面具有附加职能的政府部门。这个中心的职能在于保证将一批具有投资潜力的可行性项目推向市场；培养一批具有公私营合作项目专业知识的人才队伍；为所有考虑公私营合作形式的官员准备相应的手册工具；成为公私营合作的权威，担负着重要的协调职能，保持政策的连续性以及贯彻执行，为私营企业提供融资方面的咨询和代理服务，增强竞争性投标的透明度，减少项目资金的浪费、欺诈与滥用等。

公私营合作中心的成功运作和职能的发挥还必须要有相关政策、法律以及制度作为保障。为了避免民私营企业进入基础领域后可能出现的误解、失望、损失、企业经营者与官方的意见分歧，民私营企业进入基础领域之前，相关法律和制度框架必须在政府与民私营企业之间达成一致，而且相关制度安排的细节和具体条件还应对大众公开，从而保证企业与政府之间的合约履行朝着有利于公私合营顺利进行的方向进行，一旦出现违反合约行为时，需要采取一些处罚措施。

13. 政府要加大政策扶持力度，提高民私营经济投资积极性。由于基础领域所提供的服务是面向全社会的生产者和消费者，具有竞争性与垄断性并存、公益性和营利性并存的特征，政府要对民间资本加大政策扶持力度，提高民间资本的融资能力，降低民间资本的投资风险，促进民间资本的可持续发展。从国际经验来看，政府对民间资本投资基础设施的扶持可归结为四大类：

（1）提高收费，实物资助以及扩大特许权限。政府通过充分建立与特许项目配套设施来达到提高收费的目的。

（2）赞助和二级贷款。政府赞助和二级贷款的提供是为了在项目的启动阶段推动特许权所有者的融资活动以及减轻原始资金的开支负担。赞助是无须偿还的，有时政府还提供无息长期贷款。二级贷款，即后于一级贷款而先于股东分红偿还的一种贷款，是补充在资金构成中一级贷款和个人股之间的断层的一种手段，在出现成本上涨或收费不足的情况下，二级贷款显得尤其重要。

（3）收入担保。即政府保证收入低于一个特定的最低水平时，以现金向特许权人补足。采取这种利益与共的方法的目的是为了稳定股东的投资信心直至项目圆满完成。总的来说，这种方法对提高私营融资的影响力很大，但政府要承担的金融风险也会相对提高。

（4）个人股、借贷利率和外汇兑换率担保。政府提供个人股担保就意味着特许权公司在盈利达到政府担保的最低个人股回报时，可以选择让政府买下。借贷担保实际上是政府为贷款的偿还提供一个现金流量不足担保，与个人股担保一样，如果项目不能产生足够的现金来偿还债务，国家就必须使用公共财产来补足。外汇兑换风险担保也是当汇率变动所造成损失超过最低额度，则由政府来补贴。这一类政府扶持风险是最高的，因为这与项目的营运行为密切相关。

政府对私营付费特许项目的资金扶持，其类型和数额必须明确、公正。具体地说，政府扶持的项目应当是那些基础薄弱的、但具有现金流量潜力的项目，也只有这些项目，才适合进行私营特许。这类项目政府可以不直接投资，但需要政府给予一定扶持来吸引大量的私人投资。但政府的扶持一定要有最高限额限制，要以促进项目成功为目的。如果对政府扶持上限不做控制，不但起不到调动私营部门积极性的作用，反而会造成政府所扶持项目的成本从消费者转到纳税人身上。

14. 启动民间投资进入基础设施领域要高度重视发挥证券市场的重要作用。我国基础设施资产的资本化、市场化程度很低。以电力行业为例，我国是第二大电力供应国，电力资产总值和美国相差不多，总装机容量和发电量是27000千瓦，是美国的4倍。但是，美国电力行业上市公司总市值是3500亿美元，英国是1200亿美元，而我国到目前为止，海内海外上市的电力公司共有7家，加在一起市值大概是72亿美元，我国以电力资产总量衡量是一个超级大国，但整体的资本化程度却属第三世界，资本化程度低意味着基础设施总量上没有充分利用股市资金，导致基础设施资产的长期固化、低效，限制了基础设施领域通过资本市场实现产业结构调整的能力。

目前，我国证券市场已有960多家上市公司，但主业在基础设施领域的上市公司只有60多家，基础设施产业利用证券发展的空间还很广阔。从国际经验来看，基础设施产业市场需求稳定，行业风险小，收益较为稳定，利润成长性好，具有很高的长期投资价值，而且基础领域企业盘子大，不易被炒作，具有稳定股市的作用。为了将证券的发展与基础领域改革和产业结构的调整结合起来，当前国家应当赋予交通、能源、通信等瓶颈产业以优先运用股票、债券筹资的权利，向上市公司注入公用事业，架起资本市场和发展基础设施之间的桥梁，利用资本市场盘活基础领域庞大的国有资产并引入增量资金以求大力发展。

从基础设施进入证券市场的模式上，可以考虑：（1）在大城市运用投资控股运作模式。大城市基础设施较为发达，有相当的优质资产，可以作为发起设立股份公司的基础。（2）在中小城市，可以对当地发展前景暗淡但又有配股资格的上市公司加以改造，注入当地优质公用事业资产，调整经营结构，逐步发展成为当地公用事业的主要投资主体。（3）对于发展前景一般的上市公司，鼓励并引导它们投资收益比较清晰稳定的公用事业、基础设施产业，达到分散公司经营风险，给股东稳定回报的目的。

四　以建立独立监管机构为目标，加快基础领域政府管制体制的改革

15. 在市场经济条件下，应尽快明确规定政府对基础领域管制的基本职能。实行政企分离的政府管制体制后，企业以追求利润最大化为经营目标。但由于基础设施经营企业的许多经营业务具有自然垄断性质，这些企业就有可能利用其市场垄断力量，通过制定垄断价格，提供较低的服务质量而取得垄断利润。这就需要政府采取必要的管制措施来规范企业的市场行为。在政企分离的政府管制体制下，政府管制的职能应主要包括以下内容：

（1）制定有关政府管制法规。即针对特定基础设施产业的技术经济特征，政府要通过法规的形式规定政府管制机构的设置、责权划分、市场结构的重大调整等内容。这些法规应由政府立法机构制定，确定新的政府管制体制的基本框架，这实际上就是政府管制体制改革的纲领性文件。

（2）颁发和修改企业经营许可证。企业经营许可证的颁发和修改职能可授权各基础设施产业的专门政府管制机构来执行。经营许可证应详细规定企业应当承担的各项义务，在价格、服务质量、公平交易等方面的业务规范。同时，政府管制机构还应根据具体产业的发展状况和供求变化等因素，修改经营许可证的部分条款。

（3）制定和监督执行管制价格。对基础设施产业的价格管制是政府管制的重要内容。政府应根据具体基础设施产业的成本状况、科技进步、生产效率的提高潜力等因素制定管制价格水平，并周期性地实行价格调整，以刺激企业提高生产效率。

（4）实行进入市场的管制。基础设施产业政府管制体制改革的重要目标是促进竞争，发挥竞争机制的作用，这要求允许新企业进入产业；另一方面，基础设施产业具有较显著的规模经济和范围经济，这又需要控制进入产业的企业数量，以避免过度竞争。这就要求政府实行进入市场的管制。这种管制实质上就是控制发放经营许可证的数量和时间。

16. 尽快建立独立的专门的管制机构，是维护基础领域公正、平等竞争机制的前提。作为行政执法机构，行政管制者代表的应该是公共利益，即站在中立的立场上，尽量避免受到任何利益集团的干扰，但它制定出来的任何一项公共政策，必须尽可能体现各相关利益集团的利益。为了使管制者保持中立的立场，应该在取消政企合一的政府管制体制的同时，在电力、电信、煤气、航空等基础产业设立独立的专门的监管机构来执行政府管制的新职能。只有这样，才能真正实现基础领域政府管制体制的政企分离。

监管机构和一般政府部委相比，有很大不同，尽管各国对独立监管机构的定义不一样，但独立监管机构至少具有这样几个方面共同特征：（1）有较大财政上的灵活性，它们可以向监管企业收取管理费，财政独立、自负盈亏。（2）管理机构与被监管的公司没有利益冲突。（3）监管机构应免于政治的压力，有充分的自主权。（4）监管必须有独立的很强的专业能力。监管是很复杂的，监管机构要有自己的技术鉴定能力。（5）人员比一般公务员薪水要高，其工资不是来源于税收，而是来自行业本身的运营。

17. 以建立独立监管机构为目标，加快推进我国基础设施产业的管制体制改革。为了尽快解决我国基础领域管制体制政企不分或政企同盟问题，维护市场有效竞争，我国政府应改革由原来部委行使管制者职能的管制模式，尽快建立独立的监管机构。由于基础设施产业具有专业技术性强的特点，我国应在特定的基础设施产业单独成立精干、办事效率高的专门管制机构。考虑到建立新的管制机构又会增加人员编制，而原有部委又面临着职能削减，冗员过多的情况，独立的新的管制机构可以从原有基础设施产业管理部门中招聘一批懂技术、善管理的人员。同时，由于政府管制必然涉及经济、政治、技术、法律等方面，这就要求向社会招聘一些专家参与政府管制，从而形成由行业管理专家、技术专家、经济学家、法学家等组成的专门管制机构。结合我国各基础设施产业改制的情况，特定行业监管机构成立的思路是：

（1）建议电信行业组建一个具有法律地位的，由通信产业的技术管理专家、经济学家和法学家组成的电信管制局，直属国务院管辖，原有市县的电信管理机构也相应实行政企分离，形成电信管制局的垂直管制网络，对全国电信进行公平、有效控制，在条件成熟时，逐步取消信息产业部。

（2）对电力产业实行有效管制也必须建立一个与政府部门分开的独立的管制机构，这个机构可称之为电力管制局，作为事业法人，由国务院建立并接受国家监督。

（3）铁道行业目前并未真正实现政企分离，难以实行有效管制，造成实际上的管制者缺位。为此，建议成立独立的监管机构——国家铁路监管局行使管制职能。

（4）从民航业改革情况来看，民航已初步实现政企分离，民航总局及各地方的管理局实际上正在担当着民航业管制者的重任。目前的关键一是要通过立法，明确民航管理局的管制者地位；二是要借鉴国外独立管制机构的经验，改革现行的民航管理体制，实现完全的政企分开，使其成为真正独立的民航监管机构。

18. 在政府管制体制改革中，要防止管制者从政企不分到政企同盟。政府管制体制的核心内容是政府与企业的关系。因此，政府管制体制改革的关键是调整政府与企业的关系。中国基础设施产业一直实行的是典型的政企合一管制体制。改革开放以来，有些行业为了引入竞争，开始进行政企分离为特征的管制体制改革。在这一过程中，过去的政府管理部门（各部委）逐步从所有者、管理者、经营者过渡到市场的管制者，具有行业管理职能和市场准入管制职能。由原来的部委充当管制者的一个最大特点就是，行政管制者同时又是行业的主管部门，甚至是原有企业的老板。在我国由于缺乏监管管制者的市场，管制者的产生与公开投票机制是相互分开的，管制者不用追求选票的最大化，它追求的目标几乎是和企业一样，即部门效益最大化，因此它在制定规则的时候，很容易偏向它原来管辖的企业集团。管制者与企业之间这种在父子关系基础上形成的天然利益同盟对正在建立过程中的政府管制及其效果的消极影响是致命的：第一，既是行政部门又兼行业主管的管制者不可能站在中立的立场上平等对待所有的市场参与者,新的市场进入者或非国有企业很可能受到歧视;第二,这种政企同盟一旦形成,便完全有可能在立法和执法过程中藐视消费者利益群体和新进入企业集团的力量,置他们的合法权益于不顾;第三,由于目前的政治法律制度还无法打破这种企业同盟,管制者在滥用其行政职权的同时,使这些受管制产业的资源配置效率惊人的低下。

19. 把立法提到重要日程,用法律制度确定独立管制机构的法律地位和法定权力。从发达国家基础设施产业政府管制改革的经验来看,政府管制改革要以立法为先导,按法定程序进行改革,以法制为依据进行政府管制。我国基础产业政府管制体制改革沿袭一种先改革,后立法的传统。由于行政管制法律体系的严重滞后,虽然某些领域取得一定的改革成效,如民航、电信等,但由于缺少总体法律框架,产生许多问题,如政企职责不分,部门互相扯皮,市场秩序混乱,重复投资建设,项目效益低下,损失浪费严重等。即使颁布了相应产业的立法,但这些法律是由产业主管部门起草的,有一定的局限性。更重要的是,我们已经颁布的一些法规中缺乏明确的、统一的、具有权威的专门执法机构进行统一执法,而是交给一些现行的国家行政管理部门进行统一执法,而这些管理部门之间又存在着职能交叉现象,这又必然引起管理部门责权不明、执法严度不一,相互推诿、有法不依等问题。

为适应社会主义市场经济要求,解决当前基础领域改革中存在的问题,提高管制效率,我国基础领域应加快立法,目前应提上重要议程的立法应当是:《中国电信法》《中国航空法》。同时,修改电力法和铁路法。这些法规由全国人大联合有关部门根据不同基础设施产业的技术经济特征,结合现行的政府管制体制和改革的目标进行制定和修改,然后由全国人大颁布实施。基础设施产业政府管制法规的主要内容应包括:改革的目标、程序;确定专门的执法机构，明确其责权；规定企业经营许可证的具体内容，明确企业的责权利关系；对价格、服务质量、市场进入条件等重大政策问题做出规定。

为了提高独立执法机构的公正性，了解公众的反应，也可考虑在有关基础设施产业建立消费者协会之类的机构。基础领域政府管制的框架应是政府管制立法，按照法律设立专门的、独立的监管机构，依法执行有关管制法规，消费者协会再对管制机构实行社会监督。

五 统筹规划，总体设计，先立后破，积极稳步推进基础领域改革

20. 统一规划，总体设计，防止基础设施项目的重复建设。基础领域的市场化改革刺激投资的积极性和主动性，并提高投资效益和减少资源浪费。但是仅仅靠市场调节基础领域的投资活动是不够的。基础设施发挥作用时间长，有些甚至是永久性的，所需投资大，并且沉淀下来很难收回，因此基础设施投资总量和投资结构对国民经济的平衡发展极为重要，因此，必须要有宏观调节的补充，只有把市场和宏观调节结合在一起，才能保证投资活动既有利益，又能使国民经济平衡协调发展。政府对基础领域的宏观调节既有总量调节又有结构调节。在当前我国基础设施相对短缺和结构失衡的背景下，结构调节尤为重要，结构调节要求政府对全国基础设施建设要总体考虑，全盘布局，统一部署，整体规划，把重大的基础设施投资项目都纳入国家的整体规划中去，使基础设施建设的资源在全国范围内调拨使用，从而使大的基础设施投资在符合国民经济总体要求的基础上实现高效发展。

21. 先立后破，循序渐进，是基础领域市场化改革的基本思路。基础领域市场化改革要立足长远，不能要求一步到位，应该允

许有一个过渡的时间。但是在改革具体步骤的实施上，又必须坚决果断，迎难而上，有计划、有目标、有时间表、有步骤、分阶段地推进。

借鉴国际经验，中国基础领域改革也必须循序渐进，先立后破，其改革步骤建议为：制定法律框架，成立独立的管制机构，确定改革目标，进行方案设计，这是改革的准备阶段。对基础领域国有企业实行股份制改造，改造的方式可以有多种，债权转换、出售部分国有资产、发行股票吸收民间资本，改变企业股权结构，从而实现企业所有权和经营权彻底分离。这是改革的启动阶段，在这一阶段，国有股可以控股，但要吸收其他入股者参与管理。

国有控股企业要加强管理，争取扭亏为盈。在这一过程中，政府要成立专门的投资公司，负责股份制改革后的国有资产（国有股）的管理和运作，并对没有入股的国有资产，如土地、建筑物以及其他资产进行管理运作，利用这些资产和国家提供的补偿金偿还分摊的债务，当股份制企业扭亏为盈后，争取使这些企业的股票公开上市，成为规范的上市公司。

基础领域的股份公司在资本市场运作一段时期后，在市场运转规范正常的情况下，再完全取消相应的政府管理部门。

22. 加快配套体系的建设，为基础领域改革创造良好的外部环境。基础领域改革离不开金融、财政、社会保障、社会中介等部门和企业机构的支持与配合。因此，要加快配套体系建设，为改革创造良好的外部环境。

（1）银行要为基础领域市场化改革发挥"融资中介"和"投资桥梁"的作用。按照我国商业银行法规定，银行虽不能直接投资基础设施，但它可以通过提供全方位的服务，促进基础领域改革顺利进行。如为基础领域投资企业提供融资咨询、财务顾问服务；加大对基础领域投资企业信贷支持力度；建立基础领域投资的风险预警机制和风险防范机制等。

（2）资本市场要为基础领域股权转换、资产重组提供良好的市场环境。

（3）加快人事制度和社会保障体制的改革，使各基础设施产业原管理部门分流出来的公务员能够得到妥善安排，尽量减少基础领域政府管制体制改革中来自现有集团成员的阻力和摩擦。

（4）财政要大力支持基础领域的市场化改革，并尽力给予优惠政策和资金的扶持。在民间投资低速的情况下，财政要扩大直接投资，增加基础设施产品和服务供应。除此之外，在今后更多情况下，财政要善于运用低息、贴息参股，财政偿债资金、政府订货、专项补助等方式，充分发挥财政对公共产品供给的指导、协调和支持作用。

（5）政府要改革对各类行业协会、研究咨询机构和社会中介组织的管理办法，减少官办和垄断色彩，引入竞争机制，使其成为自筹经费、自我管理、独立行使社会职能的法人。向基础领域企业提供政策咨询、信息收集、技术开发、经济研究、改制方案、财务分析、人才培训、资产评估等高质量的全方面服务，使其真正成为政府与企业之间的桥梁和纽带，成为维护市场竞争秩序的主导力量。

建立和完善社会主义市场经济体制（15条建议）[*]

（2002年1月）

我国正处在建立和完善社会主义市场经济体制的关键时期。我们要历史地、客观地、准确地估计和判断我国社会主义市场经济体制状况，同时根据国际国内经济政治形势发展的大趋势，充分估计改革对我国未来经济发展和社会稳定的决定性作用。

围绕2010年建立比较完善的社会主义市场经济体制的总目标，从实际出发，提出今后5—10年我国经济体制改革攻坚的重要任务，并且采取正确的策略和有效措施，对推动经济改革的实质性突破，有着十分重要的意义。

一 我国已经建立社会主义市场经济体制的基本框架。完善社会主义市场经济体制，必须加快解决改革进程中的深层次矛盾和问题

1. 我国社会主义市场经济体制的基本框架已经建立，为经济的持续增长和社会的长期稳定创造了重要条件。基本判断是：经过

---

[*] 中改院课题组：《建立和完善社会主义市场经济体制的建议（十五条）》，2002年1月。

20多年的改革开放，我国经济体制转轨取得了历史性成就。传统的计划经济体制日益退出国民经济的主要领域；初步形成了多元化的市场主体，市场体系有了相当程度的发育，市场在资源配置中的基础性作用明显增强；国家宏观调控体系进一步完善，社会保障体系初步建立，收入分配制度改革有了一定进展；全方位的对外开放格局基本形成；市场经济的法规体系逐渐完善。与其他转轨国家相比较，我国用20多年的时间，成功地探索出一条从计划经济体制向社会主义市场经济体制转轨的渐进改革之路。这个判断是符合20多年改革开放的实际进程的：

（1）市场体系已经初步建立，市场机制在配置资源中日益明显地发挥基础性作用。商品价格已经放开，商品的市场化程度很高；劳动力自由择业、自由流动、劳动工资由市场决定等明显增强；资本市场、房地产市场、技术市场等开始起步，有的已初具规模。随着中介服务市场的规范建设，一个符合国情、又与国际惯例接轨的专业化中介服务体系正在形成。

（2）以建立现代企业制度为重点的国有企业改革取得了突破性进展。国有企业改革由搞活单个国有企业转变为从整体上搞活国有经济，国有经济从竞争性行业逐步退出，现代企业制度建设成效明显。通过授权经营等方式，积极探索建立国有资产管理的有效形式，国有资产的运营效率和效益大大提高。坚持抓大放小，对国有企业实施战略性改组，一批具有战略意义的大企业集团组建起来。各地根据不同情况，采取改组、联合、兼并、租赁、承包经营和股份合作制、出售等多种形式放开搞活，使一大批国有中小企业寻找到适合自身发展的具体形式，增强了市场竞争力，国有中小企业的经营状况明显好转。

（3）基础领域由国有经济垄断的局面开始被打破。近年来，国有公共部门的改革已按市场化的原则展开，电力、电信、民航等领域的垄断不同程度地开始被打破。加快基础领域的股份制改革，逐步减少国有经济的比重，为非国有经济和外资的进入积极创造条件，已成为我国基础领域进一步加快改革的大趋势。

（4）民营经济的发展充满活力，成为国民经济持续发展的重要力量。民营经济无论在数量上，还是在投资总额上，都已成为经济发展中的一个新的增长点，已由国民经济的补充成长为重要的组成部分。

（5）收入分配制度改革和社会保障体系建设取得初步成就。从总体上说，我国传统的平均主义分配格局初步被打破，按劳分配和按生产要素分配相结合，多种分配形式并存，利益关系或利益格局发生了重大变化。城镇基本养老保险的覆盖面继续扩大；失业保险制度进一步完善，失业期间的基本生活得到基本保障；医疗保险体制也正在进一步建立和完善之中。

（6）国家宏观调控体系进一步完善，政府对经济生活的调控有实质改进。突出的表现是：面对复杂多变的国内外经济政治形势，我国政府及时采取了一系列有效的宏观经济政策，使我国在世界经济普遍下滑的大背景下一枝独秀，仍保持了较高的增长。

2. 我国经济体制改革已由单项制度的安排转向以结构性改革为核心的制度创新阶段。目前，结构性因素越来越成为制约我国改革发展的突出矛盾。

（1）我国各产业部门、各地区的市场化程度严重不平衡。商品市场化程度高，而生产要素的市场化改革则刚刚起步；东部地区的市场化程度普遍较高而中西部则较低。这种不平衡严重阻碍着我国市场经济体制作用的整体水平和统一市场的形成。

（2）微观改革较快发展与宏观改革相对滞后。国有经济宏观管理体制改革进展缓慢，直接影响了国有企业改革进程。

（3）发挥市场配置资源的基础性作用的同时，需要强化政府宏观调控的作用。市场经济一方面要求实现政企、政资分开，减少行政的直接干预，使经济主体的自主性和独立性不断增强；另一方面不断要求有效地发挥政府宏观调控的作用。

（4）既要形成全国统一市场和规则，又必须在西部大开发中实行有差别的区域政策。我国加入WTO，必须按照WTO的通行规则，改革我国的经济体制和经济运行机制。同时，实施西部大开发的战略、扶持贫困地区和贫困人口的发展，又需要一定的区域优惠政策。区域协调发展和居民共同富裕成为我国未来改革和发展的一条重要原则。

（5）利益格局变动与利益均衡。改革实际上是利益结构的调整，改革逐渐形成了新的利益格局。由于分配制度改革不到位，收入差距呈扩大趋势，各利益群体的利益均衡问题越来越突出。

（6）产权制度改革滞后引发一系列矛盾和问题。

我们的建议：解决改革深层次的矛盾和问题，只能紧紧依靠制度创新。实现到2010年建立比较完善的社会主义市场经济体制的目标，必须大胆地按照"三个代表"的要求，在改革的多方面有实质性突破。

二　我国经济体制改革已进入整体攻坚阶段，从多方面实现改革的实质性突破至关重要

围绕完善社会主义市场经济体制和促进经济社会发展的战略目标，在已经建立社会主义市场经济体制基本框架的基础上，今后5—10年我国经济体制改革要按照"三个代表"的要求，紧紧抓住制度创新这个根本，大胆突破限制经济发展和社会稳定的体制性障碍和结构性因素、结构性矛盾，在多方面实现改革的实质性突破，为建立完善的社会主义市场经济体制奠定坚实基础。

3. 加快以股份制为重点的、规范的公司制改革，建立严格、

科学、有效的公司法人治理结构，实现国有企业改革的实质性突破。目前，我国的国有企业改革已进入十分重要的攻坚阶段。在今后几年，积极地推进国有企业的股份制改革，实现国有经济战略重组的目标，使国有企业尤其是大型国有企业的改革取得重大进展，将对建立完善的社会主义市场经济体制全局产生深远影响。

（1）加快大型国有企业股份制改革是当前国有企业实现制度创新的重要任务。我国的改革实践证明，以股份制改革为主要途径，加快国有大型企业规范的公司制改革，不仅有利于国有企业按照"产权清晰、权责明确、政企分开、管理科学"的要求建立现代企业制度，成为适应市场经济的法人实体和竞争主体，而且是调整国有经济战略布局，实现经济结构优化的重要出路。在经济全球化和WTO框架下，股份制也是我国国有企业参与国际市场竞争与合作的重要制度基础。有条件的国有大型企业都应当通过多种方式实行股份制。

（2）以优化产权结构为重点，加快形成完善、规范的公司法人治理结构。保证所有者与经营者之间建立起制衡关系的公司治理结构是建立现代企业制度的关键环节。促进公司法人治理结构有效建立和规范运作，要与产权结构及股权比例的重组优化紧密联系起来。应当严格按照《公司法》的相关规定，并与国有经济的战略重组密切结合，优化法人治理结构。同时，加快人事制度改革，切实完善适应社会主义市场经济要求的经理人员激励约束机制，格外注重保护小股东利益，实现完善公司法人治理结构的重点突破。

（3）鼓励采取多种形式，放开搞活国有中小企业。在我国经济体制转型的关键时期，促进中小企业的发展对促进经济发展和社会稳定有深远影响。目前，应当进一步解放思想，总结经验，加大放开搞活国有中小企业的力度。在逐步规范的前提下，提高企业改制过程中职工持股和经理人员融资收购的比例，是加快国有中小企业改革步伐的重要选择。

(4) 加快寻求国有资产管理的有效形式是实现国有企业制度创新的重要条件。深化国有企业改革，建立符合社会主义市场经济体制要求的、有效的国有资产管理体制至关重要。应当正确地估计和认识国有企业和国有资产在建立完善社会主义市场经济体制进程中的地位和作用，在保持国有经济合理规模和合理比例的基础上，提高国有资产市场化运作的程度，实现由国有资产向国有资本的转变，并建立科学的管理体制和运营机制。

4. 非国有经济已成为我国经济持续增长的、充满活力的重要力量。拓宽非国有经济发展的空间，公平竞争，实现所有制结构调整和完善的实质性突破。

(1) 非国有经济是建立和完善社会主义市场经济体制的重要力量。改革开放20多年，非国有经济获得长足发展是我国推进渐进式改革取得的一项巨大成就。目前，非国有经济是创造新增就业的主要领域，保持社会稳定的重要力量。实践证明，非国有经济的发展支撑着经济的增长和市场体制的形成。发展非国有经济不是权宜之计，而是关系建立和完善社会主义市场经济体制大局、促进国民经济持续稳定发展的战略举措。

(2) 实行全面的对内开放，取消对非国有经济的歧视和限制，实现对非国有经济的国民待遇。目前，在制约非国有经济发展的因素中，体制性的制约是最主要的原因。必须为非国有经济的进一步发展创造良好的环境，在市场准入、筹资融资、外贸经营权、土地征用、技术人才招聘等方面，对各种所有制企业一视同仁。

(3) 打破非国有经济的市场准入制度障碍，引入竞争，拓展非国有经济的投资领域和空间。一些产业、领域国有垄断的存在，妨碍了民间资本的进入。应当放宽对民间资本的产业准入限制，降低非国有企业的进入壁垒，逐步取消某些产业的国有垄断，对一些盈利水平和市场前景较好的产业，包括基础设施及一些公共事业，消除民间资本的投资障碍。

（4）创造条件，积极稳妥地发展非国有金融机构，拓宽民营经济的融资渠道。加大金融机构对民间投资的支持力度，拓宽企业融资渠道是进一步发展非国有经济的重要条件。一是允许民间资本拥有国有商业银行的股份；二是在一定条件的约束下，允许民间资本办银行；三是按照市场原则配置金融资源和拓宽民间的投资领域，大力发展证券业、保险业和各类基金组织，分流国有商业银行存款，减少金融风险；四是清理限制民间投资、融资的政策，允许并保护企业直接融资的权利。

5. 我国加入 WTO，基础领域改革越来越具有紧迫性。打破垄断，建立充分竞争的市场机制，实现我国基础领域改革的实质性突破。加入 WTO，给我国基础领域各产业自我调整和发展的时间已经十分有限。应当有强烈的紧迫感，抓紧今后的两三年，在我国基础领域打破垄断、引入竞争的市场化改革上有实质性的突破。

（1）打破行政性垄断，促进政企分开，为加快基础领域改革创造前提条件。政府主管部门既当运动员，又当裁判员，就不可能建立起公平的行业管制。

（2）打破国有经济垄断，建立充分的市场竞争机制。建立充分竞争的市场机制是基础领域改革的优先目标。垄断遏止竞争，进而造成资源浪费，降低效率，阻碍创新，垄断直接以高额利润损害其他经营者，并给消费者带来沉重的负担。加快打破国有垄断，引入竞争机制，是基础领域改革的重中之重。

（3）开放市场，产业重组与产权重组相结合，实现基础领域投资主体的转换。促进基础领域改革，实现可竞争环节与不可竞争环节的适度分离，打破垄断、引入竞争要与引入非国有投资主体并重。要清理和修改现行对非国有经济的歧视政策，创造公平竞争的政策环境。采取相关配套政策,为非国有经济的直接融资和间接融资创造便利条件。政府要利用财政贴息和建立投资担保基金为非国有企业投资基础设施提供融资便利。

(4) 重构与开放经济相适应的政府管制体制。随着基础领域垄断体制的破除,单纯依靠政府的行政协调已无法适应新的形势需要。要加快立法进程,尽快建立一套清晰透明、规范市场运作、符合国际惯例的"游戏规则"。要尽快制定我国的《反垄断法》。要将破除行政垄断,引入市场竞争作为立法的主要内容。同时要完善《反不正当竞争法》,特别要反对地方和部门保护势力设置的地区壁垒和行政壁垒。

6. 国有商业银行的制度创新是经济发展、社会稳定的重要条件。在全面解决不良债务中加快国有商业银行的股份制改革,实现国有商业银行改革的实质性突破。

(1) 对国有商业银行进行股份制改造迫在眉睫。加入 WTO,在更加开放的环境中参与国际市场竞争,迎接来自国际市场的挑战,国有商业银行面临巨大的压力。国有商业银行改革的核心,是在剥离不良资产的前提下,加快产权制度改革和治理结构的改革。

(2) 寻求更彻底地处理不良债权的办法,为国有商业银行的股份制改革创造条件。过高的不良资产是国有商业银行进行股份制改革的难点所在,并积聚着巨大的金融风险。从根本上解决长期积累下来的不良资产,需要采取更为彻底的办法。可实行债务全面托管的一揽子办法,允许民间资本入股国有资产管理公司,在严格监管的基础上给民营资产管理公司较大的业务活动范围和适当的优惠政策。

(3) 加快金融立法,建立有效的金融监管体系。适应加入 WTO 的原则和要求,要参照国际惯例,抓紧制定和完善我国金融资产管理、信托投资公司管理以及中央银行监管条例等金融监管法律法规，逐步完善中国金融业的监管体制，逐步实现由分业管理向混业管理的过渡，并注重开放中的风险防范。

（4）适时推进利率市场化，完善资本市场建设。资本市场发育不完善、金融资产价格的市场化程度不高是我国金融改革不适应社会主义市场经济要求的突出表现。"十三五"时期，要与国有商业银行的股份化改革相结合，适时推进利率市场化进程，优化资源配置，提高资产运营效率和效益。

7. 合理的收入分配具有根本性。必须充分估计收入分配制度改革在我国经济社会发展全局中的重要作用。建立按劳分配和按生产要素分配相结合的新型收入分配制度和多层次的社会保障体系，实现收入分配制度改革的实质性突破。

（1）充分估计合理的收入分配制度和健全的社会保障体系在建立和完善社会主义市场经济体制全局中的重要作用。好的分配制度也会产生生产力。改革的实践证明，合理的收入分配制度能够极大地解放生产力，激发劳动者的积极性和创造性，为改革和发展创造良好的社会环境，进一步促进生产力的发展。从经济社会发展的全局出发，加快建立与社会主义市场经济体制相适应的新型收入分配制度和完善的社会保障体系至关重要。

（2）积极寻求市场化改革过程中合理的财产分配关系，科学整合利益群体，为人们进一步创造获得利益的空间。改革的实质就是利益关系的调整。建立与社会主义市场经济相适应的收入分配制度和社会保障体系，是实质性推动我国市场化改革的重要内容和条件。

邓小平提出，改革的目标是要在发展中逐步实现老百姓的共同富裕。过去 20 多年，我们在坚持效率优先、兼顾公平的前提下，鼓励一部分人、一部分地区通过诚实劳动和合法经营先富起来方面取得重大进展。进入 21 世纪，在改革开放的新阶段，寻求通过强化税收的收入分配功能、实施西部大开发以及治理收入分配秩序等多种措施，努力抑制收入分配差距不合理扩大的趋势具有相当大的紧迫性。

（3）重新认识劳动价值论，按劳分配与按要素分配相结合，积极探索按要素分配的有效途径。在知识经济时代，科学技术工作和经营管理作为劳动的一种形式，在社会生产中起着越来越重要的作用。实行按劳分配与按要素分配相结合，鼓励资本、技术、管理等生产要素参与收益分配是一项长期的政策。要鼓励科技工作者、经营管理者和职工依据各自的人力资本投入，通过折股、奖励、购买等多种方式取得企业股份，参与收益分配。

（4）采取国家减免税费、低息甚至无息贷款的方式，加快启动住房消费。推动住房改革，使城市住房成为新增长点，在一定程度上，同农村实行土地制度改革的意义一样深远。实行无偿与有偿相结合，为居民提供贴息贷款，允许城市居民以住房为抵押向银行取得贷款进行创业投资等改革政策，在当前不确定因素增多的背景下，对扩大内需、刺激经济持续增长，保持社会稳定会产生重要作用。

（5）加快健全符合国情、与社会主义市场经济体制相适应的社会保障体系。今后一段时期，健全我国社会保障体系重点是建立和完善城市社会保障体系。同时，增加对农村扶贫、救灾和社会救济的支出，保障农民的基本生活和农村的稳定。要进一步依法扩大养老、医疗、失业等社会保险的覆盖面，逐步提高社会统筹层次；通过国有股减持、征收利息税、发行国债、提高社会保险费占财政支出比重等途径，充实社会保障基金，保证社保资金按时足额发放；注重社会保障基金的有效运作和安全性，严格管理和监督；进一步完善最低生活保障制度，在试点基础上把下岗职工基本生活保障纳入失业保险，同时，建立普遍的城市居民最低生活保障制度，逐步提高保障水平。

8. 人力资源开发是我国改革的战略重点之一。加快形成吸引和使用人才的制度环境，是一项十分紧迫的任务。适应新形势，我国必须在人事制度改革和人力资源开发方面实现实质性突破。市场竞争归根到底是人才的竞争。高素质的人才是实现制度创新、技术创新最终的载体。在新的开放形势下，人才竞争和人才流失是我国面临的最直接的挑战。如何保住人才，形成有利于吸引人才和使用人才的制度环境是一项十分紧迫的任务。

（1）人事制度改革是根本的制度变革。人才是现代市场经济中的第一要素，人才的配置是各种要素配置的首要问题。人尽其才就是解放生产力，人力资源开发就是发展生产力。人事制度改革是发现人才、使用人才、留住人才的根本性制度变革。人事制度创新必须深化对人力资本的认识，建立科学的人才评价体系和用人制度，建立能够发挥人力资本潜力的激励机制和制度安排。

（2）适应形势，加大股权激励比重，建立有效的激励机制。人力资源开发需要有科学的激励机制。要改革收入分配制度中的平均主义，确立"效率优先，兼顾公平"、鼓励强者、保护弱者的收入分配原则，建立产权激励制度，最大限度地调动科技创业人员与经营管理人才的积极性。

（3）加快形成人力资源市场化配置机制。要提高人力资源的配置效率，体现人力资本的价值，只有通过劳动力市场的竞争才能实现。要打破城乡分割的管理体制，建立城乡一体化的劳动力市场。要建立面向城乡、面向全国、面向世界的区域性、全国性的各类人才市场体系，逐步实现人力资源配置的市场化。

（4）实现教育开放。发展教育的重要出路在于开放。推进教育开放，除国家投资外，调动私人、外资等非国有投资主体参与教育投资，是教育体制改革的重要内容之一。

9. 我国农村改革和发展正处于关键时期。加快建立以土地使用权为基础的新型农村财产关系，实现农村市场化改革的实质性突破。农业是国民经济的基础部门，农村市场化改革是建立完善社会主义市场经济体制的重要组成部分。加快农村改革，实现农产品、土地等生产要素的市场化，加快农村城镇化进程，加速农业生产经营组织的创新，是我国农业发展的根本出路。

（1）在赋予农民长期而有保障的土地使用权的基础上，创造条件实现土地使用权的资本化，建立农村土地流转市场。加快农地制度创新，实现农地使用权的长期化、资本化和市场化。

——要赋予农民土地的长期使用权，并授予农民对所承包土地的转让、抵押、入股等处置权。农地使用权的长期化是农村土地资本化与市场化的前提条件。

——要加快培育农村土地交易市场。政府应在确保农民土地使用权的前提下大力推动培育农村土地流转市场，在市场准入、交易程序、权利义务、合同格式等方面做出明确规定。

——要对农民的各项土地权益提供法律保障。国家应尽快建立对农民土地使用权的法律保障体系，除法律另有规定外，任何一级政府和组织不得侵犯农民的土地权益，不得干预农民依法行使自己的各项权利。

（2）深化流通体制改革，提高农产品市场化。一是要打破国内粮棉油国家垄断的购销体制，让有条件的非国有企业逐步进入，同时要放开价格管制，利用市场价格引导农民调整生产结构；二是改革农产品进出口贸易体制，扶持一批产业化经营的农产品出口企业，鼓励大型企业进入农产品出口领域；三是对大宗农产品流通体制进行改革和完善，打破地区封锁和垄断，减少农产品流通的中间环节，以降低成本，并建设好农产品集散、配送、储藏、拍卖及营销信息系统；四是以产地批发市场为龙头，建立健全农产品市场体系。

（3）加快农村生产经营组织制度创新与农业产业化进程。第一，鼓励农民以土地入股、劳动力入股，大力发展公司加农户、产学研相结合、产加销一体化的农业产业化组织，提高我国土地规模化经营以及农户的市场组织化程度。培育一批抗风险能力强的农业企业，大胆进行生产组织创新，增强抵御外国大型农业公司冲击的能力。第二，大力培育发展农业生产及服务合作社与农业协会等组织，为农户的生产、经营提供社会化服务。政府应该为各种农业合作组织的建立和运作给予必要的便利，给予一定的财政支持。第三，重塑乡、村两级政府组织，发挥其作为集体经济组织的功能，为农户创造一个良好的经营环境。

10. 加入WTO，我国的对外开放进入新阶段。加快建立与国际贸易体制相衔接、与国际管理相适应的竞争与合作机制，实现对外开放的实质性突破。实践表明，我国加入WTO的过程，实质是我国探索社会主义市场经济实践的过程，也是我国的经济贸易体制同以WTO为基础的多边贸易体制逐渐接轨的过程。适应加入WTO的要求，迫切需要我国进一步提升对外开放层次，构建新型的国际竞争与合作的机制。

（1）在WTO框架下，积极参与和促进区域经济合作是大趋势。建立自由贸易区，促进区域经济合作和区域一体化是经济全球化大背景下重要的世界经济现象。在经济全球化进程中，首先对各国和地区经济产生影响的是区域经济组织和联盟。20世纪90年代以来，各个层次贸易自由化和区域一体化进程呈现加快的趋势，许多新的区域一体化组织正在孕育或已现雏形。区域经济一体化和贸易自由化趋势在经济全球化进程加快的背景下得到进一步强化，已成为推进经济全球化进程的重要力量。

（2）在WTO规则下，分步建立内地（大陆）、香港、澳门和台湾"一国四席"之间的自由贸易区。在 WTO 框架下,构建中国两岸四地关税区组成的自由贸易区是解决两岸四地特殊经贸关系的重要出路。"中国自由贸易区"指的是中国内地(大陆)作为主权国家和三个单独关税区(台湾、香港、澳门)之间组成的一个对内相互取消关税和其他贸易限制,对外仍保留各自独立贸易政策的经贸机制。建议分阶段、分步骤促进中国自由贸易区的实现:第一步,在现有情况下,首先建立内地(大陆)、香港、澳门自由贸易区,为台湾留下应有席位。第二步,借鉴日本与新加坡签订自由贸易协议的经验,与台湾先在旅游、农业等行业签订自由贸易协议或投资协议,逐步扩大范围,建立内地(大陆)、香港、澳门和台湾自由贸易区。第三步,采取灵活的机制确定多边贸易战略,在促进建立中国自由贸易区的同时,也积极参与和推动本区域或更大区域的贸易自由化,发挥更大的作用。

(3) 采取灵活措施,尽快确定优先参与国际合作的领域和内容。参与区域经济合作,中长期目标是降低进口关税,大幅度取消各类非关税壁垒,推进商品、服务贸易自由化,以及资本、技术的自由流动等。近期可在已有基础的领域优先开放和合作,如开放旅游业,促进旅游领域的合作;促进人力资源开发和信息服务业的开放与合作;促进农业项下的开放与合作等。

(4) 成立专门机构,实质性推动与东盟建立"10 + 1"自由贸易机制的进程。与东盟签署建立"10 + 1"自由贸易机制的协议以及建立中国自由贸易区是中国参与区域经济一体化和区域贸易自由化的重要步骤。可以预期,随着经济全球化和区域经济一体化进程的深化,中国将会与越来越多的国家和地区建立相应的经济联盟。由国务院相关部委牵头,成立专门研讨机构,对促进中国参与国际竞争与合作进程,是十分必要的。

11. 有效地发挥政府的作用,始终是我国经济改革的重要任务。按照建立和完善社会主义市场经济体制的要求，彻底转变政府职能，实现政府改革的实质性突破。在经济改革的攻坚阶段，政府的有效作用更为重要。政府部门需要在观念、职能和管理方式上适应加入 WTO 的新形势，加快政府改革。

（1）强化政府公共职能，实现政府职能的根本转变。我国的改革实践证明，按照市场经济的要求根本转变政府的职能及管理手段，是经济转轨中最具实质性的问题，同时也是难度较大的问题。目前政府部门的许多改革还没有到位，政企不分依然存在。政府职能缺位、错位与越位并存，政府经济管理方式尚未发生实质性的变化。适应加入 WTO 的要求，必须加大政府自身的改革以真正实现职能转变，提高政府服务效率。

（2）实现政企分开，以提供公共产品为重点，提高政府效能。只有清楚地界定政府职能，才能退出越位，纠正错位，补足缺位。要重构政府与企业、政府与市场、政府与社会中介组织的关系，将政府管不了、管不好的事情交给市场主体和中介组织去做。政府的主要作用是完善立法，推动政府工作的法制化，规范市场经济条件下的财产关系、信用关系和契约关系，维护市场秩序，保证公平竞争，建立和完善社会保障制度和社会服务体系等社会公共产品和公共服务。

（3）治理和规范市场秩序。建立"统一、开放、竞争、有序的大市场"，是我国加入 WTO、参与经济全球化的重要体制保证。消除行政垄断与市场分割，整顿和规范市场秩序已成为刻不容缓的任务。要进一步打破行业垄断，尽快清理并大幅度削减政府行政性审批，加快教育、医疗卫生以及市政工程等社会公用事业的企业化改革步伐；为各类企业创造公平的竞争环境，打通国内市场的七经八脉，把理顺竞争秩序建立在法制基础上。

（4）加快社会主义市场经济法制建设。近期的重点，首先是按照 WTO 的要求，加快修改国内相关法律法规。按照 WTO 的规则和我国的承诺，对现行法律法规进行有针对性的清理，对那些明显不符合 WTO 规则和我国对外承诺的法律、行政法规和规章的有关规定，要如期完成修订或废止工作。其次，加快入世进程中的立法保护。此外，加强执法力度，政府有义务保证有关 WTO 规则的法律制度在全国范围内统一实施，提高政策法规的透明度、可预见性和稳定性。

三　面对我国经济改革的新形势，充分估计改革的作用，寻求务实有效的改革策略

12. 改革决定未来。新世纪、新技术、市场力量和经济全球化是所有国家必须面对的现实，我国改革开放面临的内外环境更具复杂性。在我国改革、发展、稳定的相关矛盾共存的时候，改革更具根本性。我们的基本判断是：改革过去是、现在是、将来仍然是中国经济社会发展的动力，改革决定中国的未来。经济全球化、区域集团化是当今世界经济政治格局演变的大趋势，认识全球化、适应全球化，最重要的任务是改革，全球化将推动我国改革进入一个新的阶段；加入 WTO，开放市场，承诺遵守规则，加快结构调整，说到底仍然是改革；在当前的宏观经济背景下，依靠改革拉动投资，依靠改革创造需求，依靠改革开拓和完善市场，依靠改革促进结构调整和产业升级。我国未来经济的持续、快速、健康增长将直接依赖于改革。社会稳定的关键也在于改革，依靠改革调整利益关系，化解社会矛盾，创造就业机会，遏制腐败，从而保持社会稳定。

按照邓小平同志的改革理论和江泽民同志"三个代表"的要求，更加务实地推动我国经济改革，更加务实地解决我国经济发展的制度性障碍，更加务实地强化市场力量，才能富有成效地推动我国经济的国际化并在更高的层次上参与国际竞争。只有这样，我们才能在有力量和有能力解决各种复杂矛盾和克服各种困难的过程中迎来 21 世纪中华民族的辉煌。

13. "三个代表"的思想是 21 世纪我国改革的力量源泉和强大动力。

（1）生产关系必须适应生产力的发展要求，这是不断推进改革的理论基础。"生产力是最活跃最革命的因素，是社会发展的最终决定力量。社会主义制度的建立和不断完善，为我国社会生产力的解放和发展打开了广阔的道路，无论什么样的生产关系和上层建筑，都要随着生产力的发展而发展。如果它们不能适应生产力发展的要求，而成为生产力发展的障碍，那就必然要发生调整和改革。"

（2）我国加入 WTO，将形成新一轮的改革压力和动力。加入 WTO 实质上是我国经济体制与国际通行的经济体制接轨，为此必须加快市场化改革。5 年的过渡期实际上锁定了我国改革的时间表，更应该加快改革。

（3）提高改革的透明度，加快调整利益关系，形成良好的改革预期，增强广大群众对改革的理解和支持，形成继续改革的基本动力。

14. 积极寻求务实有效的改革策略。新时期，改革的方向、时机和力度在很大程度上决定着改革的成效。适应改革的新形势，积极寻求务实有效的改革策略十分重要。

（1）要努力寻求宏观经济政策与经济改革的结合，在注重实施有效的宏观经济政策的同时，更要重视改革的根本性作用。

（2）努力寻求渐进式改革与阶段性突破的结合，在坚持渐进式改革中，适时地实现改革的阶段性突破。

（3）努力寻求经济体制改革与政治体制改革的结合，在加快经济体制改革的同时，稳妥地推进政治体制改革。

（4）努力寻求依法治国和以德治国的结合，在建立和完善适应社会主义市场经济体制的法律体系，推进司法改革，强化司法监督的同时，加强社会主义政治文化建设，为新制度的运行奠定坚实的基础。

15. 加强对改革的领导，提高领导改革的艺术，自觉地驾驭改革的全局。当前，错综复杂的国际经济政治形势给领导改革提出了新的要求。要以马克思主义、毛泽东思想、邓小平理论为指导，与时俱进，坚持实事求是的思想路线，用历史唯物主义和辩证唯物主义的宽广眼光观察世界，把握大局；必须坚持从新的实际出发，以改革的精神研究和解决新问题，总结新经验；必须坚持党的群众路线，拓宽各个领域联系群众的渠道，善于把握客观情况的变化，善于从群众的实践中寻找解决问题的办法，不断提高领导改革和驾驭改革全局的能力；必须取信于民，通过反腐败和加强自身建设，切实解决群众最关心的问题，极大地调动最广大的人民群众参与和支持改革的积极性。

以激活社会资本为重点深化市场化改革（18条建议）[*]

（2014年4月）

当前，我国正处于增长转型的关节点。一方面，社会资本在稳增长、促转型上有巨大潜力；另一方面，由于政府主导的经济运行机制未根本改变，这种潜力还难以表现为现实的增长潜力。在这个特定背景下，使市场在资源配置中起决定性作用，向深化改革要动力、要红利，需要市场化改革在激活社会资本上集中破题。

一 激活社会资本成为深化市场化改革的重要任务

面对经济增长下行压力和风险的增大，稳增长、促转型，关键在于激活社会资本的改革要突围。

1. 社会资本的市场预期不好，投资信心不足，成为当前经济下行的突出矛盾。2014年1—2月份，我国固定资产投资累计增长17.9%，是2002年12月以来的新低。其中，民间固定资产投资增长速度从2013年的23.1%下降到21.5%，下降1.6个百分点。

---

[*] 中改院课题组：《以激活社会资本为重点深化市场化改革》，《中国经济时报》2014年4月3日。

2. 稳增长有赖于激发社会资本潜力。以社会资本投资稳增长的潜力巨大。当前，我国社会资本不仅具有规模优势，还有快速扩张的增速优势。2003年，城乡居民的人民币储蓄存款为10万亿元左右，2013年突破40万亿元，10年间总额扩张了4倍多。如果激发市场活力的相关政策创新与体制改革到位，社会资本完全可以成为稳定经济增长的重要力量。

3. 促进经济转型的关键是激活社会资本，由此实现投资、消费动态平衡。当前经济转型的困难，从表面看是经济结构升级困难，更深层次的矛盾在于政府主导资源配置所导致的投资、消费关系扭曲。例如，社会的消费向服务消费升级，而政府主导的增长方式，过于依赖投资，过于偏向重化工业，使得投资结构与消费结构不匹配。无论是产能过剩、房地产泡沫，还是地方债务风险，都与此直接相关。也就是说，振兴实体经济，加快经济结构的转型升级，关键是以激活社会资本为重点加快投资结构转型。也只有激活社会资本，让社会资本自主决定投资方向，才能理顺投资消费关系，实现投资消费的动态平衡，确保投资结构与消费结构相匹配，从而达到提高投资效率、优化经济结构，提升经济质量和预期目标。

4. 尽快形成激活社会资本的综合性改革方案十分关键。市场在资源配置中起决定性作用的主要标志是社会资本的潜力和活力得以充分释放。通过激活社会资本，形成公平竞争的市场环境，充分激发就业、创业、创新活力，是当前稳增长、促转型的重中之重，也是市场化改革突破的关键所在。虽然我国先后出台了支持非公经济发展的新旧36条，但社会资本投资面临的政策体制性障碍远未破除。当前，以简政放权为重点的改革取得重要进展，但最终的成效需要反映在有效激发社会资本活力上。

二 多管齐下实质性拓宽社会资本投资渠道

从稳增长促转型的现实需求出发，放宽社会资本投资的市场准入领域，消除各种隐性壁垒，实现权利平等、机会均等、规则平等，给非公有制企业更大的市场选择权、决策权、自主权。

5. 全面实施企业自主登记制度。放宽市场主体经营场所登记条件，尽快落实"先照后证、宽进严管、网络管理"企业登记管理制度；对鼓励类、允许类项目的内外资企业一律实行直接登记制。在中央各部委率先公布权力清单的基础上，使权力清单制度尽快普及地方层面，真正实现清单之外的事项都由市场、社会主体依法自主决策。

6. 尽快形成社会资本进入服务业的大环境。在服务业对外开放的同时，应当首先放开对国内社会资本的准入限制。（1）在银行、证券、保险、电信、邮政快递等行业进一步放开市场准入，取消经营范围限制。（2）打破教育、医疗、文化等行业对社会资本的限制。（3）加快公共资源领域对社会资本放开。（4）尽快调整服务业用地政策，实现服务业用地与工业用地"同地同价"。

7. 垄断行业向社会资本放开要有时间表。目前，由于垄断行业改革滞后，社会资本进入垄断行业还相当困难。可以考虑2014年上半年出台投资目录和具体的时间表，尽快在石油、电力、铁路、电信等垄断行业推出一批向民营经济开放的重大项目，在基础领域引入竞争机制的同时，让社会资本能够分享到切切实实的改革红利。

8. 做大做实国家中小企业发展基金。目前我国企业总数大约6000万户，而中小企业占比近97%，贡献了60%以上的国内生产总值、50%以上的税收，创造了近80%的城镇就业。早在2012年4月国务院出台的《关于进一步支持小型微型企业健康发展的意见》中就提出设立国家中小企业发展基金。从2012年起，中央财政设立国家中小企业发展基金，共 150 亿元，分 5 年到位。考虑到我国中小企业的数量和全局性，可以考虑扩大国家中小企业发展基金规模，支持和鼓励更多的地方政府设立中小企业发展基金，引导地方、创业投资机构及其他社会资金支持处于初创期的中小企业和微型企业，提高创业扶持、技术创新、基金支持、市场开拓和服务保障水平。对企事业单位、社会团体和个人等向基金捐赠资金的，准予在计算缴纳所得税税前扣除。

9. 发展面向中小企业的债券市场。我国目前中小企业直接融资比例大约为 5% 左右，而国际平均水平为 70% 左右。在提高股票市场服务于中小企业融资力度的同时，需要尽快出台专项改革方案，积极探索小额贷款公司等非吸收存款类放贷机构的债券融资方式，鼓励发展中小企业私募债，通过债券市场的发展提高中小企业的直接融资比例。

三 实现非公有制企业参与国有企业改革的新突破

党的十八届三中全会明确提出，"鼓励非公有制企业参与国有企业改革"。实现非公有制企业参与国有企业改革的新突破，是新时期放大国有资本作用、激活社会资本的根本途径。问题在于，国有企业的功能定位需要进一步明晰界定，关键是国有企业改革本身的目标任务要明确。在这个前提下才能明确非公有制经济参与国企改革的重点领域。

10. 以发展公益性国有企业为重点调整优化国有资本配置。适应公共需求全面快速增长的大趋势，将国有资本集中配置在公益性领域，不仅可以使国有资本加大公益性企业投入，在提供公共服务方面做出更大贡献，还有利于国有资本有效融入现代市场经济，为社会资本投资创造更大的制度空间。建议按照自然垄断型国企、国家安全型国企、基础创新型国企、社会公共服务型国企四类明确界定公益性国有企业范围，并使之法定化，为调整优化国有资本布局、非公有制企业参与国有企业改革提供依据。

11. 尽快形成分类推进国有企业改革的行动方案。（1）按照国有资本涉及的不同行业属性，严格区分公益性与非公益性领域。（2）国有资本从非公益性领域退出，重点转移到公益性领域，非公益性领域对社会资本全面放开。（3）公益性领域还可划分为可竞争性环节与不可竞争性环节：竞争性环节尽可能对社会资本放开；不可竞争性环节可由国有资本控股，但要尽可能鼓励社会资本参股投资。

12. 明确规定国有资本控股的范围和比例，增大社会资本控股的领域。在公益性领域不追求绝对控股，可以扩大国有资本的杠杆效应，尽可能撬动更多的社会资本投资。（1）将国有独资形式的企业严格限定在涉及国家安全的少数国有企业和国有资本投资公司、国有资本运营公司。（2）将国有绝对控股的企业严格限定在涉及国民经济命脉的重要行业和关键领域。（3）在某些需要国有资本特殊支持的支柱产业和高新技术产业等行业，主要采取相对控股，国有股权比例尽可能不超过51%。（4）没有国有资本参与也能更好发展的领域，视具体情况国有股逐步退出或者全部退出，最终实现由社会资本控股。

13. 鼓励非公有制企业通过并购和控股、参股等多种形式，参与国有企业改革。尽快形成具体的行动方案，发展国有资本、集体资本和非公有资本等交叉持股、相互融合的混合所有制经济。（1）鼓励非公有资本以入股的形式参与国有企业改革。（2）对于一般竞争性行业，国有企业通过出让股权、兼并重组等方式大力吸引非公有制资本投资入股。（3）国有资本投资项目允许非国有资本参股。（4）尽快出台相关实施细则，发展企业员工持股形式的混合所有制经济。

四 以激活社会资本为重点建设法治化的营商环境

现代市场经济的本质是法治市场经济。提振社会资本的市场预期和投资信心，关键是建设法治化营商环境。尽快出台国家层面改善法治营商环境的综合性方案，清理、修改与市场决定资源配置的要求不符的相关法律制度，并建立有效的经济司法体制，成为激活社会资本的重大任务。

14. 尽快形成负面清单、权力清单管理的法律规范。由此倒逼行政审批制度改革尽快到位，从根本上解除抑制社会资本活力的行政管制。（1）修改行政许可法，将负面清单管理上升到法律原则、法律程序的层面。（2）加快中央地方关系立法，按照中央、省（直辖市）、市（县）三级政府框架形成规范化、法定化的权力清单。（3）与负面清单管理统筹考虑，改变行政审批与市场监管合二为一的体制，组建统一性、权威性的市场监管机构，建立法治化的市场监管体制。

15. 加快私人财产权保护立法。近年来资本外流、投资移民的现象比较严重，很大程度上在于国内保护私人财产权的法治环境尚未形成。建议尽快出台保护私人财产权的相关立法、司法改革计划。（1）严格禁止行政机关不经法律程序剥夺私人财产。（2）强化《国家赔偿法》的落实，尽快出台《国家征收或征用公民私有财产补偿标准》，提高行政机关损害私人财产权的赔偿力度，追究相关责任人员的赔偿责任。（3）修改《证券法》，把保护中小投资者利益作为资本市场发展的重点。

16. 加快公共资源配置立法。党的十八届三中全会明确提出"公共资源配置市场化"。公共资源领域对社会资本放开是大势所趋，但我国尚未形成公共资源配置的专门性法律，仅在《招投标法》《行政许可法》中有所涉及。建议：尽快出台《公共资源监管法》，明确界定公共资源市场化配置的范围和监管程序，明确社会资本进入公共资源领域的程序和办法。

17. 将反行政垄断纳入《反垄断法》。当前，民营资本与国有资本难以实现公平竞争，突出的矛盾在于行政垄断。建议修改《反垄断法》，增设反行政垄断内容：（1）对铁路、电力、电信、石油、民航、邮政、城市公用事业、教育、医疗、文化等领域的行政垄断行为进行界定。（2）按照反行政垄断的要求修改行业监管相关法律。（3）建立对行政部门立法的反垄断审查制度。

18. 推动经济司法去地方化改革。近年来，经济司法不公的主要矛盾在地方层面。在 GDP 增长主义和竞争性地方政府模式下，地方政府因地方利益干预经济司法、导致司法不公具有普遍性。推动经济司法去地方化，有利于形成地方政府的制度约束，有利于建立全国统一的大市场，有利于从基本国情出发、走出一条司法权独立公正行使的新路子。为此，建议：（1）建立中央地方双重法院体制，中央层面的法院体系专门负责土地、税收、金融、破产、涉外和知识产权等领域的经济案件审理；一般民商事案件与治安刑事案件、家庭婚姻继承案件、青少年犯罪案件仍由地方法院审理。（2）实行司法机关人财物由中央统一管理，与行政区划适当分离。

放开服务业市场：深化市场化改革的重大任务（15 条建议）*

（2015 年 2 月）

　　由工业大国走向服务业大国，关键在于服务业的市场开放。改革开放 36 年来，市场化改革是从工业领域市场开放开始的。工业领域的对内对外开放极大地激发了市场活力，由此推动我国成为全球第一制造业大国。服务业市场开放将为服务业领域发展带来强劲的动力，形成新阶段市场化改革红利。"十三五"要把加快服务业市场开放作为深化市场化改革的战略重点。

一 "十三五"：从放宽准入到市场开放

　　进入 21 世纪以来，尤其是"十二五"以来，我国服务业领域经历了一个从放宽准入到市场开放的过程。总的判断是：服务业市场开放取得重要的阶段性成果，但远不到位，尤其是与我国走向服务业大国的实际进程不相适应，与广大社会成员全面快速增长的公共服务需求不相适应，"十三五"加快服务业市场开放仍面临诸多

---

* 中改院课题组：《放开服务业市场：深化市场化改革的重大任务（15 条建议）》，2015 年 2 月。

挑战。

1. 放宽服务业的市场准入。

（1）服务业市场由行政管制到放宽准入。改革开放之初，我国服务业领域受政府的严格管制，只有国家规定的国有企业和事业单位能够从事服务业。随着我国社会主义市场经济体制改革目标的确立，服务业领域的行政管制开始逐步放松。1992年6月，国务院出台《关于加快发展第三产业的决定》，开始允许私营企业和个人投资服务业。随后，中央政府陆续出台一批放宽服务业市场准入的政策文件，逐步放宽了科技咨询、社区服务业、商贸餐饮业、旅游业等一般竞争性领域的市场准入。

（2）加入WTO与服务业市场对外资放宽准入。20世纪90年代之前，我国严格禁止服务业外商投资，但这一局面自2001年我国加入WTO后被打破。在WTO《服务贸易总协定》（GATS）12大服务贸易部门中，我国针对10大部门对外资做了具体服务业开放承诺。截至2009年，在WTO分类的160多个服务贸易部门中，我国已经开放了104个，占比达到62.5%，接近发达国家108个的平均水平。

（3）服务业市场对社会资本的"非禁即准"。20世纪末，我国对一般竞争性领域的服务业基本放开了市场准入，但政府对教育、电信、金融等绝大多数服务业仍实行严格管制。为了打破社会资本进入教育、医疗、航空、通信、金融等服务业市场的制度"玻璃门"，2005年国务院出台"非公经济36条"，允许非公有资本进入法律法规未禁止的行业和领域。在这个基础上，2010年国务院再次出台"非公经济新36条"，鼓励和引导民间资本进入法律法规未明确禁止准入的行业和领域。

（4）放宽准入的改革思路需要拓宽。不可否认，放宽服务业市场的准入在推动我国服务业发展上扮演了重要角色。但从"非公经济新旧36条"实施情况来看，改革的效果难尽如人意。实践中，"非公经济新旧36条"实施遇到的各种问题，集中反映了现有改革模式的局限性：改革如果仅仅停留在放宽准入的层面，就很难摆脱行政管制的旧思路。在这种改革模式下，社会资本在多大范围内、多大程度上进入服务业市场，仍然由政府管理部门说了算，而且还不可避免地遇到政策"玻璃门"、制度"玻璃门"，并不能真正让市场在服务业领域资源配置中发挥决定性作用。

2. 加快服务业市场开放。

（1）服务业发展缺乏的不是资本，而是市场开放。与改革开放初期工业发展缺乏资本有很大的不同，现在我国发展服务业并不缺乏资本。根据《中国统计年鉴2014》，2003—2013年，我国城乡居民的人民币储蓄存款由10.36万亿元增长到44.76万亿元，10年间总额扩张了4倍多。庞大的高净值人群成为社会资本投资的重要力量。根据《2014中国高净值人群心灵投资白皮书》数据，截至2013年末，我国拥有1000万元资产以上的富豪有109万人，拥有亿万元资产以上的富豪有6.7万人，拥有资产10亿元以上的富豪大约有8300人。胡润研究院预测，2015—2017年我国亿万元资产以上的豪富人数可能达到7.3万人，1000万元以上的富豪可能达到121万人。据调查，健康、旅游和教育是高净值人群愿意投资的三大领域。

（2）服务业需要通过对外开放提升发展水平。改革开放36年来，我国利用外资提升了工业发展水平，但由于服务业对外开放的滞后，国内服务业还很难通过外资或者中外合资提升发展水平。进入21世纪以来，充分利用外资的先进技术和先进管理经验提高服务业发展水平正在成为一个大趋势。据统计，2000年我国服务业实际利用外资占比仅为25.7%，到2011年升至约47.6%，首次超过制造业；2013年，我国服务业实际利用外资614.51亿美元，占全国总量的52.3%，超过第二产业6.1个百分点，占比首次过半。

（3）服务业进入加快市场开放的新阶段。党的十八届三中全会"决定"明确提出，"推进金融、教育、文化、医疗等服务业领域有序开放，放开育幼养老、建筑设计、会计审计、商贸物流、电子商务等服务业领域外资准入限制"。2013年上海自贸区设立，肩负的一项重大历史使命就是探索新时期服务业对外开放。上海自贸区在金融服务、航运服务、商贸服务、专业服务、文化服务、社会服务领域六大领域扩大开放，暂停或取消在这些领域中对投资者的资质要求、股比限制、经营范围限制等准入限制措施，标志着我国服务业领域对外开放进入了一个新的阶段。

3. 开放服务业市场面临挑战。

（1）服务业领域的行政垄断远未打破。我国工业部门80%以上是制造业，属于高度市场化部门，而服务业50%以上仍被行政力量垄断，属于垄断竞争部门。服务业市场开放不足越来越难以适应人们日益增长的服务型消费需求。以教育和医疗为例。近年来，我国放宽了教育医疗领域的市场准入，但教育医疗领域仍保留着高度的管制，尤其是高端市场。由于国内市场难以提供大量的优质教育和医疗服务，导致高端的服务型消费大量外流。

（2）服务业价格管制仍比较多。改革开放以来，市场化程度比较高的服务行业价格已经基本放开，但在教育、医疗卫生、环保等公共服务领域，政府仍然保留着定价权，导致市场机制和价格机制难以有效发挥作用。从现实情况看，服务业价格管制仍很严重。据不完全统计，根据目前《政府定价目录》中16类涉及定价的项目总共有70多项，除去此前放开的项目，政府定价仍有50余类还没有放开，其中包括水电气价格、教育收费标准等。

（3）服务业与工业的发展政策不平等。我国在工业化过程中建立起来的产业发展政策已经越来越不适应经济转型的现实需求。例如，在生产要素使用上，服务业与工业价格不平等，服务业用水、用电、用气、用地价格普遍高于一般工业。目前，在尖峰时段，北京市不满1千伏商业用电每度高于普通工业0.12元。再例如，在土地政策安排上，政府优先供应工业用地，而且商业服务用地价格也明显高于工业用地价格。有数据显示，2013年全国105个重点监测城市的商业服务地价和工业地价每平方米分别为6306元和700元，商服用地价格比工业用地价格高出9倍。

二 "十三五"：以破除垄断为重点加快服务业市场开放

"十三五"以加快服务业市场对内对外开放为重点深化市场化改革，重中之重是破除服务业领域的行政垄断，彻底打破社会资本进入服务业市场的制度"玻璃门""弹簧门"，最大限度地激发社会资本活力。

4. 社会资本成为服务业市场发展的主体力量。

（1）社会资本为主才能形成有竞争、有效率的服务市场。服务业门类繁多，个性化、差异化程度在三次产业中是最高的。以政府为主投资容易形成垄断，严重抑制服务市场的发展。以社会资本为主投资服务业，有利于形成公平竞争的服务大市场，提高服务业发展质量。为此，要确立以社会资本为主的服务业发展思路，并将突破社会资本进入服务业领域体制性障碍作为理顺政府与市场关系、深化市场化改革的重点。

（2）基本形成服务业市场对社会资本开放的新格局。第一，争取2—3年内，银行、证券、保险、电信等生产性服务业全面对社会资本放开；教育、医疗、健康等公共服务业基本实现市场化、社会化；公共资源基本实现市场化配置；服务业领域体制内外差别基本打破。第二，2—3年内服务业领域行政审批制度改革全面提速，公开全部行政审批事项清单，推行审批事项负面清单管理方式，基本建立以备案制为主的投资管理体制。第三，2—3年内，基本打破服务业价格管制，初步建立由政府、服务提供商和消费者三方共同参与的价格形成机制。

（3）服务业内外资同等国民待遇。一是有序推进服务业市场对外开放。优先开放第三方物流、保险等与我国货物贸易直接相关的服务业；重点加大研发设计、信息技术、节能环保、会计审计、人力资源等领域开放力度；对旅游、法律、房地产等市场竞争比较充分的生活性服务领域尽可能对外资开放；稳步推进公共服务业市场开放，对教育、医疗、养老、健康等有利于社会大众的领域加快对外开放；对文化、娱乐等较为敏感的服务行业谨慎开放，可先选择影响面小的领域先行开放。二是凡对外资开放的领域和政策都应当对国内社会资本适用。凡国家法律法规未明令禁入的服务业领域，在向外资开放的同时，对国内社会资本实行完全的国民待遇。通过3—5年的努力，实现包括准入、准入后和经营过程中民企、外资和国企享受同等待遇。

5. 打破服务业市场的行政垄断。

（1）全面推进垄断行业向社会资本开放。

——垄断行业竞争环节对社会资本全面放开。在以电力、电信、石油、民航、邮政等为重点的垄断行业，进一步破除各种形式的行政垄断。推进资本市场的国有股减持，在非自然垄断环节退出一部分国有资本，给民间资本进入这些领域腾出空间；全面实现自然垄断和竞争环节切实分开，在自然垄断部分强调国有资本主导，在竞争性环节对社会资本放开。对电力、电信、石油、民航、邮政等行业，除基础设施部分外，相当多的生产环节都可以放开市场引入社会资本；完善基础领域的准入制度，对垄断行业要逐步放松或解除管制，广泛引入市场竞争机制，鼓励社会资本参与基础领域的公平竞争。

——垄断行业的自然垄断环节吸纳社会资本广泛参与。对国有资本继续控股经营的自然垄断行业，根据不同行业特点实行网运分离、放开竞争性业务。在自然垄断环节，通过 BOT、TOT 等多种形式鼓励社会资本参与投资；对银行、保险、航空等行业，全面向社会资本放开；对可以完全市场化的自然垄断行业和企业，能退出的全部退出，暂时不能退出，或退出条件不具备的企业，也要让出国有控股权，实施混合所有制，如交通基础设施、房地产开发、贸易经营等领域。

——城市公用事业健全特许经营制度，积极引导社会资本参与。对城市公用事业，要尽快健全特许经营制度，形成合理价格形成机制。实现城市公用事业政事分开、政企分开、事企分开，建立完善的市场竞争机制、企业经营机制和政府监管机制；打破垄断经营，引入市场竞争机制，提高城市建设运营效率；充分利用资本市场，彻底改变城市公用事业政府投资的单一模式，允许社会资本参与投资城市公用事业；利用已有的经营性公用事业资产，以特许经营方式向社会资本、资本市场进行多元化融资，积极引导社会资本参与，有效缓解公用事业建设资金短缺的状况。

（2）建立统一开放、竞争有序的服务业市场体系。

——破除服务业市场壁垒。彻底打破市场分割和地区封锁。凡是法律法规没有明令禁入的服务业领域，都要向异地社会资本开放，建立全国统一开放、竞争有序的市场体系；允许服务企业、服务产品自由进入全国各地市场，各地区凡是对本地企业开放的服务业领域，应全部向外地企业开放；促进各类生产要素在全国范围自由流动，提高资源配置效率和公平性。

——建立平等规范、公开透明的市场准入标准。放宽服务业投资准入标准，最大限度减少对服务业企业的经营服务、一般投资项目和资质资格的限制；在制定负面清单的基础上，依法开放各类资本平等进入负面清单之外的服务行业和领域。

——加快清理制约服务业市场开放的行政法规。按照"非禁即准"的原则，清理与法律法规相抵触、制约各类市场主体进入服务业的规定和程序；清理各种歧视性政策规定，在投资核准、股权比例、融资服务、财税政策等方面，同等对待各类市场主体。

（3）将反行政垄断纳入反垄断的范围。重点破除各种形式的行政垄断，对国有垄断行业、城市公用事业、公共服务领域相关行业监管内容进行清理、修改，使这些行业监管体现公平竞争。建议在《反垄断法》总则中突出反行政垄断，在《反垄断法》中增设反行政垄断一章，对铁路、电力、电信、石油、民航、邮政等垄断行业的行政垄断行为进行界定；对城市公用事业领域的行政垄断行为进行界定；对教育、医疗、文化等公共服务领域行政垄断行为进行界定。同时，加快建立反垄断审查制度。不少行政垄断行为都有行政文件，比如条例、规章或意见等依据。这就需要行政部门出台的相关制度和行业政策、指导性文件向反垄断委员会备案，并建立反垄断审查机构对其审查。与负面清单管理的改革相配套，尽快对现行行政法规进行系统的反垄断审查，废除各类导致行政垄断的行政法规。

6. 开放公共服务业市场。

（1）非基本公共服务全面开放市场。对于养老服务、托幼、专业培训、健康保健、家庭服务等非基本公共服务，全面放开市场、引入竞争，发挥市场配置资源的决定性作用。对于非基本公共服务领域的事业单位，原则上转为企业或者社会组织。政府对于养老、托幼等社会需求大的非基本公共服务，加大政府补贴和税收支持力度，吸引更多社会资本进入该领域，尽快解决养老机构"一床难求"、幼儿园学位紧张的现状。

（2）基本公共服务引入竞争机制。在义务教育、基本医疗卫生、基本住房保障、基本社会保险、就业服务、公共文化等基本公共服务领域，通过加大政府向社会购买公共服务的力度，鼓励企业和公益性社会组织参与，与现有事业单位之间形成竞争机制。

（3）创新公共服务市场开放的体制机制。一是建立公开、透明、平等、规范的公共服务业准入制度。凡是法律法规没有明令禁入的领域，都要向社会资本开放，并不断扩大开放领域。二是探索公共服务业市场化的有效路径。借鉴发达国家的经验，所有公共服务项目必须依法面向社会实行公开、公正和公平的招投标，引入市场竞争机制，探索通过合同外包、公私合营（PPP）、凭单制度等方式，推进公共服务市场化。三是推动事业单位去行政化。按照政事分开、政社分开、管办分开、营利性机构与非营利性机构分开的原则，逐步取消学校、科研院所、医院等事业单位的行政级别。

7. 理顺服务业市场的价格形成机制。

（1）竞争性领域服务业价格完全放开。尽快在"十三五"前期修订《政府定价目录》，明确界定竞争性领域的服务业，凡竞争性领域的服务业，政府原则上不进行价格限制，全面放开价格管制。

（2）完善垄断行业价格形成机制。加快推进水、石油、天然气、电力、交通、电信等基础领域价格改革。区分垄断与非垄断行业，建立不同的价格形成机制。对自然垄断环节的服务业，仍实行政府定价；对竞争性环节的服务业，政府全面放开价格控制，引入竞争机制，实行企业自主定价，推动服务企业在竞争中形成价格。

（3）完善公共服务价格形成机制。区分基本公共服务与非基本公共服务，对其实行不同的定价机制。在"保基本"的前提下，加快形成非基本公共服务领域主要由市场决定的价格机制。政府定价范围主要限定在重要公用事业、公益性服务、网络型自然垄断环节；对基本公共服务领域，政府仍保留定价权，以保障公益性；对非基本的公共服务，如部分健康医疗服务、殡葬服务、房屋和物业管理服务等，全面放开价格管制，完全由市场供求关系决定价格。

（4）加强服务业市场的价格监管。一是加强行政监管。价格主管部门要加强相关服务价格的动态监测和分析，及时反映市场价格动态；开展市场价格巡查，加大力度查处价格欺诈、哄抬物价等价格违法行为，例如殡葬服务，需要有政府公益兜底，尽快改变"死亡市场"乱象；建立健全服务业价格监督法规体系，依法监管服务业市场。二是加强社会监督。建立和完善服务行业信息披露制度，加强社会公共监督；充分发挥新闻媒体的舆论监督作用，切实维护服务业市场价格稳定。三是完善价格听证制度。合理确定服务提供商与消费者代表比例，鼓励社会中介组织参与价格听证，听证会全程接受社会监督。

三 "十三五"：加快形成服务业创新创业的制度环境

服务业发展，主要靠的不是大企业，而是众多分门别类、满足城乡居民多样化服务消费需求的中小企业。"十三五"，加快服务业主导的经济转型需要激发中小企业的创新创业活力，同时也需要推动大企业向创新型企业的转型。这就需要把握全局、突出重点，加快形成服务业市场创新创业的制度环境，实现服务业领域的创新驱动。

8. 支持中小企业创新创业。

（1）做大做实国家中小企业发展基金。从2012年起，中央财政设立总额150亿元的国家中小企业发展基金，分5年拨付到位。考虑到我国中小企业的数量大和全局性作用，建议扩大国家中小企业发展基金规模，支持和鼓励更多的地方政府设立中小企业发展基金，引导地方政府、创业投资机构及其他社会资金支持初创期的中小企业和微型企业发展，提高技术创新、创业扶持、基金支持、市场开拓和服务保障水平。对企事业单位、社会团体和个人等向基金捐赠资金的，准予在计算缴纳所得税税前扣除。

（2）鼓励各类人员创新创业。一是鼓励大学生创业。"十三五"适应人口城镇化和工业转型升级的大趋势，充分挖掘服务业新兴领域的市场潜力，落实国家关于大学生创业的相关政策，鼓励扶持大学生开设网店等多种创业形态。争取到2020年，我国大学生毕业后3年内创业率由目前不到2%提升到8%左右。二是鼓励失业人员自主创业。2014年4月，财政部等相关部委出台未来3年支持创业就业税收政策，对失业人员自主创业每户每年可最高减税9600元。随着我国人口城镇化进程加快，对家政服务、健康服务、养老服务、体育服务等生活性服务的需求将全面增加，建议"十三五"国家出台综合性的扶持政策，鼓励失业人员到这些服务行业创业和再就业。

（3）搭建中小企业创新创业的制度平台。一是国家重大科研基础设施和大型科研仪器向社会开放。建设一批支撑全方位创新创业的平台，但凡想创业的人都有创业的空间，但凡有创新想法的人都有创新的平台，打造一支强大的国家创新创业人才队伍。二是鼓励科技人员以技术入股。建立知识产权和科技成果作价入股制度，占股比例由双方共同商定，最高比例可达到公司注册资本的70%。成果持有单位最高可以从技术转让（入股）所得的净收入（股权）中提取70%的比例奖励科技成果完成人。三是支持中小企业实行职工持股。员工持股是一种有效的激励制度。例如，华为公司把98.58%的股权开放给员工，在推动技术创新中的成效显著。"十三五"应鼓励中小企业率先探索职工持股计划，形成资本所有者和劳动者利益共同体。

（4）积极扶持中小服务企业发展。一是创新中小企业服务方式。由重服务个体转变到服务体系建设，建立中小企业公共信息平台，鼓励中小企业通过资源整合、资产重组，形成产业联盟；鼓励有条件的大型民营企业研发机构向中小民营企业开放实验仪器、装备和设施。二是创新中小企业融资方式。为中小服务企业提供多元化的融资渠道，不断扩大企业信贷抵押担保物范围；鼓励发展众筹、互联网金融等新的融资模式，支持草根创业；支持像阿里巴巴这样符合条件的企业到境外市场上市融资。三是支持中小服务企业做大做强。积极支持有条件的服务企业向规模化、网络化、品牌化发展；鼓励支持企业通过连锁经营、特许经营等方式，扩大服务规模；支持一批有实力的中小服务企业"走出去"，布局海外市场。

9. 推动传统大企业向创新型企业转型。

（1）把做强生产性服务业作为发展混合所有制的重要任务。以做强生产性服务业为重点推动社会资本参与国企改革。推动部分国有大型工业企业剥离生产性业务，将生产性业务转让给社会资本运营，将主要业务集中在生产性服务业领域；推动部分国有大型工业企业围绕生产性服务业延伸产业链，部分生产性服务业转让给社会资本运营，将主要业务集中于高端生产性服务业。同时培育一批高端生产性服务业企业集团。通过发展混合所有制在国企培育总部经济，充分利用现代信息网络技术及平台，发展一批具备国际竞争力、在国际国内具有资源配置能力的专业化研发服务机构。

（2）推动军转民领域的混合所有制发展。凡不涉及国家安全的国防科技工业尽可能引导社会资本参与，形成面向全国、分类管理、有序竞争的开放式发展格局。促进军、民科研机构的开放共享，加速军工和民用技术相互转化，促进国防领域和民用领域科技成果、人才、设施设备、信息等要素的交流融合，提高资源利用效率。明确发展混合所有制的重点领域，加快国防科技成果转化和产业化进程，通过社会资本参与形成一批军民结合产业和军工优势产业。

（3）服务于"走出去"推动国有企业优化重组。推动我国具有国际竞争优势的企业"走出去"，是我国大型企业接受国际竞争考验加快转型升级的重要渠道，同时也是我国消化过剩产能的重要途径。"十三五"需要把握"一带一路"倡议的历史机遇，支持更多国内具有竞争优势的装备制造业、建筑业、交通运输业等企业优化重组，培育一批带动我国企业"走出去"的旗舰企业集团。

（4）以国有资产证券化加快国有资本重组。一是加快国有资产证券化进程。"十三五"争取实现国有资产证券化率不低于50%，为加快国有资本重组、引入社会资本参与创造有利条件。二是发展社会资本控股的混合所有制。在钢铁、水泥、船舶、电解铝等过剩产业中实现国有资本战略性退出，以社会资本控股为主实现跨地区兼并重组、境外并购和投资合作，引导兼并重组企业管理创新，提高产业集中度，加快转型升级。三是推动上市公司在兼并重组中发挥重要作用。鼓励有实力的上市公司参与国有资本重组，支持上市公司通过向控股股东定向增发的形式筹集资本进行跨地区、跨行业兼并重组。

10. 全面实施服务企业自主登记制度。

（1）实现工商登记由"先证后照"向"先照后证"的根本性转变。实现创业者只要到工商部门领取一个营业执照，就可以从事一般性的商业服务业，如果从事需要许可的生产经营活动，再向主管部门申请；对于法律、法规未明确审批与登记先后顺序，但实际工作中按前置审批的事项全部实行后置审批；对法律、行政法规和国务院决定明确为企业登记前置事项进行梳理，分批分步改为后置审批，除涉及国家安全、公民生命财产安全等外，不再实行"先证后照"。

（2）全面落实注册资本由实缴登记制改为认缴登记制。加快完善相关法律法规，实行公司股东（发起人）自主约定认缴出资额、出资方式、出资期限等，工商部门只需登记公司认缴的注册资本总额，无须登记实收资本，不再收取验资证明文件。推行电子营业执照和全程电子化登记管理，建立各省市场主体信用信息公示体系；简化名称登记手续，放宽经营范围登记，放宽市场主体住所（经营场所）登记条件；建立全国统一的市场主体信用信息公示体系，将企业登记备案、年度报告、资质资格等通过市场主体信用信息系统予以公示。

（3）全面实施服务企业投资项目备案制。一是取消省管权限内企业投资项目核准。建议1—2年内，全面推行服务企业投资项目备案制。除需报国家核准的项目外，将各省核准权限内的项目进行分类改革，其中不涉及公共资源开发利用的项目一律取消核准，改为备案管理。二是改革企业投资项目备案制。简化企业投资鼓励类、允许类项目备案手续，推行网上在线备案；企业应如实填报备案内容，并对备案信息内容真实性负责；企业投资项目原则上按项目属地在县级以上政府投资主管部门备案，跨区域项目在上一级政府投资主管部门备案。三是建立高效便捷的"并联"办理流程。整合各级政府现有的信息资源，建立全国统一的电子政务平台，实行全程电子化网上备案；政府各部门之间建立互连互通的信息系统，实现审批信息共享；在鼓励类、允许类项目立项阶段，项目备案、规划选址、用地预审、环境影响评价等手续全部改为同步"并联"办理。

11. 严格保护服务业知识产权。

（1）出台《知识产权法》。"十三五"抓紧研究出台《知识产权法》。将现有的《著作权法》《专利法》《商标法》等纳入《知识产权法》中；参考《建立世界知识产权组织公约》与《与贸易有关的知识产权协定》，明确我国知识产权保护的客观范围；对侵犯知识产权行为的惩治做出具体规定，做到有法可依。

（2）加强知识产权行政执法。建议赋予知识产权局行政执行权，加强重点领域知识产权行政执法，加强知识产权刑事执法和司法保护，积极营造良好的知识产权法治环境和市场环境；加强知识产权审查，实施重大经济活动知识产权评议，引导企业加强知识产权管理；拓展知识产权国际合作，适应对外开放的需要，加强涉外知识产权保护，支持企业"走出去"。

（3）加快建立知识产权法院。建议"十三五"尽快在最高人民法院下成立知识产权法院，并在北京、上海、广州等试点的基础上，加快向全国其他地区推广试点经验；增加刑事判决、裁定的上诉案件，实现民事、行政、刑事案件"三审合一"；加强人才培养与引进，通过教育、培训、引进等多种途径，培养一批专业化的法官队伍。

四 "十三五"：加快服务业发展的政策调整

随着我国走向服务业大国，"十三五"需要加快调整服务业发展政策的步伐，纠正对服务业不合理的歧视性政策，从而有效地保证各种所有制经济依法平等使用生产要素，公开公平公正参与市场竞争，同等受到法律保护。

12. 调整服务业与工业用地政策。

（1）土地供给向现代服务业倾斜。一是提高现代服务业用地比例。在土地利用总体规划和城乡规划中统筹安排服务业发展用地规模、布局和时序，调整城市用地结构，将更多的土地应用到现代服务业领域。二是支持利用工业、仓储等用房、用地兴办符合规划的服务业。涉及原划拨土地使用权转让或改变用途的，经批准可采取协议出让方式供应。

（2）新增建设用地向新兴服务业倾斜。优先安排国家鼓励发展的高技术、高附加值、低消耗、低排放的新兴服务业项目用地。鼓励工业企业利用自有工业用地兴办促进企业转型升级的自营生产性服务业，经依法批准，对提高自有工业用地容积率用于自营生产性服务业的工业企业，可按新用途办理相关手续。

（3）缩小服务业与工业用地价格差距。鼓励地方试点，加大政策调整力度，对服务业用地给予各种优惠政策，大幅降低服务业用地价格，逐步缩小服务业与工业用地价格差距，争取到2020年全国基本实现服务业用地与工业用地"同地同价"。

13. 实现服务业与工业平等竞争使用水电气等资源要素。

（1）实现服务业与工业同水同价。"十三五"前期，各地结合实际情况可以采取不同模式尽快实现服务业与工业用水同价：一是通过财政补贴或财政与供水企业共同承担的方式，将现行服务业用水价格直接降到工业用水价格水平；二是通过提高工业用水价格和降低服务业用水价格，将现行服务业用水与工业用水价格拉齐；三是简化城市供水价格分类，即除居民生活用水、特种行业（洗浴、洗车等高耗水）供水价格外，将原来的工业、行政事业、基建行业、商业、饮食业、服务业用水统一归类为其他行业供水价格。

（2）实现服务业与工业用电同价。重点是分步推进电价合并，实现商业电价与普通工业电价同网同价。先将商业电价与普通工业电价合并，两者归并为一般工商业用电电价；再将非工业和一般工商业用电合并为一般工商业及其他用电，包括党政机关、事业单位都执行该类别电价。同时，坚持峰谷分时电价政策。实现一般工商业用电同价后，电价类别只有大工业、一般工商业及其他用电、居民生活、农业生产这四大类，对使用超过110千伏安的一般工商业用户统一执行所在电网的峰谷分时电价政策。

（3）实现服务业与工业用气同价。一是简化气价分类，实行工商业用天然气同价。将用气价格分类由现行的"居民生活、工业生产、商业服务、其他（公用事业）"四类调整为"居民生活用气、非居民生活用气和其他用气"三类。二是实行工商服务并轨政策。将"商业服务"和"工业生产"用气归并为"非居民生活用气";根据各地实际情况,通过有升有降的价格调整方式,确定新的价格标准。三是建立气价动态调整机制。建立起反映市场供求和资源稀缺程度的、与可替代能源价格挂钩的动态调整机制,加快理顺与可替代能源的比价关系。

14. 实现服务业体制内外人才政策平等。

(1) 实现体制内外人才政策平等。建议"十三五"全面放开体制外人才职称评定门槛。对于长期在非公单位工作、没有参加过职称评定的各类人才,打破逐级申报限制,允许根据工作能力、业绩等直接报评相应级别职称;对在非公单位、科技型中小企业发展中做出突出贡献的人才可以破格、越级评审职称;在非公企业关键岗位上做出突出业绩的骨干人才,可免试外语、计算机。

(2) 实现体制内外各类人才福利待遇平等。加快体制内外各类人才的社会保障水平平等;尽快出台实施细则,逐步提升非公有制机构和公益性社会组织各类人才的社会保障水平,最大限度地缩小体制内外各类人才基本社会保障水平。建立健全民办机构人才人事代理服务制度,保障各类人才在体制内外合理流动,鼓励高校毕业生、各类人才到民办机构从事工作。实现民办机构人才在户籍迁移、住房、子女就学等方面享受与当地同级同类公办机构同等的人才引进政策。

(3) 国家对体制内外人才的重大科研活动进行同等支持。改变各类科研课题集中在体制内科研院所、知名高校以及科研与实际脱节的状况,实现新增各类科研课题向非公单位倾斜,向一线科研倾斜,鼓励和支持体制内事业单位人才到非公单位就业创业。对于非公单位自行提出、对国家和地方创新有重要影响的重大课题,政府给予应有的支持,以形成"产学研一体化"的激励机制。

15. 实现服务业体制内外政府采购政策平等。

（1）政府采购中实现各类所有制企业政策平等。除明令禁止社会资本参与政府采购的项目，其他领域政府采购项目均向社会资本开放；参与政府采购和招标投标、高新技术企业认定、申报政府计划项目、科技奖励、取得许可证和资质等级证书以及安排使用的各类财政专项扶持资金，各类所有制企业一视同仁，实行同等待遇。

（2）政府购买公共服务中实现事业单位与公益性社会组织平等。凡政府购买公共服务，除明令禁止社会资本参与的项目都应向公益性社会组织放开。在教育、医疗、文化、养老等各个领域的政府购买公共服务，都应当对事业单位和公益性社会组织一视同仁，实行同等待遇。

（3）实行政府对公益性社会组织稳定的财政支持。解放思想，打破以所有制为标准支持公共服务供给的做法，确立以公益性为标准支持公共服务供给的新体制。借鉴发达国家经验，对具有重大公益性的社会组织，财政可视具体情况逐年予以其拨款，鼓励更多的社会组织从事公益性事业。

以扩大内需为导向完善社会主义市场经济体制（24条建议）[*]

（2018年8月）

未来几年，我国加快完善社会主义市场经济体制有着特定的背景：经济转型升级对完善社会主义市场经济体制提出新的要求。加快制造业转型升级、破解服务型消费供给短缺、加快以服务贸易为重点的开放转型等成为重大任务；发展的外部环境明显变化，对完善社会主义市场经济体制提出新的要求。加快完善社会主义市场经济体制，重要选择在于以更大的决心和魄力深化改革开放，释放内需的巨大增长潜力。

一　把充分释放内需潜力作为完善社会主义市场经济体制的战略基点

作为13亿人的大国，经济转型升级蕴藏着的巨大内需潜力，是我国经济中长期发展的"压舱石"，更是我国应对经济全球化新变局的"最大底气"。

---

[*] 中改院课题组：《释放内需的巨大增长潜力——加快完善社会主义市场经济体制的建议（24条）》，2018年8月。

1. 我国正处在经济转型升级的历史关节点。

（1）我国进入工业化后期，产业结构正由工业主导向服务业主导转型升级。根据人均GDP、产业结构、城镇化率、第一产业就业比重等指标判断，我国总体上开始进入工业化后期。预计到2020年，我国服务业占比有望从2017年的51.6%提高到55%左右，基本形成服务业主导的产业结构。

（2）我国进入消费新时代，消费结构正由物质型消费为主向服务型消费为主转型升级。2017年，我国城乡居民恩格尔系数下降到29.3%，首次低于30%。以促进人的全面发展为重要特征的服务型消费逐渐成为全社会消费的重心。2016年，我国城镇居民服务型消费支出占比达到45.2%，预计到2020年，这一比重将提升到50%左右。

（3）我国进入全面开放新阶段，开放结构正由货物贸易为主向服务贸易为重点转型。2012—2016年，我国服务贸易年均增速9.6%（以人民币计价），高于同期货物贸易9.7个百分点，高于同期GDP增速2.3个百分点。2017年，我国服务贸易规模达到6960亿美元，预计到2020年，服务贸易规模有可能增长到1万亿美元左右，占外贸总额比重有可能提升到20%左右。

2. 我国经济转型升级蕴藏巨大的内需潜力。

（1）消费结构升级蕴藏巨大内需潜力。2017年我国最终消费支出占GDP的比重为53.6%，如果到2020年能达到60%左右，届时消费规模将达到45万亿—50万亿元左右，新增市场空间将达10万亿元以上。

（2）产业结构升级蕴藏巨大内需潜力。我国服务业占GDP比重仅略高于低收入国家水平，低于世界平均水平与中等收入国家水平。如果到2020年我国服务业占比达到中等收入国家的平均水平，服务业规模将有望达到50万亿元左右，新增市场空间将达10万亿—12万亿元。

（3）人口城镇化和乡村振兴蕴藏巨大潜力。预计到2020年，我国户籍人口城镇化率将由2017年的42.35%提高到45%左右，常住人口城镇化率将由2017年的58.52%提高到60%—65%。人口城镇化与乡村振兴的"双轮驱动"将带来巨大投资消费需求。以消费为例，2017年，我国1个城镇居民的消费水平相当于2.65个农村居民。如果农村居民消费水平能接近或达到城镇居民的消费水平，一年可带来10万亿元的新增消费。

3. 内需潜力的充分释放能够支撑我国的中速增长。

（1）内需潜力释放有条件支撑我国未来10年6%的增速。如果2020年我国消费规模达到50万亿元左右，未来几年经济增速有望保持在6.5%左右。以服务业为例，过去10年服务业每增长1个百分点，可以带动经济增长0.43个百分点。如果服务业保持8%—9%的增速，每年将带动3.8—4.3个百分点的增长。

（2）内需潜力释放奠定我国高质量发展的重要基础。

一是充分就业基础上的增长。服务业年均增长9%，每年吸纳就业将达到1000万人左右，到2020年服务业就业人员有望达到4亿人，占总就业人员比重达到50%左右。二是收入分配结构优化基础上的增长。如果服务业占比能够提高到55%左右，国民收入分配中的劳动者报酬占比就有可能从2016年的47.46%提高到2020年的50%左右，由此我国中等收入群体比重有望提高到35%左右。三是符合绿色要求的增长。初步测算表明，如果服务业占比提高到55%，以2012年GDP总量估算，到2020年能耗总量将减少消耗14.16%，二氧化硫排放总量将减少18.23%。

（3）13亿人的内需大市场是我国应对经济全球化新变局的"压舱石"。我国是世界上拥有全部工业门类的发展中国家。有研究估算，2016—2021年我国消费增量将高达1.8万亿美元，相当于

2021年英国的消费市场规模。面对经济全球化的新变局,关键是把我国内需潜力这一巨大优势利用好、发挥好。

4. 新阶段充分释放巨大内需潜力的时代性课题。

(1) 加快制造业转型升级,破解制造业大而不强的突出矛盾。从规模看,我国制造业增加值约占世界制造业20%的份额,已成为全球制造业第一大国,但生产性服务业占服务业的比重为50%左右,与发达国家74%的平均水平相差20个百分点以上。

(2) 扩大有效服务供给,破解服务型消费供给短缺的突出矛盾。例如,2017年,我国60岁及以上人口已达到2.4亿人,占总人口的17.3%。预计到2055年,这一比重将达到35%。例如,按照"百名老人5张床位"的国际标准计算,我国养老相关服务供给仍存在巨大缺口。

(3) 加快服务贸易的创新发展,破解服务贸易比重偏低的突出矛盾。2016年,我国服务进出口额占我国贸易总额的比重为15.1%,2017年下降至14.5%,不仅远低于部分发达国家,也低于世界平均水平(23.7%)。2017年,我国旅行、运输、建筑等三大传统服务贸易占比为65.6%;金融、保险、知识产权、技术、电信、计算机和通讯等技术含量相对较高的服务贸易额仅占14.4%。

5. 关键在于处理好政府与市场关系。

(1) 用市场化的办法释放内需潜力。市场经济是释放内需潜力的有效机制,没有市场经济体制这一基础,有效需求难以识别,有效供给难以出现,内需潜力难以有效释放。立足释放内需潜力,不断扩大市场决定资源配置的范围,尽快形成内需潜力释放与经济增长相互促进的良性循环。

(2) 推进服务业市场开放进程。改革开放40年来,我国市场开放的重心主要在工业领域,服务业领域市场化改革严重滞后,导致服务业领域"有需求、缺供给""有产品、缺品牌""有服务、缺标准"等现象比较普遍。

（3）尽快改变城乡二元分割的经济结构。由于城乡二元分割，资源在城乡间的自由流动受到制约，农村巨大的市场潜力尚未完全释放、激活。

（4）加快形成各类市场主体公平竞争的市场环境。由于产权保护制度化法治化进程缓慢、税费负担较重等诸多因素，民间投资一度出现断崖式下滑，民营经济发展面临着某些政策与体制性障碍。

（5）破题中高级要素的市场化改革。我国已经拥有世界第一的人才规模和世界第二的研发投入，但由于创新要素受不合理的体制束缚，人才的规模优势、研发投入规模优势难以转化为自主创新优势，科技创新与经济转型升级相脱节的矛盾比较突出。

二 以降低制度成本为重点振兴实体经济

我国巨大的内需潜力优势要转化为实体经济的发展优势，关键在于通过深化改革降低制度成本。这就需要加快产权保护和要素市场化配置，大幅减轻企业和居民负担，扭转资源配置"脱实向虚"的趋势。

6. 加快以制造业转型升级为重点的实体经济发展。

大国经济的根基在于实体经济，实体经济根本在于制造业。13亿人的内需潜力为制造业转型升级提供了巨大的空间。例如，尽管我国不是机器人发展最先进的国家，但机器人的最大市场在我国。2017年全球工业机器人出货量达到38.1万台，同比增长29%，中国地区增长高达58%。2017年我国机器人销量达到13.8万台，占全球比例由14.5%上升至36%。问题在于，能否以市场化改革打破制约实体经济发展的某些制度性障碍。

7. 以大幅降低企业税负为重点，改革税收制度。

（1）大幅降低企业税负。世界银行数据显示，2016年所有国家（地区）平均总税率为40.6%，而中国总税率为68%，远高于平均水平。建议尽快对实体经济实施"休养生息"，进一步加大减税力度，着力减轻中小微企业税负、减少企业社保支出。

（2）加快改革税收制度，建立具有国际竞争力的税收制度。以"简税制、低税率"为导向深化税收体制改革。建议在国内部分自贸试验区、海南自由贸易港先行探索。

（3）着力降低企业融资成本。有调查显示，2017年上半年企业民间融资成本在12%—15%左右，2018年普遍上涨至20%以上。把降低企业融资成本作为深化金融改革的重要目标，创新普惠金融，提高政策性金融支持中小微企业发展的力度，扩大直接融资比重。

（4）着力降低行政成本。把降低财政供养人数作为深化党政机构改革的重要目标，在省市县对职能相近的党政机关探索合并设立或合署办公，尤其是市县要加大党政机关合并设立或合署办公力度，机构限额统一计算；更多采取政府购买公共服务等办法，推行"养事不养人"。

8. 以创新要素的市场化释放创新活力。

（1）以激活创新要素为导向，改革科技体制。对科研人才全面松绑，赋予科研人才更大的自主权，使人才的规模优势、研发投入规模优势转化为自主创新优势。

（2）承认并充分保护科研人员的合法利益。对科研人员科技创新收益和成果转化收益不设上限，鼓励落实科研人员带着科研项目和成果创办企业。形成市场导向的人才流动机制，推动中高级人才自由流动。形成人力资本股权化的制度性安排，强化知识产权创造、保护、运用。

（3）在市场竞争中加快培育大国工匠。完善市场秩序，形成"工匠精神"的土壤；以培育高技能人才为重点放开职业教育市场；

鼓励和支持企业推行技术工人员工持股。

9. 以混合所有制改革为重点，加快国有资本战略性调整。

党的十九大明确提出"做强做优做大国有资本"。"做强做优做大国有资本"，关键是调整优化国有资本战略布局，在推动产业结构变革、扩大实体经济有效供给中发挥重大作用。

第一，规模庞大的国有资本要反映社会需求变化，成为公共产品和公共服务的重要提供者。第二，国有资本配置要充分考虑市场公平竞争的要求，为民营经济发展创造新的制度空间。第三，从国际视角看，需要参照国际惯例，用管资本的办法取代管企业的办法，优化国有资本布局。

10. 以产权保护制度化法治化为重点，稳定社会资本预期，激发社会资本活力。

当前，民营经济在我国国民经济中的地位作用举足轻重，可以概括为"56789"：税收贡献超过50%，国民生产总值、固定资产投资、对外直接投资占比均超过60%，高新技术企业占比超过70%，城镇就业超过80%，对新增就业贡献达到90%。这就要完善产权保护司法程序，加快建立产权保护中的政府守信践诺机制，以出台民法典为重点，强化产权保护立法。

三 以服务业市场开放为重点，深化供给侧结构性改革

以服务业市场全面开放为重点深化供给侧结构性改革，既是适应我国社会主要矛盾变化、满足城乡居民服务型消费需求的重大举措，也是使巨大内需潜力转化为产业变革新优势的重大举措。

11. 充分释放内需潜力的关键是服务业市场开放。

进入服务型消费新阶段，扩大内需的重点在服务业领域。争取到2020年基本形成服务业市场开放的新格局，服务业领域的市场化程度达到70%左右，服务业领域对外资开放的，应同等向国内社

会资本开放；对国内社会资本开放的，在保障国家安全的前提下扩大向外资开放。

12. 以打破垄断为重点加快服务业市场开放。

（1）破除服务业领域的市场垄断和行政垄断。推动服务业领域国有资本战略性调整，全面推进垄断行业向社会资本开放；打破服务业市场分割和区域壁垒，凡是法律法规没有明令禁入的服务业领域，都应该向异地社会资本开放。

（2）加快形成市场决定服务价格的新机制。区分基本公共服务与非基本公共服务，实施差别定价机制；对基本公共服务领域，政府仍保留定价权以保障公益性；对非基本公共服务，全面放开价格管制。

（3）加快服务业发展的政策调整。实现服务业与工业用地政策平等；实现体制内外人才政策待遇平等；实现政府采购政策待遇平等。

13. 突破服务业市场开放的观念束缚和利益掣肘。

（1）突破服务业市场开放的观念束缚。

——服务业市场开放有利于提升综合实力。当前，以研发为重点的生产性服务业仍相对滞后。例如，我国企业组装苹果手机所获利润仅占整机利润的1.8%，绝大部分利润最终流向价值链上游的美国苹果公司。据伦敦波特兰公关公司公布的年度"软实力"影响力国家排名，2017年我国名列第25名，与世界第二大经济体的地位严重不相适应。

——服务业市场开放有利于提升服务业竞争力。开放和竞争是加快产业发展变革的根本途径。在加入WTO之初，不少人也担忧我国制造业会受到冲击，结果却是我国形成了制造业发展的巨大优势，并成为世界第一制造业大国。当前，在新科技革命与服务业高度融合的背景下发展现代服务业，更需要充分利用国际先进管理和先进技术培育服务业领域的国际竞争新优势。

（2）服务业市场开放要突破利益掣肘。

——打破部门利益。例如，有的部门"避重就轻""避实就虚"，在简政放权中采取合并同类项的办法变相保留审批权。一些重大改革的设计、谋划，需要超越具体部门，采取"中央决策、部门执行"的改革模式。

——打破行业利益。以出租车行业为例，长期以来"打车难"问题得不到根本解决，关键在于出租车行业利益固化。尽管社会呼吁多年，改革进展一直不大，直到网约车的出现真正动摇了其垄断地位，才逼迫其开始改革。

四 以服务业贸易为重点加快形成对外开放新格局

当前，服务贸易与服务业市场开放高度融合。立足释放 13 亿人的内需潜力，扩大对外开放，既是促进国内经济转型升级的迫切任务，又是有效应对全球化新变局的重大举措。把握国内经济服务化与全球服务贸易进程历史交汇的新机遇，推进服务贸易开放为重点的开放转型，开创对外开放与国内市场化改革相互促进的新局面。

14. 把扩大服务贸易作为释放内需潜力、应对经济全球化变局的重大举措。

（1）服务贸易发展倒逼国内服务业高质量发展。通过扩大服务贸易加快实现国内服务业标准与国际对接，将形成对外开放倒逼国内服务业参与国际竞争的新态势。

（2）服务贸易发展，增强我国应对美国贸易挑战的主动权。2017 年，我国对美国货物贸易顺差为 2758 亿美元，但美国对我国的服务贸易顺差为 385 亿美元，占美国全部服务贸易顺差的 15.9%，比 2008 年提高了 12 个百分点左右；我国是美国第一大服务贸易逆差国，对美国的服务贸易逆差是2008年的近8倍。

（3）服务贸易发展提升我国在全球自由贸易规则重构中的话语权。研究测算，如果我国的服务贸易潜力充分释放，到2030年，我国将成为全球最大的服务进口国，占全球服务进口总额的13.4%，约为目前的3倍，领先于美国（7.7%）和德国（5.8%）。

15. 适应消费需求升级，主动扩大优质产品与服务进口。

（1）建议以取消药品及常见病所使用的医疗器械进口增值税为起点，取消服务进口领域不合理的限制措施。根据财政部2017年最新关税税率调整，我国进口药品最惠国税率为2%—4%，而进入销售环节，还需要在此基础上征17%的增值税，较高药品税负使得进口药品价格上升30%左右。

（2）进一步降低高端消费品关税水平。我国在高端消费品等领域的关税水平仍然较高，建议进一步降低奢侈品、日用消费品进口关税水平，防止国内消费外流。

（3）尽快加入世界贸易组织《政府采购协定》。2016年，我国政府采购规模为25731.4亿元，占全国GDP的比重为3.5%，而发达国家政府采购规模占GDP的比重为15%至20%。未来5—10年，如果我国政府采购规模达到GDP的10%，并且逐步向全球开放市场，这不仅有利于提升采购质量，还将大大提升我国在全球自由贸易进程中的话语权。

16. 推进"一带一路"产能项下和服务项下的自由贸易。

（1）实施旅游产业项下的自由贸易政策。在海南自由贸易港建设中率先对旅游、健康产业相关设备进口实行免关税等政策，对旅游、健康产业的产品生产、加工、制造实行保税物流、保税展示、保税维修服务等政策。

（2）实施医疗健康产业项下的自由贸易政策。建立健康产业基金、健康科技园区、健康服务业合作示范基地等合作平台，形成

"资金、政府、科研"的合作体系，打造一批面向"一带一路"沿线国家和地区的国际化医疗保健机构。

（3）探索金融项下的自由贸易政策。针对人民币国际化进程中的矛盾问题，以重点项目为依托，积极开展人民币在"一带一路"沿线国家和地区的跨境使用。

（4）探索能源项下的自由贸易政策。例如，我国西北地区和中亚国家在能源领域具有明显的互补性。可以考虑率先实施能源矿产资源项下自由贸易，推动我国西北地区能源开发技术、标准、设备等走出去，为建立中国—中亚自由贸易区创造有利条件。

17. 以服务贸易为重点创新负面清单管理。

2018年6月底，我国公布了全国负面清单（2018版）以及自由贸易试验区负面清单（2018版），大幅放开了投资准入。未来几年，既要进一步削减负面清单长度，更要着眼于服务贸易发展创新负面清单制度，并显著提高负面清单管理的透明度。在实行"准入前国民待遇"的同时，更要突出"准入后国民待遇"，让民企、外资和国企享受同等待遇。

18. 加快形成以服务贸易为重点的开放新高地。

（1）以服务贸易为重点加快国内自贸试验区转型。国内自贸试验区需要在服务贸易发展和服务业市场开放上先行探索，更好承担起我国新时期更大程度对外开放压力测试的重要作用。例如，更大范围突破服务业对外开放的限制，探索服务贸易新规则。

（2）以服务贸易一体化推进粤港澳大湾区建设。粤港澳大湾区是一个大战略，打好粤港澳大湾区这张牌，重要的是尽快实现粤港澳服务贸易一体化体制机制建设的实质性突破。例如，率先实现广东服务业对港澳的全面开放；在管住货物的前提下全面放开人文交流；建立粤港澳大湾区服务贸易一体化通关监管体制等。

（3）尽快形成海南自由贸易港服务贸易新高地。以服务国家重大战略为目标，以中国特色自由贸易港为主题，以服务贸易创新发展为主导，加快形成海南服务贸易新高地。例如，尽快把国家赋予博鳌乐城国际医疗旅游先行区的政策向全岛推开；加快推动免税购物的市场开放，突破现行某些不符合国际消费中心的政策规定，高标准建设国际旅游消费中心；加快推进邮轮旅游产业开放，以邮轮旅游为重点构建"泛南海旅游经济合作圈"。

（4）以服务贸易为重点加快构建自贸区网络。以双边多边自由贸易应对来自美国的单边贸易摩擦，重要举措是构建以服务贸易为重点的自贸区网络，务实推进与欧盟、日本、东盟等经济体的服务贸易自由化、便利化进程。

五　以优化营商环境为重要目标处理好政府与市场关系

我国拥有13亿人的内需大市场，蕴藏巨大的投资潜力。同时也要客观看到，我国的营商环境还有较大差距，还有较大提升空间。在市场对内对外开放加快的今天，能否形成国际化、法治化、公平透明的营商环境，成为处理好政府与市场关系的重大任务。

19. 以打造国际化、法治化营商环境为重点深化简政放权改革。

（1）优化营商环境在政府改革中的地位作用全面凸显。在国际国内市场深度融合、资本进出自由的条件下，一个国家和地区要取得中长期的发展优势，首先要有良好的营商环境，要能够吸引资本流入。

（2）各国政府围绕优化营商环境的竞争日益激烈。经济全球化新变局下，国与国之间的经济竞争，越来越表现为改善营商环境、吸引外资流入的竞争。

（3）持续对接国际通行的经贸规则，建设国际一流的营商环境。建议参照世界银行标准，结合我国实际，形成我国优化营商环境的指标体系和评价体系，并纳入地方政府政绩考核评价标准体系。

20. 以提高政府效能为重点激发市场活力。

（1）市场活力缺失很大程度上反映政府办事效率低下，反映政府部门不作为。例如，2017年，我国开办企业便利化指数为85.47，比上一年提高了1.8%；在全球排名第93位，比上一年提高了43位，但与发达经济体相比还有较大的差距。例如，从开办企业所需程序来看，我国平均需要7项，OECD高收入国家平均为4.9项，韩国仅需2项；从开办企业所需时间来看，我国平均需要22.9天，OECD高收入国家平均所需8.5天，韩国仅需4天。

（2）以提高行政效率提升市场的活力，尽快形成市场决定资源配置的格局。在当前国际国内特定背景下，如果政府办事效率低下和政府不作为的矛盾不解决，相当多的改革将难以奏效，激发经济活力的举措将难以奏效。

（3）在政府向市场放权中提升政府效能。建议借鉴新加坡和香港地区经验，尽快实施企业自主登记制度，取消企业一般投资项目备案制。

21. 更大范围地实施竞争政策，营造公平竞争的市场环境。

过度使用产业政策容易扭曲市场环境，不利于公平竞争。加快确立竞争政策的基础性地位，对确有必要的产业政策，尽快优化实施模式。第一，减少具体领域的产业规划，缩小产业政策范围。第二，优化改变产业政策模式，减少歧视性产业政策的制定，以无差别的功能性产业政策逐步取代歧视性产业政策。第三，减少产业发展一般性的财政补贴，更多地支持产业发展涉及的基础研发。第四，更多地补贴消费者。比如，要支持新能源汽车，与其补贴生产者不如补贴消费者，既扩大市场规模又鼓励竞争，同时还避免寻租腐败。第五，更多地采用政府采购的办法，以公平竞争为标准，引入竞争机制。

22. 在加快市场开放中重构市场监管体系。

（1）市场开放要实现"放得开、管得住"。以最近P2P频繁爆雷为例，互联网金融是个创新，但由于金融监管没有跟上，使得行业风险不断积累。

（2）推动行政审批与市场监管严格分开，确保监管机构独立公正行使监管权。当前，市场监管仍保持着行政审批与市场监管"合二为一"的突出特征，以行政审批取代监管的矛盾比较突出。建立公平公正的市场秩序，关键是把行政审批与市场监管严格分开。

（3）加强重点领域市场监管。一是加快建立专业化、稳定化、体系化的食品药品监管系统，形成完善的食品药品国家治理体系；二是尽快形成服务业市场监管标准和有效的监管方式；三是明确把新经济监管作为市场监管部门的重要职责，对新经济实施有效监管。

（4）以防范系统性金融风险为重点完善金融监管。第一，在去杠杆中的上市公司股权质押已成为引发股市暴跌的重要来源，应尽快形成股权质押风险的应对机制。第二，加强房地产市场监管，严格控制银行信贷资金过度流入房地产领域。第三，建立地方政府隐性债务风险预警机制和化解机制，实现地方各级政府资产负债表编制全覆盖，推动隐性债务显性化、透明化、可治理。第四，尽快形成防范人民币汇率风险的常态化监管机制。

23. 以强化公共服务为重点推进政府职能转变。

（1）以基本公共服务均等化基本实现创造良好的消费预期。住房、医疗、教育、养老等领域的基本公共服务保障水平低导致城乡居民对未来预期不稳，是制约消费需求升级的突出矛盾。

（2）在政府"保基本"的同时，在公共服务领域引入竞争机制，满足多元化的社会需求。统筹考虑服务业市场开放与事业单位改革。按照法定机构的改革方向，凡不承担行政事务的事业单位，一律取消行政级别、行政编制；提供竞争性服务的事业单位，一律转化为市场主体；基本公共服务领域的事业单位，推动企业化运作，建立公益法人治理结构，形成公益性、专业性的法定机构体系。

24. 推进政府职能法定化。

推进政府职能法定化，有利于在建设法治市场经济上创造良好的社会预期。建议以强化公共服务立法为重点逐步实现各项职能法定化。例如：制定出台《卫生法》，为医疗卫生体制改革中的政事分开、管办分离创造条件；修改《教育法》，为社会资本、外资办教育提供法律依据；出台《公共文化服务保障法》，区分公共文化服务与非公共文化服务，为明确政府文化职能和文化领域的市场开放提供法律依据。

"改革开放是决定当代中国命运的关键一招，也是决定实现'两个一百年'奋斗目标、实现中华民族伟大复兴的关键一招。"释放经济转型升级蕴藏的内需潜力，加快完善社会主义市场经济体制，不仅对我国中长期经济发展有着决定性影响，而且对全球经济有着重大影响。当前，改革又到了一个新的历史关头，推进改革的复杂程度、敏感程度、艰巨程度不亚于40年前。这就需要进一步解放思想，以更大的决心和魄力突破利益固化格局，推出一批管用见效的重大改革举措；这就需要激励政府、企业、社会主动作为，积极有为，形成"让改革者想干事、能干事、干成事"的良好改革氛围。

"十四五"深化要素市场化配置改革的重大任务（15条建议）*

（2020年7月）

中央全面深化改革委员会第十四次会议强调，"必须发挥好改革的突破和先导作用，依靠改革应对变局，开拓新局"。从现实情况看，无论是畅通国际国内双循环，还是释放国内巨大内需潜力，都对推进要素市场化改革、优化要素市场化配置提出现实需求。

一 把深化要素市场化配置改革作为"十四五"应对变局开拓新局的关键一招

1. 大变局下"十四五"深化要素市场化配置改革的现实需求。从国际看，当今世界正面临百年未有之大变局，既表现在生产力层面的新一轮科技革命和产业变革，又表现在生产关系层面的全球治理体系和国际经济政治格局的深刻调整上。从国内看，"十四五"经济发展面临着结构性、体制性、周期性等问题相互交织，短期与中长期问题相互叠加。依靠要素规模投入促进经济增长的难度明显

---

* 中改院课题组：《"十四五"深化要素市场化配置改革的重大任务（15条建议）》，2020年7月。

加大。在此背景下，无论是应对外部环境变化、有效抵御外部风险挑战，还是适应国内发展的阶段性特征、充分发挥国内超大规模市场优势，都需要加快实现深化要素市场化配置改革的重要突破，明显提升要素配置效率，在畅通国内大循环中促进国内市场和国际市场更好联通，更好利用国际国内两个市场、两种资源，赢得大变局下国际合作竞争的主动。

2."十四五"深化要素市场化配置改革重在推动经济体制的制度集成创新。在内外环境明显变化的背景下，深化要素市场化改革，需要在经济体制关键性基础性重大改革上突破创新，需要更加突出改革的系统性"集成"。以此"突出改革实效，推动改革更好服务经济社会发展大局"。例如，要素市场化改革离不开产权制度改革、离不开价格制度改革；推进要素市场化改革的重要任务是包括土地等在内的要素确权；要把要素市场化改革和产权改革、价格改革等有机结合起来，统筹设计、同步推进，形成制度集成创新的新格局。

3.坚持目标引领和问题导向相结合分类推进要素市场化配置改革。一方面，深化要素市场化配置改革，核心是充分发挥市场在要素资源配置中的决定性作用，打破要素自由流动的体制机制壁垒，保障各类市场主体平等获取生产要素。一方面，从实际出发深化要素市场化配置改革，需要突出重点、分类推进。例如，随着科技革命的推进，要素的范畴也在不断拓展，除了传统要素外，数据等成为新的要素。在传统生产要素领域，重点是消除资源配置扭曲，把劳动力、土地、金融等配置到生产率更高的领域，使实际经济增长达到潜在生产可能性边界；在数据等新的生产要素领域，重点是加快产业数字化、智能化改造，推动先进技术市场化转化与扩散。

二 "十四五"着力推进土地要素市场化配置改革

4. 以土地要素市场化配置改革释放我国高质量发展的新动力。一方面,土地成为我国要素市场化配置改革的突出短板。数据显示,10年来平均每年供地880万亩左右,2018年国有建设用地的供给总量中,政府划拨的仍占60%,通过招拍挂出让的不到40%。一方面,土地要素市场化配置改革将释放巨大的增长潜力,并在提升农民财产性收入、促进城乡要素合理双向流动中发挥重要作用。"十四五",必须以新的思路开辟土地要素市场化配置改革新路径。

5. 发挥市场在土地资源配置中的决定性作用。一是逐步减少中央政府对土地指令性计划管理,取消行政集中的用地指标管理制度,并赋予省级政府更大的用地自主权。二是进一步深化产业用地市场化的配置改革,充分利用市场经济盘活存量用地和低效率用地,扩大国有土地有偿使用的范围,推进国企存量用地的盘活利用,完善盘活存量建设用地的税费制度。三是实现政府的土地管理与经营职能分开,推动地方政府摆脱土地财政依赖。四是改革土地要素价格形成机制,由市场竞争决定土地价格。

6. "十四五"率先建立健全城乡统一的建设用地市场。一是全面推进农村土地征收制度改革,实行农村集体经营性土地和国有土地同等入市、同价同权,并建立公平合理的集体经营性建设用地入市增值收益分配制度与入市激励机制。二是尽快实现农村宅基地制度改革的实质性突破,建立农村宅基地自愿退出机制,盘活存量闲置宅基地,并按着"适度放活宅基地和农民房屋的使用权"的要求,进一步探索宅基地"三权分置"改革。在近期内按着立足存量、先房后地的原则,优先推进农村住房财产权的对外流转,通过自主经营、租赁经营、委托经营等多种方式盘活农村住房。在此基础上,逐步实现房地一体的农村宅基地使用权跨集体流转。三是进一步完善跨地区耕地占补平衡、增减挂钩的政策,建立全国性建设用地、补充耕地指标跨区域交易机制，允许各地区用地指标通过市场化方式自由交易。四是推进土地管理制度逐步由城乡二元向城乡统一过渡，实现各类土地在明细产权前提下在一个平台上无障碍交易。考虑到土地改革的全面性和重要性，建议制定"十四五"土地要素市场化单项改革的行动方案。

7. 适应土地要素市场化改革推动城乡融合发展的体制机制创新。"十四五"时期，一是注重"规划引导"，优化区域城镇体系规划布局，发挥其对推进城乡融合相关改革的引导作用。二是强调"公平竞争"，完善公平竞争制度，切实改变城乡企业竞争地位不平等、"三农"权利被边缘化的格局。三是突出"改革实效"，关键是进一步发展农村非农经济产业，改变目前农村粮食供给的单一功能，由此明显提升农村经济活动的回报率。四是守住"底线思维"。要禁止破坏农村资源环境等行为，强化"三农"政策的兜底和"保基本"作用。

三 "十四五"要加快推动劳动力、资金、技术、管理等要素的市场化配置

8. 以促进劳动力城乡流动为重点推动劳动力市场化配置改革。"十四五"人口流向将决定区域发展格局的走势。适应这个大趋势，关键是促进城乡、区域间的人才社会性流动和高端人才市场培育，显著提升劳动力配置效率。一是继续深化户籍制度改革，放开放宽除个别超大城市外的城市落户限制。二是尽快实行以公民身份号码为唯一标识、全国统一的居住证制度，并建立城镇教育、就业、医疗卫生等基本公共服务与常住人口挂钩机制，推动农业转移人口市民化。三是加快构建人才的社会性流动和吸引全球高端人才的体制机制，进一步完善劳动力价格形成机制与保障机制，加快与国际人力资源市场的对接。

9. 以完善多层次资本市场为重点推进资本要素市场化配置改革。"十四五"时期，一是继续放开金融服务业市场准入，增加服务小微和民营企业的金融服务供给，疏通金融和实体经济的传导机制。二是加快深化资本市场改革，拓展多层次资本市场内涵。三是在科创板试点基础上进一步拓展注册制改革，为新经济提供更加便利快捷的上市渠道，也为承接中概股回归创造条件。四是疏通货币市场和债券市场利率向信贷市场传导的渠道，通过加强公开市场操作打造利率走廊，实现利率市场化。

10. 以科技成果产权激励制度改革为重点推动技术要素市场化配置改革。适应"十四五"科技革命与产业变革大趋势，要加快构建科技人员职务科技成果产权激励制度。一是赋予科技人员职务科技成果所有权或长期使用权，进一步下放科技成果使用、处置和收益权，让科技项目研发与科技人员受益直接挂钩。二是进一步扩大创新主体自主权，支持科研单位和人员共有成果所有权，将"先转化、后奖励"改变为"先赋权、后转化"，完善科技成果转化激励政策。三是加快发展技术转移机构和技术经理人，支持高校、科研机构和科技企业设立技术转移部门，形成科技成果转化的机制化安排。

11. 以数据产权界定和数据交易市场培育为重点推进数据要素市场化配置改革。"十四五"要抓紧制定相关法律法规，明确数据产权界定，对数据的所有权、使用权、收益权、处置权等进行规范。在保障国家安全的基础上，加快形成数据要素市场定价机制、市场交易方式和市场监管上的规范性制度和规则，加快培育数据交易市场，并与国际数据市场在数据确权、数据认证、数据定价、数据监管等方面规则对接。

四 "十四五"以制度型开放深化服务业市场化改革

12. 把深化服务业市场化改革作为"十四五"深化市场化改革

的突破点。在内外环境变化的特定背景下，深化服务业市场化改革既是释放巨大内需潜力的重点，也是释放服务贸易优势以赢得国际合作竞争新优势的关键；既是推进高水平开放的重大举措，也是深化市场化改革的重大任务；既是应对变局的主动之举，也是开拓新局的主动之举。要着力以制度型开放深化服务业市场化改革，形成"十四五"市场化改革的重大突破。

13. 当务之急是加快形成公开市场、公平竞争的市场环境。一是打破社会资本进入服务业的各类有形和无形壁垒，尽快打破不合理政策体制对社会资本的束缚，尽快实现体制内外服务业企业政策平等，全面实现服务领域的平等竞争。二是以产业政策转型促进服务业市场化改革。强化竞争政策的基础性地位，推动产业政策转型。尽快修订《反垄断法》，将竞争政策以及相应的公平竞争审查制度、反行政垄断制度纳入《反垄断法》；大幅减少产业补贴与扶持项目，用竞争政策有效协调产业政策及相关经济政策。三是充分发挥科技革命对深化服务业市场化改革的推动作用，以更大的市场开放鼓励和支持传统服务业的数字化转型与创新；充分利用新科技，推动服务领域监管变革。

14. 关键是加快推进规则、规制、管理、标准等与国际对接。一是以规则、规制、管理、标准等国际对接形成服务业市场化改革的倒逼压力。对标"非禁即入＋过程监管"的高水平市场经济基本做法，进一步大幅放宽市场准入，最大限度取消准入后限制，建立既准入又准营的服务业企业管理规则。二是在医疗健康领域率先引入国际管理与标准，推动这些领域的制度型开放。例如，允许符合当地标准且高于我国现行标准的服务业企业、具备相关职业资格的人员，经备案后直接开展相关经营与业务活动。三是适应服务业市场化改革进程，推动监管模式、监管体制的系统性变革。

15. 以强化法治建设为重点更好发挥政府作用。一是修订《中国人民银行法》，更加注重货币政策、宏观审慎政策和金融监管的协调。二是注重金融监管的法律建设，为解决影子银行、货币政策传导机制不畅等问题明确法律规则。三是尽快制定《债券法》，作为债券市场统一的基础性法律，着力完善债券市场监管体系。四是完善市场退出机制的法律，重点是加快修改《破产法》和制定《个人破产法》。

第二篇

建言赋予农民更多财产权

中改院始终把"三农"问题作为重点研究课题，并率先提出某些主要改革行动建议。1995年，中改院在充分调查研究的基础上，向中央有关部门提交了"深化农村经济改革（60条建议）"，提出尽快实现农户土地使用权的长期化、物权化、资本化，从制度上稳定广大农民的预期。1998年，中改院率先提出"赋予农民长期而有保障的土地使用权"的建议，此建议报告被作为起草党的十五届三中全会《决定》的参阅件。全会做出的《中共中央关于农业和农村工作若干重大问题的决定》，直接采用了这一建议。为配合国家土地法律法规修订，中改院在1999—2000年集中力量研究土地立法问题，建议"把土地使用权真正交给农民"纳入立法，提交了一系列"农村土地使用权立法的建议"。这些成果被用作国家土地承包法起草的参阅件，部分内容被直接采用。2003年以来，中改院把农村改革研究的重点转向农民和农民工，相继提出"为农民提供基本而有保障的公共产品""让农民工成为历史""让城乡二元户籍制度退出历史舞台"等政策主张。

深化农村经济改革（60条建议）[*]

（1995年3月）

如何在第二轮土地承包中把中央关于"集体土地实行家庭联产承包制度，是一项长期不变的政策"具体化，尽快实现农村土地使用权长期化，并且采取有效措施切实保障农民的土地权益，有效稳定农民预期，对我国的农业发展乃至整个社会的稳定都具有决定性作用。

一　正确估计当前和今后一个时期农产品供求平衡的形势，在深化改革中找出路

1. 当前要防止把农产品供求平衡的形势估计得过于严重。农副产品的市场供求能否在近期平稳下来，食品价格上涨的趋势能否被有效抑制，这是当前全社会关注的重大问题。总的看法是，当前农产品供求平衡的问题并不十分严重。当前我国农民自己生产、自己消费的农副产品，供求都没有什么大问题。落后地区的农民也吃得饱，并且比过去吃得好；发达地方农民的营养充足。只有灾区和贫困区的农民，还为吃饭问题所困，但这还没有构成对全局的威

---

[*] 中改院课题组：《关于深化农村改革的建议（六十条）》，1995年3月。

胁。百分之八十的中国人口，食物供求的基础是可靠的。

由农民生产，小城镇居民消费的农副产品，供求的平衡问题并不严重。市场半径小，价格机制不但调节生产，而且调节消费，供求缺口容易填平。大中城市居民消费的农副产品当中，市场化程度高，价格弹性大的那部分中高档食品，供求两旺，没有危机迹象。即使供给略有短缺，价格上升，消费量减少，但很快会恢复平衡。大中城市的农副产品供求当中，真正难以平衡的，是那部分由低收入水平居民消费的食品，以及由国有轻工业企业消费的原料。这部分产品，价格过低不能刺激生产，价格上扬又触犯居民和企业的承受力，并且无论价格如何变动，消费数量变动的弹性都很小。即使是这部分农产品供求的形势，也不应估计得过于严重。

2. 当前要特别注意解决粮棉等大宗农产品的有效需求问题，促进农产品供求平衡的稳定。目前农业对策的重点几乎全部集中在增加农产品的有效供给方面。如果当前的主要症结——大中城市低收入人口和一部分轻工业企业对部分农产品有效需求不足——完全不被注意，农业生产还是不可能被全面刺激起来。可能出现的情况是，即使农业生产增加，某一部分农产品的市场供给还是不会明显增加。因此，应当十分重视部分农产品的有效需求不足问题，通过刺激需求来刺激农产品的生产，保证农产品供求的稳定。

1995年真正的困难，一方面，对粮棉大宗农产品的有效需求不可能很快增加，因为大中城市低收入人口和开工不足的企业，短期内可能不减反增。另一方面，全国粮田播种面积没有显著增加，化肥价格上扬，供求缺口较大。在这种情况下，对农民的心理预期需要特别注意。如果农民因为对市场预期的担忧，而增加贮存惜售倾向，无疑会使问题的解决雪上加霜。

3. 科学估计我国农产品中长期供求平衡的前景，注重依靠市场机制实现农产品供求的长期平衡和稳定。如何估计我国粮棉等基本农产品的中长期供求平衡的前景是一个极大的问题。从多年的经验看，常常是在农产品供给短缺、农价攀升的时候，悲观估计容易占上风，由此带来不相信市场机制可以协调中国农产品供求的舆论，并进而影响政策取向。反之，农产品供给丰富，农价平稳，乐观估计则被更广泛地接受。鉴于农产品供求前景估计与体制改革取向的内在联系性，在研究农产品购销体制改革问题时，就不能不涉及对我国农产品中长期平衡前景的科学估计。特别是正确分析快速工业化、现代化与小农家庭经营的关系，正确分析中国利用国际农产品市场的可能性及其安全边界，等等。

今后一个时期，一切农村政策必须有利于宏观经济的稳定；有利于农产品供给的增加；有利于农民收入的提高。我们面临的主要矛盾是：如果不较大幅度地提高农产品的价格，农民的收入就难以提高；如果较大幅度提高农产品价格，就需要有更高的经济增长速度或承受更高的物价上涨幅度，这就可能引起新的通货膨胀；而如果用行政手段控制农产品的价格水平，就会抑制农民收入的增长，那就可能造成农产品供给增长的停滞甚至下降，这同样会导致物价上涨，引发新的通货膨胀。如果停留在原有的体制、结构框架之内，很难找到解决问题的有效办法。出路只能是对现有的经济体制和经济结构做进一步的改革。

4. 如何分析转型时期通货膨胀与农产品购销体制改革之间的关系，是一个迫切的问题。从现象看，目前大中城市食品价格上涨在消费价格指数的上涨中扮演了主要角色，其贡献份额约在60%左右。这个现象引出截然相反的两种判断。一种见解认定，我国这一次通货膨胀是由农产品价格上涨引发的，为了防止全局性的恶性通货膨胀，必须压住农产品价格，甚至有必要重新改造农民小家庭经营的格局，通过规模经营增加农产品的供给，达到稳定全局的目标。相反的判断是，当前我国通货膨胀，主要是一种制度性的通货膨胀，即国家由于体制性原因而增发过多的货币。这种制度性通货膨胀，笼罩我国经济生活的各个侧面。只是由于农产品的供求弹性都比较小，才表现出价格更快上扬的特性。

从实质看，当前农价上涨的幅度并没有超出工业品，特别是农用生产资料价格的涨幅。表明我国的农业部门，即使是供求最紧张的粮棉部分，也并不是推动价格上涨的主要根源。抑制通货膨胀，增加农产品的有效供给是十分必要的，但与此同时必须加快国有部门的改革，保持农产品购销体制改革的稳定性和连续性。

二 农产品购销体制改革的方向是全面放开农产品价格，加快实现农产品价格市场化

5. 农用生产资料要实行竞争性经营，保证农用生产资料的充足供应，稳定其价格水平。

（1）农资企业要实行政企分开，独立经营，面向市场，转换机制，开展竞争。

（2）农资生产要鼓励多种所有制成分的投资，可以合资，也可以独资，以增加生产，保证供应，改善供求关系。

（3）农资经营不搞垄断，实行竞争性经营，取消计划供应和国家定价，通过市场机制形成价格。

6. 要彻底改革农产品购销体制，实行放开经营，保证农产品直接进入市场。

（1）取消计划定购或合同定购的做法，放开农产品的生产和经营，保证农产品市场的有效形成。

（2）取消国家定价，保证农产品价格调节机制有效发挥作用。

（3）实行主要农产品专项储备制度，农产品的储备由国家直接在农产品市场上，按照市场价采购，或按略高于市场价格的保护价格进行定购。

（4）鼓励多成分、多形式、多渠道流通，特别是鼓励农民有组织地直接进入流通，实行竞争性经营。

7. 要建立和完善国家政策性调控体系，将政策性业务与经营性业务彻底分开。

（1）国家主要农产品储备调节体系要从现有的农产品经营部门中分离出来，组建直属于国务院的储备调节系统，统一调控全国农产品市场。

（2）建立主要农产品的风险基金，用于应付因自然灾害、战争等不可抗拒因素或意外事件引起的主要农产品供给紧张的情况。

（3）要尽快建立全国统一的农产品市场，消除地区分割、地方封锁，将地区之间的主要农产品计划调拨关系改变为市场自动调节关系，建立适应市场经济要求的新的农产品优势互补、余缺调剂和区域平衡关系，为全国统一的政策调控奠定市场基础。

8. 国家对农产品市场的调控要避免采取传统的行政办法，避免体制和政策的反复。

（1）农产品市场价格的相对波动，是市场经济条件下的正常现象，根据发达国家的经验，粮食市场价格波动幅度稳定在15%—20%以内，就是很大成功。

（2）对农产品市场的波动要引起足够的重视，当市场波动超过一定的幅度警戒线，就应当采取措施进行适当的调控，力求保持市场的相对稳定。

（3）对市场波动的调控要因势利导，不能采用强制手段。

三　在有效的宏观调控下，加快粮食的市场化进程

9. 我们要高度重视粮食安全的问题，同时下决心解决粮食的市场化问题。粮食问题对于一个人多地少、有12亿人口的大国来说，是一个关系民族生存的大问题，必须高度重视。有外国学者认

为，到21世纪中期中国粮食缺口将达到3.7亿吨，这是个未经验证的估计，不应被它吓倒，要提防我们的认识被引入误区。中国人自己能够养活自己，决不会为吃饭问题而给全世界出难题。我们进口一些粮食，但其数额绝不会高达3.7亿吨。目前应当引起注意的是，近年粮食价格波动，反映供给不足引起人们的忧虑，注意力被吸引到粮食安全方面，忽略了对深化改革的重视。从长远来说，我国解决粮食的出路在市场。无论是粮食的生产还是交易，都要靠由市场形成的价格机制。

1994年粮食购销在执行中发生了一些问题，主要有：一是有的地方不执行国务院关于议购粮的价格要随行就市的规定，自行规定价格并当作任务分派到农户；二是有的地方为了压低当地粮价，违反国务院的规定，采用关闭粮食市场、搞地区封锁的做法；三是有些国有粮食部门，将定购粮用来经营牟利，低价购入，高价销出。这些执行中的问题，正是违背了国务院关于粮食购销的有关政策和市场调节价格机制才发生的。

10. 实行粮食的"省长负责制"，有利于全国统一粮食市场的形成。从1995年开始，各省政府对当地粮食的生产、购销、省际流通、市场管理、储备和吞吐调节负起全面的责任，即实行"省长负责制"。这是我国粮食购销体制改革中的一个重大步骤。对于由中央政府包揽全国的吃饭问题来说，无疑是一个重要的进步。它有利于贯彻"先吃饭、后建设"的原则，促使各地政府更为重视粮食生产。有利于发挥各地的比较优势；有利于全国统一的粮食市场的逐步形成。实行这一制度，显然不是要搞封闭式的自给自足，而是要各地充分利用市场的作用来实现地区之间的粮食流通和供求平衡。但特别需要注意的是，必须避免粮食主产区产量的下降，将粮食过多地用于转化以及搞地区封锁。

11. 解决粮食供求平衡，要采取分解问题、分解责任、统一约束、分头试验的办法。分解问题。就是在指导思想上必须明确，政府今天不可能，也不应该以财政补贴全体城镇居民因为食品价格上涨带来的损失，而只能集中有限财力，确保低收入人口的温饱。从1994年粮价上涨中消费者的承受情况来看，转向对低收入者实行定向补贴的条件已基本成熟。应尽快完成这一制度建设，从而为加快粮食购销体制的改革创造更加宽松的条件。明确了这一方针，就使问题的严重性大大减轻，剩下的只是如何把低收入人口从全体居民中识别出来的技术问题了。

分解责任。解决城市低收入人口的食品供应，和一部分企业的农产品原料供给，不能把责任集中到中央政府头上。这是因为，识别低收入人口，组织灵敏的调节，都是地方性极强的工作。责任集权中央，信息不灵，这个责任也不可能很好地担负起来，应当让地方政府担负更多的市场平衡的责任。

统一约束。根据以往经验，分省区负责，容易层层下达强制命令，封锁市场，对农产品供求形成更大的人为干扰。因此，分省负责，还必须加上一些全国统一的约束。目前最重要的，一是禁止地区间粮食和其他农产品市场封锁；二是禁止任何人对农民的低价强买和强征强拿行为。

分头试验。各地方可以采取各种不同的办法，在统一的约束下来解决农产品供求稳定的问题。比如，在放开市场的基础上，对低收入者加以适当的补贴，可以由各省区市测出低收入人口，或利用居民随收入水平上升对粮食质量日益敏感的特点，由政府在城市凭证供应低价低质的必需食物。

12. 政府对粮食的掌握，要由依靠现有粮食部门，转为重建政府粮食贮备调节系统。国有粮食部门及其分支机构，在改革中向企业方向发展，有它自己的独立利益。这就使国家依靠粮食部门调控粮食市场的政策性职能，容易发生扭曲。因此，国家应当重建直属于国务院的粮食贮备调节系统，专门行使政策性的调节职能。对现有粮食部门不再赋予政策调节的功能。

13. 要重视粮食供给中的品种结构失衡问题，增加稻谷的生产和供给。1994年粮价大幅上涨的一个主要原因，是稻谷减产，造成粮食供给的品种结构失衡。1994年与1984年相比，我国人口增长了15%，稻谷的产量却下降了0.9%。我国稻谷产量的92%分布在南方，始于1993年底的粮价大幅上涨，恰恰是因为南方粮食减产引起的。因此，应当采取计划指导和经济政策手段，增加我国的稻谷生产。同时，适当利用国际市场，来调节国内粮食市场的供求平衡。

14. 加强政府贮备粮平抑市场价格作用的功能。以往，政府收购的粮食定价，通常都低于市场价，从而难以收购到质量好的粮食。这样的粮食主要起备战备荒、救灾救济和保障低收入者口粮的作用，在平抑饲料和工业用粮的价格波动方面，也可起一定的作用。但是难以对多数消费者食用品质较好的粮食起到平抑价格的作用。只有按市场价或高于市场价的保护价定购或直接在市场上采购贮备粮，由此收购质量好的粮食，并且改进粮食保存技术，缩短贮存轮换周期，才能发挥贮备粮调节市场供求、平抑价格波动的功能和作用。

四　加快把国有粮食部门推向市场，实行粮食经营的自主竞争

15. 要实行粮食政策职能和经营职能的彻底分离，将国有粮食部门改造为完全经营性的企业。国有粮食部门，是国家调控粮食市场的"主渠道"，国家赋予其政策调控的职能，同时，它又具有经营职能，具有独立的自身利益。政策性职能与经营性职能混合在一起，使它难免利用垄断将价格差价吃掉一块，解决其以盈补亏的要求。这就必然会扭曲政策性职能，使国家调控目标不能实现。因

此，为保证政府的政策目标的实现，应当将国有粮食部门的政策性职能分离出去，使之完全企业化，专门从事农产品经营。

16. 加快国有粮食部门的企业化改造。国有粮食部门要实行政企分开，改革由国家直接经营的做法，让企业独立出来，自主经营、自负盈亏。对于经济严重亏损、无法在短期内扭亏的企业，可以实行破产、拍卖或兼并。对于一部分小型企业，可以实行国有民营、租赁、承包等经营方式。对于大部分流通企业，应当实行公司制，采用有限责任公司和股份有限公司形式进行改造。同时调整企业结构，组建企业集团，发挥规模效益。为加快国有粮食部门的改革，建议对其历史挂账问题采取分别算账的办法：确因政策性职能而欠的老账，可以挂起来；属于经营性欠账部分可在偿还期限内不再计息；转制后的经营性欠账，严格按现行规定办。

17. 要适当引入非国有企业进入粮食市场，并允许多层次的粮食经营。粮食的市场化，关键是粮食经营的市场化，在实行政策性职能和经营性职能分离后，国有粮食部门不应当具有垄断地位。要打破区域和行业界限，培育各种联系农户与市场之间的中介组织，实行多种渠道的竞争性经营。

五 进一步深化农村土地使用制度改革，稳定农民投入收益预期，激发农民的积极性

18. 实现农户土地使用权的长期化，鼓励农民增加对土地的中长期投入。目前农业资金投入，百分之六十靠农户，百分之二十靠地方和社区经济，只有百分之二十来自政府。政府要逐年增加对农业的投入，但投资主体还是要靠农户。农户投入愿望产生于经营所得的预期，而预期又需要有制度的激励。目前最具有决定性意义的是明确土地使用制度的长期化。明确土地使用权的长期化（或永久化），使农民建立起对土地投入的良好的收益预期，进而鼓励农民

增加对土地的劳动力、资金、技术等中长期投入，会大大提高土地产出率。

19. 土地股份化是一种现实选择，有利于土地的流转、适度集中及农村剩余劳动力的转移。鼓励和支持农户将土地长期使用权折合成股本参与各种合作组织、农业开发及规模经营等，并按股本大小定期领取土地股东收益。土地股份化使承包地转化为资本，农民能从土地入股中获取稳定的回报，化解耕地占有凝固化的问题，能较好地解决土地的流转和剩余劳动力转移的现实障碍。

土地股份化的主要途径应是鼓励创办农业合作企业，进行土地合作经营。农业企业的劳动者可以是土地股权持有者，也可以招雇非土地股权所有者。土地股权是农民向农业股份合作企业等价转让使用权的证明，凭这种证明向股份合作企业索取口粮（按基本标准）和红利。在土地"农转非"的过程中，可以较多地采取土地作价入股的办法，农民通过土地使用权换取土地股权证，并按股份收益分红，在一定程度上让农民分享工业化的好处。

20. 积极培育农村土地市场，通过市场机制实现土地的有偿转让。加速培育农村土地使用权市场，使土地使用权在土地市场流转与交易。土地使用者在承租（包）期限内，依照有关规定将土地使用权有偿转让给他人的交易关系应当受到保护。目前，较为频繁的行政性调整土地实际上很难稳定土地承包关系。农民作为独立商品生产者的权益得不到尊重和保护，打乱了农民对土地的预期。只有将土地流转制度建立在市场机制的基础上，农民才可能自主地根据市场情况做出扩大或缩小土地经营规模的决策，使经常发生的劳地比例失调及时得以调整，使农业生产力要素在总体上保持一个动态的优化组合。同时，土地流转的市场机制所包含的有偿转让和等价交换的特性，可以使广大农民解除对土地投资特别是长期投资的顾虑，有利于土地的集约化经营。

21. "增人不增地，减人不减地"的做法应予积极提倡，并加以政策规定。就目前中国的大部分农村而言，抑制土地的进一步分割细化是十分迫切的。农村中无论是新生还是嫁娶，只要是进入社区的成员，都天然地获得土地使用权或承包权，这样下去会造成土地不断地被分割和细化。全国部分农村社区实行的"增人不增地，减人不减地"的做法是值得提倡的，应当在总结经验的基础上，加以政策规定，使之逐步向更规范的方向发展。

22. "两田制"的做法可以扩大试验。大部分地区耕地是按人口均分的，而山东平度市的"两田制"做法可以扩大试验。只有少量的地（口粮地）按人均分，大部分地（责任地）则通过竞争性投标分配。口粮按人均分配，以满足基本需求，农户的口粮地不付集体提留和征购，全村的征购和提留全部定在责任地上。这项改革的意义在于探索土地适度规模经营的可能性和可行性。部分放弃土地的农民在农业外获得了稳定的就业。

六 在稳定家庭经营的基础上，适度发展规模经营

23. 家庭经营要作为一项基本制度长期稳定下来。农村改革最主要、最基本的是在全国普遍建立了家庭联产承包责任制，它为我国城乡家庭经济的复苏、发展和崛起开辟了广阔的空间。家庭经营适应农村现阶段生产力发展状况，因而具有很强的生命力。特别是在广大中西部地区，家庭经营为主的格局还将持续相当长的时期，并成为农业发展经久不衰的动力。现阶段的规模经营，很多是家庭经营的发展和扩大。稳定家庭经营是我国农村经济发展的内在要求，也是适当发展规模经营的坚实基础。

24. 规模经营必须与我国经济发展的不同阶段相适应，防止搞"一刀切"。规模经营在我国将是一个长期的历史过程，大体上要经历以下几个阶段：

第一阶段是称之为传统农业的时期。生产要素投入以土地和人力为主，自给性生产所占比重还很大。土地不但是生活的依赖，而且被视作社会福利保障。全社会处在由农业国向工业国发展的起始阶段。劳动就业路狭窄，农业机会成本和劳动边际效益很低。这时，相适应的农业组织形式，通常是以家庭经营为主的小农经济。在这种条件下，硬把半自给小农经营并在一起建立集体农业，是困难的，不经济的。

第二阶段是半自给性农业结构分化时期。国内工业取得一定程度的发展，城市人口增加，从而拉动农村分工和商品性生产的发展，在市场导向作用下，农民生产进入市场，销售农产品。这一阶段，生产环节还是家庭经营为主，但为了节省交易费用，提高服务质量，分离出社会化服务环节，此时的农业合作组织和其他商业组织是围绕提供产前产后服务要求而兴起的。

当工业化城市化进一步扩大，农村人口大量迁移，劳动工资、土地和产品价格随之上涨。农村结构发生根本性变化，这是农业发展的第三个阶段。农业投入品转向以资本为主，由土地劳动密集型经营转为土地和劳力节约型经营。土地作为资金投入的载体，此时出现集中趋势。粮食生产对土地密集要求大于其他技术作物和园艺作物，因而，规模经营就由服务环节进入生产环节，反过来又对服务系统提出新的需要，导致农村生产专业化和分工程度进一步提高。

农业的规模经营，在不同的经济发展阶段有着不同的内容和形式。在我国，由于地域广阔，这三个阶段并存于国内的不同地区。由于农业的发展是伴随国家工业化进程进行，而工业的原始积累要靠农业提供，因此在第二、第三阶段，又是以农补工和以工补农的转换过程。考虑到多种经济发展阶段在时空上的并存特性，我们在规模经营的决策上，切不可全国"一刀切"，一定要从各地实际需要出发，保持多元选择的弹性。

25. 我国农业规模经营要采取多种形式，尊重广大农民的选择。

（1）通过土地有偿转让形成规模经营。这种经营一般是专业大户，如粮食专业大户、菜农专业大户等。

（2）公司加农户的形式。

（3）社区加农户的形式。农民还是各种各的地，但社区大部分有一点经济实力，一般有企业支持，可在水利建设、道路、通信、交通等方面设置些服务实体，由村里共同出资，农户和社区保持的交换关系是市场行为。

（4）股份合作制形式。

（5）合作农场形式。合作农场相当于农业车间，和过去的集体化不同的是，过去集体化穷得没有资金投入，合作农场则有资金投入，可承担基本费用，也减少了劳动力，还可避免土地的抛荒。

七　推进农村经济产业化，加快改造我国传统农业

26. 要按产业化组织发展农业和农村经济。实行农村经济产业化，是农村经营体制和运行机制的变革和创新，可以有效地解决当前农业和农村经济向市场经济过渡中的几个矛盾：

（1）解决农户与市场的矛盾。农村经济产业化在不改变家庭联产承包制的基础上，提高了农民的组织化程度，实现了农业和农村经济的规模化、专业化、社会化、一体化。一个龙头就可以带动一批生产基地和千家万户进入国内外市场。没有产业化组织，分散的农户是无法适应市场、驾驭市场的。

（2）解决农业小规模经营与实现农业现代化的矛盾。实施产业化，提高市场竞争能力，实现农业的高附加值、高出口创汇、高市场占有率，前提是高技术含量。实施产业化战略，有利于推进"四高"农业的发展，促进科技进步，推进农业现代化进程。

（3）解决分散经营与规模经营、集约经营的矛盾。按产业化组织发展农村经济，既改造了小农经济意识，又提高了社会化程度。通过发展产业群体、产业链、一条龙经营体系，带动和促进规模经营和集约经营的发展。

（4）解决城乡分割的矛盾。产业化的实施推动了城乡优势互补，城市的人才、技术、资金与农村的资源、劳动力实现了优化组合。

（5）解决农业社会效益高与自身效益低的矛盾。实施产业化，大力发展农产品加工、贮藏和运销龙头企业，实现农产品多次转化增值，是提高农业比较利益的现实选择。

27. 实行农业和农村经济产业化，要因地制宜，采取多种方式。

（1）主导产业带动型。利用本地资源优势，从发展一村一品、一乡一业入手，培植拳头产品形成规模经营，逐步形成区域性主导产业。

（2）市场带动型。通过发育农产品市场，特别是专业批发市场，带动专业化生产。

（3）龙头企业带动型。以加工、冷藏、运销企业为龙头，围绕一项产业或产品，实行生产、加工、销售一体化经营。

（4）中介组织带动型。根据市场需求，以中介组织为依托，实行跨区域联合经营，充分发挥农产品加工企业的联动效应。

28. 实施农村经济产业化的关键，是要抓好龙头企业的建设，扶持一批牵动能力强的龙头企业。龙头企业建设，要进一步放宽政策，允许多种所有制并存，不管是国有、集体还是个体私营，谁有能力谁就当龙头。要注意发挥能人效应，依靠能人带动一个产业，活跃一方经济。要加大对龙头企业的扶持，对于跨地区、跨行业、跨所有制的龙头企业，在资金、能源各方面要优先照顾，重点保证；对市场潜力大的农副产品精深加工、高科技、外向型龙头企业，要重点扶持；对外向型龙头企业只要符合条件的，要给予外贸进出口权。

八　在多渠道和有序分流中缓解农村剩余劳动力转移的压力

29. 农业劳动力剩余度不断扩大，转移风险近中期有上升趋势，必须科学判断，分流减压，以保护城市秩序与社会稳定。据估算，我国已有1亿到1.2亿的农村剩余劳动力，今后每年还要净增600万—700万个农村劳动力。随着农业现代化和适度规模经营的发展，农村释放出来的劳动力规模十分巨大，而乡镇企业技术进步不断加快，资本吸纳农业剩余劳动力的能力明显下降。从1984年到1988年，乡镇企业中新增的就业人数达6311万，年均增加1262万人，相当于同期农村年均新增劳动者数量的117.4%。而1989年到1993年，乡镇企业新的就业人数为1911万，年均只增加382万人，相当于同期农村新增劳动者数量的45.6%。今后数年内，"民工潮"将继续扩张，农村剩余劳动力在城乡之间、地区之间的流动潮将会越来越猛，对大中城市带来冲击和社会风险。根据国际经验，流动的农业人口大都在35岁以下，到了一定阶段其规模表现为常数，认真研究其规律性，是可以寻求到积极有效的对策的。

30. "务工许可证"等措施易诱发寻租行为和地区封锁，应通过农村消化、城镇分流、多元输出来疏导民工流。中国城市无法承受"民工潮"的全面冲击，只有通过对"民工流"的"分流泄洪"，才能保持城市秩序与社会稳定。有些地方采取"堵"的办法，发放"务工许可证"，实践中导致腐败、寻租行为，不利于统一的劳动力市场的形成。农民就业应当首先立足农村，走农业产业化和农村工业化的路子，千方百计拉长产业链条，发展各具特色的"龙头"型产业实体，形成产业群体，从而拓宽就业领域，扩大就业容量。单纯着眼于限制流动，会引来更大的风险，应当予以纠正。

小城镇是农村剩余劳动力离开土地的第一级"蓄水池",离开土地的农村剩余劳动力多数被小城镇"截流",小城镇通过吸收农村剩余劳动力正在扩大为都市。因此,发展小城镇应当作为今后一个时期中必须始终抓住的缓解劳动力压力的"分流工程"。

大中城市,要为进城农民创造更多的从事第三产业的就业机会。过去我们只对中小城市提"发展",对大城市只讲控制,从而导致大中城市增长率明显低于小城市。随着工业化进程的加快,大城市也要进一步扩大城市规模,建立若干卫星城,消融和吸纳更多的剩余劳动力。

31. 适当放开县城和部分中小城市户口迁移的限制。户籍制度改革的近期目标应当是逐步放开县城的户口迁移限制,凡在县城有固定职业、固定收入和固定居住条件的农民,都可落户,享有当地城镇居民同等的权益和义务。适当放开小城市的户口迁移限制,对在城市里有固定职业、收入和居住条件的农民,通过交纳一定数量的城市建设费,即应允许其落户。对在大城市中已居住一定年限、拥有住房和稳定职业及收入的农民发放"蓝印户口"。凡持有"蓝印户口"者在就业、申请经营摊位和柜台、领取工商执照、子女入托入学等方面,与城市居民享有同等待遇。

九 在进一步明晰产权中,推进乡镇企业制度创新,并发挥规模效益

32. 鼓励和支持乡镇企业制度创新,在明晰产权中进一步发挥体制优势。用股份合作制改造乡镇企业,解决乡镇企业的产权关系,这是农民的一大创造。股份合作制不仅有利于理顺企业与乡村行政机关的关系,而且可以较好地理顺企业内部财产占有关系。务农者通过个人入股和分得劳动积累股,与务工职工一样以股东身份

参与企业管理，参加分红。同时，农民通过个人入股和清产核资把部分股份划到农户名下，他们既是生产者，又是企业生产资料的所有者，有利于克服企业的短期行为，更好地发挥其体制优势。

33. 组建乡镇企业集团，发挥规模经济效益。鼓励有条件的乡镇企业以农产品原料生产为基础，联结加工企业和贮藏、运输、销售企业，形成贸工农一体化、产加销一条龙的乡镇企业集团。在企业走向集团化以后，单一的所有制很难容纳，必然会形成多种经济成分交织在一起，而产权又十分明晰的混合经济。一些地方尝试组建股份制企业集团是有益的。以自愿互利为前提，通过合股、联营或参股、控股的形式将企业联结起来，变小而散的单个企业为规模经济的群体。

34. 推动乡镇企业区域间的规模发展。现阶段乡镇企业的规模发展，主要表现在区域分工和布局上。引导乡镇企业实行区域性的专业化经营，有利于发挥集聚效益，避免能源、土地等资源的浪费。不少乡镇企业缺乏城市依托，布局分散，同构化重复建设，低水平竞争，浪费资源，污染环境等消极影响已陆续出现，需要通过整顿提高内涵性效益。有的地方以城镇为中心，建立工业小区，建设标准厂房，以抵押贷款等方式启动"三通一平"等基础设施建设，然后向外批租土地。这样做，可以使乡镇企业布局合理，使企业之间密切联系，强化互补效应，也有助于促进城乡一体化。

十 发展小城镇的关键是要调动农民建设小城镇的积极性

35. 保护和引导农民建设小城镇的热情，鼓励和支持农民造城。农村中新兴的小城镇，不仅是农村工业发展的依托，也是整个农村社会转型的基础。近十年来，小城镇成为农民生产、服务、娱乐、教育以及信息辐射中心。小城镇的社会功能多样化满足了农民日益增长的多样化需要，同时也增加了农民对小城镇的依赖性。

浙江省的龙港镇是农民集资修造的，现已发展成为13万人口、8亿产值的小城镇。苏南地区农民也在自己的家园建造了一座又一座现代化的小城镇，给农村经济注入了新的活力，缓解了农村剩余劳动力对大城市的压力，有助于现代的城市文明向农村扩散。由农民使用自己的积累造城的热情，应予保护和必要的政策支持。

36. 加速农村城镇化的主要途径应是工业集中。我国乡镇企业与家庭企业分散在一个个村落之中，"村村点火，处处冒烟"，这种分配格局存在交通不便、信息不灵、土地资源浪费、交易费用偏大等弊端。工业集中有利于降低社区利益约束而获得外部经济，并使农村工业成为与城市工业无大差别的现代化工业。应选择中心城镇作为农村工业的集中地，地方政府要积极改善这些城镇的投资环境，制定相应的政策，鼓励乡镇企业与家庭企业向这些城镇集中。

37. 利用近几年兴起的乡镇经济开发小区热，因势利导，建设新型的工业开发型、商贸旅游型等小城镇。调动农民积极性，加快建设各种类型的工业小区、开发区、招商区以及乡镇企业集中地。在乡镇工业连片发展的基础上，通过加强基础设施建设，形成新型小城镇。以第三产业为龙头，带动小城镇建设。如以各种专业生产为基础形成专业市场和大型集贸市场，利用特殊的地理优势，通过发展边贸、地贸，兴建边城。对过去的以集市贸易为基础的传统集镇，通过扩建改造，在发展流通中促进建设。在小城镇建设上，应当鼓励和扶持乡镇企业与城市企业、乡镇企业与外商企业及乡镇企业间，实行跨所有制、跨单位或跨区域的联合。

十一　以构建村级财政为基础，加强村庄组织建设

38. 村庄组织的现状值得重视，应通过试点寻求村民自治的办法。目前的体制，村庄在宪法上被规定为村民自治。但究竟如何实行自治，远没有形成一整套办法。村庄公共事务的现实状况是：一

是靠乡村企业的利润上缴。二是靠村干部在国家正税以外自敛。"企业上缴型"覆盖面小，只有沿海和大城市郊区的部分村庄可以完全依靠乡村集体企业的超额利润来为村庄提供公共服务。"自敛型"则引发村庄内社会关系紧张。三是由于"自敛而不足"，很多村庄组织散了架，村庄公共事务衰败。大体估计，第一种情况和第三种情况各占25%，第二种情况占50%。

39. 加强村级组织建设的前提，是建立村级制度化的财政基础。绝大多数人口居住的村庄，缺乏公共服务的经济基础，村民自治就是一句空话。解决农民负担问题要兼顾两头：农民的情绪要求和乡村基层组织的要求。农民负担问题的要害在于农民拿出来的各式贡赋，与农民获得的公共服务之间，完全脱节或不成比例。一个地方，社会秩序有人维持，公共福利与日俱增，农民拿10%也不会有问题，反之，钱粮全部或大部分上缴，农民得不到看得见的实惠，拿3%也可能弄得民怨沸腾。只控制取，不解决用，问题还是没有根本解决。

目前需要调查解决的一个问题是，从农民那里取走的资源，究竟有多大的比例是用于村庄公共开支的。然后需要解决，这个取用比例应该有多大，以及通过什么机制来实现它。农民负担问题只有兼顾农民和村庄两头，才能从根本上解决。要做到兼顾，就要把建立村庄财政基础的问题真正提上日程。

40. 提高正税，制度化地解决村自治的财源。在体制上，村庄自治的财源不能靠非制度化的"自敛"，而要靠正税制度化地加以解决。基本思路应当是：提高农业税税率，严禁任何其他收费；依经济水平的不同，农业税中的部分、大部，划归村财务账户；在农业税负不足以维持村庄最必要公共开支的贫困区和灾区，由国家财政补助村财务，达到维持最低公共开支流量的水平；村财务账户建在乡财政所，但只有村民大会可以决定如何开支，由村民委员会执行，并由乡财政所监督；超过村账户开支能力的村庄公益项目，必须经村民大会绝对多数投票通过，才可集资兴办。

41. 逐步发展农会组织，加强农民的谈判地位。我国的农民人口众多，但声音很小，为了维护农民利益，要逐步发展农会组织，加强农民的谈判地位，合法地代表农民讲话，反映农民呼声，维护农民利益。目前，可考虑在改革全国供销社体制的同时，使其负起农会组织的责任。

十二 适应农村市场化要求，加快县级综合改革

42. 县级综合改革要围绕农村市场经济这个中心转变职能，精简机构。县作为城乡接合部，宏观与微观的结合点，实行综合配套改革对于农村经济发展具有特殊的意义。目前，日益庞大的县级行政机构已成为农村经济发展的沉重负担，很多县级财政已无力承受。因此，县级综合改革的第一步是转变职能，精简机构。

43. 加强县级农村社会服务体系的建设。建立农机、科技、水利、生产资料、良种五个县乡配套的服务网络，健全和完善贸工农一体化的，以大市场、大农业、高效益为目标的多产业、多形式、多功能的农村社会化服务体系，为农村经济的全面发展提供优质、高效的社会化服务。同时加强会计、审计、律师、公证、信息等中介组织的建设，理顺政府、市场、农民之间的关系。

44. 加强县级金融服务体系建设，切实解决农业投入问题。农业投入的解决很大程度上依赖县级金融机构。银行、信用社、保险公司等部门要多渠道帮助农民筹措资金，提供保险服务。同时，要在政策上扶持农村合作基金，搞活集体内部的资金融通服务，形成对农业的多元化投资体系。

十三　在发育全国统一市场中缓解农产品价格波动和实现区域间资源互补

45. 发育全国统一大市场，发挥各地比较优势，减少农产品价格波动。发育全国统一的大市场，地区间的产品可以自由贸易。一个地区的经济发展比较优势，在于其产业结构随着资金积累和劳动力价格的提高而发生变化，在这个过程中会将它的部分产品市场让给其他地区。因此，一个地区的发展将成为拉动或推动其他地区发展的动力，从而在统一大市场发育中实现区域间的均衡发展。

如粮食，东部省份相对于中部省份人多地少，因此，粮食作为土地相对密集的作物，在中部省份具有比较优势。有了全国统一的大市场，粮食生产比较利益低的东部省份，自然会随着其经济发展而不断退出粮食生产领域，增加对比较利益高的中部主产区的粮食需求，粮食价格相应上升，使主产区的农民得到增产增收的好处。而且，只要价格上升，主产区的粮农积极性提高，主产区增产的粮食将能够弥补比较利益低的地方减少的产量。固然，在建立全国统一的大市场的过程中，会因为比较利益低的地方减少粮食生产而导致主产区以及全国粮食价格一次性的上涨。国内外的实践都证明，市场的范围越大，各地产需余缺互补的可能性越大，市场价格的波动就越小。

46. 积极稳妥地发展农产品期货市场。我国农产品期货市场尚处于试验创建阶段。为真正发挥农产品期货市场价格对农业生产的指导作用，使农产品期货市场给农业带来更大的实际效益，应当允许主要农产品进入期货交易市场，尤其是大米、小麦、棉花等主要农产品在价格市场化后，也应尽快进入期货市场。与此同时，要建立健全农产品期货管理体制和法规，严格规范管理，重视与发挥期货交易所的自律作用，实现交易所组织形式的规范化。

47. 重点培育农村土地、资金、劳动力和科技市场。只有产品市场而没有要素市场，农村市场体系是不完全的，必须在培育要素市场中促进农村统一市场的形成。土地市场建设的目标是给予农民比较完全的土地使用经营权，解决土地的流动、出租、抵押、继承问题，使一部分农民离开土地，进入非农产业。培育资金市场、拓宽新的融资渠道的一种有效形式是建立农村合作基金会。农村科技市场的发育也迫在眉睫，以加快农业科技成果的推广转化。劳动力市场的建立则有助于消除地区差距和农民收入低的问题。据估计，近些年来四川省每年流动在外的劳动力达600万人，按每人每年平均汇回1000元计算，汇回的资金总数高达60亿元人民币，比国家过去每年用来支持中、西部乡镇企业发展的资金还多，而且这些流动在外的劳动力还会带回技术、市场信息和现代生产的经验，是中西部农村地区发展市场经济的生力军。

十四 以加快农产品市场化为目标，改革和完善宏观调控手段

48. 加快转变政府职能，减少行政控制，切实改善宏观调控。逐步改变政府运用行政手段控制某些重要农用生产资料供应的办法。农用生产资料供应量和价格水平上的人为因素，大大增加了农产品的生产成本，直接带动了农产品价格的大幅波动。由此不仅难以保证供应量和控制价格水平，而且会带来对农产品市场的冲击。逐步改变政府通过行政办法强制征购一定比例的粮、棉等主要农产品的做法。由于国家行政办法对农产品市场化的干扰，导致农产品的实现价格严重低于应有的价值。其结果，一方面农民种粮棉积极性大大下降，造成供求失衡；另一方面，受到压制的农产品价格一有机会就会在有限的农产品市场上爆发起来，追求它应有的价值。

49. 要运用经济政策手段调控农村市场经济。要运用财政政策，增加对农业的基础投入，加强对农产品市场的政策调节。建立农产品储备调节基金和农产品风险基金，前者用于对主要农产品进

行吞吐调节，以稳定市场，后者用于应付自然灾害、战争等突发事件。财政政策还可以与价格政策、产业政策、外贸政策相配合，实行对农产品的特定补贴，用于保护农业，稳定价格，产业倾斜和鼓励出口等目的。

要运用税收政策，加强对农业和农民收入的保护，减轻农民负担。近年来农业税费多达农民收入的20%以上。应当去掉名目繁多的不合理收费，只征税不收费，原有的合理收费改为从农业税中提取。农业税的税率设定，应当从有利于在市场经济条件下发展弱质农业和保护农民收入出发，税率不应过高或增加太快，必要时可适当减免农业税。

建立健全农村金融调控体系，运用金融政策调控手段，保证农业的信贷投入。要尽快建立和完善农村三位一体的农村金融体制，形成政策性银行、商业性银行、合作金融组织分工明确、密切配合的农村金融体系，保障对农业的信贷投入，活化农村金融业务，增强农村金融对农村经济的渗透、调节和支持能力。当农业银行和农村合作银行完全按商业化经营机制运作，其贷款投向会倾斜于收益率高的区域和产业，从而有可能进一步加剧农村资金的"非农化"。为此国家应规定农村商业银行专门发放农业贷款的规模和比例，并给予利差补贴。同时，国家应从每年的货币发行计划中划出一定比例作为专项借款，定向借给农村合作银行发放农业生产贷款。对农村金融业投入农业的资金营运实行低税甚至免税政策。

要合理运用价格政策，通过稳定生产来稳定农产品价格。要确定目标价格或最低保护价格，以引导农产品市场价格，刺激主要农产品的生产，提高农民的收入水平。

要运用农产品进出口贸易政策，发挥我国农业比较优势，调节国内农产品市场的供求关系。我国农产品市场应注意与国际市场衔接，按照比较优势来配置农业资源，增加具有比较优势的农产品出口，以取得最大的收益。国家应在农产品出口上采取各种政策措施给予大力扶持，要鼓励农业企业和农村经济组织直接经营农产品出口，出口配额实行公开招标分配，必要时可以对某些农产品实行出口补贴政策。今后一个时期，可考虑适当增加粮食等农产品的进口，以平抑农产品市场的价格波动。

50. 要实行对农业的保护政策，但从长远考虑，注意不要保护过度。在市场经济条件下，农业是弱质产业，社会效益高而自身效益低，需要得到一定的保护，才能更好地发展。我国农业基础相当薄弱，更需要国家对其发展给予政策上的扶持。当前农村经济发展的主要矛盾是农业保护问题，但从长远考虑，也要注意防止农业保护过度。因为对农业的过度保护，会造成一系列不利的后果：一是中国农业人口占80%左右，实行少数人对多数人的保护政策，事实上很难落实，国家财政无此能力；二是过度保护会刺激高成本的生产方式，不利于农业资源的优化配置，不利于农业的集约化经营；三是过度保护会造成农产品的过剩，如果吸纳剩余的责任由政府承担，政府财政将难以负担，如果政府不承担责任，将会出现"卖粮难""打白条"等现象，农民将承受更大的损失；四是过度保护也不利于国内农产品市场与国际市场的衔接，不利于发挥我国农业的比较优势。

对农业无论怎样扶持和保护，最终起决定性作用的还是要增强农业在国民经济中的竞争能力，创造农业参与平等竞争的条件，使农业走向市场。农村问题千头万绪，错综复杂，解决这些问题的主线索是改革。农产品的市场化、农村要素市场的发育、农村各种组织的培育和乡镇企业的发展，都迫切需要加快农村改革的步伐。农业的竞争能力增强了，农产品的市场化实现了，农民能够自由地参与市场竞争，农民的收入就会不断提高，农民才有更大的积极性。

十五 要把对农民的教育培训作为政府的一项重要职能

51. 我国农业劳动者整体素质低下，严重制约着农业科技成果的转让和生产率的提高。据联合国及美国的农业专家估计，今后一二十年内农产品的增加仅有1/6来自扩大耕地面积，5/6将来自生物技术革命。我国自1957年以来，耕地总面积逐年下降，由于可供开发的耕地资源日益枯竭，今后耕地面积不可能扩大。我国未来增加粮食总产量的唯一途径，来自提高粮食单产水平，这需要依靠科技的开发、推广和转化。据测算，我国"七五"期间，农业技术进步对农业总产值增长的贡献份额只有28%，比"六五"期间的贡献份额下降了7个百分点。而美国战后农业生产增长，仅有20%靠物资投入，80%是靠教育及与教育相关的科学技术的作用。

我国农业发展中科技因素贡献率之所以这样低，而且呈下降趋势，是与我国目前农业劳动者整体素质低下有密切关系的。在目前3.4亿从事农业的劳动者中，文盲、半文盲占到24.99%，小学毕业程度占38.4%，初中毕业占29.39%。新中国成立后，我国共培养了中专以上的农业技术人员150多万人，目前尚在农业战线的不足15万人。而目前美国、德国、法国有90%以上的农业劳动者受过职业技术培训，日本有80%的青年农民具有高中以上文化程度，英国有60%以上的农业劳动者达到中等农业学校毕业水平。

我国农业劳动者素质低下，严重不适应我国农业现代化的需要，也严重不适应农村经济市场化的要求，已成为我国农业发展中的一个突出矛盾。解决这个矛盾，关键在于抓好农民的教育和培训这项基本任务，特别是要在普及农村义务教育、扫除文盲的基础上，切实抓好农村职业教育和科技培训。

52. 要把农业培训作为政府的一项重要职能，发挥政府在农业培训中的主导作用。组织开展各种农民在职教育和培训，应当是政府的一项重要任务。西方国家把农业培训作为政府的一项重要职能，以政府为主，政府与民间组织相配合，这非常值得我们借鉴。

随着中国农村改革的深化，中国农民的开放意识的增强，其求知欲望比过去任何时候都强烈。目前中国农民文化素质普遍偏低，培训需求数量是十分巨大的。这项任务，只有依靠政府，发挥政府的主导作用，才能顺利完成。

增加农村教育投资，是政府的一项重要责任。迄今为止，我国农村地区的教育条件大大低于城市，原因是城市里的教育费用主要是由政府负担，而农村的教育主要是由农民自己负担的。因此，政府对农村的投入，首先应该增加农村教育投资，即通过降低农村受教育的成本，为他们提高自身素质创造条件。

53. 开展农业培训要多渠道进行，可考虑把现在的农业科技推广站建成农业培训系统。我国有8亿多农民，农业培训是世界上规模最大、层次最复杂的培训，而且教育经费短缺，这就要求我国的农业培训必须多渠道、多层次、全方位进行。可考虑把我国的农业科技推广机构同时建成农业培训系统。经过40多年努力，我国已经建立了比较完备的县、乡、村三级农业科技推广体系。可在此基础上，进一步整顿和完善农村三级科技推广体系，扩充它的功能和作用，赋予其农业教育培训的职能。

十六　依靠制度建设和法制建设，稳定广大农民的心理预期

54. 经济转型时期广大农民的心理预期关系全局的稳定，应当引起高度重视。由传统经济体制向市场经济过渡，农民的心理预期发生了很大变化。由于市场的变化和政策调整所带来的相对不稳定性，使农民心理预期的变化较快，由此直接影响市场的波动和农村的稳定。

心里预期的相对稳定需要制度和立法的保障。近些年，我国农村经济改革的步伐较快，但农村的制度建设和立法相对滞后，农村

的管理大多沿用传统的行政管理办法，致使许多问题难以很好地解决。比如，农民不合理负担严重，农民的权益常常受到来自各方面的侵犯，坑农害农现象时有发生。因为没有一些基本立法，农民总是担心政策变，从而影响他们对农业的长期投入和生产的积极性。在体制转型时期，农民对社会经济未来变化的心理预期，在很大程度上会影响他们的经济行为，当前要特别注意稳定农民的预期。稳定农村、稳定农民的重要措施，就是加强立法，实行法律保障。

55. 加快农村经济立法，把已有的改革成果用法律形式固定下来，把行之有效的稳定的农村政策上升为法律，作为全社会必须遵守的共同规则。目前关键是要制定一些基本的法律法规。要完善农业基本法。农业基本法既要反映我国农业发展的基本方针和战略，还要全面反映农村改革成果和农村市场经济的新体制，以立法形式确立我国农村市场经济体制的框架和基本内容，起到农村改革发展基本法的作用。

要制定农村土地承包经营条例。现行的农村家庭联产承包经营责任制，是通过政策来确定的，没有相应的立法。作为农村改革的一项基本措施和重要成果，迫切需要用法律形式固定下来。要通过立法，确认农民对土地使用权的长期化，明确界定和保护农户长期的多种土地权益。要规定承包经营土地的流转关系，规范土地流转市场。要通过立法，明确集体与农户的关系，国家与农户的关系，规范国家和农户的行为。

还应当制定农业投资、宏观调控、资源保护、科技投入和推广、市场体系建设、农村中介组织等法律法规，使农村改革和农业发展有法可依，有章可循。

56. 农村法制建设可以先从村社开始试验。农村法制建设千头万绪，特别是市场经济条件下的农村法制建设，比较复杂，需要一个很长的过程。当前可以采取先试验、后总结的办法，让村社先行试验，取得经验后在全国推广。

村社依法管理，可以先从农村干部群众最为关心的热点、难点问题着手，切实抓出成效，既调动广大农村干部群众的热情和积极性，又有利于在一个区域内形成强大的舆论声势和依法管理的氛围，增强人们对依法管理的认识和信心。

57. 运用合同制的管理办法，实行依法管理。村社依法管理，最关键的是要解决行政执法问题。目前行政执法的程序、执法手段、执法结果都缺乏有效的法律监督，使农村依法管理的环境难以有效形成。可以采取把行政执法纳入司法程序，用合同制的办法进行管理和监督。即对于适宜由合同管理的一些措施，如减轻农民负担、计划生育、承包经营等，由地区农委、计生委、经营站等主管部门和地区法院，联合监制统一的合同书，由村委和农户共同签订合同，并由公证处公证。合同一式三份，农户、村委、主管部门各一份。合同一经签订，即具法律效力，任何一方违约，都要承担法律责任。

十七　以加快农村市场化为目标，合理协调城市与农村、工业与农业的关系

58. 我国经济转型时期农村的改革和发展在宏观稳定中居于十分重要的地位。经验表明，在我国宏观经济决策中，把农村发展时时处处放在优先地位，是一件十分困难的事情。在某些特定的形势下，甚至不得不牺牲一些农村的利益，减缓一点农村改革的步伐，才能换来宏观经济的短期平衡。农村经济与宏观稳定之间，在长期中的一致性和短期内的某种冲突性，是我国经济体制转型时期一系列两难决策问题的根源。从根本上讲，农村经济与全局平衡难以协调的特性，源于原有计划经济体制。过去我们的社会主义经济建设，强调重工业优先发展。为此，必定要在低收入水平下维持高积

累。为了高积累，不能不人为压低工资和其他工业成本的水平。实现这一点的一个关键，就是压低作为食品和大部分轻工业原料的农产品的价格。在这个意义上，国家对农产品的低价统购和低价统销，是整个计划经济体制的基石。当农村改革超越解决农民温饱问题的阶段，向市场化挺进，原有体制连同其宏观平衡的机制就从根基上被动摇。但是，国有经济为主的城市，在改革某些方面落后于非国有经济占主导地位的农村。市场化程度较低的城市工商业，根本不可能顺顺当当地消化市场化程度较高的农产品。回顾起来，大体从80年代中期开始，我们就一直在城乡改革的不平衡中打转。问题的两难性在于：加快农产品的市场化程度，城市系统难以承受；减缓农村改革步伐，农民的收入和农民的积极性又无法持续维持。更为困难的问题是，维持原有体制宏观平衡的整套政策工具已在改革中变形和失效，但新的基于市场经济的宏观调节机制还有待于建立。在转型时期，城乡利益互相矛盾的一面一旦突出，我们退不可求完整的统购统销和城乡隔绝，进不可达基于市场机制的灵敏调节。因此要有效维持转型时期的经济稳定，就要在合理协调城市与农村、工业与农业的关系中，实施有效的宏观调控政策和手段，以适应转型时期农业发展的需要。

59. 今后一个时期，在改革的步骤上，要以农村市场化带动城市市场化，促进城乡协调发展。在当前和今后一个时期整个经济体制的转轨中，要深化农村经济改革，优先推进农村经济的市场化，从而有力地促进和推动城市经济市场化的发展。农业是整个国民经济稳定和发展的基础，没有农村经济的进一步发展，就不可能为整个经济体制的转轨创造宽松的环境和条件。而农村经济的发展只有依靠农村经济体制彻底改革，依靠农村经济的市场化。农村市场化所带来的农村产业结构调整，农村剩余劳动力的转移，农村市场的扩大，农村购买力的提高等，都会对城市经济或造成竞争态势，或带来发展机遇，从而进一步推动城市经济改革，为城市经济体制改革提供经验，使更为复杂的城市经济改革有资可鉴。此外，中国仍然是一个传统的农业社会，农村人口占80%以上，农村是一个大市场，农村市场经济的培育和形成将是一个漫长的过程，只有率先加快发展农村市场经济，才能从总体上推进整个市场经济的发展。

60. **工农业发展战略要从农业哺育工业，向工农业等价交换并逐步向工业反哺农业转变。**在中国工业化过程中，怎样从不牺牲农业并有利于农业的发展为前提，来加快工业发展，这是我们面临的最基本问题，也是制定经济发展政策的出发点。过去几十年，我们采取农业哺育工业的发展战略，通过人为压低作为食品和大部分轻工业原料的农产品的价格实现高积累。这样长期发展下去，不仅农民问题不可能根本解决，而且工业缺乏农村的消费市场，缺乏农产品原料的有力支持，会制约工业的发展，导致工业的萎缩。因此，有必要调整工农业发展战略，在现阶段要做到工农业等价交换，平衡发展，缩小工农价格"剪刀差"，并逐步向工业反哺农业阶段转变。

赋予农民长期而有保障的土地使用权（18 条建议）[*]

（1998 年 7 月）

我国农村从 1984 年开始的第一轮土地承包 15 年不变的期限，目前已陆续到期。许多地方按照中央的精神，正在开展"延长土地承包 30 年不变"的第二轮土地承包工作。中央关于"土地承包期 30 年"的政策，是加快农村经济改革，长期稳定农村政策的重大举措。目前，我国农村土地制度改革和建设又到了一个新的历史关节点上。如何在第二轮土地承包中把中央关于"集体土地实行家庭联产承包制度，是一项长期不变的政策"具体化，尽快实现农村土地使用权长期化，并且采取有效措施切实保障农民的土地权益，稳定农民的长期预期，是关系到我国农村经济可持续发展和社会长久稳定的关键性问题。

一 稳定农民土地经营预期是解决我国农业和农村经济发展矛盾的关键所在，实现土地使用权长期化势在必行

1. 家庭联产承包责任制事实上的不稳定运行，已经成为制约

---

[*] 中改院课题组：《尽快实现农村土地使用权长期化的建议》，1998 年 7 月。

农业和农村经济发展的重要因素，应当尽快赋予农民长期而有保障的土地使用权。新中国成立以来，我国农业和农村经济发展一直为三个基本性矛盾所困扰：一是人地矛盾带来的农产品供给压力；二是农民多而穷，就业机会少，农民收入难提高；三是农业基础薄弱，投入少，农业发展后劲不足。1978年改革开放以来，通过农村生产关系的变革，其实质是农村土地制度尤其是土地使用制度的变革，极大地提高了农民生产积极性，农产品供给大为改观，农民收入显著提高，农业长期投入增加，农业发展后劲增强。不仅三个基本性矛盾得到有效缓解，而且对中国经济和社会转型带来极其深刻的影响。由此，"集体土地实行家庭联产承包制度"长期不变赢得了中央政策层面的充分肯定。但是，由于对家庭联产承包责任制适应性和生命力的认识产生分歧以及利益驱动引发的实际操作中的偏差，导致事实上家庭联产承包责任制在一些地区的不稳定运行和蜕变：

（1）自80年代中期以来便产生了对家庭联产承包责任制能否适应现代社会化大生产的怀疑，并且逐步发展成为为改变所谓"规模不经济""土地分割零碎""狭小的土地与现代化生产不适应"等矛盾的现实行动。于是，在"适度规模经营"的过程中，某些地方出现了土地"归大堆"、统一经营的倾向。

（2）土地承包期限短而不确定，中央关于稳定家庭联产承包责任制的有关政策没有完全有效地得到执行。大多数地区农民土地使用权没有书面合同或者没有在合同中具体的描述。抽样调查表明：仅仅有13%的受访农户有承包土地的书面合同；不到1%的农民有土地使用权证；有些地方确实有书面合同，但合同的内容相当不完备，无论从法律上还是技术上都很粗糙。

（3）因人口变化对土地进行的周期性调整极大地侵犯了农户土地使用权。调查表明，从1978年以来，农民承包的土地已经平均调整 3.01 次，至少有超过 60% 的村庄和 60% 的农户经历过土地调整。

（4）从所谓规模经营的需要出发重新回归的农业生产集体经营，包括"合作农场""集体农场""公司+农户"等不同做法，使承包制发生蜕变。与此同时，农民土地使用权益还要受到乡村权力人物随意"中止合同""集体出让、租赁""收回土地使用权重新高价发包"等多种形式的侵害。

（5）国家、集体、农民之间的分配关系未理顺，农民负担过重，土地收益严重流失，直接影响了农民经营土地的预期。在没有权益保障的情况下，规定土地承包期限的长短是意义不大的。上述情势使农民对中央再延长30年不变的政策产生了疑虑，土地制度变革的前途不明朗，影响了农民的预期。如果不对农村经济体制尤其是土地使用制度进行彻底改革，长期稳定和保障农民的土地使用权，有可能由此而加剧农村经济发展的各种矛盾，对此应当有清醒的认识。

2. 土地权利的期限、广度和确定性是影响农民是否对土地进行长期投资的关键因素。延长土地承包期限，拓展农民土地使用权内涵，并给予制度确认和法律保障是农村土地制度改革和建设的方向。各国的经验证明，在任何一种土地制度下，有保障的土地权利对于经济发展都是非常重要的。我国农业和农村经济发展的关键在于促进农业投资增长，从而提高土地产出率，保障农产品供给和农民收入稳定的增长。我国长期处于社会主义初级阶段，农村生产关系和生产力状况决定，充分调动农户对土地长期投资的积极性成为农业和农村经济发展的关键要素。但是，由于我国农民土地使用权事实上短而不稳，并且土地使用权范围过于狭窄而无法律保障，导致农民对土地长期投资的积极性不高。据此，并不能得出农民不愿接受土地使用权长期化制度安排的结论。调查表明：相对短的土地使用权，但是权利范围较广并且有保障，也可以促进农民对土地进行更多的投资；相反，即使土地使用权的期限（名义上）很长，但是缺乏保障而且权利的内容较少，也不易引导农业投资增长。如果赋予农民土地永久使用权，把土地使用权由单一的耕作权扩展到事实上的占有、使用、收益、分配和有限的处分权，并且用制度和法律保障其权利，有超过85%的农户愿意接受土地使用权长期化的制度安排，并热心于对土地进行长期投资。这说明，在任何土地制度下，土地的权利都不是一个单独的权利，而是多个不同的权利的集合。因此，农村土地制度创新必须对土地权利的期限、广度和确定性做整体的设计和安排。

3. 农户长期稳定的心理需求与集体成员平均占有要求下的不断调整是农村土地问题的主要矛盾。因此，当务之急是制定既满足农民对平等权利的需要，又可以使之得到长期稳定的土地使用权的政策。对于我国的绝大多数农民来说，农业用地是他们经济收入的主要来源，他们需要得到长期有保障的土地使用权。同时，他们也认识到需要有足够的土地抚养新增加的人口。况且，在传统观念里，"集体"成员应当天然地无差别地享有"集体所有"的土地，并且把这种观念转化成一种制度安排——土地随着人口增长事实上必须进行的周期性调整。农民在选择土地调整和不调整政策时确实遇到了一个两难的选择。调查表明，农民既需要长期稳定的土地使用权，又需要平均占有土地。因此，土地制度改革和建设必须平衡农民长期土地使用权与平均占有之间的关系。解决这一问题可供选择的现实思路是：在长期稳定"集体土地实行家庭联产承包制度"的框架下，实现土地制度的创新。例如：在界定产权主体的同时，严格界定"集体"成员的边界，限定享有"承包权利"的群体；在给予农户土地长期有保障的使用权之前，对土地进行最后的调整，并且，土地的分配必须预测农户未来的土地需要；对社区内可开发的宜农土地资源做出开发和分配使用的长久规划；通过土地使用权有偿转让，逐步实现土地调整的市场化等。可以预计，随着中国人口趋向零增长，要求调整土地的压力会逐渐减轻。同时，人们通过对新的土地法规、土地制度的认同从而转变土地占有使用观念，又可以通过市场调配土地资源，农民土地使用权长期化新的制度就能真正实行起来，并能充分体现其在农业和农村持久发展中的奠基石作用。

4. 把握时机，在第二轮土地承包中采取多种方式延长土地承包期限，并稳定过渡到土地使用权长期化。我国家庭联产承包责任制是从政策层面逐渐推开的，尽管其间有周期性的调整等行为发生，但是这一制度毕竟基本稳定地运行了 15 年。少数地区在 15 年中确实没有调整农民承包的土地。并且，在全国一些地区正在开展 30 年、50 年、70 年不变的试验。因此，农民土地使用期限长期化逐渐在政治和经济层面被认同。同时，土地制度运行的重大矛盾和问题已经比较充分地暴露，而且在实践中摸索积累了许多解决矛盾和问题的经验。特别重要的是，随着我国农村经济改革的深化和农村政策的稳定发展，为实行农民土地使用权长期化奠定了最重要的条件。由此判断：目前，以农村土地第二轮承包为契机，在农村实行土地使用权长期化制度性安排的时机已经成熟。抓住这次机遇，将大大加快农村土地制度的改革和创新进程。

二 以第二轮土地承包为契机，因地制宜，采取多种形式，实现向土地使用权长期化的稳步过渡

5. 实行土地使用权长期化，对农户土地承包经营权要有足够的长度和保障，至少 50 年，甚至 70 年、100 年保持不变。在第一轮土地承包即将到期之前，中央就明确指出，土地承包再延长 30 年不变，营造林地和"四荒地"治理等开发性生产的承包期可以更

长。在第二轮土地承包工作中，中央再次重申，稳定土地承包关系是党和农村政策的核心内容。"集体土地实行家庭联产承包制度，是一项长期不变的政策。"实行农村土地使用权长期化，是落实中央上述政策的具体化、制度化。所谓土地使用权长期化，就是保证农户家庭土地承包经营权有足够的期限、广度和确定性。土地承包经营权期限，是实行土地使用权长期化的核心内容，也是保障农民土地权利，稳定农民长期预期的关键性因素。农民土地使用权期限必须有足够的长度，至少保证自己或者后一代人能够收回投资。鉴于农村许多改革试验区试行土地承包经营30年、50年不变的成功经验，和部分地区第二轮土地承包已经完成的成功做法，首先规定农村土地承包经营权至少50年不变，基本保证两代人的长度；鉴于经济特区和东部沿海地区"土地有偿转让70年不变"的政策有效实施，可以考虑将"70年不变"的政策引入到农村土地承包经营中，生产周期长和带有开发性质的项目和土地，承包期可"100年不变"。这样做，可以彻底消除农民的顾虑，大大提高农民长期投资的积极性。

6. 因地制宜，采取多种形式，实现向土地使用权长期化的稳步过渡。目前，全国各地都在第一轮土地承包15年陆续到期的基础上进行第二轮土地承包工作。为此，应当抓住这个机遇，针对各地不同的情况，采取多种形式，实现向农村土地使用权长期化的过渡。第一，对于已经开展"土地承包30年不变"的地区，一般来说，为保持政策的连续性，应当维持30年承包合同不变，待到期后顺延。但如果广大农户有强烈的要求，且各方面条件又比较成熟，也应当允许在30年不变的基础上再延长到50年或70年不变；对于还未展开第二轮土地承包工作的地区，凡基本条件成熟，都应当支持和鼓励实行土地使用权长期化制度，制定并签订相应合同，实现一次到位；对于全国许多试点地区，凡是符合土地使用权长期化政策的试点方案,都应维持不变。第二,允许不同类型土地实施不同的承包期限。比如基本农田实行50年期限,山坡地实行70年不变,"四荒地"的开发使用权可以实行更长的期限,以此来稳定农民长期预期,增强农民对土地进行长期投资的积极性。第三,允许不同地区实行不同的土地承包期限。例如中西部不发达地区由于非农就业机会较少,需要实行更长期限的土地承包制度。第四,对于地区差异较大的地区,允许在"30年不变"的前提下,实行"一地两制",在地区内部实行不同的承包期限,有的农村可以30年,有的也可50年,或70年。

7. 应当允许中西部贫困地区率先实行土地使用权长期化政策。与较为发达的东部沿海地区相比较,土地对于中西部尤其是中西部贫困地区的农民而言具有特别的意义。土地不仅是最重要的生产要素,更是农民主要的社会保障。在稳定家庭联产承包责任制的前提下,率先在中西部贫困地区实行土地使用权长期化的政策,易于得到广大农户的拥护和支持,降低推行的成本和风险,也易于调动农民的生产和投资积极性,形成中西部地区农村经济发展和社会稳定的基础,这是一项一举多得的重要举措。

三 以改革和完善农村土地产权制度为中心,对农民土地使用权长期化进行制度性安排

8. 建议以村民小组为单位重新界定农村集体土地的产权主体。我国的法律规定:"农村和城市郊区的土地,除法律规定属于国家所有外,属于农民集体所有。"但是属于哪一级集体所有?集体成员的边界多大?集体所有者包括哪些权利和义务等却不是很清楚。由于集体土地产权主体不明导致了土地产权的不完整,其中最具实质意义的土地处置权及相当多的收益权都掌握在各级政府手里。这是导致农民对土地使用权存在不稳定感和对土地长期预期不足,并因而引发其他一系列问题的重要因素。因此，实行农民土地使用权长期化，首先必须准确界定农村集体土地的产权主体。人民公社所有制关系最后过渡到"三级所有，以生产队所有为基础"有其深刻的原因。因此，应照顾这一体制的惯性，将村民小组（生产队）界定为农村集体土地的产权主体。已经属于村民委员会或村内两个以上集体经济组织的，其所有权也可以授予行政村（生产大队）。并且在国家法律（如《中华人民共和国土地管理法》）中予以体现。在操作中应健全土地所有权的法律形式，通过县级人民政府登记造册，核发证书，确认其所有权并得到法律保护。这样做的有利条件是：（1）第一轮土地承包基本上是以生产队为单位进行的，经过近20年的实践，农民已经以生产队为基本单位结成了土地利益关系，如果改变这一结构，将付出极高的交易成本。（2）在村民小组（生产队）这个范围内，保存着土地制度历史变迁和现实状况包括农户对土地投入状况的最完全的信息（这方面没有多少文书资料，只有代际承传的活的记忆），这对土地的经营和管理，尤其是对土地的投入状况的了解以及流转中的价值实现将有特别的意义。（3）村民小组这一级的行政职能已大大弱化，它最接近土地使用者，也是对农民要求反应最快的一级组织，最能代表农民利益屏蔽形形色色对产权的侵犯。目前，村民小组经济实力弱小，也没有相应的行政管理能力。因此建议：在将农村土地产权界定给村民小组的同时，赋予村民小组以相应的管理权利，特别是签订土地合同、监督合同实施，并且获得土地所有者收益的权利。

9. 明确土地产权主体的权利和义务，并且界定产权与行政权的职能边界。首先，村民小组是土地"集体所有"的产权主体，以村民小组作为"集体"的边界，保留村民小组对土地分配调整及其他处分权。同时承认村民小组作为集体土地所有者的排他占有权，并用法规予以规定，以有效抵制对土地的侵权行为。集体土地的收益权［比如农户承包土地交纳的地租（承包费）］也应归还给产权主体，并且规定土地收益主要用于农田水利等基础设施建设投资。与此同时，按权利和义务对等的原则用制度和法律规定村民小组作为产权主体的义务，比如：在本社区内宣传国家和地方政府有关土地管理和利用的政策法规；为村民提供产前、产后、产中服务；保护村民的土地权益，保证国家和集体税费收益；对本区域内的土地资源进行长久规划、开发和利用；组织社区成员进行农田水利基础建设，改善生产、生活条件等。应该说明的是，与其他发展中国家一样，国家和地方政府也应保留一定的权利，以便对土地所有者和使用者形成必要的限制和约束，对农村土地进行有效的管理。另外，在一些地方，村民小组一时还无力承担土地所有者的职能，可以实行托管制度，比如明确规定以村集体经济组织或者村民委员会代行"集体所有"产权组织的职能，负责对集体土地的经营管理，作为土地发包方对单位和个人使用集体土地进行登记造册，核发证书，并报乡镇人民政府备案。但必须明确村委会与村民小组的委托代理关系，只有在村民小组授权的条件下才能代行所有者的职能。乡（镇）基层政权组织可以运用行政职能协助村集体经济组织和村民委员会加强对集体土地的经营管理。但是必须用制度和政策对行政权力加以规范和约束，把"协助"的职能界定在公证、监督、执法保障（维护土地法规的严肃性）和土地纠纷的调解、仲裁方面。

10. 根据一定规则对集体成员的边界予以确认。"集体"是一组动态的人的集合，其构成总在发生变化。它既包含现存于集体内的人口，也包括那些尚未生出和尚未娶入的人口。但是，在约定的租佣期限内，集体内成员的边界应以签约时期的现实人口为主要依据，承认所有成员有平等占有和使用集体土地的权利。在此基础上，根据现行的人口及户籍政策，对集体成员的边界做大致的限定。比如，符合国家计划生育政策和户籍管理规定的新增人口，有资格享受集体土地所有者的权利（在集体边界内承包、租赁、转让、受让、继承等）。否则，不享有其上述权利。

11. 稳定农民承包权，必须在延长土地承包期限的同时，拓展和延伸使用权的范围。稳定农户承包权，一是承包期限要有足够的长度并且灵活多样；二是使用权充实、明晰且有保障。应该看到，农村家庭联产承包责任制推行并作为"一项长期不变的政策"，事实上已经由土地使用制度的改革深深触及并引发了土地所有制的变革。承包权实质上是对所有权的分割。承包合同越是长期化，承包权对所有权的分割程度就越高，使农民由单一的田面耕作权演化为实际的占有权、使用权、剩余产品分配权及有限的处分权。这样做，"集体所有"的公有制，才真正找到了具体的实现形式，实现了公有制条件下的"人人所有"。这与私有制是有本质区别的。由此决定了土地制度改革和建设应该是不断弱化所有权而强化承包经营使用权。但现实中许多地方是逆向而动的。因此，建议在土地第二轮承包中：（1）在执行"30年不变"政策的前提下，允许不同地区和不同类别的土地实行不同的期限，并逐步过渡到长期化。(2) 把农户对土地的单一使用权拓展到占有、使用、收益和处分四权统一的承包经营权。如农户在土地承包经营期限内，对分配己的集体土地有实际上的占有权，集体只保留法律上的最终归属权；农户在承包的土地上有自主种植和经营的权利；有剩余产品的收益分配权；特别是处分权这个曾经仅为所有者享有的独占权，现在也应该有条件地赋予承包者，处分权的内容应当包括对承包经营使用权的转让、出租、入股、抵押等。

12. 承包经营权已经成为一种新的物权，应当用法律的形式予以固定。拓展、稳定和强化农户的土地承包经营权，必然形成我国特有的新型的土地使用权。使用权应成为民法上的一种新的物权。不论土地如何流转，承包使用权都可以独立存在。与其他的物权一样，承包经营使用权在市场经济条件下必然表现为一种具有交换价值的资本。那么占有它可以取得相应的利润，转让它可要求获得等价的补偿。永久地转让承包经营使用权，实际上是对承包经营使用权这种独立的资产的出卖。因此，应当允许农民暂时转让和永久地转让（出卖）；另一方面，在我国农村土地制度改革和建设的实践中，已经出现了"允许买卖和继承"的事实，但是，在过去较长的时间中，特别是开展土地第一轮承包的初期，由于宣传"两权分离"时过多地强调对承包经营的使用权限制，特别是把不能买卖、继承作为区别于所有者的权益；因此，目前土地承包使用权的转让、买卖和继承都有较大的阻力，甚至许多基层干部仍视其为非法。这并不利于土地使用权长期化的制度安排。因此，政策和法律都应对此有明确的规定。允许农户土地承包经营使用权可以转让、买卖和继承，是保障农民土地权益、稳定农民预期的必然选择。与此同时，根据国家土地法规对农户的土地承包经营使用权进行必要的限制。比如：（1）土地占有额度的限制，分别规定其占有土地最高和最低的限额。（2）土地使用范围的限制，对改变农地用途作严格的规定和限制，并保持土地有可持续生产的能力。（3）土地的收益分配应保证"交足国家的，留足集体的"。（4）服从国家对土地的正常征用等。

四 良好的外部环境和配套制度是实现农村土地使用权长期化的重要保证

13. 实行土地使用权长期化，增人不增地，减人不减地，必须辅之以相应的配套措施。一项调查显示，如果采取综合配套措施来解决可能出现的人地矛盾问题，农户拥护和支持土地使用权长期化的比例会有显著提高。为此，总结实践经验，实行土地使用权长期化，必须采取相应的配套措施。

（1）进行最后一次土地调整。在实行土地承包关系长期（如在 70 年至 100 年，或 30 年内）不变政策之前进行一次最后调整，会减轻累积的人口压力，更容易使农民接受和认可。从不同地区的实践看，更多的农民期望在实行长期不变政策之前进行一次大调整。

（2）采取土地预测分配方法。这种方法在最后一次调整之前进行，即在进行土地分配时，不仅仅是根据现在农户家庭人口的多少进行简单的平均分配，还要考虑在有效的承包期限内可能导致家庭人口变化的各种合理的因素，如计划生育所允许出生的人口数目等。

（3）留用机动地。目前的政策限定一个村留用的机动地不能超过该村耕地总数的 5%，并且规定原则上未留机动地的村，不得再留机动地。这主要是针对村干部在具体操作中侵犯农民土地权利而做出的。在实行长期不变政策中，在村民大会集体决策和民主监督的前提下，应当允许某些地区留有不超过中央规定的 5% 的机动地，用来解决未来出现的人地问题。

（4）"四荒地"的优先开发权。在拥有较多"四荒地"资源的地区，在合理规划的基础上，应当对那些在土地调整中家庭规模未得到充分考虑的农户实行优先开发权，并对于农户的开发性生产实行更长期的政策。

（5）允许土地使用权继承和有偿转让。这项政策可以保证农户的长期投资在 2—3 代人的时期中稳定回收，也可以保证使家庭新增加的人口享有正式土地权利。另外，土地使用权有偿转让，也可保证农户通过租赁等获得另外一些土地的短期使用权利，也可以通过市场机制（如购买）获得其他土地的长期权利。

（6）采取综合配套措施。以上配套措施相互联系并不排斥，在实施中，应当因地制宜，将这些配套措施结合起来，综合运用，会大大提高政策的有效性。

14. 制定并颁布内容详尽的土地使用标准合同，严格实行土地登记制度。各国的经验表明，根据每个国家的不同国情和具体制度，建立适当的土地登记制度将带来许多好处。如可以使对土地的保障更为完善，使土地的流转更加可靠并降低成本，能促进土地市场的发育，增加农业信贷机会，提高土地管理效率，减少土地纠纷，以及为土地税收提供便利等。我国的土地管理法要求县级人民政府对集体所有的土地进行登记，但是这项制度并未在全国大部分地区严格执行。对农村土地权利的最详细的登记资料大多保存在村干部或乡干部的手中，而且这些资料非常原始，且残缺不全。有的地方虽然进行了土地登记，但土地登记的形式和准确程度各不相同，且不能反映最新的变化和信息。这也是造成许多土地权利纠纷和形成滥用职权的主要原因。因此，应当依据我国的实际情况，建立简单、统一的农村土地登记制度。建议：第一，在县级土地管理部门的具体指导下，在乡镇一级设立农村集体土地登记部门，行使土地登记职能。第二，在全国范围内制定简单、统一的农村土地基本登记制度，针对不同地区的特点，可在土地基本登记的基础上进行额外内容的登记。第三，对农民自发的土地投入实行严格的登记制度。能否在承包期限内收回投资，保证自己对土地投入的收益，是影响农民对土地进行长期投资的关键因素。在承包期内，对农户自身在承包土地上的中长期投入实行登记制度，并依此为基础确认农户在土地使用权出让、征用中的级差收益，确保农户在土地调整中的优先使用权，对于形成农民对土地使用的稳定预期，促进农户对承包土地进行大规模、长期投入将会产生积极的作用。

土地使用权证书和承包合同是农民依法享有土地权利和解决土地纠纷的基本依据。但有大量调查表明，在目前情况下我国的土地使用合同管理存在许多缺陷。如农户手中拥有书面土地承包合同的比率很低，拥有土地使用证的农户比率则更低；大多数已有的土地承包合同条款很不完善，缺少明确的使用期限，甚至缺少双方签字；有些连基本的权利和义务都没有，或者过于含混无法执行；大多数合同由县或乡组织起草，内容、格式不尽相同。这些缺陷成为农民土地权利得不到保障的重要原因。为此建议：第一，在严格执行土地登记制度的基础上，在拥有土地所有权的村集体与农户之间必须按有关程序，签订明确的土地使用合同。第二，合同的保存除农户、村集体之外，土地使用权合同的副本必须由农村集体土地登记机关保存一份。第三，应当制定一份适用全国各地的、包括合同基本要素的标准合同范本。该范本合同应当反映关于农村土地的基本政策和法律规定，应当包含合同双方对土地的具体权利和义务，明确规定土地使用权的起止时间，允许农民转让土地使用权，不调整土地，征用土地要进行赔偿，对违反合同条款行为进行惩罚，以及规定土地纠纷的解决方法等。合同应由双方代表签字方能生效。此外，土地合同还应附有政府机构颁发的、单独的土地使用证书。同时，为充分调动农民进行土地登记和签订合同的积极性，为通过法制化来保障农民的土地权利创造条件，在建立严格的土地登记制度的初期，应当尽可能降低和减少农民土地登记和签订合同的成本。

15. 进一步完善土地纠纷处理机制，为稳定和保障农民土地权利提供有效解决的法律途径。

（1）建议在县级成立专门法律援助机构，为农民免费提供有关土地权利保障及解决纠纷的咨询和代理。通过法律确定下来的土地权利如果不能在实践中得到有效行使，这种权利就是不完整的。在实际工作中，我国农民对自己所拥有的土地权利的认知与法律和政策的规定差距相当大。如果农民不了解自己拥有什么样的权利，也就不可能行使和保护自己的权利。因此，必须寻求有效途径让农民彻底了解自己的权利。第一，应当在农村地区的县级法院建立专门的法律援助中心或其他专门法律机构，为农民在土地法律权利方面提供咨询和信息。第二，法律援助中心的律师必须经过土地管理部门或其他机构的培训，熟悉与土地保障有关的法律法规和政策条文。第三，法律援助中心应当采取多种方式，如通过媒体宣传，散发书面资料，对农民提供面对面的咨询等方式，向农民传播有关土地权利的常识。第四，所有服务和法律代理均应当实行免费。

（2）建议土地管理部门应当建立一套受理、审查、调查农民投诉状的机制。目前许多地方的农民在处理土地纠纷时，由于缺少对法律的了解，很少诉诸法院，而是采取告状的形式向有关政府部门反映情况，以求结果。但我国大多数农村地区的政府机构对告状的处理和审查尚未形成规范性制度，因而常常使这些纠纷得不到及时有效解决，积累了不少矛盾。因此，建议在土地管理部门要形成专门接受和处理农民土地投诉的程序和制度，并在农村基层设立便于农民反映和传递意见的简便的渠道，同时设立群众公开监督制度，督促和提高处理纠纷的效率。

（3）建议在乡级或县级建立专门的土地法庭。除了缺少有关土地权利方面的知识以外，农民在处理土地纠纷过程中遇到的最大障碍是缺乏诉诸法律的有效途径。对于农民来说，就土地纠纷诉诸现有的法院，需要耗费大量时间、精力，成本很大，还要面对社会各界的压力，这往往使他们望而却步。在乡级或县级成立专门的土地法庭和土地巡回法庭，可以为农民就有关土地权利问题诉诸法律，利用专家的特长解决土地纠纷，提高土地纠纷处理的效率，并借此增强农民的法制意识。

16. 在发展"公司＋农户"开发模式中，切实保护农民的土地权利。我国正处于经济社会转型时期，"公司＋农户"农业开发模式是实现我国农业由传统小农经济走向市场经济的一条有效途径。

它打破了传统小农经济的封闭状态，有利于实现小农经济与市场经济的对接，它可以有效解决我国农业长期投入不足的问题，它可以提供农村地区急需的信息、技术、管理及国内国际市场销售渠道，有利于农村土地使用权商品化和农村土地市场的培育。因此，如果操作得当，"公司＋农户"的农业开发模式将对改变我国小农经济的面貌，稳定我国农村土地使用权，实现农业的产业化和现代化起到重要的作用。但在实际中，有一些地方在操作"公司＋农户"中有意无意地侵犯了农民的土地权利，引起农民的不满和土地纠纷。例如：

（1）有些县、乡镇越俎代庖，在跨村的土地承包和开发中，未注重相关村的意见和利益，直接与公司谈判、签协议。

（2）村一级组织与公司谈判签协议的过程中，未征询村民的意见，强制执行土地使用权转让。

（3）对于涉及土地出让的农户，未给予合理赔偿或调换新的土地。

（4）县、乡、镇随意提取土地转让承包费用，侵占出让土地的农民利益等。

针对这种情况，建议：第一，在明晰农村土地集体所有权边界的基础上，对农民承包使用的土地，包括由农民自己开发的荒地要有明确的土地使用权文书。集体出让土地必须严格以相关土地使用权合同为依据，该赔偿的赔偿，该调地的调地。第二，集体与公司签订土地出让承包协议必须经过村民代表大会表决，公开合作方式、收益分配方式及赔偿方案。第三，与公司签订协议的主体必须是享有土地所有权的村集体，但要上报相关县、乡（镇）。对于涉及跨县、跨乡镇的土地承包，相关公司在县、乡（镇）协调下要分别与不同享有土地所有权的村集体签订协议。第四，相关县、乡镇可以从土地补偿转让金中提取一定比例管理费用，用于提供相关的咨询和协调支出，但不能超过出让金的 5%。此外，不得以任何名义从中分取收益。第五，县及县以上有关部门对出让土地的地价要进行科学评估，充分考虑出让期内地价的变化，并以此为基础，确定土地出让金及支付方式。此外，"公司＋农户"模式往往发生在农业开发基础条件较好，而又缺乏资金、技术、信息等生产要素的不发达地区。发达地区的公司，包括外商的进入可与当地的农业生产优势相互结合形成有益补充。但若不能正确处理外来主体与当地农民的利益关系，将大大增加这种模式运行成本。这已在许多地区的实践中有所反映。为此，公司的进入必须要保证当地农民的长远利益，坚决防止短期行为；公司化、产业化经营必须与当地的小农户家庭经营相结合，必须将农民出让土地与创造新的农业和非农就业机会相结合；要注重发展农村社会化服务组织。

17. 从实际出发，创造条件实现农村土地使用权在自愿条件下的有偿转让。

（1）必须从法律和政策上明确土地使用权有偿转让的合法性。中央有关文件明确规定，在坚持土地集体所有和不改变土地用途的前提下，允许土地使用权依法有偿转让，并在尊重农民意愿的前提下，实行适度规模经营，鼓励土地使用权流转。但从全国范围看，土地使用权流转的规模不大、范围不广，仍处于一种起步阶段。其中一个重要的原因是，农民对是否允许"收取土地使用权利的收益"心存疑虑。因此，从法律上和政策上，明确土地使用权有偿转让的合法性，将消除农民的心理疑虑，充分发挥土地流转机制的作用。

（2）运用市场机制，实现土地使用权的有偿转让和流转。目前，我国不同地方和村社之间农村土地流转出现了不同的模式，即依靠社区集体调整和依靠市场机制调节。实践证明，用行政手段来完成土地流转有诸多不利因素，应更多地利用市场机制。其好处在于：将土地使用权作为生产要素进入市场流通，有利于在小规模、分散化格局的基础上，为有条件地发展适度规模经营提供一种长期起作用的机制；有利于为社区集体和国家实施土地管理、调节，奠定合理的制度基础。为此：第一，土地使用权的转让价格由供求双方自愿协商，这样可以比较客观地反映土地承包权利在变化着的经济环境中的稀缺性和真实性。第二，允许农地转租，或以入股的方式合伙经营，参与利润分成等多种转让方式。第三，允许农村土地使用权作为抵押品获取信贷。

（3）为防止土地使用权过于集中，必须对土地转让给予一定限制。在利用市场机制促进土地流转中，为防止土地市场可能带来的社会不公正现象，应做出一定限制。比如：同一农村集体的农民对土地使用权的转让有优先权；在土地紧缺和非农就业机会匮乏的地区，政府应当规定将耕地保持在村民手中。这些地区的土地使用权转让应当限制在本地居民之间；为防止土地过分集中在少数人手中，应当根据不同地区的具体情况，对不同的对象（如本村村民、非本地居民及外国人）规定不同的土地拥有数量上限；为保护环境和提高劳动生产率，在某些人口压力不大，非农就业机会较多的地区应对土地拥有量的下限进行规定，以防止土地过于零碎、分散。

18. 严格推行村务公开和民主管理制度，积极发展有效的村民自治制度。严格全面推行村务公开和民主管理制度，把提高农民参与性和积极发展有效的村民自治制度结合起来，对于加强对税费的征收和使用的公开和监督，形成土地使用权长期化的保证机制有特殊的意义。第一，在村一级普遍建立村民议事制度，有关社区发展及农民切身利益的村务，必须经过村民议事会，从而建立一种民主的科学的决策机制。第二，彻底公开村务和村级财务，涉及农户关心的热点问题，村级财务特别是税费的征收和使用情况，农民其他负担的征收等都应及时定期向村民公开，接受评议和监督。第三，坚持和完善民主管理制度，实行民主选举、民主决策、民主管理和民主监督，鼓励发展农村经济合作组织及其他农村自治组织。

农村土地问题是涉及我国农村经济长远发展和社会稳定的根本问题。从这个意义上讲，如何完善和推动第二轮土地承包工作，已远远超出这项工作本身的内容，多方面采取措施，实施农村土地使用权长期化，并为农村土地制度和土地权利的保障建立法治基础，将对推动第二轮土地承包，深化农村改革产生深远影响。需要指出的是，农民是政策的作用者，农民群众对政策的理解、拥护和支持是保证政策得以贯彻、实施和创新的基本条件。总结经验，政府必须注重建立适应新的社会经济条件的、面向广大农民的、行之有效的政策传输渠道，不仅注重对农村基层干部的教育培训，更要注重对广大农户进行法律、法规和政策的宣传教育。这对于能否形成长期、稳定、有保障的农村土地使用权是十分重要的。

建言中国农村土地使用权
立法（15条建议）*

（2000年1月）

当前，广大干部群众对土地承包再延长30年这一政策还有一定的疑虑。为此，赋予农民土地承包权物权属性，并用法律形式确定下来，就显得尤为重要。

1. 农民土地使用权保障问题已经成为当前我国农村最根本的问题。首先，农民土地使用权"期限"问题解决以后，土地权利的保障已上升为农村经济发展的主要矛盾。目前，耕地承包期再延长"30年不变"不仅成为一种共识，而且已经得到政策和法律的认可。但是，从延长土地承包期的实际运作看，具体的土地制度安排与成文政策、法律法规存在较大的偏离和变异。缩短期限，截留农民土地占有、利用、收益和部分处置权利，周期性调整农户的承包土地等，已经成为比较普遍的社会现象。这些偏离和变异，侵害了农民合法的土地权利，伤害了农民对土地的感情，导致了农民对中央农村基本政策的疑虑，引发了土地纠纷，人为扩大了人地矛盾，加剧了农村剩余劳动力的压力，成为影响农村经济发展和社会稳定

---

* 中改院课题组：《农村土地使用权立法的建议（十五条）》，2000年1月。

的最核心、最要害的问题。其次，全面实施农业发展新阶段的战略任务需要农村土地法制建设做保障。2000年1月初召开的全国农村工作会议，提出了我国农业和农村经济发展新阶段的战略任务，在"农产品相对过剩，市场约束增强"的宏观背景下完成"农业和农村经济结构战略性调整"和"增加农民收入"的任务，必须进一步稳定和完善家庭承包关系，用法律保障农民"长"而"稳"的土地使用权。再次，新中国农村土地制度变迁的历史已经发展到法制建设的重要阶段。从政策依据上看，党的十五届三中全会已经明确提出赋予农民长期而有保障的土地使用权以及建立相应的法律法规的要求；从现实需要上看，农村土地使用权立法也成当务之急；从理论发展和政策实践上看，对农村土地权利结构进行调整和重新构造的时机已经成熟，我们不仅应该而且能够用法律界定和规范"约束权利"，即明确所有权、稳定承包权、放活使用权、保护收益权、尊重处分权。

2. 农村土地使用权立法的指导思想和基本原则。目前，我们对农村土地使用权立法和制度安排的一些重大理论和现实问题已经有了比较清晰的认识，下列理论和政策观点应成为农村土地使用权立法的指导思想和基本原则。

（1）农村土地法律和制度建设的方向是农民土地使用权长期化、物权化、市场化、资本化。

（2）农村土地集体所有、家庭经营的制度有极强的适应性和生命力，目前乃至今后相当长的历史时期，既不能改变农地集体所有的性质，更不能改变家庭经营的组织形式。

（3）家庭承包经营的形式可以并且应该多样化，在自愿、平等、合理等原则基础上，农民可以选择和创造适应本地情况的承包方式。

（4）由于土地生产功能、社会保障功能的双重作用，以及集体成员权利平等等因素所决定，公开、公平、公正分配和承包土地应该成为一个基本的立法原则；但与此同时应积极创造条件，逐步利用市场机制配置土地资源。

（5）现实中农民土地使用权物权化的发展趋势应该得到法律的认可，不论法律的名称如何，承包农户应该享有排他的占有、利用、收益权，并且享有包括使用权继承、有偿转让、转包、入股、联合经营、抵押等权利在内的较充分的处置权。

（6）允许农民土地使用权依法、自愿、有偿转让，在稳定承包经营使用权的基础上，用土地市场配置土地的利用权，解决人地矛盾。

（7）确立耕地与非耕地、农村土地与城市土地的所有权和使用权在法律上的公平原则，不同类别、不同区域的土地，其权利的期限、广度、稳定性等方面应具有一致性。

（8）农村土地立法改革和执法保障是一个重要问题，其中利益群体特别是农民群体的参与，对于提高农村土地立法和司法质量有重大的意义和作用。

（9）政府在农村土地法制建设中有重要作用，一方面应主导立法改革，在普法宣传和教育中发挥重要作用；另一方面应受制和服从于已颁布的法律，在法律范围内或在法律授权下制定具体政策、依法行政。

3. 立法的依据、宗旨和目标。农村土地使用权立法的法律依据应该是《宪法》，其他法律与此法相抵触的，应以此法为准。中共十五届三中全会《决定》关于"要抓紧制定确保农村土地承包关系长期稳定的法律法规，赋予农民长期而有保障的土地使用权"的规定，既是立法的宗旨，也是立法的直接目的。立法的根本目标是有效配置，合理、持续、高效利用稀缺土地资源，促进农村经济发展和社会长久稳定。

4. **法律名称**。中改院认为，新的农村土地立法应当用物权而不是用债权去确认农户土地承包权，法律的名称应该是"农村土地使用权法"。现实农村承包农户所拥有的土地权利实际上有了物权性质，除抵押权外，其他如占有、利用、收益和部分处置权都已具备。对农地使用权物权化的发展趋势，新的立法应该予以确认。中改院建议，不宜使用"农村土地承包法"的名称和框架，若使用这个名称，难免会降低新的立法的起点，不利于从根本上解决农民土地使用权保障问题。并且，用"农村土地承包法"概念，可能会使基层政府和集体所有者保留较大的土地调整权利。

5. **法律框架**。"农村土地使用权法"的框架应至少包括以下10个内容：

（1）总则：立法依据、宗旨和目的；农村土地所有权和使用权法的执法主体；农村集体经济组织的法人资格。

（2）农村土地所有权：哪类实体或组织可以拥有土地；获得土地所有权的方法；产权主体的界定；土地所有权者的权利和责任；国家对土地用途管制；集体内部所有权的分享。

（3）农户土地使用权：使用权立法范畴，使用权定义（包括承包权、使用权、利用权及相互关系），农民土地使用权的继承和抵押，使用权获取与终止；使用权期限、权利和义务。

（4）农村土地邻地利用权或他项权利：土地的公共使用权；空间权；通行和过水权。

（5）农村土地权利流动：土地所有权的转移；土地使用权流转；土地权利流转中的优先权；土地权利流转的一般程序；土地权利转换成股份的步骤；土地流转双方的权利和义务。

（6）土地登记：必须登记的土地权利；登记机关和程序；土地登记所需要的文件；登记的土地权利和不登记的土地权利在法律上的地位；农民集体和农户土地权利法律凭证。

（7）非耕地开发和利用：非耕地使用规划；承包使用非耕地一般规定；非耕地承包和使用权的调整。

（8）土地征用：被征用土地的公用目的；土地征用的机关；土地征用的程序；公用目的的强制征用；土地的赔偿；征用和赔偿的上诉过程。

（9）法律责任。

（10）监督和执行。

6. **农村土地所有权主体及其法律地位**。所有权的主体如何确定，是农村经济组织、村民委员会，还是村民小组？我们的意见是：仍然维持"乡镇集体、村农民集体和村民小组农民集体三级所有"的格局。但是，应明确规定由自治村集体经济组织和村民小组集体经济组织作为农村土地的发包方，自治村集体经济组织应依法登记，设立管理机构，取得与其他市场主体同等的法人资格和法律地位以及民事行为能力。村民小组及其相应的集体经济组织由于经济和行政职能弱化而无法独立承担民事责任的，可以与村集体经济组织形成委托代理关系，由村集体经济组织代为发包和管理。这样做有利于基层自治组织的社区管理和经济职能逐步剥离，能够在维持现状的基础上逐步过渡为农村土地所有权主体"两级分享"以自治村为主的格局。

7. **农村土地使用权主体及其法律地位**。农村集体所有的土地，本集体经济组织内部成员应拥有平等的成员权。农户家庭、农民个人、专业队组都可以成为土地的承包者。但是，集体土地承包经营最大的主体——农户家庭不具备法人资格，户主在法律上是自然人身份却事实上充当了"家庭法人"的代表。家庭经营作为农村一项长期的基本的经济制度，家庭生产功能的强化和长期化的趋势等，都要求将"家庭法人"作为一个新的法律概念。新的农地立法要分别界定"农户家庭"及其成员，特别是户主与其配偶的权利、义务和法律责任。专业队（组）的承包必须选举出法人代表。集体土地承包必须尊重本集体经济组织大多数成员的意愿，坚持公开、公平和效率原则。经本集体经济组织三分之二以上成员同意，并报乡镇人民政府批准，本集体经济组织以外的单位或个人可以通过租赁取得土地经营权。

8. 赋予农民包括抵押权在内的土地使用物权。法律确认农民土地使用物权，从层次上说，是将政策和有关规章已经认可的农民通过承包获得的土地实际占有、利用、收益和包括在承包期内继承、转让、转包、入股、交换、出租、联合经营等处分权在内的使用权上升为法律，使"农民土地使用物权"符合"法定主义"原则；从内容上说，就是赋予农民土地使用权的抵押权。给农民承包土地抵押权能充分扩大农村内需市场，对于实现农业和农村新阶段的战略任务有极为重要的意义。目前对赋予农民土地使用权的抵押权有两方面的顾虑：一是与《中华人民共和国担保法》第37条的规定相抵触；二是银行的金融风险和农户生存风险问题。中改院认为，既然担保法允许"依法承包并经发包方同意抵押的荒山、荒沟、荒丘、荒滩等荒地"可以抵押，"乡（镇）村企业的土地"可以与建筑物一起抵押，那么担保法也应该修改"耕地、宅基地、自留地、自留山等集体土地使用权不得抵押"的条款。因为不同类别的集体土地使用在法律原则上应该是平等的。况且，包括外国投资者在内，通过出让、租赁等手段获得的国有土地使用权可以抵押，而农民在本集体经济组织内部通过承包获得的土地使用权却不能抵押，这是不公平的。至于银行金融风险，完全可以在技术操作上予以防范。比如，对于破产农户，银行可以获得该农户土地剩余索取权，银行与农户形成土地债权关系，清偿债务后，土地使用权归还原承包农户。这样做能保证银行和破产农户双方的"安全"问题。

9. 用法律规定农民承包的土地使用权至少30年不变。1993年

11月5日中发11号文件做出了"在原定的耕地承包期到期之后再延长30年不变"的决定，1998年9月党的十五届三中全会《决定》强调"赋予农民长期而有保障的土地使用权"，随后颁布的《中华人民共和国土地管理法》规定"……土地承包经营期限为30年"，江泽民总书记在安徽考察工作时的讲话又强调"承包期再延长30年不变，而且30年以后也没必要再变"。我们认为，这些有利于农业和农村经济发展的政策和"讲话精神"应上升为法律，关键是要用"农民土地承包使用期限至少30年不变"的法律语言予以确认和强化，并且应该规定，承包合同到期以后，承包者可以依法延续承包关系。"至少30年不变"，其内涵应包括农户承包的土地面积和四至等基本不变，至少30年的使用权利广度（权能）不变，家庭经营制度不变，法律规范不变等。这样做，长期坚持家庭承包经营这一基本经济制度才有法律保障。

10. 严格限制至少30年土地使用期内承包土地的调整。在30年不变的承包期限之内要不要调整土地是一个非常敏感的问题，中央政策提倡"增人不增地，减人不减地"，也允许"大稳定，小调整"，但如何调整又没有明确的规范，急需立法予以界定。我们认为，在当前条件下，采取严格限制下的土地小调整是比较稳妥的。其限制因素包括：

（1）小调整的必备条件，如人地矛盾突出、缺乏生活来源的守法农户，合法新增人口和劳动力等。

（2）小调整的间隔年限应定为不少于10年。

（3）小调整程序的设定，比如，缺地农户申请，2/3以上成员或村民代表同意，报基层政府批准。

（4）小调整数量的限制，最多只能涉及村内每农户半人份额的土地限定在农户承包耕地面积的1/8之内。

（5）允许调整土地的农户预先选择、指定用于调整的土地。

11. 对土地使用权流转和土地市场做出规定。农民土地使用权流转已经事实存在并且大量发生，国家法律应支持和保护农民土地使用权依法、自愿、有偿流转，应该界定农地使用权流转的原则，比如不改变农地所有者权属关系，不改变农业用地性质等；界定土地使用权流转的形式，如转包、转让、入股、互换、租赁、继承、拍卖等；界定土地使用权流转的程序；界定土地使用权流转的交易市场规则包括土地地力的评估和定价。

12. 非耕地开发利用和管理应该纳入农村土地使用权法。我们建议：

（1）非耕地的开发利用要纳入土地利用总体规划，与基本农田保护政策相配套，以保证耕地面积总体动态平衡和新增农业人口基本生活来源为原则，制定严格的开发利用和控制政策。

（2）非耕地资源的配置应坚持效率优先、兼顾公平，可以考虑的具体措施是，在社区内部采用竞价承包；对外可采用定价招标、社区内成员优先等办法。

（3）改革开放初期为鼓励农民开发非耕地尤其是"四荒"地所采取的"谁开发、谁所有"的做法必须终止。

（4）县域经济发展过程中，利用土地资源优势招商引资等做法必须规范，集中连片对外承包非耕地资源须征得2/3村民或代表同意，并履行报批手续。限制低价格、大面积、长期限，强制性承包、租赁、拍卖集体非耕地的做法。

（5）非耕地资源必须有一定的蓄养。

13. 应界定农村土地的邻地利用关系（或他项权利）。国有土地和集体土地都应该设立他项权利。特别是农村土地家庭经营、利益个体化以后，土地的相邻关系突出出来，在农户土地相邻纠纷案的处理过程中，人们经常遇到土地除承包权、使用权、收益和处分权之外的其他物权，比如，在他人使用的土地上的通行权、过水权、埋管线权、空中架线权等。况且,《担保法》第47、48条有他项权,房地产法也有他项权利,《民法通则》规定了邻地利用关系及其基本原则,而土地管理法中却没有他项权利的规定。新的农村土地立法应当设立邻地利用权或他项权利。

14. 应强调农民土地权利登记和公开主张。农村集体经济组织内部的承包方案应向本集体经济组织成员公布,集体经济组织与农户承包合同应规范化,并由公证机关予以公证,农户承包土地面积、范围、四至界线等要予以登记,并核发土地使用权证书。

15. 正确处理法律的一致性和客观实际多样性的矛盾。这涉及三个方面:一是农村耕地和非耕地、农村土地和城市土地在法律原则上的公平问题;二是土地法、森林法、农业法、担保法等有关农村土地管理规定的一致性问题;三是应当赋予省、自治区、市人大及其常委会结合本行政区域的具体情况制定实施办法的权力。

为农民提供基本而有保障的公共产品（12条建议）*

（2003年8月）

为农民提供基本而有保障的公共产品是我国农业以至国民经济进入新阶段的客观要求，要以人为本，优先解决广大农民生存、发展的基本保障问题，这是农村改革进入新阶段的重要任务。为此，需要以尽快建立农村最低生活保障制度为重点加大农村公共服务供给。

一 为农民提供基本而有保障的公共产品是当前城乡协调发展的迫切任务

1. 为农民提供基本而有保障的公共产品是我国改革发展新阶段的客观要求。统筹城乡经济社会发展不仅是新阶段解决"三农"问题的基本出路，而且是全面建设小康社会的重大任务。从现实的矛盾和问题出发，统筹城乡关系，重要的措施是为农民提供基本而有保障的公共产品。20世纪50年代以来，我国的公共产品供给一

---

* 中改院课题组：《为农民提供基本而有保障的公共产品推进城乡协调发展（12条建议）》，2003年8月。

直实行城乡分割的"双轨"制。为农民提供基本而有保障的公共产品，有利于打破城乡分治的基本格局，有利于推进城乡协调发展，也有利于党的农村基本政策与改革发展的进程相适应。改革开放以来，党在农村出台了以家庭承包责任制为重点的基本政策，对实现农村改革和发展的历史性突破，产生了重大作用。进入90年代，随着市场机制的确立，农业作为弱质产业，农民作为弱势群体在市场经济条件下处于十分不利的地位。因而，应当因势而变，不断打破城乡分治的既有格局，实行城乡统筹发展，鼓励和支持大量农村剩余劳动力向城市转移。否则很难解决农民增收、农业发展、农村稳定等问题。并且，经过20多年经济的持续快速增长，国家也初步具备了解决这一问题的能力和条件。

2. 为农民提供基本而有保障的公共产品是我国农村改革进入新阶段的重大任务。当前，我国的农村改革已进入以城乡协调发展为目标的结构性改革新阶段。要打破城乡分治的基本格局，必须加快改革城乡严重不合理的制度安排。就是说，在市场经济条件下，要打破解决"三农"问题的制度性障碍，首要的是改变城乡分治的政策框架和制度安排，政府有责任、有义务为广大农民提供基本而有保障的公共产品。

3. 为农民提供基本而有保障的公共产品，要以人为本，优先解决广大农民生存、发展的基本保障问题。传统的城乡分治政策框架和制度安排，是以"市民"与"农民"严格分开为基础的。我国宪法规定，中华人民共和国公民在年老、疾病或者丧失劳动能力的情况下，有从国家和社会获得物质帮助的权利。国家发展为公民享受这些权利所需要的社会保险、社会救济和医疗卫生事业。SARS危机逼迫我们深刻思考人的发展、社会发展与经济发展的关系。经济社会发展归根结底是为了人的发展，要给人们以更多、更切实的"人文关怀"。由于改革发展实践中的某些偏差，农村的社会发展出现某些十分突出的问题，尤以农村公共卫生为甚。1993年，农村卫生费用占全国卫生总费用的 34.9%，1998 年为 24.9%，5 年下降了 10 个百分点。1998 年全国卫生总费用为 3776 亿元，其中政府投入为 587.2 亿元，用于农村的卫生费用为 92.5 亿元，仅占政府投入的 15.9%，5 亿城市人口享受到的国家公共卫生和医疗投入是 8 亿农村人口的 6 倍。为农民提供基本而有保障的公共产品，就是要以人为本，优先解决广大农民生存、发展面临着的基本问题。

二　为农民提供基本而有保障的公共产品，要以人为本，优先解决广大农民生存、发展的基本保障问题

4. 尽快建立农村最低生活保障制度，完善农村基本的救济体系。

（1）先试点后普及，逐步在全国范围内建立农村最低生活保障制度。农村最低生活保障制度是满足农民需求最基本的公共产品，是维护农民作为公民应当享有的生存权利的要求，也是政府应当承担的义务。最低生活保障制度是现代市场经济国家普遍实行的以保障全体公民基本生存权利为目的的社会救助制度。我国建立农村最低生活保障制度要坚持先试点后普及的原则。通过试点，目前全国已有 206 个城市和 300 多个县开始建立这项制度，取得了比较明显的成效，为全面建立城乡最低生活保障制度提供了成功经验。要在试点的基础上总结经验，力争在未来的 3—5 年中在全国范围内普及这项制度。农村最低生活保障水平要和当地的经济发展状况相适应。各省可以设立不同的保障线，发达地区可以高一些，贫困地区可以低一些。中央政府要加大对贫困地区的转移支付力度。各地应当尽快制定出农村最低生活保障制度的细则，使其纳入法制轨道，增强其稳定性和可操作性。

(2) 改革旧的救济方式,在农村建立新的与市场经济相适应的救济体系。我国农村救济体制的基本框架是在计划经济时期形成的,许多传统的救济手段被承继沿用至今。尽管近些年来进行了很多改革,但从体系建设的角度来看,仍然存在许多不足：当前农村的救济标准偏低,无法满足当前的生活需要;救济款项不能按时发放;救济面偏窄。要通过整合,搭起农村社会救济制度的框架,通过创新形成个人、政府、社会多方面的救济款筹集渠道,满足农村贫困群体多层次的救济需求。要坚持统筹规划、协调兼顾的原则。当前农村救济工作中存在的救济标准乱、手段单一、资金不稳定、救济资金使用整体效益差、工作管理粗放、操作不规范等诸多问题,根本原因是整个农村救助工作缺乏统筹规划和长远设计,难成一体。新的救济制度一定要把农村各类救济对象放在同一个层面上,明确其救助需求之间的相互关系,进行总体安排,科学论证,使各项农村救济措施相互兼顾,协调衔接,相互作用,成为一个有机的整体。

5. 尽快建立农村基本的公共卫生保障制度。

(1) 以大病统筹为重点,加快在农村建立公共卫生保障制度。公共卫生是人的生存发展最基本的要求,是现代公民应当享有的最基本的公共产品之一。但我国农村公共卫生保障系统十分脆弱。对广大农民来说,"健康就是财富,疾病就是贫困"。相当多地方的农民一旦遇到较大的疾病,要治疗就有可能倾家荡产。一些贫困地区的农民虽然脱贫了,但是还经不起疾病的冲击,一旦要花钱治病,就会很快返贫。要以大病防治为重点,首先在农村建立大病、重病社会统筹机制。对农民生存造成最大威胁的其实是一些大病和重病,这些疾病治疗往往要花费农民数年的积蓄,甚至还要借钱。这部分医疗费用必须尽快纳入社会统筹,让全社会来负担,来分散农民遭遇的健康风险。公共卫生是公共产品,不能完全市场化,国家应建立和完善农村卫生专项转移支付制度。要逐步建立农村公共卫生事件应急体系、农村公共卫生救助体系、农村公共卫生责任追究体系。

（2）改革现行医疗卫生管理体制，探索将农民工纳入公共卫生医疗保障体系的可行性方案。中国的农民工数量接近一个中等国家人口，如此庞大的一个社会群体长期没有公共医疗卫生保障是不正常的。由于农民工的流动性比较大，按照户口所在地还是工作单位所在地的规定进行公共医疗卫生保障，是迫切需要解决的问题。可以制定细致的规则进行安排，比如可以按照在农村和城市居住的时间等标准进行细分来确定，进城打工的农民工中有相当一部分人有缴费能力，迫切希望参保，但由于政策原因目前不能参保，无法享受医疗保险待遇。对这部分农民工，可以考虑纳入城镇医疗保障体系。对收入低的农民工，可以考虑降低准入门槛，允许其缴纳部分医疗保险费，享受相应比例的统筹基金支付待遇。要统筹规划，积极制定方案进行试点工作，探索将农民工纳入公共卫生医疗保障体系的新路子。

6. 进一步完善农村的基本义务教育制度。

（1）中央财政要大力支持农村义务教育。在我国现行体制下，实际上乡镇政府和农民群众承担了发展农村义务教育方面的主要责任。这一方面导致相当多地区的县乡财政难以支撑，严重影响了农村义务教育的发展，另一方面导致农民的教育负担过重。事实上当今世界上绝大多数国家中央财政都在义务教育上扮演了重要角色，而且许多国家实现了义务教育基本免费。全国农村中小学教师约690万人，按每人年工资7000元计算，全年需要483亿元。如果中央和地方政府承担的比例定为1∶1，即中央财政承担才仅有大约240亿元。此外，中央政府还可以发行国债来解决问题，中央财政可以采取逐年增加农村义务教育的支出，最终全部承担农村义务教育经费。

（2）动员全社会力量支持农村义务教育。农村义务教育的普及是一项系统工程，需要全社会共同关注和支持。尤其在当前我国的教育制度尚不完善的情况下，多种形式的社会助学还能够起到很大的补充作用，甚至能够起到立竿见影的作用，应当大力倡导。

（3）赋予农民工子女和城市居民同等的受教育权利。要保障农民工子女接受义务教育的权利。农民工流入地政府应采取多种形式，接收农民工子女在当地的全日制公办中小学入学，在入学条件等方面与当地学生一视同仁，不得违反国家规定乱收费，对家庭经济困难的学生要酌情减免费用。要加强对社会力量兴办的农民工子女简易学校的扶持，将其纳入当地教育发展规划，统一管理。

7. 以保障劳动就业权利为重点，建立农民工权益保护制度。

（1）建立适应市场经济要求的新型农民工社会管理体制。农村富余劳动力向非农产业和城镇转移，是工业化和现代化的必然趋势。当前，无论城镇居民的生活还是城镇经济的发展，都已离不开农民工。城市政府要转变思路，重新规划、制定新的农民工管理办法，设立专门机构进行管理，要突出为农民工服务，把对农民工的管理和服务结合起来，把对农民工的管理更多地融入到对他们的服务中，通过各种服务来提高管理的效果。政府的有关部门和相应的一些社会服务机构，应有针对性地为农民工提供各种所需的培训，及时、准确、多方面向他们提供信息，通过行政服务和法律援助为他们排忧解难，帮助他们维护基本权益，不断提高其综合素质。

（2）规范农民工劳动就业的相关制度，取消各种歧视性的规章和条例。目前很多城镇仍沿用计划体制下劳动用工管理办法，对企业使用农民工实行总量指标控制。有些大中城市设置行业和工种限制，硬性规定企业单位使用本地工和农民工的比例。各级政府要尽快取消对农民工进城就业中歧视性的规章制度，并加强监督检查，设立举报投诉电话，防止变换手法继续向农民工乱收费。各行业和工种尤其是特殊行业和工种要求的技术资格、健康等条件，对农民工和城镇居民应一视同仁。

（3）依法保障农民工人身权利不受侵害。一些城市的行政、执法机关对待农民工采取简单粗暴的方式。这种做法严重地损害了政府执法部门的形象，必须坚决制止这种行为。

8. 推进基层政权改革，为依法建立农民分享基本公共产品提供组织保障机制。

（1）精简乡镇政府机构，逐步将乡镇政府变成县级政府的派出机构。农村基层政权组织是农村公共产品的具体执行者，加快对乡村两级政府的改革，是为农民提供基本公共产品的重要保障。必须首先从精简基层政府机构入手精减人员，根据乡镇的规模和经济发展水平等实际情况，科学合理地确定其机构及人员编制，对现有的乡镇政府机构该减的减，该并的并；按照公共财政的要求明确乡镇一级政府的职责，使乡镇政府从生产经营活动中退出；扩大乡镇民主选举，探索乡镇政府自治的路子，逐步把乡镇一级机构改为市县的派出机构，按派出机构的职能确定机构和人员编制。

（2）切实落实村委会组织法，实现村民自治。村民自治是农民民主参与乡镇治理的管道，农民有序参与到乡级政府的选举、决策、监督、治理等诸多层面和各种事务当中，可以使国家与乡村民间社会在乡镇社区治理中达成全面、积极和有效的合作。行使民主权利将有助于农民建立正确的权利义务观念，依法维护自己的合法权益；作为村民自治组织的村委会，要向各级政府反映村民的意见、建议和要求，为村民更好地行使权利创造条件；只有切实落实村委会组织法，实现村民自治，使乡村基层组织替农民说话，才能保证在乡镇一级机构改为市县的派出机构后农村公共产品的有效供给。

9. 提高农民的组织化程度，支持广大农民在法律允许的范围内争取和维护自己的合法权益。

（1）要允许农民在法律的许可之内建立自己的组织。农民作为一个社会弱势群体，他们的权益保障机制中最重要的一个方面就是逐步实现组织化。目前各种类型的农民专业合作组织普遍存在规模不大，覆盖面小，实力薄弱，管理制度不健全和稳定性较差等问题。其他相关行业协会几乎是空白。要切实保护农民权益，必须允许在经济领域、社会政治领域建立真正代表农民利益，在国家经济、社会事务中表达农民意愿的农民组织。要尊重农民的意愿，允许农民在法律的许可之内建立自己的组织，不应强迫农民接受某一种模式，要因地制宜地允许形式多样的农民组织，要制定对农民专业合作经济组织的扶持政策，尽快制定专业合作社法。应当鼓励支持乡镇以上的农民协会，使之作为农民的社会组织，作为政府联系农民的桥梁，反映民意，依法保护农民的合法权利，保障农村公共产品的供给。

（2）引导农民组织向健康有序和规范的方向发展。农民组织的发展，还需要政府的扶持、引导和监督。政府要在登记等方面，为农民组织扫清发展障碍。尤其在社会公众对农民组织理解还不深的时候，政府的引导就变得尤为必要，也有利于农民组织进入健康有序、规范、良性发展之路。由于现有的农村社团组织成分比较复杂，随着国家法律、政策的完善，它们也必须进行相应的改组和定位，包括：要进一步明确社区集体经济组织的功能，大力发展各种类型的农民专业合作组织，为农民提供科技、信息、资金、物资和产品销售等服务。供销社的改革，应当从各地农村的实际情况出发，因地制宜地推进。探索和支持以龙头企业为主体，在自愿互助的基础上建立各种农产品行业协会和社会性中介组织。改组后的农民组织应依据现代管理理念进行内部治理结构的改造，包括健全组织机构，设置社员大会、董事会、监事会，强化对管理者的选拔和监督。此外，农民组织也须建立信息公开制度，接受外界监督。

10. 以统一城乡税制为重点，推进城乡协调发展。

（1）尽快在全国范围内取消农业特产税。尽管农业特产税在过去特定时期产生了一定作用，但是从税种设计到征收实施都存在着诸多显见的制度性缺陷，是一个典型的制度成本大于制度收益的税种。目前，取消农业特产税的现实可能性已大体具备，应尽快取消。

（2）积极创造条件，逐渐免除农业税。从严格意义上来说，农业税违背了公共税收理论上的法定主义原则和公平原则。城市居民可以有起征点，月收入低于800元可以不纳税，照样可以享受政府提供的公共产品。但是农村居民无论收入多少、多大年纪都必须纳税，还很少能够享受到政府提供的公共产品。世界上绝大多数国家都没有农业税，而且还向农业进行补贴。2003年，我国财政收入将突破2万亿元大关，农业税每年大约300多亿元，政府已经有能力通过转移支付来弥补农业税取消的损失。具体操作上考虑到各方面的利益，建议在未来一两年内先将农业税税率由8%调低到3%，力争在3—5年内全部取消农业税。

（3）中央和地方财政要合理分权，建立规范的转移支付制度。自1994年财税体制改革以来，在总体财政形势好转的情况下，县乡基层政府却普遍面临严重的公共财政危机。税源不足，工资刚性，机构膨胀等一系列问题使县乡级财政陷入"无米之炊"的困境。在农村税费改革后，县乡级财政将出现不同程度的收支缺口，其窘境将进一步恶化。为保证农村改革的顺利推进和基层政权的正常运转，中央，省级财政必须重新界定财权、事权。改变过去"收入上移，支出下移"的不合理制度。变"收入上移"为"收入下移"：在分税制财政体制的总体框架下，进一步改进现行的税收返还、定额补助及专项拨款等形式的转移支付方法，将原来层层上移的财政收入分出一部分返还给县乡级财政，以弥补缺口。变"支出下移"为"支出上移"，把基层政府承担的各项公共服务开支纳入规范的财政体系。

11. 农村公共产品的提供主要以国家、省级财政为主。长期以来，我国农村公共物品主要资金来源是农民自行承担的税费，农村公共物品主要是农民的自我供给。以农村义务教育为例，其经费78%由乡镇负担，9%左右由县财政负担，省里负担11%，中央财政负担不足2%。这种体制一方面表现为供给明显不足，另一方面也加重了农民负担。如果中央政府和省级政府履行其提供农村公共物品的服务职能，把农民从自我供给的状态中解放出来，就会大大减轻农民负担，使农民将更多资源用于提高收入的投资上来。同时，提供诸如农村道路、农村电网等公共产品，既优化了乡村的投资环境，所产生的收入效应、消费效应、就业效应，也对启动农村消费、扩大内需和拉动经济增长具有明显的带动作用。

12. 农村公共产品的提供必须有法律保障。

（1）规范公用地征用程序，保障农民在土地使用权流转中的谈判权。土地是农民最基本的社会保障，是政府为广大农民提供的最主要的公共产品。要把政策规定、合同约定的农民土地承包经营权法定为农民长期而有保障的具有物权性质的土地使用权，使农民最基本的社会保障在法律的保护下落到实处。在公用地征用上，现行的法律与政策规定是笼统的，给农民以"适当的补偿"在操作中没有一个标准的参照系，有的地方政府往往将土地补偿费压低，并且在土地补偿费用不到位的情况下就开始征用土地，使失去土地的农民的生活难以妥善安置。因此，国家要规范公用地征用程序，保障农民在土地使用权流转中的谈判权，规范土地转让价格的形成机制，合理地大幅度提高土地征用的补偿费用，遏制滥征、乱占农地的势头。

（2）尽快制定农民权益保护法和提供农村公共产品的相关法律。农民权益保护和农村公共产品提供都需要相关的法律保障，应尽快制定并出台这些相关法律。保护农民的合法权益，是促进城乡协调发展，保持农村稳定的大事，需要有专门的农民权益保护法做保障。鉴于农民的土地承包经营权已受到农村土地承包法的保护，制定农民权益保护法应当侧重于保护农民经济上的其他合法权益，主要规范农民负担、保护农民劳动和选择职业的权利，并为农民的社会保障提供法律制度的基础。农村的基本公共产品要逐步立法，使之制度化、法律化。一方面要认真贯彻国家已有的相关法律；另一方面要修改不适应新形势的法律法规，细化和完善相关的法律法规；还要制定并出台新的相关法律法规。要逐步加快制度化、法制化的步伐，尽快制定并实施农村公共卫生条例、农村义务教育实施条例、农村土地承包法实施细则、农村最低生活保障制度等。

让农民工成为历史（9条建议）*

（2010年8月）

"十二五"期间，我国的发展方式转变与农村改革发展直接联系在一起。转变发展方式，重要的是把13亿人的社会需求释放出来，以形成消费主导的基础条件。这就需要：加快城市化进程，使城市成为建设消费大国的主要载体；加快城乡一体化进程，把7亿多农民的潜在消费需求转化为现实需求。"十二五"期间，无论是城市化还是城乡一体化，都绕不过"农民工"这个坎。"让农民工成为历史"，实现农民工市民化，既是推进城市化进程的重头戏，也是推进城乡一体化的突破口。

一 "让农民工成为历史"应当成为"十二五"经济社会发展的目标之一

农民工是我国经济社会转型时期形成的一个规模庞大的特殊群体。30年来，这个"特殊群体"在为工业化、城市化做出历史性巨大贡献的同时，却难以公平分享改革发展的成果。当前，我国已进入城市化、城乡一体化加快推进的重要时期。无论是从现实需求

---

* 中改院课题组：《让农民工成为历史——"十二五"推进城乡一体化的重大任务》，2010年8月。

还是从发展趋势看，都需要在"十二五"中实现农民工市民化，"让农民工成为历史"。

1. 农民工融入城市是一个客观现实。虽然农民工尚未纳入城市保障性住房范畴，尚未享有与城市居民一样的基本公共服务，但这并没有妨碍事实上形成的农村人口不断融入城市的趋势。首先，农民工已经成为城市产业工人的主体。2009年农民工总量达2.3亿人。其中在第二产业从业的农民工占57.6%，在加工制造业从业的占68%，在建筑业从业的占80%。其次，农民工是城市新增人口的主要来源。2.3亿农民工，在城市务工的约有1.5亿人。这些年城市新增人口主要靠农民工数量的增加。"十二五"实现农民工市民化，城市人口将突破7亿，城市化率有望达到52%—55%。

2. 农民工群体结构正在发生重大变化。"十二五"时期，"80后""90后"等新生代农民工将成为产业工人的主体。从近几年的情况看，新生代农民工大量进入城市劳动力市场，他们不再是为了生存而进城，而是为了谋求发展而进城。其利益诉求也开始多元化和现实化。

3. "十二五"全面解决农民工市民化问题的时机成熟，条件具备。不久前，中改院组织了"十二五"农村改革问卷调查。结果显示，近80%的专家认为，"十二五"全面解决农民工问题的条件已经具备或初步具备。我们的基本看法是，"十二五"实现农民工市民化既有很强的需求，又有现实条件。

第一，从需求来看，农民工市民化有利于扩大社会总需求，有利于加快城市化进程。农民工市民化可以将2.3亿大群体的潜在消费变成现实需求。为此，建议把"农民工市民化"纳入国家"十二五"发展规划中。第二，从条件来看，2010年国家财政收入将突破8万亿元，客观上已具备一定的财政能力来推动并最终解决农民工市民化的问题。第三，从政策展望看，"十一五"时期，城乡基本公共服务均等化有了明显进展。预计"十二五"时期，无论是在政策创新上，还是在均等化程度提高上，都会有重要突破。这将为实现农民工市民化提供重要的基础条件。第四，从实践来看，发达地区有望率先取得突破。长三角、珠三角是农民工最集中的地区，这些地区已经开始着手解决农民工问题，估计在2—3年内会有一定的突破。总的看法是："十二五"解决农民工市民化应当做得到，也有条件做得到。"农民工"三个字应当成为历史。

二 "让农民工成为历史"应当作为"十二五"城乡一体化的重大突破

农民工既涉及农村，又联系城市。解决农民工市民化，既是城乡一体化的焦点，也是统筹城乡发展的重点。"十二五"推进城乡一体化应当把"让农民工成为历史"作为重要的突破口，着力破解城乡二元的户籍制度、基本公共服务制度和土地制度。

4. 以落实农民工就业落户政策为突破口，放开城乡二元的户籍限制。建议"十二五"时期分两步走：第一步，"十二五"的前三年实现中小城镇户籍制度全面放开；第二步，"十二五"的后两年实现大城市户籍制度基本放开。"十二五"末期，把农民工"暂住证"改为"居住证"，实现农民工在全国范围内的自由流动和统一管理。

5. 以农民工市民化为突破口，推进城乡基本公共服务均等化进程。当前，如何有效保障农民工群体的基本公共服务是一个突出的问题。2006年农民工享有的基本社会保障水平只有城镇居民的25%。近两年，尽管这一差距有所减小，但是仍然比较悬殊，尤其是制度还未对接。"十二五"实现农民工市民化，重在推进农民工基本公共服务的市民化，这样才能为未来10年实现城乡基本公共服务均等化奠定重要的基础。

农民工在全国范围内跨区域流动越来越频繁，应当尽快出台全国统一的农民工基本公共服务相关政策，保障农民工无论在什么地区就业，都能享受到与该地区户籍居民大致相同的基本公共服务。当务之急是解决两大问题：第一，全面解决农民工子女的义务教育问题。建议尽快实行义务教育全国通用的教育券制度。国家为每位义务教育阶段的学生发放教育券，农民工子女可以凭教育券在全国任何一个地区就学，国家按照学校提供的教育券进行财政拨款支持。或者按照近年当地义务教育实际入学学生数对地方进行专项财政转移支付。第二，抓紧建立包括基本医疗保险在内的农民工基本社会保障制度。在解决农民工基本医疗保障的同时，探索衔接新型农村合作医疗制度和城镇基本医疗制度的有效途径。现在已经到了出台这样一些政策的时候了。

6. 以创新农民工土地制度安排为突破口，统筹推进城乡土地一体化。城乡二元土地制度安排，尤其是农村土地长期承载的基本社会保障功能，是农民工被排斥在诸多城市基本公共服务保障范围之外的深层因素。建议"十二五"创新农民工土地制度安排：

一是尽快剥离土地社会保障功能。"十二五"的土地政策调整，要把剥离附加在土地上的社会保障功能作为重点之一，使农民工能实际获得与城镇居民平等享受基本公共服务的权利。应当叫停诸如"土地换社保"等各种不合理做法。尤其是在农村土地得不到物权保障、不能抵押贷款的情况下，不能硬性要求农民工以放弃土地权利为代价来获得城市的基本公共服务。

二是切实保障农民工的土地收益权。在符合城乡土地规划的前提下，统一建立完善农民工土地使用权转让、出租、抵押、入股的相关制度安排。

三 "让农民工成为历史"应当作为"十二五"政府转型的约束指标

"让农民工成为历史",既关系城市化进程,又关系和谐社会建设,牵动我国发展方式转型的全局。为此,应当明确把"让农民工成为历史"作为"十二五"改革发展的重要任务和政府转型的约束性指标。

7. 把农民工市民化作为政府的公共职责。农民工市民化需要明确中央与地方政府的职责分工,建立以中央和省级政府为责任主体、市县政府负责具体实施和管理的分工体系,为"十二五"农民工市民化提供财力保障和组织保障。

8. 把政府土地收益的一部分用于解决农民工基本住房保障问题。这里的主要建议是:第一,将农民工纳入居住地城镇居民住房保障范围,实现"住有所居"的目标。第二,规定一定比例的土地收益用于改善农民工住房保障。当前,土地增值收益已经成为地方政府收入的重要组成部分,农村土地转换为城市土地的增值收益,理应让农民工参与分享。建议"十二五"时期明确规定50%的土地收益要用于包括农民工在内的住房保障。第三,建立符合农民工实际需求的住房公积金制度。将农民工纳入城市职工住房公积金制度范畴,探索符合农民工特点的住房公积金使用办法。

9. 保障农民工公共就业服务。公共就业服务是当前农民工的迫切需求,对其生存和发展具有重要现实意义。建议尽快把农民工纳入所在城市的公共就业服务体系,建立农民工和所在城市户籍人口统一、平等竞争的劳动力市场。同时,完善由城市户籍人口与农民工共享的公共就业服务信息管理制度和机制,确保农民工通过所在城镇人力资源市场信息网络享受自助式公共就业服务。在此基础上,把农民工纳入所在城市就业、失业统计范围,建立包括农民工在内的劳动力资源及就业状况调查统计登记分析制度。

"十二五"时期,"让农民工成为历史",实现农民工市民化,将大大加快城市化和城乡一体化进程;将对以公平与可持续发展为目标的发展方式转变产生重大而积极的影响。我们应当为此付出努力!

以居住证制取代城乡二元户籍制（16条建议）[*]

（2016年3月）

进入人口城镇化发展的新阶段，城乡二元制度结构改革滞后的矛盾全面凸显，突出表现为传统的城乡二元户籍制度已经成为制约农业转移人口市民化和城镇化质量提升的重要的制度性障碍。2020年基本形成人口城镇化发展新格局，关键是让传统的户籍制度退出历史舞台，在全国范围内全面实行居住证制度。

一　城乡二元户籍制度形成的历史条件已经改变

经过近38年的改革开放，传统户籍制度赖以存在的经济基础和社会基础已逐渐减弱，户籍制度改革滞后与人口城镇化进程的矛盾日益凸显，需要以更大的决心和魄力加快户籍制度改革。

1. 私人产品短缺时代成为历史。

1958年出台的《中华人民共和国户口登记条例》，开始将城乡居民分为"农业户口"和"非农业户口"，通过对居民常住、暂

---

[*] 中改院课题组：《城镇化变革：以居住证制取代城乡二元户籍制》，《上海证券报》2016年3月18日。

住、出生、死亡、迁出、迁入、变更等人口登记，以法律形式严格限制农民进入城市。改革开放以来，随着经济快速发展，物质产品极大丰富，吃饭、穿衣等私人产品的严重短缺已经成为历史。2000—2014年，城乡居民恩格尔系数分别从39.4%、49.1%下降到30.0%、33.6%。产生于计划经济、短缺经济时代的城乡二元户籍制度不仅成为解决"三农"问题的主要障碍，而且抑制了内需潜力，尤其是严重抑制农业转移人口消费潜力的释放。

2. 工业主导的城镇化弊端凸显。

城乡二元户籍制度是我国重化工业发展战略下的产物：一方面，通过粮食统购统销和工农产品价格"剪刀差"，将农业剩余转化为工业积累和城市建设；另一方面，通过户籍制度限制农业劳动力向城市非农部门迁移，以维持城市工业发展和农业基础的稳固。这一制度安排导致了城乡发展的严重失衡和城镇化进程的停滞。1966—1978年，我国城镇化率仅由17.86%提高到17.92%。

3. 劳动力红利的消减。

城乡二元户籍制度为长期保持劳动力成本优势发挥了重要作用。从2011年开始，我国出现人口红利消减的趋势。根据第六次人口普查数据，2010年，15—59岁劳动年龄人口的总量到达峰值9.4亿，此后就开始出现负增长，预计到2020年降至9.1亿。人口红利的消减导致劳动成本上升。根据国家统计局数据，2003—2014年，农民工工资年均增长13.6%，高于同期的GDP增长速度。"十三五"，如果户籍制度改革不能取得实质性突破，当人口结构变化与城乡二元制度结构产生叠加效应时，不仅劳动力供给会减少，还会产生农民工返乡的"逆库兹涅茨现象"，进一步加速人口红利的消失。

4. "回不去"的新生代农民工。

与传统农民工相比，新生代农民工正由"亦工亦农"向"全职非农"转变。一方面，新生代农民工普遍缺少务农经验，85%的新生代农民工从来没有从事过农业生产；另一方面，许多新生代农民工出生在城市，农地二轮承包时就没有分到土地，而且他们中的多数人对土地的情结弱化，进城后就不想再回去种地。如果户籍制度改革实现实质性突破，这个庞大的劳动者群体将成为推动我国产业转型升级的重要人力资源，也将成为巨大的新兴消费群体。

5. 依靠户籍制度控制人口流动已经失效。

改革开放以来，原来以控制人口流动为主要目标的户籍制度实际上并未完全阻挡农业转移人口流动的步伐。根据《中国流动人口发展报告2015》，"十二五"时期，我国流动人口年均增长约800万人，2014年末达到2.52亿人。流动儿童和流动老人规模不断增长，预计到2020年，我国流动迁移人口将增长到2.91亿人。

二　深化户籍制度改革要有新思路

"十三五"深化户籍制度改革，不能把"暂住证"换个名变成"暂时居住证"，也不能长期实行户籍制度和居住证制度"双轨制"，而是以全面实施居住证制度为目标，推进人口管理理念、人口管理制度、人口管理主体的重大变革。

6. 由对人口的控制向对人口的服务与管理转变。

（1）由限制人口流动向引导和服务人口流动转变。深化户籍制度改革，首要任务是推进对流动人口由"限制"向"引导和服务"转变，实现对流动人口的精细化管理。

——建立有利于人口流动的政策体系。例如，加快推进各种社会保障制度之间的转移接续，为流动人口在城乡、区域间转移就业提供制度保障。

——优先解决已经在城镇就业、居住和参保达到一定年限的人员落户。确保农民在农村的各项权益，减少其后顾之忧；同时为农民进城常住或落户创造资本积累，增强进城定居的吸引力。

——引导农业转移人口向中小城镇就业和生活，实现就近城镇化。把加快发展中小城镇作为优化城镇规模结构的主攻方向，加强产业和公共服务资源布局引导，提升质量，增加数量。

（2）由人口控制向公共服务转变。改革开放以来，随着人口城镇化进程加快和流动人口规模增加，以防范控制为主要目的的人口管理模式弊端日益突出，迫切需要转型。

——由应急管理向疏导管理转变。从现实问题看，以治安管理为主的人口管理模式，越来越难以适应人口城镇化所带来的社会结构深刻变化和利益主体多元化趋势。例如，农民工合法权益有效保护的长效机制尚未建立，其中突出的是劳资矛盾没有缓冲机制。有序推进人口城镇化，需要在公平原则下，通过法律、政策等手段，构筑有效的谈判沟通和意见表达平台。

——由人口管制向人口服务转变。重点是加快社会保障制度改革，通过建立多层次的社会保障制度，以适应流动人口多样化社会保障需求，努力实现公共服务常住人口全覆盖。

（3）由"以证管人"向"大数据"管理服务转变。由于大量流动人口的非正规就业和居无定所，"以证管人"的人口管理模式，不仅难以准确掌握流动人口信息和提供精准服务，反而给常住人口带来"人在证途""证明你妈是你妈"的诸多困扰。随着"大数据"等现代信息技术的广泛应用，有必要、有条件通过建立公民信息大数据库网，构建现代化的社会治理体系，实现"一证走天下"和精准服务。

7. 由城乡二元户籍制度向居住证制度的转变。

（1）以居住证制度取代城乡二元户籍制度是重大历史突破。2016年1月1日，《居住证暂行条例》正式开始施行，标志着居住证制度突破户籍制度的身份等级划分，实现身份平等。户籍制度带有深刻的身份烙印，城市户口和农村户口之间存在着等级差异，存在60多种城乡不平等的社会福利。实施居住证制度,就是不再区分城市和农村户籍,在城里居住就是城里的居民,在农村居住就是农村的居民;农民和市民只有职业的不同,没有身份和权利的不同。

(2)到2020年基本建立全国统一的居住证制度。"十三五",按照十八届五中全会提出的"实施居住证制度,努力实现基本公共服务常住人口全覆盖"的目标要求,需要重点推进五个方面的改革。

——扩大覆盖范围。当前,很多地区存在居住证覆盖率低的问题,各地可以探索通过多种形式提高居住证覆盖范围,积极发挥居住证作用。例如,将非正规就业、长期居住在违章建筑内的流动人口纳入居住证体系;允许外来人口根据其所持有的暂住证作为连续居住证明免费换取居住证。争取到2016年底,基本实现流动人口居住证制度全覆盖。

——降低申领门槛。从实践情况看,部分地区申领条件偏高,不利于掌握流动人口的信息,也容易使居住证变成第二个户籍,丧失公平性。根据《中国流动人口发展报告2013》,流动人口主要就业于私营部门或从事个体经营,他们中的相当比例既无社会保险也无租赁住房证明,很难达到居住证申领条件。因此,居住证申领条件应按照"低门槛、阶梯制、累进式"的改革路径,细化相关规定,尽量扩大政策的覆盖范围,在保基本的前提下,为不同条件的流动人口提供相应的公共服务。

——提高服务水平。积极创造条件,逐步扩大为居住证持有人提供公共服务和便利的范围,提高服务标准。在保基本的前提下,增加居住证所涵盖的公共服务,使"居住"与"福利"挂钩,根据居住时间、缴纳社会保险和对本地的经济贡献,建立"累进制"福利模式,享受不同水平的公共服务和权益;同时,要合理设置居住证制度体系,既要防止城市内部产生新的社会分化,又要避免形成"福利洼地"。

——完善技术手段。尽快建立动态的、全国联网、部门互联互通的国家人口基础信息库和管理系统，统一社会信用代码制度和相关实名登记制度，完善社会信用体系。实施各部门数据库对接工程，整合公安、人社、计生、民政、住建、工商等部门掌握的本部门数据资源和采集系统，均储存在人口数据库中，实现数据的自动对比和更新。

——推进制度并轨。一是推进居住证与户籍制度并轨，统一以人口登记和服务管理为主要功能的居住证制度；二是推进省际居住证制度衔接；三是到2020年基本建立以身份证号为唯一标识、全国统一的居住证制度。

（3）分类、分步建立全国统一的居住证制度。

——2—3年内，剥离户籍制度的福利分配功能，在中小城镇全面取消户籍制度，一步到位建立居住证制度。除大城市外，中小城市和建制镇全面放开户籍政策，有合法稳定住所，包括租房的人员，本人以及同居生活的配偶、未成年子女、父母等，都可以在当地申请登记常住户口；在特大城市、大城市实施户籍和居住证并存的制度，逐步提高和改善持有居住证居民享有的公共服务水平，根据地方财力条件逐步放宽有固定工作岗位的农业转移人口落户。

——3—4年内，除某些特大城市、大城市外，其他中等城市的户籍制度基本放开，全面实施居住证制度。

——到2020年，在全国范围全面实行以身份证代码为唯一标识的居住证制度。居住证持有人享有与当地常住人口同等的基本公共服务；城乡居民实现在常住地依照当地标准，行使公民的各项基本权利，包括选举权、被选举权等；居住时间短的人口纳入流动人口管理体系。

8. 由治安部门的管理向人口服务部门的管理转变。

人口服务与管理不仅是个治安问题，还涉及劳动力供给、就业服务、计划生育、社会保障、教育等社会问题。从现实情况看，以公安部门为主的人口管理模式难以适应多元化人口服务与管理目标要求。借鉴我国台湾地区经验，实行"户警分立"。打破人口服务管理的"条块分割"，整合信息网络资源，探索建立以民政部门为主，由公安、统计、卫生、工商、教育、社保部门共同参与的人口综合服务管理系统，提高人口服务管理效率。

三 全面实施居住证制度的条件总体具备

总的看，户籍制度改革经过多年的探索并取得重要成果，"十三五"全面实施居住证制度已具备条件，关键是下决心打破利益格局，实现深化户籍制度改革的实质性破题。

9. 居住证制度包含了户籍的部分功能。

近10年来，户籍制度改革步伐加快，各地居住证制度不断探索，政策效果持续显现。从各地实施的居住证制度与现行户籍制度比较看，城市户籍居民可以享受城市全面的社会保障及其福利权益；持有居住证（不包括临时居住证）人口能够享受到部分与居住地户籍居民同等的服务和待遇。二者尽管还存在差别，但差距在缩小，户籍制度所强调的以身份为标准来获取福利和权益在淡化，居住证所强调的以居住、就业和缴纳社会保险为标准来获取福利和权益在增强，这为到2020年在全国范围内建立统一的居住证制度奠定了重要基础。

10. 基本公共服务均等化加快推进。

近年来，国务院出台《关于解决农民工问题的若干意见》等一系列促进以农民工为重点的流动人口市民化的政策措施，农民工子女教育、职业培训、公共卫生和社会保障享有水平不断提高。十八届五中全会提出，"全面实施城乡居民大病保险制度""整合城乡居民医保政策和经办管理""实现职工基础养老金全国统筹"等改革举措，为"十三五"以实施居住证制度为目标推动城镇常住人口基本公共服务均等化创造了有利的政策条件。

11. 流动人口融入城市愿望强烈。

根据《中国流动人口发展报告2015》，2014年，流动人口在现居住地居住3年及以上的占55%；打算在现居住地继续居住5年及以上的占56%。随着流动人口在现居住地居住时间的增长和居住意愿的增强，全面实施居住证制度的社会需求越来越大。

12. 信息科技手段为推行居住证制度提供技术保障。

在大数据时代，信息科学技术的飞速发展不仅为推行居住证制度提供了坚实的技术保障，也为拓展居住证功能开辟了广阔的空间。目前，身份证已经可以联网管理，对人员的属地管理和跨区域管理已经基本实现。借鉴美国等国家和地区经验，利用大数据等现代信息技术，以个人身份证号为核心形成新的居住证制度，实现居住证对其记录一生、管理一生、服务一生。

四　加快推进配套制度改革

从近几年各地户籍制度改革的探索实践看，由于配套制度改革滞后，缺少全国统一的政策指导，各地居住证制度差异较大，影响其实施效果。

13. 明晰各级政府的基本公共服务责任。

（1）强化中央政府在基本社会保障服务中的责任。尽快实现由中央统一标准，统一提供，改变其政策不统一、主要由地方提供的局面。

（2）规范中央和省级政府在基础教育、公共卫生和基本医疗服务中的责任。进一步细化中央和省级政府的服务范围、支出比例、管理权限等，按照受益范围确定支出责任分担比例；针对流入地和流出地义务教育经费衔接困难的问题，实行义务教育全国通用的教育券制度。尽快出台全国统一的异地高考方案。

（3）强化地方政府在公共就业服务中的责任。公共就业服务的受益范围基本上是地方性的，溢出效应不大，应由地方政府承担主要支出责任。

14. 以流动人口变动为基础，建立财力与事权动态匹配的财税体制。

（1）完善中央转移支付制度，保障流入地的财力。以多种渠道增加一般性转移支付比例。在每年的增量上，多安排一般性转移支付，逐步增加其比例；将清理和取消的专项转移支付资金转化为一般性转移支付；实施中央对流入地流动人口基本公共服务的奖补机制。

（2）建立辖区财政责任机制，实现城镇基本公共服务常住人口全覆盖。人口流入地政府和财政在测算人均数时要按全部人口数来计算，而非按财政供养人口来计算，以实现基本公共服务的全覆盖。以调整财政支出结构为重点，从流动人口创造的财政收入中拿出一定比例用于流动人口基本公共服务的投入，解决流动人口基本公共服务供给难题。

15. 加快建立城乡统一的社会保障制度。

（1）2020年实现"实际全覆盖、保障基本需求、城乡制度统一、转移续接无障碍"。到2017年，将符合条件的各类人群纳入制度体系，重点做好农民工、非公有制经济组织从业人员、灵活就业人员的参保工作；提高保障水平，缩小待遇差距，实现对重点人群"保基本"的目标。到2020年，整合城乡居民基本医疗保险制度、城乡最低生活保障制度，实现制度统一、转移续接无障碍，建成公平可持续的社会保障制度，基本实现基本公共服务均等化。

（2）推动城乡社会保障制度并轨。打破以身份为基础的社会保险制度设计架构，以建立共享社会保障制度为目标，推进城乡社会保障制度统筹发展。适时推动制度结构相同、筹资机制相似、待遇水平相差不大的城镇居民医疗保险和新农合并轨运行。同时，通过统一筹资渠道、统一基金管理、统一机构管理、明晰权益办法，使各类城乡社会保险制度统筹发展。

（3）完善社会保障的转移接续和异地就医机制。借鉴欧盟跨国养老保险权益计算办法，建立职工基本养老保险待遇"分段计算，归并发放"的新机制，使劳动者的养老金权益不会因跨地区流动而损耗。进一步完善《城乡养老保险制度衔接办法》，保障流动人口的合法权益，探索建立失业、生育保险的转移接续办法。

16. 让农业转移人口带着"土地财产权"进城。

（1）把家庭承包土地纳入财产权法律保护范畴。建议在《土地管理法》第2条中增加一款"赋予农村土地使用权人的土地用益物权，使其拥有对土地使用权依法享有占有、使用、收益的权利"；建议将第14条"土地承包经营期限为三十年"修改为"实现农村土地承包关系稳定并长久不变"；法律将其界定为"农民财产权"，纳入财产保护范畴。

（2）从法律上赋予农民住房财产权的完整产权。尽快结束现行法律限定农民宅基地"一户一宅"、转让限于本村的半商品化状况，赋予农民宅基地及其房屋所有人完整的财产权；发放统一的、具有法律效力的宅基地证书，从法律上赋予农民对宅基地使用权用益物权性质，赋予其占有、使用、收益、转让、抵押的完整权利。

（3）实现农村建设用地平等入市。建议在《土地管理法》第9条中增加一款"县级以上地方人民政府应当建立城乡统一的土地市场，主要通过市场配置土地资源"，为农民土地使用权的流转提供法律依据和制度保障；建议尽快出台建立城乡统一建设用地市场的实施方案，以严格规划和用途管制为前提，建立公开、公正、公平的统一交易平台和交易规则，打破目前地方政府独家垄断供地的格局，活跃土地二级市场，促进土地抵押、租赁、出让市场的发展和完善。

第三篇

从国有企业转向国有资本

中改院始终把国有企业改革作为研究的重点，并率先提出某些重要建议。20世纪90年代初，中改院率先提出了"从国有企业向国有资本过渡"的改革建议。1994年以来，相继提出从整体上搞活国有经济、利用资本市场加快国有企业战略重组、以国有大型企业为重点积极稳妥地推进股份制度改革、以完善公司治理结构为重点建立现代企业制度等政策建议。20世纪90年代中后期，中改院推动职工持股改革，提出"建设有中国特色的职工持股制度"系列建议报告，举办大批培训班，在实践中产生了积极的影响。1998年，中改院提出建立完善国有企业治理结构的建议。进入21世纪以来，中改院提出"以公益性为重点调整优化国有资本配置"的建议。近两三年来，中改院课题组在东北调研国企改革的过程中发现东北国有经济布局不合理矛盾突出，提出优化国有经济布局的政策建议。

从国有企业向国有资本过渡（8条建议）[*]

（1993年11月）

从单纯地搞活国有企业，进而发展到搞活国有资产，从国有企业的概念转变为国有资本的概念，这是从传统计划经济向市场经济过渡的一个质的飞跃，是建立现代企业制度的根本性问题，也是建立社会主义市场经济体制的一个核心问题。

一　现代企业制度说到底，意味着把国有企业现存的国有资产推向市场，实现国有资产市场化

1. 现代企业制度建立的关键问题，是国有企业产权问题。产权是一项含义广泛而深刻的财产权利，它自然不是指传统计划经济体制下的"经营管理权"，也不应当是"放权让利"思路的经营权或经营自主权，它是一项独立的财产支配权。产权改革，不单纯是一个明晰化的问题，也不仅仅是企业内部机制的转换问题，它更重要的是对企业财产的独立支配，运营和处分。产权是现代市场经济的概念，它应当按照市场的价值规律和竞争规律，在产权市场上进行流转、交换，更新组合，实现资源配置的最优化和经济效益的最

---

[*] 中改院课题组：《国有资产市场化：国有企业改革的根本出路（8条建议）》，1993年11月。

大化。

2. 现代市场经济的中心问题，在于搞活资本，追求资本所带来的利润最大化、价值最大化、效益最大化。这是市场经济的基本规律。社会主义市场经济，具有现代市场经济的一般共同规律，也面临着怎样搞活资本，实现资本的最大效益和价值。国有资产是整个社会经济中最庞大的资本，对国民经济具有举足轻重的影响。国有资产在市场经济中怎样搞活，怎样保值和增值，怎样发挥其经济和社会效益，这是社会主义市场经济面临的一个重大问题。

3. 在传统计划经济体制下，国有资产管理和运营的最大特征，是直接的行政配置资源，而不是市场配置资源。与此相应，国有资产表现为实物化、静态化、垄断化、管理多头化等，由此造成资源配置不合理，重复浪费，效益低下，企业缺乏活力等弊端。实行改革以来，对国有企业采取了一系列放权让利措施，企业产权转让也有一些试验，但并没有形成系统的和彻底的产权改革，国有资产仍然被传统体制禁锢和制约着，不能在市场上流动、转让和优化组合，难以去追求更好的效益和最大的价值量，甚至人为地导致不断贬值（如在股份制企业中，国有股不能上市转让）。而与此产生明显对照的是，非国有经济，如乡镇企业、三资企业等，由于不受计划经济体制的约束和主管部门行政控制，基本上直接接受市场调节，具有相当的活力，发展速度和经济效益大大高于国有经济。国有经济的地位和作用已经面临着严峻的考验。其出路在哪里？出路在于把国有资产推向市场，与其他经济成分共同发展，平等竞争。在市场经济条件下，国有经济的地位和作用不可能像过去那样人为地、强制性地去维持，只有在与其他经济成分长期并存、公平竞争中去获取，优胜劣汰，这是市场经济的内在要求。国有资产只有在市场上按照市场规律获取最大的价值量和效益量，才能保值和增值，不断地巩固和加强其实力，由此获得对其他经济成分的竞争力和竞争优势，最终发挥国有经济的主导地位和作用。

二　从单纯地强调搞活国有企业，进而发展到搞活国有资产，即让国有企业的现存国有资产转变为国有资本，这是建立现代企业制度的基本前提

我国实行企业改革迄今已十几年，为什么国有企业总是很难搞活，为什么企业改革成效不明显？这是因为我们一直沿着"放权让利"的思路进行企业改革，视角总盯在企业身上和企业内部，传统体制的一些根本性的东西并没有多大触动，如政企不分没有解决，企业仍处在主管部门的行政控制之下，政府的传统管理职能没有根本转变。很显然，这些根本性问题不解决，企业自身的产权结构、组织结构内部管理机制和社会负担问题，也不可能解决，现代企业制度，真正意义上的企业法人制度也就不可能建立起来。

4. 国有企业改革，首先不是企业自身问题，或企业内部机制问题。国有企业改革的核心，或者说整个经济体制改革的中心环节，最终应当归结为搞活整个国有资产。只有搞活国有资产，解决国有资产的整个管理体制和运营机制问题，才有可能搞活国有企业，解决企业内部的经营机制问题。所以，企业改革不只是微观改革，实质上牵涉到整个宏观改革，是一个全系统配套的问题。企业改革要从根本上触动传统经济体制，就要把国有企业现存的国有资产推向市场，由此带动国有资产宏观管理体制和整个运营机制的根本改革。

5. 从单纯地搞活国有企业，进而发展到搞活国有资产。从国有企业的概念，转变为国有资本的概念，这是从传统计划经济向市场经济过渡的一个质的飞跃，是建立现代企业制度的最根本的问题，也是建立社会主义市场经济体制的一个核心问题。

三 实现国有资产市场化，能最大限度地在市场经济竞争中发挥国有资本的主导作用，它要求我们从根本上改变传统的所有制概念

6. 实行国有资产市场化，要求使国有资产由过去的实物化管理，变为市场经济下的价值化管理。这并不会改变社会主义的公有制基础。因为国有资产由实物形态向价值形态转换，是按照等价有偿的商品交换原则进行的，在国有资产的实物形态转移出去的同时，收回了同等价值的货币资本，国有资本并没有丧失。而将这部分货币资本转而投入到其他更高效益的领域，则将获得比原有资产更大的资产价值。社会主义公有制基础不仅不会因此改变，反而会不断地巩固、发展和壮大。

7. 实行国有资产市场化，也不会削弱国有经济在整个国民经济中的地位和作用。因为国有经济的主导地位和作用，并不在于国有企业数量上的绝对优势，也不在于把所有的经济领域都集中在国家手里。国有经济的主导作用应当主要体现在对关系到国计民生、国家经济命脉和不宜开展竞争的行业和产业进行控制和经营，其他一般性的行业和产业，应当按照市场经济的要求，由国有经济和其他非国有经济、多种经济成分共同发展，平等竞争。国有经济应当也完全可以通过市场竞争，在质量、效益和实力上发挥主导作用。传统的所有制概念应当大大加以改变。

8. 在我国的改革实践中，国有资产市场化已经有了不同程度的试验。如股票市场的建立，产权交易市场在一些地方的出现，企业股份制的广泛试点，国有资产的授权经营等。这为系统全面的国有资产市场化改革打下了一定的基础。目前，我国正在加快建立社会主义市场经济体制，宏观调控的改革即将全面实施，实行国有资产市场化是全面深化改革的迫切要求，是解放和发展国有经济的严峻现实，是由计划经济向市场经济过渡最迫切需要解决的重大问题。对此，我们应当有一个清醒的、深刻的认识。

从整体上搞活国有经济（20 条建议）*

（1995 年 5 月）

在市场经济条件下，国有企业改革要着眼于国有经济的总体竞争力和整体素质，充分发挥国有经济的主导作用。为此，我们应当采取的改革思路是：加快实现国有资产向国有资本的根本转变，从国有企业数量目标的追求转向国有资本总体效益的实现；建立国有控股公司，着力培育国家"种子队"；优化国有资产管理，实现国有资产的保值增值；大力深化与国有企业密切相关的配套改革。按照这个思路，提出从整体上搞活国有经济的若干建议。

一 在提高国有经济总体效益和竞争能力中发挥国有经济的主导作用

1. 从国有资产的现状出发确立搞活国有企业的新思路：少办、办好。

从搞活国有资产的全局考虑搞活国有企业，应当在改革的思路上实行转变，即从着眼于搞活每一个国有企业，转变为从总体上搞活国有资产。从理论上讲，构建社会主义市场经济的新体制，并不

---

* 中改院课题组：《从整体上搞活国有经济的建议（二十条）》，1995 年 5 月。

需要维持计划经济时代形成的国有企业大摊子；从实际上讲，国家也无力维持现有的全部国有企业。有关统计数字是有足够说服力的：

——到 1993 年底，我国国有资产为 34950 亿元，其中经营性国有资产占 74.5%。

——国有资产负债率 74.3%。

——1994 年末，城乡居民储蓄存款余额为 21518.8 亿元。

——国有工商企业资本金年利润为 7.4%，居民储蓄年利息为 10.98%，1994 年通货膨胀率在 20% 以上。

以上基本数据说明：

第一，国有资产号称约 35000 亿元之多，实际上，扣除债务，仅有 8982.11 亿元。

第二，国有企业欠银行的 25967.85 亿元（按 74.3% 负债率计），同居民储蓄存款额（21518.8 亿元）大致相近，也就是说，银行借给国有企业的钱，82.87% 是老百姓的存款；老百姓的存款，实际上是拿的负利息，而国有企业资本金利润率比利息还低。这个摊子若维持下去，老百姓赔，国家更赔，这种不利民也不利国的事情怎么能够延续下去呢？

在市场经济条件下，借钱做生意是正常现象。但是，企业负债率总有一个限度，号称 3 万多亿元的国有资产，70% 以上是负债，这超出了正常的负债比例。从总体上讲，国有企业负债总额应当不超过 50% 的危险点。

国有企业改革的出路，必须从中国的实际出发，背着高达 70% 以上的债务，办那么多国有企业，这是国力无法承受的。实有国家资产只有近 9000 亿元，那就量力而行，缩小国有企业摊子，集中国家财力，少办，办好。

2. 国有经济要逐步减少在一般竞争性领域的比重，将国有资产主要集中在基础产业、关键领域和公用事业领域。市场经济的最大共性，是市场经济主体从追求利润最大化、追求自身经济利益最大化出发，在市场中展开竞争性经营。由此容易形成利益的短期性和局部性，使很多竞争主体集中在周期短、见效快、利润高的经济领域，而不大关注周期长、见效慢、利润少的经济项目。市场经济自身存在着局部利益与整体利益、眼前利益与长远利益、个体利益与社会利益的矛盾。因此，国家要通过制定相关的经济政策和产业政策，以及运用强有力的物质手段，发挥国有经济在一些基础的和关键性的行业和领域的主导作用，控制和调节经济的运行，引导市场经济向着健康的方向发展。

从国有资产的社会整体效益、宏观经济效益和长远发展效益看，国有资产效益最优化主要应体现在基础效益、主导效益和社会公共服务效益等方面。

——基础效益。从全局和长远效益考虑，国有资产应当大量集中投资于基础设施和基础产业，如邮电、交通、港口、供水、供电及资源勘探、煤炭、石油、电力、钢铁、化工、有色金属、大型水利工程等方面，为整个国民经济的发展奠定坚实的基础。

——主导效益。在遵循平等竞争的前提下，国有资产应当也必须在某些关键性行业和领域，如金融保险业、航天航空业、高新技术、军事工业和特殊行业等方面占主体地位，起主导作用。

——社会公共服务效益。国有资产应当义不容辞地在社会公共服务领域和环保、科研、教育文化事业领域发挥重要作用，逐步有更多的投入。

3. 国有经济的主导作用应主要体现在效益与竞争能力上，从而在社会总资产中占有优势，并对国民经济具有控制力与影响力。要真正发挥国有经济的效益与竞争能力，国有资产应当从一般竞争性行业向基础产业、关键性领域和特殊行业转移和集中。但这并不意味着国有资产的运营没有竞争，因为：

第一，在关系到国计民生和必须由国有经济占据主导地位的竞争性行业和领域，国有资产并不退出竞争，而要展开主动的竞争。

第二，在国有资产重点投入的基础产业和某些公用事业领域，国有资产的运营也要通过开展竞争来进行，以提高资产效率和效益。国有资产既可以与非国有经济竞争，也可以相互开展竞争。

第三，国有资产在基础产业和某些公用事业领域间的相互竞争应当是适度的，要避免国有资产在这些领域条块分割、多头所有、盲目立项、重复建设，造成资源配置新的失调。

国有经济的主导作用和地位，并不在于国有企业数量上的绝对优势，也不在于把所有的经济领域都集中在国家手里。国有经济应主要在关系国计民生的领域进行控制和经营，对于一般性的行业和产业，国有经济应当也完全可以通过与非国有经济共同发展、平等竞争，在质量、效益和竞争实力上发挥主导作用。

4. 要充分发挥国有资产的配置优势、组织优势、结构优势。按照优胜劣汰的市场机制，使国有企业该死的死，该活的活。要充分发挥国有资产的三个优势：配置优势。一是管理和经营好国有资产存量，通过经营者的作用，使其在市场竞争中不断保值、增值，扩大国有资产的规模。二是增加国有资本金的投入，形成新的国有资产实力。组织优势。一是利用国有资产的雄厚实力，建设和发展对国民经济有重大影响的大型项目和企业。二是通过控股、参股方式，吸引和控制非国有资金和非国有企业，实行集团式发展，促进企业组织结构的调整。结构优势。一是推动国有资产存量的优化组合，减少国有企业的亏损面，提高国民经济整体效益。二是实现国有资产增量的优化组合，保证国有资产投入到国民经济发展的方向性产业和薄弱环节中，对整个国民经济产生的控制和引导作用越来越大。

二 实现国有资产向国有资本的根本性转变，从总体上搞活国有经济

5. 按照市场经济的要求，尽快将国有资产转化为国有资本。现代市场经济是以搞活资本为中心的，其本质在于追求资本的最大利润和最大价值量，追求资本的最大经济效益。通过国有资产向国有资本的转变，进而实现国有资本。

——市场流通化。国有资本在资本市场和资产市场上，进行充分的流动，实行产权的转让和重新组合，按照市场竞争规律进行运营，实现资源配置的最优化。

——价值最大化。国有资本在市场流通中，寻求最大的货币价值量，实现经济效益的最大化，使国有资本不仅保值，而且更大地增值。

——营运独立化。国有资本在市场上进行独立的营运，国家一般不直接经营国有资本，国有资本营运的主体是企业法人，享有国有资本的法人所有权。

——管理间接化。国有资本实行统一管理、集中管理与分散管理相结合，一般应通过国有资本中介运营机构实行间接管理，保证国有资本得以在市场上自主运行，不受行政直接干预。

6. 实现国有资产向国有资本的过渡，必须对国有企业实行严格的成本核算。一些仍然需要国有企业重点承担的社会职能，可以运用经济手段进行调节，原则上应取消政策垄断，让非国有企业在适当范围参与经营和竞争。例如，对基础设施建设，既可允许非国有企业一定程度地介入，又可对包括国有企业在内的所有介入者采取公开的综合经济补偿政策等。对少数国有企业执行政策性任务和社会义务，可以采取相应的办法，专门核算其付出的成本并予以补偿，也可制定"公共盈利率"指标，同利润率指标一起作为考核和奖惩的依据。至于转轨过程中，国有企业仍然承担着企业办社会等

方面的问题，应当在改革中进行职能分解，逐步由社会承担和解决。在市场经济条件下，要分离国有企业的社会职能，使国有企业以利润最大化为目标，与其他非国有经济一起面向市场，共同竞争，由此才能真正从整体上搞活国有经济。

7. 实现国有资产向国有资本的过渡，要解决国有资产实物化管理与价值化管理的矛盾，让国有资产走向市场。计划经济条件下的国有资产，表现为实物形态，国家对生产资料以及产品进行直接的实物控制。在市场经济条件下，国有经济资源要求按照市场规律在全社会范围内重新配置，这就必须实行国有资产的实物形态向价值形态的转化。这种转化过程是按照市场经济的等价交换原则进行的。国家收回了同等价值的货币资本，拥有价值形态的资本所有权，国家并没有失去这部分资产，却在转化中搞活了国有经济，增强了国有经济的力量。国家通过把收回的货币资本转而投入到其他更高效益的领域，则将获得比原有资产更大的资产价值。社会主义公有制基础不仅不会改变，反而会不断地巩固、发展和壮大。

三　加快建立国有控股公司，着力培养国家"种子队"

8. 面对对外开放的严峻挑战，国有企业迫切需要提高规模经济效益，加强专业化分工与协作，尤其是要通过组建集团性控股公司，来提高在世界经济舞台上的竞争能力，迅速占领市场和打进国际市场。国内、国际两个市场的沟通，会对国内不少产业及其相关产品形成巨大冲击，受冲击最大的是重化工基础产业和高新技术产业，这些产业约占我国工业总产值的 1/3，而且主要是国有企业。我国工业企业数量多，规模过小，长期处于高消耗、高成本、低产出、低效益的水平上。我国国有企业作为民族工业的主体，面对国际国内市场上的严峻挑战，迫切需要通过调整企业结构，提高规模经济效益，改变专业化分工和协作水平低下的状况。要借鉴日本、韩国工业化起步的经验，依靠政府的指导扶植来推动企业的合作、联合和企业集团的组建。以加强企业的国际竞争力。要以组建国有控股公司为突破口，重新构造国有资产的中介运营体系，来冲破传统体制的束缚，大大推进企业结构的调整和企业集团的改造，组建新型的集团性企业。

9. 国有控股公司作为专门从事国有资产经营的中介投资机构，应是独立的企业法人。国有控股公司专门从事国有资产的运营，由国家授权行使国有资产的所有权，负责国有资产的投资经营。它本身通常并不从事具体的业务经营活动，而是由其控股的业务性企业从事具体的生产经营活动。因此，国有控股公司是国有资产的中介投资机构，它隔断了政府与大量业务性企业的直接联系，有利于实行彻底的政企分开，保证业务性企业的独立经营。国有控股公司不是行政性的机构，而是一个独立的经济实体，是企业性的法人。控股公司又称为母公司，被控股公司称为子公司，国有控股公司通过持有其他公司（业务性企业）的足量股权或通过订立支配性契约，而对其他公司进行实际控制。这就是说，母公司对于子公司的控制关系有两种：一种是通过掌握一定数量的股权，而在子公司股东会中拥有多数表决权，并由此决定子公司董事会的主要成员，从而对子公司进行实际控制。另一种是通过签订支配性契约，使某公司对他公司产生决定性影响或成为他公司的主要债权人，从而形成前者对后者的实际控制关系。

10. 按照国有经济发展的内在要求，加快在重点产业组建国有控股公司。目前我国已开始在航空工业、石油化工、有色金属三个行业系统进行国有控股公司的试点。从我国的现实需要出发，特别是从更有效地经营国有资产、实现规模经济效益和通过部门间的合作产生更大竞争力的需要出发，今后我国应当在以下范围和领域组建国有控股公司：

——国家需要实行垄断和控制的产业,如公用设施、邮电、通信、航空、铁路、银行、能源、重要原材料产业等。

——我国需要实行规模经济效益,加强专业化分工与协作,进一步发展的行业,特别是需要加强国际竞争力的产业,如钢铁工业、汽车工业、机械工业等。

——我国需要重点扶植的高科技产业,如电子工业、精细化工、生物工程等。

——我国迫切需要调整企业结构和产品结构,加强技术改造,促进产业升级,提高专业技术水平的产业,如纺织工业、建筑工业等。

11. 组建国有控股公司,必须将传统的国有企业进行公司制改造,并保障企业产权的独立性。国有控股公司主要采用股权控制方法,通过拥有子公司足够的股权来控制子公司。这就需要将大量传统的国有企业改组为股份有限公司,以便实现控股。产生控股关系的具体方式有几种:一是大量收购业务性公司的股份,以实现对其控股;二是将公司的业务分立,成立一个或多个子公司;三是将现有企业集团公司,改组为控股公司;四是重新投资设立国有控股公司和被控股公司;五是将现有国有资产结构进行调整,有目的地规定某些业务性国有企业将利润上缴或转移给控股公司,形成控股关系。国有企业的股份制改革,既是经济转轨中国有企业转换经营机制的要求,又是国有控股公司对大量业务性国有企业实现控股的需要。我们应当对国有企业股份制改造的全局性作用有充分的估计。

这有两个方面的问题:一是国有资产管理部门与国有控股公司之间是财产授权委托关系,国有控股公司依法行使国有资产所有权,有独立的企业产权,国有资产管理部门以及其他政府部门不得任意干预和非法干预国有控股公司的经营活动。二是国有控股公司与控股的企业之间是一种由投资控股引起的经济关系,彼此都是独立的企业法人。要防止在建立控股公司中搞行业垄断，尽可能以优势企业和行业牵头，组建多行业与综合性相结合的国有控股公司。

12. 建立国有控股公司一定要运用经济手段，而不能用行政手段，防止控股公司走到传统体制的老路上去。建立国有控股公司，一定要防止搞成行政性公司。要注意不应当在原有政府主管部门基础上来组建，而应另行建立控股公司，或扶持集团性企业变为控股公司。

组建控股公司除了国家必须垄断的行业和公共事业之外，不应当建成全行业性企业。一个行业只有一个控股公司，这样会造成经济垄断，严重妨碍开展竞争，不符合市场经济的原则，目前国家在航空工业、石油化工、有色金属三个行业系统中，进行组建行业性控股公司的试点。航空工业、石油化工、有色金属工业都属竞争性行业，不应当形成全行业垄断控制的局面。

组建国有控股公司，要遵循经济规律，运用经济办法。不能采取"拉郎配"、人为"捏合"等行政办法，强行组建控股公司，而是要用经济政策进行指导和扶持，用经济杠杆进行引导，用法律法规进行规范，主要通过企业自身的联合、兼并、股份收购等办法，建立以资产为纽带的控股公司。也可以借鉴日本的"行政指导"的做法，通过政府劝告、说服、诱导等软性行政措施，来有意识地指导企业的联合与协作，从而建立控股公司。但要切实防止"行政指导"变成了强制性的行政指令。此外，控股公司只是国有资产经营的一种形式，不能要求所有的企业都改组为控股公司和被控股公司，应当允许和鼓励国有资产经营形式的多样化。

四 在优化国有资产管理中搞活国有资本

13. 应尽快确立国家级的国有资产委托程序。确立委托程序，首要的问题是，谁作为委托人？即谁是国有资产所有者的代表？近些年来，围绕这一问题争来争去，始终未落在实处。先后有三种来自于国家正式行政程序的规定：1998年在《国家国有资产管理局"三定"方案》中规定，由国有资产管理局行使国有资产所有者的代表权；1990年在《国务院关于加强国有资产管理工作的通知》中又决定，由财政部和国家国有资产管理局行使国有资产所有者的管理职能；最后是1992年在《全民所有制工业企业转换经营机制条例》中确定国务院代表国家行使所有权。尽管三种规定差异很大，但都出于一个共同的前提——国有资产应是国家统一所有，因此要找出一个总代表。然而，国务院行使国家所有权如何操作？若没有具体的实现形式，那么国家统一所有的所有权就仅仅是一种名义而不是实质上的所有。因此要尽快地在法律上建立国有资产的委托程序，确立国有资产国家所有的具体实现形式：一方面规范已有的改革实践，一方面推进全国的国有资产管理体制的改革。

14. 确立地方公有产权，更有效地管理国有资产和调动地方积极性。划分中央和地方的资产产权，是市场经济的基本要求。在市场经济条件下，要求产权多元化，使财产有效地运用与配置。高度集中和统一占有和控制的国有资产，不利于公有资产的有效利用与配置，特别不利于形成有效的资本市场，不利于进行产权交易，不利于国有资产的优化配置。

确立地方公有产权，是对传统体制的重大改革，有利于进一步推动改革的发展。传统体制的一个重要问题是国家既经营国有资产，又拥有货币发行权，国有资产与银行相通，造成国有企业的"软预算的约束"。这样，既不利于国有企业的有效运行和优胜劣汰，又不利于形成良好的社会信用关系和健全的金融体制。确立地方公有产权，有利于硬化地方国有企业的预算约束。同时，划分地方公有产权后，也有利于提高地方政府管理公有资产的积极性，通过股权多元化来推动公司制改造，并把产权改革的风险分散给地方，增强国有资产管理和运营的效率和效益。

国有资产在事实上已经划分为"中央管理的资产"与"地方管理的资产"，在国有资产的收益分配上，也已经形成了"中央收益"与"地方收益"的事实。在这种情况下，应当因势利导合理确立地方公有产权。

适当划分一部分产权归地方所有。可以有两种做法：一是现有地方企业划归地方所有；二是将国有企业的一部分产权划归地方所有，即中央让出一部分产权。在产权划分之后，国家控股公司的组建权限于中央政府拥有的产权部分。对于地方公有产权，地方政府可以根据需要投资组建控股公司。

15. 加快国有资产存量结构的调整与所有权的转让。根据有关部门调查的情况看，近一两年来，一些地方政府为盘活国有资产存量，调整资产结构，纷纷开始转让一部分国有资产的所有权。这一势态发展的特点是，出售的重点从小型国有企业逐渐转向大中型国有企业；出售的对象从亏损企业逐渐转向盈利企业；寻找买主的重点开始从国内转向国外，且大多要求控股权；小型国有企业从承包、租赁直到转向出售给企业职工个人。

国有资产所有权转让的收入由当地政府决定其使用方向，一般用于：偿还原国有企业所欠的银行贷款，安置富余职工，调整产业与产品结构，作为新的投资等。

在进行国有产权制度改革中，一个争议最大的问题就是如何认识国有资产的流失问题。对此，应全面地、历史地来看，一方面，由于现存制度的低效率，不进行产权制度变革，国有资产已在大量流失；另一方面，要进行产权制度改革，一些历史上遗留下来的问题都应计入改制成本。这是因为，企业所欠的债务，大量的冗员，作为传统体制的"遗产"，是一个想甩甩不掉、也不能甩的包袱，而只能在制度变革中消化掉。若能通过制度的变革，用一部分国有资产的出售收益一揽子解决历史上的欠账，在此基础上建立起具有效率的新型产权制度。应该说，这不属于国有资产的流失，只是阻止国有资产进一步流失的必要手段。

16. 搞活国有资本的出路在于企业重组。企业重组，即企业组织结构调整及其资产结构重组，是促进国有资产优化配置的重要手段。企业重组和资产流动组合是市场经济所固有的一种经济自我调节机制。在社会主义市场经济运行中也必然会出现产品、行业、产业结构的失衡，企业组织结构的不适应，以及资本结构的不良，引起资产存量的低效使用和沉滞化，因而形成一个企业自主重组的机制和启动企业间资产流动再组合是社会主义市场经济构建的一项必要内容。改革十几年来，我国已有这方面的试验，效果显著。因此，应加快构建新经济体制，特别是重视产权主体，建立产权交易市场，在产权改革基础上推动企业重组。

企业重组可采取的形式主要有：联合重组；兼并、合并收购重组；分立重组；破产重组。

当前企业重组也可以从企业债务重组入手，进行企业产权重组和结构重组。实行债权转股权，不是由现在的银行来控股，而是通过产权市场转让给各种金融中介机构、企业集团、外资和社会公众，也包括国有资产经营公司、控股公司等，还可以划出一部分给养老基金、失业基金。由此形成股权分散，产权多元化，可以更有效地解决企业与政府的关系。

五　整体上搞活国有资产需要同步推进相关配套改革

17. 加快商业银行体制改革。商业银行体制的改革必须正确解决银行企业自主权的真正兑现和国有企业生存发展的问题。不容忽视的现实在于，在确立商业银行体制中，要把商业银行办成真正的商业银行，在实际操作上难度很大。如果转变中的国有商业银行彻底按照商业银行的原则决定贷款对象，许多国有企业将不具备贷款资格。如果停贷，相当一批企业会自行破产。解决这个"两难问题"的思路，应从如何解决国有企业现有的违约贷款（逾期贷款、风险贷款、呆账贷款）入手。现在国有企业破产，债务就落到银行的流动资金账上。所以，目前还不宜全面实行企业破产，对实行股份制改造的企业，可考虑将借款凭证变为股票，使贷款转为商业银行的参股投资，或者将借款凭证转变为可转换债券，使贷款转化为硬性约束的企业负债；如果企业不宜实行股份制，可将借款凭证转变为低息的长期企业债券，由企业分期偿还。对于债权、债务关系不够明确或无人承担还贷责任的违约贷款，可以核实数额，分期报损。对于债权债务关系发生变更的违约贷款，应落实还贷责任，确保收回贷款。此外，鉴于目前几家商业银行的呆滞贷款的余额很大，相当一部分欠款企业已无力偿还，在新的银行体制运转和资金管理过程中，对呆滞贷款不能久拖不决，可以考虑将债权转股权（在组建股份制企业的过程中），债务债券化。对于已宣布倒闭破产的企业的债务，确实无法收回的，应核销报损。

为适应市场经济发展的需要，可以从多条途径来发展商业银行。

（1）从与国有大中型企业有更多联系角度出发，可以考虑国家专业银行的商业化。四大专业银行可以先搞"一行两制"，分账管理，然后再商业化。

（2）进一步发展现有的股份制商业银行，包括全国性和区域性的商业银行，如以交行为代表的九大商业银行，应逐步承担有关对国有大中型企业的借贷。

（3）鼓励成立一些新的商业银行，如可由城市信用社改造成地方性的股份制的商业银行。

（4）按市场经济择优汰劣规律，在市场经济竞争中产生一些商业银行。最终形成以国家商业银行为主体，多种所有制形式（股份制、合作制、中外合资、外国独资），多种组织形式的商业银行群体，从根本上适应基本完成我国国有企业改革之后社会主义市场经济主体构架的需要。

18. 重点推出社会保障制度改革。应当尽快建立以养老、失业保险为重点的社会保障制度，建立多层次的社会保障体系，以保障国有企业改革的顺利推进。国有企业改革的深化必然要求一个有效的社会保障体系与之配套。否则，改革将无法继续深入，已经取得的成果很大程度上也将无法巩固。社会保障体系是否建立，已经成为深化国有企业改革的前提条件。因此，要继续坚持社会保障水平与国力相适应的原则，本着有利于政治、经济、社会稳定的精神，从实际出发，在统筹规划的前提下，以失业、养老保险为重点，带动其他社会保险事业和社会福利、社会救济与优抚等事业的发展。就社会保障筹资方式而言，应当坚持多种方式筹资的方针。对于失业、医疗等短期项目，筹措的基金应当能够满足当年的支付，不足部分国家财政应采取措施予以弥补。对养老、伤残等长期项目，可采取积累式、现收现付式及部分积累式、个人账户等多种办法筹资。要积极慎重地实行政府、企业和职工合理分担的"三方负担原则"，逐渐地实现全国统一的、多层次的社会保障体系。

在取消政府对国有企业劳动力配置的行政干预、落实企业劳动用工自主权的基础上，要大力发展就业培训和就业服务体系，为劳动者就业和再就业创造更有利的条件。

鉴于目前我国社会生产力水平的实际情况，应当允许试行多种形式的养老保障制度。例如：建立法定养老保险与企业补充养老保险、个人养老储蓄相结合，多层次的养老保险体制；开征养老保险税筹集养老保险基金，承担的比例在不同所有制和经济效益不同的企业之间可有所不同；结合产权改革，从企业资产中划出合理部分作为养老保险基金,以解决筹资不足。此外,还可以考虑通过实行"新人新制度,老人老制度"的办法扩大基本养老保险的覆盖面。即凡是劳动合同制职工以及国家实行劳动合同制后招用的固定职工,新办集体、外商投资、私营等企业的职工,可统一按《国营企业实行劳动合同制暂行规定》的有关退休养老的待遇办法执行。这样既不考虑企业的所有制性质,也不考虑企业的经济条件,为企业职工在不同所有制企业之间的流动创造了条件。

医疗保障制度改革的基本目标,是形成一个社会统筹与个人账户相结合、比较合理的互助互济的医疗保险机制。鉴于这个新的医疗保险制度进入实施估计至少还需2—3年时间,所以当前还应当积极努力进行以国有企业职工为主体,兼顾社会各阶层的医疗保障制度改革的探索。包括建立医疗保险专门机构,逐步扩大医疗保险产业规模;建立健全医疗保险法律法规,建立有效的医疗费用控制机制;建立重病难病保障基金,缩小医疗照顾人群范围;对医疗单位享受公费医疗人员进行单独管理,实行定额包干,超支不补,结余留用等办法。

19. 要通过深化改革,建立和完善内部人控制制度,创立国有企业改善管理的内在动力和约束机制。加强和改善国有企业管理,应当建立在改革的基础上。国有企业管理有赖于其他方面的改革,如企业产权制度改革,公司制改造和法人治理结构的建立,人事制度的改革,社会保障制度的建立等。国有企业管理的主要责任在企业,政府要为企业改善管理创造必要的外部环境和条件。

要十分重视企业家队伍的建设和企业家职业风险机制的建立。实行企业家职业化;建立企业家市场,通过市场竞争机制产生企业家;建立重奖重罚制度,奖优罚劣。

建立企业家的职业风险机制,一旦企业经营失败,出资者将损失资本金,而经营者则丧失声誉,这是比任何一种单纯的物质惩罚更为严厉的惩罚。随着企业的亏损、破产和倒闭，这些经营者将受到解聘，从而失去这个企业的经营者地位，并难以在企业界另谋与之相当的高级职位，至多到知名度较低的企业中担当低一档的职务；严重的名誉扫地，没有人再聘他当经理，甚至从此断送作为一个企业家的职业生涯。通过这样的市场竞争办法，促使企业的经营者对其经营的他人资产十分精心。

20. 应当重视在市场经济条件下职工与企业的稳定关系，使之结成利益和命运共同体，由正确协调企业内部利益关系，达到效率型管理的目标。在确立劳动力产权的基础上强化企业的利益激励机制，从根本上解决企业管理中日益突出的矛盾。

实践表明，效益低下的问题大都直接表现为企业管理不善。例如，我国有关方面最近对2000家亏损企业进行调查，由于企业管理不善造成亏损的高达81.7%。经济转轨过程中，企业管理问题日益突出，它的原因是多方面的：有体制转换时期的过渡性因素，也有企业管理层和职工素质不高的因素；但不容忽视的是，由于利益关系调整给企业管理带来的问题逐步突出，它是影响企业管理的深层次因素。在市场经济的大环境下，正确地协调企业同管理者、劳动者的利益关系，企业的科学管理才有可靠的基础，企业的进一步发展才能注入长久的动力与活力。这个问题，对改善国有企业的管理更具现实性和迫切性。

随着改革的深入，企业原有的利益格局已不适应向市场经济过渡的需要，企业内部矛盾出现明显化的态势，协调利益矛盾成为企业管理的首要问题。

在经济转轨过程中，企业，尤其是国有企业利益关系的深层次调整引发的利益矛盾日益突出。例如：

劳动者的利益与企业利益的矛盾。随着传统平均主义大锅饭分配体制的打破，劳动力配置的市场化，劳动者会自发地流向自身利益最大化的岗位。由于多方面的情况的制约，目前劳动力的流动有很大的自发性和盲目性，而且劳动力技术水平愈高，人才的流动性愈大，并出现高科技人才向一般管理岗位和劳动密集型企业流动的现象。这种现象的出现，对企业管理带来极大的影响。

短期利益与长期利益的矛盾。现实的经济生活表明，企业的短期行为与劳动者（尤其是经营管理者）过分追求自身短期利益直接相关。在市场竞争环境下，管理者和职工追求短期利益是不可避免的，但它容易造成企业管理行为的短期化，并会在一定程度上破坏企业和职工自身的长期利益。

货币资本投入利益与劳动力资本投入利益的矛盾。在向市场经济转轨过程中，不少国有企业过分强调货币资本的投入，而忽视劳动力资本的作用。货币资本与劳动力资本在投资回报上存在着相当大的差距。这就容易引起职工利用各种机会和手段追求短期的货币投资收入，而忽视人力资本的投资。企业和职工都忽视人力资本的投资，企业的管理水平是难以从根本上得到提高的。

通过确立劳动力产权，正确协调企业同管理者、职工的利益关系，奠定企业科学管理的坚实基础。所谓劳动力产权，就是劳动者不仅应获得工资收入，而且应在一定程度上享受产权收益。即依据劳动价值把企业利益收入的一部分作为企业职工在本企业的股份，其所得份额由其工作时间、工作岗位、工作贡献等因素决定。通过劳动力产权获取的股份具有不可转让性、不可交易性、不可继续性。

确立劳动力产权，把企业利润收入的一部分转移到企业职工的劳动力产权收益上，能有效地把职工的利益与企业的利益直接联系在一起，能有力地推动企业经济效益的提高。劳动力产权本质上不是把国有资产量化到个人，不能把它简单地等同于个人的所有权，事实上它是一种特殊的产权。

劳动力产权通过职工股份的形式使职工股份与企业的公共积累

同步增长，能比较好地解决个人收益与企业公共积累之间的矛盾。由于对职工增加了一块弹性大、与企业盈亏结合紧密的按股分红收入，改变了职工收入仅由刚性较大的工资性收入组成的格局。由于股份分红把职工与企业利益联成一体，职工对企业的关切度高，强化了参与管理与决策的意识，职工与企业形成了命运共同体，从而能较好地解决长期利益与短期利益的冲突，解决劳动者同管理阶层的矛盾。

实现劳动力产权有助于企业获得高水准的管理队伍和高素质的稳定的员工队伍。随着生产社会化的发展，人力资本在经济发展中发挥出越来越大的作用。西方市场经济国家近二十年来，大都开始采用扩大合伙制、泛股制、员工持股计划等办法，以致力于协调劳资关系，强化企业利益管理，推动经济增长。实行社会主义市场经济完全应当把企业的利益分配关系解决得更好，从而使企业管理有更好的利益基础，劳动力产权的确立是分配制度上的一次革命，有效的激励机制将使人力资本与物力资本达到最优结合，发挥最佳效益，并将奠定企业长期发展的动力基础。同时，由于劳动力产权中劳动者所得份额由其工作时间、工作岗位、工作贡献等因素决定，有助于激发广大职工提高自身素质，强化人力资本的竞争性，使人力资本的作用得到更大更充分的发挥。

建立在利益关系前提下的企业与职工的密切结合，是现代市场经济条件下普遍追求的重要目标。劳动力产权的推行，既是国有企业改革的重要内容，也是改善国有企业管理的根本性措施。由利益管理产生效益管理，可能是市场经济条件下企业科学管理的有效途径。对此，应当经过试点逐步推开。

在经济转型时期实行职工持股计划（20条建议）*

（1996年5月）

实行职工持股计划是加快国有企业改革的关键性、全局性的重大问题。它有利于广大劳动者与企业结成更紧密的利益共同体，形成企业发展的长久激励机制；有利于搞活国有中小企业，是"放小"的重要出路；有利于解决国家、企业与职工的利益矛盾，促进经济社会稳定。

就我国经济转型时期实行职工持股计划提出了若干建议：（1）一切有条件的国有中小企业，尤其是那些严重亏损的中小企业尽可能实行职工持股计划，而不宜全面实行破产等措施。（2）在实行职工持股计划中，必须重视研究和解决劳动力产权问题。把职工出资购买而持股与实行劳动力产权而持股很好地结合起来。（3）认真研究和借鉴西方国家实行员工持股计划的有益经验，尤其是要重视职工持股会的作用。（4）实行职工持股计划涉及的问题比较复杂和敏感，应在试点基础上逐步规范。政府应当在金融、税收等政策方面给予必要的扶持和鼓励。

---

* 中改院课题组：《在经济转型时期实行职工持股计划（20条建议）》，1996年5月。

一　在经济转型时期，实行职工持股计划，是推进企业改革的一个关键性、全局性的问题

1. 实行职工持股计划是积极寻求解决利益矛盾的有效办法，它能使企业与员工形成利益共同体。经济转型时期，各种利益矛盾比较突出。从根本上说，企业改革就是要合理调整国家与企业、企业与劳动者的利益关系，并使各方利益得到最大程度的实现。随着改革的不断深入，企业内部矛盾出现明显化的态势。

（1）劳动者的利益与企业利益的矛盾。随着大锅饭分配体制的打破，劳动力配置的市场化，劳动者会自发地流向自身利益最大化的岗位。由于多种因素的制约，目前劳动力的流动有很大的自发性和无序性，而且劳动力技术水平愈高，人才的流动性愈大，且出现高科技人才向一般管理岗位和劳动密集型企业流动的现象。这样，难免产生劳动者的利益同企业利益的矛盾。提出解决职工持股问题，就是要解决劳动者利益同企业利益如何长期地、合理地统一起来，逐步形成企业与劳动者的利益共同体。

（2）短期利益与长期利益的矛盾。现实的经济生活表明，企业的短期行为与劳动者（尤其是经营管理者）过分追求自身短期利益直接相关。职工持股使职工收入与企业的公共积累同步增长，能比较好地解决个人收益与企业公共积累之间的矛盾。由于对职工增加了一块弹性大、与企业盈亏结合紧密的按股（或按账户）分红收入，改变了职工收入仅由刚性较大的工资性收入组成的格局。又由于股份分红把职工与企业利益联成一体，职工对企业的关切度高，强化了参与管理与决策的意识，职工与企业形成了命运共同体。

（3）货币资本投入与劳动力资本投入在利益分配上的矛盾。长期以来，我们对企业经济效益的增长只强调货币资本的投入，忽视了人力资本的重要作用。货币资本与劳动力资本在投资回报上存在着相当大的差距，而这种差距容易导致劳动者利用各种机会和手段追求短期的货币投资收入。特别是在向市场经济过渡的初期，这种现象带有一定的普遍性。由于职工持股在中小企业大都采用股份合作的形式，它可以比较好地把货币资本与劳动力资本的投入结合起来，既能反映货币资本的效益，又能体现劳动力资本的价值。

2. 在推行职工持股计划中促进企业产权关系变革，协调利益矛盾，并给公司的法人治理结构注入活力。目前，由于国家与企业之间的分配关系尚未理顺，企业与职工之间的收入分配制度还很不完善，企业缺乏有效的产权激励机制，企业改革效果并不理想。因此，在推进中小企业产权关系变革中，使企业职工（包括经理层）拥有一定比例的产权，既有利于产权的多元化，也有利于更多的人从所有者的利益出发关心资本的效率和企业经营的效率。

实行职工持股计划能有效地协调利益矛盾，能给法人治理结构注入活力，特别是职工持股比例占优势的企业更为明显。比如，德国西门子公司、美国联合航空公司，员工股权均达50%以上。由于员工成为产权主体，公司在民主科学管理方面产生了一系列重要变化，员工不仅在理论上可以参与决策，参与监督，而且实际进入决策中心，进入管理部门。员工持股无论是从职工内在动力的调动，还是职工对企业的关切度以及民主决策、管理和监督上，都能有明显的改观。

3. 实行职工持股计划，能引导消费基金向长期投资转移。经济转型时期，由社会集团消费和工资过快增长所引起的消费基金扩张，对通货膨胀有很大影响。据测算，在投资需求扩张时，投资中转为工资、社会集团消费等部分约占40%，如此庞大的数字进入消费领域，必然会推动需求过热。

国有部门工资外收入增长更快，相当于工资的1/3，有的甚至超过了工资。而国有企业全员劳动生产率年均仅递增8%。收入增长过快带来成本上升和消费水平的提高，不可避免地会拉动消费物价的上涨。在国有企业，控制工资过快增长的措施可以与实行职工持股计划结合起来，引导短期消费转向长期投资。

4. 实行职工持股计划是加快国有企业改革、摆脱国有企业困境的一种现实选择。经济转型时期，由于利益调整所引发的经济社会矛盾已相当突出，因此，国有企业改革中尽可能不采用破产的方式，这样能减少失业人口的增加，避免由此而引起的各种经济社会风险。

对于那些效益不佳，甚至濒临破产的中小企业，通过多种形式实行职工持股计划。这是发动职工自救企业，从而使企业起死回生的现实选择。这样做的好处是：其一，发动企业员工自救，在挽救企业中减少因破产失业而导致的社会震荡；其二，可以有效增强企业的活力，提高企业的效益，减少亏损补贴；其三，大大减轻各级政府消耗在这些企业的管理精力，集中力量抓好大型国有企业改革，真正从整体上搞好国有经济。

从一些地区的实践看，将一部分国有企业转为完全职工持股的企业，形式上是国有范围的缩小，实质上是一次企业结构的合理调整与经营管理的优化，不仅大大有利于企业的发展，而且对国家、社会和职工个人都是十分有益的。因此，目前，已有少部分企业正在积极地推进和实施职工持股计划。

二 经济转型时期，要依照生产力标准大力鼓励和支持形式多样的职工持股计划

5. 鼓励职工出资购买中小企业，加大将中小企业改造成股份合作制企业的力度。在我国中小企业中，属于公有制经济成分的从企业数量上看只占20%左右，但其实现的产值和销售收入却占70%左右，是我国中小企业的主体和骨干。对于这部分中小企业，有些可以继续实行承包、租赁经营，少数可以出售给私营企业或个人，绝大部分都应经过改组，鼓励职工出资购买，转变为股份合作制企业。

股份合作制企业的管理体制和运行机制与现代企业制度的要求基本相符合，在发展社会主义市场经济的过程中，可以成为集体所有制经济一种比较好的体制选择。目前，在我国有大批国有中小型企业由于资金缺乏、机制不活，经营大都比较困难，效益不好。对这些企业中的相当一部分，可以在认真试点和严格规范的前提下，逐步转变为股份合作制形式。实行股份合作制，有利于调动职工的积极性；有利于维护企业、职工和债权人的合法权益；有利于筹集资金，将消费资金转变为生产资金；有利于促进生产要素的合理流动和资源的优化配置。股份合作制必将成为国有中小企业改革所采取的一种重要企业组织形式。但目前要切实防止在推行股份合作制问题上的盲目性，造成一哄而起。对于有条件改组为股份合作制的国有中小企业和城镇集体企业、乡村集体企业，要加强引导，有步骤有秩序地推进。

6. 企业存量资产适当打折向企业职工出售，或使职工以拥有股票期权的办法扩大职工持股比例。职工持股计划的最终目的是要调动广大职工的积极性，为职工同时也为公司创造更多的财富。一些发达国家除了实行标准雇员持股计划的公司外，许多公司为了调动雇员积极性，分别采取股票期权、利润分享和低价向雇员出售股票等优惠措施。这些办法，虽然不是标准的雇员持股计划，但对我国的企业有积极的借鉴意义。

股票期权是公司在规定期限内（期限长的可达10年），以计划开始执行时的固定价格将一定量的股票卖给员工，员工可以在规定的期限内，根据当时股价行情决定买与不买，员工在限定期限内离开公司期权则无效。因此，股票期权只能在股票增值和员工长期为公司工作的情况下才有意义。公司利用股票期权，可以使员工长期留在公司工作。股票期权的规定较为复杂,有特价期权,即股票的价格比市价高,员工必须工作一段时间,股票增值才能体现效益;有优惠期权,即股票的价格低于市价,决定卖给员工那天股票已有盈利。与股票期权相联系的还有股票增值权,享受股票增值权的员工在股票增值的情况下,可以在规定期限内,不付出现金,净得股票增值部分的收益。对于人员流动较大的企业来说,采用股票期权的奖励办法,可以留住人才。

利润分享是公司将部分净利润分配给员工。但这里所指的利润有专门要求,它不是通过调整价格取得的利润,而必须是提高工作效率、降低成本获得的利润。其目的仍在于鼓励员工努力工作,为公司创造更多财富,而后共同分享。

7. 作为过渡措施,可实行职工出资购买与无偿配送相结合,以解决企业职工持股比例过低不足以形成强有力的利益激励问题。由职工出资认购内部职工股是承担一定风险的投资行为,但这种投资与一般投资不同。职工认购以后,在一般情况下就失去了对这部分资金的处置权,不能中途退股、转让。加之目前多数国有企业资金利润率不高,分红比率受到企业经济效益的制约,职工在认购时顾虑很大。有些企业特别是效益不好或资金紧张的企业则采取了某些强行摊派的做法,引起职工的不满。从我国目前中小企业现状出发,应采取职工出资与企业帮助相结合的优惠办法,即将职工的劳动积累拿出一部分作为职工持股的基金,在职工认购企业股份时,按比例配股。随着企业经济效益的提高,在分红的同时,再按职工所持有的内部股份额和岗位、贡献等因素进行配、送。配送股的资金来源主要有:一是历年结余的工资基金和集体福利基金。这部分资金是职工以前的劳动积累,实行职工持股时可考虑应从企业资金中明晰出来,用于职工。二是部分企业公益金。公益金是法定用于职工的资金,划出一部分作为职工持股基金是可行的。三是经股东会或董事会同意直接从企业盈利中划出一部分作为职工持股资金。

8. 组建职工持股会，使职工与企业形成利益共同体，增强企业的凝聚力。成立职工持股会，对现有企业内部职工持股模式进行改组或重造。我国企业在实行股份制时设立内部职工股，它的初衷是使职工成为投资者，增强其对企业的关切度。但实际上，社会募集公司的内部职工股有些已经上市，有些准备上市；定向募集公司中的内部职工股，也可以预期上市。内部职工股的这种开放性和流动性，使职工在最初认购时，更多地把它看作是一种短期投资。这容易刺激职工从事短期股票炒作甚至影响正常的生产秩序。为解决这些问题，关键是把企业内部职工股培育成一个独立的产权主体，而职工持股会作为这一主体的代表，具有管理内部职工股并行使参与企业决策与管理的各项职权。

组建职工持股会有利于形成职工与企业的利益共同体。由于职工持股会所管理的内部职工股是一种通过职工自愿出资，购买企业发行的只分红、不交易的内部股份，所以有利于持股职工自觉与企业结成"风险共担、命运与共"的利益共同体。职工通过拥有企业部分产权，实际地获得对企业经营管理、决策和部分资产受益的权利，就会不仅关心企业的工资福利问题，而且更关心企业的发展和资产的增值，形成一个促进国家资产和税收增长、企业效益和职工收益同步提高的有效机制。建立职工持股会不但便于内部职工股的集中统一管理，而且持股会通过集中职工股东的意见，在股东大会和董事会上得到充分的表达和反映，有利于将职工自发的利益要求引导到关心企业发展上来，有利于更好地维护持股职工的合法权益，拓宽企业民主管理的内容和渠道，更加有利于贯彻执行全心全意依靠职工办企业的方针。

9. 借鉴西方发达国家持股经验，职工持股的收益分配可采用集体信托、个人账户等多种形式。西方国家员工持股的收益分配的主要形式可以借鉴：

（1）集体信托持股。在美国，有些公司实行职工股权计划，其主要内容是：公司成立一个专门的职工持股信托基金会，基金会由企业全面担保，贷款认购企业的股票。企业每年提取相当于工资总额的一部分，投入到职工持股信托基金会，以偿还贷款。当贷款还清后，该基金会根据职工相应的工资水平或劳动贡献大小，把股票分配到每个职工的"职工持股计划账户"上，职工调离或退休，可将股票卖给职工持股信托基金会。这是一种共有制，股份不量化到每一个职工身上，而由信托基金会集体拥有，职工没有明确属于自己的那一份产权，企业资本与职工个人没有直接联系，职工能享受到的只是他在职期间的资本收益，而不是资本本身。

（2）个人账户持股。企业为每个职工建立资本账户，企业的资本按股份划分到个人资本账户上，每年的红利经分配后记入个人账户。为了保护企业的合作性质，股本不能随意转让，职工离职退休后，一般不再享受分红的权利，其股本也要由企业按照当时的市场价格逐渐买回来。

（3）混合形式。这是一种股份集体信托和列入个人账户的结合体，即将一部分企业股份列入个人账户，其余的采取信托持股的方式、股份分配原则。一方面是根据职工过去所做的贡献，另一方面考虑企业各类人员以前及未来的工资水平。在分红上，只发少量的红利，把大部分的利润归入公司，公司的经济实力增强，影响到股票价格上升，这就使职工的个人收益与所有权发生联系。就我国目前职工持股而言，可更多地鼓励个人账户持股。

10. 政府应有目的地引导和支持民私营企业向股份合作和职工持股方向发展。

在实行社会主义市场经济的条件下，我国民私营经济发展前景广阔，但仍处于起步、发育阶段，其自身的发展受到其局限性的影响,特别是私营经济,许多是从个体户发展而来,局限性更大。

(1) 规模较小,作坊式、家庭式的私营企业较多,经营方式单一,拾遗补阙作用明显,难以形成规模经济效益,生产亦难以实现社会化。

(2) 大多属粗放型、劳动密集型企业,许多工序依靠手工操作、简单劳动,机械化、自动化程度低,这对其自身发展是一个很大的制约,难以开展有力的竞争。

(3) 自身资本额较小,又缺乏采用有效形式筹集社会资金,大多缺乏较强的经济实力。

(4) 采用独资、合伙组织形式的较多,约占全部私营企业组织形态的3/4,采用有限责任公司形式的较少,采用股份有限公司形式的更是凤毛麟角。独资企业和合伙企业都属于无限责任型的企业,业主个人承担无限责任,风险很大,再加上企业自身竞争力不强,外部环境存在一些不平等竞争和不利的因素,因而处于不稳定状态。

(5) 业主与雇员的利益矛盾逐渐突出,雇员的流动性较大。目前,部分私营企业的家庭成员比例增大。

因此,在日趋激烈的市场竞争中,民私营经济也面临如何选择发展道路的问题。股份合作制是促使民私营经济联合起来,走规模经济道路的较好方式之一。它既能够保障私人财产所有权及其收益,又可以扩大经营规模,发挥资本联合和劳动联合的优势。因此政府应积极引导民私营企业向股份制和职工持股方面发展。

三 在实行职工持股计划中确立劳动力产权,对于调动企业职工(尤其是管理层)的积极性具有普遍的意义

11. 劳动力产权的确立就是通过协调企业和劳动者的利益关系,形成国有企业长期稳定发展的机制。所谓劳动力产权,就是劳

动者不仅应获得工资收入，而且应在一定程度上享受产权收益。把企业利润收入的一部分作为企业职工在本企业的股份，其所得份额由其工作时间、工作岗位、工作贡献等因素决定。通过劳动力产权获取的股份具有特殊性，可以规定它不可转让，不可交易，不可继承。从社会主义市场经济发展的全局来说，劳动力产权的确立至关重要，并且日益成为牵动和影响全局的重要问题，将奠定国有企业长期稳定发展的基础。

确立劳动力产权，把企业利润收入的一部分转移到企业职工的劳动力产权收益上，能有效地把职工的利益与企业的利益直接联系在一起，能有力地推动企业的经济效益的提高。因此，劳动力产权本质上不是简单地把国有资产量化到个人，更不是实行私有化。实际上通过实行劳动力产权，正确处理劳动者与企业的利益矛盾，有助于扩大和稳定国有资产的产权收益，使国家作为所有者的利益得到长期有效的保证。确立劳动力产权，解决劳动者的利益机制对国有企业改革越来越重要。

12. 通过确立劳动力产权强化人力资本的作用是提高国有企业竞争力的关键。随着现代社会化生产的不断发展，人力资本的作用日益突出。社会发展到现在，传统资本虽然还保持着它的重要性，但是已呈逐渐下降的趋势。今天还称之为股东的人掌握的资本仍是货币资本以及由此转化成的实物资本。但是信息和知识技术以及接受、利用、加工、创造这些信息和技术的企业职工，在整个财富创造过程中的作用越来越重要。企业的成败，或者说财富创造的多寡快慢更多地取决于企业劳动者的共同努力。人力资本（或劳动力资本）在企业财富创造和积累中的作用越来越大。未来的企业越来越像一个利益共同体。

当前，我国企业管理层的素质和负责精神已成为影响企业效益的一个重要因素，特别是在企业的产权制度确立以后，管理者的作用会越来越重要。重视企业人力资本的作用，首先要重视和发挥企业管理者在企业发展中的特殊作用。提出和解决劳动力产权问题，并把企业管理层的劳动力产权问题解决得更好一些，这对企业的改革和发展是十分重要的。

13. 通过劳动力产权实现经济共享，通过管理股的设置实现对传统产权制度的创新。近几年，一些地方大胆进行了共享经济模式的试验及设立管理股的探索，应当说，是自觉或不自觉地实现劳动力产权，值得重视并在总结经验的基础上加以推广。

与一般的股份制经济相比，共享经济模式不仅以资定股，而且实物、知识产权、管理经验等能给企业共同体带来较好经济效益的有形生产要素和无形的知识、智能、信息都可以转化为同质的财产要素并折算成相应的股权入股。因此，共享经济模式最具特色的是在经济资源资本化方面，对一般的股份制的股本概念进行了突破，也就是说，进入共享经济模式的要素比其他经济模式要多，而且从机制上，共享经济模式巧妙地联结了生产力诸要素。

共享经济模式对股本概念的突破，大大提高了这一经济模式对不同的经济主体、不同的经济资源的兼容性，使得不同所有制的企业和不同身份的个人都可以参加到这一利益联合体中来，使得不同的经济主体可以以不同的股份参与方式参加到这一利益联合体中来。

共享经济模式对股本概念的突破，从外延上扩大了可以作为资本的经济资源的范围，尤其强调了在生产力诸因素中居于主体地位的人的作用，充分尊重人的价值并使人的价值在共享经济模式中以更高的程度实现。管理股的设立，是共享经济模式的一种创造。在共享经济模式的构想中，每个管理者既是被聘用者，又是企业的主人，风险共担、利益共享，这就应当承认管理者对其主要财富——管理才能的所有权，并允许其入股。管理才能可获得相应的股份，这在观念上、体制上是一大突破。

所谓管理股，意思是企业管理者经营有方，使企业获得了较好的经济效益，可从企业盈利中获得一定的数额的股份，作为企业管理者优秀管理才能的回报。这对于高素质、经验丰富的管理人员更具有激励与稳定作用。

14. 在中小企业加大劳动力产权的比重，并通过确立劳动力产权促进和保护中小企业的发展。从西方发达国家的经验看，实行员工股份制有助于保护中小企业，使它们在激烈的竞争中站稳脚跟、发展壮大。在日益激烈的市场竞争中，中小企业往往因势单力薄容易处于不利地位，甚至有被吞并的危险。但当中小企业的股份资本一旦为自己的员工所掌握和占有时，公司财产的集体地位就成了对付竞争必不可少的保护机制。美国中小企业不断增多且大多被员工赎买的主要原因也在此。据统计，多数被购买公司的就业人数少于500人。全美约600万家各类企业，98%为就业人数不到100人的中小企业。其中就业人数在20人以内的企业占87%。这些中小企业生产着全美国国民生产总值的40%以上，而且这些中小企业目前仍在不断迅速增加，显示出生命力。

就我国的情况来看，大型国有企业因其规模大，人员多，历史遗留问题也多，加之大型国有企业的变革对社会的影响和冲击也较大，因此，就现实而言，以在中小企业内先行试点为宜，并尽可能加大劳动力产权的比重，适当增加其劳动力产权收益与企业近期效益的联系。将来在大型国有企业中试行内部职工持股制度时，考虑到这些企业实力雄厚，投资方向多，抗风险能力强，可以更多地将劳动力产权收益与其退休福利计划相联系，给予职工的长远利益与企业的长远发展较多的联系。

15. 劳动力产权的实现形式需灵活多样。比如，国有企业在进行股份制改造或现代企业制度建设时，可以考虑将由企业福利基金和奖励基金形成的资产和部分企业积累形成的资产划为内部职工股，或以配送或低价出售的方式转让给企业职工，实现劳动力产权。将这部分资产划为内部职工股，并不能看作是国有资产的流失，而是把原本就属于企业职工的那一部分资产以某种形式再归还职工。在决定划分比例时，必须进行认真的测算，以保证结果尽量公正合理。量化时应根据职工的工龄、岗位、职务、贡献等多种因素确定量化标准。当然，由于长期以来我国企业的产权归属不清，多年来积累了一系列问题，包括退休职工的问题等，如何划分，如何量化，实践中应认真研究和探索。

16. 必须在政策上对劳动力产权的广泛性、差别性等做出原则性规定。在加快国有企业改革中，借鉴某些国家在劳动力产权方面的一些有益做法，完全有可能把劳动力产权解决得更好一些，体现出劳动力产权的社会主义性质。

（1）确立劳动力产权要有充分的广泛性。无论在国有经济还是非国有经济中，劳动力产权要包括广大劳动者。美国对职工持股计划，有一条"广泛参与的要求"，值得借鉴。按美国"内部收益法"规定，对职工持股计划的广泛参与性做了严格规定，特别是对非高薪阶层的广泛参与做出要求。该法规定，凡年薪75000美元或超过50000美元且属于公司收入最高的20%之列的人，以及拥有公司5%股权的人，皆属于高薪，对他们持股数量需加严格控制。规定凡实行职工持股计划的公司，必须使70%的非高薪阶层的职工参与持股，非高薪阶层参与该计划所得平均收益至少要达到高薪阶层所得平均收益的70%。在我国企业内，实行劳动力产权，旨在增强员工对企业的认同感、参与感、责任感，调动广大职工的积极性。因此，实行劳动力产权更需要有极大的广泛性。在制度上对此有一些规定，看来是必要的。

（2）劳动力产权要充分实现利益的一致性。确立劳动力产权要兼顾国家、集体、个人三者的利益关系，并且要把长远利益同眼前利益紧密结合起来。这样，劳动力产权的确立才有助于推动经济持续增长，保证社会主义公有经济的主体地位，保证广大劳动者在企业中的主人翁地位，使国有企业的发展建立在比较长远、可靠的基础之上。

（3）劳动力产权要有合理的差别性。劳动力产权的确立，其有效的激励机制将使人力资本与物力资本达到最优结合，发挥最佳效益，并将奠定企业长期发展的动力基础。同时，由于劳动力产权中劳动者所得份额由其工作时间、工作岗位、工作贡献等因素决定，有助于激发广大职工提高自身素质，强化人力资本的竞争性，使人力资本的作用得到更大更充分的发挥。劳动力能力与素质的差异是客观存在的，应当承认这个差异并在劳动力产权收益上得到体现，在劳动力产权问题上绝不能复归平均主义的大锅饭。当然，可以采取必要的调节措施，如给劳动力产权收益有一个上限的规定，以防产生新的利益矛盾。

17. 在加快国有企业改革的过程中，不断摸索实现劳动力产权的经验，并且由点到面，逐步推开。近两年来，随着企业改革的深化，特别是随着股份制改革试点的逐步展开，少数企业已开始摸索实现劳动力产权的做法，尽管这些局部性的做法还很不成熟，但为解决劳动力产权问题提供了许多有益的实践经验。当前国有企业加快向公司化过渡，这就为解决劳动力产权问题提供了最重要的前提和最有利的时机。在国有企业向公司制转轨的过程中，我们要高度重视研究和解决不同层次的劳动力产权问题，针对企业的不同情况，采取不同的解决办法。

（1）大型国有企业在股份制改造过程中，可以通过各方面的协商确定劳动力产权在企业利润分配上所占的比例。

（2）一些小型国有企业可以实行国有民营，使劳动力产权的份额占得更大一些。少数严重亏损的国有企业可以加大劳动力产权比例，逐步建立劳动力利益共同体，解决企业的严重亏损问题。

（3）一些原来的集体企业可通过劳动力产权形成更直接更广泛的劳动者利益共同体，使其成为劳动者自己的企业。

当前，比较可行的办法是选择一些实行股份制改造的企业率先进行劳动力产权改革的试点。由此可以建立起企业与职工间长久的利益分配关系，形成企业对劳动者的激励机制，以及产权对职工的约束机制。实际上，一些地区的实践已经走在了理论前面，关键是要及时总结经验，并加以引导。由于企业情况各异，具体做法也应有所不同。应当遵照先行试点，积累经验，逐步推开的办法。切忌一哄而起，各行其是。应当在试点的基础上形成规范意见，以稳妥地在有条件的企业展开。

四　政府应积极鼓励并规范职工持股计划

18. 在鼓励多种形式的职工持股探索和试验的同时，要通过一定的政策法规予以积极引导。由于职工持股的实践还在不断发展，认识有待于进一步统一和提高。因此要打破不必要的人为限制，允许多种形式的探索，同时要给予积极的引导，促进职工持股健康发展。从实际情况来看，目前对职工持股问题尚未有明确的政策和法律规定。应当在总结试点经验的基础上，对职工持股的性质、推行、管理、监督、法律责任和职工参与等有关问题做出统一的规定，逐步使职工持股计划步入制度化、法制化轨道。

19. 对现有职工股进行分类处理，实行真正意义上的员工内部持股。设立职工个人股的主要目的是使职工成为企业资产的所有者，激发职工的劳动、参与积极性，增强企业的凝聚力。但由于职工股上市或预期上市违背了设立职工股的初衷，也给职工股作用的发挥带来消极影响。因此应当十分明确企业发行的内部职工股不应纳入企业向社会公开募集股份的范围，企业的内部职工股不上市转让和交易；内部职工股可由企业职工持股会等组织统一管理；社会募集公司的职工股，特别是已经上市的，由于其社会化程度很高，所以按社会公众股对待。另外再重新设立真正意义的内部职工股，并通过职工持股会进行管理。

20. 政府应采取一些政策鼓励措施，积极推动职工持股。职工持股是协调经济转型时期多种利益矛盾的有益措施，也有助于鼓励员工为企业多做贡献，从而更多地增加社会财富。因此，政府有必要采取一些优惠政策，扩大职工持股范围，提高企业中职工持股比重。

（1）庞大的历史债务是企业推行职工持股的现实障碍。鉴于企业债务的形成有很多原因，因此，在实行职工持股计划时可以考虑把历史债务挂起来，将企业的净资产出售给职工，实现职工持股。

（2）对于那些亏损严重、濒临破产的企业，为了挽救企业、减少社会风险，对于实行职工持股的企业应当给予2—3年的企业所得税的减免。

（3）政府在信贷政策上要给予优惠，通过贷款计划支持职工持股。特别是对那些资不抵债的企业实行职工持股，应给予一定的贷款支持，并对贷款还本付息延长一定的期限。

利用资本市场加快国有企业战略重组（20条建议）[*]

（1997年6月）

在市场经济条件下，国有经济竞争力的关键取决于自身的市场化程度。有效地利用资本市场，加快国有企业战略重组，已成为我国向社会主义市场经济过渡的重大课题。首先，实现国有资产向国有资本的过渡，是国有企业战略改组的关键性步骤。经营性国有资产的资本化，直接依赖于资本市场。其次，我国的资本市场要以实现国有资产资本化为主要任务，大大提高国有经济的市场化程度。此外，目前利用资本市场加快国有企业战略重组的时机和条件都已基本成熟，应当及时采取措施，取得实质性进展。把资本市场与国有企业战略重组紧密结合，互相推动，能加快实现经营性国有资产资本化的进程，由此能明显增强国有企业的竞争力，充分发挥国有经济在社会主义市场经济条件下的主导作用。

---

[*] 中改院课题组：《关于利用资本市场加快国有企业战略重组的建议（20条）》，1997年6月。

一　通过国有资产资本化经营加快国有企业战略重组

1. 我国国有企业改革到了一个关键时期，必须通过国有资产资本化经营，加快实现国有企业的战略重组。随着经济环境和体制环境的重大变化，国有经济的不相适应性越来越明显：国有经济的配置格局严重不合理，战线过长，结构单一，大大降低了国有经济在社会主义市场经济条件下的主导性作用；国有经济的配置效率很低，国有企业的资产负债率已达80%以上，大量资不抵债的企业难以淘汰。要根本改变这种状态，关键是要抓住当前的有利时机，依靠资本市场机制，把国有经济推上资本化经营的轨道，尽快培育一批有实力、有发展前途的国有大中型企业，依靠资本市场的力量兼并、改组其他国有企业，以促进整个国有经济的结构性调整和国有资产重组。具体讲：一是通过资本市场，加快国有产业部门的结构调整和资产重组，使国有资产逐步向优势产业集中；二是通过资本市场大力促进国有经济与其他经济成分的相互融合；三是通过资本市场，实现国有存量资产的市场化，促进企业的战略重组。

2. 当前实现国有资产资本化经营的迫切任务，是依靠资本市场机制化解国有经济存量中的不良债务。庞大的债务问题已成为牵动和影响国有企业改革的关键性因素，债务问题不彻底解决，大量资不抵债企业的破产、淘汰机制就很难形成，并且还会继续恶化国有经济的整体效益。中改院曾建议，以债务托管为主，结合多种措施，全面解决不良债务问题。即由政府建立一个从中央到地方的权威性、过渡性的债务托管机构，它的主要任务是：第一，从国有银行接管国有企业的不良债权。第二，通过拥有相关企业的债权，参与企业重组。第三，组织不良债权的交易市场，加快实现不良债权的证券化和市场化。

这个建议涉及一系列具体复杂的重大问题。例如，作为债权人的银行能在多大程度上承担债务托管的成本，即以多大的折扣向托管机构转让债权；债务托管后如何开放不良债权的交易市场，能否以极具吸引力的折扣率加快不良债权的证券化和市场化，对此应做出什么样的基本判断等。这些问题都需要做进一步深入研究。

3. 发展资本市场，加快国有资产市场化进程，需要多方面的配套改革。我国资本市场发展缓慢，国有经济配置结构和配置效率所面临的大量问题，是各种体制性矛盾长期未能根本解决的结果。为此，要发展资本市场，加快国有经济市场化进程，必须相应地改革国有资产管理体制、投融资体制、政府行政管理体制等。当前，投融资体制改革更具迫切性。以行政决策和条块分割为主要特点的投融资体制不彻底改革，国有资本的投资效益就缺乏体制保障，并且还会不断吸引国有资产增量进行不合理、无效益的配置。例如，目前仍然不断把国有资产增量和银行资金注入低效甚至亏损企业。这说明，在我国发展资本市场必须进行配套改革：把发展资本市场与改革国有资产管理体制相配套，加快国有资本的股份化进程；把发展资本市场同改革投融资体制相配套，加快实现国有资产的市场配置；把发展资本市场同改革行政管理体制相结合，加快建立现代企业制度。以加快国有企业战略重组为目标，积极培育和发展资本市场，将是推动整个经济体制改革深入发展的重要突破口之一。

4. 发展资本市场，加快实现国有企业战略重组的时机、条件已经基本成熟。我国国有企业改革从抓试点入手、以点带面，初步取得成效。国家已重点抓了 100 户企业的现代企业制度试点；优化资本结构的试点城市从最初 18 个扩大到 111 个；国家还集中抓了 1000 户重点企业，其中实行主办银行制度的企业已扩大到 512 户；国家重点抓的 300 户企业的销售收入占全国国有独立核算工业企业的一半以上，实现利润超过全部独立核算国有工业企业的总和。全国经营性国有资产总量 1995 年达到 45063.3 亿元，国家财政收入有 60% 来源于国有企业，城镇社会就业人员近 70% 是由国有企业及其他国有单位安置的。同时，我国宏观经济持续地保持着良好的走势，政府、企业、居民均从宏观经济调控中获得有益的经验。尤其是在深化金融改革、扩大金融开放的过程中，无论是从宏观层面上还是从微观层面上讲，防范金融风险的意识都在不同程度和水平上得到了提高。在这样的基础上提出培育资本市场、以国有资产资本化经营为标志实现国有企业市场化战略重组，对于深化企业改革，转换企业经营机制，推动企业真正走向市场，显然具有客观的可行性，对此应该有充分的认识，并采取根本性措施，加快发展资本市场。

二　国有企业实现规范化的股份制改造，是国有资产资本化经营的重要基础

5. 股份制是我国社会主义市场经济条件下国有资产实现战略重组的重要基础。要在总结经验的基础上，加快推进国有企业的股份制改造。在现代市场经济条件下，股份制是资产组合的重要形式。股份公司为股本融资和换股并购创造了条件，换股并购又大大推动了公司的资产重组。为此，股份制在国有企业战略重组中具有十分重要的作用。现实的情况是，大部分国有经济仍以纯粹国有企业的形态存在，全国股份制企业数量仅占国有企业总数的 6.3%。当前，按照建立现代企业制度的要求，必须加快国有企业的股份制改造。应当积极鼓励其中一批符合条件的大型国有企业发展成为规范的上市公司。同时应允许和支持优秀的上市公司开展多种形式的资产重组，例如，利用其资金、技术、品牌、管理、市场营销体系等优势，使其对其他合适的企业进行换股并购。对于一部分效益虽好，但由于各种原因不能上市的企业，可以采用企业债券、可转换债券、培育金融中介机构等多种方式帮助其实现直接融资，并尽快发展为规范化的股份公司。

6. 采取"多种形式、逐步过渡"的办法实现国有企业规范化的股份制改造。我国的股份制改革正处于发展的关键时期，资本市场的发展，又对股份制改革提出了更高的要求。在这种情况下，我们要高度重视股份制改革对于推动和促进国有企业战略重组的重大作用，自觉地把加快股份制改革作为企业间的兼并、参股、收购、联合的基本性措施。同时，抓住当前的有利时机，采取多种形式和办法，积极大胆地推动股份制改革，把发展股份制企业作为国有企业改革的重要任务，尽快形成以股份制企业为主体的现代企业组织结构。经营性的国有企业只要基本符合条件，经过改造，要大部分改组为股份制企业。当前，我国的股份制企业不仅数量小，而且又很不规范。因此，特别要加快把大型国有企业改造成股份制企业的步伐。对大量小型国有企业，可以改造为股份合作经济，并积极发展职工持股。

7. 基础产业和公用事业领域的股份制改革应提上重要议程，尽可能减少国家独资公司的比重。20 世纪 80 年代以来，世界范围内加快了国有公共企业股份化改革的步伐。例如德国近两年先后把原联邦邮电部、联邦铁路改造为多个股份公司，并为此专门立法。其中德意志电信股份公司已成功地成为上市公司，并跻身于德国五大公司行列。为适应发展社会主义市场经济的新形势，近两年，我国在铁路、公路、航空、电力、电信、燃气等基础产业和公用事业领域，也开始进行了公司化改革的试点，逐步由国家行政性经营管理改为企业化经营管理，一部分已转为国有独资公司。根据国际经验，为根本解决基础产业和公用行业对国家财政的依赖，提高其社会经济效益，尽快增强其竞争力，以适应世界范围内在基础产业和公用行业中的开放市场和相互竞争的大趋势，建议尽快在基础产业和公用事业领域中进行股份制改革。这一步起步越早就越主动越有利。因此，一切有条件进行股份制改革的国有公用事业（机构），都应分步改造为规范化的股份公司，并把其中的一部分推向上市公司行列。

8. 逐步增加真正具有竞争力的国有大型企业上市的比重。我国是一个发展中的大国，股票市场稳定发展的重要基础，是要把一些效益比较好的大型生产性企业或企业集团作为上市公司的主体。这样，尽管上市公司的数量很少，但对股市的发展和稳定都会起到相当重要的作用。目前，可考虑选择一些经营业绩较好，但负债率较高、存量资产流动困难的大型国有企业，在一定期限内逐步上市，使这些大型企业，在获得新的资金支持的同时，体制上有一个大的转变。要扶助一批有发展前途、效益较好，但目前经营有困难的公司组建股份制公司。这样，既可减少企业对国家财政和银行的依赖，又可促进企业自主经营机制的形成，为企业走向市场、逐步发展成为上市公司打下基础。要鼓励效益好的已上市公司开展多种形式的资产重组，以控股、参股、兼并等多种形式，支配比自身资产更大的资产，取得资金运用上的放大效应和整体效益。要鼓励一批效益好、实力强的非上市公司收购兼并效益差的上市公司，通过"买壳""借壳"重组资产。

9. 要规范政府行为，使股份制企业摆脱行政束缚，走上规范化发展的道路。目前，由于多种原因，股份制企业的不规范问题很突出。特别是国有企业改制为股份制企业后，普遍反映各种形式的行政干预过多，有的甚至仍然实行原来的体制和管理办法。因此，在我国股份制企业的发展中，一方面要逐步完善法律，依法监督股份制企业；另一方面，要尽快从根本上改变对股份制企业过分行政束缚的局面，严格限制"上级"或"主管部门"的不必要干预。政府要积极创造条件，使企业上市的审批制改为资格登记制。企业上市由审批制改为资格登记制，将使企业和中介机构把精力和资源主要放在提高自身素质和提高经营质量上。摆脱不必要的行政束缚，这对国有企业尤其是大型国有企业改造为股份制企业，有着特别重要的作用。如不采取有效措施彻底解决这个问题，则国有企业的股份制改革很难到位，也会对我国股份制企业的发展产生严重的不利影响。

三　抓紧解决公有股流通问题，尽快实现国有资产资本化经营

10. 当前公有股流通的时机和条件都已基本成熟，应当对此有充分的估计。从目前的情况看，国有股不流通严重阻碍了国有资产重组和优化配置，并由此造成了国有资产的损失，这已是一个相当实际的问题。无论从国有资产保值增值方面看，还是从资本市场发展方面看，法人股、特别是国有股的流通都是一个急迫需要解决的问题。

据统计，到1996年末，居民储蓄已达3.8万亿元，估计每年以9000亿—10000亿元的速度增加。面对多方面的股市外围的庞大游资，我国股票市场的供给量显得越来越小。因此逐步允许公股流通入市，是股票市场稳定发展的根本性措施。随着我国股市的逐渐成熟，公有股上市越晚隐患越多。

公有股上市流通涉及许多复杂的问题，应采取"抓紧实施，逐步到位"的办法，例如，按一定比例分步出台，对效益好的国有大型企业改制为股份制企业的国有股应制定优先安排办法。与此同时，对不同行业、不同企业国有资产的控股参股比例要有合理的、明确的规定。要制定鼓励政策，大力发展机构投资者，使资本市场有稳定的长期资金来源。

11. 通过公有股的上市流通，加快中国主导产业的战略重组。从整体上看，在我国钢铁、汽车、化工、机械、电子等国民经济的主导产业中，企业结构不合理，技术水平与国际先进水平相比有明显差距。在这些企业面临更加激烈的市场竞争环境下，如何通过公有股的流通和规范运作，推进这些企业间的联合、兼并，扩大经营

规模，提高这些企业的开发能力和竞争能力，进而加快我国主导产业的战略性重组，具有十分重要的现实意义。通过公有股上市流通，加快中国主导产业的战略重组，要注意切实解决公有股入市的条件与措施，包括：实现公有股的"人格化"，使公有股主体以公有股经营者的身份行使股权，即国有股的主体不是政府部门而是经营公有股资本的机构；公有股的股权分散化，使公有股与个人股在企业中的权益平等；公有股在形成中应与社会个人股同股同价，行政权力和政策允诺不能成为政府部门获取创业利润的理由等。

12. 通过多种办法搞活公有股，逐步推动具有发展前途的国有大型企业结构调整。目前，在争取一部分公有股上市流通的同时，还可采取相应的措施搞活公有股。例如：第一，利用外资搞活上市公司的公有股，具体办法有持牌拍卖，即由中介机构组织持有公有股的单位向海外投资者进行拍卖；公有股转B股，一方面吸引外资，另一方面盘活存量。第二，让公有股有限制地流动转让。可利用现有的交易场所转让上市公司的公有股；组织产权交易，通过产权市场实现公有股的流动；建立柜台交易系统，通过柜台的协议价格直接成交等。第三，公有股股权转化为债券或基金，即上市公司的公有股通过中介转化为其他形式的证券上市交易。同时建立投资管理公司和基金管理公司收购上市公司的公有股，并规范管理。第四，采取股权抵押、公有股回购短期模式促进公有股的阶段性流动。第五，通过收缩股份、公有股转职工股等形式逐步缩小公有股的比重，等等。只有多层次地推进公有股流通，才能积极稳妥地通过资本市场实现国有企业战略性重组。

四 形成一种机制，使效益好的国有大型企业能通过资本市场筹集社会资金，提高市场竞争力

13. 在重视银行贷款向有效益、有发展前景的大型国有企业倾

斜的同时，也应重视支持其扩大在资本市场中直接融资的比重。我国现有国有企业 30 多万家，其中特大型企业 426 家，大型企业 7033 家，在 7459 家大型国有企业中，上市公司不到 600 家，绝大部分大型企业完全通过银行进行间接融资。近几年来，国家采取"抓大放小"政策，银行贷款向有效益、有发展前途的国有大型企业倾斜，这些贷款多为利率在 10% 以上的中短期商业性贷款，其中有不少都是项目贷款，而这些项目投资回报率多低于贷款利率，加上单一银行融资、国有企业社会负担重等因素影响，使得不少大型国有企业仅每年的利息支出就不堪重负。1995 年国有工业企业利息支出达 1250 亿元，其中国有亏损企业的利息支出相当于亏损额的 67%。1996 年，长春一汽支付贷款利息多达 10 多亿元，是税后利润的一倍多。由此可见，银行贷款向有效益、有发展前景的国有大型企业倾斜的政策，已在某种程度上成为影响国有大型企业生存和发展的一个问题。因此，在重视向大型企业贷款的同时，更应支持其扩大在资本市场中直接融资的比重。

14. 国有大型企业要更多地依靠资本市场进行直接融资。在现代市场经济条件下，随着资本市场的发展和金融工具的创新，直接融资和间接融资的界限逐渐被打破。改革开放以来，我们一直强调"以银行间接融资为主，以直接融资为辅"的融资政策。间接融资和直接融资各占多大比例为好，两者的关系如何，应当根据实践情况而论。但有一点可以肯定，目前我国银行体系的资产占全部金融资产的 90%，应当说是高了一些。当前，适度强调发展直接融资，是具备充分条件的。此外，在我国储蓄已转变为以居民为主和国有银行商业化改革尚未到位的现实阶段，发展直接融资更具紧迫性、重要性。经济转轨时期，支持效益好的国有大型企业依靠银行进行间接融资是重要的，但更为重要的是，应采取鼓励和扶持政策，支持它们逐步地更多依靠资本市场进行直接融资，扩大它们直接融资的能力和渠道。虽然效益好的国有大型企业远比民私营企业获得银行贷款的支持率高，但这无助于降低已普遍过高的资产负债率，也无助于通过多元投资主体的形成理顺产权结构、转换机制。从改革的角度讲，应该借助资本市场形成一种机制，使效益好的国有大型企业更强，发展更快，并有足够的资本金去兼并那些管理不善、经营不好的国有企业，改善和提高整个国有经济的素质。这无论是从长期，还是从目前来说，对国有经济的战略改组和合理布局都有着十分积极的作用。

15. 通过国有资产资本化经营实现国有企业战略重组要求开展多种形式的直接融资。建立社会主义市场经济体制，就是让国有资产直接走进资本市场，实现资本化经营，它可以有效地优化组合国有资产，实现企业结构调整的目标。由于国有企业的复杂性和资本市场工具的多样化，客观要求开展多种形式的直接融资。因此，可以考虑：第一，加紧效益好的国有大型企业的股份制改造，鼓励其进入证券市场，并为此积极创造条件。第二，建立产业基金，为效益好的国有大型企业注入社会资金，帮助其发展新型产业。第三，支持和鼓励效益好的国有大型企业向国内、国外发行企业债券，并适度扩大发行规模。第四，把职工持股的方式由中小企业向大型企业延伸，允许和支持未上市的国有大型企业实施职工持股计划。第五，充分利用上市公司的资源扩大直接融资规模，允许和支持未上市的国有大型企业"借壳"上市。

16. 通过股票、企业债券、海外上市等直接融资手段，增大国有大型企业的资本扩张权，实现部分债务证券化。当前，对国有大型企业中有效益、有发展前途的企业，有必要鼓励其通过股票、企业债券、海外上市等直接融资手段获得资本扩张权，进而实现部分债务证券化。实践证明，即使在目前我国资本市场还不规范的情况下，通过资本市场进行多种形式的直接融资，也可有效地化解企业债务，改善资本结构，产生一大批优势企业。1995年，深沪上市的32家公司的平均净资产总额为5.70亿元/户，而国有大型企业的固定资产净值平均为9294万元/户；首批境外上市的9家企业，改制前资产负债率平均为50.90%，1995年改制后则为36.7%。不少大型国有企业通过利用资本市场而成为优势企业，在资产重组中都有良好的表现，如深圳的康佳、四川的长虹、上海的延中实业、英雄股份等。

17. 允许效益好、有发展前途的国有大型企业优先发售可转换债券。目前，企业可转换债券相对于普通企业债券行情看涨，逐渐受到投资者的广泛注意。对于有效益、有发展前途的国有大型企业，应该充分利用这一政策资源，逐步扩大非上市企业发行可转换债券的规模。采用发行可转换债券的方式，可以有效地调整大型国有企业不合理的资本结构，同时有利于平抑证券市场过热、防范金融风险、分流投资渠道。发行可转换债券的前提条件是将负债率过高的大型国有独资企业改造为股份有限公司。其他企业法人和社会公众通过购买可转换债券参股，从而把企业对银行的负债转为企业对其他法人和社会公众的负债，达到重组的目的。同时发行可转换债券的企业应当在设定的转换和交易时间内，力争尽快入市，使可转换债券适时转换为股票。这样做，实际上是上市公司的一个准备阶段和一种过渡形式，对于缓解股市扩容压力和规范上市公司都有着重大的意义。

18. 通过建立投资银行体制，推动国有企业的改组和并购。目前，发展和完善我国中介机构的重要途径是建立投资银行体制。由于投资银行具有业务综合化、功能多元化的特点，其在企业产权市场和证券市场上可以发挥更大的作用，将会对我国企业改组与并购起到很大推动作用。如：投资银行可以通过多种方式向国内外投资者筹集资金，向需要改组和实施并购计划的企业注入资金；可以向高负债国有大型企业注入资金，偿还部分银行债务，并拥有企业部分股份；可以参与企业改组、并购、出售、拍卖、股权转让等咨询、策划与组织工作。可以考虑通过以下途径建立投资银行体系：一是允许一些实力雄厚的大证券商开展投资银行业务，赋予其投资银行职能，使其逐步变成投资银行；二是按投资银行的功能改造和规范原有的信托投资公司，使其成为投资银行；三是采取股份制的办法组建全新的投资银行；四是同国外投资银行联合在我国兴办投资银行。与此同时，还应积极稳妥地发展各类投资基金。

五　香港资本市场已成为我国国有企业境外融资的重要渠道，应当抓住当前的有利时机，采取相应对策

19. 重视研究利用香港资本市场作为国有企业的融资渠道。我国资本市场的开放是一个必然的过程，我国国有企业走向国际资本市场也是必然趋势。从当前来看，香港资本市场对这一过程的实现最有意义。可以说，香港始终是我国进入国际资本市场的天然窗口。目前已有20多家国有企业在香港上市；在香港蓝筹股中，来自内地的盈利正在上升。有关研究表明，1997年恒生指数总盈利中将有7%来自中国。香港回归之后，这一联系将更不可阻挡，投资于不同类型的中国相关股票将变得更为普遍；香港一些投资银行已与国有企业开始形成一种合作关系。它们为国有企业走向国际资本市场进行策划、包装、上市。为此，重视研究如何利用香港作为国有企业有效的融资渠道，并逐步走向国际资本市场，在当前有特别重要的意义。

随着我国资本市场的规范成熟，与国际资本市场的衔接、协调越来越显得重要。香港资本市场为我国熟悉国际资本市场提供了很好的环境。它既有助于我国企业熟悉海外资本市场的运行模式，也有助于海外投资者了解我国企业的经营特点。通过在香港资本市场的过渡，可以促进我国资本市场的发展和我国企业制度的改革。

当前国际资本市场汇率低、游资额大，不少国际投资者普遍看好中国，加上香港回归因素的影响，这对效益好的国有大中型企业来讲，利用国际资本市场的时机目前最为有利。

20. 采取多种措施，支持效益好的国有企业在香港上市。从目前的情况看，可考虑采取以下措施：

（1）在积极规范香港上市的 H 股企业的同时，再组织一批效益好的国有大中型企业在香港上市。由于我国企业的股份制改造还不是很规范，使我国国有企业在产权制度、经营体制、组织结构、管理方法、会计制度等方面同境外公司差别很大。在过去的三年，H 股普遍市场业绩不佳。为了保持投资者对 H 股的信心，对已上市的和将要上市的国有企业来说，都必须力求股份制规范化，并适应国际规则，消除影响上市公司业绩的体制因素。

（2）鼓励和支持以国有资产为背景、在香港注册的企业包装内地国有企业在香港上市，即红筹股。与 H 股相比，红筹股有一些优势。目前，投资者明显偏好红筹股，红筹股股价大幅攀升。为此，要抓住当前的有利时机，从多方面支持一定规模红筹股的发展，由此会带动一些效益好的国有企业进入国际资本市场。

（3）试行组建与香港一些投资机构合资的投资银行，并鼓励其包装效益好的国有企业在海外上市。这有利于培养国内投资银行的专业人才，有利于国有企业熟悉国际资本市场的规则，并对扩大我国金融中介机构的实力，提高其素质有着积极的影响。

（4）支持国内特别好的产业基金在香港上市。目前，产业基金在香港上市的时机和环境都很有利。此外，随着中国股市的扩容和公有股的流通，可考虑允许香港居民首先进入我国 A 股市场，它将有利于我国证券市场的发展，有利于国内资本市场与香港资本市场的对接。

全面推进国有企业股份制改造（22条建议）[*]

（1997年12月）

  股份制是符合社会化生产规律的资产经营方式和资本组织形式，在中国经济转轨时期，大力发展股份制经济，不仅有利于解决国有企业的融资问题，更重要的是它是实现我国国有经济重组的重要出路。

  1. 我国的股份制改革是一个长期过程，应当从长计议，积极稳妥地推进股份制改革。鉴于股份制改革在我国经济转轨时期对实现国有经济战略重组的特殊作用，建议分三个阶段推进国有企业的股份制改革：第一步，在未来几年以国有大中型企业为重点，基本完成对处于竞争性行业和部门国有企业的股份制改革。第二步，以基础产业和公用事业领域内的国有企业为重点，加快国有公共部门（包括通信、电力、航空、铁路、公路等）的股份制改革。第三步，以国有商业银行为重点，选准有利时机，加快我国金融领域的股份制改革。在此基础上，积极推进配套改革，采取相应措施，以实现

---

 [*] 中改院课题组：《以国有大型企业为重点，积极稳妥地推进股份制改革（22条建议）》，1997年12月。

国有经济重组和经济结构调整的目标。

2. 当前关键在于起主导作用的大型国有企业股份制改革要有突破。由于我国经济体制改革采取了渐进式的策略，遵循了由易到难的原则，国有企业股份制改革从总体上说仅处在探索阶段，并且主要集中在国有中小企业范围内。世纪之交，我国经济体制改革进入了关键时期。以国有大型企业为重点，积极稳妥地推进股份制改革，将对国有企业基本摆脱困境和建立现代企业制度产生实质性的作用和影响。

股份制的优越性在于它反映了资本的本性和特点，使大企业能够靠上市、靠以股本扩张为内容的并购等低成本扩张方式迅速发展壮大。

我国要在国际经济竞争中获胜，必须加快以国有大型企业为重点的股份制改革。只有股份制改革才能从根本上转换企业经营机制，才能使企业成为以资本为纽带的经营共同体、彻底实现政企分开，才能使企业通过股本扩张迅速发展壮大，进而构建中国新的产业优势。

3. 国有大企业股份制改革面临着难得的机遇。目前，国内宏观经济形势宽松、稳定。1997年以来，我国国民经济继续保持了"高增长、低通胀"的良好态势，宏观经济主要指标都处在适度范围内，指标之间相互关系的合理性是多年来所未有过的；多年的股份制改革也取得了进展，有102家特大型企业、1425家大型企业进行了试点，产生了一批转轨较快，经营状况较好的大企业和大集团，如四川长虹、三九集团等；近些年国有小企业及乡镇企业股份合作制的实践取得了较好效果，对大型企业的改革形成了压力，也创造了有利条件；短缺经济在大多数领域基本结束，部分行业出现相对过剩，市场竞争明显加剧，这种变化对大企业、大集团的成长是有利的；随着国民收入分配格局的变化，国内储蓄已经由政府和企业为主转变为以个人储蓄为主，个人储蓄在国内储蓄结构中已超过70%。这些都构成了国有大企业股份制改革的有利条件，应当抓住时机，积极推动国有大型企业的股份制改革。

4. 我国国有大型企业有5000多家，其情况千差万别，应采取多种方式分类推进股份制改革。

（1）效益特别好、已经进行了股份制改造的企业，其中基础性产业、支柱性产业、先导性的高科技产业型企业应优先上市，使其通过股本扩张迅速壮大。对于其中近期上不了市的企业要采取政策鼓励其发行企业债券。

（2）对于效益特别好，尚未进行股份制改造的企业，要利用可转换债券促进其加快股份制改造。

（3）大多数国有大型企业由于债务负担、冗员过多、企业办社会三大包袱，全面进行股份制改革难度很大。目前可以实施的途径是走先分立后改制的道路，即把大型国有企业中负担较轻、质量较好、有发展潜力的企业分立出来，先实施规范的股份制改革，并通过多种形式如上市、发行可转换债券等迅速发展壮大。在此基础上，通过分立企业的滚动扩张，稀释、消化原企业不良资产，推动大型国有企业的全面股份制改革。

（4）对于一些处于竞争性领域有发展前景但严重缺乏资金的大型国有企业，可有偿转让部分国有股权给内资、外资或个人，利用社会资本加快其股份制改革。

（5）对于那些扭亏无望、亏损特别严重的国有大型企业，不应再实施股份制改革，而应坚决实施破产。

5. 大型国有企业除了对产权制度进行改革外，企业制度其他方面的改革也要及时跟上，谨防只做表面文章。近年来，虽然有众多的国有企业先后完成了股份制改造，可是国有企业生产经营状况总体并未得到好转。这主要是因为在股份制的改革中，过分注重股份制的筹资功能，忽略了企业自身经营机制的转变。凡是进行了股份制改革效益无明显改观的企业，无疑都是换汤不换药，改名不改制，内部管理制度、外部制衡机制仍然沿袭国有企业的传统做法。推进大型国有企业股份制改革，要特别重视转制工作，谨防只做表面文章。

6. 通过国有股权分散重组适当地缩小国有股东作为第一股东的控股比例，以形成合理的股权结构和高效的经营机制。股权结构是公司治理结构的基础，股权结构的状况决定和影响着公司治理结构各部分的实际效能。在经过股份制改造的部分国有大企业中，国有股占绝对优势，从终极所有权的角度看，国有股在总股本中平均将占到70%—80%。目前上市公司中，国有股作为第一股东的持股比例据测算平均在42%左右，而第二大股东的持股比例平均仅为5%左右。国有经济的主导作用主要体现在控制力和竞争力上，股份公司中单一国有股东的控股比例过高，不利于形成多元化投资主体，由此还可能发生各种扭曲的行为和问题。为此，应适当地缩小国有股东作为第一股东的控股比例，以利于形成合理的股权结构和高效的经营机制。实践中可采取的政策有：

（1）将第一大股东的国有股权予以分割，授予不同的国有单位分别持有，这些单位向公司派出自己的董事。

（2）规定上市公司必须有公众股东代表进入董事会。

（3）从长计议，国家应该收缩国有股的持股比例，努力做到既提高上市公司的效率，又从根本上保证国家股的保值增值。

7. 由于企业外部机制和内部机制不尽完善，大型国有企业股份制改革必须循序渐进，决不能一哄而起，用行政命令的办法硬性规定执行。西方市场化国家的股份制企业已有几百年的历史，产生了一整套操作规范和运行机制。对于西方国家股份制中好的经验，我们应当认真吸取，少走弯路，不能闭门造车；但同时也应看到，我国的国有企业股份制改革与西方国家股份制的缘起有许多不同之处。股份制在我国属于改革中出现的新生事物，同其他的新生事物一样，有一个逐渐生长发育和逐渐成熟的过程。由于企业外部机制和内部机制不尽完善，如经济法律制度、社会保障制度、人才和经理市场、金融市场等都不具备或不完全具备；企业经理和职工对待风险的态度、优胜劣汰机制、价值观念等还存在着较大的差异，因而对于全面推进大型国有企业股份制改革既要满腔热情、勇于实践探索，又应当循序渐进、逐步积累经验，在不断发展的过程中形成规范有效的运行机制。要防止一哄而起，用行政命令的办法硬性规定指标。

8. 培育一批增长性高、竞争力强的大企业、大集团成为上市公司，提高上市公司质量，发挥其支撑和稳定资本市场的作用。规模合理、运作规范的大企业、大集团产权关系明确，组织机构健全、财务公开、对资本运营与增值有规范化的责任和义务，有较强的自我约束力，短期行为较少。只有确保此类大企业、大集团成为资本市场的主体，发挥稳定器的作用，资本市场才能平稳、健康发展。而且，国内大型企业成为上市公司可以在资本市场上，通过连环控股的杠杆方式，以较少的资本支配较大的社会资本，在较大范围内扩大和增强控股股东的支配和影响力，带动和搞活一批处于困难中的国有企业。这样既能壮大上市公司的实力，又能促进国有资产的战略性重组和国家产业结构调整，为实现在 3 年左右使大多数国有大中型企业走出困境的目标做贡献。

9. 在审批新股上市中应向效益好的大型国有企业倾斜，正确合理选择准备政策扶植发展的大型企业。正确合理选择准备扶植的大企业的标准应考虑的因素包括：一是上市公司要与产业结构升级的要求相一致，集中分配给支柱产业中的骨干企业；二是上市公司要与企业的兼并扩张计划结合起来，尽可能带动资本存量调整；三是上市公司要有利于名牌产品的发展，有利于提高我国产品的国际竞争力；四是上市公司募集资金所用于的投资项目，其技术水平应与企业的行业地位和发展战略相吻合。

10. 搞好国有大型企业已上市公司的运作，通过资产兼并重组尽快实现上市公司的结构调整。一是推动优秀的上市公司，尤其是国有资产占控股权的上市公司在用好已筹集资金的同时，充分发挥再筹资金的功能，增资扩容，迅速开发"强弱兼并""强强联合"，在推动结构调整和升级中尽快成为行业巨人；二是推动大型国有骨干企业兼并一批规模小、效益差的上市公司，将此类上市公司纳入全国大企业集团战略；三是推动国有大型优势企业按产业关联的思路，兼并那些受行业成长上限约束，且经营状况较差的上市公司，为这些企业开辟稳定的资本通道。

11. 加强上市公司管理、规范上市公司行为、提高上市公司质量，为资本市场奠定良好的基础。上市公司是资本市场的生命线，它的素质、效益、发展潜力和规范运作水平对资本市场健康发展起着决定性作用。我国上市公司总的质量是好的，连续7年平均净资产利润率为9%。但近两年上市公司的净资产收益有所下降，据初步统计，1995年仅为10.04%。并有16家上市公司亏损，1996年又扩大到31家（不包括潜在亏损的上市公司）。为此，如何采取切实措施保证上市公司的质量，已成为资本市场发展的当务之急。为了确保上市公司质量，一是必须严把上市第一关，在实行资格登记制以前，应改进审批标准，提升上市公司选择过程的公开性和竞争性，杜绝业绩差、发展前景不好的企业经过"包装"混入上市公司行列；二是严把配股关，在配股的审批上应体现择优扶强的原则，将宝贵的资金用在刀刃上，避免资金的低效运作；三是严把上市公司的监管关，确保它在信息披露、资金投向、决策过程等各方面规范运作，对违法违规的上市公司要严肃查处；四是对经营不善、不再符合上市标准的公司要坚决淘汰，不搞终身制；五是要把转换经营机制作为国有企业发行股票上市的重点来抓，提高企业效益，为企业的持续发展奠定基础。

12. 选拔已股份化、非上市、经济效益好的大型国有企业发行可转换债券，分流股票市场扩容过快过大的压力。目前，深、沪两市的上市股票规模已达 300 亿元人民币，在地区内进行局部运作的证券市场也有相当规模。但是，我国资本市场最不发达的部分是企业的债券市场，到 1995 年末各类公司债券共计 1738 亿元，1997 年发行可转换债券只有 40 亿元的规模，远不能满足国有大型企业资本短缺和进行股份化改革的需要。建议今后 3—5 年，我国可转换债券的发行总规模扩大到 500 亿—1000 亿元左右，在效益好的大型国有企业，期限可以分为一年、二年、三年期，增强这些大型国有企业改组、改制和上市公司的压力，力争在几年的时间里，逐步地把这些企业推向上市，成为资本市场的主体。

13. 运用多种办法使公有股进入流通，既是股份制规范化发展的要求，也是国有经济战略重组所必需的前提条件。公股流通的市场条件、技术条件趋于成熟，不宜再拖延下去，否则包袱会越背越重。在解决公有股出路的步骤上，应采取"抓紧实施、逐步到位"的方式，以防对现有股市带来过大的冲击，加剧市场扩容的压力。首先，对于新股来说，应消除公有股和公众股的差别，将上市公司的总股本用新股发行额统一上市流通，从而使得股票市场所要解决的就是已上市公司的公有股流通问题。其次，在一定时期内，按照积极稳妥的原则，通过多种途径解决已上市公司公有股流通问题。一是分类、分批、分比例地使一批上市公司的公有股上市流通；二是改部分公司的公有股为优先股；三是将一部分公有股转让给有资格的证券公司、信托投资公司等中介机构，然后由中介机构分割式地转让给社会公众；四是改部分公有股为内部职工股；五是鼓励各种基金投资公有股；六是探索发展场外交易，完善资本流通市场体系的有效途径和办法。

14. 加快培育和完善各类基金组织和投资银行等机构投资者，推动私人储蓄和投资领域的有效结合。目前，我国有几十万家国有企业，凝固了40多年的巨额存量资产要流动和重组，当前急需资金、技术和人才。另一方面，我国资本市场的资金潜力还是巨大的，有着广阔的发展空间。据统计，在全社会金融资产中，居民个人金融资产已达4万多亿元，占全社会金融资产的30%，但由于融资渠道单一，投资品种少，居民的金融资产大多数是以储蓄存款的形式存放在银行，增大了社会融资成本。当前关键的问题是打通私人储蓄与资本市场之间的通道，引导私人储蓄与投资领域的有效结合：从国际经验来看，解决这个问题的出路是大力发展以各类投资基金、投资银行为代表的机构投资者，增强资本市场的理性操作，分散投资风险，谋求投资的安全性和收益的最大化。首先，投资基金要聚集众多的散户资金，通过专业化人士，运用先进的投资技术和策略，对相同的资产进行各种各样的投资组合管理，分散风险，稳定股市。其次，要发挥投资银行在筹资者和投资者之间桥梁和媒介作用，通过为企业代理、并购，开展投资财务顾问、融资方案策划等中间服务，利用自身优势，开展"自营并购"业务。

15. 通过资本市场化解国有企业沉重负债，为企业和银行走出困境创造条件。国有企业大量不良债务已成为影响和牵动全局的关键性因素，不彻底、妥善解决这个问题，大型企业的股份制改造就难以真正迈开步子，取得实质性进展，并且也难以保持经济社会的稳定发展。国有企业债务是个全局性问题，少量企业的兼并破产虽然可以在某些局部取得成效，但不能从根本上全面解决问题。在国有大中型企业中全面推行股份制，客观上要求必须寻求全面积极地解决大量不良债务的方法。

我们曾建议，采取以债务托管为主，结合多种措施，全面解决不良债务的思路。即由政府组织一个从中央到地方的权威性、过渡性的债务托管机构，它的主要任务是：第一，从国有银行接管国有企业的不良债务。第二，通过拥有相关企业的债权参与重组。第三，组织不良债务的交易市场，加快实现不良债权的证券化和市场化。托管机构接管不良债权后，银行、政府、企业、托管机构等均应为化解债务做出贡献。

16. 产融结合、构建新型的银企关系，为大企业股份制发展创造良好的金融环境。困扰我国大企业集团发展的主要因素之一是资本金不足，融资能力有限，从而使生产经营、资本运营受到很大影响，而资本市场的不完善及严格的额度限制又限制了大企业直接融资能力的发展，面对并不宽松的生存环境，产融结合将为培育我国的大企业集团开辟一条新路子。据统计，全球500家最大企业集团的80%已经实现了产融结合，产业资本与金融资本由外部信贷关系走向内部产权融合已成为不可遏制的世界潮流。没有银行的参与，我国的大企业集团既难以迅速发展壮大，也难于跻身于国际市场，参与国际竞争。当前，需要重视的是：

(1) 加快发展和壮大财务公司，使其成为产融结合的有效中介。截至1996年6月，经中国人民银行批准，全国已设立61家财务公司。57家试点企业集团中，有38家成立了财务公司。财务公司作为一种非银行金融机构不但可以发放贷款，而且可以通过对企业的持股、参股和控股使自己成为股份化企业集团的核心之一，从而较好地实现大企业集团内部的产业资本和金融资本融合，应当加大财务公司发展的力度。

(2) 推广主办银行制度，进一步规范银企关系，拓宽大企业集团的融资渠道。目前，我国512家重点企业，都实行了主办银行制度。主办银行组织银团贷款，实行信贷的集约经营，缓解了部分大企业的资金需要，保证了国有大型企业在改革、改制、改造中的合理资金需要，应当在实践中进一步规范。

17. 大型国有企业资产的代表不宜直接由政府机构来充当。目前，我国大型企业的国有资产具有政资不分、政企不分、多人管理、多环节管理的特点。这种产权不清、责权利不统一、条块分割、难以流动的资产，不符合股份制作为企业资产组织形式对资产本身的要求。因此，改革国有资产管理体制，使国有资产具有资产本性，是产生规范的股份制企业的一个必要条件。

国有资产管理体制改革的核心问题是谁是国有资产的代表。目前解决这个问题的思路还不够清晰，《公司法》对此没有做出明确的规定。我们认为，大型国有企业国有资产的代表不宜直接由政府机构来充当，而应该由国有资产的控股公司来代表。这种控股公司主要是大型企业集团中的集团公司，也可以考虑委托国有商业银行或新建的投资银行。国家可以授权它们作为国有资产的代表，委托它们对国有资产进行经营。需要强调的是，国有资产的经营者应尽可能分散，这样有利于增大竞争的力度，降低风险。

18. 适应大型国有企业的股份制改革，在严格划分事权的前提下，可考虑国有企业中国有资产实行分级所有。将公有财产落实到各级政府所有是实行市场经济的国家和地区普遍采用的一种公共财产管理制度。我国对国有资产的管理实行国家统一所有、政府分级监管、企业自主经营的体制。这种管理体制存在着产权关系不明确，不利于发挥地方政府的积极性等缺陷。适应大型国有企业股份制改革，大型国有企业中国有资产应实行分级所有。可从大型国有企业在国民经济中的重要性为主要依据来考虑，将其分解为中央和地方所有，并分别由同级政府行使所有权。大型国有企业中国有资产实行分级所有，有利于明晰产权，有利于解决企业的所有者缺位，还可以较好地发挥中央和地方在推进股份制改革中的积极性。

19. 实施正确的政府推动，避免违背市场原则的行政干预。在我国大型国有企业集团股份制改革中，政府过多用行政手段进行干预，造成了股份制改革过程中的主观随意性、不公开性、机会不均等等弊端。比如用行政手段审批股份制企业，用行政手段决定股份有限公司是定向募集公司还是公众公司，用行政手段规定公司股票发行数额，用行政手段决定公司是否上市、上市时间和规模，用行政手段强行组织企业集团等。应当看到，我国经济体制转轨过程中，政府的作用是不可缺少的。目前我国的市场体系还不完善，国有企业的改革和重组需要政府的推动和支持，但政府也要极力避免违背市场原则的行政干预，尤其是要吸取有关国家的深刻教训，防止行政干预不当对经济运行造成的破坏。进行大型国有企业的股份制改革，政府的作用应首先体现在制定法规和政策，创造改革的环境和条件等方面。其次，应着重建立有透明度的运行机制，培育职业化的中介服务机构，让各种市场主体自由参与股份制经济的重组，让专业人员从事具体的改制工作。

20. 政府应集中精力为大型国有企业股份制创造宽松的就业环境，搞好下岗职工的再就业工作。我国大型国有企业中老企业占绝大多数，在这些企业中冗员过多构成了股份制改革的巨大障碍。比如，在2343家现代企业制度试点企业中，富余职工主要集中在大型国有独资企业。1996年底，特大型与大型企业的富余职工合计为80.5万人，占全部试点企业的92%，其中国有独资公司富余职工70.2万人，占80.2%。这些大型国有企业实施股份制改革，不可避免需将冗员推向社会，在我国目前社会保障尚不健全的条件下，政府有责任配合大型国有企业股份制改革，集中精力为冗员创造良好的就业环境，搞好下岗职工的再就业工作。

在解决股份制改革中冗员问题时，政府应具体问题具体分析，对症下药，因地制宜，采取多种措施实施"再就业"工程。其中应制定积极的宏观就业政策，将就业作为宏观经济调整的重要目标之一。加快培育和完善劳动力市场体系，进行人才资源的重组和结构调整。同时在微观上采取多种措施，比如，建立下岗职工最低生活保障制度；给予适当的优惠政策，鼓励和支持下岗职工兴办企业；搞好职业培训；等等。

21. 加强法制建设和服务，保证大型国有企业股份制改革健康发展。股份经济产生发展的历程表明，发展股份经济的重要前提是保护股民（尤其是中小股民）的利益，使其不受管理者和股份公司的欺骗，否则将使股份经济因失去信誉而无法发展。尽管中国的股份制试点取得了显著的成就，但其中也存在种种不容忽视的问题，使广大股民（特别是中小股民）的权利不能得到保障。比如上市公司抱着"无偿筹资"的指导思想，将筹集的资金不按规定使用，加大了股民承担的投资风险；上市公司只换股份制招牌不转企业经营机制，结果效益不佳，不能给股民以满意的回报；又如定向募集公司发行的股权证不能流动和转让，经营业绩透明度很差，侵害了股民的知情权、收益分配权等基本权利，打击了股民的投资积极性。保护股民（尤其是中小股民）最有效的方式是立法。在大型国有企业中普遍推行股份制，需要更好地利用立法手段规范、指导企业的股份制改造，让企业在法律的框架下，有明确的预期和独立的判断和决策能力，让广大股民能利用法律武器来保护自己的合法权益。

22. 改革企业干部人事制度，促进企业家阶层的形成。股份制最主要的特征是最终所有权和法人所有权的分离，而这种分离要以企业资产的所有者和企业家的功能分离为基础，即股份制以企业家阶层的形成为基础。离开了企业家阶层，就无所谓货币资本与人力资本的结合，也就无所谓股份制。因此，为使我国大型国有企业股份制改革获得成功，必须构建一整套企业家形成的机制。我国大型国有企业股份制改革在相当长的一段时间里，仍将是国有股权占大多数或绝大多数，这是由国情决定的，与西方的私人占有有本质的区别，尽管两者都已发展成了资本的社会化，但股权的归属仍是不同的。这种差别，决定了在用人上要有一套新办法，具体讲是建立对企业经营管理者一系列的选拔、培养、考核和奖罚制度。没有这方面的配套改革，大型国有企业股份制改革很难达到预期目标。应当逐步解除国有企业经营者的"国家干部"身份而使其具有"自由职业者"的地位，政府以招聘的方式与其签订合约而授权经营。一方面给予其较高待遇，另一方面如其经营不善则可随时被解聘。

完善公司治理结构，加快建立现代企业制度（30条建议）[*]

（1998年12月）

坚定信心、勇于探索、大胆实践，通过深化国有企业改革，力争到20世纪末大多数国有大中型企业初步建立现代企业制度，经营状况明显改善，开创国有企业改革和发展的新局面，这是中国经济体制改革面临的重要而艰巨的任务。

一 坚持建立现代企业制度的改革方向，关键是建立和完善现代公司治理结构

1. 在实行国有经济战略重组中寻求建立公司治理结构的有效途径。合理的产权结构是建立公司治理结构的重要基础。按照党的十五大的要求，在国有经济的战略调整中，对于关系国家经济命脉的企业需要国家独资或绝对控股，对于非国家经济命脉的行业应培育多元化投资主体。对于前一类企业，由于数量很少，可以由国家直接控股或成立国有资产管理公司，而对于上述后一类企业，由于

---

[*] 中改院课题组：《关于完善公司治理结构，加快建立现代企业制度的若干建议（30条）》，1998年12月。

大部分国有资本逐步退出，企业的国有股权比例将会下降，非国有股权比例将会上升；同时，分散的个人投资者也可能通过机构投资者进入企业。因此，企业国有股权过于集中和个人股权过于分散的问题都可能得到解决，从而形成多元化的产权主体。在产权主体多元化基础上建立起股东大会、董事会以及由董事会挑选的总经理，由此能够建立起有效的公司治理结构。因为国有股权不处在绝对控股地位，政府就不可能单独任命企业的董事长和总经理，也不会越过董事会去干预企业的经营。同时，由多个明确的产权主体组成的董事会，将为股东的利益对自己挑选的总经理形成产权约束，监督他为股东的利益管理好企业，制止他为谋取个人私利而损害所有者利益的行为。当前建立有效的公司治理结构，重点是那些已经由单一的国有企业改造为多元投资主体的有限责任公司或股份有限公司。

2. *发展企业交叉持股，实行股权多元化。*在深化企业重组中实现股权多元化，是指将国有产权的中央政府所有、分级管理的格局变为多种机构都代表国家所有者行使所有权职能。可以考虑的方式有：（1）划分中央与地方所有。（2）实行机构持股或法人持股。无论从中国经济转轨的经验还是从国际上由统制经济向市场经济的转轨实践来看，发展企业交叉持股是解决控制权过分集中的一个重要途径。例如：在产品结构、技术结构类似的企业之间交叉持股，形成横向结合；选择往来密切、交易相对固定的上下游企业发展交叉持股，形成纵向一体化；已有的企业集团母公司之间交叉持股。

3. *规范和改善上市公司的治理结构。*

（1）解决国家股的产权主体问题。没有一个真正对国有资产负责的持股主体，公司治理结构中就没有国家股东的地位，就很难使公司的行为符合国家作为所有者的目标。

（2）改变股权过度集中的状态，培育多种形式的持股主体。股权过度集中不仅使小股东的权益受到损害，而且也是"内部人控制"问题产生的重要原因。

（3）逐步统一股票市场，解决国家股和法人股的流通问题，完善所有者的控制权。

4. 试行"国家间接控股型"股份有限公司制，使国家对企业股份的控制间接化。

（1）在大中型国有企业实行股份制，股东对企业的权利和义务按所拥有股份的比例来享受和承担。

（2）国家不再直接控制企业股份。国家所有的股份交由足够分散的国有法人分别持有。国有法人对所持国有股的权利包括股票的转让权、收益权、投票权等国际通行的股东所拥有的所有权利。

（3）在国家间接控股的模式下，一个国有企业中国有股占主导地位，是指所有国有法人所持有的国有股之和占企业股权的主导或控股地位（如50%以上），而不是指某个单一的国有股东就具有这一地位。

（4）"国家间接控股型"股份有限公司制中的企业决策以股票的数量比为依据，企业管理人员的任免由股东及其产生的董事会决定，不再由政府任命。

（5）在国家间接控股模式下，国家主要通过集合股权、控股率管理、非常处置等途径实现对企业的影响。

5. 通过投资主体多元化完成国有独资公司向有限责任公司和股份有限公司的过渡。改制后的国有独资公司只有单一的所有者，由此产生的一系列企业制度安排实质上依然为政府直接干预企业、企业依赖政府提供了制度上和操作上的理由和方便。因此，国有独资公司应当作为迈向有限责任公司和股份有限公司的一种过渡形式。

（1）应当严格将国有独资公司形式限定在生产特殊产品的领域或特定的行业，防止原国有独资企业过多过滥地"转变"为国有独资公司。

(2) 对已改制为国有独资公司的企业（集团），严格实施产权界定和资产评估，尤其是实施规范的公司制运作。

(3) 积极探讨以职工持股会参股、引入外商投资、股票上市、引入国内法人投资等多种形式实现多元化产权结构，通过多种形式实现多元化投资主体来寻求完成国有独资公司过渡阶段的出路。

6. 培育机构投资者，实现公司治理结构制度创新。因此，以各种基金组织为主体的机构投资者有效地参与企业重组，将有利于形成公司所有权结构的多元化，为公司治理体制的建立奠定基础。

(1) 根据国有企业所有权结构的不同，机构投资者参与公司治理结构应有不同策略，如在"抓大"过程中将国有资产委托基金公司管理，在"放小"当中把政府的股权转移给公众，运用投资基金进行企业重组。

(2) 通过信托投资机构受托管理养老保险基金和其他保险基金以及投资基金，以增量资产和存量资产的结合对企业进行重组。

(3) 发挥银行作为事实上机构投资者和信贷者监控企业的作用，减少股东与信贷者相分离时产生的利益冲突和代理成本。

二 依照《公司法》建立和完善有效的公司治理结构

7. 股东大会必须切实履行公司最高权力机关的职能。

(1) 建立股份有限公司股东大会的股东出席法定人数制度。在贯彻资本多数决定原则的同时，应防止多数派股东滥用资本多数决定，例如，为平衡持有不同种类股份的股东的利益，有必要规定表决权行使的例外规则，如拥有利润分配优先权的股份没有表决权；对决议事项有利害关系的股东不能行使表决权等。

(2) 应当确保有表决权的股东能够享有按照自己的意志行使表决权的机会，促使更多的股东，特别是中小股东行使自己的权力，增加对公司的关切度。必须建立亲自表决、委托表决和通信表决相结合的制度，并且规定无论何种表决均应用书面形式进行。

（3）改变现行立法中股东大会由董事会专属召集的规定，赋予股东对股东大会的自行召集权和监事会的特别召集权。同时，股东年会召开的具体时间应予规定，使股东权利在有限时间内得到落实。

8. 根据董事会行使职权的需要和实践中提出的问题，完善董事会的组成和董事的行为准则。

（1）健全董事会的组成规则。董事会的组成应当做到公司外部成员和公司内部成员结合。

（2）增设累积投票制度，以使中小股东也有机会选出他们推荐的董事，实现公司董事会组成的多元化。

（3）推动董事会运营的合理化。现行公司法规定的董事会职权、董事会运行方式和董事的责任，是董事会运营合理化的基础。在此基础上，增加董事会运营规则的密度十分必要，包括强化董事会的监督职能、改革公司代表人制度、建立董事对第三人责任的制度等。

（4）应对执行董事与董事长的权限划分做出明确规定。董事长为公司的法定代表人，其对外代表公司，拥有专属于董事长行使的某些法定职权。执行董事只能在执行董事会决议、行使日常执行权方面发挥作用，而不能对外代表公司或越权行使专属于董事长和董事会的权力。

（5）赋予董事长"加重表决权"，即在董事会会议上对某项决议进行表决时，董事长在可决票与否决票的票数相等的情况下，有决定性的投票权。

9. 强化监事会的监督力度。

（1）扩大监事会职权，不仅应赋予监事会对公司财务状况的检查权，而且还应赋予其对公司业务状况的调查权，并有权要求董事长和经理提出有关报告。同时，不仅应赋予监事会应有的职权，还应确认其应当承担的义务和责任。如因监事会没有及时、合理有效地行使监察权而使公司或第三人受到损害时，有关监事应对公司或第三人负赔偿责任。

（2）为使职工监事制度不流于形式，应当明确规定当职工监事为两人以上时，其中至少有一人应为工程师、经济师或其他业务骨干。

（3）监事会在行使职权核对拟提交股东会的会议报告、营业报告和利润分配方案等财务资料，发现疑问时可以公司名义委托注册会计师、审计师帮助复审。此外，除对现有监事加强业务培训外，可以聘请有关专家、社会知名人士，特别是财务、税收、审计、法律方面的专家担任监事。这些专家与股东代表、企业职工代表共同执行监事职责，使监事会的构成更趋合理，从而有效保证监事会的工作效率和水平。

10. 必须规范经理权制度。我国现行经理权制度存在的主要缺陷在于，经理与董事会之间的权利界区不甚合理、某些迫切需要赋予经理的权利未予明确、经理权的限制方式不尽明确等。因此，恢复经理的代理人身份，建立适合我国国情的经理权制度，需要研究。

（1）经理权的法定名称。要使经理人复归为公司代理人，在立法上应以"经理权"取代"经理职权"这一体现传统立法思维的称呼。

（2）现行公司法规分别在有限责任公司和股份有限公司组织机构一节中设置经理权的相关内容，尤其在股份有限公司中，将其与董事会并列，这是不妥当的。要将经理定位为公司代理人，应将经理权的有关规定移入公司法的总则部分，以使经理权规则避免重复。

（3）由于我国经理权未被定位为代理权，加上我国没有商法典，经理权由公司法单独调整，使经理权的授予、行使、解除等共性规则很难在公司法中得以全面体现。因此从长远看，我国应在制定《民法典》或《商法典》时对经理权实行综合调整，制定经理权的一般运行规则，并以公司法调整经理权的特殊问题。

11. 适时修改《公司法》。

（1）现行公司法仅规定股东大会决议违反法律、行政法规，侵犯股东合法权益的，股东有权向人民法院提起要求停止该违法行为和侵害行为的诉讼。为保护股东合法权益，应将这一规定细化。一是将"决议违法"的范围扩大到违反公司章程；二是应将决议违法之诉区别为"撤销决议之诉""确认决议无效之诉"和"停止侵权之诉"等；三是应将可以提起诉讼的股东具体化。

（2）公司立法应对董事资格股份条件作出规定，要求董事自被选任时起的一定时间内，必须个人持有一个最低数额的公司股，将其作为担任董事的资格股，董事在任职期间不得转让其资格股份。这样规定，一方面可以从经济利益上强化董事对公司的关注力；另一方面也可以将资格股作为担任董事的质押，一旦董事违反其责任与义务时，可用来作为对公司的直接赔偿。

（3）通过立法使监事会的监督到位。在修改公司法中强化监事会，包括增加监事会人数、规定监事中懂财务会计、法律的人员的比例和上市公司监事会的外部组成人员的比例。公司法应当明确规定，当公司董事、经理的行为损害公司利益，并经纠正无效时，监事会应代表公司提起诉讼。

12. 公司治理结构应在法制框架内设计，不能搞法外运作。目前，建立公司治理结构必须严格遵守公司法的规范。如果公司法不适应新形势，可以修改公司法条文或颁布公司法实施细则，但不能违反公司法搞法外运作。例如：

（1）国家股股权代表必须法定化，包括对国家股股权代表的来源、资格做出明确规定；明确具体规定国家股股权代表的权利和义务。

（2）法律应对董事资格、董事会的组成及其职能增加某些规定。董事会由内部董事和外部董事组成；董事会行使监督董事和经理执行职务的职权等。同时，法律还应对监事会的组成及职能增加某些规定。监事会成员中必须有精通公司业务及财务、法律方面的专业人员；监事会享有事先监察权，包括有权直接调查公司的业务及财产状况等。

（3）以法的形式规范股东大会中的通信表决制度时，应充分考虑有效保护股东权益，一是仅将通信表决作为股东可以选择的形式，而不是作为必须采取的形式；二是股东向公司返回通信表决的函，即应将该股东作为出席股东大会对待，统计在出席股东总数之内；三是为避免董事将不利于董事会的投票抽走，应建立通信投票监督制度。

（4）进一步完善公司会议议案提请制。可以规定代表股份5%以上股东所提议案，应列入股东大会会议议程；股东有权就会议议程中的任何事项提出质询。在公司法内完善股东提案制度，是公司内部组织机构相互制衡的重要方面。

三　当前，建立有效的公司治理结构的重点，是要制定正确的约束机制和激励机制，使企业家行为规范化

13. 现代企业家是当前最短缺的人力资源，对其应当合理定价。要使企业家能够迅速成长起来，最主要的是建立起约束机制和激励机制，使企业家行为规范化。企业经营者和企业职工一样共同持股，是共同富裕的重要基础。通过持股经营，可以对经营者建立起长远的激励机制；同时，由于受到其他股东的监督，尤其是广大企业职工股东的监督，对经营者的约束机制也会更强。在实践的层

面上，应当通过调研制定和出台使经营者成为投资者的政策措施。经营者既拿工资，又能分享利润，才能从根本上促使其成为职业企业家，终生为企业、为国家做贡献，同时也在其中体现个人的价值。（1）依据公司法或制定相关法规，从制度上保证企业经营者个人收入与企业经营绩效挂钩。（2）在确保企业商业秘密不被泄漏的前提下，依法保证企业经营者参与持股，并使其持股收益合法化、透明化。（3）出台相关的法律，保护企业经营者合法收益不被侵占。

14. 对企业家不仅要定价，也要注意定位。改革开放以来，国有企业新的外部环境特征表现在：一是融资结构的单一性，企业在融资方式上几乎没有选择权；二是国有企业具有回避意识形态风险的特殊功能，某些具有非国有性质的企业也采取了国有形式；三是国有企业在获取资源上的便利条件，刺激了一些人获取资源优先权的动机。因此，国有企业的治理结构呈现出复杂性。在这种情况下，相对企业经营者定价问题而言，更重要的是其定位的问题，即除了企业经营者的角色外，是否以及在多大程度上还兼有所有者的性质。更进一步的分析表明，当前有四类国有企业：第一类是改革前已建立的老国有企业。其领导人是政企不分体制下的标准代理人，稳定性差，在政府、企业之间变动频繁。第二类是改革前建立，改革以来出现长足发展的企业。其领导人发挥了决定性作用，并已不再仅是政府任命的行政官员和受所有者之托的职业经理，而是具有了某种创业者的性质。第三类是改革以来建立的企业。其中相当数量的企业连本带息偿还了贷款。其领导人既是经营者，又是创业者。第四类是改革以来由创业者自筹资金建立的具有国有企业"资格"的非国有企业。其领导人对企业通常有很强的或完全控制权。对于继续深化国有企业改革，规范企业治理结构有意义的思路在于：（1）分离部分经营者兼有的经营者和所有者双重身份，如对上述第四类企业应还其非国有企业的本来面目，而对第二、三类企业，也应将其作为创业者或所有者的合理权益予以确定。（2）由利益相关者通过谈判，解决靠国家贷款起步、后还本付息的企业创业者的权益问题。（3）通过与国有经济的战略性改组相结合，解决经营者双重身份问题。（4）完全沟通国有企业与非国有企业经营者的流动渠道，形成统一的经营者市场；在解决部分经营者的所有者身份的同时，按照市场的标准来界定经营者的责任、权力和报酬。（5）通过制度建设和人员培训，在国有企业中建立起高度透明的财务关系，对侵害国家和职工利益的行为进行严厉处罚，逐步形成尊重和保护有关当事者利益、有效率的企业治理机构。

15. **充分运用内外机制防范委托代理风险。**由于利益不相同、责任不对等、信息不对称等因素，我国企业目前的委托代理制度是有缺陷的。有效的公司治理结构的重要内容是指通过形成内部激励、约束和监督机制以及借助外部机制包括资本市场、产品市场和经理市场等来防范委托代理风险。

（1）增强企业的监督动力。如由多种形式的代理人来分享企业剩余利润，代理人也应取得部分剩余索取权；鼓励职工按所提供的资金、技术和人力资本参与持股，增强职工的监督动力；通过股份制改造使国有企业实现股权多元化，增强国家以外的所有者监督的动力；由经济机构而不是完全由行政机构派出对国有独资企业的国有资产代表人，代表人应当多元化。

（2）努力实现对企业家管理的市场化和企业化。对企业家的管理不能采取行政方式，而必须坚持市场标准。企业家是专门从事企业经营管理，使企业保值增值的专职人员，而不是完成党政任务的工作人员。企业家的目标与传统的厂长、经理的目标是不同的，甚至是背离的；企业家的目标是企业利润最大化，而传统的厂长、经理目标是只对上级负责。传统意义的国有企业厂长、经理不能称为企业家；企业家是市场经济的产物，只能产生在内部有比较完备的公司治理结构约束和外在的市场竞争压力的条件之中。要努力从三个方面使企业家的选择、任命、提升和淘汰做到企业化、市场化：一是对企业经理人员实行公开招聘、竞争上岗、择优录用、执行企业化工资制；二是将企业经理人员由党政机关考核改为由市场进行评判，即在商品市场、资本市场上通过利润率、销售额和产品市场占有率、股票价格等市场指标来考核企业经理人员的业绩；三是注意发挥企业家竞争机制的作用，按市场的办法而不是按行政的办法使企业经理人员优胜劣汰。

16. 将上级主管部门任命经理的行政组织制度转变为董事会选聘经理的经济组织制度。年薪制是与由董事会选聘经理的组织制度相联系的一种收入制度，当这种组织制度没有在严格意义上真正发展起来，甚至仍然由行政主管部门任命经理的行政组织制度占主导的情况下，年薪制的有效性必然会受到制约。当前最迫切的不是如何完善年薪制，而是调整经理人员选聘制度。(1) 经理选聘制度的滞后使收入制度在激励、约束经理行为方面的效力受到制约，必须从收入制度和选聘制度的有机组合上来寻求解决经理激励和约束问题的出路。(2) 偏离所有者利益的经理行为主要是在所有者缺乏有效监督条件下产生的。通过董事会选聘经理的制度安排，既是有效推进年薪制的基本前提，也能提高所有者对经理行为的监督效果。(3) 现阶段国有企业大量亏损主要来自于项目投资的决策性失误，是经理人员损害所有者利益的机会主义行为的典型特征，选择有效的经理选聘制度是解决这一顽症的可行方案。

17. 正确解决"内部人控制问题"。要解决"内部人控制问题"，纠正内部人偏离股东要求而对企业带来的不利影响，包括：(1) 构建合理的公司法人治理结构，强化内部制衡，如董事长不兼总经理，监事会独立于股东会，分别由国有资产管理部门、非国有股东、职代会直接选派国有股监事、非国有股监事、职工股监事。

（2）加强职代会的监督权力，真正发挥职工的监督作用，如设想除一般监督权外，给予职代会否决权和弹劾权，对不称职的董事、监事、经理人员予以否决或弹劾。（3）建立外部市场竞争机制，如逐步拉平国有企业与非国有企业的税收、补贴等各种或明或暗的政策待遇，加快完善资本市场，建立经理市场等。

18. 创造企业家健康成长的外部环境。

（1）政府必须为企业家的成长创造一个较好的宏观氛围。要把企业家看作现代生产力的先进代表，创造条件使企业家的社会地位和自身素质不断提高。

（2）必须充分认识国企改革的目标、任务和途径确定之后，缺少合格企业家的问题日益突出。政府和社会各界对此一方面不能搞拔苗助长，急于求成；另一方面要采取措施，加快培养。例如，要努力探索在建立有效的金融市场、灵活的劳动力市场、简单透明的公司税收制度以及符合实际的破产法规的过程中，塑造企业家队伍。

（3）当前要注意：一是加紧对企业家这种人力资本进行深入研究，弄清如何采取适当的步骤，逐步实现企业家人力资本的剩余控制权和剩余索取权。企业家的人力资本只有得到认同和补偿，企业家队伍才能得以巩固和壮大。二是对企业家的功能和作用必须全面评估，不能求全责备。要正确对待企业家在法律框架内的正常经营活动，不应对他们可能发生的失误大惊小怪，而应满腔热情地支持他们大胆实现企业利润最大化，大胆实行符合社会主义市场经济原则的企业制度创新。

四　建立有效的公司治理结构，必须实行严格的政企分开

19. 在企业制度创新中实现政企分开。政企分开的正确含义应有两个方面：一是政府应当停止对竞争性行业企业生产经营的直接干预；二是国家所有者职能必须到位。要使国家所有者职能到位，

必须改革企业制度。现代公司拥有既能保障所有者权益，又使企业能以独立法人身份进入市场、参与竞争的比较有效的企业制度。国有企业制度创新应当努力做到产权清晰、权责明确、政企分开、管理科学，其要点在于：（1）保障包括国家在内的所有者权益，使所有者对其投资的企业拥有最终控制权。（2）企业拥有包括所有投资者投资和借贷形成的边界清晰的法人财产，依法取得独立法律地位，进入市场独立运作。（3）政府不再直接干预企业经营，但对企业债务也不再承担无限责任。

20. 深化国有企业的公司制改革，才可能根本解决包括政企不分在内的一系列体制和经营管理问题。这主要表现在：（1）通过深化公司制改革，可以确立有限责任制度，依法重新构建企业和政府的关系，做到产权责任清晰。国家所有者退居到股东的地位，依法以股东的方式行使权利。包括国家在内的所有者只以投入企业的资本额为限对企业债务承担责任，从根本上改变政企不分、企业吃政府大锅饭的体制。（2）可以建立企业法人财产制度。企业依法取得包括各个股东投资和借贷形成的企业法人财产，以此确立企业的独立法人地位。企业在市场中独立运作法人财产，以全部法人财产对债务承担责任，自负盈亏。（3）可以形成企业资产的流动机制。股份制奠定了企业财产流动性的基础，使资本的注入和出资者的更换、增减能顺利进行。（4）能形成转换机制，增强企业内部管理的动力。如董事会作为投资者的代表经营企业，来自所有者追求经济效益最大化的动机和极力避免市场风险的本能，会对经理人员提出严格要求并认真监督，会促成企业的动力机制和约束机制，会端正企业的市场行为，形成制度创新、技术创新和管理创新的动力。（5）会促进企业与职工建立新型的关系。企业作为独立法人与职工按劳动法建立契约关系，逐步使企业根据生产经营的需要确定用人数量和人员结构，职工自主择业，形成有效的劳动力流动机制。

(6)有利于形成科学的领导体制和组织制度。通过公司法人治理结构，使所有者（代表）进入企业，建立起适应市场竞争的科学的领导体制和决策体制，在企业内部形成投资者（代表）、经营者和劳动者三方的激励和制衡关系，使三者的合法权益得到保障，三者的行为受到约束，真正做到管理科学。

21. 政府应注重研究和总结公司法人治理结构规范运作。当前，政府在引导国有企业深化改革时要特别注意：(1)严格按《公司法》建立层次分明的人事管理体制，构建权责明确的管理体系。在公司内，要管事管人相一致。(2)董事会成员与经理、副经理不能高度重合，一般情况下董事长与经理应分设。(3)公司组织体制和领导体制，要严格按《公司法》运行，规定可以追究董事信托责任的董事会议规则和决策程序。(4)在国家法律、法规范围内，公司董事会职权内决策的事项，政府不再干预和审批。

22. 国有资产的管理运作机构应当从政府机构里分离出来。当前实践层面上所建立的国有资产经营委员会（国资委），目的是使国有资产管理机构能够用盈利标准监督和考核企业，使国有资产管理机构能够脱离具有社会经济管理职能的行政部门的控制。国资委将把管理国有产权作为唯一的或最重要的职能，因而实质上是一个建立在商业化经营基础上的企业管理委员会。国资委的建立和运作可采取渐进的方式，以避免体制变动过大造成各方面关系不协调。可以设计一些过渡步骤，如国资委先管理一部分中央级国有企业（集团），数量逐渐从行政部门转换过来，速度视国资委的管理能力和所管理企业的业绩而定。具体做法，一是可参照国际上的国有企业管理模式；二是可参考深圳、上海等地国资委（国资经营公司）的转轨经验；三是在实际运作中细化国有资产管理委员会和国有资产经营公司的分工和职能，不搞层层代理。

23. 认真总结各地在改革实践中创造的政企分开的成功经验。例如广东顺德在政府主导型的市场经济实践中，努力探索现代企业制度的创新之路。一是政府退出大部分竞争性行业；二是努力实现企业投资主体多元化；三是建立有限责任公司或股份有限公司，其中公司管理层持股占很大比例。同时，建立国有资产的三级管理模式，真正实现政企分开、政资分离：第一层由政府成立国有资产管理委员会，作为政府管理国有资产的职能部门；第二层由若干个国有资产管理公司组成，对国有资产保值增值负责；第三层是国有的独资、控股、参股企业组成的有限责任公司和股份有限公司。其法人财产权到位，实行自主经营、自负盈亏，并普遍建立了股东大会、监事会、董事会及经理层相互制约的公司内部管理机构。由于实现了政企分开、政资分开，顺德市政府从直接管理经济、经营企业中解脱出来，强化了宏观经济管理和社会管理职能；政府工作的重点逐步放在基础设施建设、社会管理和公共服务上来。全市形成了公平、开放的市场环境，建立了运作较为严密的执法和监督机制；政府创造条件让各类企业平等竞争，逐步实行国民待遇；市场对资源配置起基础性作用，各种经济活动按市场规则运作。顺德等地的成功经验，应在全国推广。

24. 国家（政府）在推进或出台国有企业尤其是大型（特大型）国有企业改革重大举措时，要注意特别立法，或建立听证制度。我国政府在经济体制转轨中所具有的重要而不可替代的作用，既反映了从计划经济体制向市场经济体制转变的历史痕迹，又说明了现阶段政府作用的必要性。在深化国有企业改革、使大中型国有企业在有限的时间内根本摆脱困境的过程中，政府始终要注意：（1）既要在已有的法律的框架内运作国企改革的重大措施，又要根据实际情况对重大操作特别立法，或者对特大型国有企业建立听证制度。（2）听证制度可以由国务院组建或委托国家经贸委设立的专门委员会或特别议事机构来实施。（3）在采取某项重大改革措施时，不能因此又为后续的改革人为设置障碍。（4）重大改革措施的制定和出台，要兼顾中央与地方的利益，发挥两个积极性。

五　学习和借鉴发达市场经济国家公司治理结构的成功经验

25. 要完整地理解和掌握国外公司治理结构制度安排的合理体系，不能搞简单的"拼装组合"。由于理论工作者的努力，主要发达市场经济国家公司治理结构的模式已被比较完整地介绍到中国。例如：（1）由于历史渊源、股权结构及金融体制等条件不同，英、美等国国家股份所有权广泛分散，金融市场非常发达，外部市场对公司的控制起着重要作用；而德、日等国公司的股权比较集中，全能银行对公司的融资起着重要作用，并成为董事会的重要成员，公司的董事会对企业起着重要的控制和监督作用。（2）英、美等国企业治理结构的优点是存在着来自金融市场的外部压力，市场机制对公司的控制促使资源优化配置，使股东受益，有利于经济的发展；其缺点是经理过分地关注有利的财务指标而忽视长期绩效。德、日等国的企业治理结构，因为不受分散股东追求短期利益的压力影响，董事会能关注长远发展的市场份额的占有；但由于缺乏来自发达资本市场的压力，使得企业内部监督的问题未能妥善解决。（3）英、美类型的公司治理结构更多地依靠外部市场的控制作用，而德、日公司治理结构更多地依靠董事会的约束力，等等。显然，我们不能简单地以为将各国公司治理结构的优点和长处组合在一起就能为我国所用，并能产生良好的效果。事实上，未经技术创新和管理创新"拼装组合"而成的公司治理结构，是不可能良好运作甚至是完全不能使用的。我国公司治理结构实践层面上产生的问题，如"主办银行"试点进退两难，就已经充分说明了这一点。

26. 正确认识发达市场经济国家公司治理结构发展演进的趋势，合理选择我国公司治理结构的制度安排。最新的研究表明，（1）并不存在一种完全适用于各国的最佳的公司治理模式。(2) 公司治理本质上要处理的是由所有权和控制权相分离而产生的代理问题。(3) 发达国家公司治理要解决的核心问题是作为委托人的股东和作为代理人的经理之间前者如何有效地监督和约束后者。(4) 我国建立有效公司治理体制必须解决更复杂的困难：给企业经营者以充分的经营自主权可以带来企业效率的提高，但同时可能导致股东利益的损失；国家作为大股东对企业进行监督和控制，由于地位特殊使这种必要的监督和控制难免带有行政色彩，导致对企业过多的干预。

27. 我国公司制的体制构架已初步形成，应当借鉴发达市场经济国家的经验从正确处理不同利益者的关系出发进一步加以规范。我国 1994 年开始的建立现代企业制度的试点工作已经取得初步成效。根据发达市场经济国家的实践，从广泛的意义上讲，公司治理结构是用以处理不同利益相关者即股东、管理人员和职工之间的关系的一整套制度安排。其要点是：(1) 如何配置和行使控制权。(2) 如何监督和评价董事会、经理人员和职工。(3) 如何设计和实施激励机制。良好的公司治理结构能够利用这些制度安排的互补性质，选择合理的结构来降低代理成本。从协调各种不同利益主体的关系出发，理想的公司治理体制应当做到：(1) 它给经理人员以足够的自由来管理好企业。(2) 它确保经理人员从股东利益出发使用这些自由去管理好企业。(3) 经理人员知道股东们的期望，股东有足够的信息去判断他们的期望是否正在得到实现。(4) 这种体制能给投资者（股东）以充分的流动性（自由地买卖股票）。尽管现实中这些理想状态难以完全达到，但毕竟应是合理公司治理体制努力的方向。

28. 在努力探索投资者（外部人）如何监督和约束经理人员（内部人）的过程中，建立合理的公司治理结构。某些国外专家对

"内部人控制"问题的研究大致可以做如下概要的表述：(1)转轨经济中存在着内部人控制问题的趋势。(2)股东主权的模式对付内部人控制可能无效。(3)公司治理结构与一个经济中其他制度的安排，在企业的内部组织之间存在着互补关系。(4)当企业陷入资金危机时企业的控制权会自动地从内部人转移到外部人（主银行）手中。(5)转轨经济中企业内部组织的制度发展方向充满不确定性。(6)只有一系列制度的有机发展才能最终决定银行机构和资本市场在公司治理结构上的相对重要程度。这一研究对我们的启示：一是应当在所谓"内部人"和"外部人"的相互关系中探索公司治理结构的合理形式，而不论这种相互关系是否具有国别特征；二是从经济利益的根本点出发，界定"内部人"实行的控制和"外部人"对"内部人"的控制；三是如果把"外部人"界定在"投资者"的范围内，仅仅把主银行划在"外部人"当中是不够的，政府、外部董事（非执行董事）及社会中介组织机构都可能成为"外部人"；四是从"外部人"的内涵和外延扩大化趋势来分析我国公司治理结构的现状，将使我们对建立有效的公司治理结构的复杂性有更加清醒的认识。

29. 充分发挥董事会在公司治理结构中的积极作用是一个现实的选择。有关专家的研究成果表明：董事会的质量与股东的利益息息相关。董事会质量较高的公司的股票回报高于董事会质量较差的公司。质量较高的董事会从事的管理活动更有效率，公司在未来也会更成功。这是因为：(1)董事会是公司的最高控制系统，它本身具有天然的内部监督机制。(2)如果公司董事会能有效地监督管理层做出正确的经营决策，这样的公司的业绩将超过那些董事会作用较弱的公司，无效的董事会是导致公司被收购或产生其他机构性缺陷的重要原因。(3)由外部董事控制的董事会有利于改变高层经理人员的机构和提高公司业绩，可以将外部董事的合理比例作为衡量董事会有效性的标准。(4) 当董事会有效行使其职能时，公司的机构成本便会降低，股东的财富便会增加。所以，我国的公司治理结构，无论借鉴国外何种成功的模式，重视和发挥董事会的积极作用，始终是一个重要的议题。

30. 借鉴发达市场经济国家的经验，建立有效公司治理结构的核心是构造合理的制衡关系。公司治理结构最明显的特征是：根据权力分工和效率优先的原则，在企业内部实行所有权与经营权相分离，决策机构、监督机构和执行机构相制衡的格局。一方面，要明确股东大会和董事会之间的信任托管关系，其要点为：(1) 董事会受托经营公司，成为公司的法定代表。(2) 受托经营的董事不同于受雇的经理人员，不领取报酬。(3) 在法人股东占主导地位的条件下，其派出代表充当被持股公司的董事。另一方面，要明确董事会与经理人员之间的委托代理关系。其要点是：(1) 经理人员作为代理人，其权力受到董事会委托范围的监督和限制。(2) 公司对经理人员执行有偿委任的雇佣，董事会有权依据经营绩效对经理人员予以激励或随时解聘。

承认并实现创业型企业家价值（22条建议）[*]

（1998年12月）

中国加入WTO，企业的竞争力首先依赖于企业家的数量与质量。企业家资源的严重短缺，是我国面临着的一个严重问题。值得欣慰的是，经过20多年的改革开放，我国已经初步形成了一批有中国特色的企业家——我们称之为"创业型企业家"，这是最值得珍惜的宝贵财富。面对WTO的挑战，承认并实现创业型企业家的价值，对于加快形成中国企业家阶层，由此提升企业的竞争力，会产生直接的、深远的影响。

一 创业型企业家是目前我国极具价值的稀缺资源

承认并实现创业型企业家价值，对入世后我国企业的改革与发展具有重大的作用和相当的迫切性。创业型企业家是我国经济转轨时期改革的特殊产物，是我国改革开放以来形成的第一批企业家。无论是成功的民营创业型企业家还是国企改革中产生的创业型企业家，虽然创业经历各异，但都有某些共同的特点：（1）大胆创新、

---

[*] 中改院课题组：《承认并实现创业型企业家价值的框架建议（22条）》，1998年12月。

善于创新并能勇于承担风险。（2）能够发现市场机会，并善于把握市场机会取得成功。（3）有杰出的领导能力。（4）富有远见、注重诚信、处事果断、有坚强的意志。（5）在企业经营和管理上取得了非凡的成就。创业型企业家已经具备了现代企业家所应有的基本素质。

1. 创业型企业家创造了企业发展的奇迹，是企业财富大幅增长的杰出贡献者。1978—1998年，我国GDP年均增长率为9.7%。与国民经济的总体增长情况相比较，大多数创业型企业家所领导的企业都有较高的增长速度。除对经济总量增长的贡献外，创业型企业家在我国产业升级和综合竞争力提高方面发挥了重要作用。20年前，国内企业与国外企业相比，在管理、技术、产品、经营观念以及硬件设施等诸方面都严重落后。但20年后的今天，虽然国内企业在整体竞争实力上与国外企业相比还有相当大的差距，但已有越来越多的企业，特别是创业型企业已经具备了在同一市场与国外企业平等竞争的能力，有的甚至走出国门，直接参与最高水平的国际竞争。在我国所有制结构调整方面，创业型企业家也立下了汗马功劳。20多年来，我国所有制结构实现了由改革初期国有经济成分占绝对统治地位到国有与非国有经济成分各占半壁江山的改变。民营经济能够持续高速发展，在改革开放初期外部环境起了很大作用，但进入90年代以后，随着经济的成熟和市场的规范，上档次、上规模的大、中型民营企业越来越成为中国经济舞台的活跃角色，企业家逐渐成为民营经济持续快速发展的主导力量。

2. 创业型企业家是中国企业家的杰出代表，承认并实现创业型企业家价值对企业家阶层的形成有着导向作用。创业型企业家作为我国改革开放中形成的第一批企业家，已经成为众多的企业经营者和管理者学习的楷模。创业型企业家是在我国改革开放中成长起来的企业家群体，他们大都经历过各种各样的艰苦磨炼，他们不仅为企业的发展做出过卓越的贡献，现在仍继续为国家和社会创造更多的财富。他们善于将现代企业管理理论和国外企业先进经验同我国的国情相结合，创造出许多有中国特色的企业经营和管理的成功经验。

承认和实现创业型企业家的价值，有利于促进中国企业家阶层的形成和壮大。市场经济从某种意义上讲就是企业家之间的"竞赛"，把企业不断做强、做大，既是所有者的利益需要，也是管理者经营成功的标志。企业成功带给所有者的是财富的增加，带给管理者的则是企业家的身份、地位、声望和个人财富。前人的成功是对后人的最大激励。对企业家而言，成功的标志不仅是将企业做大了、做强了，还要得到社会的认可、权益的落实。其中企业家的"身价"——报酬水平和个人财富无疑是衡量企业家的成功度和被社会认可程度的最直接也是最重要的标准。

3. *加入WTO以后中国企业家短缺的矛盾将更加突出。保护企业家，留住企业家，需要尽快解决创业型企业家价值实现问题。*企业家是中国入世后人才争夺的焦点，承认和实现创业型企业家价值才能有效地保护宝贵的企业家资源。加入WTO，企业间的竞争越来越突出地表现为人才的竞争。高级经营、管理人才的争夺又是争夺的重点。招募、使用本土型高级管理人才渐渐成为跨国公司在中国市场竞争策略的重要组成部分，有的创业型企业家已经成为跨国公司不惜重金"猎取"的目标。如果不尽快解决创业型企业家价值的实现问题，我国数量不多的企业家资源就有可能因被"挖"而严重"流失"。

创业型企业家对企业核心竞争力的形成具有关键性的作用，实现创业型企业家价值就是保护和提高企业的竞争力。知识经济时代，企业的核心竞争力主要体现在拥有人力资本的数量和质量上。创业型企业家不仅是企业人力资本的核心，对企业核心竞争力的形成和保持也起着至关重要的作用，而且由于其在创业过程中形成的与企业人才群体的事业相关性和利益共同性，其价值实现程度直接连带着企业整个人才群体的价值实现程度；创业型企业家在企业中地位和作用的稳定也就直接决定了企业核心竞争力的保持和稳定。由于创业型企业家所领导的企业很多都在同行业有举足轻重的地位，故创业型企业家的价值实现问题不仅直接影响企业本身的生存和发展能力，在一定程度上还会影响整个产业和行业的竞争力。承认并实现创业型企业家价值，对于激励企业家、保护企业家具有相当的迫切性。这突出表现在两个方面：一是年龄结构，将有超过一半的创业型企业家都正在面临着"59岁现象"的考验。二是企业家的收入水平普遍较低。据调查统计，1998年国企经营者的平均年收入仅为17726元，到2000年仍有89%的国企经营者的年收入在10万元以下，国企经营者的平均年收入只相当于职工平均年收入的3倍左右。即使是实行了年薪制的企业，经营者与职工收入平均水平的差距也只有4—6倍。这说明，要真正消除"59岁现象"，要保护企业家，关键在于尽快承认并实现创业型企业家的价值，解决他们的报酬和激励问题。

4. 承认并实现创业型企业家的价值，充分发挥创业型企业家在企业文化形成中的特殊作用。企业文化越来越成为现代企业管理中重要的无形资产。"制度是骨、文化是肉。"充分发挥人力资本在现代企业中的作用，除需要好的管理制度、好的激励机制外，企业文化越来越受到人们的重视。仔细分析那些成功的创业型企业，几乎在每个企业成功经验中都能看到独特的企业文化。

创业型企业家是企业文化的培育者，承认并实现创业型企业家价值，有利于更好地发挥企业文化在企业管理中的重要作用。任何企业文化的形成都与企业的创办者或长期管理企业的经营者直接相关。创业型企业家在企业文化形成中的作用比一般的企业更加明显、更加突出：创业型企业家的重视和直接推动是企业文化形成的基本条件；创业型企业家在创业过程中所倡导和所表现出的某种精神则会直接化为企业文化的精髓；而创业型企业家个人行为和思维的风格以及价值取向则会直接影响企业文化的特点。某些企业在企业家的倡导下形成的"所有权文化"，使职工自觉地将自己看作是企业的主人——不是把企业当成依赖的对象，而是乐于为之贡献、为之承担责任的对象。承认创业型企业家的价值，应当承认创业型企业家与创业型企业之间的特殊依存关系，将创业型企业家与企业紧紧连在一起。只有这样，在创业型企业中已经形成的优秀企业文化才会得以保持和发扬，企业文化对企业发展的促进作用才会得到长久的发挥。

二 以奖励股权和购买股权相结合为重点，建立创业型企业家的激励制度

不拥有产权的企业家不是完整意义上的现代企业家。这个概括反映了现代企业家最重要的两个方面价值：第一，企业家是企业财富的重要创造者，把企业家的人力资本股权化，形成企业家与企业的利益共同体，是企业家价值实现的主要形式，是建立企业家激励制度的重要内容。第二，企业家实际拥有部分企业产权，是企业家充分行使企业经营决策权的重要条件。我国的国有企业改革正处在关键时期，通过产权制度改革，使企业家、特别是创业型企业家实际拥有企业的部分产权，是承认并实现创业型企业家价值的主要形式，由此会产生多方面的积极作用。

5. 企业家拥有企业股权是企业持续发展和实现股东利益最大化的制度保证。企业家拥有股权是现代企业制度发展的内在要求。企业家人力资本作用的发挥程度，与企业家是否拥有企业剩余索取权有密切的相关性和高度依赖性。企业家人力资本的这一特性决定

了在所有权和经营权分离的基本制度框架上，委托—代理关系中的代理成本和道德风险问题是不可能彻底解决的，也决定了只有使企业家成为企业剩余的索取者——即产权的拥有者，建立起企业家能够自我激励和自我约束的新型企业制度结构，委托—代理问题才能从根本上得到解决，企业家的潜在价值才能得到最大限度的释放，"企业家"也才能成其为名副其实的企业家。创业型企业家拥有股权，一方面是对创业型企业家历史贡献和作用的承认，使其保持经营管理企业的高度热情；另一方面则通过产权纽带将创业型企业家个人与企业的长期利益紧紧捆在一起，使企业家才能得到更充分的施展。发达国家广泛使用的"股票期权计划"就是适应于现代企业发展趋势的一种具体方式。创业型企业家拥有股权是国有企业产权制度改革的重要突破。国企改革20年，从初期松绑、放权到后期的两权分离，中间进行了许多尝试，也走过不少弯路，但所有者主体不到位以及由此引发的政企不分、内部人控制等问题始终没有解决。企业家拥有了企业股权，使企业控制权和所有权在企业家身上得到部分统一，可以在解决国有产权责任人问题上实现突破。

赋予创业型企业家一定的股权对我国企业家队伍的形成具有直接的利益导向作用。在我国，要使企业家队伍迅速壮大，首先要让尽可能多的作为"潜在企业家"的经营管理者、有志之士尽快走上企业家的创业之路。通过股权的方式让已经成功创业的创业型企业家拥有企业一定的所有权，其对潜在企业家的引导、示范作用更直接，并可能远大过对创业型企业家本身的激励作用。

6. 以奖励股权和购买股权相结合的方式作为实现创业型企业家价值的主要形式。创业型企业家持有股权与普通的经营者持股有一定的区别。一般意义上的经营者（或管理层）持股，主要目的是解决企业的激励机制与分配方式的问题，其核心内容是制定一种制度性的安排，着眼点是考虑企业未来发展需要。解决创业型企业家拥有股权问题，除上述制度方面的考虑外，重要的是要解决创业型企业家历史贡献及其在企业特殊地位和作用的承认与补偿问题。二者在实现方式上、持股数量上以及具体方法的安排上都应有所区别。因此，创业型企业家持有企业股权应该坚持有偿和无偿相结合的原则实现，做到激励与分配兼顾、过去与未来兼顾。

（1）由企业现在的老板——政府有关部门或其指定的国有资产授权经营单位，根据创业型企业家过去为企业所做的实际贡献，将国有资产（或集体资产）增长净值的一部分折合为相应的股权拿出来奖励给创业型企业家，以此作为对创业型企业家价值的承认和贡献补偿。实践中，对国有企业经营者，尤其是国有高科技企业的经营者和技术骨干从企业净资产增值中拿出一定比例作为"绩效股"的做法，已经做出有益探索。

（2）允许创业型企业家自己出资以限定的价格和数量购买企业的部分股权从而成为企业的股东，实现创业型企业家在企业未来发展中与企业利益的一致性。

7. 从实际出发，允许对不同类型企业实施股权奖励和股权购买，采取不同的设计。奖励、出售给创业型企业家股权的数量及比例应综合考虑各方面因素，通过有偿与无偿两种不同方式所取得的股权应该大致均衡，原则上可考虑采用1∶1的比例。对于企业家有偿购股的资金来源，鉴于创业型企业家长期低收入的实际情况，在制定具体的实施办法时应该允许以股权做抵押向银行贷款。

（1）白手起家型企业。这类企业资产存量的增加是在国家政策的支持下，主要依靠创业型企业家以及与企业家一同创业的企业管理者和职工的贡献。建议这类企业，可以在净资产增量产权的分配上，适当给予创业型企业家一定的比例。例如，可以按大体5∶3∶2的比例在国家、创业型企业家、创业群体间进行分配，并允许创业型企业家以各占50%的比例无偿拥有和有偿购买企业股权。

（2）二次创业型企业。即原企业因经营不善严重亏损，或原企业经营业绩不佳，创业型企业家通过大胆的改革、创新，使企业的经营状况发生了质的变化，经济效益大幅度提高，资产规模迅速扩大，创造了远好于同行业平均水平的经营成果。建议这类企业净资产增量的分配，可以大体按 6∶2∶2 的比例进行，即：20% 分配给创业型企业家，奖励、出售各 10%；20% 分配给创业群体，奖励、出售各 10%。

（3）国有控股（或参股）型企业。即在企业家创业初期就是股份（或有限责任）公司的情况下，创业型企业家的贡献应主要以国有净资产的增量来衡量，原则是通过国有股减持来实现。具体方法是将增量的一部分转化为同比例的股份（或股权）在企业家、创业群体、国家之间分配。由于这类企业大中型的占多数，建议按 1∶2∶7 的比例进行分配，即将国有净资产增量的 10% 分配给创业型企业家，奖励、出售各 5%；20% 分配给创业群体，奖励、出售各 10%。

8. 对创业型企业家实施股权奖励和股权购买比股票期权更具有现实性，应当尽快制定具体政策和措施。给企业家一定的股票期权是成熟市场经济条件下实现企业家价值的重要方式。股票期权对经营者的激励效果依赖于一些基本的条件，如要有一个成熟规范的证券市场，能真实反映企业的业绩和内在价值；要有健全的法律环境，为股票期权的实行提供法律保证；要有比较健全的公司治理结构等。此外，股票期权比较适用于上市公司和高科技成长型的企业。但无论从企业数量还是从资产总量看，这部分企业都只占全部企业的一部分，股票期权不能解决大多数企业经营者的激励和价值实现问题。

我国实行股票期权的综合环境和条件还不成熟，相比之下，对创业型企业家实行"股权奖励、股权购买"更现实些,且适用于目前处于改革进程中的大多数企业。在实施"股权奖励、股权购买"的过程中,不仅解决了经营者激励问题,同时也直接推动了国企的产权制度改革,使现代企业制度和有效公司治理结构的建立得以落实。

采取股权奖励与股权购买相结合的方式实现创业型企业家的价值,涉及一系列相关的政策规定,具有一定的敏感性和复杂性。建议在少数企业试点的基础上,提出和制定"创业型企业家贡献奖励办法"。内容应包括:奖励的对象、条件(创业群体包括人员的具体范围);奖励的具体内容和方式(股权、现金、其他奖励方式);奖励、出售股权落实的具体方式;出售股权的价格系数确定;创业型企业家及创业群体购股资金解决方法;被奖励者所适用的税收优惠;对奖励、出售股权的转让限制等。

9. 采取多种过渡的办法实现创业型企业家价值。实现创业型企业家持有企业股权需要相应的政策配套和制度调整,全面落实需要一个过程。在此过程中,可以采取多种过渡的办法,例如:

(1) 设置虚拟股份,给予创业型企业家一定的分红权。首先应对创业型企业家的人力资本价值进行评估,确定其公允的价值以及可参与企业剩余分配的比例,并以虚拟股——岗位股或分红权的形式体现。与此同时,也可以设虚拟的"历史贡献股"——没有实际所有权但享受收益分配权,以此方式在企业内部承认创业型企业家对企业做出的贡献,以及应享有的参与剩余分配的权利。

(2) 普遍实行年薪制,并在年薪制的基础上逐步提高股权激励的比重。实现创业型企业家价值,当前迫切需要解决的是明显提高创业型企业家的报酬水平,适当缩小与非国有经营者之间的差距。同时,在实行年薪制的基础上,加大对经营者股权奖励的比重。

(3) 优化薪酬结构,多方面提高创业型企业家的福利待遇。企业家薪酬结构的调整，应与企业治理结构的规范和激励机制的建立有机结合，与企业内部的分配制度改革有机结合。合理的企业家薪酬结构应主要包括以下几部分：一是固定收入（工资），作为对企业家一般性社会劳动的报酬；二是岗位业绩工资，作为企业家实施管理所付出的高级复杂劳动的补偿，这部分工资应该与企业当年的综合经营业绩（非单一的利润指标）挂钩，重在产生短期激励效果；三是股权收入，指企业家在企业中实际拥有的股权所应分享的当年红利，这项收入主要体现长期激励；四是企业家作为人力资本的所有者参与企业剩余分配的收入；五是养老、医疗、交通、住房等其他方面的福利待遇。

10. 实施创业型企业家股权奖励、股权购买应该与职工持股相结合。企业家持股与职工持股相结合，构建企业的利益共同体，塑造所有权文化，是国有企业改革的重要内容。在给予创业型企业家股权的同时，只有使广大职工都拥有企业的股权（在自愿前提下），成为企业的所有者，才能真正形成一个完整的利益共同体，也才能逐渐形成一个人人爱护企业、人人关心企业发展的所有权文化。

三 在企业经营管理中充分的自主权和决策权，是创业型企业家的重要价值之一。适应现代企业发展的大趋势，要提升企业家在公司治理结构中的特殊作用

企业家的价值不仅反映在自身利益的实现方面，同时表现在企业经营管理中的主导作用。没有产权的企业家不是完整意义的企业家，没有企业充分经营决策权的企业家也不是真正的企业家。我国创业型企业家的经验证明，成功的企业家不仅维系着一个企业经营管理群体，而且还推动了公司治理结构的建立。为此，承认和实现创业型企业家价值，要十分重视研究和解决企业家在公司治理结构中的作用，"CEO现象"的产生说明，企业家在公司治理结构中的定位，是现代企业发展的一个重大课题。

11. 承认并实现创业型企业家的价值就应该赋予他们更大的经营自主权和决策权。创业型企业家成功的实践说明，企业家在经营管理方面拥有较大权力的企业比其他企业具有更有效的管理和更快的发展。从对 65 位企业家所在企业经营业绩的比较分析中看出，创业型企业家所在的企业具有几个显著的特点：第一，大多都有很好的效益、很高的增长率和很快的发展速度，这与国有企业普遍的低效益、慢增长形成了对比。第二，职工的参与度比较高，并形成了有特色的企业文化。第三，经营者群体的作用能够得到比较充分的发挥。

创业型企业家拥有充分的经营决策权，有利于建立有效的公司治理结构。创业型企业家的成功实践告诉我们，在市场化改革的进程中，尤其是在国企改革的实践中，有效的公司治理结构是企业家创新活动的内容和结果。创业型企业家自觉地把自己当成了企业所有者的代表，他们深切地理解企业发展对规范的公司治理结构的需要，并从这种实际出发积极推动规范的公司治理结构的形成。规范的公司治理结构又为企业家提供了高效率的管理平台和有效的监督机制。今天，我们重视和强调建立规范的公司治理结构，首要的出发点应当是更有利于发挥企业家的作用。

12. 企业家在公司治理结构中具有主导作用。适应这一需要，应当调整企业家与其他方面的关系。企业家在公司治理结构中具有主导作用，具体表现为企业家在企业拥有充分的经营自主权和管理决策权。例如，日常的经营管理权和决策权；人事决定权；具体分配的决定权；财务支配权等；非重大投资或合作项目的独立决定权等。要真正赋予企业家充分的经营决策权，就要正确处理好企业家同企业董事会、监事会、管理群体，以及同职工的关系。特别是要适当调整董事会的职权范围，以有利于发挥企业家的作用，并更好地发挥董事会在企业重大问题上的决策作用。

13. 借鉴国外公司治理结构的经验，推行企业 CEO 制，并逐渐将其制度化。CEO 制的出现，反映了现代企业发展的大趋势。董事会赋予 CEO 更大的权力和责任，同时也赋予相应的分享企业剩余的权利和从企业增值中受益的权利（如股票期权）。在我国，创业型企业家事实上已经在扮演 CEO 的角色，承担起比一般的经营者大得多的责任，因而才能创造出良好的业绩。但创业型企业家目前这种 CEO 的角色是在实践中依靠个人的威望和人格魅力形成的，并没有相应制度上的保障。建议在有条件的企业实行 CEO，并使之制度化。

14. 为充分发挥创业型企业家的作用，建议将企业的国有投资产权责任落实到企业家身上，实现国有资产管理体制改革的突破。实践证明，将国有资本授权给创业型企业家具体经营管理是一种有效的国有产权管理模式。创业型企业家因为历史形成的与企业之间的特殊关系，他们把企业当成自己的事业甚至全部，自觉地担当起所有者代表的角色。将国有资本授权给创业型企业家，其经营管理责任能够最大限度地落实，有利于国有资产的保值增值。

在将国有资本授权给创业型企业家的同时，必须规范企业的治理结构。要建立政企分开、权责明确、组织机构健全、运作程序规范的公司治理结构，是企业家充分发挥作用的重要条件。作为授权主体的国有资产管理部门派产权代表进入企业董事会，通过董事会参与决策。此外原产权主体单位不再直接干预企业的任何经营管理活动，以保证被授权的企业家能够充分施展自己的才能经营好企业。

充分发挥企业家在公司治理结构中的作用，应全面落实经营者董事会聘任制。改革的实践证明，主管部门选择企业的经营者不能保证被任用的经营者一定具备经营管理企业的才能。在经营者行政任命制下，将国有资本授权给经营者会带来很大的风险。实行国有资本授权管理，必须坚决放弃企业经营者行政任命制，全面落实市场选择和董事会聘任制。

15. 在赋予企业家充分的经营决策权的同时，需要建立完善的监督与约束机制。在给予企业家更大自主经营权和决策权的同时，要建立相应的监督与约束机制。例如：建立完善、合理的业绩考核与奖惩制度；建立经营情况经常性通报制度，加强董事会对企业经营活动的监督；通过实行职工持股，实现职工对企业经营管理活动的广泛参与，充分发挥职工在监督企业经营管理方面的重要作用；吸收法律、会计等中介机构参与公司监事会，发挥社会中介机构对企业经营行为的监督作用；通过股份制改造，实现企业产权主体多元化，使董事会的结构合理、功能落实。

四 实现创业型企业家的价值，需要对现有的相关政策和法律做出某些调整、修改和补充

当前，承认并实现企业家价值在现实中涉及一系列迫切需要解决的矛盾和问题。如，有的在改革实践中已经证明成功的做法，但在具体执行中与现行的基本政策相矛盾；有的在政策思路上已经明确，但与现行某些具体政策规定相矛盾；有的法律、政策对同一问题的规定有的允许，有的不允许，相互不一致；有的法律政策规定严重滞后于实践的发展，相关的政策规定与改革发展不相适应等。围绕承认和实现企业家价值，特别是创业型企业家价值，涉及要对现行政策法律条文做出相应的调整和修改，并以此为我国企业家队伍的形成提供有利的制度条件。

16. 调整现有政策思路，为创业型企业家价值和贡献的实现创造相应的制度前提。实现创业型企业家的价值，涉及国有资产的产权转让。事实上，能否将国有资产有条件地量化给企业经营者和企业职工，一直是我国国有企业推行经营者股权激励制度和职工持股制度的最大政策障碍。我们建议，结合我国国有企业改革的实际进程，对国有资产的量化问题应当具体分析、分类对待。在相关的政策思路上，应当与时俱进，适时予以调整和突破。

（1）对于企业家在企业的净资产增值过程中发挥了显著作用、确实做出突出贡献的国有企业，经过客观的评估和严格的程序，从国有净资产的增值部分拿出一块来量化给企业家，这不能算作国有资产的流失，而是对其付出的复杂劳动的应有报偿，是对其所做贡献的充分承认和肯定。此类量化越普遍，越能对企业家形成更大的激励；此类量化越规范，越有利于国有企业稳定发展和国有资产的保值增值。对于这一类国有资产的量化，不仅不应限制，而且应当予以鼓励和支持，使之更加规范。

（2）对于"谁投资，谁所有"的原则应当给予新的、全面的解释。现代市场经济条件下，企业投资生产的过程，实际上是非人力资本和人力资本共同投入、共同创造价值的过程，并且在新的经济技术条件下，人力资本投资的作用越来越突出。在经济转轨过程中，在原有的经济体制发生巨大变化的情况下，只强调物质资本投资者的控制权和剩余索取权，而不承认人力资本投资者的收益权是不全面的。大多数的创业型企业家在企业发展过程中投入巨大的人力资本，并对企业资产的形成和增值起到关键作用。通过赋予创业型企业家一定的股权，使其成为企业的所有者是合理的，更有利于企业的进一步发展。

（3）党的十五届四中全会指出，要实行按劳分配和按要素分配相结合的分配原则，允许并鼓励技术、管理等生产要素参与企业收益分配。相对于一般的管理要素，创业型企业家作为一种稀缺的资源和核心的生产要素，为企业收益起到关键性作用，理应参与企业收益的分配。为此，从企业资产增值中拿出适当比例给予创业型企业家，也不是无偿的，而是实现按生产要素分配的重要实现形式。并且，以股权的形式，而不是纯粹的、消费性的形式进行分配，有利于企业家与企业结成更紧密的利益共同体，更有利于国有资产的保值增值。对于这类量化也应给予鼓励和支持。

（4）对于没有对国有资产的保值增值做出贡献的企业经营者的无条件的量化，应当坚决予以制止和反对。按照"谁投资，谁决策，谁受益，谁承担风险"的原则，对确属因为个人决策原因，未能促进国有资产增值，甚至造成国有资产损失的、不合格的企业经营者，不仅不能给予股权，而且应当依照一定的程序追究其相应的责任。在这种情形下，应当加强监督，坚决防止以个人私利为目的的、量化、侵吞国有资产的行为。以此来奖优罚劣，促进国有企业经营者激励机制的形成。

17. 建议修改《公司法》的某些规定，为创业型企业家的价值实现提供必要的法律基础，为创业型企业家获得股权的来源提供条件。

（1）修改《公司法》第23条第1款、第25条、第78条第1款、第82条，取消法定资本制，改为授权资本制，规定以下内容：

——公司资本可以一次登记（注册资本），允许公司成立后由董事会决定分期发行。但首期资本的发行必须达到法定的数额（如注册资本总额的50%）。并且应当限定余额资本的最长发行期限。

——废除注册资本实缴制，允许股东认购股份（或出资额）后，分期缴纳股款。但应限定一个最长的年限，如3年或5年。并且，首期股款的缴纳必须达到一定的比例。

（2）修改《公司法》第140条，规定公司可以按照股权认购计划直接向股东或认购者发行股票，而不必由证券公司承销。

（3）修改《公司法》第149条，增加例外情形，允许公司为推行股权激励的目的而回购股份（股权）。但此部分股份（股权）在分配给企业经营者和职工前应由特定的持股组织代管，并应设置为库藏股，持有者只享有分红权，不享有表决权。公司回购自有股份（股权）的最高比例，应不做限制，由各公司根据其规模和财务状况自行决定。为经营者获得股权提供便利。

（4）修改《公司法》第60条第3款，增加例外情形，允许公司为企业经营者提供担保，向金融机构贷款取得购股资金。

（5）修改《公司法》第60条第1款，增加例外情形，允许公司将其公益金的一定比例借贷给企业经营者用作购股资金。

（6）修改《公司法》第24条、80条，扩大股东出资标的的范围，允许经营者以人力资本作价出资。为防止对债权人造成过大的损害，应明确规定：

——用作出资的人力资本应由法定的评估机构评估。

——在公司因解散、破产等原因而终止时，以人力资本作价的经营者应当就其作价额向公司履行实际交付出资财产的义务。并且，应规定该义务的履行期限和方式。允许经营者任职期间转让股权。

（7）修改《公司法》第147条，允许企业经营者在任职期间有条件地出售本公司股票。支持股份公司和上市公司推行经营者股权激励。

（8）修改《公司法》第74条第3款、第130条第2款，明确规定股份公司、上市公司推行经营者股权激励和职工持股不受该条（款）限制。

（9）修改《公司法》第135条，明确规定股份公司和上市公司可以对经营管理者等实行期股期权制度，期股期权的适用范围由企业根据自身情况自己决定。对于期股期权问题，只宜在《公司法》中作原则性规定，以给企业充分的试点空间。另对于有限责任公司实行期股期权的问题原则上也不宜禁止。

18. 补充完善证券、税收、金融等相关法律规定，为创业型企业家的价值实现提供充分的政策环境。

（1）补充完善《证券法》及其相关规定。

——《证券法》79条规定：投资者持有一个上市公司已发行

股份5%，应当在该事实发生之日起三日内，向证券监管机构等书面报告，通知该上市公司，予以公告，并在上述规定的期限内，不得再进行买卖该上市公司的股票。对此比例的规定，应当由公司根据实际情况自行确定。

——《证券法》第68条规定，公司董事、监事、经理、副经理及有关的高级管理人员等知悉证券交易内幕信息的知情人员不得买入或者卖出所持有的该公司的证券，否则，将按照《证券法》第180条和第183条的规定受到处罚。建议允许公司董事、监事、高级管理人员在股权激励计划下，有条件地获得和转让本公司股票。

（2）补充完善相关的税法。1998年国家税务总局专门就股票期权中涉及个人所得部分颁布了国税发009号《关于个人认购股票等有价证券而从雇主取得折扣或补贴收入有关征收个人所得税问题的通知》，规定：在中国负有纳税义务的个人执行股票期权认购股票等有价证券，以不同形式取得的折扣或补贴，属于该个人因受雇而取得的工资、薪金所得，在雇员实际认购股票等有价证券时，应按照《个人所得税法》及实施条例的有关规定以5%—45%的税率计算缴纳个人所得税，如果以后雇员转让出售股票有所得的话还应适用20%的税率征收个人所得税。也就是说，当雇员取得期权时，就应当按照行权价与当时市场价的差价缴纳个人所得税，而此时，期权持有人的收益尚未真正地实现，要求为将来的收益纳税显然不合理。为此，建议参照发达国家的做法和经验，公司赠予股票期权期间，公司和个人都不需要纳税。一次性行权时所获收入的纳税，在1年内可以分期计付。

（3）补充完善金融规定。由于经营者在获得股权的同时需要付出一定的成本，对于这一部分资金可以通过信贷来获得。《国家经贸委关于出售国有小型企业中若干问题意见的通知》第6条规定：购买者不得以所购买的企业资产做抵押，获取银行贷款购买该企业；《公司法》也规定：公司债券募集的资金不得用于弥补亏损和非生产性支出；《银行法》也规定：银行贷款不得用于股本权益性投资……这些规定，都为股权计划的资金来源设置了障碍。为此建议，允许银行等金融机构为企业家持股提供优惠信贷服务。第一，应放宽有关法律限制，允许和鼓励银行等金融机构，为持股者提供低息优惠贷款。第二，放宽抵押贷款政策，允许持股者以股票、不动产等为抵押获得购股所需贷款。第三，应允许企业其他股东做担保，由企业借款购买持股者股份，本息由持股者的分红偿还。第四，对实施股权计划的企业，应在提供信贷服务方面予以优惠。

（4）对股权变更登记统一规定。《公司法》第142条规定，公司发行新股募足股款后，必须向公司登记机关办理变更登记并公告。实施股权计划行权人行权后，公司注册资本的变更登记怎样进行，我国证监会及工商管理局等没有相应的规定条款。为此建议，规定公司在行权人行权后不定期地将公司资本变化情况向公司原登记机关备案，并在股权计划完成后一定的时期内（30天内）到原工商登记管理机关办理公司资本变更登记。

总结实践经验，并在条件成熟时修改《公司法》关于公司组织结构及其相关关系的某些规定，为企业家在公司治理结构中拥有充分的经营决策权提供法律保障。

五 多方面创造企业家生存、成长的环境和条件，充分发挥创业型企业家的作用

在市场经济条件下，企业家是先进生产力的"首席代表"。在我国加入WTO的背景下，加快促进企业家队伍的形成，将对提升国内产业竞争力、赢得国际竞争优势具有深远的影响。应当说，创业型企业家的形成和出现是我国改革开放过程中的特殊产物，他们是在总体上缺少相应的环境和条件的情况下产生的。他们的成长过程生动地说明，我国缺乏企业家，但并不表明中国产生不了企业家。珍惜创业型企业家这笔宝贵的财富，尽快从多方面创造适宜于企业家生成的环境和条件，促进中国企业家队伍的形成具有相当的现实性和紧迫性。

19. 按照建立现代企业制度的要求，加快国有企业规范的公司制改革，创造新时期企业家生成的最重要的基础条件。对国有大中型企业实行规范的公司制改革，这是国企改革的重要任务。在实践中，建立产权清晰、权责明确、政企分开、管理科学的现代企业制度的任务远未完成。这不仅表现在有的已实行公司制改革的企业只是搭起基本框架，离规范的要求还相当远，还表现在工业企业以外的其他行业的国有大中型企业的改革进展缓慢。这种状况不利于企业家的成长，突出的矛盾是：如果企业不能成为拥有包括国有投资在内的完整法人财产权的独立市场主体，就不利于企业家的形成；如果政企不分，企业不能避免过多的行政干预，也不能产生真正的企业家；如果一股独大的股权结构不改变，投资主体多元化前提下的严格的公司治理结构不到位，不利于充分发挥企业家的作用；如果以行政的方式管理企业经营者的企业人事制度不改变，也不会充分调动企业家的积极性。应该说，创业型企业家在成长过程中，为克服这些体制障碍付出了较高的代价。

20. 创新是企业家的本质特征，应当为鼓励企业家大胆进行管理、技术和企业组织制度创新提供宽松的空间和政策环境。实现体制创新和技术创新是现阶段我国市场化改革进程中最迫切的任务。企业家的创新精神尤为珍贵，甚至可以说，企业家的创新决定着企业的未来。创业型企业家的探索表明，企业家的创新还受到来自企业外部的种种制约，其创新精神还不能得到充分的发挥。创新总是伴随着风险。应当大力鼓励企业家在企业内进行各种技术创新和探索，在保证国有资产收益的前提下，也应当允许他们在企业组织制度和管理制度上有更大的试验权、探索权，并正确对待和处理在此过程中出现的矛盾和问题。

21. 从我国实际出发，政府应当对企业家队伍的形成予以高度重视，并采取措施创造多方面的有利条件。在我国特定的环境下，政府在创造有利于企业家生存和成长的环境中有着重要作用。首先，对于通过合法经营和诚实劳动所形成的财产，包括创业型企业家合法取得的财产及其权利，提供严格的法律保护。其次，创造有利于企业家生成、流动和实现价值的制度环境，建立和完善企业家市场，取消国有企业经营者的行政级别和行政任免程序，培育科学的企业家价值评估服务中介机构和法律服务机构等。最后，打破行政垄断和部门、行业垄断，为企业家的形成创造公平、有序的市场竞争环境。

22. 多方面创造有利于企业家生成的社会环境。第一，信用是现代市场经济条件下的企业从事生产经营活动的重要保证。没有信用基础，就没有现代意义上的企业，更不会产生现代意义上的企业家。在经济体制转轨的背景下，重视信用，维护信用，进而在全社会确立诚实守信的理念是企业家生存和成长的重要社会基础。第二，充分发挥像中企联这样的社会中介机构的作用，作为充分表达企业家意愿、联结政府与企业的通道和桥梁。第三，树立和维护企业家，尤其是创业型企业家的社会声誉，重视和提高企业家的社会地位。第四，重视对企业家的社会保障，尤其对创业型企业家，应当尽快建立完善与其价值和贡献相对称的补充养老、补充医疗制度，并加强对企业家人身安全的保护。

以公益性为重点调整优化国有资本配置（16条建议）[*]

（2012年5月）

我国进入发展新阶段，国有企业改革和国有资本调整，日益成为影响和牵动经济社会发展全局的重大问题。从现实需求出发，以公益性为目标调整和优化国有资本配置，首先有利于经济发展方式转变：改变经济结构、改善投资结构，重在国有资本的合理配置；改变国民收入分配格局，理顺利益关系，需要国有资本及其收益能够成为社会福利的重要来源。其次有利于适应全社会公共需求的变化：在公共产品短缺的新阶段，社会对国有资本作用的关注和期待，主要不在于国有资本规模增大了多少、利润增长了多少，而在于能够在多大程度上让广大社会成员普遍分享国有资本增值创造的社会福利，在多大程度上有利于国计民生。本着适应基本国情，满足社会需求，有利于经济发展方式转变的原则，提出以强化公益性为目标推进新阶段国有资本战略性调整的建议。

---

[*] 中改院课题组：《以公益性为目标优化国有资本配置（16条建议）》，2012年5月。

一　我国进入发展新阶段，强化国有资本公益性的现实需求全面增强

1. 随着我国进入公共产品短缺时代，国有资本公益性不足的矛盾逐步凸显。中央早在2003年的十六届三中全会上就曾明确提出，"完善国有资本有进有退、合理流动的机制，进一步推动国有资本更多地投向关系国家安全和国民经济命脉的重要行业和关键领域"。2002—2010年，全国国企数量平均每年减少7500家左右，但同时销售收入年均增长18%，利润年均增长23%。2002—2011年，中央企业的资产总额从7.13万亿元增加到28万亿元，营业收入从3.36万亿元增加到20.2万亿元。从国有资本规模扩展和利润增长的指标看，这10年来国有资本战略性重组取得明显成绩。当前的问题在于，国有资本在一般竞争性领域规模过大、范围过宽的矛盾仍然比较突出。例如，2003—2008年，国有资产在房地产业的扩张最快，年均增长33.5%；2009年国资委分管的129家央企中，超过70%的企业涉足房地产业。而央企开发建设的保障性住房，到2011年仅占全国已建成保障性住房面积的13%—15%。

2. 更好地发挥国有资本的主导作用，对强化国有资本公益性提出新的要求。目前，国有资本占绝对优势地位的行业主要在自然资源类产业等上游产业或基础领域。石油石化、电力工业和通信三大行业，2009年国有资本占全部央企资本总额的68.13%。现实的突出问题是，这些行业价格不合理的现象比较普遍。以基础电信运营领域为例，国有股占比为71%，但截至2010年，我国宽带上网平均速率排名全球第71位，不及美国、英国、日本等30多个经济合作组织国家平均水平的1/10，平均1兆/秒网速的接入费用却是发达国家平均水平的3—4倍。强调国有资本在适应社会公共需求变化中的主导作用，不仅在于国有企业在多少行业具有控制力，更重要的在于行业发展的成果能够在多大程度上惠及广大社会成员。

3. 改变利益格局失衡，对强化国有资本公益性提出新的要求。根据2008年的数据，石油、电力、电信、烟草等行业的员工人数不到全国职工人数的8%，但其收入相当于全国职工工资总额的60%左右；从行业内部的工资收入差距看，基本趋势是，国有资本比重越高，职工收入越高。当前，在利益格局严重失衡的背景下，如何通过强化国有资本公益性，改变国有垄断行业不合理的收入分配格局，使国有企业成为"社会稳定器"，成为新阶段市场化改革不可回避的重大改革任务。

4. 实现国有资本营利性和公益性的有机统一，对强化国有资本公益性提出新的要求。这些年，随着国有资本收益的提高，国有资本收租分红的比例并未有多大改变。2010年，全国国有企业实现利润19870.6亿元，同比增长37.9%，其中化工、电力、有色、交通等行业利润增长超过1倍。目前，国资委管理的国有企业根据行业不同，其上缴红利占其利润的比例分为四类，分别是15%、10%、5%和不上缴。按照国际惯例，上市公司股东分红比例为税后可分配利润为30%—40%，实际上其他国家国有资本向国家上缴盈利普遍高于这个水平，英国盈利较好的企业上缴盈利相当于其税后利润的70%—80%。相比而言，2007年恢复"红利"征缴以来，央企中上缴比例最高的资源性行业及垄断行业，上缴红利仅占税后利润的15%，明显偏低。

5. 为民营经济和中小企业创造良好的政策环境和制度环境，对强化国有资本公益性提出新的要求。未来5—10年，为民营经济和中小企业创造良好的政策环境和制度环境，成为转变经济发展方式的重大任务。由于国有企业在某些行业的强势地位，非公经济在许多行业的"玻璃门"始终难以打破。近几年，银行贷款大约80%给了国有企业，民营中小企业融资难的问题越来越突出。为此，加大力度落实非公经济新36条，重要的措施之一，在于逐步将更多的国有资本配置在公益性领域，使竞争性领域的国有资本进一步减少，为民营经济腾出更大的发展空间。这样，把国有经济和非公经济两者各自的优势发挥好，为民营经济和中小企业发展开辟更大的政策空间和制度空间。

二 把强化公益性作为新阶段优化国有资本配置的战略目标

6. 确立强化国有资本公益性的战略目标。第一，新时期国有资本的主导作用，应当更加显著地体现为全社会福利水平的普遍提高，为此，应当确立国有资本在提高普遍福利上的目标。第二，国有资本要发挥社会稳定功能，需要带头进行收入分配改革，在调节收入分配差距上有所作为。第三，国有资本的盈利，不能主要服务于国有资本规模的扩张，而应当服务于公益性支出的增加。

7. 确立国有资本在提高普遍福利上的目标。第一，与我国2020年基本实现基本公共服务均等化的目标相衔接，规定新增国有资本配置在公共产品领域的约束性指标，使公益性服务惠及农村、落后地区和困难群体，使新增国有资本投入到公益性服务上的比例不低于60%。第二，确立基础领域提高产品服务质量、降低价格的目标，倒逼国有垄断行业改革。第三，在同一行业，区分公益性和非公益性环节，规定公益性环节国有资本最低配置比例目标，限制非公益性环节的国有资本投入。

8. 确立国有资本在缩小收入分配差距上的目标。第一，控制行业收入差距。根据2009年国家统计局公布的数据，我国收入最高和最低行业的差距达11倍。这是一个相对保守的数字，但即使是这个数字也大大高于国际平均水平。例如，2006—2007年最高和最低行业工资差距，日本、英国、法国约为1.6—2倍，德国、加拿大、美国、韩国在2.3—3倍之间。考虑到我国行业间工资差距过大的垄断因素，"十二五"期间应重点控制垄断行业的过高收入。

在这个前提下，将行业差距缩小到 7 倍左右。第二，控制垄断行业工资总额增长。通过 5—10 年的努力，将垄断行业职工工资收入占全国职工工资总额的比例从 60% 左右降低到 40% 以内。第三，参考各行业的平均标准，制定国有企业高管薪酬标准。把垄断行业高管薪酬与一般竞争性行业的高管薪酬差距控制在 30% 以内。

9. 确立国有资本收租分红的改革目标。强化国有资本公益性，重要的途径是通过对国有资本收租分红，扩大公益性支出，使国有企业分红能够逐步承担基本公共服务均等化新增财力需求的 30%—40%，即承担 2.8 万亿—3.7 万亿元。国有企业"十二五"累计利润预期为 10.8 万亿元，要承担起 2.8 万亿—3.7 万亿元的社会福利建设新增支出，国有企业平均分红比例在"十二五"期间需要提高到 30% 左右。

三　改变国有资本配置格局，加快实现国有资本的公益性回归

10. 调整投资结构，使新增国有资本投资主要配置在公益性领域。例如：第一，将更多的新增国有资本投资到随着市场范围扩展而出现的公益性领域，这将有利于降低交易成本，有利于提高以普遍福利为目标的投资效率。第二，将更多的新增国有资本投资到与人的基本生存权、发展权相对应的公共产品和准公共产品领域，提高劳动力素质，促进产业发展由物质资本投入为主转向以人力资本投入为主，比如教育、医疗等基本公共服务。第三，将更多的新增国有资本投资到环境保护等具有正外部性的领域，促进产业结构的优化调整和发展方式转型。第四，将更多的新增国有资本投资到事关国计民生和国家安全的战略性领域，强化国有资本对非国有资本的引导和支持作用。

11. 国有资本逐步从一般竞争性领域退出，重点转移到公共产品领域。第一，着力解决长期困扰我国居民的看病难、看病贵问

题，需要加大新增国有资本在医院建设、医疗设备购买、医护人员培训等多方面的投入。第二，着力解决住房难的问题，需要国有资本发挥更大的作用。目前，全国各省区市"十二五"开工总规模只有3000万套左右，比住建部公布的3600万套低大约17%，建议国有资本加大保障房领域的投资力度，确保保障房建设计划的顺利实施。

12. 把竞争性领域的国有资本，集中配置在事关中长期国民经济持续快速增长的新兴战略产业，充分发挥国有资本优势，参与更高层次的国际竞争，以提升国家竞争力。在国际竞争日益激烈的背景下，民营经济不可能马上替代国有经济的国际竞争优势，国有资本在这些领域的优势不仅不能轻言放弃，相反还应当加强。其中资源、能源等领域的重要国有企业，是国家经济安全的重要保障，是我国参与国际竞争最重要的基础。建议进一步做强做优这些领域的国有企业，使其成为具有国际竞争力的世界一流企业。在载人航天、绕月探测、特高压电网等领域的重大工程项目中，一些国有企业取得了一批具有自主知识产权和国际先进水平的创新成果，建议在高科技领域增大国有资本比重，使国有资本在引领国家科技进步中发挥更大作用。

13. 对必须保留在其他竞争性领域的国有资本，要增加收租分红比例，并主要用于公共产品领域投入。国有资本依靠竞争盈利，但其营利性应当建立在公益性的基础上，盈利的最终目的是增加公益性。第一，建议尽快出台国有企业支付资源使用租金和利润分红的法律法规，根据《关于试行国有资本经营预算的意见》和《中央企业国有资本收益收取管理办法》等相关规定，制定详细的、可操作的利润分配方案。第二，把国有企业的资源使用租金和利润分红纳入全口径财政收入预算。第三，对通过国有资本收租分红所获得财政收入的使用范围做出调整，由以往对国有企业的再投资改为重点用于弥补社会保障等公共事业领域的资金缺口，以进一步增强基本公共服务均等化的财政支出能力。

四 改变国有资本配置格局，需要加快垄断行业改革

14. 对改革严重滞后的铁路、食盐等行业，尽快实现政企分开、政资分开。加快铁路管理体制改革：第一，加快推进政企分开、管运分离，可以考虑完成交通运输部门的大部门体制改革，将目前铁道部的政策制定和监管等职能纳入交通运输部，把铁路经营和运输职能分离出去，可采取组建铁路公司的形式，允许民营资本参与投资。第二，改革铁路投融资体制，通过一系列资产重组化解铁路债务。第三，加快网运分离。除路网部分由国家控股经营之外，其他部分放开市场，引入竞争。建议在食盐行业，参照粮食流通体制改革的模式，尽快实现政企分开、政资分开：第一，将当前盐业管理与食盐销售分离。第二，改变各省份食盐各自为政的局面，实现食盐行业的全流通。第三，在食盐生产与销售环节引入竞争机制，放开市场，允许民营资本进入，彻底打破垄断。第四，强化食盐行业的市场监管，加强对生产和销售环节的监管。

15. 对电力、电信、石油、民航、邮政等行业，应将自然垄断和竞争环节切实分开，在自然垄断部分强调国有资本主导，在竞争性环节对民营经济放开。自然垄断行业由国有资本垄断经营，其本意是更有利于实现公益性。但就电力、电信、石油、民航、邮政等行业而言，并不是所有环节都具有自然垄断性质，除网络基础设施部分外，相当多的生产环节都可以放开市场引入竞争。第一，通过资本市场的国有股减持，在非自然垄断环节退出一部分国有资本，给民营经济进入这些领域腾出一些空间。第二，在自然垄断环节，通过BOT、TOT等多种形式鼓励民间资本参与投资。第三，完善基础领域的准入制度，对垄断行业要逐步放松或解除管制，广泛引入市场竞争机制，鼓励民间资本参与基础领域的公平竞争。

16. 对城市公用事业，要尽快健全特许经营制度，形成合理的价格形成机制，积极引导社会资本参与。未来5—10年，我国城市化进程将大大加快，城市公用事业将全面快速增长。这一领域具有十分明显的公益性，但仅仅靠各级政府和国有企业来经营，很难满足社会需求。为此建议：第一，实现城市公用事业政事分开、政企分开、事企分开，建立完善的市场竞争机制、企业经营机制和政府监管机制。第二，打破垄断经营，引入市场竞争机制，提高城市建设运营效率。第三，充分利用资本市场，彻底改变城市公用事业政府投资的单一模式，允许社会资本参与投资城市公用事业。第四，健全特许经营制度，形成合理的价格形成机制，利用已有的经营性公用事业资产，以特许经营方式向社会资本、资本市场进行多元化融资，积极引导社会资本参与，有效缓解公用事业建设资金短缺的状况。

优化调整东北国有经济布局（20条建议）[*]

（2021年1月）

《中共中央关于制定国民经济和社会发展第十四个五年规划和二〇三五年远景目标的建议》提出"加快国有经济布局优化和结构调整"。未来5年，以优化调整战略布局为重点，明显增强国有经济整体功能和效率，是新一轮深化东北国资国企改革的重大任务。

一　优化调整东北国有经济布局的战略意义

1. 优化调整战略布局是深化东北国资国企改革的突破口。

从现实情况看，结构布局不合理是制约东北国资国企改革进程及其红利释放的重要因素。一方面，在战略性行业与垄断性行业内，出于对国有资产流失的担心而对非公有制资本持股上限的限制，使得社会资本等"不敢混"。目前，东北省属国有企业混合所有制改革覆盖面约为60%左右，与发达地区80%以上的水平有一定差距。一方面，国有经济行业结构重型化和产品结构老化问题突出，部分企业因产业结构不合理、资产质

---

[*] 中国（海南）改革发展研究院、东北振兴研究院联合课题组：《优化调整东北国有经济布局20条研究建议》，2021年1月。

量较差，使得社会资本"不愿混"。此外，由于国有企业主业不突出等问题，即便企业引入非公有制的战略投资者实现混合所有制改革后，双方并未在产业融合方面实现重要突破，混合所有制的改革红利远未释放。例如，目前辽宁近70%的国有资产集中在钢铁、煤炭、装备制造等传统产业领域；吉林地方国企在国民经济行业大类中均有分布，只有不到8%的资产分布在工业，农林牧渔业、建筑业、服务业等其他16个行业的资产占地方国有企业90%以上。这就需要把优化调整战略布局作为深化东北国企国资改革的突破口。

2. 优化调整战略布局将提升东北国有经济的战略支撑作用。

国企国资结构布局不合理制约东北国有经济竞争力、创新力、控制力、影响力、抗风险能力的提升。总的看，东北国有经济大而不强、全而不优、行业比较分散、战线过长等问题比较突出，相当一部分国有资本配置偏离"关系国民经济命脉的重要行业和关键领域"的功能定位，国有经济广泛分布在市场化程度比较高、竞争比较激烈的加工工业和一般竞争性服务行业。为此，就需要以优化调整国企国资布局提升东北国有经济的战略支撑作用。

3. 优化调整战略布局是东北国企融入国内国际双循环的重要条件。

未来几年，东北地区国有企业要在国内国际双循环相互促进的新发展格局中找准自身定位，在"卡脖子"的关键核心技术布局上努力实现创新突破，全面清除"双循环"构建的"堵点"和"断点"，不断将"东北制造"升级为"东北智造""东北创造"；坚持扩大内需这个战略基点，坚持创新核心地位加快现代产业体系布局，打造数字东北和智造东北。更重要的是，以优化调整国企国资战略布局积极对接东北亚经济合作进程。

二 优化调整东北国有经济布局的战略目标

4. 加大国有资本在国家安全领域的布局。

对从事战略武器装备科研生产、关系国家战略安全和涉及国家核心机密的核心军工能力领域，实行国有独资。同时，对于不涉及国家安全的国防科技工业，在保证国有资本绝对控股的前提下，通过金融、财税等综合性政策，积极吸引社会资本与优质资产、技术、人才等要素向东北国防科技工业领域流动，形成一批军民融合产业和军工优势产业。大幅提升从事国防科技工业特别是涉及国防关键技术和重要武器装备研究的人才薪资待遇与综合生活保障水平。根据信息化战争需要，加快推进对传统的核、兵器、航空、航天和船舶等产业进行信息化全面改造，提升全行业生产制造的信息化水平。

5. 加大国有资本在粮食安全行业的布局。

支持中储粮（东北分公司）推进粮食储备基础设施现代化、信息化改造，降低粮食储备损失，打造"智慧粮仓"。加大对种子培育、病虫害防治、信息机械研发方面的布局，发挥其在优化农产品结构、提升农产品品质品牌等方面的重要作用。发挥国有经济资本与技术优势，集中开展生物种业、重型农机、智慧农业、绿色投入品等农业关键核心技术攻关行动。加大对集约农业、绿色农业的投入力度，发挥国有企业在东北黑土地保护、治理水土流失、提高土地有机质含量等方面的主导作用，助力东北农业实现绿色可持续发展。

6. 加大国有资本在能源安全行业的布局。

聚焦能源清洁化、电气化、智能化、集成化等事关能源转型发展全局的关键领域，加大能源设备芯片、软件等关键技术开发，推动能源开发、转换、配置、使用全环节技术和装备创新。充分利用中俄东线天然气管道正式通气的契机，加大央企在东北亚能源资源并购，实现能源海外布局优化。提升央企对跨国能源供应链的管理服务能力，探索建立东北亚能源交易与金融服务平台。重视对氢能源和煤焦油等传统资源衍生品的再利用和开发，以占据新能源领域的有利位置，保障国家未来能源安全。

7. 充分发挥国有资本在重大基础设施建设中的重要作用。

优化完善东北三省电网主网架，以国有企业为主体推动实施一批特高压输电工程。加快建设哈大客运专线之外的第二条南北走向快速铁路专线，形成两纵五横快速铁路网络。适应"一带一路""哈长沈大城市群"等建设需要，加快投资一批国家高速公路网待贯通路段项目，并进一步加大界河航道维护和航道疏通，打造东北亚水上大通道。按着适度超前原则，推进东北三省省会城市国际枢纽机场建设和支线机场新建、迁建、改扩建项目，扩大航空运输覆盖范围待贯通路段项目。推进东北区域性油气管网和支线管道建设，完善原油、成品油输入输出通道建设。

8. 加大国有资本对战略性、前瞻性行业的投入。

支持以战略性新兴产业领域的骨干央企为中心组建国家重点实验室，鼓励支持国有企业与东北高校合作加快布局一批高水平研究机构、跨学科研究室等科技创新平台。探索通过课题委托、设立研发基金等机制开展与高校、科研院所等更广泛的研发合作。通过税前加计扣除、设立风险基金等方式，鼓励国有企业，特别是大型骨干集团型公司开展本行业领域对应的基础研究。

9. 加大国有资本在公共服务领域的布局。

一方面，推动国有资本有序退出批发零售、住宿餐饮、旅游、房地产等竞争性行业，将其布局在提供公共产品和服务的行业和领域，提升国有资本在公共服务领域的集中度。一方面，加大国有资本经营预算用于公共服务的支出比重，统筹用于保障基本民生，使国有资本能够更多满足全社会日益增长的公共需求，在公共服务领域做出更大贡献。此外，考虑到东北地区社保基金缺口相对较大等因素，将东北地区企业国有股权划转社保比例由目前的 10% 提升至 20%。

三 优化调整东北国有经济产业布局的重大任务

10. 明显提升以装备制造为重点的工业集中度。

一是以集中主业为导向更大力度开展装备制造国有企业内部资源整合。例如，依托资本市场率先对中国航空工业集团、中国民航信息集团、中国中车集团、中国交通建设集团等央企下属企业及其相关研究所进行整合。二是加快推进装备制造领域内跨地区专业化整合。鼓励支持优质通用设备、专用设备、运输设备等装备制造业领域内龙头央企通过资产置换、无偿划转、战略联盟、联合开发等方式，在产业链横向整合，组建大型企业集团，将资源向优势企业集中。三是支持国有企业在关键行业开展并购重组。统筹国有企业结构布局的重点领域，鼓励中央企业以获取关键技术、核心资源、知名品牌、市场渠道等为重点，积极开展并购重组，补齐自身主业发展短板，提高产业集中度。

11. 推动央企与地方国企的对接合作。

发挥政府在央企与地方国企对接合作中的重要作用。重点围绕煤炭、电力、燃气、冶金、汽车、专业设备等行业，鼓励支持中央企业与地方国有企业通过资产重组、股权合作、资产置换、无偿划转等方式进行产业对接合作，减少无序竞争，提升资源配置效率。对规模较小、经济效益差、主业不突出的省属国有企业，重组整合到具有优势的央企，提高产业集中度，形成业务协同发展效应。根据核心技术的内在关联（如工艺的衔接、技术同源以及技术的创新交叉）和相似性，推动装备制造企业和相关产业进一步集聚，共同开展共性技术的研发攻关。通过央企与地方国企、民企交叉持股等方式推动实现国有企业股权多元化。

12. 加快推进鞍钢、本钢的整合重组。

参考大连港和营口港及丹东港整合后成为辽宁港口集团的做法，在沈阳成立以鞍钢和本钢为主体的中国鞍本钢铁集团有限公司，注册地为沈阳。

13. 鼓励国有企业与民营企业开展战略合作。

在产权平等保护、资产价格市场决定前提下，借助国有企业在资金、技术、品牌、融资、信用等方面优势，支持国有企业同与其主业相关的优质民营企业以组建战略联盟、共设基金、联合投资、联合研发等方式，共同开拓市场资源，优化成本管理，提高利润率。同时，结合国有资本在战略性、前瞻性行业布局，努力在新能源、现代信息设备、智能制造、医药领域创新发展一批高新技术产业集群，打造全产业链竞争优势，更好发挥协同效应。

14. 适应提升集中度要求推进国有资本有序流动。

建议综合运用低效无效企业退出及国有资本战略优化调整、混合所有制改革等多种方式，推进国有资本在竞争领域的有序退出。一是逐步减少竞争行业国企数量与国有资本；二是剥离国有企业非主营业务；三是稳步推进一般性竞争行业国有股减持；四是全面实现自然垄断和竞争环节分开。

四　优化调整东北国有经济区域布局的重大任务

15. 以制造业为重点加强东北国资国企分工合作。

例如，辽宁省重点领域有：电子设备制造业、黑色金属冶炼压延及金属制品、军工行业、通用设备制造、化学制品制造、航空航天制造、计算机及电子设备制造业、石油化工、科学研究和技术服务业、软件和信息技术服务业、远洋及港口运输服务业。吉林省有：汽车制造、轨道交通、石油化工。黑龙江省有：航空航天、兵器工业、农产品和食品制造。

16. 以统筹国企国资区域布局促进东北城市群建设。

打破东北四省区间的行政壁垒和市场壁垒，强化四省区在省属国有企业发展规划、产业布局、开放开发、基础设施建设、环境保护等方面的高层协调，推动资源要素跨区域、跨城乡自由流动，由此最大限度地释放资源要素的活力。充分发挥国企国资，尤其是央企在投资、基础设施建设、集聚要素等方面的引领作用，进一步优化"哈尔滨—长春""沈阳—大连"城市群的国企国资布局。以沈阳、大连、长春、哈尔滨、呼和浩特等枢纽城市为重点，完善跨省公路、铁路、航空、海运等基础设施建设，加快形成东北地区综合立体交通运输体系，实现基础设施共建共享。

17. 发挥国企国资在促进东北亚经济合作中的特殊作用。

一方面，发挥国资国企在促进东北亚地区基础设施一体化中的重要作用。以央企与地方国企为主体推进中国东北、日本、韩国、俄罗斯远东地区临海港口群之间的集装箱远洋干线业务、海内支线业务、国际邮轮业务的共同开发运营；积极参与中俄蒙经济走廊建设，促进东北亚各国之间跨境大桥、跨境铁路和跨境公路建设，提高中、朝、韩、俄、蒙陆路交通运输网络的互联互通水平。另一方面，发挥国资国企在构建区域性产业链供应链方面的重要作用。制定产业转移指导目录，更加注重国资国企下属企业的产业配套，突出本地区的优劣产业，明确产业承接发展重点。支持国有企业建设以自身主业为主题的承接产业转移示范园区，促进产业组团式承接和集群式发展。

五 优化调整东北国有经济布局的行动建议

18. 由国家国资委统筹推动东北国有经济布局工作。

一方面，建议由国务院国有资产监督管理委员会牵头，东北四省区共同参与制定《优化调整东北国企国资战略布局"十四五"规划》，合理安排国有企业改革的时间表和路线图，做到统一规划，全盘布局，分阶段实施。另一方面，尽快建立更高层次东北区域经济一体化发展的合作机制。参照粤港澳大湾区的经验，在现行四省区行政首长联席会议机制的基础上，形成由国资委牵头、各省区市国资国企管理部门参与的高层次协调机制，形成高效运行的工作机制，形成定期交流机制，加强沟通、形成合力，共同促进东北国企国资的结构、产业、区域布局和重大工程项目建设。

19. 进一步完善以管资本为主的国资监管体制。

进一步完善国有资产监管机构—国有资本投资运营公司—经营性国企三层国有资产管理架构，实现监管者与出资人职能分离，出资者与企业职能分离。地方国资委主要负责加强对战略、投资和重大事项的监督，将国有资本管理的权力下放到国有资本投资运营公司，经营性国企作为实体性企业拥有企业法人的全部权限。

20. 充分发挥国有资本投资运营公司的平台作用。

一是在国有控股前提下，优化法人治理机构。支持国有资本投资运营公司董事会独立、公平地从职业经理人市场中选择有能力、重诚信的总经理与高管人员。二是赋予国有资本投资运营公司更大投资自主权。例如，对退出、剥离的国有资本，集中至国有资本投资运营公司，在明确禁止投入领域前提下，赋予其投资自主权。三是赋予国有资本投资运营公司更大的国资管理自主权。按照国有资本的分类，东北各省区国资监管机构要尽快形成统一的国有资本投资运营公司权责清单，重点在国企产权转让、企业领导任免、企业重组方案审核、企业改制方案审核、公司章程修改、企业业绩考核和薪酬标准、企业财务预算管理等方面实现制度性安排。

第四篇

建言基本公共服务均等化

建院之初就高度关注社会保障制度改革。早在1991年，中改院就对社会保障问题进行了系统研究，提出了"以公积金为主、个人账户为辅"逐步过渡到"以个人账户为主"的中国社会保障模式。1992年，提交了"建立海南新型社会保障制度"的改革方案，成为海南省社会保障制度改革的重要蓝本，也引起全国其他省份的高度关注。2003年SARS危机后，中改院提出我国社会矛盾出现阶段性新特征的判断。2004年，中改院提出推进基本公共服务均等化建议。此后，提出了"加快建立社会主义公共服务体制""让基本公共服务惠及13亿人"等一系列改革建议。中改院在基本公共服务领域的探索与研究产生了广泛的政策影响和社会影响。2008年，中改院提出我国"从生存型阶段向发展型阶段过渡"的重要理论判断。近年来，随着我国人口老龄化进程加快，受挪威社会保障制度的启示，提出实行"选择性退休"的建议。这些研究建议和观点，受到多方面的高度关注，对推进我国基本公共服务均等化进程产生重要影响。

率先建立新型社会保障体制（30条建议）*

（1992年11月）

随着社会主义市场经济的发展，已日益把与此相适应的中国社会保障制度改革提上重要的地位。从我国的国情出发，认真研究世界各国一个多世纪以来和新中国成立40年以来社会保障的历史经验，探索社会保障制度改革的新路子，建立适应我国社会主义市场经济发展客观要求的新型社会保障体制，已成为当前的一项极其重要而迫切的任务。

一 中国社会保障制度改革的重要性与必要性

中国共产党第十四次代表大会明确指出，建立社会主义市场经济新体制是经济体制改革的基本目标。这一重大突破为建立和完善我国新型的社会保障制度提供了重要的依据。在市场经济条件下，我国传统的社会保障制度的弊端日渐突出，这一领域的改革显得日益重要和紧迫。

1. 社会保障制度改革为不同性质的企业平等竞争创造了良好的社会条件。在传统的社会保障制度下，国有企业职工的生老病死

---

* 中改院课题组：《中国社会保障制度改革的基本思路》，1992年11月。

统统由企业"包"了，使国有企业包袱沉重、步履艰难。外资、私营企业则轻装上阵，发展迅速，但其职工的长远利益得不到可靠的保障，不利于企业的长期稳定和发展。因此，建立新型的社会保障制度，不仅能够让国有企业在平等的条件下参与市场竞争，而且有利于外资、私营企业的长期稳定发展。

2. 社会保障制度改革是促进劳动力的合理流动，适应产业结构调整的需要。在市场经济条件下，劳动力和各种生产要素合理流动是资源优化配置的客观需要，也是保持经济生活中的竞争动力和使经济充满活力的一个重要因素。为此，则要通过改革，建立有利于劳动力合理流动和产业结构调整的社会保障制度。

3. 社会保障制度改革使国家、企业、个人三者利益得到合理的调整。在传统的社会保障制度下，各项保障费用由国家与企业大包大揽，个人不必承担任何义务，因此人们也不必关心社会保障的利弊得失。在新型的社会保障制度下，社会保障费用由国家、企业、个人三者合理分担，使三个主体的物质利益相互结合起来，兼顾个人眼前利益与长远利益，可以有利于经济的发展和社会的整体利益。

4. 社会保障一定要与经济发展水平相适应。经济的发展客观上提出了社会保障的需求。同时，社会保障的发展取决于经济发展的水平。在公平与效率问题上，应该明确认识到：公平意味着公正和机会均等，而不是平均主义的"大锅饭"，决不能让社会保障成为"养懒汉"的庇护所。在社会主义的初级阶段，在市场经济条件下，要贯彻"效率优先、兼顾公平"的原则。

5. 我国经济发展的不平衡性要求有不同类型和不同层次的社会保障，不能搞一个模式。社会保障制度改革应当从实际出发，因地制宜，采取不同的模式，允许社会保障制度在全国范围内的多样化和多层次发展。

6. 经济的发展要求有一个稳定的社会环境，社会保障制度改革就是铸造社会的稳定机制，同时，培育社会的动力机制。改革必然导致一系列关系的调整和连锁反应，社会保障制度作为"稳定器"和"减震器"，发挥着重要的作用。

二 关于养老保险制度改革

7. 我国现行养老制度的主要弊端在于保险金给付与保险费缴纳相互脱节，权利与义务不统一。几年来，养老费用的社会统筹制对于平衡企业间的养老负担和促进社会稳定虽曾发挥过积极作用，但是这种带有平均主义倾向的"大锅饭式"的养老统筹，使养老保障体系中受保人、企业和养老保险管理机构三个主体的利益关系不能彼此结合和相互制约，主体行为严重扭曲，致使养老统筹制的运作缺乏内在的动力，只能靠行政手段来维系，这正是现行养老制度越走步履越艰难的主要原因，也是养老保险制度改革中要解决的主要问题。

8. 比较研究世界各国一个多世纪以来和我国 40 年来养老保险的历史经验，我国的养老保险制度改革，面临着三种不同目标模式选择。一是改革与完善现行养老保险社会统筹制度，包括扩大统筹范围和覆盖面，提高统筹程度，增加统筹项目，调整统筹费率，完善统筹手段，改进统筹办法，向省级以及全国统筹过渡等；二是采取分步到位、平滑过渡办法，逐步转换为强制储蓄型的个人账户制为主的养老保险制度；三是从本国实际出发，取养老统筹制与个人账户制之长而去其短，创立与社会主义市场经济发展相适应的、具有中国特色的新型养老制度。

人口老龄化程度与经济发展水平是成正比的。这是社会发展的客观规律，现行的社会养老统筹制的实践结果，往往是抽穷补富，即以人口相对年轻而经济发展水平较低的地区去补贴人口老龄化程度较高而经济比较发达的地区。因此，社会养老统筹制在本质上并不能体现社会公平原则。我国是个幅员辽阔，社会经济发展很不平衡的国家，地区之间差距相当大，过去在以市县为单位进行养老统筹时，对于这个基本矛盾往往采取削弱财政包干或调整指数等办法加以缓解。深化改革中，如果不引入保险机制，实现养老制度的机制转换，而只是盲目地提高养老统筹档级，片面追求所谓省级统筹或全国统筹，这个矛盾势必更加突出，实施的难度亦将更大。

以现行社会养老统筹制为基础进行改革与调整，在操作上比较容易，在一定时期内也还可以过得去，但是由于这种统筹制缺少约束机制，不可能科学地解决发展与人口老化的关系问题，随着代际转嫁负担的加重，越往后面临的困难会越多，不仅延误了出台改革的有利时机，而且将给今后改革形成更多的包袱。

逐步转向储蓄型的个人账户制，可以避免人口老化高峰期的给付危机和代际转嫁负担带来的社会问题，具有较好的效率和激励机制，但是由于业已存在的退休负担，在新老制度转换期间，不仅企业和职工将难以承受统筹与预筹双重负担，而且势将导致目标设计上的完全积累基金制与实际操作上的部分积累半基金制之间的内在冲突。

因此，我国养老保险制度改革应本着兼顾眼前与长远的原则，既要坚持和完善现行养老制度中社会共济性的长处，又注意克服其"大锅饭"统筹的短处；既借鉴与引入个人账户制中的自我保障机制，又努力避免其缺少社会共济性的弱点。博采众长，把中国与外国、传统与革新的优势结合起来，形成社会保障与自我保障相结合、公平与效率相兼顾、权利与义务相统一的社会化、科学化、制度化的新型养老保险制度。

9. 通过改革，应将现行的单一层次的社会养老统筹改为基础保险加补充保险的多层次的养老保险，以适应人们对于养老保障的不同需要。在筹资模式方面，由现收现付统筹制改为社会共济统筹加上强制储蓄预筹的结构性筹资模式；由国家与企业统包统揽改为国家、企业（用人单位）、个人三者合理分担。基础保险费以企业缴纳为主，职工个人缴费为辅。个人缴费起点要低，并应在工资调整、收入增加、经济承受能力提高的条件下推出，分步到位。补充保险分为企业补充保险和个人补充保险两类，均采用个人账户公积金制。企业补充保险目前可由企业根据经济效益情况自行决定。条件成熟后应通过立法，规定达到一定效益水平的企业必须实行企业补充保险，个人补充保险与基本保险挂钩，强制储蓄，标准由低到高，逐步推进。

在保险金管理模式方面，由单一的统筹统付制改为社会养老共济基金和个人养老基金相结合的养老保险基金管理制度。明确界定产权，分别立账，单独核算，提高管理透明度，以增强受保人的信心。基础保险费记入社会共济基金账户，其所有权属于全体受保人；补充保险费记入职工个人养老基金账户，所有权属于个人。社会共济基金和个人养老基金的使用均依养老保险立法和管理机构的规定。为每个受保人设立养老金账户和规定一个终生不变，全国通用的固定编码，详细记录受保人的收入、保费缴纳、利息和保金提取以及保险关系转移等事项，努力实现养老保险管理的社会化和管理手段的现代化。

在保险金给付模式方面，由单一的退休金给付改为基础保险金加补充保险金的结构性给付模式；由退休待遇制改为保险金给付与保险费缴纳相联系的给付办法。基础保险金给付统一以职工本人在职期间指数化平均缴费工资为基数，根据投保缴费期间的长短决定给付比例的高低。个人账户积累的个人养老保险金，在受保人退休时转为按人口平均寿命计发的补充养老年金，终生逐月取。如受保人退休前出国或死亡，其个人账户的全部积累，连本带利一次性返还本人或其直系亲属。

为了促进新老养老制度的平滑过渡，逐渐减缓代际转嫁的程度，在保险金给付上不同情况的受保人可以实行不同的过渡办法，例如实行新人新制度，老人老办法，中人中办法。"老人"即实施改革时已退休人员，继续执行国发〔1978〕104号文件规定的养老待遇；"新人"即新参加养老统筹的合同工、临时工和实施改革后参加工作的职工，一律实行新方案规定的养老保险办法；"中人"即实施改革时在职的固定工，可以在新老两种办法中任选一种，就高不就低。

10. 养老保险制度改革是一项改变几代人分配关系的社会系统工程。养老保险作为一种转移性支付，对于劳动者来说，其目标在于通过保险方式实现一生的消费平衡；对于社会来说，它的目标在于确保以保险方式筹集的基金在满足老年人基本生活的前提下，实现今后各个时期的收支平衡。因此，在改革实施前必须通过定性定量综合集成方法，对改革方案的长期运行效果进行精算和预测，以提高改革方案的合理性、可行性和科学性。通过科学测算，努力做到养老保险费的缴纳和积累比例同本地区经济发展水平、人口发展状况以及国家、企业、职工三者的经济承受能力相适应，养老保险基金收支留有一定余地，在人口老龄化高峰期不出现给付危机。

三 关于医疗保险制度改革

11. 必须客观估计现行医疗制度的弊端。

（1）缺乏医疗费用控制机制，医疗资源浪费严重，我国现行的医疗制度是"病人看病，医生开药、国家（企业）花钱"三不联系的制度。这种制度造成医疗费用增长速度过快，浪费严重。

（2）缺乏分散疾病风险机制，国家与企业负担日益加重。由于劳保医疗费用由企业独自承担，人数较少，经济效益较差的企业，只能应付一般疾病的治疗费用，一旦出现危重病人，企业往往无力承担医疗费用，一部分职工的基本医疗难以得到应有的保障。

（3）对医疗服务缺乏有效管理和监督，漏洞较多。近年来一些医院实行企业化管理后，助长了单纯追求经济效益的倾向。一些医生开人情处方，大处方，有的借机推销没有疗效而能赚钱的高价药品，从中牟利，致使医疗费用支出急剧上升，大大超过了国家财政收入和企业效益的增长速度。

12. 医疗保险制度改革要有明确的目标。

（1）确立长远的社会医疗保险目标。目前，我国在医疗制度改革方面可说是"百花齐放"。各地的保险模式的选择和做法差异很大，这些与我国国情不无联系。我国是一个多民族、土地辽阔、人口众多、经济发展极不平衡、现代工业社会和传统农业社会并存的发展中大国。根据我国的实际国情，确实不宜建立统一的社会保障模式。应该鼓励各省、自治区、直辖市建立符合本区域的社会保险制度，同时应建立多层次、多形式的社会保险体系。但必须考虑全国各地区的衔接及有利于人员流动。

在我国实行多层次、多形式的社会经济保险制度，有必要确立一个统一的基本原则，在不违反这个基本原则的情况下，各省、自治区、直辖市可根据自身的实际情况，建立和完善社会医疗制度。

我国医疗保险制度改革的基本原则应该是：各类不同经济成分、不同行业的企业和不同身份的职工在医疗保险面前一律平等。医疗费用开支由国家、企业、个人三者合理分担。保障职工的基本医疗，同时，努力克服医疗资源的浪费，逐步实现医疗服务和医疗保险的良性循环。医疗保险制度改革和医疗服务单位的内部改革与医药市场体制改革相配套。

（2）社会医疗保险基金的筹集。医疗保险费由企业（用人单位）与职工共同缴纳，以企业为主，个人缴费应根据职工个人承受能力逐步推出。由于各地情况不同，医疗保障水平各异，全国不宜确定统一的缴费比例。

（3）关于医疗费用开支。医疗保险费用开支应从实际出发，不宜包得过多，一般以大病保险为主，这样有利于强化个人费用意识，同时，也保障了危重病人的基本医疗。医疗不同于养老保险，如果一个职工遇到灾难性的大病或绝症，靠个人的经济能力是很难承受的，只能依靠社会的力量来保证其正常医疗，只有这样才能真正保障职工的基本医疗。

（4）加强社会医疗保险的管理。社会医疗保险制度的管理，是这项改革顺利出台和实施的关键之一，应当建立专门的医疗保险机构，进行统一的管理。要对医药部门和医疗单位的医疗供给实行有效的制约，建立完善的监督、审查和约束机制。要采取行政的、经济的、法律的手段，治理整顿医药行业和医疗服务单位不利于医疗制度改革的因素，以保障改革的顺利进行。

（5）搞好医疗保险制度的立法。医疗保险同其他各项社会保险一样，需要通过立法来保证新制度的运作，必须严格分清社保管理机构、医疗服务单位、企业及职工的权利和义务，确定各自的职能范围，使医疗保险制度具有法律效力，做到有法可依，有章可循。

（6）公费医疗制度的改革应与企业职工医疗保险制度的改革同步进行。二者的医疗待遇水平不宜有太大的差别，避免医疗消费向保障水平高的一方转移。

（7）要控制医疗费用的超速增长，杜绝医疗资源的浪费，必须在增强职工个人费用意识的同时，对医院和医药行业进行控制和治理。

（8）要坚持预防为主的方针，积极开展预防保健工作，大力支持各种群众性的自我保健活动，增强体质、减少疾病，这样有利于提高全民素质，降低医疗成本。因此，有必要探索一条防治结合的医疗保险途径。

四 关于失业、工伤保险制度改革

13. 确定失业、工伤保险制度改革的基本目标。逐步地建立起适应社会主义市场经济发展的、有利于企业平等竞争、劳动力合理流动和社会稳定的失业、工伤保险制度。彻底改变国家规定标准、企业（雇主）支付待遇的权利保障办法和只在国营企业职工中实行失业保险的传统制度。

14. 根据当前的实际情况，失业、工伤保险制度改革应遵循下列原则。

（1）保障劳动者基本生活权利的原则。失业保险的目的在于保障劳动者在收入中断期间的基本生活。它是维持劳动力的延续的基本条件。工伤保险不仅要保障劳动者在工伤后劳动能力丧失、中断或降低时的基本生活，而且要有利于劳动者的劳动条件的不断改善。

（2）权利与义务一致的原则。投保与给付基本挂钩，克服平均主义倾向。

（3）公平与效率统一的原则。失业、工伤保险不仅要保障失业者、工伤者的基本生活，而且要有利于促进劳动力的竞争和合理流动，有利于劳动生产效率的提高和安全生产。尤其是失业保险要成为促进失业者尽早再就业的手段，要成为就业培训、职业介绍及促进劳务市场发育、完善的动力和保证，从而有利于经济发展。

15. 扩大失业工伤保险的覆盖面。各类企业以及实行企业化管理的事业单位的所有职工全部参加，扩大失业救济对象的范围，提高失业、工伤保险的社会化程度和增强抵御风险的能力。

16. 失业、工伤保险费的筹集，应按大数法则和"以支定收、略有节余"的原则。通过认真测算，确定合理的费率。失业保险费目前暂由企业（用人单位）缴纳。以后可以推出个人储蓄制失业保险，形成结构性失业保险，提高对市场风险的抵御能力。工伤保险费全部由企业负担，按照各类企业工伤频率高低实行差别费率。

17. 改革现有的给付办法。失业保险金给付，由现行的24个月的给付期缩短为12个月以内。以降低失业保险成本，并有利于鼓励失业职工积极争取就业。规定给付失业救济金的合格期〔必须是参加职工失业保险、连续投保和缴纳保费满一年以上者和等候期（申请登记失业之日起一个月时间）〕。给付期限与投保年限相联系，给付标准以本人失业前一年的月均工资（缴费工资）为基数。适应市场经济发展的实际情况，工伤保险金的赔付除对永久性完全丧失劳动能力者按月给予残废补助金外，其余均实行一次性赔偿办法。

18. 改善失业、工伤保险的管理工作。

（1）进一步界定失业、工伤保险管理的基本职责。失业保险除了日常工作外，应认真做好失业人员的职业培训、职业介绍、生产自救和失业者的管理服务工作。工伤保险除伤残鉴定赔付日常工作外，还应做好企业安全生产和伤残人员就业工作。

（2）努力实现失业、工伤管理的社会化，逐步减弱企业的社会保障负担程度。

（3）建立健全各级劳动鉴定委员会，制定统一科学的评残标准。在制定评残标准中，要改变目前那种偏重于肉眼看得到的外科伤残，忽视那些肉眼看不见的内科伤残的现象。

五　关于社会保障制度改革的若干政策性建议

19. 社会化是社会保障的本质特征，也是社会主义市场经济发展的客观要求。只有不断提高各项保障的社会化程度，才能有利于建立统一的社会主义市场体系，增强抵御风险和分散风险的社会保障能力，促进各类企业的平等竞争和劳动者的合理流动。为此，要打破各类不同产业、不同所有制企业之间的以及各种不同身份职工之间的界限，实行统一费率、统一基数、统一办法、统一管理。中央和各部委和部队在地方的企业和实行企业管理的事业单位（包括银行、人民保险公司、邮电、铁路、港口等）不再沿袭"企业办保障""企业办社会"的老办法，一律参加当地的社会保险，以利于统一的市场体系（包括劳动力市场）的建立和社会经济的发展。

20. 社会保障的核心是经济保障。一个地区社会保障的水平和程度，最终取决于自身的经济发展水平，同时又受到自身人口发展状况的制约。

我国是现代工业社会与传统农业社会的二元结构的发展中大国。各个省区市经济发展和人口结构差异很大，不应当也不可能急于在短期内建立统一的甚至单一的社会保障模式，或者片面追求更大范围的甚至全国性的社会统筹。应当鼓励各省区市在一个统一的原则下，从本地区的实际情况出发，努力探索和建立有利于市场经济发展的社会长期稳定的多层次、多形式的社会保障体系。同时，注意搞好全国各地的社会制度之间和本地区新老制度之间以及国内外社会制度之间的衔接，以利于全国统一的市场体系的形成和劳动力的合理流动以及对外开放的发展，同时，有利于新老体制的平滑过渡和社会的安定团结。

21. 社会保障制度改革要从国情国力和本地区实际情况出发。社会保障制度改革要与本地区社会经济发展的客观要求相适应；各项社会保障水平要与本地区经济发展水平相适应；社会保险费的缴纳比例要与本地区的财政收入状况、企业效益水平与职工个人的经济和心理承受能力相适应；社会保险基金的积累比例还要与资金管理和营运水平相适应。改革起步时积累率尽可能低一些，以及随着企业经济效益和管理营运能力的提高再逐步调整。为了保证社会保障制度改革顺利出台，改革方案应当通过认真精算，努力降低新老制度转换的成本。在一般情况下，不宜通过提高保费缴纳比例，加重财政和企业负担的途径来进行改革。通过改革还要努力降低社会保障的管理成本，克服管理费提取过高、开支过大的倾向。

22. 社会保障要以社会立法为手段使各项社会保障的运作制度化、规范化，依法强制实施各项社会保障制度。但是，这种法律强制须与保险机制有机地结合起来，才能形成社会保障制度自我良性运行的内在能力，确保新制度健康顺利实施。

首先，必须以法律形式来规范国家、社会保障职能机构、企业和职工个人及各社会保障主体之间的权利与义务；各项保险费缴纳比例和社会保险金给付标准的确定与调整；社会保障职能机构的设置、编制、职能、责任与工作程序；各项社会保险基金的管理与投资营运的原则和办法；社会保险管理费用的提取比例、使用范围与开支办法；等等。关于社会保障的基本立法，由国家统一规范和颁发；各省份可依照基本立法和各自的实际情况，制定各项社会保障制度实施细则。并做到事事有法可依，减少各种人为的偏差和主观随意性与依靠行政手段实施的局限性，避免和克服保障给付中的"恩准""恩赐"形式，实现每个社会成员在社会保障面前的平等与尊严，提高社会保障的权威性。

其次，应通过法律规范明确界定社会保险基金的产权归属，即各项社会保险基金的所有权，属于全体受保人；个人保险基金的所有权，属于受保人本人。并在此基础上，严格遵循社会保险原则，将职工个人、企业和社会保障管理机构三个主体和相互关系利益以权利与义务统一的形式有机地结合起来，形成相互依存和相互制约的利益机制，促使社会保障制度自发运转和良性循环。保险金给付与保险费缴纳紧密挂钩，受保人（包括所在企业）缴纳保费数额多少和时间长短，直接决定保险金给付的水平与期限，使保险金给付真正反映受保人投保期间的全程贡献和保费缴纳水平。权利与义务相统一的保险机制，强化受保人的社会保障主体意识，形成吸引和制约企业和个人按时足额缴费的内在动力，从而保证社会保障制度正常、稳定、有效运转。

23. 改变现行的政府行文企业（或社会保障管理机构）出钱的不定期调整离退休待遇的办法，为实行基础养老保险金与社会平均工资挂钩的办法。即按上年社会平均工资增长率的一定比例（例如80%）对离退休人员的基础养老保险金每年上调一次，以解决退休早、待遇低的实际问题。实行这种挂钩办法的省市或地区，今后可以不再执行有关增加退休人员物价补贴和调整退休待遇的文件规定。

24. 我国的社会保险事业40多年来虽然有了很大的发展，但是总的来说，与我国社会经济发展的客观要求相比较，还存在着较大的差距。我国的保险市场（包括社会保险市场）仍然处于初级发育阶段，有待于我们去培育和开拓。在这方面社会保险和商业保险都有着广阔的用武之地。社会保险和商业保险在市场经济条件下应当求同存异，相互补充。除了不断发展壮大社会保险机构外，应当充分发挥人民保险公司的积极作用，鼓励它们按照社会保障制度的改革方案要求，承担部分社会保险业务，共同努力创立多层次、多形式的社会保险体系，为劳动者提供日益提高和完善的社会保障。

25. 十几年来，尤其是近几年来，城镇个体经济有了较大的发展。初步统计，全国城镇个体工商户已达到2500万人。这些人的收入有了较大的提高，但是面对市场风险，也有后顾之忧，具有参加社会保险的普遍要求。因此，应当在企业和个人两部分保费同时缴纳的原则下，制定具体办法，尽早让他们参加到社会保险制度中来。

六　关于社会保障管理体制改革

26. 我国现行的社会保障管理体制，已不能适应社会保障制度改革的要求。一是部门分割，切块管理，画地为牢，各自为政，既不能适应分散风险的社会化要求，也难于提高管理效率和降低管理成本。二是政、事、企三者合一，宏观间接管理与微观直接管理不分，拟法、监督与经办操作职能集于一身，不仅缺少监督制约机制，留下漏洞，而且难于界定和强化管理责任，无从提高管理水平，损害社会保障形象和受保人的信心。三是管理机构的规模与素质难以适应实施改革方案的需要。近几年来，随着社会主义市场经济的发展，社会保障热逐步加温，部门之间争办保险的现象日益突出。部门之间的利益刚性与管理体制上的矛盾，已成为深化社会保障制度改革的主要难点。改革现行管理体制，建立一个科学合理和富有效率的、能够胜任管理与操作诸项社会保障制度改革方案并能不断对这个体制进行自我调整和自我完善的社会保障管理体系已成为当前的一项极其重要而又非常迫切的任务。

27. 生产的社会化要求保障的社会化，保障的社会化要求管理的社会化。社会化是社会保障的本质特征，是社会保障改革的重要目标，也是社会保障管理的内在要求。根据社会保障制度改革的要求，借鉴世界各国的管理经验，实现社会保障管理的社会化，必须遵循如下原则：在社会保障对象与管理范畴方面，对各种不同经济成分、各类不同企业、各种不同身份的职工和养老、医疗、失业、工伤等各项社会保险实行统一的社会化管理原则；在管理机构设置方面，实行政、事、企三分开，宏观间接管理与微观直接管理职能分离，拟法、监督与经办执行机构分设的原则；在管理的性质与内容方面，实行管理与服务（包括社区管理与社区服务）结合，经济保障与服务保障（包括劳务服务、设施服务和信息咨询服务等）结合的原则。

28. 社会的多层次性与社会保障的多层次性，决定了社会保障管理的多层次性。社会保障管理机构设置及其职能分为三个层次：

(1) 宏观管理层。建立国家与省份的社会保障委员会：作为政府的社会保障事业主管部门，履行政府社会保障职能。负责社会保障的拟法、监督与规划协调，以及各项社会保障制度改革方案设计与修订。下设精干的办公室为常设机构，负责日常工作。劳动、卫生、民政、人事、计划、财政、审计、监察等政府有关部门按照各自的行政职能范围，对社会保障事业及其管理机构实行必要的行政监督。设立养老、医疗、失业、工伤等各项社会保险基金委员会，作为国家（政府）、企业和受保人等各个社会保障主体的代表，对有关各项社会保险基金的收、管、用及投资营运实行监督。

(2) 中观执行层。设立省、区、市社会保障局，作为社会保障事业管理机构，在政府（通过社会保障委员会）领导下，负责各项社会保障事业的具体运作，包括保费征缴、管理和保险金给付，为投保单位和受保人提供优质高效的资金保障和服务保障。

(3) 微观操作层。设立县社会保障局与基层社会保险办事处，负责社会保险事务的一线操作。具体经办保费征缴、保金给付与社区服务。基层社会保险办事处可以兼办辖区社会保险与金融储蓄业务，以保险促金融，以金融养保险，一举多得。

29. 社会保险基金管理是社会保障管理的重要内容。社会保险基金管理好坏和效益高低，能否保证长期保值增值，决定着社会保险制度的成败。据财政部统计，1991年全国劳动部门征收国营企业职工养老保险金244.09亿元，支出202亿元（内用于离休人员直接支出188.5亿元），当年结余92.09亿元，滚存结余146.27亿元。结余的保险金除购买国家债券30多亿元外，均作为储蓄存在银行。集体企业职工养老保险金征收50.84亿元，支出45.38亿元（直接支出43.32亿元），当年结余5.46亿元，滚存结余18.08亿元。待业保险基金收入8.37亿元，支出2.5亿元（内用于救济失业职工的直接支出0.24亿元），当年结余5.87亿元，滚存结余

25.18亿元。在目前情况下，社会保险基金单纯采取存入银行和购买政府债券两种方式并不能达到保值增值的目的。随着部分积累式养老保险制度的实施，社会保险基金的保值增值问题将更加突出。

国内外的经验表明，社会保险基金的保值增值，必须走保险与金融结合的道路。即按照安全与效益相结合的原则，以间接和多向的投资方式，投向那些风险较少和效益较好、有利于本地区经济发展的项目，实现保险基金的保值增值。为此：（1）必须按照政、事、企三分开原则，建立社会保险基金的投资营运机构。一是设立社会保险银行，组织一个通晓保险和金融业的精干班子，专门负责社会保险基金的投资营运。二是委托某个专业银行或非银行金融机构代理投资业务，只收取一定佣金或管理费或者以承包经营方式，确定一定的资金利润率，超利部分比例分成。三是以股份形式建立社会银行，保证社会保险基金在其中的一定比例。无论是哪种形式的投资营运机构，都应做到既与社会保障委员会和社会保障局按照政、事、企三分开原则实行机构分设，对社会保险基金依法进行独立的投资运营，又要由社会保障委员会和社会保障局进行必要的检查监督，并接受各项社会保险基金委员会的监督。（2）必须抓紧制定关于社会保险基金的管理责任、管理办法和投资营运的目标、原则、方向、渠道、利益分配和风险承担以及管理监督程序，做到事事有章可循，堵塞一切以社保基金徇私舞弊行为，确保社会保险基金的安全。（3）政府对于社会保险基金的投资营运应当在信息导向、政策优惠、项目优先、财政担保等方面给予支持。

30. 对社会保障的运作过程和社会保障职能机构的工作进行必要的监督，是保证社会保障事业健康发展的有效措施，也是对广大受保人的公民权利的应有尊重。社会保障监督是否健全而有效，是社会保障制度是否成熟的重要标志之一。建立健全社会保障的各类监督组织，是实施社会保障监督的前提。社会保险监督包括国家权力机构各级人民代表大会及其常设机构的监督、政府（通过各有关部门）的行政监督、司法机构的司法监督、社会保险职能机构上下左右的内部监督和人民群众的民主监督等等。所有这些监督都应做到有机构、有人员、有职责、有制度，真正落到实处，不流于形式。

提高社会保障管理的透明度，实现社会保障管理的公开化和民主化，建立受保人有机会有条件参与监督的制度，是搞好监督工作的关键。每项社会保障制度的实施细则和社会保障职能机构的工作职责与办事程序均应明确规范并公之于众，随时接受群众的检查监督。每个受保人有权向管理机构询问自己的保费缴纳、积累与保金给付等有关事项并应得到及时明确答复。

加快建立社会主义公共服务体制（18条建议）*

（2006年8月）

    与过去的28年不同，当前我国的社会矛盾发生了深刻的变化。适应这个变化，以满足全社会成员的基本公共需求为目标，在完善社会主义市场经济体制的同时，加快建立社会主义公共服务体制，是协调改革进程中各种利益关系的根本举措，是落实科学发展观、建设和谐社会的重要体制保障。

    一　在全社会公共需求全面快速增长的特定背景下，加快建立社会主义公共服务体制既有现实性，又有迫切性

    我国正处在从初步小康向全面小康社会过渡、从生存型社会向发展型社会转变的关键时期。在这个过程中，以人的全面发展为目标，必须关注和满足社会成员的基本公共需求。现实情况表明，广大社会成员公共需求呈全面快速增长的趋势。因此，尽快建立社会主义公共服务体制，提供有效的公共产品和公共服务，是新阶段解决社会矛盾的内在要求。

---

* 中改院课题组：《加快建立社会主义公共服务体制（18条建议）》，2006年8月。

1. 当前，公共需求的全面快速增长与公共服务不到位已经成为我国突出的社会矛盾，这对建立社会主义公共服务体制提出了越来越迫切的现实要求。伴随着经济的持续快速增长，我国社会也在加速转型。显著的标志就是广大社会成员的公共需求全面、快速增长。一是公共需求以超常的速度增长。近几年我国城镇居民的总需求中，个人公共需求年均提高的比重，相当于过去5年的总体增幅，并且近两年的增幅更大；二是公共需求主体快速扩大，广大农民和城镇中低收入者逐步成为公共需求的主体；三是公共需求的结构变化迅速，除了义务教育和公共医疗外，对公共安全、环境保护以及利益表达的需求越来越成为全社会普遍关注的焦点。

面对城乡居民全面快速增长的公共需求，我国公共产品供给远不能适应这个变化趋势。以财政支出结构为例，近年来财政支出增长速度很快，基本保持在每年15%左右。但科教文卫等方面支出占财政总支出的比例，从1992年至2003年却基本没有增长。总的来说，由于政府转型的滞后，各级政府对强化公共服务职能缺乏深刻的理解和紧迫感，公共产品供给的体制机制尚没有建立起来，这使得政府的公共服务功能相对薄弱。在这个特定背景下，加快社会主义公共服务体制建设和推进政府转型的实际进程，对于贯彻落实科学发展观、建设和谐社会尤为重要和迫切。

2. 适应收入分配体制改革的客观要求，充分估计公共服务在缓解收入分配差距中的重要作用。当前我国已经成为世界上收入分配差距比较严重的国家之一，广大社会成员对缓解收入差距、实施再分配的公共需求比以往任何时期都强烈。在经济社会转型的过程中，收入分配差距的扩大有其客观必然性。从现实情况出发，应当及时控制并有效缓解收入差距扩大的趋势。

客观地分析，要有效地缓解不断扩大的收入分配差距，一方面要靠进一步的市场化改革来规范初次分配；另一方面，必须高度重视政府的再分配功能。这些年基本公共服务的个人承担费用上涨太快，大大超过中低收入家庭可支配收入的增长速度，这是贫富差距持续扩大的重要原因之一。相关的研究表明，在导致收入分配差距的各种因素中，教育因素占20%左右。目前，城乡之间的差距不仅表现在经济发展水平和居民收入方面，更反映在城乡居民享受基本公共产品方面的差距。2004年，我国名义城乡收入之比为3.2∶1，若把义务教育、基本医疗等因素考虑在内，城乡实际收入之比为5—6∶1。按照这个分析，公共服务在城乡实际收入差距中的影响高达30%—40%。面对这种名义与实际的城乡差距，应当充分认识到，缩小城乡差距不是缩小城乡经济总量的差距，重要的是逐步缩小城乡居民在基本公共服务方面的过大差距，并通过公共服务来着重提高农村人口素质。因此，"十一五"时期，各级政府要在控制并缓解收入分配差距方面有所作为，现实的途径在于加快建立社会主义公共服务体制，以为全体社会成员提供基本的公共产品和实现公共服务的均等化。

3. 我国正处在社会转型的关键时期，相当多的社会矛盾和问题都在不同程度上与公共服务短缺相关联。为此，应当充分估计建立社会主义公共服务体制对化解社会矛盾和建立和谐社会的重大作用。随着社会主义市场经济体制的初步形成和不同利益主体的出现，合理的、正当的利益表达和利益诉求开始成为广大社会成员、特别是困难群体的公共需求。比如，劳资关系在一定程度上失衡的深层次原因是劳动者缺乏基本的利益诉求表达机制。当前失地农民问题成为农村社会中的一个突出矛盾，其中关键的问题在于农民土地权益得不到有效的保护。在农村基本公共产品没有保障的情况下，失地农民的生产与生活均受到严重影响，从而引发了诸多矛盾。在这种情况下，加快建立社会主义公共服务体制将成为有效协调劳资关系、化解农村社会矛盾的一项基础性工程。

4. 我国正处在经济增长方式转变的关键时期，应当充分估计公共服务对提高消费率，促进国民经济健康发展的重要作用。在市场经济条件下，经济增长的主要驱动力来自于消费。但这些年我国的消费率持续走低，2005年已经降到52.1%，这使内需明显不足，并逐渐构成对经济健康发展的潜在威胁。消费率下降的重要原因之一在于公共服务供给不到位，由此导致城乡居民消费预期不稳，消费倾向下降。由于教育、医疗、社会保障等基本公共服务的价格上涨速度远远超过人均收入的增长速度，城乡居民不得不把可支配收入中很大的一部分用于预防性储蓄，收缩了即期消费，由此导致内需不足。"十一五"时期，如果我们能够因势利导地扩大对城乡居民的公共产品供给，改变基本公共服务供给中某些不合理的付费机制，就可以在启动国内市场，尤其是农村大市场方面有所突破。就可以有效地改变我国当前投资、消费严重失衡的局面，逐步实现经济增长由投资主导向消费主导的转变，使我国的宏观经济建立在良性增长的基础上。

二 站在改革的历史新起点，把建立社会主义公共服务体制作为改革攻坚的基本目标之一

改革开放28年来，我国通过初步建立社会主义市场经济体制基本解决了私人产品供给的问题，实现了初步小康的发展目标。在这样一个新的历史起点上，我们面临着全社会公共需求全面快速增长的严峻挑战。由此，加快建立社会主义公共服务体制，已经成为我国新时期改革攻坚的基本目标之一。

5. 从社会矛盾变化的现实背景出发，必须通过改革进一步完善社会主义市场经济体制和加快建立社会主义公共服务体制。改革开放初期，我国社会面临的主要矛盾是人民日益增长的物质文化需要与落后的社会生产之间的矛盾。经过28年的改革开放，社会矛

盾已经发生了深刻变化，当前我国社会正面临日益突出的两大矛盾：一是经济快速增长同发展不平衡、资源环境约束之间的突出矛盾；二是公共需求的全面快速增长与公共服务不到位、基本公共产品短缺之间的突出矛盾。要解决第一个矛盾，必须继续坚持市场化改革，进一步完善社会主义市场经济体制；要解决第二个矛盾，其根本途径是加快建立社会主义公共服务体制。

6. 从体制机制入手，解决全社会公共产品短缺的问题。从改革实践看，公共服务短缺的问题不仅是总量不足、结构失衡等问题，其根源在于体制机制不健全：一是公共服务供给中没有形成规范的分工和问责制，在事实上造成了公共服务指标的软化；二是没有形成公共服务可持续的财政支持体制，财政功能性支出比例最大的仍然是经济建设性支出。实践证明，如果没有一个制度化的约束，公共服务支出并不会随着经济增长而同步增长；三是城乡二元分割的公共服务制度安排，进一步拉大了城乡差距；四是尚未形成公共服务的多元社会参与机制和有效的监管机制。"十一五"时期，要切实地解决公共产品严重短缺的矛盾，应当从这些方面加快改革步伐，逐步构建与我国国情适应的社会主义公共服务体制。

7. 全面、准确地把握社会主义公共服务体制的基本内涵。社会主义公共服务体制是指以政府为主导、以提供基本而有保障的公共产品为主要任务、以全体社会成员分享改革发展成果为基本目标的一系列制度安排。建立社会主义公共服务体制，就是要通过党和政府的力量实现公共资源的优化配置，使公共政策能够有效地克服市场经济的某些缺陷。现实情况越来越充分地表明，改革不仅需要解决好私人产品供给的体制机制问题，还需要解决好公共产品供给的体制机制问题。28年的改革实践证明，市场经济可以在私人产品领域很好地发挥作用，但在公共产品领域中往往会出现"市场失灵"。"公共服务市场化"不仅难以解决公共产品短缺的问题，还会由此引发一系列的社会矛盾和社会问题。为此，建立社会主义公共服务体制，能够妥善地协调市场经济条件下的利益关系，使政府能够迅速回应利益主体多元化带来的挑战，为提高公共治理水平和党的执政能力提供制度保障。

8. 社会主义公共服务体制与社会主义市场经济体制都是中国特色社会主义的重要组成部分，二者相互补充，相互促进。无论是进一步完善社会主义市场经济体制还是加快建立社会主义公共服务体制，都是建设有中国特色社会主义的基本内容。作为一个发展中的大国，我们不仅要通过进一步深化市场化改革做大"蛋糕"，还需要通过建立社会主义公共服务体制分好"蛋糕"。必须看到，完善社会主义市场经济体制是建立社会主义公共服务体制的基本前提，建立社会主义公共服务体制可以使市场化改革获得更为广泛的社会支持。二者相互关联，相互促进。因此，"十一五"时期，应将建立社会主义公共服务体制作为改革的基本目标之一，纳入改革攻坚的总体框架内。

9. 站在改革的历史新起点上，要加大改革的供给，在完善社会主义市场经济体制过程中加快建立社会主义公共服务体制。当前，我国仍处于改革攻坚阶段。一方面，市场化改革推进相当艰难，改革进入"啃硬骨头"的阶段；另一方面，面对新阶段出现的种种新问题、新矛盾，老百姓对改革的期望相当大，寄希望于政府能够采取更为有力的措施来确保社会的公平和正义，解决困难群体和改革中的利益受损等问题。在加快推进市场化改革的同时，还应当清醒地看到，许多新的社会矛盾和问题很难在市场化改革的框架内得到全面、有效的解决。因此，为了应对经济社会转型带来的种种挑战，我们还必须从现实的社会矛盾出发，一方面要加大改革力度；另一方面应及时确立改革攻坚的新目标。

三 以解决基本而有保障的公共产品为重点，确立"十一五"时期社会主义公共服务体制建设的主要任务

我国仍是一个发展中的大国，发展仍然是主要矛盾。从这样一个基本国情出发，要把为全体社会成员提供基本而有保障的公共产品作为建立社会主义公共服务体制的基本任务。

10. 把"提供基本而有保障的公共产品"作为社会主义公共服务体制建设的基本任务。国际经验表明，公共产品供给不足会造成各种社会问题，而供给过度又会降低经济运行效率。从我国的情况看，政府不可能包揽各类公共产品，也不可能搞过高的福利。因此，未来一个时期需要尽快解决好与城乡居民利益直接相关、广大群众要求强烈的基本公共产品的供给。为此，"十一五"时期公共服务体制建设可以从如下几个方面入手：一是强化政府促进就业的公共服务职能，尽快建立多层次、多渠道的就业服务体系；二是要通过对医疗制度的重新设计，使每个人都能享受基本的公共卫生和医疗服务；三是把义务教育纳入财政保障范畴内，尽快实现城乡义务教育的全部免费；四是按照"低水平、广覆盖"的原则，努力将所有的社会成员纳入社会保障体系；五是应继续加大力度，从制度上切实解决关系到群众生命的生产、卫生、食品等公共安全方面的问题；六是高度重视环境问题，缓解生态环境不断恶化的趋势。

11. 尽快为困难群体提供基本而有保障的公共产品，实施新的反贫困治理战略。当前，困难群体的不断增多和利益的绝对受损，已成为一个客观现实，并成为影响社会公平、公正的焦点问题之一。应当看到，困难群体的产生，重要原因在于他们无法享受基本的公共服务，由此难以摆脱绝对贫困的状态。因此，"十一五"时期，要尽快把困难群体纳入公共服务体制保障范围内，通过提供基本而有保障的公共产品，确保其基本的生存权和发展权。

在全国范围内建立最低救济制度。从全国总的情况看，建立最

低救济制度的条件已基本具备。为此，建议"十一五"时期，在鼓励地区试点的基础上，尽快制定全国统一的社会救济制度并推广实施。

把困难群体纳入社会保障体制。在通过最低救济制度解决困难群体最紧迫问题的同时，也要通过社会保障解决其长远的生存与发展问题。当前社会保障账户亏空严重，基本上无法承担这项功能。因此，建议加快国有资产经营体制改革进程，变现部分经营性国有资产，弥补国家对城市老职工的社会保障欠账，同时为农村困难群体的社会保障创造基本的条件。

把困难群体纳入基本住房保障体制。对于城市困难群体来说，住房问题日益成为他们的一大负担。近年来，城市住房价格不断上涨，超出了普通居民的承受能力，也是导致困难群体不断增多的重要原因之一。因此，"十一五"时期，要加快建立基本的住房保障体制，尽快解决城市困难群体的住房问题。

12．"十一五"时期建立社会主义公共服务体制宜选择农村为突破口。我国的市场化改革最初是从农村突破的。建设社会主义公共服务体制从哪里突破？综合各种因素分析，我们认为还是从农村突破为好。第一，农村公共产品供给的短缺程度比城镇更为突出，广大农民对基本公共产品供给的要求更为紧迫和强烈。第二，当前我国已进入到"以工哺农，以城带乡"的阶段，初步具备了建立农村公共服务体制的财力条件。第三，在农村建立公共服务体制的成本低，社会效益明显。例如，以农村比较完善的计生系统为主要平台，能够加快建立农村公共服务体系。

13．把建立农村公共服务体制作为新农村建设的重要任务。从广大农民的现实需求出发，今后几年国家对新农村建设资源配置的重点应当放到农村基本公共产品的供给方面。要加大政府对农村公共服务和社会事业发展的投入，为缩小城乡差距、破解"三农"问题提供有效途径。今后，要做到新增教育、卫生、文化等事业经费主要用于农村；国家基本建设资金增量主要用于农村；政府征用土地出让收益主要用于农村。当前，农业税已经取消，乡镇政府正处于转型期。从农村基层政权的实际出发，应当把引导乡镇机构转向提供农村公共服务，推动建立农村公共服务体制，作为乡镇机构改革的主要目标。

14. 按照构建公共服务体系的要求，统筹设计和安排事业单位改革。事业单位是我国公共服务的主要承担者。我国自20世纪80年代以来就开始了事业单位改革，但由于历史的局限性，对公共产品供给基本规律的认识还不清楚，总的来说成效不大。事业机构改革，需要适应我国的基本国情和市场化改革进程的需求。在公共服务体系方案设计没有出台前，事业机构改革在实践中难免以"减少开支、缩减人员"为手段，从而难以达到建立完善公共服务体系的目标。"十一五"时期，如果我们把事业机构改革置于整个公共服务体制建设框架下统筹设计、安排，这项改革就有可能取得历史性突破。

四 以推进政府转型为重点，加快建立社会主义公共服务体制

从改革实践看，我国公共服务领域存在的问题根源在于政府转型的滞后，由此造成了政府公共服务职能的缺位。总体上说，我国的经济体制仍然具有政府主导型经济增长方式的某些特点，政府在推动经济增长中扮演了重要角色。但与此同时，由于长期忽视社会发展，基本公共产品的供给严重短缺。因此，建立社会主义公共服务体制重在强化政府在公共产品供给中的主体地位和主导作用。

15. 改革攻坚阶段，政府行政管理体制改革既要体现社会主义市场经济体制的要求，又要体现社会主义公共服务体制的要求。随着社会矛盾变化和改革攻坚两大基本目标的确立，政府行政管理体

制改革的重点将发生改变。新阶段的政府行政管理体制改革不是简单的机构调整、精减人员和提高行政效率，其主要目标是实现政府转型。"十一五"时期，为有效地解决社会日益突出的两大矛盾，政府要扮演好两大角色：一是继续推进市场化改革，实现经济增长方式由政府主导向市场主导的转变；二是强化政府在公共服务中的主体地位，加快建设公共服务型政府。

16. "十一五"时期应当尽快建立科学的中央、地方公共服务分工体制，在此基础上加快建立公共财政体制。1993年的分税制改革以来，我国中央、地方关系基本上是按照现代市场经济的要求进行调整，在一定程度上忽视了公共服务供给的有效性。下一步的中央、地方关系还应当按照构建社会主义公共服务体制的基本要求做进一步的调整。按照公共产品公益性涉及的范围，中央政府原则上应当主要负责公益性覆盖全国范围的公共产品的供给，以城乡和区域公共服务均等化为重点，强化再分配职能。各级地方政府主要负责各自辖区内公共产品的供给，应当重点关注各自辖区内居民的实际需求，强化公共产品供给效率。

我国现行的财政框架设计主要是以经济上的分权为主，在大的格局上已经朝着有利于中央宏观调控迈出了关键的一步。中央适当集中财力是必要的，也是符合市场经济的基本规律的。在这种情况下，不宜简单地强调过去计划经济时代的财权、事权对称。下一步要以提供基本公共产品为重点完善公共财政体制，关键的问题是尽快完善转移支付制度，使各级政府的财权与公共服务职责相对称、财力与公共服务的支出相对称。与此同时，把新增财政收入主要用于公共服务上，实现由经济建设型财政向公共财政的转型。

17. "十一五"时期，应当尽快建立以公共服务为导向的干部人事制度。近几年的宏观调控表明，我国一些地方政府注重GDP增长而忽视公共服务的现象并未完全改观。以招商引资和经营城市为目标,"项目市长""项目县长"等现象相当普遍。这些现象反映出的深层次原因在于干部人事制度很难适应公共服务体制建设的需要。一方面,我国的干部考核体系中,经济建设等指标比重较大,某些时候GDP指标甚至对干部的升迁"一票否决";另一方面,干部业绩考核中很难反映老百姓的声音。因此,"十一五"时期应当加快改革现行的干部人事制度,把公共服务指标纳入干部考核体系中,使广大群众的评价成为影响干部升迁的重要因素。

18. 加快建立社会主义公共服务体制,必须加强改革协调和营造有利于全面推进改革的氛围。当前,随着社会矛盾的深刻变化,我国的改革正处于一个历史新起点上。无论是完善社会主义市场经济体制,还是建立社会主义公共服务体制,都将涉及方方面面的利益调整,使得新阶段的改革更具深刻性和复杂性。从改革的主要任务来看,中央与地方关系的调整、各级政府职能的实质性转变、事业单位改革等任务相当迫切,相当艰巨。为此,需要建立中央层面高层次、有权威的改革协调机构,统筹规划和统一指导改革,以此来营造全面推进改革的氛围,实现新阶段改革的实质性突破。

加快推进基本公共服务均等化（12条建议）[*]

（2007年10月）

改革开放近30年，中国实现了历史性的跨越发展。新世纪新阶段，中国发展的基本需求发生了深刻变化。这不仅要求尽快转变经济发展方式，应对资源环境对经济发展的挑战；而且要求加快建立惠及13亿人的基本公共服务体系，逐步实现基本公共服务均等化，以应对全社会基本公共需求全面快速增长的挑战。

当前，贯彻落实党的十七大报告精神，推进基本公共服务均等化，增强政府提供基本公共服务能力，已成为我国共建共享和谐社会、提升人类发展水平的重大任务。

一 推进基本公共服务均等化，已成为我国新阶段实现科学发展、建设和谐社会的关键

1. 我国正由生存型社会向发展型社会过渡，实现基本公共服务均等化的压力逐步增大。进入21世纪以来，我国多项经济社会发展指标相继超越生存型社会的临界值。2000年，就恩格尔系数来看，

---

[*] 中改院课题组：《加快推进基本公共服务均等化（12条建议）》，2007年10月。

城市达到39.4%，农村达到49.1%，均低于50%的临界值。同年，第一产业就业比重首次降至50%的临界值。2001年，第一产业比重降至14.1%，首次低于15%的临界值，第三产业比重达到40.7%，首次超过40%的临界值。2003年，城镇化率达到40.53%，首次超过40%的临界值。从这些标准来判断，我国在21世纪初开始由生存型社会向发展型社会过渡。在这一进程中，广大社会成员的公共需求全面、快速增长同公共产品短缺、基本公共服务不到位的问题成为日益突出的阶段性矛盾。由此形成基本公共服务均等化的巨大现实压力：

（1）城乡基本公共服务的过大差距形成城乡协调发展的巨大压力。尽管近几年我国在农村公共服务方面投入力度在加大，但城乡基本公共服务仍有很大差距。2004年，全国城乡小学、初中生均预算内公用经费分别为1.4∶1和1.3∶1。2005年，我国人均卫生总费用城乡之比高达3.53∶1。2002—2006年，城镇养老保险参保人数从14736万上升到18766万，增长27.35%；而农村养老保险参保人数从5462万下降到5374万，下降1.61%。截至2006年底，享受最低生活保障的人数，城市为2240.1万，农村为1593.1万。在我国工业化、城镇化的历史进程中，城乡居民的收入分配出现一定差距是正常的。但是，作为与基本生存权、发展权相联系的基本公共服务的过大差距会使城乡经济社会发展差距全面扩大。城乡居民收入比由1978年的2.57扩大到2006年的3.28；2000年，我国城镇居民平均预期寿命为75.21岁，而农村人口平均预期寿命为69.55岁；2005年，农村5岁以下儿童死亡率和孕产妇死亡率均超过城市的2倍。

（2）地区间基本公共服务的过大差距形成区域协调发展的巨大压力。当前我国地区间基本公共服务差距不容忽视。2005年，小学、初中生均预算内公用经费全国平均为166.46元和232.61元，两项指标最高的是上海，最低的分别是广西和安徽，小学、初中最高省份是最低省份的31.5倍和27.46倍。2005年，东、中、西部地区的人均财政预算卫生支出分别为109.33元、56.24元和83.4元。目前西部地区农村参加社会养老保险人数覆盖率不到5%，仅为东部地区的1/10，不到全国平均的20%。由于自然禀赋和发展起点的不同，作为一个发展中的大国，区域之间存在较大的经济发展差距是正常的，但基本公共服务在地区之间的过大差距将会使经济发展差距转化为人口素质的差距。2006年，上海的人均GDP为57310元，而西部的贵州仅为5750元，前者是后者的近10倍。2005年，北京、上海等东部发达地区的预期寿命超过了80岁，而西部的贵州还不足70岁。青海5岁以下儿童死亡率是北京的近7倍。北京15岁及以上人口文盲率仅为3.92%，而甘肃、青海、宁夏等西部欠发达地区这一指标都在20%左右。

（3）不同社会群体之间基本公共服务过大差距，加大了各类社会问题的复杂性。目前，农民工群体的总体规模已经达到1.2亿。农民工作为城镇产业工人的重要组成部分，难以享受到与城镇居民同等的生存发展权利，始终是我国工业化、城镇化进程中的重大社会隐患。不仅是农民工自己，由农民工引发的"留守老人""留守儿童""留守妇女"等问题也开始凸现出来。

2. 把推进基本公共服务均等化作为转变经济发展方式的重要任务。落实党的十七大提出的"加快转变经济发展方式，推动产业结构优化升级"，重要任务之一是推进基本公共服务均等化。

（1）基本公共服务均等化是扩大内需的重要前提。我国消费率过低的重要原因之一在于基本公共服务供给不到位。由于教育、医疗、社会保障等基本公共服务的价格上涨速度远远超过居民收入的增长速度，城乡居民很大一部分收入用于预防性储蓄，减少了即期消费。据测算，2005年我国城乡居民用于教育和医疗的额外支出对其他商品和服务消费产生的挤出效应达到5810.7亿元。如果政府在基本公共服务领域的投入到位，消费率可以从51.9%提高到55.2%。由此，可以促进经济增长由主要依靠投资、出口拉动向依靠消费、投资、出口协调拉动转变。

（2）突破资源环境对经济发展的约束，重要的任务在于投资于人，以人力资源代替自然资源成为经济持续发展的动力。据测算，初等、中等教育的社会收益率，世界平均水平是20%、13.5%，低收入国家是23.4%、15.2%，均大于物质生产领域的平均收益率。在健康和教育领域的基本公共服务供给，有助于促进人力资本的积累，实现我国由人口大国向人力资源大国的转变，为建立资源、环境友好型社会奠定坚实的基础。

（3）促进服务业的发展。相关研究表明，我国服务业发展滞后的重要原因是中等收入群体规模太小，难以支撑大规模服务业消费。而基本公共服务均等化有利于扩大中等收入群体规模，能够促进经济增长由主要依靠第二产业带动向依靠第一、第二、第三产业协同带动转变。

3. 把基本公共服务均等化作为新阶段社会建设的重点。加快推进以改善民生为重点的社会建设，主要在于使全体社会成员享有基本而有保障的公共服务。

（1）把基本公共服务均等化作为反贫困战略的重点。目前，我国贫困人口的成因主要有五种：一是因病；二是因残；三是年老体弱；四是缺乏劳动力或劳动能力低下；五是生存条件恶劣。《医药行业"十一五"发展指导意见》披露，全国每年大约有一千余万农村人口因病致贫或返贫。在一些贫困地区，教育负担已经成为其致贫的主要原因之一。为这部分贫困人口与低收入人口提供低保、最低救济、义务教育、基础医疗等，不但能在相当大程度上缓解他们的贫困程度，改善他们的生存状态，还能增强他们的发展能力。

（2）把基本公共服务均等化作为缓解城乡差距的重点。城乡之间的差距，不仅反映在经济发展水平和居民收入方面，更反映在政府提供的基本公共服务方面。目前，我国名义城乡收入差距为3.3∶1，若把基本公共服务，包括义务教育、基本医疗等因素考虑在内，城乡实际收入差距已经达到5—6∶1。据此分析，公共服务因素在城乡收入差距中的影响为30%—40%左右。从公共政策层面来看，缩小城乡差距更重要的是逐步缩小城乡居民在基本公共服务方面的过大差距。

（3）把基本公共服务均等化作为缓解区域发展差距的重点。统筹区域协调发展，不是简单地缩小经济发展水平上的差距，使西部地区在短时间内赶上东部地区，也并不现实。因此，要把基本公共服务均等化作为新阶段区域政策的重点。

4. 从我国的现实国情出发，确定基本公共服务均等化的目标和任务。基本公共服务均等化，是扩大公共财政覆盖面，让全体社会成员共享改革发展成果的制度安排。从现实需求分析，逐步实现基本公共服务均等化的基本内涵是：基本公共服务均等化不等于公共服务的平均化，而是在基本公共服务方面有全国统一的制度安排；基本公共服务均等化是全体公民的机会均等、结果大体相同，并尊重社会成员的自由选择权；基本公共服务均等化，是要将基本公共服务的差距控制在社会可承受的范围内；基本公共服务均等化，要尤其关注困难群体。只有弱势者的情况得到改善，才能够更为有效地提高社会整体福利。

从基础性、广泛性、迫切性、可行性方面考虑，义务教育、公共卫生与基本医疗、基本社会保障、公共就业服务是建立社会安全网、保障全体社会成员基本生存权和发展权必须提供的基本公共服务，是当前我国基本公共服务均等化的主要内容。

二 按照协调重大利益关系的要求,加快建立城乡、区域、不同社会群体基本公共服务均等化的体制机制

5. 建立城乡统一的公共服务制度。我国在短期内很难做到城乡基本公共服务水平的统一,但应尽快实现制度统一。应明确将建立城乡统一的公共服务制度作为新阶段农村综合改革的主线。

(1) 全面推进以落实教育经费保障机制为重点的农村义务教育体制改革。在免除学杂费的基础上,进一步明确各级政府在农村义务教育方面的支出责任:把原来的学杂费规范地转换为中央、省、市县的政府投入,通过中央和省级政府进一步的经费追加,逐步缩小城乡义务教育办学条件和教育质量的差距。建议贫困县义务教育阶段的所有费用,包含杂费,原则上由中央及省级财政支出。

(2) 全面推行新型农村合作医疗制度。中央和省级政府应当逐步增加投入比例,稳定广大农民对政府长期发展新型农村合作医疗的预期;完善保障办法,在保大病的同时,兼顾常见病、多发病的预防和治疗;加强农村三级卫生服务网络建设,逐步扩大定点医疗机构,使参保农民有更多的选择余地,促进医疗机构改善服务质量和降低价格。对外出的参保农民,允许其在外地符合条件的医院就医,然后凭相关证明到参合地报销;加强对基金的管理和监督。建立健全新型农村合作医疗管理组织、参保者和医疗单位三方制约机制,规范保险基金的运作,提高资金的使用效率。

(3) 全面落实农村最低生活保障。中央和省级政府应当尽快制定农村最低生活保障的相关法规和条例。各地区要根据农民最基本的生活需要和本地经济发展水平测算出贫困对象年人均消费水平和人均基本生活费支出,确定农村最低生活保障标准。保障资金的来源应坚持政府投入为主的原则,把农村最低生活保障资金列入财政预算。根据不同地区的经济发展水平,合理划分各级政府的资金负担比例,考虑到县乡财政的实际困难,尽可能降低其负担比例。加大中央、省两级财政转移支付力度，确保农村最低生活保障资金足额到位。加强财政、民政、教育、劳动保障、卫生等部门的沟通与协作，整合各项惠农政策，实现由单项救助向综合救助的转变。

（4）积极开展新型农村社会养老保险试点。把农村社会养老保险制度建设纳入经济和社会发展规划，全面部署，积极推进；明确中央和地方财政的责任，加大公共财政对农村社会养老保险制度建设的投入力度；探索建立个人缴费、集体补助、政府补贴的多方筹资机制和以个人账户为主、统筹调剂为辅的新型农村社会养老保险制度；理顺并健全农村社会养老保险管理体制，完善基金运营和监管制度。在制度设计上，要充分考虑到未来城乡衔接的问题。

6. 改革和调整中央地方关系，建立区域协调发展机制。重点是建立中央与地方政府合理的分工体制，使基本公共服务的责任与财力相对称。

（1）合理划分中央与地方政府在义务教育中的分工。中央与省级政府要承担更多的义务教育职责。中央政府应当承担两大协调任务：一是以中央政府为主增加对中西部农村的义务教育支出，对中西部地区农村（包括县城）免收的学杂费全部由中央财政承担；二是通过中央财政预算平衡地区间财政教育经费的差距。比如，可确定人均财政性教育经费低于全国平均值80%的省份，由中央补足到80%的水平。省级政府通过全省预算增加义务教育事业费。市、县两级政府主要承担教育质量管理和承担部分经费的义务，如校舍建设等。

（2）合理划分中央与地方政府在公共卫生和基本医疗服务中的分工。总的原则是，公共卫生职责在中央，财力由中央与省级分担，以中央为主。增加中央与省级政府的协调职能，逐步减轻市、县两级政府的财政负担和居民的分担比重（部分通过基本医疗保险解决）。可将财政性医疗经费占GDP的比重由目前的不到1%提高到3%，增加的部分由中央与地方财政分担。中央政府通过转移支付平衡地区间财政性医疗卫生经费支出的不均等。

（3）合理划分中央与地方政府在基本社会保障中的分工。中央政府要尽快出台相关政策，统一基本社会保障的制度安排，提高社会保障的统筹层次。加大中央财政对省级财政的转移支付力度，完善省级财政预算及分配体制，确保社保资金有"保障"。在完善城镇居民社会保障体系的同时，制定有效措施，统筹规划和解决农村社会保障特别是农民工的社会保障问题。

（4）合理划分中央与地方政府在公共就业服务中的分工。公共就业服务属于地方政府的职责范围，城市的就业服务主要由城市政府实施，省级政府和中央政府提供一定的就业培训方面的专项补贴。流出地政府主要负责农民就业培训（包括农村中学生就业前的职业教育和培训）。由流入地的政府对农民工的职业培训进行补贴是合理的，但操作难度很大。对此，中央和省两级财政需要根据流出地农民工数量及培训规模进行专项补贴，并建立专门针对困难地区、困难行业、困难群体的就业援助制度。

7. 统筹解决农民工基本公共服务供给。农民工的问题既涉及地区协调，又涉及城乡对接，需要中央政府统一政策，妥善解决农民工基本公共服务属地管理问题。农民工在流入地创造财富，成为流入地政府的纳税人，因此，流入地政府应在农民工基本公共服务供给中承担更大的责任。

（1）全面解决农民工子女义务教育的问题。针对流入地和流出地义务教育经费衔接困难的问题，实行义务教育全国通用的教育券制度。农民工子女可以凭教育券在全国任何一个地区就学，国家按照学校提供的教育券进行财政拨款支持。或者，按照近年当地义务教育实际入学学生数对地方进行专项财政转移支付；在农民工流入地公办教育资源不足的情况下，降低民办学校准入门槛，采取政府向民办学校购买服务等多种方式解决义务教育的供给问题；地方政府应加大对农民工子弟学校的帮扶力度，在办学场地、教学设备和办公经费等方面给予必要的财政补贴，以降低其办学成本。

（2）建立农民工的基本社会保障制度。对愿意参加户籍所在地新型农村合作医疗的农民工，应采取有效措施，使其在流入地医院看病的费用可以在流出地报销；对愿意参加流入地城镇基本医疗的农民工，流入地政府要降低最低缴费基数，使多数的农民工能够负担得起城镇基本医疗的个人缴费；在有条件的地区，应逐步探索使新型农村合作医疗和城镇基本医疗制度衔接的有效途径。在基本医疗方面，尽快实行全国统一联网，使流动人口个人账户可转移。目前参加工伤保险的农民工比例仍然较低，需要通过立法，对于危险性行业，将工伤保险订立为强制险，并对有关资费问题进行规定。应建立适合不稳定就业农民工特点的过渡性养老保险制度。可采取社会统筹和个人账户相结合的制度模式，先建立可跨地区转移的农民工养老保险个人账户，待时机成熟后再纳入养老保险社会统筹。

（3）加强农民工的公共就业服务。尽快实行农民工就业管理与服务的"就业信息卡"制度，将农民工的管理与服务纳入整个信息网络。加快构建反映城乡劳动力变动情况的综合信息交换平台。在此基础上，实现跨城乡、跨地区公共就业服务的对接，使农民工在职业介绍、职业培训、就业和失业登记、劳动合同管理等各方面享有与城市居民同等的待遇。

三 着力增强政府的公共服务能力，形成基本公共服务社会化供给机制

8. 强化政府公共服务职责。加快建设公共服务型政府，有效地发挥政府在基本公共服务中的主体地位和主导作用。

（1）制定全国性的基本公共服务均等化战略规划。尽快着手在

全国范围内制定基本公共服务均等化的战略规划和实施策略，统筹安排、系统规划，分步骤地推进：首先，制定基本公共服务全国最低标准，设置明确的时间表，使基本公共服务覆盖到全体社会成员，并明确基本公共服务均等化的实施进度和保障措施；其次，在正视基本公共服务水平存在一定差距的前提下，先行在全国统一制度安排，解决不同省（区、市）、不同部门各自制定政策，政策口径不统一、方向不明确，跨城乡、区域对接困难的问题；最后，通过制度创新，逐步缩小基本公共服务在城乡、区域和不同社会群体之间的差距。

（2）整合、优化公共行政资源，提高政府的公共服务能力。加强上下级政府之间的分工与协作有利于提高公共服务供给效率。将中央专属事项、中央和地方共管的事项、地方自有事项严格区分开来，中央和地方共管事项也应尽量用列举法明确各级政府的职责，尽量避免在同一区域内按管理对象分工，由多层政府管理同一公共事务。克服公共服务管理事务分工过细，有关部门职能交叉、相互扯皮的现象。按照"一件事由一个部门主管"的原则，合理界定各部门之间的职责分工。凡相同或相近的职能应由一个部门承担，防止政出多门、多头管理现象的发生。国际经验表明，同级政府不同职能配置"宜宽不宜窄"，大部制、执行局模式有利于实行公共服务决策和执行分开，是提高同级政府职能横向协调水平的有效模式。我国可以在时机成熟、条件具备的情况下进行试点。

（3）按照构建公共服务体系的要求，统筹设计和推进事业单位改革。事业单位是我国公共服务的主要承担者。20世纪80年代以来的事业单位改革，由于历史条件和认识上的局限，总体成效不大。建议将事业单位改革的基本目标设定为建立统一、有效的公共服务体系，使之在公共服务体制建设框架下统筹设计和安排。

（4）加快政务信息化建设，改善基本公共服务供给的技术手段。未来几年，我国政务信息化建设应把重点放在运用互联网技术建立全国统一的基本公共服务供给信息平台上。通过运用现代信息技术，使电子政务从信息管理偏重自我服务向注重公共服务转变。改造政府基本公共服务流程，实现政务公开，增强基本公共服务供给的透明度。

9. 改革完善公共财政制度。把基本公共服务均等化作为深化新阶段财政体制改革的基本方向。

（1）调整财政支出结构，把更多资金投向基本公共服务领域。要缩减政府的经济建设支出和行政管理支出，继续加大对基本公共服务的投入力度。加强对重点支出项目的保障力度，向农村倾斜，向社会事业发展的薄弱环节倾斜，向困难地区、困难基层、困难群众倾斜。

（2）以基本公共服务均等化为导向，进一步深化省级以下财政管理体制改革。以增强基层财政保障能力为重点，推进县乡财政管理体制改革；探索推进省直接管县的财政管理体制，由省级直接调整与县级的财政关系，减少政府间财政关系的层级，避免地市一级对县级财力的集中与控制；积极推进乡镇财政管理体制改革试点，进一步规范和调整县与乡之间的财政关系。对经济欠发达、财政收入规模小的乡镇，试行由县财政统一管理乡镇财政收支的办法，对一般乡镇实行"乡财县管乡用"方式。通过完善激励约束机制，强化省级政府调节地方财力分配的责任，增强省级财政对市县级财政的指导和协调功能，逐步形成合理、平衡的纵向与横向财力分布格局，逐步强化基层政府供给基本公共服务的体制保障能力。

（3）完善和规范中央财政对地方的转移支付制度。加快形成全国统一的财政转移支付制度，增加一般性转移支付规模，优化转移支付结构，使其成为转移支付的主要形式。中央财政新增财力中要安排一定数额用于加大一般性转移支付力度，重点帮助中西部地区解决财力不足问题。加强中央对地方专项转移支付管理，逐步减少中央各部委提供公共服务的支出责任，强化其政策规划、指导和监督职能。将各部委缩减下来的资金直接由中央财政转移给地方政府，对中央部委必须保留的专项转移支付，应使其规范化；建立监督评价体系，着力提高中央财政转移支付效果。

10. 建立政府基本公共服务绩效评价体系。由此对公共部门的行为起到约束、引导的作用，提高公共部门在基本公共服务供给方面的效率。

(1) 增加基本公共服务在政府政绩评价体系中的权重。近几年的宏观调控表明，一些地方政府注重GDP增长而忽视公共服务的问题并未完全改观。尽快把基本公共服务数量和质量指标纳入政府绩效考核体系中，并逐步增加其权重。

(2) 建立健全基本公共服务绩效评价体系。绩效评估体系应包括义务教育、基本医疗和公共卫生、失业保险、养老保险、最低生活保障、社会救助、公共就业服务等方面的单项和综合评估。同时，还需要完善评估程序，包括目标制定、执行、评估等环节都需要严格规范。要建立相应的制度框架，保证评估体系发挥其应有的作用。要引入多元化的评估机制，坚持透明性、公开性的原则，以公民为中心，以满意为尺度，积极引入外部评估机制，建立多元化的绩效评估体系。

(3) 建立基本公共服务严格的问责制。将基本公共服务绩效评估与干部选拔、任用和内部激励相联系，结合人事制度改革，把公共服务指标纳入干部考核体系，在此基础上建立相应的问责机制，加强政府对基本公共服务供给的监管职责。

11. 建立基本公共服务的多元参与机制。随着市场经济体制的不断完善和政府职能的转变，国家与社会、政府机构与民间组织的关系出现重大变化。因而，建立以政府为主导的公共服务供给的多中心治理模式已经初步具备了组织与资源基础。

（1）完善政府、市场、社会在基本公共服务供给上的分工。政府在基本公共服务的供给过程中应居主导地位，在"市场失灵"或者"第三方/志愿者失灵"的情况下担负起保障公共服务供给的最终责任。市场力量、公众和社会组织是公共服务产品供给机制中不可缺少的主体，具有效率较高和形式灵活的优势，能够适应数量庞大和多样化的公共服务需求。根据公共服务供给的具体经济社会环境，以及政府、市场和社会的比较优势，形成公共服务供给过程中政府、市场、公众和社会组织之间的合理分工。

（2）探索基本公共服务市场供给的有效模式。在明确政府在基本公共服务供给中最终责任的前提下，可以通过招标采购、合约出租、特许经营、政府参股等形式，将原由政府承担的部分公共职能交由市场主体行使。可以考虑开放经营性公共服务市场，消除社会资本进入障碍，营造有利于各类投资主体公平、有序竞争的市场环境，以打破传统公共产品生产模式的垄断状态，缓解基本公共服务供给短缺的状况，而且可以利用对于政府公共财政支持的同类项目的竞争压力，缓解由"委托代理"关系产生的"政府失灵"对基本公共服务供给效率的影响。

（3）建立政府与民间组织在基本公共服务供给上的合作伙伴关系。需要积极探索政府购买服务的方式，通过税费减免、财政转移支付等多种形式，鼓励和引导民间组织广泛参与基本公共服务。尽快把某些公益性、服务性、社会性的公共服务职能转给具备一定条件的非营利性民间组织。由此，应在政府和民间组织之间建立起一种取长补短的平衡关系和合作关系，为构建和谐社会提供推动力和合力。

（4）明确社区定位，充分发挥社区在基本公共服务供给中的作用。随着企业制度、住房制度、福利制度、医疗卫生制度等改革，涉及家庭和个人的许多利益已从原单位剥离出来，大量与人们日常生活直接相关的问题越来越多地在社区内解决。但是现阶段兴起的"社区"在正式的制度框架内既不是行政机构，也非事业单位，在属性上理应归于"社会"这一范畴，但其组织架构、经费管理的行政化又使之类似于政府的执行机构。从现实情况看，社区的发展要避免政社不分的传统模式，促进自治型社区的建立。实践表明，这样更有利于为城乡居民提供高质量的基本公共服务。

12. 建立健全基本公共服务的法律法规体系。加快基本公共服务的相关立法，有利于增强基本公共服务供给的规范性和约束性，也可以将改革实践中的一些好的做法以法律的形式固定下来，以巩固改革成果。

（1）逐步建立起具有权威性、规范性的基本公共服务法规体系。以《中华人民共和国宪法》对公民基本权利的规定为依据，围绕义务教育、公共卫生与基本医疗、基本社会保障、公共就业服务等领域，形成比较完善的基本公共服务法规体系。

（2）整合现有法律法规体系，提升基本公共服务的法律层次。现行的基本公共服务相关法规多以政府法规政策和部门条例为主，立法层次较低，缺乏全国统一的法律体系，有的领域政策文件起着更实际的作用。虽然这种模式有利于地方政府因地制宜地制定和实施政策，但也成为逐步实现基本公共服务均等化过程中的不确定因素。

（3）加快基本公共服务重大项目立法进程。一是逐步使中央与地方政府在基本公共服务中的职责法定化；二是加强政府与社会组织关系的立法，对民间组织的法律地位予以确认；三是按照基本公共服务均等化的原则，将公共财政纳入法制化轨道。

让基本公共服务惠及 13亿人（32条建议）*

（2008年7月）

面对30年快速经济增长中出现的新挑战，中国政府最近几年已经出台了许多向农村和中西部倾斜的基本公共服务政策。政府的作用和责任正在逐步向建立惠及13亿人的基本公共服务体制转变，该体制对促进中国人类发展的公平性将起到至关重要的作用。目前，中国的城乡之间、地区之间和不同社会群体之间的基本公共服务差距还比较严重，这些差距根源于过去数十年来的政策、体制、制度和认识，必须采取一系列重大的、综合性的改革才能加快缩小这些差距。

一 用统一的标准确定清晰的全体公民都有权享受的基本公共服务的范围

1. 国家应该为全体社会成员，不论男女、城乡、发达地区或贫困地区，包括：农民工及其家庭，提供基本而有保障的医疗卫生服务。为了实现这个目标，政府应该确定一揽子核心卫生服务，包

---

* 中改院课题组：《让基本公共服务惠及13亿人（32条建议）》，2008年7月。

括（1）基本医疗保险；（2）公共卫生服务；（3）基本医疗服务。这些服务内容必须满足最低标准要求，并保证所有的中国公民都能够获得。这些服务的可获得性应该明确为实际可获得性，这就意味着这些服务的大部分费用应由政府承担，保证那些无力自己承担卫生医疗服务费用的公民能够方便地得到服务。

短期内，应该扩大医疗保险的覆盖面，最终实现全民医保；实现主要公共卫生服务的全民覆盖，包括通过免费服务和穷人补贴进行传染病和非传染病的预防。

中期内，应该扩大医疗保险的报销范围，把门诊、慢性病治疗和疾病预防全部纳入；更需要把农村新型合作医疗的报销比例从30%左右逐步提高到70%左右，同时设定家庭每年承担的医疗总支出的上限，扩大医疗救助的范围，增加医疗救助的资源，解决难以承担自付费用的贫困家庭的看病难问题。采取这些措施需要提高医疗保险社会统筹的水平和社会统筹基金的规模，提高基金风险管理能力和基金收益水平。

2. 在推进免费义务教育政策的基础上，政府应该确定全国统一的义务教育最低标准，保障全国学龄儿童，不论是男童还是女童，不论是城镇儿童还是农村儿童，不论是发达地区还是欠发达地区的学龄儿童，包括农民工子女，都能享受到符合这个最低标准的义务教育。鉴于中国义务教育已经具备了较好的基础，这个目标可望在短期内实现。政府应该确定义务教育全国统一的最低质量标准，包括教师素质要求、师生比例、教学仪器设备数量和质量等主要投入。

同样重要的是，义务教育评估不能仅仅使用这些投入性指标，还要使用质量指标，如毕业率、考试成绩和学龄儿童家庭对其子女义务教育的满意度等。

要保证所有学龄儿童都能享受义务教育，中央政府应该建立义务教育经费长效保障机制，使地方政府在免除学生的学费、书本费和其他费用的同时，有足够的财力保障教师、校舍和教学设备所需经费。

为了保证困难家庭学龄儿童义务教育的完成率，应该在西部地区试点的基础上，扩大学生食宿费减免或补贴政策的实施范围，加快为学生提供免费早餐和午餐的试点。国际经验表明，这种做法保障学生健康，提高他们分享教育机会的能力，还能调动他们到学校学习的积极性。

3. 为全体社会成员，不论是男性还是女性、不论是城镇居民还是农村居民、不论是发达地区还是欠发达地区的居民，包括农民工及其家属，提供基本的社会保障服务，包括养老、最低生活保障、工伤、生育和医疗保险。应该尽快提出远景规划，采取措施建立制度框架，逐步实现城乡、不同地区和不同社会群体的基本社会保障服务的均等化。

社会保障账户应该可以随着受益人及其家属居住地和就业状况的变化而迁转，因为建立全国统一的劳动市场，重要条件之一是劳动者的养老、医疗和其他保险的利益在就业和居住地发生变化时能够转迁。

社会保障制度建设的核心目标应该是，所有老龄人口，无论在城镇还是在农村，都应该享有与当地生活水平相当的养老保障；城乡最低生活保障水平差距应该逐步缩小。城乡医疗保障水平应该相当，为最终建立全国统一的医保制度的目标创造条件。

由于不同地区在 GDP 和财政收入上的巨大差距，即使是部分的均等化也需要中央财政的补偿性投入，建立强化省内的均等化转移支付的机制，以保证贫困地区的财政能力。目前的基本公共服务差距源于两大关联性因素，一是就业类型与公共服务受益水平的关联；二是地区经济发展水平与公共服务筹资能力之间的关联。要保证全体居民都能享有符合最低标准的公共服务，必须弱化这两个关联。由此需要的深层次结构性改革既是严峻的挑战，也是一个需要时间的过程，但重要的是要认识到尽快启动这个过程的紧迫性。

4. 为全体社会成员，不论是男性还是女性、不论是城镇居民还是农村居民、不论是发达地区还是欠发达地区的居民，包括农民工及其家属，提供有效而公平的基本就业服务。为了提升公共就业服务价值，必须使就业培训服务能够反映劳动力市场的需求，在中期内，政府应该加快消除城乡之间、地区之间的公共就业服务鸿沟，尤其要加大对城市农民工的公共就业服务力度。这就要求提高劳动者素质与雇主要求之间、职业培训项目与劳动市场需求之间的匹配程度。

但是，公共就业服务的近期重点目标应该包括加强农民工劳动权利保护的机制建设，为农民工提供法定权益咨询，为权益受侵害的农民工提供法律援助，督促雇主遵守与就业、社会责任和用工安全有关的法律法规。

二 明确界定政府的基本公共服务供给责任，并将这种责任的履行作为政府行政管理体制改革和能力建设的基石

5. 政府基本公共服务均等化政策的目标必须明确建立在社会公平和正义等核心价值观的基础之上，以此作为采取有效行动、排除各种障碍的基础。把社会公平和正义作为基本理念，为公共政策的制定提供一个迫切和清晰的理由。遵循这一思路，各级政府才能真正合理划分基本公共服务责任，承担起为全体中国公民提供基本有保障的公共服务，优先保障农村居民、欠发达地区的居民以及弱势社会群体的基本公共服务，由此逐步迈向基本公共服务均等化的目标。在政策选择中遏制部门利益对公共利益的影响常常十分困难。这要求政府在制定公共政策的过程中遵循制度化的规范和程序。为此，中期内要在公平和正义等社会原则的基础上，采取以下

措施：(1) 对现有政府部门的设置，进行必要的整合，把决策权、执行权和监督权相对分开，相互协调，相互监督，这样能有效地避免部门利益对公共政策制定的影响。(2) 尽快制定《行政程序法》，规范行政行为。(3) 积极推行立法回避制度，确保立法程序公正。(4) 建立收集公共政策利益相关者受益和受损信息的机制，确保公共政策的科学性和公正性。

6. 制定全国性的基本公共服务均等化战略规划，明确基本公共服务均等化的具体要求。考虑到中国目前不断扩大的城乡差距、区域差距和贫富差距，政府需要制定完善的战略规划，明确基本公共服务在经济社会发展中的定位，使其更好地适应当前中国不断增长和变化的公共需求，逐步缩小城乡之间、地区之间和不同社会群体之间的基本公共服务差距。基本公共服务均等化战略规划，应该在明确了基本公共服务均等化的远景目标、提出了实现该远景目标客观要求的各种改革的指导原则后，立即着手制定。

基本公共服务均等化战略规划应该做出以下明确规定：(1) 能在现实时间框架内覆盖全体社会成员的基本公共服务的可检测、可评估的最低标准。(2) 解决各级政府、不同部门之间各自制定政策，政策口径不统一、方向不明确，跨城乡、跨区域对接困难等问题的综合性制度安排。(3) 使基本公共服务均等化的政策目标具有可行性的公共财政体制改革措施。(4) 实现基本公共服务均等化关键步骤的清晰时间表。(5) 基本公共服务均等化评估指标体系，包括政府支出等投入性指标、基本公共服务可获得性等产出性指标，以及社会福利改进程度等结果性指标。

7. 政府行政管理体制要与有效履行为全体社会成员提供基本公共服务的责任相适应。加强上下级政府之间的分工与协作，改变公共服务机构"上下一般粗"、职能趋同化严重的现象，提高公共服务供给效率。从中国的实际看，应将中央专属事项、中央和地方共管的事项、地方自有事项严格区分开来，中央和地方共管事项也应尽量用列举法明确各级政府的职责。

这些措施的目的是避免在同一区域内按管理对象分工，由多层政府管理同一公共事务。以现行公共医疗卫生体制改革为例，这一改革涉及太多的政府部门，从而造成了决策上的复杂性和困难。改革应该按照"一件事由一个部门主管"的原则，合理界定各部门之间的职责分工。凡相同或相近的职能应由一个部门承担。国际上常见的大部制、执行局模式有利于实行公共服务决策和执行分开，是提高同级政府职能横向协调效率的有效模式。

8. 按照构建公共服务体系的要求，统筹设计和推进事业单位改革。事业单位是我国公共服务体系的重要组成部分。自20世纪80年代以来，我国就开始事业单位改革，但由于历史条件和认识上的局限，总体成效不大。中国（海南）改革发展研究院2006年进行的改革问卷调查显示，将近80%的专家认为事业单位改革有赖于行政管理体制改革的整体推进。事业单位改革的基本目标是建立统一、有效的公共服务体系。

9. 推进政务信息化建设，使社会成员得到更广泛、更便捷的信息和服务。以北京市为例，北京市目前正在筹建的社区医疗中心，将信息化作为一种重要的工具。它使全市范围内的社区医疗中心全部联网，患者的看病记录、医生的处方均能实时在网上更新。随着技术的进一步发展，如能建立实名制的全国性基本公共服务供应网络，将会明显地降低成本，提高政府的基本医疗服务水平和效率。

三 改革完善公共财政制度，充分保障基本公共服务均等化所需资源，并使这些资源能够被分配到最急需的政府单位手中

10. 深化省级及省级以下的财政管理体制改革。

（1）探索推进省直管县的财政管理体制。省直接对县的财政体

制将地市本级财政与县级财政视为同一预算级次对待，省直接调整与县的财政关系，而不需要经过地市财政；地市财政除汇总和上报所辖县区的总预算外，基本上不涉及体制调整方面与资金划转的问题，这实际上减少了政府间财政关系的层级。可考虑省级财政在各种转移支付、体制补助结算等方面逐步核算到县，提高行政效率和资金使用效益。

（2）积极推进乡镇财政管理体制改革试点，进一步改革乡镇财政管理体制，规范和调整县与乡之间的财政关系。对经济欠发达、财政收入规模小的乡镇，试行由县财政统一管理乡镇财政收支的办法，对一般乡镇实行"乡财县管乡用"方式。

（3）通过完善激励约束机制，强化省级政府调节地方财力分配的责任，增强省级财政对市县级财政的指导和协调功能，逐步形成合理、平衡的纵向与横向财力分布格局，逐步强化基层政府保障基本公共服务供给的财政能力。

11. 完善中央政府与地方政府之间的转移支付体系。现行转移支付体系的一个严重缺陷是，大量的税收返还给税源地政府，即使在转移支付后，经济发达省份的财政资源仍然要大大超过经济落后省份。而其他形式的转移支付目前仍不足以均衡省份之间财政能力的差距。这是造成地区间公共服务数量和质量不均等的关键原因。要解决这一问题，需要深化以下改革：

（1）当前应该以财政能力均等化为目标，加大一般性转移支付力度。

（2）近期内应该建立转移支付监督评价体系，着力提高中央财政转移支付效果。

（3）中期内应该加强中央对地方专项转移支付管理。逐步减少中央各部委提供公共服务的支出责任，转向强化它们的政策规划、指导和监督职能。

12. 提高基本公共服务财政资源投入的总量。

提高农村居民和农民工的基本公共服务水平，降低农村居民和农民工基本公共服务的家庭支付比例，缩小农村居民和农民工与城镇居民的差距，客观上要求逐步明显增加基本公共服务的财政资源投入总量。中央政府担负起基本公共服务所需资源的责任是全体社会成员都能享有基本公共服务的根本保障。

从长期来看，增加财政投入，扩大基本公共服务范围，是一个较长的过程，但当前需要明显增加财政资源投入，以便尽快缩小最应该缩小的基本公共服务差距，这将大大提高中国政府统一基本公共服务体制、推进基本公共服务均等化政策目标的公信力。

四　建立城乡统一的公共服务制度，消除影响农村人口公平获得基本公共服务的结构性障碍

13. 全面推进以落实教育经费保障机制为重点的农村义务教育改革。

（1）把原来的学杂费规范地转换为中央、省、市、县的政府投入，在免除义务教育学费的同时要保障学校的正常运转经费。

（2）通过中央和省级政府进一步的经费追加，逐步缩小城乡义务教育办学条件和教育质量的差距。

（3）以保证乡村学校教师队伍的稳定为重点，将乡村教师津贴纳入政府财政预算，确保按时足额发放。

（4）对于贫困县，中央和省级财政应当增加转移支付规模，并通过制度化措施和加强政策执行能力来确保经费落实。建议贫困县义务教育阶段的所有费用，包含杂费，原则上由中央及省级财政支出。

此外，为了保证义务教育城乡均衡发展，中央和省级的职能部门应该对义务教育收费的全面取消和义务教育的质量进行持续监督。完善和推广鼓励高水平的城市教师下乡服务的相关计划,尽可能地确保较贫困地区的教育质量也能达到与其他地区基本一致的水平。

14. 进一步提高新型农村合作医疗制度的保障水平,建立完善的农村医疗卫生服务体系。新型农村合作医疗制度建设是一项系统工程,需要不断完善,不断提高保障水平:

(1) 在近期内,新型农村合作医疗制度的覆盖范围应该进一步扩大,除了大病重病保障外,还应该把疾病预防和常见病门诊治疗纳入保障范围。

(2) 在中期内,中央和省级政府应当逐步增加投入比例:(a) 稳定广大农民对新型农村合作医疗长期发展的信心;(b) 加强新型农村合作医疗基金的监管,建立新型农村合作医疗管理部门、参保农民和医疗服务提供机构三者之间的相互制衡机制,规范保险基金的运作,提高资金的使用效率。

(3) 长期内应采取措施逐步扩大定点医疗机构,使参保农民有更多的选择余地,对外出的参保农民,允许其在外地符合条件的医院就医,然后凭相关证明到参合地报销。同时,要加强农村三级卫生服务网络建设,以稳定乡村医疗队伍和提高乡村医生素质为重点,根据农村地区的实际需要加大农村卫生人才的培养,保证农村地区尤其是边远农村地区基层的卫生服务能力。

(4) 进一步提高农村基本医疗卫生服务的可获得性,力争实现农民"小病不出村、一般疾病不出乡、大病基本不出县"。

15. 全面落实农村最低生活保障。

(1) 在近期内,中央和省级政府应当尽快制定农村最低生活保障的相关法规和条例;各地区要根据农民最基本的生活需要和本地经济发展水平测算出贫困对象年人均消费水平和人均基本生活费支出,确定农村最低生活保障标准。地方确定的标准要经过上级部门的审定。

（2）在中期内要坚持农村最低生活保障资金以政府投入为主的原则，列入财政预算，根据不同地区的经济发展水平，合理划分各级政府的资金负担比例。考虑到县乡财政的实际困难，尽可能降低其负担比例，加大中央、省两级财政转移支付力度。

（3）加强财政、民政、教育、劳动保障、卫生、人口、司法行政、农业、科技等部门的沟通与协作，整合各项惠农政策，实现由单项救助向综合救助的转变。

16. 积极开展新型农村社会养老保险试点。

（1）在短期内应根据统筹城乡发展、实现人人享有基本社会保障的战略目标，把农村社会养老保险制度建设纳入经济和社会发展规划，全面部署，积极推进；并明确界定中央和地方财政在农村养老保险制度建设上的责任，加大公共财政对农村社会养老保险制度建设的投入。

（2）在中期内应加强对农村社会养老保险管理体制的监督，制度设计要具有可行性，充分考虑到未来城乡人口可能变化的趋势；同时探索建立个人缴费、集体补助、政府补贴的多方筹资机制，尽快创立以个人账户为主、统筹调剂为辅的新型农村社会养老保险制度。

17. 以乡镇政府改革为重点，优化基层公共资源配置。乡镇政府应把为农民提供基本而有保障的公共服务作为自己的主要职能，这应是乡镇改革的中长期目标。乡镇政府是农村公共资源配置的重要组织者和载体。面对农村基本公共服务的现实压力，乡镇机构设置、组织形式调整以及管理机制、运作机制的改变，都要有利于保障基本公共服务职能的履行：（1）以发展农村社会事业为重点，提高乡镇政府公共服务的能力和水平，并由此调节农村各种利益关系。（2）创新农村公共服务和社会管理方式，保持乡村安定有序。

（3）以提高农村公共服务效率和公共服务质量为中心，整合农村各种资源，以低廉的行政成本为农民提供更多、更适应农民需要的公共服务。

当前应加快推进并力争在中期内完成乡镇财政管理体制的改革。前几年的农村税费改革规范了乡镇政府的收入。在这个基础上，有些地方（主要在中西部）开展了乡财县管的试点工作。试点结果表明，乡财县管能够更有效地控制乡镇政府的支出，有利于乡镇政府转型，有利于减少乡镇政府的行政成本，也有利于控制乡镇政府的编制。在乡财县管、乡镇行政成本得到控制的条件下，进一步深化乡镇财政体制改革的时机已经成熟。深化改革的目标应确定为"建立县级财政向贫困乡镇加大转移支付、保证贫困乡镇政府公共服务支出责任和财力匹配的体制和机制"。

优化农村公共资源配置，创新农村公共服务体系。由于历史原因，中国很多乡镇政府还维持着一批机构臃肿、效率低下的事业单位。造成机构臃肿的一个根本性原因是，政府根据行政事业单位中员工的数量来划拨财政资金，从而产生了维持机构编制规模的内在动因。湖北省咸安区的乡镇管理体制改革探索表明，变"以钱养人"为"以钱养事"，不仅可以使乡镇机构编制得到有效控制，还可以降低成本，提高效率。这一改革举措为构建农村公共服务体系开辟了一条新路。

五　明确划分中央、省级以及省级以下各级政府在基本公共服务供给上的权限与职责

18. 合理划分中央与地方政府在义务教育中的分工。我国的许多县乡（镇），尤其中西部的县乡（镇），还存在很大的财政困难，中央与省级政府在经济落后的县和乡镇要承担更多的义务教育职责。为此，中央政府当前应该承担以下两个支出责任：

（1）承担新增的义务教育开支，以及中西部农村地区（包括县）被减免的学费和杂费。

（2）通过中央财政预算平衡地区间财政经费的差距。比如，可确定人均财政性经费低于全国平均值80%的省份，由中央补足到80%的水平。省级政府也要增加对义务教育的财政投入。市、县两级政府主要承担教育质量管理和部分义务教育经费，如校舍建设等。

19. 合理划分中央与地方政府在公共卫生和基本医疗服务中的分工。总的原则，公共卫生职责在中央，财力由中央与省级分担，以中央为主。基本医疗服务的成本最好由省级、市级和县级政府共同分担。

在中期内应逐步减轻市、县两级政府的财政负担和个人的分担比重，缩小个人负担比重可部分通过完善基本医疗保险解决。

为此，基本医疗和公共卫生预算可考虑分开，公共卫生预算由中央财政解决，基本医疗服务由省（区）、市、县合理分摊，并加大中央对贫困地区的转移支付。

公共卫生和基本医疗发展的长期目标是将政府预算卫生支出占GDP的比重由目前的不到1%逐步提高到与国际水平基本相当的3%，大幅度地降低个人承担的公共卫生服务成本，由此需要增加的投入应由中央与省级财政分担。

20. 合理划分中央与地方政府在基本社会保障中的分工。从理论上讲，社会保障体系规划、制度安排应由中央政府统一负责。但现状是基本社会保障的主要职责和财力支持都由地方政府负责，从而导致了政策和规章制度上的巨大差异。

中央政府应该承担出台政策和指导原则、统一基本社会保障制度安排和设计全国社会保障体制框架的责任；同时加大中央财政对省级财政的社会保障转移支付力度。在完善城镇居民社会保障体系的同时，中央政府应制定有效措施，统筹规划和解决农村社会保障特别是农民工的社会保障问题。

21. 合理划分中央与地方政府在公共就业服务中的分工。一般来说，公共就业服务属于地方政府的职责范围，城市的就业服务主要由城市政府实施，省级政府和中央政府提供一定的就业培训方面的专项补贴。在就业服务上，流出地的农民就业培训（包括农村中学生就业前的职业教育和培训）需加以特别重视。由于发达地区的竞争优势很大程度上是建立在源源不断流入的、低成本的农民工之上，使得农民工在流出地的培训具有很强的跨地域外部性。但是，由流入地的政府对农民工的职业培训进行补贴尽管很合理但很不可行。

因此，中央和省两级财政需要根据流出的农民工数量及培训规模对流出地进行专项补贴，并建立对困难地区、困难行业、困难群体的就业援助制度。

六　引入全国统筹的政策架构，为农民工群体提供基本公共服务

22. 全面解决农民工子女义务教育的问题。

（1）在短期内，地方政府应充分考虑农民工为本地经济发展做出的巨大贡献，加大对农民工子弟学校办学场地、教学设备和办公经费的投资力度，为接受农民工子女入学创造条件。在农民工流入地公办教育资源不足的情况下，降低民办学校准入门槛，鼓励社会资本进入教育领域，举办农民工子女义务教育学校，采取政府向民办学校购买服务等多种方式解决义务教育的供给问题。

（2）在中期内应实行义务教育全国通用的教育券制度。国家为每位义务教育阶段的学生发放教育券，农民工子女可以凭教育券在全国任何一个地区就学，国家按照学校提供的教育券进行财政拨款支持。或者，按照近年当地义务教育实际入学学生数对地方进行专项财政转移支付。

23. 建立包括基本医疗保险在内农民工基本社会保障制度。探索解决农民工基本医疗的有效途径。在近期内，对愿意参加户籍所在地的新型农村合作医疗的农民工，应采取有效措施，使其在流入地医院看病的费用可以在流出地报销。对愿意参加流入地城镇基本医疗保险的农民工，流入地政府要降低最低缴费基数，使多数的农民工能够负担得起城镇基本医疗保险的个人缴费。与此同时，应当优先考虑为女性农民工办理城镇基本医疗保险，尤其是生育保险，让女性农民工与城镇女工享受同等的生育保障和医疗卫生服务，这对妇女儿童的健康至关重要，是以发展为导向的公共政策的核心。在中期内，应逐步探索使新型农村合作医疗和城镇基本医疗制度衔接的有效途径。长期而言，上述短期和中期政策措施将为建立全国统一的基本医疗卫生服务网络、为流动人口基本医疗保险账户的跨地区转移铺平道路。

建立健全农民工的工伤保险制度。据中国劳动和社会保障部要求，在2006年底前，签订了正式劳动合同的农民工应全部纳入工伤保险体系。但是，在2亿农民工中，2008年3月底前参加了工伤保险的农民工只有4088万，其余近1.6亿农民工能否参加工伤保险很不确定。因此，必须通过加快完善相关法律法规，将工伤保险确定为强制险，采取以下措施严格规制危险产业的工伤保险：（1）鼓励农民工增强自我保护意识，鼓励他们通过法律的手段来保护自身的权益，在与雇主签订劳动或劳务合同时要求为自己办理工伤保险。（2）鉴于工伤保险相关法律法规已基本健全，政府应重点加强执法，提供法律援助。（3）企业只有在承诺为所有雇佣的农民工购买工伤保险的前提下才能被批准注册，尤其要加强对建筑业等雇佣农民工数量较大的产业的巡回监察、加大惩罚力度。

采取针对性措施，在中期内逐步将农民工全面纳入养老保险体系。中期内应试点建立适合不稳定就业农民工特点的过渡性养老保险制度。可采取社会统筹和个人账户相结合的制度模式，先建立可跨地区转移的农民工养老保险个人账户，待时机成熟后再将养老保险社会统筹账户纳入可转移范围。

24. 加强农民工的公共就业服务。

国务院《关于解决农民工问题的若干意见》明确提出："要建立健全县乡公共就业服务网络，为农民转移就业提供服务。城市公共职业介绍机构要向农民工开放，免费提供政策咨询、就业信息、就业指导和职业介绍。"从2006年开始，中国政府计划每年免费培训800万农村劳动力，帮助他们转移就业。

为了实现政府的计划目标，在近期内应尽快实行农民工就业管理与服务的"就业信息卡"制度，将农民工的管理与服务纳入整个信息网络。

在中期内应该加快构建反映城乡劳动力市场供求变动情况的综合信息交换平台。

在此基础上，逐步实现公共就业服务跨城乡、跨地区的对接，使农民工在职业介绍、职业培训、就业和失业登记、劳动合同管理等各方面享有与城市居民同等的待遇。

为农民工提供的就业服务应该有助于国家法律法规的实施和各项法定权益的保护，譬如，为农民工提供各项法定权益的咨询，加强对雇主守法情况的监督。

七　建立基本公共服务绩效评价与监测体系，强化对各级政府官员的激励机制，促进基本公共服务的有效供给

25. 在中期内建立有效的问责制度，促进基本公共服务均等化政策的实施。尽快建立一个具有以下特点的、科学的政府绩效评价体系：

（1）纠正"重经济指标，轻公共服务"的倾向。在政府绩效考核体系中，强化对基本公共服务项目的考评。绩效评估体系应包括义务教育、基本医疗和公共卫生、失业保险、养老保险、最低生活保障、社会救助、公共就业服务等基本公共服务方面的内容。基本公共服务评估指标应该逐步以结果为导向，而不是仅仅评估基本公共服务的人员数量、设施等投入，避免忽视供给结果和质量。

（2）以基本公共服务为导向的政绩考核体系，不单是一套指标体系，还要包括目标制定、执行、评估等环节，涉及评估主体、评估方法、沟通反馈等过程。综合性政绩考核体系必须有相应的制度框架和立法相配套，才能保证发挥应有的作用。

（3）评估方法应该具有创新性、透明性和公开性，公共服务的用户和民间社会组织也应参与评估——公共服务使用者和民间社会组织将是中央政府保证国家法律和政策的执行以及迅速发现和纠正违法违规行为的重要信息来源。所以，由社会公众对公共服务供给者的业绩进行评价，公开地表达他们对所提供的公共服务的满意度，是基本公共服务保障供给的重要措施。

26. 加强基本公共服务均等化的统计系统建设。如果没有国家、省级和省级以下分城乡、分地区和分社会群体的可靠统计数据，就不可能对中国农村与城市之间、地区之间、农民工及其家庭以及其他社会群体之间的基本公共服务均等化的进展进行监测与评估。统计数据的匮乏在某些领域表现得尤其突出，如分性别、包括医疗服务和社会保险在内的公共服务数据，分城乡的收入、健康和教育结果数据，公共服务可获得性数据，农民工生存条件及其公共服务可获得性数据等。提高这些数据的收集和分析能力是当务之急。

八　建立基本公共服务的多元参与机制，加强社区和社会组织在公共服务供给中的角色，包括实际参与供给、监督以及表达消费者对公共服务的要求与预期等

27. 理顺政府与民间社会组织之间的关系，形成基本公共服务

供给和监督的多种利益相关者共同参与的机制，逐步扩大民间社会组织在基本公共服务供给中的作用。市场、企业、非政府组织、公民和民间社会组织等参与基本公共服务的供给，已有大量的国际经验。这些供给主体的参与模式各异，随所处环境的变化而变化。中国完全可以选择借鉴适合自己国情的模式，尤其是提高基本公共服务供给质量的途径和办法。这里有几个必须坚持的原则：（1）政府在基本公共服务的供给过程中应居主导地位，在"市场失灵"或者"第三方/志愿者失灵"的情况下担负起保障基本公共服务供给的最终责任。（2）市场创造的激励机制、民间社会组织的灵活性和应变能力，都可在基本公共服务中充分利用。（3）政府部门和公共服务供给其他参与者（市场、企业、非政府组织、公民和民间社会组织）各自的优势，可以根据具体的经济社会环境采取不同的利用方式。但是，只有充分发挥各参与主体的优势，才能保证公共服务的充足有效供给。

28. 在特定的基本公共服务领域善于运用市场力量与民间社会组织的灵活性。在基本公共服务领域，对市场力量的使用必须审慎。保证公民公平地获得高质量的基本公共服务是一个国家政府的最终责任。但是，在有效的制度安排下，市场的竞争机制和信息发现机制可以防止"政府失灵"、提高基本公共服务的供给效率。政府的运作经常有如下的缺陷：（1）政府基本公共服务供给以公共利益最大化为价值取向，不以营利为目的，但不够重视成本和支出效率。（2）政府供给具有垄断性，与竞争性环境下生产的基本公共服务相比，通过垄断方式生产的基本公共服务价格更高，而且缺乏创新。（3）政府基本公共服务供给体系是由众多部门构成的，这些部门之间存在职权交叉、部门利益纷争、协调配合困难等问题，这些都影响公共服务的供给效率。

在这种情况下，一些基本公共服务可以通过公开招标、合同、特许或建立公私合作伙伴等方式让渡给市场主体。对于难以通过市场主体提供的公共服务，可以交给社会组织，因为社会组织与政府一样不以营利为目的，而且更具有灵活性和应变能力。政府可以通过减税、免税、财政补贴和财政转移支付等多种方式鼓励民间社会组织参与公共服务的有效供给。虽然社会组织能够在特定的领域发挥重要的补充作用，但是它们无法承担起为全体社会成员提供所有基本公共服务的责任。保障基本公共服务供给的最终责任必须由政府承担，而公共服务供给的其他参与主体只能起到支持和协助的作用。

29. 通过立法明确社区定位，充分发挥社区在基本公共服务供给中的作用。随着多年来在企业制度、住房制度、福利制度、医疗卫生制度等方面影响深远的改革，涉及家庭和个人的许多利益已从传统意义上的原单位剥离出来。值得庆幸的是，近些年的实践表明，社区组织的兴起在一定程度上填补了因为单位从公共服务领域退出后形成的空缺。但在我国现实中社区面临着"身份不明"的尴尬境地。现阶段兴起的"社区"在正式的制度框架内既不是行政机构，也非事业单位，在属性上理应归于"社会"这一范畴，但其组织架构、经费管理的行政化又使之类似于政府的执行机构。

从现实情况看，政府应该逐渐认可社区在社会中的作用并给予社区法律地位，社区的发展要避免"政社不分"的传统模式，最终促进自治型社区的建立，使其在基本公共服务均等化中不仅能够与政府互补，甚至在某些方面做得更好。

九 建立一个系统、协调一致的基本公共服务法规体系，增强这些法律法规的权威性

30. 逐步建立起具有权威性、规范性的基本公共服务法规体系。在《中华人民共和国宪法》中，养老保障、医疗保障、社会救助、

基础教育、就业等，都是公民享有的基本权利。《宪法》对公民基本权利的规定构成推进基本公共服务均等化主要的法理基础。由此，基本公共服务法律体系建设，要以《宪法》对公民基本权利的规定为依据，围绕义务教育、公共卫生与基本医疗、基本社会保障、公共就业服务等领域，整合现有的法律法规，提升法律层次，形成比较完善的基本公共服务法规体系。

从基本构成上来看，基本公共服务的法律至少包括以下三种类型：首先，社会保障法、义务教育法、公共卫生基本医疗法、就业促进法等基本公共服务实体性法规。其次，转移支付法、预算法、财政收支法、公共财政平衡法、政府采购法等公共财政法规。最后，中央地方关系法、行政复议法、信息公开条例、行政许可法、公共服务绩效考评条例等行政性法规。

基本公共服务法规体系必须明确规定中央和各级地方政府的基本公共服务责任，保证各级政府在基本公共服务供给中依据全国统一的法规和程序，这是推进基本公共服务均等化的重要法律保障。

31. 加快公共财政立法，使基本公共服务均等化成为公共财政的主要目标。目前，我国公共财政的法律体系还不完善。现有《预算法》中相关法律条款过于原则、笼统，预算缺乏法律权威性。在推进基本公共服务均等化的公共财政转移支付问题上，当前我国财政转移支付的主要规范性文件是2002年在《过渡时期财政转移支付办法》（1995）基础上修订的《一般性财政转移支付办法》，这是一个部委规章，权威性不足。由于目前还缺乏规范政府间转移支付制度的权威法律，《预算法》中也无相关内容，因此导致转移支付在基本公共服务均等化中无法起到应有的作用。我国的现实情况迫切要求加快以基本公共服务均等化为目的的公共财政立法工作。另外一项重要工作是加强人大对政府预算的监督责任，提高预算编制与执行的透明度，建立预算与执行问责制度。

32. 加强政府与社会组织关系的立法。无论是政府、市场和社会组织的行为，都需要通过法律进行规范。除了《社团登记管理条例》《民办非企业单位登记管理暂行条例》和《中华人民共和国农民专业合作社法》外，民间组织发展仍面临法律缺失问题。现行的《社会团体登记管理条例》等程序性法规，对公民结社行为的实体内容还缺乏系统规范，还没有很好地解决民间组织在公共服务制度中的地位和作用问题。无论是法律体系的完整性上，还是法律层次的权威性和约束力，这些条例和办法都难以满足现阶段多元社会公共治理的现实需求。中国民间组织的审批登记与双重管理制度安排，从实践来看也不利于民间组织的发展。因此，要对民间组织的法律地位予以确认，并通过相关的立法，充分发挥民间组织在基本公共服务供给中的作用。从长期来看，通过对政府基本公共服务的监督以及对其服务绩效的公开评估反馈，民间组织在公共服务领域的参与将有利于加快政府职能的转变。

在发展市场经济的背景下，建立惠及13亿人的基本公共服务制度和体系，推进基本公共服务均等化，是中国人类发展的必由之路。就其所涉及的人口规模而言，在世界上是空前的；就其制度建设对于实现全面小康社会目标的意义而言，可以同近30年的市场经济体制改革相提并论。我国正在为建立惠及13亿人的基本公共服务体系做出巨大努力。这将对中国人类发展产生巨大而深远的影响。

以健康中国为目标重构公共卫生体系（30条建议）[*]

（2019年7月）

受国家卫生健康委员会体改司的委托，中国（海南）改革发展研究院课题组对我国公共卫生体系进行第三方评估。在形成三个专题研究报告的基础上，提出"以健康中国为目标重构公共卫生体系的30条改革建议"。

一 以强化体制保障为目标，重构政府公共卫生体系

1. 建立完善公共卫生决策协调的体制机制。公共卫生体系不仅包括专业公共卫生网络、基层医疗卫生机构和各级医院的公共卫生服务职能，也包括众多相关政府部门、教育科研机构、经济社会组织与所有城乡社区。在缺乏顶层设计和行政授权不足的情况下，各级卫健委很难组织协调如此庞大的公共卫生网络体系。这就需要建立更高层次、具有全局领导力和跨部门治理能力的决策领导体制，以进一步突出政府作为公共卫生决策者、出资者、组织动员者、服务提供者和执法监督者的基本职能，加强政府对公共卫生体

---

[*] 中改院课题组：《以健康中国为目标重构公共卫生体系（30条改革建议）》，2019年7月。

系的集中统一领导。

2. 自上而下设立县（区）及以上各级政府公共卫生委员会。进一步突出政府作为公共卫生决策者、出资者、组织动员者、服务提供者和执法监督者的职能和作用，把县（区）及以上政府在公共卫生领域设立的各种任务型议事协调机构整合在一起，自上而下成立政府公共卫生委员会。主要职能：一是集中统一协调、监督和管理公共卫生相关政府部门、专业公共卫生网络、基层医疗卫生机构、各级医院的公共卫生服务职能、相关经济社会组织等；二是组织落实"把健康融入所有政策"，协调相关部门建立公共政策健康影响评估制度，审议批准公共政策、经济社会发展规划和重大工程的健康影响评估报告；三是按照"预防为主、资源下沉、普及健康"的卫生健康方针，负责审定政府卫生总支出的配置方案，加快消除"重医轻卫"和"以治病为中心"的资源配置倾向。

3. 自上而下设立县（区）及以上各级政府公共卫生局。各级政府公共卫生局作为同级政府公共卫生委员会的执行机构，主要承担以下职责：一是疾病预防控制职责。承接疾控中心目前承担但因没有行政权力难以有效履行的疾病预防控制职责，负责联系沟通与疾病预防控制相关的行政部门，监管协调各类专业公共卫生机构、基层医疗卫生机构与各级医院的疾控科室，组织协调传染病和严重影响健康的其他疾病的联防联控网络，负责基层医疗卫生机构和各级医院疫苗接种和其他公共卫生职能的监管。二是突发公共卫生事件应急处置职责。按照政府公共卫生委员会的统一部署和授权，联系、沟通、协调和整合相关行政部门、专业公共卫生机构和各级医院的应急资源，负责突发公共卫生事件应急处置。三是专业公共卫生机构管理职责。把卫健委目前承担的妇幼保健、职业健康、老龄健康、健康教育、综合监管等公共卫生监管职能整合在一起。四是基层公共卫生工作监管职责。依据《国家基本公共卫生服务规范》，制定当地"基本公共卫生服务项目实施规划"和年度实施计划、组织实施并定期评估。五是政策健康影响监测评估职责。即建立公共政策健康影响评估制度，负责对公共政策、经济社会发展规划和重大工程的健康影响进行监测评估并报告同级公共卫生委员会。

4. 按照"医卫分开"与"公益性和营利性分离"原则，重构专业公共卫生网络。疾病防控、健康教育、妇幼保健、精神卫生防治、应急救治、采供血、卫生监督、计划生育等专业公共卫生机构是公共卫生体系的正规军，是政府履行公共卫生职能的主要载体和机制保障。目前，专业公共卫生机构"医卫不分"与"公益性和营利性交织"，成为贯彻落实"预防为主、关口前移、普及健康"方针的主要障碍。这就需要：第一，以"医卫分开"为重点，重构以专科医院形式存在的专业公共卫生机构。第二，以"公益性和营利性分离"为重点，重构疾控中心职责。第三，按"专业化"要求重构疾控体系。

二 强化公共卫生财政制度保障

5. 优化财政支出结构。第一，遵循把人民健康放在优先发展战略地位的要求，以强化健康保障为重点，把政府广义卫生支出占GDP比重从2016年的3.36%提高到2020年的4%、2025年的4.5%和2030年的5%以上。第二，按照"预防为主、关口前移、普及健康"的卫生健康方针，重构政府卫生财政支出的配置格局，显著提高专业公共卫生机构和基层医疗卫生机构财政补助收入占政府卫生总支出的比重。

6. 完善各级医院公共卫生服务职能的财政补偿机制。例如，进一步明确公立医院承担公共卫生职责的范围、实施标准和职责，确定补偿标准及补偿方式，健全财政补偿机制，把各级医院提供的公共卫生服务补偿纳入政府财政支出年度预算；对传染病报告和诊治、院前急救与重点人群保健等经常性公共卫生服务，采用预付制，根据上一年度实际服务量预测本年度服务量，编制预算予以补偿；对紧急救治、援外、支农和支边等非常规性公共卫生服务，建立专项准备基金，对其全部成本开销进行测算后按实际投入给予补偿。

7. 强化公共卫生服务医疗保障制度支撑。以社区卫生中心（站）、乡镇卫生院和村卫生室为主体的基层医疗卫生机构，是国家公共卫生体系网络和基本公共卫生服务保障的基石。当前我国部分基础诊疗等收费型公共卫生服务难以在医保管理部门报销，导致部分仅需基础诊疗、无须住院的居民只能以住院治疗名义凭医保报销诊疗费用，由此浪费大量医疗资源。为此建议：把社区卫生中心（站）、乡镇卫生院、村卫生室、社会办基层医疗卫生机构、个体诊所等，为辖区内重点人群提供的门诊基础诊疗服务全部纳入医保覆盖范围；把符合条件的政府和社会办基层医疗卫生机构、健康管理公司等提供的健康管理服务纳入医保覆盖范围。

8. 建立完善政府购买公共卫生服务机制。第一，进一步放宽政府公共卫生服务采购政策，扩大购买公共卫生服务的范围，提高社会办基层医疗卫生机构通过政府采购提供公共卫生服务的比重。第二，强化行业管理，完善社会办基层医疗卫生机构公共卫生服务的质量考核评审机制。第三，打破公立医院和政府办基层医疗卫生机构对公共卫生服务的垄断，对符合条件的社会办基层医疗卫生机构提供的公共卫生服务实行政府指导价，严格按照标准进行收费；对依据有关规定提供减免费用等惠民服务的，应对公立医院和政府办基层医疗卫生机构提供平等财政补助。

9. 构建老龄化社会公共卫生的社会保险支撑。当前我国医疗保险和重大疾病保险均未覆盖失能失助老年人长期护理，社会保险制度对老龄化社会公共卫生体系的支撑与保障功能严重缺失。建议设立专门保障失能失助老年人健康服务的长期护理基金，将其纳入专项财政预算，其资金来源建议：一方面，从国家基本公共服务项目增量资金和医保个人账户及统筹基金中每年划拨一定比例；一方面，从慈善捐款中每年调拨部分资金。

三 改革完善公共卫生人才培养体系与人才管理体制

10. 多措并举解决公共卫生体系人才短缺和流失问题。课题组的实地调研与众多文献研究结果表明，专业公共卫生机构和基层医疗卫生机构普遍面临人才匮乏、流失严重、队伍不稳、人才支撑与保障脆弱等问题。除了薪酬待遇低、社会地位不高、工作成就感不强、激励约束机制不完善与经费投入不足等原因，公共卫生人才培养规模偏小、培养结构不合理、培训网络不健全、人才管理体制不完善也是重要根源。由此，迫切需要多措并举解决专业公共卫生机构与基层医疗卫生机构的人才短缺和流失问题。

11. 扩大公共卫生人才培养规模，优化培养结构。当前很多专业公共卫生机构即使有编制，也招不到急需的公共卫生人才。建议扩大高等院校公共卫生专业招生规模并优化培养结构；把公共卫生专业技术人才培养培训纳入各级政府公共卫生绩效考核指标，逐步提高高等院校公共卫生专业招生比重，进一步完善专业公共卫生机构和基层医疗卫生机构卫生技术人才的培训网络。

12. 着力建设"21世纪赤脚医生"队伍。健康管理服务理想的人选是全科医生。从调研情况看，基层医疗卫生机构中负责具体实施健康管理服务项目的全科医生极度匮乏。建议充分利用设置在三级综合医院和具备条件的二级综合医院的全国558个全科医生基地，设立"21世纪赤脚医生"培养培训项目，专门为乡镇卫生院和村卫生室培养培训全科医生。

13. 加强公共卫生人才培养培训的国际交流合作。建议国家留学基金管理委员会在留学基金项目安排上向公共卫生院系倾斜,选派教师到世界卫生组织、国际红十字会等卫生相关国际组织、国际知名全球卫生教学科研机构访问研究。国家相关部门可在各省份高等院校中选择条件相对成熟的公共卫生院系,设立若干个公共卫生国际培训中心,为"一带一路"沿线国家和地区的专业公共卫生机构举办研修班。

14. 完善专业公共卫生机构和基层医疗卫生机构引进人才、留住人才的激励约束机制。进一步改革完善专业公共卫生机构和基层医疗卫生机构绩效考核、职称评审、职业资格考评和人才评价机制,使不同类型、不同层级的公共卫生人才得到应有尊重与社会认同。单独建立专业公共卫生机构和基层医疗卫生机构职称评审激励机制,适当放宽其外语、计算机和科研要求;增加专业公共卫生机构和基层医疗卫生机构中高级岗位结构比例,确保高级专业技术人员不受岗位职数限制;对到专业公共卫生机构和基层医疗卫生机构工作的高层次、紧缺型公共卫生技术人才,简化考核聘用程序;鼓励社区卫生中心和乡镇卫生院设置全科医生特岗,优先安排基层医疗卫生机构健康管理岗位全科医生编制;不断提高专业公共卫生机构和城乡基层医疗卫生机构公共卫生人员的薪酬待遇。

四 深化专业公共卫生机构改革

15. 以公益性和专业性为导向,深化专业公共卫生机构改革。持续10年的新医改,重点推进医保体制、医疗服务体制与药品流通体制"三医联动"改革,机构改革的聚焦点是公立医院,作为公共卫生体系重要运行机制的专业公共卫生机构改革相对滞后,法人自主权未能充分落实,公益性和专业性明显不足。因此,迫切需要以公益性回归、强化专业性和落实法人自主权为目标,进一步深化专业公共卫生机构改革。

16. 以公益性回归为目标深化专业公共卫生机构改革。明确不同专业公共卫生机构公益性的不同判断标准；按公益性判断标准分类配置资源；以公益性回归为目标推进重点改革。例如：改革投入增长机制，按照"预防为主、关口前移、普及健康"的卫生健康方针，建立优先保障专业公共卫生机构正常运行的财政投入增长机制；改革补偿机制，按专业公共卫生机构最终服务对象的人数而不是单位人数拨款或提供财政补贴，对符合公益性判断标准的机构给予奖励，对连续几年不符合公益性判断标准的机构减少补贴；改革支付方式，加快推广按病种付费，对妇幼保健、传染病、慢性病、结核病、精神疾病等实行年度总额包干，同时建立医保付费谈判机制，增强医保对妇女儿童、老龄人口、传染病患者、慢性病患者等重点人群诊治费用的约束作用。

17. 以强化专业性为目标完善专业公共卫生机构的激励约束机制。提升专业技术水平、积累公共卫生服务经验是公共卫生专业技术人员的基本追求；专业技术人员的专业能力不能简单用职业道德和创收能力来衡量；需要以强化专业性为目标改革内部激励制度与治理机制。

18. 以落实法人自主权为重点，建立健全法人治理结构。公共卫生资源分配行政化、运行目标行政化、管理者任免行政化、机构内部治理外部化等体制性矛盾，主要源于专业公共卫生机构管办不分、政事不分，法人自主权落实难。亟须推进专业公共卫生机构"行政化"向"法人化"转型：一是推进财务关系"去行政化"，改行政拨款为政府购买公共服务。二是推进法人治理结构"去行政化"，政府权限"止于理事会或董事会"。三是推进人事管理制度"去行政化"，赋予专业公共卫生机构完整的人事自主权，按专业性要求聘请专业技术人员。四是推进薪酬和激励制度"去行政化"，以专业技术能力、工作业绩和职业道德为卫生专业技术人员的主要评价标准。五是以落实法人自主权为重点，加快健全法人治理结构。

五　健全基层公共卫生工作的体制机制

19. 设立街道和乡镇政府公共卫生部门，强化基层政府的公共卫生职能。建议全国所有街道办事处和乡镇政府统一设立公共卫生部门，作为县（区）公共卫生局的派出机构和街道办事处或乡镇政府的组成部门，承担起以下职责：辖区内基本公共卫生服务和基础诊疗监管、突发公共卫生事件应急组织协调、健康教育、健康生活促进和健康环境建设动员和具体落实职责；以补短板为重点，监督社区卫生中心、乡镇卫生院、村卫生室和辖区内其他医疗卫生机构把尚未做实的居民健康档案管理、健康教育、老年人健康管理、高血压和糖尿病患者管理、严重精神障碍患者管理、肺结核患者健康管理等基本公共卫生服务的责任落实到人并跟踪检查。

20. 以"医卫分离"为重点，重构基层医疗卫生机构的公共卫生和诊疗服务体系。解决当前普遍存在的"重医轻卫"现象，需以"医卫分离"为重点，在社区卫生中心和乡镇卫生院分设"公共卫生服务部"和"基础诊疗与重点人群健康管理部"。把基本不涉及诊疗的基本公共卫生服务，包括居民健康档案建立和管理、健康教育、传染病及突发公共卫生事件报告和处理、卫生计生监督协管、免费提供避孕药具、健康素养促进、健康环境建设等基本公共卫生服务等打成一个服务包，由"公共卫生服务部"负责。

21. 以强化基层公共卫生经费保障为目标，进一步明确政府办基层医疗卫生机构的性质和投入责任。把政府办城市社区卫生中心和农村乡镇卫生院界定为差额拨款事业单位，实行收支两条线管理。进一步优化各级财政支出结构，持续增加各级财政对国家基本公共卫生服务项目投入力度。地方政府卫生支出应增加基层公共卫生服务专项预算，推进城市社区卫生中心和农村乡镇卫生院标准化建设，加快具体实施国家基本公共卫生服务项目所需设备仪器的更新换代，支持充分利用当地疾病预防控制、卫生监督、医疗救治、科研院所的公共卫生技术装备和基础设施，实现区域内公共卫生实用技术、仪器设备和专家资源的共享。

22. 以补齐基层公共卫生人才短板为目标，实行特殊人才政策。对基层紧缺型技术人才简化考核聘用程序，加快完善卫生技术人员"县聘乡用"或"县聘乡管村用"制度。建立基层卫生人员签约培训制度。支持社区卫生中心和乡镇卫生院实行特殊的人才政策。建议将在社区卫生中心和乡镇卫生院工作一年以上，作为医科高等院校本科生和硕博研究生初次申请行医执照以及当地医院医务人员晋升上一职级专业技术职称的刚性条件。

23. 以提高国家基本公共卫生服务的可及性为目标，加强基层医疗卫生机构信息化建设。为社区卫生中心（站）、乡镇卫生院和村卫生室配置能够便捷获取健康大数据的信息技术基础设施；为基层医疗卫生机构配置智能化信息化诊疗设备；为社区卫生中心和乡镇卫生院配置可提供多种疾病诊疗服务的智能云巡诊车；建议建立覆盖所有社区卫生中心和乡镇卫生院、联通市级和县（区）级医院、应用人工智能技术的远程诊断服务网络。

六 在推进健康中国建设中找准抓手、主动作为

24. 编制实施健康中国建设专项规划。建议各级政府公共卫生局主动承担起编制"健康生活促进""健康服务优化""健康保障完善""健康环境建设"和"健康产业发展"五年规划的职责，使这些专项规划成为健康中国建设重大项目安排、财政支出预算和相关政策出台的依据。

25. 定期评估《"健康中国2030"规划纲要》实施进展。建议

各级政府公共卫生局按照《"健康中国2030"规划纲要》明确的战略目标及主要指标，每年组织省级、市级和县（区）级政府对实施规划纲要的情况进行评估，以促进各级政府的公共卫生体系在健康中国建设中更好履行预防控制疾病、减少疾病发生、维护促进全民健康的使命和职责。

26. 加强健康场所建设，调动全社会参与健康中国建设的积极性和创造性。各级政府公共卫生局组织开展健康城市、健康乡村，以及作为健康中国细胞的健康机关、健康社区、健康村庄、健康学校、健康医院、健康企业和健康家庭等健康场所的建设试点，围绕健康水平、健康环境、健康社会、健康服务、健康文化等主题分别建立评估指标体系并跟踪评估，在评估验收和总结经验的基础上不断扩大试点范围，夯实健康中国的微观基础。

27. 推广人工智能技术，赋能基层医疗卫生机构。2018年安徽省全面推广面向基层医疗诊疗流程规范和服务能力提升的科大讯飞"智医助理"系统，基本实现为基层群众提供综合、连续、协同的基本医疗卫生服务，构建基层全科智慧医疗生态体系。科大讯飞依托国际领先的智能语音及人工技术，积极开展基层智慧医疗的探索，将更多前沿的人工智能技术引向基层，其自主研发的"智医助理"机器人2017年以456分的成绩通过了国家临床执业医师笔试考试。建议在安徽省全面推广的基础上，加快"智医助理"在全国范围的应用推广，逐步构建基层人工智能辅助诊疗服务体系。通过人机协同方式，由人工智能系统协助线上专家医生对基层医疗卫生服务提供兜底保障，进一步提升基层医疗卫生机构的服务能力。

七 加快公共卫生立法进程

28. 加快国民健康基本法立法进程，突出"公共卫生"的地位和作用。建议把拟作为国民健康基本法的《基本医疗卫生与健康促进法》更名为《国民健康法》或《公共卫生、医疗服务与健康保障法》。

29. 启动《公共卫生法》立法，提升公共卫生立法的基础性和统筹性。立即启动《公共卫生法》立法进程，通过立法严格界定相关政府部门、专业公共卫生机构、承担公共卫生职能的医疗机构、负责为公共卫生和基础诊疗提供保障的社会保险部门、负责培养公共卫生人才和健康教育的教育培训机构、各种群团组织、各种经济社会组织等不同公共卫生责任主体在公共卫生体系中的定位、职责、权利义务及其相互之间的权利义务关系。

30. 出台《国家基本公共卫生服务法》。随着我国国力增强和财政能力提升，基本公共卫生服务范围将会逐步扩大，需要严格详细界定基本公共卫生服务项目责任主体和具体实施主体之间的责任、权利和义务关系。《公共卫生法》难以具体到这一层面，因此，建议尽快出台《国家基本公共卫生服务法》，以立法形式进一步明确各级政府、社区卫生中心（站）、乡镇卫生院、村卫生室、专业公共卫生机构、社会办医疗卫生机构，以及各级医院等责任主体在国家基本公共卫生服务项目实施中的定位、职责、权利及其权责义务关系等。

实行以"选择性退休"为主要特点的退休制度（14 条建议）*

（2020 年 12 月）

《中共中央关于制定国民经济和社会发展第十四个五年规划和二〇三五年远景目标的建议》明确提出，"实施渐进式延迟法定退休年龄"。延迟退休年龄涉及广大人民群众的自身利益，是一项牵一发而动全身的重大社会政策。适应人口老龄化程度不断加深的趋势与经济社会可持续发展需求，从国情出发，建议实行以"选择性"为主要特点的退休制度，有效应对"增长与养老"失衡的突出矛盾。

一 把"选择性退休"作为延迟退休年龄的主要选项

我国现行退休政策规定，男性劳动者 60 岁退休、女性职工 50 岁退休、女性干部 55 岁退休。这是新中国成立初期在人均预期寿命 40 多岁的情况下制定的。2019 年我国居民人均预期寿命已提高至 77.3 岁，现行退休年龄政策与人均预期寿命大幅增加、人口老龄化程度不断加深和老年抚养比快速提高的趋势已经严重不相适

---

* 中改院课题组：《关于实行"选择性退休"的建议（14 条）》，《中改院简报》总第 1383 期，2020 年 12 月 10 日。

应。建议：

1. 以可选择的退休年龄区间取代"一刀切"的法定退休年龄。从相关调查数据看，我国城镇劳动力中具有延迟退休意愿的比例仅为15%左右，推行延迟退休面临现实阻力。一些学者主张实行"弹性退休"制度。"弹性退休"容易被理解为"既可提前退休""也可推迟退休"。实行"选择性退休"是比较容易被广泛接受和赞同的退休制度模式。"选择性退休"制度的核心是在设定"退休年龄区间"的前提下，把退休年龄和领取养老金年龄的选择权交给个人。从国际上看，许多国家采取了劳动者在一定年龄区间选择退休年龄的做法。例如，挪威、美国和德国等把退休年龄区间设定为"62—75岁"和"62—70岁"不等，62岁是可以部分领取养老金的年龄下限、75岁和70岁是退出劳动市场的年龄上限；年龄区间中的67岁为正常退休年龄，即可以开始全额领取养老金的年龄；如果到了67岁还继续工作并推迟领取养老金，每推迟一年，就会增加一定比例的养老金。这种做法增大了劳动者的选择空间，可以降低改革阻力，容易获得社会支持。

2. 以"增长与养老"的平衡为重要目标。与许多国家相比，我国人口老龄化问题更为复杂，带来的挑战更加严峻。美国、日本和韩国65岁及以上人口占比达到12.6%时，人均GDP均在2.4万美元以上。我国2019年65岁及以上人口占比达到12.6%之时，人均GDP只有1万美元。我国退休工作比远高于0.5的合理水平，导致养老保险基金支出和公共财政压力不断上升，养老金支出缺口不断扩大，"未富先老"的矛盾日益突出。在这个特定背景下，"退休年龄区间"的设定应在尊重个人选择权的同时，体现提高退休年龄的基本导向，兼具"弹性"和"自主性"。"选择性退休"有四个重要目标：

（1）有效应对人口规模增速明显放缓、老龄化加速、生育率回落、劳动年龄人口显著减少、人口数量红利快速消失的中长期趋势，保障经济持续稳定增长的劳动力供给。

（2）挖掘人口素质红利，有效利用高素质劳动力，助力高质量发展。

（3）缓解养老保险支出压力和财政对社会保险基金的补贴压力，增强养老金可持续性。

（4）降低企业社会保障缴费压力，提高企业国际竞争力。

3. 突出"自主选择"。把退休年龄选择的自主权交给个人。区分可退休年龄与正常退休年龄，在退休年龄、领取养老金的年龄、领取养老金的比例、继续就业等方面，由个人综合自身情况做出自主选择。鼓励根据自身情况自主选择不同的推迟养老金领取方案。

（1）达到可以开始部分领取养老金的最低年龄后停止工作但暂不领取养老金。

（2）达到可以开始领取养老金的最低年龄后在停止工作的同时开始部分领取养老金。

（3）达到可以开始部分领取养老金的最低年龄后继续工作并推迟领取养老金。

（4）达到可以开始领取养老金的最低年龄后继续工作并部分领取少额养老金。

二　分性别、分群体推行"选择性退休"

作为人口大国，我国应分性别、分群体推行"选择性退休"年龄。

4. 把人均期望寿命和退休后预期寿命余年作为确定正常退休年龄的重要参照。经合组织（OECD）成员国 2015 年男性平均退休年龄为 64.7 岁，女性为 63.5 岁。我国 2015 年平均退休年龄不足 54 岁，比退休工作比在 0.5 合理水平下的全社会平均退休年龄低了近3岁。从我国老龄化趋势与人均预期寿命不断提高趋势看，预计到2035年，我国人均期望寿命将达到82岁左右，届时把65岁作为男性全额领取养老金的年龄，意味着退休后人均预期寿命余年为17年，这与OECD成员国2015年的退休后人均预期寿命余年接近，也比较符合我国人口快速老龄化和养老金可持续性压力不断增大的趋势。

5. 制定实施男女选择性退休年龄区间的时间表。许多发达国家推行男女同龄退休，91.4%的OECD成员国把实现男女同龄退休作为退休年龄改革目标。目前，我国女性职工50岁退休，女性干部55岁退休。这意味着延迟女性退休年龄需要更长的时间。从我国调整女性退休年龄起点太低的现实出发，并且考虑到现实生活中我国女性承担的家庭照护责任普遍较男性更多，建议设置分步实现男性与女性"选择性退休"年龄的时间表，对延迟女性退休年龄设置更长的过渡期。

6. 坚持不同职业、不同群体的公平原则和例外原则。考虑不同行业、职业类别以及对劳动者体能要求的差别，对特殊工种、特殊行业和特殊群体设置不同的正常退休年龄和"选择性退休"年龄区间。例如，劳动强度较大或对体能要求较高的传统制造业、资源行业、安保服务、警察等职业的正常退休年龄和退休年龄区间应比一般行业具有更大的选择性。特殊工种职工尤其是常年接触辐射、毒性、超强度噪音等行业的劳动者，退休年龄区间可在一般行业的退休年龄区间下限的基础上再提前5年。

7. 在高技能、高人力资本行业率先推行"选择性退休"。例如，很多大学都实行教授柔性退休制度，即教授可在62—67岁之间自主选择退休，这可以让受教育程度较高的劳动者增加劳动时间并相应提高个人养老金待遇。建议鼓励科研、教育、医疗、文化等人力资本密集型或经验密集型行业，俗话说就是"越老越值钱"的行业从业人员率先推行以 65 岁为正常退休年龄的"选择性退休"制度。鼓励在教育、医疗、科研等行业中有副高以上职称的专业技术人员，以及企业中具有专业技术职务资格的人员和具有技师、高级技师证书的技能人员，率先实行以 65 岁为正常退休年龄、以"62—67 岁"为"选择性退休"年龄区间的制度。

三 建立与"选择性退休"相适应的养老金调节机制

以"选择性"增强延迟退休年龄的社会接受度，以合理的养老金调节机制形成自主选择延迟退休年龄的"有效激励"。

8. 建立有效激励个人选择延迟退休的养老金奖惩机制。调整退休年龄需要建立鼓励推迟退休、控制提前退休的养老金制度。为此，劳动者在正常退休年龄前选择提前退休，应根据社保缴费年限适当扣减一定比例的养老金；在正常退休年龄后继续就业，应增加一定比例的养老金。

9. 合理调整第一支柱养老金缴费率，降低企业负担，从而增强企业动力。延迟退休引起了加重企业负担的担忧。欧洲国家的研究发现，降低雇主工薪税对低技能劳动力就业有正向影响。社保缴费对就业的挤出效应在我国也得到验证，有采用企业层面数据的研究发现：企业缴费比例上升 1 个百分点，企业雇佣人数下降 0.8%。有学者利用省级面板数据的研究也发现了这种挤出效应。这在东部地区尤为显著。为此，需要把降低企业负担考虑进来，以提高企业层面的积极性。我国养老金实际缴费率长期低于法定缴费率，客观上也为改革提供了空间。

10. 逐步提高养老保险最低缴费年限。为吸引参保、扩大社会保险覆盖面，目前我国领取基本养老保险的最低缴费年限只有 15 年。机关事业单位基本养老保险和职业年金起步于 2014 年的机关事业单位养老保险改革，目前缴费年限普遍偏短，平均不足 6 年，很多参保人员都具有较长的视同缴费年限。为使"选择性退休"能有效地激励人们选择延迟退休，综合考虑我国劳动者平均受教育年限、进入劳动力市场的时间、预期寿命余年等因素，建议建立随预期寿命、退休后预期余年等因素动态调整最低缴费年限的制度，可分步调整：第一步，到 2035 年，把全额领取公共养老金的最低缴费年限由目前的 15 年提高到 20 年；第二步，到 2045 年，逐步把全额领取公共养老金的最低缴费年限提高到 25 年；第三步，到 2050 年，把全额领取公共养老金的最低缴费年限提高到 30 年。

11. 针对特殊行业和特殊职业设置领取养老金的优惠条款。对于弱势群体如残疾人、因健康状况难以继续工作、工作劳动强度大的劳动者，可以在达到最低领取养老金的年龄后逐步或完全退出工作岗位。不适合高龄劳动者的行业和职业，比如劳动强度较大或对体能要求高的传统制造业、资源行业、安保服务、警察等职业，建议全额领取养老金的最低缴费年限比在正常情况下缩短 5 年甚至是更长时间；对丧失劳动能力无法工作到正常退休年限的，允许提前退休，并可依法全额领取养老金及政府养老救济金。

四 实行与"选择性退休"相配套的结构性政策

要实现鼓励劳动者延迟退休的目标，退休政策与制度的改革是一方面，另一方面也需要就业、税费等结构性政策的支持，以及加强鼓励延迟退休的法制保障。

12. 全面推行积极就业政策。推行积极就业，首先要破除观念障碍。有观点认为，延迟退休会挤压年轻人就业。从我国实际看，随着行业不断高端化、专业化，老年人与年轻人的就业岗位之间不存在绝对的替代关系，退休年龄与失业率之间也没有严格的依存关系，否则不会出现"招工难"和"就业难"并存的悖论。据预测，2020 年我国 55—59 岁人口中高中以上文化程度的占比达到 23.3%，

60—64岁人口中高中以上文化程度的占比17.1%。老年劳动者与青年劳动者可以利用各自的比较优势形成优势互补。从长期看，我国经济转型升级是大趋势，我国产业结构升级还有15—20个百分点的空间，尤其是现代服务业蕴含巨大就业需求。其次，退休政策需要考虑统筹促进老年人延迟退休和鼓励青年人创业就业，关键是要营造以能力为导向而不是年龄为导向的公平就业环境，在就业机会、工资待遇等方面避免年龄歧视。此外，建议尽快设立老年人就业服务机构，为老年劳动者的求职信息搜寻、职业技能培训、职业评估等需求提供一站式服务。把老年大学、老年人再就业培训等纳入公共教育和就业服务的范围，加强促进老年人就业的职业技能培训服务。

13. 推行支持"选择性退休"的税收优惠政策。扩大政府在推行"选择性退休"上的财政支出比重。对到正常退休年龄后选择延迟退休继续就业的劳动者获得的工资收入实施税收减免的优惠政策。对企业因雇用延迟退休者而产生的养老金等缴费义务，给予一定时间、一定比例的税费减免激励。实施鼓励老年人参加补充性商业养老保险的税收优惠政策。

14. 强化"选择性退休"的法律保障。目前，我国《劳动合同法》和《就业促进法》中尚缺少保护和促进老年人就业的规定，老年人就业政策和就业环境等法律法规都有待完善。从国际经验看，立法推进"选择性退休"，同时强化老年人就业权益保护是改革取得成功的重要保障。为此，我国应加快调整修改相关法律法规，为实行"选择性退休"提供法律保障。建议加快制定颁布《反就业歧视法》，通过规制包括年龄歧视在内的一切形式的就业歧视行为，为老年劳动者创造非歧视性的公平就业环境。

第五篇

建言政府转型

中改院一直把政府改革作为重点研究课题。1996年，中改院提出政府的主要作用是提供公共产品和公共服务，政府改革的实质是转变政府职能。2003年，中改院提出从"经济建设型政府"向"公共服务型政府"转变的建议。其后，相继提出"政府转型"的理念和一系列的政策建议。中改院在政府转型方面的研究，对政策决策与理论研究产生了重大影响。例如，2005年，中改院提出"加快建设公共服务型政府"的建议报告获"第十一届孙冶方经济科学奖"论文奖。2012年，中改院完成中编办委托的《走向公共服务型政府——未来5—10年深化行政管理体制改革战略研究》课题，得到中编办的高度评价。2015年，受国务院办公厅委托，完成《推动简政放权改革向纵深发展——关于"简政放权、放管结合、优化服务"政策落实情况的第三方评估》，这是社会智库首次参与国事评估。同年，形成《以监管转型为重点深化简政放权改革的24条建议》，得到国务院主要领导的批示。

中国经济转轨时期加快政府改革（25条建议）[*]

（1997年2月）

我国正处在一个很关键的时期，许多改革都同政府改革密切相关，充分发挥政府在市场经济条件下的作用，在很大程度上依赖于政府的自身改革。

一 我国正处在经济转轨的关键时期，迫切需要加快政府改革，更有效地发挥政府作用

1. 我国在转轨中如何有效地发挥政府作用，是正在实践探索的课题。在经济转轨时期政府要有效地发挥作用，必须把握经济转轨时期政府职能的特殊性。我国以市场为取向的经济体制改革已经有18个年头了，特别是1992年初邓小平视察南方时的谈话和中共十四大的召开，标志着我国的经济体制改革进入了一个新的阶段，即全面建立社会主义市场经济体制的阶段。现在回顾一下过去18年的改革历程，总的来说，我们做了大量的工作，成功的经验是不少的。就发挥政府作用这个问题而言，从总体上讲，中国政府成功

---

[*] 中改院课题组：《中国经济转轨时期加快政府改革的建议（二十五条）》，1997年2月。

地领导了以市场为指向的改革，并使中国的改革开放和现代化建设取得了举世瞩目的成就。18年来，我们积累了一些经验，把握了一些规律，在理论和实践上都有重大突破。这是主导的方面。但是由于中国国情的特殊性、复杂性和客观条件的局限性，我们现在所做的，还只能说处在实践、探索、总结和完善的过程中。

2. 在充分发挥市场作用的同时，有必要实施有效的宏观调控。社会主义市场经济，要求市场在资源配置中起基础性作用。我们一定要承认市场，重视市场，要敢于利用市场，但是在充分发挥市场作用的同时，有必要实施有效的宏观调控。

我国改革开放以来的实践表明，凡是重视市场作用、运用市场机制好的企业、地方和部门，经济就有活力，发展就快；相反地，发展就慢，困难也多。但是，我们也认识到，市场绝不是万能的，特别是在我国市场还不发达，各种市场因素的素质还不高的情况下，一味放任让市场的盲目性误导资源配置，对整个经济的发展，负面效应也是很大的。因此，政府的宏观调控不可缺少。

我国是一个拥有12亿人口的发展中的大国，经济、社会和环境的差异都很大，又处在新旧体制转轨的剧烈变革时期。我国国情的特殊性、复杂性，转轨所面临任务的艰巨性，是任何一个国家所不能比拟的。这种特殊的国情、特殊的发展阶段，决定了政府的宏观调控更具有特殊的重要性。

比如，我国由于各地区经济基础、人文条件、自然环境不同，差别很大。东部与中西部之间、沿海与内陆之间的差距日趋明显，有些地方还有扩大的趋势。如何在保持发达地区经济增长的同时，建立一种"富裕地区带动后进地区"的运行机制，带动后进地区缓解差距，就是一个非常迫切的问题。地区差距问题单靠市场机制是很难进行资源有效配置的，因而也是不可能很快得到解决的。世界各国都大体如此。这只能靠政府的作用，特别是中央政府的作用，加强基础设施建设，增强中央财政的转移支付，加大对落后地区投资的力度，开发资源等。

再如，由于我国是不发达国家，在发展经济中一个制约因素是基础设施比较落后。这就需要政府从长远利益、全局利益出发，搞好基础设施的建设，创造良好的投资环境。但是，基础设施投资大、风险大、回报期长，市场由于受利益因素的驱动，往往多从局部、眼前利益考虑，不大情愿做这些事。这些事只能由政府来做，只能由政府多方举措资金，制定长期规划，逐步组织实施。

又如，城市与农村的关系。中国的稳定，在很大程度上要靠农业，靠农村经济的振兴。如何通过国家的宏观调控，扶持农业发展，改善农民生活，增强农民购买力，从而吸引工业品下乡，开拓农村市场，始终是中国经济和社会发展的重要问题。这同样需要政府的宏观调控，需要政府对这一弱质产业进行多方扶持。在市场经济条件下，不是政府要不要宏观调控的问题，而是要在把握市场化改革的前提下，更有效地发挥政府宏观调控作用的问题。

3. 政府的宏观调控必须符合市场经济的运行规律。目前，我国的市场尚处于发育的阶段，整个市场经济还不规范，市场规则也很不健全，在这种情况下，政府的宏观调控一旦违背市场运行的规律，就会变成不必要的行政干预，就会阻碍经济的发展，危害市场的发育。因此，在体制转轨中我们很重要的一个任务，就是要研究市场规律、熟悉市场规律、努力把握市场规律，任何与市场规律相冲突的政府宏观调控行为都必须审慎，都应尽可能避免发生。

市场规律是客观的，是不以人的意识为转移的，我们只能认识它、尊重它和运用它，而不能违背它。如价值规律、供求规律、优胜劣汰竞争规律等。政府要重视企业和个人的首创精神及有效竞争。政府的宏观调控，必须尊重和保护企业、个人的首创精神，创造必需的环境，推进公平和有效竞争。政府应当把该管的事管好，把不该管的放开，让企业自主经营。

4. 按照市场经济对宏观调控提出的要求，加快政府职能转变。在我国建立社会主义市场经济体制的过程中，要提高宏观调控的水平，迫切需要转变政府职能，市场秩序的形成和市场环境的优化，也需要转变政府职能，国有企业的改革，更需要转变政府职能。

18年来，在党和政府的领导下，以市场为取向的改革探索，极大地调动了政府和全体人民的积极性，创造出了我国历史上延续时间最长的经济繁荣、社会稳定的大好局面。虽然在90年代初经济也一度有些波动，但通过国家加强宏观调控，目前已顺利实现了经济的平稳着陆，为我国"九五"计划及2010年远景目标纲要的实施，提供了良好的宏观环境。

从政府转变职能的角度看，在经济转轨过程中也取得了一定的进展。但是还有很多工作要做。正像邓小平所指出的那样，政府管了许多管不了又管不好的事，而有许多该管的事又没有管好。要改变这种局面，必须立足国情，立足改革，从实际出发，不断实践、不断总结，积极借鉴国际经验，继续推进政府职能转变，更好地促进社会主义市场经济体制的建立。

5. 加快政府改革已成为影响改革发展全局的大问题。我国经济转轨采取了渐进的策略，由易到难，由点到面，逐步推进，表层的问题已基本得到解决，现在的改革则要解决企业的深层次问题、体制问题和企业制度创新问题，只有解决了这些问题，才能顺利完成经济转轨，而这些问题经过18年的改革历程仍未解决，主要是政府的角色迟迟没有转换。要实现政府角色的根本转换，必须加快政府改革的步伐。

政府改革的重点是：解除政府与企业的行政隶属关系，实行政企分开，按照社会经济管理职能、国有资产管理职能、行业协调服务职能分开的原则，调整和减少专业经济部门；建立职能统一，具有权威的宏观调控部门，完善宏观调控体系；加强政府对市场的管理和监督，依法行政；建立中介组织的自律体制，促进市场体系的发展与完善；按照权责统一的原则，明确划分事权、财权和决策权，充分发挥中央与地方两方面积极性。

二　科学定位政府角色，在相信市场作用的前提下，采取果断的决策与行动推进政府改革

6. 市场经济中政府的基本职能是组织"公共物品"的供给。在市场经济条件下，政府应该提供的"公共物品"主要包括以下五种：一是保护产权。政府的首要职能亦即作为社会仲裁人与各种民间经济行为主体相区别，通过立法与司法，调解各种利益纠纷，使民间经济行为主体的合法利益得到保障。二是稳定宏观经济，通过财政与货币政策，调整各种总量关系，减少经济的波动，为大家提供一个稳定的宏观经济环境。三是组织协调经济基础设施的建设，包括基础科学研究、市政设施建设和公共交通系统的建设。四是提供各种公共服务，其中最重要的是"提供信息"，使民间经济组织在决策中掌握全面、正确的信息，减少因信息不全造成的效率损失。五是实施国防外交、外贸政策，保证经济发展有一个良好的国际环境，并适当保护国内市场，协调本国企业在国际市场上的竞争。

7. 政府改革的关键在于需要更多地承认市场的作用，相信市场的力量。在经济欠发达国家尤其是计划经济国家，通常是高估政府的作用，不相信市场的力量。

在我国传统计划经济体制中，中央政府是资源配置的主体，改革以来的"放权让利"和"行政性分权"，使得投资主体由中央政府向地方政府转移，尚未实现让市场对资源实行基础性配置的目标，传统的计划管理方式依然根深蒂固，企业在一定程度上仍然隶属于政府，政府仍然行使要素分配和资源配置的职能，依然掌握着属于社会中介组织的服务性业务。结果出现了企业行为不合理、过度负债、效率低、粗放式增大、宏观经济不稳定等难题，这都是对市场缺乏信任的必然结果。

社会主义市场经济，要求市场在资源配置中起基础性作用，为此，一定要承认市场、相信市场、重视市场，而且敢于利用市场。因此，在经济转轨中，政府改革的关键是要在指导思想上承认市场的作用，相信市场的力量，才有可能切实转变职能。

8. 传统计划体制下形成的权力和政府部门在改革中的既得利益，是政府改革的现实阻力。从计划经济到市场经济的转轨，意味着政府资源配置功能的消失，提供"公共物品"职能的产生、发展和完善，从中国的情况看，这种质变过程会遇到两方面的现实阻力：

——与传统计划体制下形成的权力相联系的既得利益。

——与转轨过程中不规范的经济关系相联系的既得利益。特别是在采取"增量改革"战略条件下，利用价格、汇率、利率等"双轨制"，寻求租金，变成一些有可能接近行政权力的人发财致富的捷径。

政府改革，将使计划体制下形成的权力不复存在，将使寻租环境遭到破坏，其本身是利益和权利的重新调整，故而会受到以上两种社会力量的阻碍和反抗。这迫切需要拿出足够的勇气和决心，采取科学、果断的决策与行动。

三 适应社会主义市场经济体制的需要，政府不再充当大多数国有企业的所有者，而更好地履行社会公共管理者和服务者的职能

9. 要使政府不再管企业，从根本上解决"政企不分"问题，必须改革所有制关系，调整所有制结构。政府的职能不是任意规定的，政府执行什么经济职能，并不是政府自己选择的，而是由整个社会经济关系客观规定的。"政府管企业"的逻辑,存在于这个经济本身基本的经济关系和利益结构之中。政府职能的转变,前提是所有制关系的转变。要政府不再管企业,前提是政府不再是所有者的主体,至少不再是大多数企业的所有权主体。

我国建立社会主义市场经济体制,也应当按照市场经济的原则,使政府在市场化的改革进程中主要扮演公共管理和服务者的角色。为此,应当充分发挥以公有制为主导的优势,把一部分国有资产作为政府履行公共管理职能的重要基础,增强政府履行公共管理和服务的能力,而大部分国有资产应当尽快通过向社会转让股份实行市场化运作,与政府的直接管理严格分开。这个分离,对于调整政府与企业的经济关系十分重要。因此,可以做出的判断是:政府改革已成为深化国有企业改革的大问题,只有在大胆并加快推进政府改革的同时,才有可能加速国有企业改革及相关配套改革。

10. 充分利用市场机制优化国有资产配置,积极探索公有制资产的多种经营方式和实现方式,推动混合所有制企业的发展。为了提供充分和优良的社会公共物品,使社会资产配置合理优化,并为非国有资产的投入创造良好的投资环境和竞争环境,我国国有资产应当从一般竞争性行业向科技、教育等公益性行业转移和集中。从而发挥国有资产的基础性效益、主导性效益和公共服务性效益。

国有资产的战略调整和结构优化应通过市场机制来进行,从而加大混合所有制的比重:

——国有资产市场化。国有资产必须在资本市场和产权市场上进行交易流动,实现产权的转让和重新组合。为此,要大力发展资本市场,建立健全股票市场和产权市场,鼓励产权交易。

——建立国有企业破产淘汰机制。国有企业面对市场竞争,应当与其他企业一样优胜劣汰。对于资不抵债、亏损无望的国有企业,应当坚决依法宣告破产,并以此优化国有资产和国有企业结构。

——国有民营和民有民营。在国有资产结构调整中，可以把一般竞争性行业的企业，特别是中小型企业，转为国有民营和民有民营。这可以通过企业产权的转让、拍卖，企业经营权的公开招标等方式进行。当前，尤其应鼓励中小企业通过职工持股实行产权变革和机制转换。

——投资主体多元化。在国有经济战略重组中，可以把大型国有企业通过股份制改革，使其成为多元出资的公司制企业，或吸收多个投资主体向项目投资。

11. 政府是国有企业结构调整的极为重要的主体，其所使用的行政手段具有特殊的意义。存量资产流动和重组是国有企业结构调整的重要方面，是从整体上搞活国有经济的重要手段，是推进两个根本性转变的重要环节。

在现有的国有经济产权制度设置下，政府是行使所有者职能的载体。因而政府可以也必须作为重要的资产流动和重组主体，通过行政手段强行资产整合。但这必须建立在市场调节及大企业集团发挥资产流动和重组作用的基础上。

政府采用行政手段参与资产流动和重组的内容：

——制定科学的产业发展政策及有关宏观政策。同时用行政手段为资产重组创造良好的宏观环境。包括构造有利于资产重组的财税制度，金融制度及产权交易市场等。

——政府应该利用行政手段打破资产重组的条块分割。即当资产重组企业中的主管政府机构从地方或部门利益出发而阻碍重组时，企业的主管机构的上级政府部门就可以运用更高层次的行政手段，消除企业主管部门的阻滞。

——政府应该利用行政手段积聚存量重组所需的增量，并且将这些增量资金按最有效的方式用于带动存量调整。

——政府应该利用行政方式消除资产重组中的非资产因素，剥离非资产重组的债务及富余人员，推动纯粹的资产重组。

12. 清理和调整计划经济体制下形成的政府职能，重塑社会主义市场经济条件下的政府和企业关系。现有的政府某些职能，仍然带有计划经济体制下政府职能的色彩，比如，政府是企业的直接所有者和管理者；政府是要素分配主体和资源配置主体；政府承担着本应由社会中介组织承担的服务性业务如财产审计、资产评估等；政府掌握着企业的审批权等。这些职能大多已不再适应社会主义市场经济体制的需要，有的需要清理，比如企业隶属政府，有的需要调整，比如政府要强化规划、协调、监督和服务等方面职能，要减少审批职能。

随着国有资产管理体制和运营体系的重建，政府作为国有资产所有权代表的管理职能，与一般社会经济管理职能将严格分离开来，形成适应社会主义市场经济体制的政府与企业关系；作为社会经济管理者，政府各职能部门不能直接干预企业，只能对企业进行政策引导和指导；政府作为国有资产所有权的代表者，只与国有资产中介运营机构发生直接的投资关系，进行国有资产的管理监督；政府作为国家的公共机构，政府各职能部门有责任向企业提供信息。

四 在确保中央统一领导和宏观调控下，通过立法合理划分中央与地方经济管理权限，明确界定各自的职能范围，更充分地发挥政府在推动市场化改革进程中的作用

13. 中央政府和地方政府都不再充当竞争性企业的投资主体，这是理顺中央与地方关系的一个基本条件。在市场经济条件下，投资活动主要是一种市场行为，而不是行政行为，因而，投资主体的角色应由市场主体——企业来承担。政府只在基础产业、投资大、风险大的高新技术产业、国民经济发展中关键的又是薄弱的部门等有限范围内直接投资。对一般竞争性行业则由各个市场主体在竞争中自行积累自行发展。

在传统计划体制下，政府是全社会投资的主体，企业无权决定投资，个人投资所占比例极小。改革到现在，政府仍然是投资的主要主体。1995年全社会固定资产投资完成19445亿元，其中国有经济投资10822亿元，占55.7%。不过在政府内部，投资主体已发生移位，已由中央政府移向地方政府。目前这种投资主体结构，因为没有实现让市场对资源实行基础性配置，既削弱了中央政府的宏观调控功能，又带来了投资膨胀、低水平重复、结构趋同等消极后果，还使地方政府行为企业化，追求短期市场目标，这都不符合社会主义市场经济的改革目标。

理顺中央政府与地方政府的关系，必须通过培育资本市场，使企业成为投资主体，进而扭转地方政府对固定资产投资的过度干预，使政府更好地履行社会公共管理职能。

14. 凡全国性、大型的公共产品的提供应由中央政府决策、承担和管理；地方性、小型的公共物品应由地方政府在中央统一政策许可范围内自行决策、承担和管理。公共物品可分为软件和硬件，软件是指制定政策和规则，硬件是指公共服务和公益性基础设施，在软件方面，中央政府的职能，主要是制定涉及全国市场与企业的行为规范，保持宏观经济稳定的政策与法规；地方政府只是制定地方性的实施规则和地方范围内的政策法规等。在提供公共物品硬件方面，中央政府与地方政府要合理分工，使纳税人根据公平受益的原则合理分担。在合理分工的基础上，又要相互补充，统一协调，对一些没有足够的资金投资基础设施的贫困地区，中央政府要在资金和技术上给予倾斜，以保持国家整体发展。

适应这种需要，对于政府履行公共管理和服务所必需的国有资产应该分解为中央政府和地方政府所有。实行分级所有是市场经济国家和地区的普遍做法，这有利于正确处理中央和地方的投资关系，较好地发挥中央和地方的积极性。

15. 在重新确定政府经济职能和严格划分事权的前提下，赋予地方政府相应的经济立法权、经济调节自主权、有限投资自主权、国有资产行政管理自主权。在社会主义市场经济体制下，应当在中央统一领导和宏观调控下，依法赋予地方政府经济管理的自主权。主要是：

——经济立法权。各地方可进行一些涉及地方性经济问题尤其是经济体制改革方面的探索性立法，为国家立法创造条件积累经验。

——经济调节自主权。主要包括：地方经济发展计划的制订权；分税制下的地方财政收支自主权；金融调节自主权等。

——有限投资自主权。应当允许地方有一定的投资自主权，通过地方投融资体系，吸引、调动社会资本（如向社会招商、发行债券、股票等）以及吸引国外资本（外商投资、适度举借外债）等，进行地方基本建设。

——国有资产行政管理自主权。地方政府部门可以行使部分资产所有权，组织独立的投资公司、控股公司，实行授权经营等，以促进政企分离；地方可以对本地区的国有企业依法实行公司制改组；建立地方产权市场，促进国有资产的流动，调整国有资产存量；依法监管国有资产，使国有资产不致流失和人为贬值。

16. 按照事权与财权相对称原则，合理划分中央政府与地方政府的财政收入和自主支配财力的权利，完善分税制，建立分级财政，健全转移支付制度。在中央政府和地方政府事权明确的基础上，划分中央政府和地方政府的财政收入，以事权定财权，以财权保障事权。首先，要完善分税制预算体制，分税制改革仅在中央与地方政府之间建立起比较规范的分税体制，省级以下各级政府之间分税体制尚未完全到位，为充分发挥分税制的功能和作用，必须积极推行和规范省以下分税制改革，合理确定各级财政的收入比例，力求从体制上缓解地方基层财政的困难。其次，健全科学规范的转移支付制度，转移支付规模要适度，要有一定的弹性；要提高透明度，防止主观性和随意性；在目前情况下，转移制度暂时分三个层次，即中央与省级政府、省级政府与市级政府、市级政府与县级政府，随着改革的深入最终达到各级政府均有比较规范的转移支付制度。

五 适应社会主义市场经济体制的需要，进行政府机构改革，建立一支由优秀人才组成的高效、专业化、廉洁奉公的公务员队伍

17. 现有政府职能的清理和调整，必须加快政府机构的改革。从政府机构改革来讲，进一步改革的重点仍在专业经济管理部门，即企业主管部门，它们是计划经济时期对企业进行直接管理的具体执行单位。从经济角度看，政府职能转变的目标是把资源的基础配置权由政府交给市场，把政府不该管、管不了、管不好的权力领域交给市场，政府要消除对企业带来的直接干预，使企业真正成为市场主体。以此而言，一些企业主管部门的权力消减、机构调整撤销是不可避免的，对于竞争性行业，专业部门可改组为行业协会；对于自然垄断性行业，可改组为总公司；对于行政性的垄断公司，要考虑引入竞争机制，通过结构性改革使其分解成几个相互独立实体，同时允许其他市场主体进入与之竞争。

对于综合性经济部门要改组为宏观调控部门，地方的宏观调控部门要逐渐撤销，要逐步缩减其分配指标、分配资金的做法和权限，对少数必须保留的审批权限要实行公开化与规范化；对于社会中介组织要积极培育和发展，要果断地采取措施使其脱离对行政机构的依附；对政府规划、协调、监督、服务等方面的职能要有意识地强化，与此相应可能要增设一些机构，如设立具有权威的宏观调控部门、社会保障部门、信息服务部门等，以确保整个国民经济健康发展。

18. 以政府工作人员开支占 GDP 的比重为依据，合理调整设立政府机构的规模。多年来，由于政府把权力集中得太多太杂了，因而政府机构越来越庞杂。政府规模过大，不仅加重了财政和企业的负担，而且损害了政府应尽的职能，加大了经济转轨的难度。事实表明，大政府无益于经济业绩，尤其是高水平的政府开支，效率总是相当低的。政府机构改革势在必行。在我国经济转轨时期政府机构规模究竟多大有利于经济发展，可以以政府开支占 GDP 的比重为依据去设计安排。

19. 实行政府决策与执行职能分离，减少政府职能部门和公务员数量，切实推行公务员制度，逐步实现高薪养廉。许多市场经济发达国家为了有效发挥政府作用和职能，除了尽量减少政府对市场不必要的干预之外，还应适当地分解政府职能，降低运行成本。在经历长期的探索和实践后，不约而同都采取了彼此相似的措施，就是在政府内部设立委托行政的执行机构，将政府的决策职能与执行职能相对分离。执行机构的人员一般不是公务员而是受聘员，其负责人可以是公务员，也可以是职员。执行机构一般都实行公司化管理，在保证完成政府授予的行政职能外，可以对外进行有偿服务或经营。

我国各级政府机构精简、事业单位改革可以借鉴这种做法。设立法定机制，分解政府职能。这样可以有效减轻政府财政负担，提高政府行政效率，为实现高薪养廉创造条件。

20. 要通过竞争形成良好的人员进出机制，把最优秀的人才吸引到政府中来，减少政府中一般工作人员，增加专业工作人员。在未来 21 世纪的国际经济竞争中，我国将不能再依靠资源、廉价劳动力等传统的竞争优势，而要依靠人才竞争，包括对推动经济发展具有举足轻重作用的政府，必须拥有高素质的人才，才能赢得在未来国际竞争中的主动权。通过规范、具体、制度化的措施，开辟一条吸收优秀人才进入政权机构的客观通道，是机构改革当务之急，也是政府与非国有部门争夺优秀人才所必需。通过严格的考核把优秀的执行型人才吸收到业务类公务员队伍中来，通过广泛的竞选，把优秀的决策型人才吸收到政务类公务员队伍中来。然而，仅有通道是不够的，还要有合理待遇的吸引，还要有与吸收通道相应的流动程序，便于其保持合理的流动，有了这样一个客观的、非终身制的、优胜劣汰的流动程序，才能将最优秀的人才吸收到政府机构中来，以期政府在经济转轨中更好地发挥作用。在我国目前政府机构中，缺乏市场经济所需要的会计、税收、管理和其他一些公共行政管理的专业人才，一般工作人员太多，要通过优胜劣汰的程序，逐步改变这一状况。

六 重视研究和借鉴不同类型国家在发挥政府作用、推进政府改革方面的经验

21. 市场经济条件下政府作用问题，是一个世界性的课题。自从市场经济产生以来，有关政府作用的课题就一直为历代经济学家所关注，也成为各个经济学派不断探索、阐述和争论的重要话题。到了世界经济日益全球化、信息化的今天，这个问题又被赋予了新的内容。中国面临这个问题，其他国家也面临这个问题。只是国情不一，具体做法有差别而已。不管是西方发达国家，还是发展中国家，或者是转轨中的国家，都要面对这个问题，都要做出自己的选择。这又是一个历史性课题，是贯穿于人类经济学说史中的一条重要脉络。不同时代的经济学家对此都做出过不同的回答，不同时代的政治家们对此也做出了不同的实际决策。但是人类文明是不断进步的，经济是持续发展的，各国国情又不同，在不同的发展阶段，政治制度、经济体制、社会伦理、价值判断的不同，都会影响到政

府的作用，影响到经济的发展。老问题解决了，新的问题又产生了。在历史的长河中，这是一个需要不断实践、探索、完善的问题。

22. 要注意研究西方国家有关政府作用的历史和现状。西方国家搞市场经济已有几百年的历史，形成了一系列的观点和看法，每种观点在不同时代都曾对政府的决策产生了影响。研究这些观点，对形成我们自己的思路是有借鉴意义的。西方国家有关政府作用的理论虽然很多，但主要是国家干预主义和自由主义两大派别。关于政府作用的各种学派，无论是国家干预主义，还是自由主义，西方国家由于国情的不同，发展阶段上的差异，不少理论都曾程度不同地对政府行为产生过影响。我们搞社会主义市场经济，对西方国家有关政府作用学说的主要观点及形成和变化过程的来龙去脉，应该了解，应该研究。

23. 要重视研究近些年来发展中国家在发挥政府作用方面所积累的经验和教训。进入70年代后，一些发展中国家如韩国、新加坡等先后创造了经济迅速发展的奇迹。近些年来，印度尼西亚、泰国、马来西亚等东南亚国家也崭露头角。这些国家在相对落后的条件下，能抓住机遇发展自己，其中一个很重要的原因就是，政府能够比较有效地发挥作用。有些学者将这些政府行为称之为"政府导向型"。不论这种说法是否确切，这些国家政府能在市场经济中比较有效地实现宏观调控，推进经济高速增长，这本身就值得大家重视。

新兴工业化国家，包括我国经济的快速增长，引起了世界范围内经济学家们的关注，有关政府作用的理论也多种多样。在世界银行1997世界发展报告中，有一种代表性的观点，认为目前在世界范围内都在重新思考政府的作用。新兴工业化国家稳定、高速的经济增长，与政府的作用究竟是什么关系？怎样看？这是一个很有意义的问题，把它研究透彻，再结合中国的国情，加以借鉴、参考，这无疑是十分有益的。

24. 要下功夫研究转轨国家如何有效地发挥政府作用。传统计划经济体制，政府职能包罗万象，排斥市场，企业只是一台政府操纵的机器，实践已表明这样的体制行不通。近一二十年来，不少计划经济的国家都开始向市场经济转轨，具体状况千差万别，有明显见效的，而有的收效甚微，还有的走了弯路。但不论是成是败，这里面都有个在转轨时期复杂的社会条件下，如何有效地发挥政府作用的问题。

在经济转轨中，既要加快培育市场机制，加快经济发展，又要保持社会稳定；既要改革计划体制，又要能够对宏观经济实施有效的调控；既要对外开放，又要在国际竞争中注意国家经济安全；既要实现高效率，又要实现共同富裕等。这些问题都是西方发达国家和发展中国家所没有遇到的问题，转轨各国的实践时间还不长，各国情况也难以简单地评价。因此，有必要专门研究这个问题，以便我们在转轨中能保持清醒的头脑，少走弯路。

25. 要把政府作用这个课题放到当前的国际大环境中去研究。当今时代，整个世界格局同80年代相比，已经发生了很大的变化，形成了全球化、信息化的特点，一方面使市场经济条件下政府作用形成了某些共识，比如，各国的实践和对经济运行的理性分析都证明，一种良好的经济运行机制，必须实现市场作用这只"看不见的手"和政府作用这只"看得见的手"的有机结合。另一方面，也要看到政府宏观调控面临的情况更加复杂。比如，在浮动汇率下国与国之间的资本投机和金融联通，加大了实行相机抉择的宏观经济政策的难度等。

这种特殊的时代背景，是我们研究这个课题必须考虑的因素。这就要求各国不能在封闭的环境下思考政府作用，而是要注意加强各国之间从理论到实践的交流，相互借鉴，相互合作。尤其是我国发展社会主义市场经济的时间不长，对外开放不断扩大，更有必要研究这个情况。

市场经济条件下政府作用这个课题，需要从历史的角度、从世界的角度，从对比的角度、从发展的角度去探索，并且紧密结合中国的实际情况，注意中国市场经济发展的阶段性特点，这将有助于我们抓住这个课题的本质，有助于我们在转轨中加快政府改革，正确地发挥政府作用，引导市场经济健康发展，推进经济持续增长。

从"经济建设型政府"转向"公共服务型政府"(14条建议)[*]

(2003年6月)

SARS危机是我国改革发展进入新阶段遇到的一次突发性公共事件。从SARS危机中吸取教训,最具实质性的行动步骤是加快政府改革,实现由"经济建设型政府"向"公共服务型政府"的转变。

一 从"经济建设型政府"转向"公共服务型政府"是新阶段我国改革发展的客观要求

1. 从"经济建设型政府"转向"公共服务型政府",是经济社会协调发展的迫切要求。经济建设型政府,比照传统计划经济体制下的政府职能,是一个重大的进步。从改革的要求说,这又只能是一个过渡。在市场经济条件下,经济建设型政府有两个严重的误区:一是政府长期作为经济发展的主体力量,起主导作用;二是不恰当地把本应由政府或政府为主提供的某些公共产品,如农村公共

---

[*] 中改院课题组:《从"经济建设型政府"转向"公共服务型政府"(14条建议)》,2003年6月。

卫生，推向市场，推向社会。国内外大量的实践证明，长期以 GDP 经济增长为主要目标，忽视经济社会协调发展和社会公平的增长是一种不可持续的增长。

2. 从"经济建设型政府"转向"公共服务型政府"，是我国市场化改革进程的必然选择。我国市场化改革走到今天，已为建立公共服务型政府奠定了重要的基础。第一，市场经济的主体是企业而且主要是民营企业，政府不应当也不可能再充当经济建设的主体力量。第二，政府主导型的市场经济是不成功的，日本也好，韩国也好，都为此付出了沉重的代价。从政府主导型经济向市场主导型经济转变，是市场化改革的必然趋势。第三，政府是市场经济的服务者而不是审批者，政府的主要职责是创造市场经济发展的大环境，维护市场经济秩序，为经济发展提供有效的宏观调控。为此，从审批型经济向服务型经济转变，是一个需要尽快解决的重大问题。第四，政府不是国有企业的"婆婆"，也不能充当国有企业的"老板"，国有资产市场化是实现国有资产保值增值的正确途径。无论从哪一个方面说，我国的市场化改革都对建立公共服务型政府提出了一系列新的要求。另一方面，也只有推动政府及时转变以 GDP 为中心的经济管理模式，通过为经济发展营造良好的法规政策环境和有序竞争的秩序，加大公共管理力度，保证公共产品和公共服务的充分供给，才能为经济增长提供新的动力。

3. 从"经济建设型政府"转向"公共服务型政府"，是新阶段我国政府职能转变的基本目标。我国经济转轨时期，政府在发展经济中的作用十分重要。但是，市场经济发展到一定阶段，随着社会不确定因素的逐步增多，政府就要强化其公共服务的职能。在 SARS 危机之初，政府出现应对机制不健全的情况，某些地方和政府部门工作不力，反映了转轨进程中政府职能的现状，即经济建设的职能比较强，公共服务的职能相当薄弱。SARS 危机告诫我们，政府把自己的主要职责放到管理社会公共事务、提供有效的公共服务方面，才能使社会发展与经济发展同步进行，才能够有效地应对各类突发性公共事件。

20多年改革开放没有来得及解决的大量社会问题，如仍然在困扰我国社会稳定的贫困问题，收入分配差距不断扩大导致的"两极分化"问题，社会保障体系建设明显滞后，日趋突出的失业问题，农民增收困难、负担过重、长期背负制度性歧视的问题等，导致相当比例的人民群众感到就业不安全，收入不安全，养老不安全，社会不安全，构成了政府当前面临的巨大社会压力。

保护广大人民群众的就业安全、收入安全、养老安全、健康安全，建设有效的公共卫生服务体系，构建以弱势群体为主要服务对象的社会保障网络，完善危机管理制度和危机处理机制，维护整个社会的稳定与安全，都是政府应当提供的公共服务产品。

二 实现"经济建设型政府"向"公共服务型政府"转变的主要任务

4. 确立社会目标优先于经济目标的原则，加快完善政府的社会公共管理职能。根据SARS危机的经验教训，政府职能转变目前的重点是：第一，实现从优先于经济目标向优先于社会目标的转变，在指导思想上高度关注实践中突出的重大社会矛盾和社会问题。我国正处在经济转轨和社会转型的关键时期，各种社会利益关系的调整和社会重大问题的解决，是实现经济增长的重要前提。伴随经济的快速增长，迫切需要解决好失业、收入差距、城乡差距、社会弱势群体保障、腐败等问题，创造良好的社会环境。第二，建立和完善灵活、有效的社会危机管理机制。从危机预警、各类预案的准备，到危机下的统一、协调指挥机制建设，都应当作为政府的重要公共职能，加快完善。第三，加大对基础教育、公共卫生等基本公共产品和服务的供给及基础设施投入。

5. 改革投资型财政体制，加快公共型财政体制建设。由于历史的原因，我国现行财政体制存在结构性缺陷，总体上说，还是一个经济投资型财政体制。社会发展投入占财政支出的比例没有明显增加，有的还有所减少；公益性投资项目中，卫生、体育和社会福利业、教育文化等所占比例过小。为此，应当加快建立公共型财政体制，构建政府履行公共服务职能的制度基础。

我国实行的是社会主义制度，解决社会公正、公平，建立有效的社会保障制度，实行既符合基本经济制度，又有利于市场经济发展的社会福利政策，是政府应当而且必须向社会提供的公共产品。公共财政不仅是保障政府公共产品供给的制度安排，也是化解社会矛盾、减少社会风险、保持国家长治久安的制度基础。目前，完善公共型财政体制，应当从解决最紧迫的问题入手。一是要重构国家对公共卫生的责任体制，加强公共卫生和医疗基础设施建设，不断加大公共卫生在财政总支出中的比例；二是要加快建立和完善统一有效的医疗保障体制；三是重建农村的合作医疗体系，这是一项十分重要且非常困难的紧迫任务。

6. 适应开放社会和履行公共职能的要求，从封闭型的行政体制向公开、透明的行政体制转变。SARS危机把公民对社会事务的知情权提到了政府建设中相当重要的位置。在现代社会，公共信息与每一个公民的利益直接相关，具有广泛的社会性。公共信息还有极强的时间性，尤其是突发性事件的公共信息，稍事耽搁都会对社会造成不可估量的危害。因此，必须建立信息公开制度，让全社会及时了解公共信息，由此提高全社会应对各类突发性事件的能力。包括公共信息在内的公共服务和公共产品是面对全社会的，应当向全社会公开。公开政务、公开政情是政府有效履行公共服务职能的重要保障。目前，重要的是要尽快出台信息公开的相关立法，加强政务公开的制度化、法制化建设。

7. 从行政控制型体制向依法行政型体制转变，真正实现法治政府。我国的改革开放走到今天，政府与社会的关系、政府与老百姓的关系、政府与市场的关系都发生了深刻的变化。从权力社会向能力社会的转变，从国家社会向公民社会的转变，从全能政府向有限政府的转变，从单向控制的行政体制向协商合作的管理机制的转变，都是我国社会生活中正在发生和变化的事情。我国社会关系的日益深刻变化，已对公共服务的相关立法提出了迫切要求。加快公共服务的相关立法，不仅是政府职能转换的需要，更是社会生活对国家、对政府提出的现实要求。推进依法行政的一项重要任务，就是要从上至下加强政府官员的法律意识教育。与此同时，还要建立严格的法律问责制。依法行政的核心是依法治吏、依法治权，尤其是涉及关系社会事务的公共权力。当前最紧迫的任务是，着手逐步实现决策咨询的法定化，建立有公民代表和专家参加的咨询委员会制度。此外，要积极推进行政程序、行政执法和政策评价的法定化。

8. 从条、块分割的行政体制向统一、协调的行政体制转变，真正建立高效政府。SARS 危机再一次暴露了我国现行条、块分割的行政管理体制的种种弊端。在现行的行政体制下，不仅某些经济事务存在条、块分割的问题，在教育、公共卫生、社会保障等诸多社会事务方面也存在严重的条、块分割问题。这说明，从中央到地方各级政府，要有效地履行公共服务，必须彻底克服现行条、块分割行政体制的严重弊端，严格实行公共服务的"属地管理"原则，依法授予地方政府处理突发性事件和各类社会危机的统一指挥协调权力。

依法明确界定中央与地方的职责权限，建立中央与地方的合理分权体制，是我国政府改革的重大任务。我国是一个大国，各地方的情况差异很大。在保证中央政府统一领导的前提下，应当充分赋予地方处理和解决公共事务、应对突发性事件的事权，并对此做出明确的法律规定。在这方面，我们还面临一系列的改革课题。例如，中央政府和地方政府的事权划分问题，地方的立法权问题，干部的管理权限问题，公众对政府的监督问题等。SARS 危机后，我们要充分吸取教训，从我国的实际出发，理顺中央政府与地方政府的关系。

三 实现从"经济建设型政府"向"公共服务型政府"转变的相关措施

9. 在国家相关立法中进一步明确政府的公共服务职能。根据我国市场化改革进程对政府职能转变提出的客观要求，应当在相关立法中明确规定社会主义市场经济条件下政府的公共服务职能定位。

10. 完善和逐步加强人民代表大会对政府行使公共权力、履行公共职责的监督机制。这包括优化人大代表结构，尤其是人大常委的结构，增加专家型专职人大常委。要逐步减少人民代表中的政府官员比例，最终改变政府自我评价、自我监督的体制弊端，从制度上监督保证公共服务型政府"心为民所系，权为民所用，利为民所享"。

11. 加快培育社会组织。在现代开放社会中，各类社会组织在社会事务中有着政府不可替代的重要作用，成为社会治理结构变革的中坚力量。强调政府公共服务过程的公开和透明，就是要打破传统体制下政府对公共事务的垄断，鼓励和支持各类社会组织参与社会事务，发挥其重要作用。我国的改革开放走到今天，社会组织同政府、企业共同构成了现代社会结构的三大支柱。积极发展各类社会组织，既是社会发展的客观需要，又是政府有效履行公共服务职能的重要条件。

12. 加快完善公共财政制度，为构建公共服务型政府奠定财务基础。严格各级财政的预、决算制度，严格各级人大及其常委会对财政预、决算的审议和批准，保证财政制度的公共服务目标。

13. 进一步加强政府行政管理体制和政府机构的改革与调整。2003年初的政府机构改革，促进了政府经济管理模式的深刻变化，在一定程度上弱化了经济建设型的政府职能定位。但是，政府机构设置与建立公共服务型政府的要求还有相当大的距离。建立高效率的行政体制，还包括建设一支高素质的公务员队伍，政府机构改革尚有很长的路要走。

14. 加强政务公开。政府公共服务的对象是社会、是老百姓。建立公开、透明的制度才能把政府的公共服务置于社会和老百姓的监督之下。在改革和完善政府决策机制中，应当逐步提高决策过程的透明度。目前，要抓紧建立政府决策项目的预告制度和重大事项的社会公示制度，建立和完善在社会各阶层广泛参与基础上的政策听证制度。

加快建设公共服务型政府（24 条建议）[*]

（2003 年 12 月）

适应我国改革发展的新形势，并认真汲取 SARS 危机中的严重教训，中改院于 2003 年 6 月提出"从经济建设型政府转向公共服务型政府"的 14 条建议。7 月，中改院在北京召开"建设公共服务型政府"形势分析会。11 月 29—30 日，中改院又在海口召开"建设公共服务型政府——中国转型时期政府改革国际论坛"。根据中改院的研究，并参考中外专家的观点，现提出以下建议。

一　政府改革已成为我国下一步改革的中心和重点

党的十六届三中全会明确指出，要完善政府社会管理和公共服务职能，为全面建设小康社会提供强有力的体制保障。25 年的改革实践证明，我国改革的每一步进展都有赖于政府改革的实际进程。改革走到今天，经济社会的突出矛盾和问题大都同政府改革有着直接或间接的联系。事实上，政府改革不仅成为广大公众关注的焦点问题，也成为我国下一步改革的中心和重点。

1. 政府改革的关键是实现政府转型。政府改革的滞后，是我

---

* 中改院课题组：《加快建设公共服务型政府的若干建议（24 条建议）》，1997 年 2 月。

国市场化改革进程面临的主要矛盾。改革开放以来，历次政府机构改革不尽如人意，政府职能转变未能取得实质性成果，主要原因在于没有明确也没有解决好政府转型的问题。事实上，机构改革也好，职能转变也好，都只涉及政府改革局部操作层面的调整，并不能涵盖政府改革的全部内容。现在看来，在改革逐步深入的情况下，政府改革的实质是转型。由经济建设型政府向公共服务型政府转变，就是要探索现代市场经济条件下政府改革的新路。总的来说，我国的政府在多方面仍然具有经济建设型政府的特征。建设公共服务型政府，不仅在于实现政府经济管理职能的转变，更重要的在于要实现政府治理方式的转变；不仅在于政府应当为经济发展提供良好的市场环境，更重要的在于政府要为经济和社会的协调发展提供基本而有保障的公共产品和有效的公共服务；不仅涉及政府机构的调整，更在于实现"政府再造"和推进政府的"自身革命"。

2. 政府转型对于我国市场化改革进程具有决定性的影响。从我国企业发展的内在要求看，无论是民营经济的发展，还是混合所有制经济的发展，关键在于政府确实把经济管理职能转到主要为市场主体服务和创造良好的发展环境上来；重建社会信用体系，规范社会秩序，重要的是建设一个负责任的政府，建设一个讲诚信、有公信力的政府；建立公共财政体制，加快推进国有商业银行的股份制改革，更需要加快政府的宏观经济体制改革。在我国经济转轨的关键时期，政府转型已成为经济转型中最具实质性和关键性的改革内容。

3. 政府转型对于解决我国社会严重失衡，建设现代社会具有决定性的影响。随着我国经济持续快速增长，社会多方面的严重失衡日益成为我国社会稳定面临的严峻问题。如何创造更多的就业岗位，如何把贫富差距约束在经济良性循环和社会公众所要求的限度内，如何逐步缩小城乡发展和区域发展的严重差距，寻求符合我国国情的共同富裕之路，都对政府转型提出全面挑战。加快建设公共服务型政府，不仅是经济转型的客观要求，也是社会转型越来越迫切的内在需求和重要保障。

4. 政府转型对于执政党建设具有决定性的影响。在我国经济社会转型的进程中，执政党建设面临巨大的内部和外部压力。在我国基本政治制度的约束下，执政党的建设与政府的转型是直接联系在一起的。政府的公共服务能力反映执政党的执政能力。从经济建设型政府转向公共服务型政府，是执政党与时俱进，主动稳妥地实现政府转型和推进政治改革的重要举措。

5. 政府转型是一场深刻的"政府革命"，对于"政府再造"具有决定性的影响。建设公共服务型政府，就是要求政府不应当再扮演经济建设主体的角色；不应当再垄断更多的经济资源和经济权力；不应当拥有部门利益和集团利益；更不应当产生令百姓痛恶的体制性、部门性的腐败问题。而应当成为为市场主体和全社会服务的公共管理和公共服务机构；应当成为能反映和代表广大人民群众利益的公共服务型政府。因此，建设公共服务型政府，不是简单地对现有政府管理体制的修修补补，不是单纯地对现有行政管理体制的增增减减，也不是一般性的政府职能调整，而是建立一个与经济转型、社会转型相适应的、以人为本的现代政府。从这个意义上说，政府转型实质上是一场深刻的"政府革命"，这场"革命"，对于抑制和解决严重的腐败问题，对于加快建立一个适应现代市场经济社会的有效政府，实现"政府再造"，具有至关重要的作用。

二 建设"公共服务型政府"是我国政府改革的基本目标

6. 我国市场化改革进程对政府转型提出客观要求。我国市场化改革走到今天，不仅为政府转型奠定了重要的基础，而且对政府转型提出客观要求。第一，随着以公有制为主体、多种所有制经济共同发展的基本经济制度的形成，市场经济的主体应当是企业，而且主要是民营企业，政府不应当也不可能再充当市场经济的主体力量。第二，在深化国企改革的大背景下，国有资产市场化是一个大趋势，也是国有资产保值增值的正确途径。政府不是国企的"婆婆"加"老板"，彻底的政企分开是国企改革的迫切要求。第三，在市场经济的条件下，政府的主要职责是为经济发展创造良好的市场环境和实施有效的宏观调控。为此，从审批型政府向服务型政府转变，是一个需要彻底解决的重大问题。第四，按照市场经济的要求，政府应当把自己在经济领域的主要资源转移到为全社会提供基本的公共产品和公共服务方面来。因此，改革投资型财政体制，建立公共服务型财政体制是政府转型的内在要求。第五，我国加入WTO，实行开放型经济，对建立统一、有序、守信用的市场环境提出全面要求。执行规则，遵守规则，更好地为市场主体服务和实行有效的公共服务，是全面开放对政府转型提出的基本要求。

7. 应当客观地分析经济建设型政府的过渡性和局限性。从总体说，我国的各级政府带有比较明显的经济建设型政府的特征。改革开放25年来，我国以经济建设为中心，政府长期主导资源配置，实现了GDP的快速增长。与此同时，由于政府将掌握的资源主要运用在经济领域，这使政府长期充当了经济建设主体和投资主体的角色。实践证明，经济建设型政府有几个严重的误区：一是政府长期作为经济发展的主体力量，起主导作用；二是解决不了政府、国有企业与国有商业银行的结构性矛盾，致使政企分开长期成为改革中的一大难点；三是重视经济建设的投入回报，严重忽视社会事业投入的巨大经济、社会效益；四是不恰当地把一些本应该由政府提供的公共产品和公共服务推向市场、推向社会。应当说，这种政府模式与计划经济时期相比是一个巨大的进步，它大大推动了我国经济的持续快速发展。目前的突出矛盾在于：第一，在我国初步建立社会主义市场经济体制框架的前提下，政府的主要职责是为市场主体服务和创造良好的发展环境。政府继续充当经济建设的主体和投资的主体，越来越不适应市场经济发展的要求，甚至在某些方面已开始成为市场经济发展的桎梏。第二，经济与社会发展失衡、区域经济发展失衡、经济发展和生态环境的失衡等，都与政府的转型有直接、内在的联系。

8. 政府转型的目标取向是建设公共服务型政府。党的十六届三中全会确立了以人为本的发展观。GDP的增长不是最终目的，它要以社会各方面的协调发展为重要前提。在经济体制转轨进程中，长期靠各级政府主导或直接进行投资和建设，不可避免地会导致如下几个方面的恶果：一是政府权力的异化，公共利益部门化，权力寻租无法避免；二是助长了地方保护主义，市场分割，政出多门；三是这种体制必然会以GDP为官员政绩考核的主要指标，造成许多低效率的投资，政府的社会服务功能受到抑制，在失业问题、弱势群体的保护方面难以充分发挥作用；四是市场机制发挥作用的空间被压缩，行政垄断和审批事项增多；五是政府的社会公信力降低，社会信用体系破坏，容易形成畸形的市场经济。

要走出这种路径依赖的陷阱，出路就在于建立一个公共服务型政府。所谓"公共服务型政府"，从经济层面上说，政府存在是为了纠正"市场失灵"，主要为社会提供市场不能够有效提供的公共产品和公共服务，制定公平的规则，加强监管，确保市场竞争的有效性，确保市场在资源配置中的基础性作用。政府不应该直接作为微观经济主体参与市场竞争或者依靠垄断特权与民争利；从政治层面上说，政府的权力是人民赋予的，政府要确保为社会各阶层，包括弱势群体提供一个安全、平等和民主的制度环境，全心全意为人民服务，实现有效的治理而不是统治；从社会层面上说，政府要从社会长远发展出发，提供稳定的就业、义务教育和社会保障，调节贫富差距，打击违法犯罪等，确保社会健康发展。

公共服务型政府是和社会主义市场经济相适应、与执政党宗旨相一致的政府治理模式。其之所以能够实现良治和善治，是因为这种政府治理模式还有如下鲜明的特征：第一，政府必须依法行政，一切公共权力都必须符合宪法和法律，并在宪法和法律的监督之下行使。第二，政府是有限权力政府，政府公共权力由人民授予，必须严格限定在为人民服务的范围内。第三，政府是透明政府，严格实行政务公开，避免暗箱操作，自觉接受人民群众的监督。第四，政府应当是精干的政府，必须严格注重降低治理成本并提高服务质量，避免机构人员膨胀。

9. **建设公共服务型政府更有利于市场经济条件下经济的持续快速发展。** 从现实来说，政府转型的主要目标之一，是更好地为经济发展服务。通过创造良好环境、完善市场经济，为企业服务来促进经济发展。从经济学上分析，公共服务型政府对促进经济发展的效率比经济建设型政府的效率更高。在市场经济条件下，经济建设型政府对于促进经济发展的作用是有限的，并且不可能长期维持较高的效率。其中的根本原因就是由于产权的问题不容易解决，委托代理的关系不容易处理。在产权关系不能明晰的情况下，一方面造成国有企业的低效运转，另一方面又容易造成腐败的加剧。如果政府从具体的经济建设和经济活动中抽身出来，企业的活力四射，不仅国有企业会得到发展，民营企业也会得到长足发展。因此，从经济建设型政府转向公共服务型政府，经济发展不仅不会减慢，而且还会大大加快。

10. **建设公共服务型政府是解决发展失衡的关键。** 党的十六届三中全会提出的"五个统筹"，是一种新的科学的发展观，也是一种新的科学的改革观。过去的 25 年，我国在经济高速增长的同时，经济社会发展严重失衡，并已成为影响社会稳定的重要因素。从现实的情况看，解决各种失衡问题，需要从多方面治理，但关键在于实现政府转型。这是因为，诸多失衡问题的产生、发展，说到底与政府制定的经济社会发展战略、不同时期的方针政策，与政府的管理方式、管理手段密不可分。相对于其他改革，政府职能转换严重滞后，同建立与社会主义市场经济相适应的政府管理体制目标还有较大差距。因此，要解决发展失衡问题，其关键是明确政府的职能定位，合理界定政府管理经济的范围，切实把政府工作重点转变到提供基本公共产品和有效的公共服务上来。

三　建设公共服务型政府要以人为本，为社会提供最基本的公共产品和公共服务，着眼于解决当前最突出的经济社会矛盾

11. 在市场经济条件下，政府的主要任务是为全社会提供基本的公共产品和公共服务。第一，政府应该为全社会提供公共产品和公共资源，不再以投资和形成国有产权为自己的基本职能，而要以提供基本的公共产品为政府的第一职能。第二，调节市场经济。政府调控经济的最基本职能就是利用宏观经济政策调整总供给和总需求之间的平衡关系。政府对经济的调控实际上是短期和中长期兼顾、供求平衡和结构优化兼顾、经济发展与社会发展兼顾。第三，宏观调控职能，用"有形的手"纠正市场失灵。第四，全面承担改革成本，不要把改革的成本转嫁给市民、农民和企业。

在民营企业逐步成长足以取代国有经济以前，国有经济不必急于退出竞争性、营利性行业。但从经营竞争优势上说，竞争性、营利性行业还是以逐渐民营化为好，政府不必与民争利。政府逐步从竞争性行业抽身出来，把注入这一经济领域的公共资源转到提供公共产品和社会服务上来，才能做到既不越位，也不缺位。

12. 从关注弱势群体的角度出发，集中解决最突出的经济社会问题。当前我国最突出的问题就是弱势群体的生存和发展的基本权益得不到有效保障。为此，第一，要为农民工提供最基本的人身权利保障，建立有效机制，解决农民工工资拖欠等相关问题。我国目前有1亿左右的农民工，相当于一个中等国家的人口，分布在各大城市，主要由公安机关对口管理，不仅没有享受到任何社会保障，而且经常遭受人身权利的侵害。这是我国当前社会最大的隐患之一。各级政府必须及时采取有效措施缓解这种矛盾。第二，各级政府要强化就业服务职能，关注城镇待业人员、大中专毕业生的就业问题。许多社会学专家对城镇待业青年进行了心理分析，认为这部分群体的违法犯罪倾向最高。大中专毕业生就业难也是一个复杂的社会问题，对家庭和社会心理的冲击很大。政府必须在解决这些问题上有所作为。第三，建立最基本的救济体系，为城市下岗职工提供有效保障。目前，虽然各级政府已经重视和开始建立城镇救济体系，但是由于资金短缺和措施不到位，许多生活困难的下岗职工事实上处于无人过问的境地。第四，要严格保护居民的财产权。近几年来，在城市建设中的房屋拆迁产生了相当尖锐的矛盾，受到社会的广泛关注。主要表现在没有一个合理的补偿机制，居民的财产权受到侵害。应当抓紧在全国范围内形成规范的法律文本，采取有效措施予以解决。第五，建立社会危机的预警机制和责任机制。我国当前正处在经济转型的关键阶段，各种社会矛盾十分突出，而这一阶段保持社会稳定是关系到巩固改革成果、实现经济持续发展的重大问题。要由中央政府统筹规划，建立系统的社会预警机制，明确地方政府在防范和化解危机中的责任。

13. 以人为本，千万不要忽视农民。要特别重视农民的利益，为农民提供基本而有保障的公共产品。当前，解决农民问题要突出办好四件事：一是给农民土地使用权、处分权和收益权；二是减免农业税，取消农业特产税；三是保障农民的生存权，而且要尊重和保障他们的发展权利（包括公共卫生、教育、文化和政治权利）；四是创造条件，建立和完善农村最低的社会救济制度，试行农民最低生活保障制度。

14. 注重并建立不同利益主体的利益表达机制。目前中国社会分化与失衡问题已经非常严重，尽管已引起社会和政府的高度重视，但社会失衡加剧的趋势仍然没有得到遏制。从目前的情况看，还有进一步扩大的可能。要扭转这种趋势，国家就必须承认社会利益高度分化的现实，承认不同的社会群体追求自己利益的合法性并保护其权利，要为不同群体表达自己的利益以及为追求自己利益施加压力做出制度性安排，充当规则的制定者和冲突的裁决者，要特别关注和保护弱势群体。

15. 建立以公共服务为取向的政府业绩评价体系和科学的行政问责机制。尽快按照公共服务型政府的要求，建立以公共服务为取向的政府业绩评价体系，坚持以人为本，将政府职能切实转变为为社会提供基本的公共产品和公共服务上来，强化政府的社会服务功能。与此同时，建立科学的行政问责机制，追究政府行政机关和官员在公共服务职能方面失职的责任。

16. 在现代社会，公民的知情权比什么都重要，要建立完善的信息公开制度。公民的知情权与政府信息公开化，是公民管理国家事务的基础，离开了知情权，公民参与国家事务就是一句空话。公民不了解政府信息，官员便有可能进行暗箱操作；没有信息透明，官员便可能营私舞弊，公民便可能受欺骗，也无法对政府进行监督。目前，要抓紧建立政府决策项目的预告制度和重大事项的社会公示制度，建立和完善在社会各阶层广泛参与基础上的政策听证制度。适应开放社会和履行公共职能的要求，从封闭型的行政体制向公开、透明的行政体制转变。

建立信息公开制度，让全社会及时了解公共信息，由此提高全社会应对各类突发性事件的能力。公开政务、公开政情是政府有效履行公共服务职能的重要保障。目前，重要的是要尽快出台信息公开的相关立法，尽快将公民的知情权和政府信息公开化这两项内容写进宪法。

四 建设公共服务型政府要统筹规划，加快解决政府转型中事关全局的重大体制问题

17. 加快由投资型财政向公共服务型财政的转变。事实上，我国的财政总收入在总量上已经达到很大的规模，如果形成公共服务型财政的话，许多社会矛盾问题都不难解决。要下决心改革投资型财政体制，并通过逐渐调整财政支出结构，加快建立公共服务型财政体制。

18. 深化投融资体制改革，为各类市场主体提供平等、高效的投资和融资环境。当前，生产要素市场的垄断并未真正打破，不仅造成国有企业投资的软约束，也严重束缚了民营企业的发展。因此，加快投融资体制的改革是一项十分重要的任务。一是要切实实行政企分开，改变对现存国有企业的投资软约束；二是要避免国家直接向竞争性领域进行增量投资；三是要加快建立现代金融制度，消除金融业的行政垄断，增强金融资源的市场化配置；四是要加快基础领域的市场化改革进程，鼓励和支持民间投资进入我国基础领域。

19. 根据经济社会发展需要，重新界定中央和地方的财权和事权。要明确界定和规范政府各部门的职能分工，加强中央监管，加强地方民主政治建设，逐步推行市县地方自治，逐渐使中央和地方的关系制度化。要以立法的形式，将中央和地方政府的权力范围、权力运作方式、利益配置结构、责任和义务等明确下来。

要按照市场经济要求，调整行政区划。随着国内经济区域一体化进程的加速，原有的行政区划已经明显地表现出不适应跨区域协调和合作的要求，协调成本高、合作效率低，既不利于消除地方保护主义和条块分割，建立统一的全国大市场，又不利于发挥大城市的带动和辐射效应。在中长期可以考虑增设直辖市。

20. 要关注和解决地方政府的债务问题。目前，我国地方政府所负各种债务的总体规模已经相当庞大，严重地制约了地方政府提供基本公共产品和公共服务的能力。在某些地方，地方财政已经超负荷运转，有的已到危机的边缘。建议组织大规模债务登记调查，编制地方资产负债表。应当允许地方政府公开发债，将隐性债务显性化，进而理顺中央和地方各级政府的财税和事权关系，避免县以下财政和债务发生危机。

21. 加快公共服务的相关立法。现代市场经济，政府提供的公共服务需要有法可依。因此，从行政控制型体制向依法行政型体制转变，需要建立法治的政府、守法的政府。我国的改革开放走到今天，政府与社会的关系、政府与老百姓的关系、政府与市场的关系都发生了深刻的变化。从权力社会向能力社会的转变，从国家社会向公民社会的转变，从全能政府向有限政府的转变，从单向控制的行政体制向协商合作的管理机制的转变，都是我国社会生活中正在发生和变化的事情。我国社会关系的日益深刻变化，已对公共服务的相关立法提出了迫切要求。加快公共服务的相关立法，进一步明确政府的公共服务职能，不仅是政府职能转换的需要，更是社会生活对国家、对政府提出的现实要求。依法行政的核心是依法治吏、依法治权，尤其是涉及关系社会事务的公共权力。当前最紧迫的任务是，着手逐步实现决策咨询的法定化，建立有公民代表和专家参加的咨询委员会制度。此外，要积极推进行政程序、行政执法和政策评价的法定化。

五 建设公共服务型政府，需要进行现代政府理念的宣传和教育

22. 建设公共服务型政府，首要的前提是树立以人为本的新发展观。发展不仅仅是经济的增长,更不仅仅是 GDP 的增长,经济的发展是包括以人为本的发展。单纯的 GDP 增长不等于发展,如果忽视社会发展,可能会对经济发展造成严重的影响。持续快速发展的关键是人的发展,是人的基本素质的提高。树立以人为本的发展观,对政府的转型十分重要。

把全党工作重点转移到经济建设上来,是针对过去以阶级斗争为纲来说的,经济建设的对立面是阶级斗争而不是社会建设,这是从党的基本路线的高度提出的,不是政府职能、财政功能层次的问题。"经济建设"作为全党工作重点是十四大的概括,邓小平同志在更多场合用的是"社会主义现代化建设"作为全党工作重心,其含义更为广泛,既包括经济建设,也包含社会建设。发展应该包括人的发展即社会发展的含义在内,这才是科学的发展观。

23. 建设公共服务型政府,需要深刻理解政府管理的本质。我国正处在经济社会全面转型的关键时期,政府管理对于建立稳定的经济、社会秩序十分重要。管物、管人、管事既不是政府存在的理由,也不是政府存在的目的,政府管理的本质是提供良好的服务。许多改革的实践证明,政府有效的管理是融在良好的服务之中的。建设公共服务型政府强调从管理的本质上去改变管理方式和管理手段。在我国,政府管理的本质是保障公民的权利,为公民和社会更好地服务,以得到公民的拥护,社会的拥护。要建设公共服务型政府,就需要政府为市场、企业和人民提供服务,就需要限制政府和官员的行为,这些都与官本位等封建意识格格不入。因此,要克服"官本位",树立"民本位"的观念。

与此同时,要进行现代政府的理念教育。要从统治观念向治理观念转变。治理思想代表着一种新的公共管理模式,即多主体对公共事务的共同参与,治理的主体不但包括政府和其他公共机构,还包括私人部门和公民社会组织。从统治到良治是我国政府职能转变的方向,而要实现良治的前提是培育公众的参与理念。

24. 建设公共服务型政府,需要构建新的政府文化。应当用市场经济的理念和方法实现政府转型和构建新型的政府文化。例如,第一,服务为本、公民驱动、公民取向的公民第一主义。第二,打破垄断性的集中配置、划片服务及公民群体分割,给公民以自由选择的现实权利;引入新的内部核算机制和价格机制,推动公共服务部门之间的竞争。第三,采用目标管理(MBO)、全面质量管理(TQM)等手段进行绩效管理,实行成本核算;加强财务控制,完善信息反馈,实行绩效预算。建设政务咨询制度,公开资讯制度,服务承诺制度等政府文化基本制度。重新提倡、灌输公仆意识、服务意识,树立以民为本、公众至上的价值观,使之成为政府文化的核心。

当前,更要注重人文建设。现在贬低文化地位的现象屡见不鲜。有的地方每年举办许多"文化节"活动,口号是"文化搭台,经济唱戏"。我们不能赞成这种提法,把文化放在"搭台"、打下手的地位,成了招商引资的手段,贬低了文化在社会以及历史发展中的重要作用,这是不恰当的。

当前,我国的改革面临经济、社会全面转型的挑战,这是一个更为深刻、更为复杂的改革新阶段。经济转型要求构建现代产权关系,社会转型需要形成新的社会利益整合机制。随着经济社会的全面转型,广大百姓日益迫切地要求政府能够为他们提供基本而有保障的公共产品和有效的公共管理、公共服务;广大百姓越来越期望建设一个公开、透明和没有腐败的政府。在这个特定的大背景下,我们需要对政府的职能和责任重新定位,需要对政府权力进行有效监管。自觉地推进政府转型,加快建立公共服务型政府,将对我国的改革发展全局产生重大影响。

推进以政府转型为主线的行政管理体制改革（10条建议）[*]

（2009年8月）

"十二五"实现我国发展方式转变的关键是政府转型。加快经济发展方式转型的关键在于实现经济运行机制由政府主导向市场主导的转变；适应社会公共需求转型的关键在于确立政府在公共服务中的主体地位和主导作用；在政府自身建设与改革上的突破，关键在于通过政府转型形成公共权力行使的规范的制度框架。可以说，我国发展方式转型的主要挑战不是经济社会本身，而是政府转型与政府决策。"十二五"经济社会体制改革能否取得实质性进展，很大程度上取决于公共服务型政府建设能否取得重大突破。为此，"十二五"要继续以政府转型为主线加快推进行政管理体制改革，为2020年建立起比较完善的中国特色社会主义行政管理体制奠定坚实基础。

一 "十二五"行政管理体制改革的现实需求

行政管理体制改革是改革的重点和关键，在"十一五"时期已达成多方共识。但总的来看，行政管理体制改革滞后制约改革发展

---

[*] 中改院课题组：《"十二五"改革规划研究》，2009年8月。

全局的状况并未实质性改观。党的十七届二中全会提出到2020年建立起比较完善的中国特色社会主义行政管理体制的目标，以"大部门"体制改革为标志，新一轮行政管理体制改革已经启动。"十二五"时期，政府转型对转变发展方式，实施扩大内需战略具有决定性影响。

1. 发展方式转变对政府转型的依赖性全面增强。

从"十一五"改革发展的实践看，转变发展方式的深层次矛盾在于政府转型的滞后。加快实现由经济建设型政府向公共服务型政府的转变，将对转变发展方式、扩大内需产生决定性影响。

（1）政府转型与经济增长方式转型。

——改革行政主导的资源要素价格形成机制，有利于建立资源节约、环境友好型的发展体制。改革行政主导的资源要素价格形成机制，加快推进环境产权制度改革和资源税改革，对形成反映资源稀缺程度的有效价格体系，引导企业节约资源、保护环境具有重要影响。

——强化政府经济性公共服务，有利于营造公平竞争的市场环境。破除行政垄断，营造良好的竞争秩序和竞争环境，对企业提高自主创新能力、提高整个国民经济运行质量和竞争力具有决定性影响。

——建立统筹城乡发展的行政体制，有利于建立扩大内需的体制机制。打破城乡分割的行政体制障碍，加大新型城市化建设投资力度，稳步推进农民工市民化进程，对扩大投资需求具有明显带动效应：一是带动生产性投资，为转入城市的劳动力提供就业机会；二是带动城市建设所需要的基础设施投资；三是带动房地产投资，以满足城市人口的居住需求和企业的发展需求。有研究成果表明[①]，

[①] 王建：《加快城市化是下一轮宏观刺激的方向》，《华夏时报》2009年4月19日。

2003—2008 年，每增加一个城市人口大约会带来 50 万元的城镇固定资产投资需求。如果从 2011 年开始，城市化率每年提高 1%，每年将有近 1400 万农村居民成为市民，每年创造 7 万亿元的城镇固定资产投资需求；5 年时间可创造的新增城镇固定资产投资需求将高达 35 万亿元。

——强化政府在新兴产业中的引导作用，培育新的经济增长点。适应绿色发展战略要求，减少政府在竞争性领域投资，加大新能源和可再生能源等新兴产业的项目支持，既是应对全球能源危机的重要手段，也是培育新经济增长点的重大举措。国家信息中心预计，到 2020 年，我国可再生能源总投资将超过 3 万亿元。未来新能源产业有望成为我国新的经济增长点。[1]

（2）政府转型与社会公共需求转型。

——强化政府在基本公共服务中的最终责任，提供惠及 13 亿人的基本公共服务，是稳定居民消费预期、促进居民消费的重大举措。据相关研究，把收入最低的 1/5 城镇居民（2007 年约 1.18 亿人）的养老、医疗和失业等社会保险多覆盖一项，每年增加的消费支出总额就可以达到 100 亿元。如果把社会保障延伸到农村，所产生的刺激消费效果将更加明显。[2]

——强化政府的公共服务责任是提高我国人口素质的重大战略。强化政府在教育、卫生、人口等公共服务领域的主体地位和主导作用，对于全面提高人力资本投资、实现我国由人口大国向人力资源强国的转型具有决定性影响。

——强化政府的再分配功能对协调社会重大利益关系具有重大作用。逐步推进基本公共服务均等化，在国家层面建立重大利益协

---

[1] 《未来 10 年新能源投资或逾 3 万亿》，《中国证券报》2009 年 7 月 2 日。
[2] 胡敏：《正确认识保增长与保就业的相互关系》，《理论前沿》2009 年第 5 期。

调机制，为广大社会成员提供平等的发展能力和发展机会，有利于缩小城乡、区域、贫富三大差距，为构建和谐社会提供体制机制保障。

（3）政府转型与推进经济社会体制改革。

——政府转型对规范政府与市场关系，完善市场经济体制，避免权力与市场结合形成"坏的市场经济"具有决定性影响。在转轨时期避免制度性腐败，取决于能否通过政府转型将一些政府不该管的事情交给市场，使政府能够正确行使经济职能。

——政府转型对正确处理政府与社会关系，完善社会体制，促进社会公平正义具有决定性影响。在转轨时期实现社会公平正义，关键在于能否通过政府转型，使政府能够超越自身利益，成为社会公共利益的代表。

——政府转型对加强政府自身建设，建设高效、廉洁政府具有决定性影响。在转轨时期完善公共治理，关键在于通过政府转型，使公共权力得到有效的规范和约束。

2. 行政管理体制深层次的矛盾与问题逐步暴露。

国际金融危机及国内发展阶段变化对经济社会发展提出的挑战，在很大程度上是对政府转型的挑战。

（1）政府主导型经济运行机制的突出矛盾和问题。改革开放30年，我国商品已经市场化，但资源要素尚未完全市场化，政府仍然控制着某些重要矿产资源、土地等重要生产要素的价格，低成本的投资扩张与此直接相关。政府通过控制国企、批租土地、项目审批、价格管制、行政垄断、地区保护等仍掌握着过多的资源配置权，在一些重要领域排斥了市场配置资源的功能，是严重扭曲经济行为。

（2）政府基本公共服务职责不到位的突出矛盾和问题。居民消费既取决于其收入的多少，也取决于对未来的预期。如果政府能够适应社会公共需求转型的客观趋势，为全社会提供基本公共服务，使每一个社会成员"学有所教、劳有所得、病有所医、老有所养、住有所居"，使广大社会成员对未来有一个良好的社会预期，就会明显提高消费率。但现实情况是，政府对公共服务方面的投入不足，基本公共产品严重短缺，导致当前我国居民消费率严重不足。这是形成我国居民消费率长期偏低的重要因素。

（3）政府自身建设滞后的突出矛盾和问题。"十一五"时期，政府自身建设与改革取得重要进展。但是，政府自身建设与改革滞后的问题仍然比较突出。例如，行政成本增长过快、规模过大。1978—2008年，我国的财政收入从1132.26亿元增至61316.90亿元，30年增长54倍；而国家财政支出中行政管理费由1978年的52.9亿元增至2006年的7571.05亿元，28年增长142倍；行政管理费用占财政总支出的比重由1978年的4.7%上升到2006年的18.7%。此外，建设廉洁政府，从源头上遏制、预防腐败，成为政府自身建设的重大挑战。

3. "十一五"时期行政管理体制改革取得重要进展，但改革远未完成从理论到实践的探索。

"十一五"时期，建设公共服务型政府纳入国家战略决策层面。2006年10月，《中共中央关于构建社会主义和谐社会若干重大问题的决定》中明确提出："建设服务型政府，强化社会管理和公共服务职能。"服务型政府第一次被写入党的指导性文件当中。2007年10月15日，胡锦涛同志在党的十七大的报告中再次把"加快行政管理体制改革，建设服务型政府"作为发展社会主义民主政治的重要内容而予以强调。2008年2月，党的十七届二中全会《关于深化行政管理体制改革的意见》明确提出，到2020年，建设中国特色行政管理体制的目标。从总体说，"十一五"时期行政管理体制改革在多方面取得重要进展。当前的突出问题是：

（1）政府职能转变尚不到位。例如，行政审批制取消，改为备案制。实际情况是，备案往往比审批所需要的周期更长，实际是一种变相审批。

（2）政府公共服务的财政投入尚不到位。改革开放之初，在国家财政支出结构中，经济建设费用所占比重高达64.1%，随着市场经济逐步完善，到2006年，这一比重下降到26.6%，年均下降1.3个百分点。但与其他一些国家相比，我国财政在公共服务方面的支出还明显偏低，离公共服务需求还有很大差距。在公共教育方面，2005年，公共教育财政支出占GDP比重，世界平均水平达到4.6%，发展中国家的印度达到3.25%，而我国仅为2.97%。在医疗卫生方面，2005年，世界各国医疗支出占GDP比重平均接近10%，印度达到5%，我国仅为4.7%。在社会保障方面，发达国家财政支出占总支出比重高达30%以上，我国2008年为10.8%。

二 "十二五"公共服务型政府建设的重点任务

4. 进一步完善政府的经济职能。

针对经济增长方式转型进程中政府职能的突出问题，重点加强政府的中长期经济战略职能、宏观调控职能、市场监管职能，使政府的经济职能与增强可持续增长能力的要求相适应。

（1）大大强化政府的中长期经济战略职能。

——成立经济发展委员会，专司中长期经济发展战略规划。从转变经济发展方式的要求看，中长期战略规划的科学性和有效性越来越重要。应尽快成立专司经济中长期规划和宏观经济政策的经济部或经济发展委员会，增强宏观政策、中长期规划的前瞻性、预见性，确保经济增长方式转型和宏观经济环境的稳定性。

——组建独立权威的国家能源委员会。从我国中长期经济发展的客观要求看，实施大能源战略，站在全球化的高度统筹规划未来能源保障，成为大势所趋。在新一轮机构改革中，根据国务院批准的"三定"方案，已成立国家能源局。从机构性质上看，仍属于议事协调机构。"十二五"时期，宜考虑将其升格，组建国家能源委员会，使其在能源战略决策中有职有权。

——强化对外经济战略职能。我国是世界第三大贸易国，但政府的对外经济战略职能还比较薄弱。虽然履行对外经济战略职能的部门是商务部，但是相当一部分政策的制定和责任落在其他相关部门。为此，建议由商务部专司国家对外经济战略职能，以强化对外经济战略职能的统一性和协调性。

(2) 完善政府宏观调控体制。适应全球经济结构调整和国内宏观经济稳定的需要，全面加强政府的宏观经济调控能力，使宏观调控能够体现前瞻性和预见性，并能够积极配合经济社会领域各项改革的实际进程。

——改善宏观调控决策机制，增强前瞻性和预见性。加强政府的国民经济综合平衡、经济运行监测、区域协调发展、宏观经济和社会发展的预测预警和信息引导等职责；加强预算和税政管理、财税调节收入分配、公共财政体系建设等职责；加强防范和化解金融风险，推进金融业改革和发展，协调解决金融运行中重大问题等职责。由此，应尽快建立宏观调控综合协调机制和危机应急机制。在宏观调控决策中，还应采取建立专家委员会、吸纳民间智库参与等多种方式，使决策能够更加符合实际。

——把促进就业作为政府宏观调控的首要目标。在宏观调控决策和实施中，将就业指标作为宏观调控的主要依据。完善就业相关指标的统计制度，建立动态、完善的就业信息统计系统，及时、准确把握全国就业形势。使宏观调控与促进就业的相关政策和措施有机结合起来，提高宏观调控的实际效果。

——加强重点领域宏观调控的综合协调。采取综合措施，使宏观调控能够充分考虑到民营经济和中小企业发展的需要。建立资本市场稳定的宏观调控综合协调机制。从稳定股市的政策来看，证券监管部门的作用很重要。为此，应当考虑对股市进行宏观调控的专项综合治理，建立综合应急机制和有效反应机制，引导股市健康发展。建立房地产市场稳定的宏观调控综合协调机制，应尽快推出系统的房地产新政，兼顾各方利益，采取综合性措施，全面解决房地产行业的出路问题。

（3）从社会反映最突出的食品药品、垄断行业监管入手，建立严格的监管体制。抓住食品药品安全、垄断行业等重点领域的突出问题，改善政府市场监管职能，建立严格有效的监管体制，是提高政府公信力的重大任务，也是有效刺激消费，扩大内需的重要措施。

——以食品药品安全为突破口，完善对消费市场的监管机制。应加快立法，建立科学、统一、权威的食品药品安全标准体系，协调涉及食品药品安全监管的部门，对现有的食品药品安全标准进行清理，修正完善，以避免出现标准交叉、重复和矛盾的现象。广泛征求安全监管部门、专家、生产企业和普通消费者的意见，以保证标准的可信性、可行性。建立相关机制对分散在各部门中的监管权进行整合，避免各个执法部门各自为政、最终无人负责的状况。借助行业协会，发动社会参与监督。督促企业自觉按标准组织生产，从源头为食品药品安全把关。发挥媒体在食品药品监管中的独特作用。形成包括完善的法律环境、专业化的行业监管机构、多种行业自律组织、多级消费者权益保护组织、多渠道的传媒和公众监督在内的现代监管体系。

——加强对垄断行业的监管。以铁路部门改革为重点，建立公开透明、监管有力的垄断行业监管制度。制定和完善相关法律法规，将垄断行业的监管纳入法制化轨道。依法禁止和防止垄断，是市场经济下形成公平有效的竞争制度和秩序的根本性措施，要尽快将《国家能源监管委员会法》《石油法》《电信法》《地方公用事业监管法》等列入国务院或人大常委会的立法，并加快进行《电力法》《铁路法》《民航法》等法律的修改工作，以适应现代监管的需要。充分发挥反垄断委员会的作用。

——探索建立独立性、权威性、专业化的监管机构。以这次扩大政府投资为契机，在监管机构改革上争取有新的突破。可以考虑在一些重要的部门进行独立监管机构的试点，结合大部门制改革，先在部门内设立相对独立的监管机构，待条件成熟以后，再根据实际情况转变为独立的外部监管机构。

5. 加快建立公共职责的制度保障。

"十二五"应当从理顺中央地方财税关系、公共职责分工入手，为各级政府有效履行公共职责提供体制保障。

（1）建立中央地方规范的公共职责分工体制。进一步明确中央和地方各级政府的职责范围，使其法定化、可问责。要以立法的形式，将中央和地方政府的权力范围、权力运作方式、利益配置结构、责任和义务等明确下来，逐渐使中央和地方的关系进一步制度化。

——中央政府的职责应主要是制定法律法规、方针政策和国家标准。提供全国性的公共产品和公共服务，对各省、自治区、直辖市进行行政统筹管理和监督检查。

——省级政府的职责应主要是保证国家法律法规、方针政策和国家标准的严格实施。根据本地区情况制定地方性法规规章和政策标准，提供本区域内的公共产品和公共服务，对各市县负有行政组织协调和监督检查的责任。

——市、县政府的职责应主要是执行国家和省级政府的法律法规、方针政策和规章标准。提供区域内各项公共产品、公共设施和公共服务，保护市县生态环境，维护公共安全、生产安全和消费安全，保证社会稳定，促进社会和谐等。

——乡镇政府的职责应主要是为"三农"提供服务，管理乡镇公共事务，化解基层纠纷，保护乡镇生态环境，维护基层稳定等。

（2）以强化公共职责为重点，优化行政层级，适当调整行政区划。进一步整合行政资源，推进行政扁平化，促进中央政令畅通，提高公共服务供给效率。

——逐步推进财政上的"省管县"向行政上的"省管县"转型。在财政省管县的基础上，逐步推进行政上"省直管县"，强化县级公共服务职能。第一，确保在2012年全国除民族自治地区外全面实现财政省直管县。第二，逐步推进行政上的"省管县"。

——在"乡财县管乡用"的基础上，进一步规范县乡财政关系。在条件成熟的地方，鼓励将乡镇政府转变为县级单位的派出机构，使县乡财政管理模式与行政层级相一致。

——整合行政资源，适当调整行政区划。与我国加快推进城市化的大趋势相适应，推进人口和经济达到一定规模的县升格为市或撤县设区；在城乡一体化程度较高的地区，把乡镇逐步变为街道办或社区。

（3）加快建立以公共服务为主要内容的绩效评估和行政问责制度。建立以公共服务为导向的政府绩效考核体系和相应的行政问责制，从激励约束机制上确保政府履行公共职责。

6. 以事业单位改革为重点，加快建立公共服务体系。

事业单位是我国公共服务供给体系的主体部分。政府公共服务职能的实际效果，在很大程度上取决于事业单位改革的成效。"十二五"要以创新公共服务体系为基本目标，全面推进事业单位改革。

（1）把事业单位改革作为建设公共服务型政府的重要组成部分。改革30年的历程表明，事业单位的职能是同政府的基本职能联系在一起的，离开了政府职能的转变，事业单位的改革很难达到预期效果。从事业单位本身看，分类改革的思路是按照事业单位的性质，实施不同的改革方案。问题在于，事业单位分类改革往往会演变为政府的"甩包袱"。简单化地推进分类改革，难以适应社会公共需求转型的现实需求。应当明确，"十二五"事业单位改革的目标是建立统一完善的公共服务体系。要把事业单位改革与政府转型的实际进程有机地结合起来，统筹行政管理体制改革与事业单位改革。

专栏1　事业单位改革的历史考察

改革开放30年的事业单位改革取得了很大成就，主要表现在事业单位与政府的关系方面有了明显的变化，自身的人事管理、业务管理、财务管理等方面有了很大的自主权，服务经济和社会发展的创造性、生机和活力大为增强。但是事业单位改革也存在一些不容回避的问题。

一是伴随改革开放历史进程的深入、经济体制改革和社会管理体制的改革以及社会主义市场经济体制的确立，国家减少政府对事业单位的财政支持，迫使事业单位为生存、为生计走向市场；扩大事业单位自主权限，实行承包制，对管理层和事业单位的员工进行创收与个人奖励密切挂钩。国家的这种"奖勤罚懒"的激励政策，一方面的确减少了政府对事业单位的财政投入，激发了事业单位自我发展的积极性，但是由于政策不配套、制约机制和制度的缺失，事业单位改革的市场化取向十分明显，政府和事业单位原来所承担的公益性职能不断市场化，其责任也不断向社会转移。

二是扩大事业单位自主权的"放权导向"改革使事业单位权力不断扩大和膨胀，而无论事业单位自身或是政府都没有建立相应的约束机制和制度，从而造成了一些事业单位对自主权的滥用，一味追求自身利益而忽视服务对象的利益，忽视社会的利益。这些缺陷所引起的弊端使社会和公民个人承担了很大的代价，成为人们质疑的焦点。

三是事业单位改革的总体目标和总体政策缺乏。把事业单位分类改革等同于事业单位改革，缺乏事业单位改革的总体设计，造成事业单位改革的困境。

资料来源：左然：《构建中国特色的现代事业制度——论事业单位改革方向、目标模式及路径选择》，《中国行政管理》2009年第2期。

（2）在公共服务体系框架下整体设计和全面推进事业单位改革。传统的事业单位分类改革难以有效推进的一个很重要的原因是，当前我国还没有建立起一个科学合理的公共服务体系。这同时也意味着要保留多少财政供养的事业单位机构和人员，多少要进入市场，还缺乏一个合理的依据。为此，"十二五"应当把事业单位改革置于整个公共服务体制建设框架下统筹设计和安排。

——尽快建立基本公共服务的国家标准体系。组织相关部门，按照我国公共需求结构、数量的客观变化，研究、制定全国范围内基本公共服务的标准，包括设施、设备和人员配备以及相关财政投入标准，为事业单位改革提供基础数据和技术支持。成立全国性的公共服务专家咨询委员会，为政府制定公共服务标准、法规政策和做出重大决策等提供咨询意见。

——把事业单位改革与引进公共服务市场机制有机结合起来。制定基本公共服务指导目录，按照鼓励类、限制类和禁止类，分类指导基本公共服务发展。通过公共财政资助用户、资助特定项目在基本公共服务供给环节引入竞争，提高服务质量和效率。针对一些政府部门在基本公共服务领域投资铺张浪费等问题，通过代建制、承包制、订购制等途径，最大限度地降低成本，提高政府基本公共服务的供给能力、质量和效率。这样，既可以有效地缓解公共服务不足的压力，又可以从外部形成对事业单位的竞争压力，激活事业单位改革。

——把事业单位改革与发挥社区、社会组织作用有机结合起来。相当一部分基本公共服务供给要靠引入社会机制。其中，重要的是充分发挥社区与社会组织的作用。以社区为例，随着我国市场经济体制的建立，涉及家庭和个人的许多福利事项已从原单位剥离出来，逐步进入社区，大量与人们日常生活直接相关的问题都可以在社区内解决。但目前我国社区定位、组织架构、经费管理还不能适应社区在保障基本公共服务方面的定位需求。"十二五"要把发展自治型社区与事业单位结合起来。大多数社会组织具有非营利性的基本特征，它们在消除贫困、尊老扶幼、帮助下岗职工再就业、环境保护、教育培训和卫生保健等方面做了大量工作。这有利于满足社会成员多样性和多层次的需求，推进社会公益事业的发展。鼓励和引导社会组织广泛参与基本公共服务供给，能够实现公共服务投入和效益的最大化。要把事业单位改革与社区建设、社会组织发育有机结合起来，统筹考虑。

（3）在教育、卫生、科研等事业单位改革上率先取得实质性突破。"十二五"是我国提升人力资本、提供自主创新能力的关键时期。在教育、卫生、科研等事业单位改革上的率先突破，可以为实施人才强国、建立创新型国家等战略目标的实现提供重要支撑。

——全面推进教育事业单位改革。统筹考虑教育行政管理体制改革与教育事业单位改革。一方面，推进教育行政管理内的决策、执行、监督分开，提高教育行政效能。另一方面，加快推进政事分开、管办分离，使各类学校摆脱"行政化"倾向。

——全面推进卫生事业单位改革。按照中共中央、国务院《关于深化医药卫生体制改革的意见》的要求，加快推进新一轮医疗卫生体制改革，在公立医院改革上取得突破，明显提高基本医疗卫生服务可及性，有效减轻居民就医费用负担，切实缓解"看病难、看病贵"问题。

——全面推进科研事业单位改革。按照建设创新型国家的要求，加快推进科研事业单位改革，推进产学研一体化，保护知识产权，创新科研成果、人才评价体系，提高科研管理效率。

7. 实质性地推进行政体制范围内决策、执行、监督三权分设的改革。

从"十一五"的改革实践看，大部门体制改革的实质是有效地规范和约束权力。如果不以行政范围内三权分设为重点，相关部门合并后的行政权力结构并不能由此做出合理安排，甚至对行政权力规范和约束的难度会更大。"十二五"在初步实践的基础上，要把改革的重点放在行政范围内的三权分设上，使得大部门制改革能够在建立有效的公共权力结构上取得突破。

（1）推进以决策、执行、监督三权分设为基本要求的行政管理体制改革。

——分离决策部门的执行职责。在国务院的领导下，划分公共职责范围，成立以部委为主体的公共政策决策体系。部委不再管理执行性、事务性、技术性的事务，集中精力进行综合决策。

——合理划分中央地方的执行权，建立执行机构。在划分全国性和地方性的公共管理事务的基础上，中央政府与地方政府分别设立相对独立的政府执行机构。

——强化监督权，成立独立的监督委员会。对部门公共职责的决策、执行进行专业化的监督。吸收该领域内的专家组成独立的监管委员会，主要负责制定具有法律效力的行为规则和管制标准；研究和修改公共服务准入许可；调查公共服务供给部门的运营状况并公开相关信息；听取专家或社会人士对相关公共服务供给部门服务情况的意见并提出修改意见。

——建立协调机制,加强跨部门综合事务治理的协调性和有效性。减少和取消议事协调机构和临时性机构,建立超越于部门利益的统筹协调机构。

(2) 以行政范围内三权分设的突破继续推进大部门制改革。十七届二中全会提出"决策权、执行权、监督权既相互制约又相互协调的要求,紧紧围绕职能转变和理顺职责关系,进一步优化政府组织结构,规范机构设置,探索实行职能有机统一的大部门体制,完善行政运行机制"。按照这个要求,并从现实需求出发,"十二五"铁路行业打破行政垄断、实现政企分开的迫切性全面增强,推进"大交通"的条件已经成熟。随着我国能源体制改革的深入,推进大能源部门改革的条件已经成熟。在加快推进医疗卫生、教育、社会保障体制改革进程中,形成"大卫生""大教育""大社保"的条件已经成熟。经过"十二五"的努力,在避免政府职责交叉,整合行政资源方面取得重要突破,不仅可以大大改善政府的经济职能、社会职能,还可以为"十二五"经济体制、社会体制改革创造良好的条件,并为有效地推进政治体制改革创造有利条件。

(3) 在关键领域的大部门体制改革上取得新进展。

——组建大交通部门。据国家物流信息中心的统计,我国物流成本占GDP的比例为20%以上,美国是8.5%。物流成本居高不下的重要原因是,各种交通运输未能实现协调发展。在传统条块分割的交通管理模式下,铁路、公路与航空运输各自发展,重复规划、重复建设,相互竞争现象非常突出。"十二五"要把航空、铁路、公路、水运的管理体系统一到交通运输部。这对于打破各个运输体系的利益分割相当重要。

——组建大教育部门。适应教育体制改革的实际进程,推行教育领域的大部门体制建设,实现决策、执行、监督分开,防止教育部门既制定决策又管理学校具体事务。但对教育质量最终难以负责的状况，为教育领域的政事分开创造条件。

——组建大卫生部门。适应医疗卫生体制改革的实际进程，推进医疗卫生领域的大部门体制建设，理顺卫生行政管理体制。

三 加快推进政府自身建设

国际金融危机使政府自身建设与改革的重要性提升到前所未有的高度：对政府工作的预见性、前瞻性提出挑战；对政府应对危机的应变力、执行力提出挑战；对政府提高透明度、公信力提出挑战。无论从政府转型和政府自身存在的问题看，还是从社会对政府的期待看，"十二五"都需要将政府自身建设与改革摆在突出位置。

8."十二五"加快推进政府自身建设的迫切性。

进入新阶段，一方面，广大社会成员对政府自身建设的期望值加大；另一方面，政府自身建设的某些突出问题容易成为影响社会稳定的因素之一。这个特定背景下使"十二五"推进政府自身建设与改革显得尤为迫切。

（1）政府自身建设对实现政府转型具有重大影响。2003年以来，推进政府转型已得到上上下下的广泛认同。但从实际进程看，政府自身建设的很多深层次的体制和机制性问题还没有得到解决，在某些方面甚至尚未破题。由于政府自身建设存在的突出问题，对建设公共服务政府形成多方面的负面影响。"十二五"政府自身建设与改革若没有重要突破，不仅政府转型会大打折扣，还将严重制约相关领域改革的进程。

（2）政府某些利益倾向的形成。这些年，受多种因素影响，部门利益、地方利益的形成具有普遍化倾向。例如，中央出台的一些政策措施，在实际执行中难以贯彻，或者走形变样，许多都与部门利益、地方利益直接相关。通过加大政府自身建设和改革的力度，使政府更好地履行公共利益代表者的职能。

（3）广大社会成员对政府自身建设有诸多期待。面对国际金融危机的冲击，以及社会转型时期社会矛盾相对突出的压力，人们更加期待加快建设一个责任政府、廉洁政府。在这种特定背景下，政府自身建设的某些突出问题久拖不决，会大大降低政府的公信力。

9. "十二五"政府自身建设的目标。

"十二五"努力建设责任政府、廉洁政府、法治政府，在解决多年积累下来、群众反映比较强烈的问题上取得重要突破，明显提高政府形象和政府公信力，为经济社会发展创造良好的政策预期。

（1）行政效能显著提高。建立以结果为导向的政府业绩评估考核体系，按照勤政、务实、高效的原则，建立提高行政效能的长效机制，显著提高行政机关办事效率和服务意识，明显减少行政审批事项，精简审批程序，缩短审批办理时间。

（2）行政成本明显降低。加强和规范预算管理，实施中长期的行政成本控制计划。争取到"十二五"末，财政支出中行政费用的比重降到14%—15%，使其接近世界平均水平。

（3）腐败等问题得到有效遏制。"十二五"要在解决公车消费、公款吃喝、公费旅游等问题上取得实质性突破，切实改善行政作风。

10. "十二五"政府自身建设和改革的重点任务。

（1）采取综合措施，削减行政成本。受全球经济结构调整的影响，"十二五"财政增支与减收之间的矛盾将越来越突出。以明显降低行政成本为重点加强政府自身建设与改革，将为政府各项政策的顺利实施创造有利条件。同时，削减行政成本能为结构性减税提供空间。

——制定控制行政成本的中长期规划。客观看，我国降低行政成本的空间很大。2008年中央政府削减5%的经费用于支持汶川抗震救灾，各地也积极响应，不同幅度地削减行政成本。这均没有对正常的行政运转产生负面影响。控制行政成本是一个中长期的过程，需要随着政府转型的实际进程有序推进。可以考虑制定5年规划，经过"十二五"的不懈努力，使行政成本接近或达到世界平均水平。

——采取综合性的改革措施。第一，设定行政成本控制指标，按项、按级分解。根据不同部门、不同地区的情况，逐项分解，下达行政成本降低的指标，并且把该指标作为约束性指标。第二，建立合理的行政绩效评估方式，将行政成本控制列入政府绩效考核体系。第三，加大行政成本公开透明的力度，发挥社会舆论监督作用。第四，通过改进管理方式，推行电子政务，利用现代化信息技术和网络环境提高行政效率、降低行政成本。第五，在政府管理的一些环节引入市场机制，实行企业化管理，实施业务外包，少花钱，多办事。

——重点解决影响行政成本问题最突出的矛盾。抓住"楼、车、会、人"等关键环节，实行重点突破。"十二五"应当明确：第一，严格限制各级政府修建楼堂馆所，控制政府的奢靡之风。第二，严格限制政府新增公务用车，在公车改革上取得突破。第三，严格明确规定各行政机关招待费的标准。第四，严格控制会议数量与规模，全面建立和推行会议经费预算总额包干制度。第五，对行政浪费、各种巧立名目的出国公款旅游和会议旅游等加大处罚力度，并及时向社会公开。

专栏2 "十二五"降低行政费用的三种目标方案

我国行政成本占财政支出的比重自2004年达到最高值19.4%后便趋于下降，2004年到2006年间年均下降0.35%。考虑到金融危机下减少行政成本的压力，2006—2010年如果每年减少0.375%，4年间共下降 1.5 个百分点，2010 年末便可达到 17.2%。以 17.2% 为"十二五"的基期数值，有"快、中、慢"三种降低行政成本的目标方案：

第 1 种：快速降低方案。每年减少 1.04 个百分点，"十二五"末超过世界平均水平。

第 2 种：较快降低方案。每年减少 0.45 个百分点，"十二五"末初步到达世界平均水平（14.96%）。[①]

第 3 种："十二五"末行政费用开支占财政支出的比重严格限制在 16% 以内。

从现实看，迅速实现行政成本的大幅度削减难度是很大的。"十二五"若能每年减少 0.45 个百分点，即第 2 个方案，在"十二五"末便可达到世界平均水平。

---

(2) 采取措施集中解决群众反映比较强烈的突出问题。

——在公车改革上取得实质性突破。在中央的统一领导下，成立公车改革领导小组，摸清家底，准确掌握全国公车的数量和使用效率，制定公车改革的五年规划和明确的改革日程表，争取在"十二五"末期完成这项改革。

——在解决公款吃喝问题上取得实质性突破。采取实质性措施减少公款吃喝的铺张浪费。一方面，推进依法行政，尽可能减少上级部门对下级部门不必要的检查指导。另一方面，健全政府接待制度，实行公款接待项目公示制度。

——在解决公款出国旅游问题上切实取得突破。

(3) 加强政府自身制度化建设。抓住政府自身建设中的突出矛

---

① 数据来源：《关于建立行政成本信息公开与监督机制的建议》，2008 年"两会"九三学社递交的提案。

盾，使公共权力运行规范化、制度化。

——健全政务公开制度。坚决实行政府决策公开，第一，建立全国性、规范的政务信息公开制度，完善信息公开的程序和问责制度。建立政务公开指导目录，划分自动公开和核准公开的范围，明确政务公开的范围和时间。第二，把政务公开列入工作目标责任制。健全政务公开的考核评议制度和责任追究制度。第三，建立政务公开配套的法律、法规和规章，比如《政务公开程序法》《政府文件公开法》《会议公开法》《政务公开违诺违规责任追究办法》等。

——强化行政问责制。建立符合公共服务型政府要求的绩效评估体系和行政问责制度。建立全国统一的行政问责办法，制定具体规则，规范问责程序，确保各级政府和官员行使公共权力的行为可问责。加强公共政策从决策到执行各个环节的问责。

——完善政府财政预算管理制度。重点加强对公共财政的审核、监督，通过人大、媒体、社会舆论进行公共财政的广泛社会监督。一是加大对政府预算的监督。逐步细化、规范和完善报送同级人民代表大会审批的政府预算体系。人大审议通过的政府预算收支和预算报告要及时向社会公布。二是加大人大对部门预算和预算执行的监督。逐步将中央一级预算单位的部门预算全部报送人大审批。省（区）、市、县财政报送人大审查的部门预算要基本涵盖政府组成部门及直属机构，并逐步扩大到一级预算单位。三是加强人大对财政转移支付的监督。四是加大对重点范围的监督。加强对土地、公路（交通）等基础设施建设招标、承包、采购、验收等环节进行重点监控；加强对行政审批权和行政执法权的监督，破除各种形形色色的"潜规则"。

——尽快建立公务员财产公示制度。"十二五"逐步建立公务员财产申报、公示程序。采取公务员任前公示，任内日常公示，离任前公示，退休后的延伸公示。建立官方公示网站，所有向上级组织申报的收入和财产，均应通过媒体和网络，向社会公开，并建立规范化的信息反馈和举报制度。

——进一步深化投资审批制度改革。按照由经济建设型政府向公共服务型政府转变的要求，进一步明确各级政府职能，加快推进审批制度改革。第一，进一步深化外商投资项目的审批权下放。对涉及全国产业政策和战略布局的项目、一些限制性项目的审批权仍放在中央政府；对于鼓励类、允许类项目完全可以发挥地方政府积极性，下放到地方政府；对于鼓励类项目、不需要国家综合平衡的项目，应完全放开审批规模的限制，由市场决定，政府只需要备案审核。第二，规范土地审批权下放。中央与地方审批权可以考虑不再以数量等标准简单划分，而是以用途划分。国家部委负责掌管关系国计民生等一些重大土地用途的审批权限，除了在耕地、建设用地总量上进行调控外，中央不再负责土地数量审批。同时扩大省级政府的权限。为确保地方政府审批权的合理、规范行使，应大力推进土地审批公开透明、加大监管力度。第三，下放一般社会领域的投资审批权限。在规范制度的前提下，可以将包括教育、卫生、旅游、文化等一般性社会领域的投资审批权下放给地方。

——加快制定依法行政程序制度。结合我国实际情况，制定一部适合我国国情的行政程序法，是保证我国行政机关依法行政、提高行政管理效率的有效途径，也是我国政府机构改革取得成果的重要保障。"十二五"时期，在已颁布施行的《行政许可法》《行政处罚法》基础上，尽快出台《行政程序法》，明确规定，在行政决定做出之前，重大决定要集体研究，涉及对经济社会发展影响重大，特别是影响公共利益的专业性和技术性强的重大执法事项，需经过专家评审和论证，作为政府决策参考的依据。政府管理的依据、过程、结果，都要及时向社会公开，扩大人民群众对政府的监督力度，保证各项管理活动都在人民群众监督之下进行。

以公共服务体系建设为目标的事业单位改革（11条建议）[*]

（2011年7月）

事业单位是经济社会发展中提供公益服务的主要载体，也是公共服务体系的重要主体。推进事业单位改革，实现事业单位转型，对实现基本公共服务均等化、转变经济发展方式、促进社会公平与可持续发展都有着牵动全局的影响和作用。

当前，我国已经进入公共产品短缺时代。在这一大背景下，推进新阶段的事业单位改革，有三个判断至关重要：第一，事业单位改革要与基本公共服务均等化进程相适应，以公共服务体系建设为基本目标。第二，事业单位改革要以保障和改善民生为重点，以公益性为主线推进转型，而不能限于"减人减负"。第三，事业单位改革要适应于基本公共服务均等化进程和经济发展方式转变的现实需要，力争在未来的2—3年切实有实质性突破。总的来看，下一步的事业单位改革，要放在公共服务体系建设大框架下系统规划、全面设计、统筹推进。

---

[*] 中改院课题组：《以公共服务体系建设为目标的事业单位改革》，2011年7月。

一 基本公共服务均等化背景下的事业单位改革

推进事业单位改革，要客观把握新阶段全社会公共需求变化的基本趋势，并且从这一全局出发，统筹推进。

1. 公共产品短缺时代与事业单位改革的特定背景。经过 30 余年的改革开放，我国已开始从以温饱为主要目标的生存型阶段进入到以人的自身发展为主要目标的发展型阶段。由此，社会需求结构明显变化，公共需求全面快速增长。例如，1990—2009 年，城镇居民发展型消费占比从 36.3% 上升至 53.01%。随着全社会需求结构变化，公共产品短缺取代私人产品短缺已成为发展型新阶段的突出矛盾。

新阶段推进事业单位改革，要从我国进入公共产品短缺时代这一现实背景出发，重在促进转型。作为公共产品的主要生产者，衡量事业单位改革成效的标准，不是裁减了多少人员，节约了多少财政支出，而是能否满足社会公共需求结构变化，并有利于推进基本公共服务均等化进程。

应当说，过去 20 余年来数次事业单位改革难以取得大的进展，根源在于改革的重点陷入减轻财政包袱、缩减人员上。由此，不仅改革难以推进，还容易形成改革目标不清、方向不明的状态。新阶段推进事业单位改革，就是要放在全国公共服务体系建设大框架下通盘考虑，跳出事业单位改事业单位。例如，从人员规模角度看，要适应全社会公共需求的大趋势，当前 3000 万事业单位人员有可能不是人多了，而是人还不够。多数发达国家公共就业服务机构每个工作人员平均服务 35—50 名失业者。2006 年我国城镇登记失业人数为 847 万，如果按每人服务 50 人的国际标准，需要公共就业服务人员 17 万人左右，而同期职业介绍机构人数仅为 12 万左右。

2. 公共服务体系建设与事业单位的制度创新。前些年，我们不太赞成全面推开事业单位改革，主要是担心在基本公共服务体系建设大思路没有形成的情况下，事业单位改革容易走形变样。当前，中央已经明确公共服务体系建设的基本目标，即建立"符合国情、比较完整、覆盖城乡、可持续"的基本公共服务体系。在这个大前提下，要加快以公共服务体系建设为主要目标的事业单位转型。

——从注重单位利益向注重公共利益转型。由于改革的不到位和实践中的某些偏差，包括教育、医疗等在内的一些事业单位营利性倾向明显，公益性淡化。例如，看病贵、看病难，已成为全社会反映强烈的问题。为此，事业单位改革需要从注重单位利益向注重公共利益回归，努力成为公共服务体系建设中的重要支柱。

——从行政附属向独立法人转型。当前事业单位普遍存在政事不分的现象。事业单位改革就是要从政府部门的行政附属中跳出来，充分发挥其公益服务专业性的优势。

——从"以钱养人"转向"以钱养事"。当前，许多事业单位因人设岗，"人浮于事"的问题还比较突出。事业单位改革就是要以保障基本公共服务供给为目标，打破传统的以"以钱养人"的制度安排，形成"以钱养事"的新模式。

3. 发展方式转变与事业单位改革的全局影响。转变发展方式，重要的是把13亿人的潜在的消费需求释放出来，扭转投资消费失衡的格局，形成经济增长的内生动力。当前，推进事业单位改革就是要放在发展方式转变的全局中统筹考虑。

——在推进事业单位改革中保障基本公共产品供给，改变居民消费预期。近些年来，由于教育、医疗、社保、就业等基本公共产品短缺、基本公共服务不到位，广大社会成员，尤其是中低收入群体消费意愿降低，储蓄意愿增强，导致城乡居民的消费预期不稳、边际消费倾向持续下降。如果能够保障基本公共服务供给，居民消费率至少可以提高5个百分点以上。推进事业单位改革，保障公共产品供给，尽快构建有效的社会安全网，是改变居民消费预期的重要条件。

——在推进事业单位改革中保障和改善民生，缩小收入分配差距。当前，居民消费率持续下降，与收入分配差距较大直接相关。例如，城乡居民收入差距在 3.2—3.3∶1 之间，若加上基本公共服务差距，城乡实际差距达到 5—6∶1 左右。由此看来，基本公共服务在城乡差距上有 30%—40% 的权重。由此看来，推进以基本公共服务均等化为重点的事业单位改革，有利于改善民生，有利于缩小城乡收入差距。

——在推进事业单位改革中提高劳动者素质，促进自主创新。我国自主创新能力与发达国家存在较大差距，不能不说与公共产品短缺直接相关。2009 年，我国教育、医疗、社会保障三项公共服务支出占财政总支出的比重合计只有 28.73%，与 2007 年人均 GDP 3000 美元以下国家和人均 GDP 3000—6000 美元的国家比，分别低 14 和 25 个百分点。公共产品短缺使我国劳动力综合素质与发达国家相比，有明显差距。推进事业单位改革，要着眼于保障基本公共服务，着眼于全面提高劳动者的综合素质。这是实现从人口大国走向人力资源强国的关键所在，也是走向创新大国的基础所在。

二 公共服务体系建设中的事业单位转型

推进事业单位改革，既有一个财力问题，但更重要的是转型问题。

4. 回归公益性。事业单位的定位不清，已成为日益突出的问题。既负责公共产品生产，同时还承担着某些行政职能和市场职能，行政性、公益性和市场性错综复杂地交织在一起，加大了改革的难度。20 世纪 90 年代改革的主要做法是，"除教育单位和极少数需要财政拨款的以外，其他事业单位每年减少财政拨款 1/3，争取三年基本达到自负盈亏"（1998年全国人大九届一次会议）。实践证明，以减少财政拨款为主要目标的事业单位改革，使其属性逐步从公益性转向逐利性，从"普遍服务"转向"价高者得"，追求利润、以营利为主积累的矛盾与问题积重难返。

新阶段推进事业单位改革，重要的是明确其作为公共服务生产主体的基本定位，把公益性回归作为改革的首要目标和基本衡量标准，把提高公益服务水平、满足人民群体需求作为出发点和落脚点。

5. 强化专业性。事业单位有非常强的专业性，知识密集型的特点突出。例如，公立医院改革和各类学校改革，如果不能有效地调动高度专业化的医护人员和教师的积极性，就很难说改革取得了成功。从强化专业性的要求出发，事业单位改革要弱化行政色彩，着力强化专业性，要更多地按专业属性管理，改善公共服务质量和绩效。由此，在公立医院和学校的改革中，需要尽快探索专家治院和专家治校，并且以此推进相关的制度创新。

6. 提高独立性。事业单位要实现公益性回归，关键在于改变事业单位"行政化"倾向。为此，推进事业单位改革，要加快"去行政化"进程。例如，要把政府严格定位为出资者和监管者，不再履行直接管理责任。探索建立事业单位出资人制度和独立事业法人财产制度；构建并完善政府监管与社会监督机制。再如，要加快剥离事业单位行政级别，推进事业单位产权制度改革，在去行政化的基础上改革内部治理结构。

7. 加大社会性。事业单位是公共服务生产主体，并不排斥社会资本进入事业单位。在强化其公益性的前提下，需要进一步放开教育、医疗等中高端要素市场，吸引更多社会资本参与公共服务生产。应当说，目前我们在这方面还有很大的改革空间。重要的是尽快采取行动。

——推进制度创新，鼓励社会力量参与。构建平等准入的环境，还面临一些政策和制度障碍。例如，"民办"公益机构在财税、人事、职称等方面的政策歧视。鼓励支持社会力量兴办公益事业，需要完善相关政策，放宽"准入门槛"，并有相关的制度和法律保障。

——尽快研究教育、医疗、文化市场的开放问题。在确立政府主体地位和主导作用的同时，为吸引社会投资，适应多元公共服务需求，建议尽快适度开放教育、医疗、文化市场。可选择有条件的地区进行试点探索，比如海南正在建设国际旅游岛，可以考虑支持鼓励海南在这方面先行先试。

——采取政府购买的公共服务方式。广东深圳市、湖北咸宁市咸安区等地事业单位改革的一个经验是，凡是可以通过采购提供的公共服务，在不影响该项服务稳定供给的前提下，采取政府"花钱买服务、养事不养人"的办法，对包括事业单位在内的机构一视同仁，降低公共服务的单位成本，提高公共服务的效能和水平。建议对这个试点进行全面总结，尽快出台《公共服务采购指令》等政策法规，使政府采购公共服务尽快在全国推开。

三　加快基本公共服务均等化进程中事业单位改革的重大突破

从现实情况看，事业单位改革已经到了"倒逼"的关键时期，倒逼的压力来自于近些年我国基本公共服务均等化的不断推进。

8. 服务于基本公共服务均等化进程的需求，事业单位改革要尽快取得重大突破。党的十六届六中全会上提出，到 2020 年"基本公共服务体系更加完备"；在国家"十二五"规划中，又明确提出"推进基本公共服务均等化，努力使发展成果惠及全体人民"。"十一五"时期，随着公共政策的转型和调整，经过"民生五年"的建设，我国基本公共服务均等化有了明显进展。但与这一进展相比较，事业单位改革相对滞后。服务于 2015 年初步实现基本公服务均等化，2020年基本实现公共服务均等化的要求，需要加大事业单位改革力度，实现事业单位改革总体上的重大突破，尽快形成"功能明确、运行高效、治理完善、监管有力"的事业单位管理体制和运行机制。

从现实需求看，未来几年尤其是公立医院改革要有大的突破。尽管出台了改革的总体意见，但这两年改革的实际进展尚不能满足社会需求，由此积累的矛盾与问题越来越突出。未来2—3年，需要全面推开公立医院改革，全面增强其公益性，明显改善其内部治理，使公共卫生和基本医疗体系初步形成，使"看病贵、看病难"的矛盾和问题初步得到解决。

9. 服务于基本公共服务在不同领域的进展，事业单位改革要在某些领域率先取得重大突破。例如，在教育领域，2003年启动农村义务教育经费保障机制改革以来，义务教育均等化相对来说推进比较快，由此需要教育机构改革有望率先实现突破。目前社会对义务教育阶段的高额择校费、课外辅导费等"去公益性"的行为反映比较强烈。未来几年，迫切需要义务教育机构改革率先取得突破。此外，随着高等教育入学率的不断提高，高等教育院校改革也有条件实现实质性突破。

再如，近几年公共文化发展势头比较好。2009年，我国文化产业增加值达到8400亿元，比2008年增长10%，占GDP2.5%。随着城市化进程的加快，未来几年公共文化有较大的发展空间。近几年文化机构改革也在明显推进，2010年全国581家图书出版社中，除少数出版单位保留事业性质外，全面完成转企任务。适应于不断增长的公共文化需求，文化事业单位改革有条件、也有能力率先取得突破。

10. 鼓励地方层面的事业单位改革先行先试，率先突破。过去五年的民生建设中，一大亮点是相当多的地方在积极探索、率先推进基本公共服务均等化。例如,广东2009年出台《广东省基本公共服务均等化规划纲要(2009—2020)》,提出在未来12年投资约2.5万亿元,以率先推进基本公共服务均等化进程。不到一年,广东又在2010年11月出台了《珠江三角洲基本公共服务一体化规划(2009—2020年)》,明确2012年初步实现基本公共服务一体化。适应于地方政府推进基本公共服务均等化的进程,要大胆鼓励地方政府加快推进事业单位改革,先行先试,积累经验。例如,全面总结广东一些地方实行的农民工"积分入户"制度,并且和事业单位改革统筹考虑,为全国探索一条农民工市民化的新路子。

11. 服务于解决基本公共服务均等化进程中的重大问题,事业单位改革要取得重大突破。以农民工市民化为例。"十二五"加快转变经济发展方式,无论是推进城市化、城乡一体化,还是解决城乡差距、贫富差距,都绕不过"农民工"这个坎。配合农民工市民化的进程,迫切需要事业单位改革取得突破。例如,在事业单位中尽快实施公共服务券制度,为农民工及其子女提供义务教育券、公共医疗券等,直接补贴需求方,使他们可以选择方便、快捷、服务质量好的事业机构,以此保障农民工的基本公共服务。再如,公共产品短缺时代推进基本公共服务均等化,需要对国有资产布局进行大的调整,更多地配置在社会领域。这个调整需要通过事业单位的平台来进行,为此需要和事业单位改革联动推进。

走向公共服务型政府（25条建议）[*]

（2011年12月）

党的十七届二中全会《关于深化行政管理体制改革的意见》从我国改革发展进入新阶段的客观需要出发，对我国行政管理体制改革进行了全面系统的部署，是我国新阶段行政管理体制改革的纲领性文件。如何按照党的十七届二中全会的要求，使行政管理体制改革能够服务于经济发展方式转变的大局，适应全面改革攻坚的新形势，已成为事关改革发展全局的重大课题。

一　处于历史转型关键时期的行政管理体制改革

1. 转变经济发展方式对行政管理体制改革提出新的要求。

在严峻的世界经济形势下，我国外部需求不断萎缩，出口明显减速，增长下行压力增大，投资出口驱动的经济增长模式走到了尽头。应对世界经济不确定性和不稳定性的挑战，降低经济发展对投资和出口的依赖，提高最终消费尤其是居民消费对经济增长的贡献，培育内生增长的体制机制，关键在于改变政府主导的投资出口驱动型经济增长方式。由此，加快转变经济发展方式，寻求实现公

---

[*] 中改院课题组：《走向公共服务型政府——未来5—10年深化行政管理体制改革战略研究》，2011年12月。

平可持续发展的现实路径。

2. 社会管理创新对行政管理体制改革提出新的要求。

我国已从以解决温饱为主要目标的生存型阶段进入以促进人的自身发展为主要目标的发展型阶段。生存型压力逐步减弱，发展型压力全面增强，公共需求结构发生了深刻变化。公共需求全面快速增长与公共服务不到位、基本公共产品短缺成为社会矛盾的阶段性特征。广大社会成员不仅对教育、医疗、就业、住房保障、基本社会保障、公共安全、精神文化产品等公共产品的水平和质量有更高的期望，而且对社会财富和公共服务分配的公平公正、选择权和社会公共事务参与权都提出了更高的要求。保障权利和机会公平、促进社会公平正义，成为政府公共服务的重要内容。

3. 行政管理体制改革还远不适应经济转型、社会转型的现实需求。

经济社会发展领域诸多深层次矛盾和多方面的结构性失衡，根植于行政权力结构不合理。"官本位"思潮泛滥和人民群众的选举权、参与权、知情权、表达权、监督权难以充分保障，人民群众的基本权利难以得到尊重；社会公平正义和人民当家做主的社会主义核心价值难以落实，人民群众的政治参与热情受到制约；公共政策质量不高，政府公信力受损；行政权力结构不合理、运行效率低等。

4. 深化行政管理体制改革成为未来5—10年紧迫的战略性任务。

在新的历史起点上加快推进行政管理体制改革，要着眼于行政管理体制改革面临的经济转型、社会转型和政府转型的压力，以到2020年初步建成中国特色社会主义行政管理体制为总体目标，以消除总量导向和GDP增长主义倾向的政府理念、加快转变经济发展方式、追求公平可持续的科学发展为基本要求。

二 转变政府职能的目标与任务

5. 以公共服务为中心的基本目标。

进入发展型新阶段,以公共服务为中心推进政府职能转变,就是要按照经济发展方式转变的要求,使政府承担起经济性公共服务、社会性公共服务、制度性公共服务的主要职责。

6. 转变政府经济职能的重点任务。

总体要求是:围绕以扩大消费为重点的经济转型,着眼于实现到2020年建成比较完善的社会主义市场经济体制目标,大大强化政府的中长期经济战略职能、宏观调控职能和市场监管职能,营造公平竞争市场环境和制度环境,实现政府经济管理方式由管短期向管中长期、由管微观向管宏观、由管审批向管监管的转变,从制度上更好地发挥市场在资源配置中的基础性作用。

7. 强化政府公共服务职能的重点任务。

充分发挥政府在收入分配调节和扩大就业中的作用,已成为新阶段转变政府职能的重中之重。由此,为扩大国内消费创造良好的市场预期,为有效缓解社会矛盾提供重要制度支撑。一是强化政府收入分配调节职能;二是强化政府在基本公共服务均等化中的责任;三是强化政府就业促进职能;四是以公益性为目标深化事业单位改革;五是以公益性为重点优化国有资本配置。

8. 强化政府社会管理职能的重点任务。

以协调利益关系为重点强化政府社会管理职能,需要解放思想,改变以行政控制为主的传统思维,更加注重发挥基层社区和社会组织作用。一是推进政社分开,实现社区自治;二是充分利用社区服务和管理优势化解基层社会矛盾;三是充分利用社会组织的服务和管理优势化解基层社会矛盾;四是改革信访办机制,建立大信访制度。

三 优化行政权力结构的目标与任务

9. 优化行政权力结构的基本目标。

随着行政管理体制改革的逐步深入，政府职能转变越来越触及权力结构的深层次问题，越来越有赖于行政决策权、执行权和监督权的合理配置。从政府全面正确履行职能的现实要求出发，应当以行政决策权、执行权、监督权三权分设为重点深化大部门制改革，形成权责一致、分工合理、决策科学、执行顺畅、监督有力的行政权力结构。

10. 以大部门制改革为重点强化行政决策系统的重点任务。

大国治理最重要在于决策。未来5—10年，行政管理体制改革最重要的是防止大的决策失误。要把理顺行政决策责任主体关系作为深化大部门体制改革的首要任务。一是以大部门制理顺行政决策主体关系；二是按照决策权合理配置的要求深化机构改革；三是建立有效的行政决策咨询系统。

11. 以独立性、专业性为特点强化行政执行系统的重点任务。

以公共服务为中心的政府职能转变，对行政执行系统的独立性、专业性提出新的要求。按照决策、执行分开的原则，以独立性、专业性为特点，完善行政执行系统，切实提高行政执行力。一是建立相对独立的行政执行体系；二是理顺国务院组成部门与独立执行机构的关系；三是强化执行机构的专业性；四是实现执行机构的法定化；五是建立执行机构问责制。

12. 以权威性为重点强化行政监督系统的重点任务。

当前，我国有权监督政府的机构并不少，但各种监督渠道之间尚未形成严密有序、协调互动的有机整体，监督主体的独立性、权威性还不够，导致监督失灵的现象比较普遍。要在加强人大、司法监督的前提下，进一步完善行政监督，确保外部监督有力，内部监督有效。一是加强人大对行政的监督；二是加强司法对行政的监督；三是加强行政内部监督。

四　理顺中央地方关系的目标与任务

13. 以建立完善的中央地方公共职责分工体制为基本目标。

当前，总量导向的中央地方关系难以为继，实现中央地方关系由以经济总量为导向向以公共服务为导向的转变，成为新时期行政管理体制改革的基本目标。为此，需要建立完善的中央地方公共职责分工体制，形成事权与财力相匹配的体制机制，使地方政府全面正确履行公共职责具有稳定的财力保障，并在此基础上形成有效的地方治理。

14. 中央地方公共服务职责分工的重点任务。

目前我国是中央、省、市、县、乡镇五级政府基本框架，在五级政府框架下划分中央地方职责分工比较困难。可以考虑将县与地级市作为平级考虑，乡镇政府职责划归县（市）统筹，以公共服务分工为重点，按照中央、省、县（市）三级政府框架划分中央地方职责分工。逐步将中央和地方各级政府的公共服务职责明确化、法定化、可问责。

15. 以城市化为重点调整行政层级。

未来5—10年是我国城市化加快发展的重要时期，尤其是城市圈、城市群经济将成为拉动内需的主要驱动力。从现实情况看，城市经济发展受限于行政区分割的影响比较严重。按照加快城市化的要求调整行政层级，不仅可以创造出巨大的改革红利，还可以为我国缩小行政层级寻求一条切实可行的现实路径。一是以增设直辖市为重点扩大省一级政府建制；二是适应城市经济发展趋势统筹省直管市县改革；三是逐步将乡镇机构变成县级派出机构。

16. 改革中央地方财税关系。

应当清醒地看到，不改革中央地方财税关系，地方政府的增长主义倾向很难根本改观，建设公共服务型政府的目标很难实现。为此，一是明确中央地方财税关系改革的基本目标；二是确保地方政府履行公共服务职能必要的财力；三是把实现服务业税制由营业税向增值税转型作为改革突破口；四是与服务业增值税改革统筹考虑实现国税地税合并。

17. 理顺中央地方关系改革。

中央地方关系改革是新时期我国的重大体制变革，既需要充分考虑到转变经济发展方式，增强政府公共服务能力的近期要求，需要考虑到中央地方利益关系的调整，从中长期看，还需要充分考虑到法制统一、政令统一和市场统一。一是把中央地方关系调整作为行政管理体制改革的重大战略；二是推进中央地方关系改革试点，建议选择发达地区如广东、中部地区如河南、西部地区如甘肃等，以基本公共服务均等化为目标，推进中央地方关系改革试点；三是加快中央地方关系立法，建议尽快研究出台《中央地方关系法》《转移支付法》，将中央地方关系改革纳入法制化轨道。

五 完善公共治理结构的目标与任务

18. 以建设阳光政府为重要目标。

这些年，政府自身利益倾向越来越普遍化。由此，使政府自身建设滞后的矛盾越来越突出。这就需要改变政府自身利益倾向。一方面，要明显降低行政成本。另一方面，要扩大社会参与和社会监督，强化对政府权力的约束。

19. 全面推行政务公开的重点任务。

按照《政府信息公开条例》的要求，建立全国统一的政务公开制度，把政务公开作为规范的政府职责，采取多种有效形式推行政务公开，使政务公开走上规范化、法治化轨道。

20. 全面推行政府预算公开的重点任务。

近年来，我国政府在实现公开透明上采取了一系列措施，但公开内容笼统、工作连续性不强、流于形式等问题突出。中央部门也开始了"三公"经费公开的尝试，但公开的内容仍是一些大数字，与社会的期待还有很大的距离。一是加大"三公"经费公开力度，通过3—5年的努力，使地方各级政府都全面实现"三公"经费的公开；二是拓展财政预算公开范围，形成全口径政府财政预算公开；三是确保财政预算公开的及时性和有效性。

21. 尽快实现官员财产公开。

推进官员财产公开，是当今世界上绝大多数国家避免权力寻租的通用做法，被称为"阳光法案"，是举世公认的反腐利器，已经被无数国家证明为"世界上最有效的反腐工具"。建立官员财产公示制度和官员财产申报制度，是广大社会成员的热切期盼，是提高党的执政能力、巩固党的执政地位、改善政府形象的重大举措，也是提振整个改革信心的关键。

22. 扩大社会参与监督。

适应公民社会发展趋势，在公开透明的基础上，加强公共政策的社会参与，强化社会舆论监督，完善政府与社会组织沟通的渠道，建立政府主导、社会协同、广泛参与的公共治理结构。

六　推进行政管理体制改革的行动建议

23. 坚定地把行政管理体制改革作为全面改革的重点和中心。

现实表明，面对国际金融危机影响的不断加深和国内经济社会结构性矛盾的凸显，改革面临前所未有的复杂性和艰巨性，存在很多不可预见的风险和危机，要清醒认识到我国正处于历史转折的关键时期。一是全面改革主要是改革政府自身，无论是经济体制改革、社会体制改革，还是文化体制改革，都依赖于政府改革；二是统筹考虑行政管理体制改革与其他领域改革；三是发挥行政管理体制改革对全面改革的带动作用，更加注重通过深化行政管理体制改革化解深层次矛盾和问题。

24. 建议党的十八大对行政管理体制改革重点做出战略部署。

建议对加快政府职能转变、深化权力结构和权力运行机制改革、改革中央地方关系和加强政府自身建设与改革等进行具体的战略部署。2012—2015年：以政府职能转变和优化权力结构为重点；2016—2018年：以形成公共服务为导向的中央地方关系为重点；2019—2020年：以健全法律体系为重点。

25. 建立高层次的改革协调机构。

行政管理体制改革联结各项改革，是推进全面改革的重点和中心。为此，加强行政管理体制改革的顶层设计和综合协调十分重要。建议建立中央层面的行政管理体制改革协调机构，统筹改革的顶层设计及顶层协调。

推动简政放权改革向纵深发展（15条建议）[*]

（2015年8月）

按照国务院办公厅要求，中改院对国务院2014年8月—2015年7月期间"简政放权、放管结合、优化服务"相关政策落实情况开展第三方评估。中改院评估组在北京先后与商务部、教育部、中编办等相关部委座谈；赴广东、湖南等省市实地调研；召开政府、企业、社会组织、群众代表座谈会；查阅被评估单位提供的文字资料；随机走访企业、群众，听取各方面的意见。

评估组主要采取以问题为导向的评估方法。总的考虑是：

（1）与上一年有所不同，本轮简政放权改革主要不是在数量上做文章，而是在放权的"含金量"上动真功夫。"含金量"高的事项大多触及行政体制的深层次矛盾问题。为此，本次评估主要看在解决深层次的矛盾问题上有多大进展。

（2）这一年的深化简政放权改革起着承上启下的作用，既要看到重大进展，也要看到矛盾与问题。为此，需要把客观分析纵深推

---

[*] 中改院课题组：《推动简政放权改革向纵深发展——关于"简政放权、放管结合、优化服务"政策落实情况的第三方评估报告》，2015年8月。

进简政放权改革面临的深层次矛盾问题作为本次评估的重点之一。

（3）评估的目的是提出下一步纵深推进简政放权改革的相关建议。为此，评估组在客观反映深层次矛盾问题的基础上，立足当前，着眼长远，独立地提出相关建议。

总的看，本轮深化简政放权改革一开始就进入"深水区"。特别是在经济下行压力增大的背景下，从中央到地方形成强力推动的工作机制，形成良好的改革态势，不仅在解决多年来未能解决的深层次问题上有重大进展，而且正在形成不可逆转的新态势。

一　在解决简政放权深层次的问题上有重大进展

本报告对解决简政放权深层次问题的进展进行客观评估。主要的评估依据是：

（1）按照全面深化改革的总体要求，把"市场在资源配置中起决定性作用和更好发挥政府的有效作用"作为评估的重要依据。

（2）深化简政放权改革正处于"啃硬骨头""涉险滩"的新阶段。比照上一年，应把多大程度破解简政放权改革向纵深发展的矛盾问题作为评估的重要内容。

（3）在经济下行压力不断增大的特定背景下，突出简政放权改革对经济社会发展影响的评估。重点是评估对"大众创业、万众创新"的影响作用。

1. 行政审批改革全面破题，非行政许可开始成为历史。

各类行政审批和非行政许可是多年来理顺政府与市场关系的"拦路虎"。这一年来，在提前完成本届政府承诺削减三分之一行政审批事项的基础上，又取消和下放了不少"真金白银"的行政审批权，非行政许可开始退出历史舞台，政府与市场关系的新格局正在形成。

（1）投资审批制度改革取得新突破。

——取消下放投资审批权限。2014年11月，国务院发布《政府核准的投资项目目录（2014年本）》，共取消、下放38项核准权限，投资核准事项中央层面减少76%。地方也积极下放相应的审批权限。以湖南为例，除明文规定必须由"省级政府审批"的外，相关投资审批事项"能简则简，能放则放"。

——企业投资项目核准制改备案制。已取消18项属于企业经营自主权范围的前置手续，一律不得再作为核准前置条件；在境外投资领域，除涉及敏感国家和地区、敏感行业的项目外，其他项目全部由核准改为备案管理。

——大幅削减投资项目前置事项。从上到下，各级政府只保留规划选址、用地预审以及极少数重特大项目环评审批"两项半"前置审批事项，其他审批事项一律与核准并联办理。

——简化、整合投资项目报建手续，探索"合并审批"。湖南省株洲市对投资建设项目的项目立项、初步设计、工程实施和竣工验收，进行流程再造，实施"合并审批"，整个建设投资项目审批时间由过去的1年半以上，缩短至50—80个工作日。

（2）全面清理非行政许可审批事项。

——国务院部门全面清理非行政许可审批事项。截至2015年5月，中央层面清理了453项非行政许可审批事项。其中取消258项，占57%。

——多数地方政府基本完成清理非行政许可审批。从中央到地方，非行政许可审批已开始历史性终结。

（3）清理和取消职业资格许可和认定。

——分批取消职业资格认定。调研中，企业对职业资格反映比较大，职业资格在某种程度上异化为前置条件。2014年8月—2015年7月，国务院分四批取消了207项国务院部门设置的职业资格许可和认定事项，职业资格许可和认定事项比改革前减少三分之一。

——规范职业资格目录。2015年内将建立职业资格目录清单管理制度，目录之外不得开展资格认定工作。

2. 行政程序标准化、信息化普遍推进，行政效能明显提高。

多年来，由于行政部门自由裁量权过大，"权力任性"的现象具有普遍性，并成为行政体制的一大"顽疾"。这一年来，以政务大厅、网上办事大厅等为重要载体，行政审批标准化、信息化在全国范围内推开，大大减少了行政部门的自由裁量权，优化了办事流程，在规范权力运行、优化服务、提高行政效能上取得重要进展。

（1）行政审批标准化进程加快。

——行政审批标准化试点在多个地方开展。许多地方通过对保留事项的办理依据、要件、标准、流程、时限等进行梳理，实行联合审批、首问负责、限时办结、服务承诺等制度办法，规范审批行为。

——推进全国行政审批标准化。国务院审改办会同国家标准委研究提出了《行政审批标准指引（2015版）》，为行政审批标准化在全国范围内普及创造了有利条件。

（2）标准化、信息化有机融合，"互联网+政务"取得重要进展。

——电子政务在全国范围内推广并取得明显成效。例如，广东已开始布局覆盖省、市、县、镇、村五级的网上政务服务网络，政务数据中心共享平台初步实现了与68个省直单位和21个地市互联互通。

——依托网上办事平台推进行政审批标准化。依托三级网上办事大厅平台，开发行政审批标准化信息录入模块，要求各部门将审批流程和要素等录入模块并在网上办事大厅运行。

——建立投资项目审批监管平台。2015年7月，全国投资项目在线审批监管平台进入调试阶段，16个国务院部门接入，实现了在线申报、平台赋码、信息共享；2015年底前，将进一步与地方

"纵向贯通"。

（3）提高行政效能、优化服务成效显著。

——审批速度明显提速。以三一重工为例，2012年三一重工并购德国普茨迈斯特公司，德国审批用时11天，国内审批4个月；2014年并购奥地利帕尔菲格公司时，湖南省审批1周，比国外还快；收购德国普茨迈斯特的境外再投资项目，通过互联网在商务部备案，不到1天就全部完成。

——网上办理率大幅提升。以广东为例，到2015年6月，全省60%的行政审批事项可以在网上办理，社会事项的50%可在网上办理。实现网上全流程办理率为86%，网上办结率为81.53%，企业和群众从网上申报到现场跑动次数不超过1次的事项达90%。佛山市"南海政务通"微信公众号上线后，不仅具备办事指南查询、办事进度跟踪、实时互动咨询等功能，还率先突破网上支付难点，开通一个多月点击量近10万次，咨询办件量1000余件。

3. 商事登记制度改革实质性破题，"大众创业，万众创新"的新局面正在形成。

在经济下行压力增大的特定背景下，打造"大众创业，万众创新"的制度引擎，是当前深化简政放权改革的重大任务。这一年来，从中央到地方在推进商事登记制度改革取得重大突破，"三证合一""一照一码"全面启动，在激发市场活力、企业活力上成效显著。

（1）推进"先照后证"改革，推进工商登记便利化。

——将工商登记由前置审批改为后置审批。梳理工商登记设立、变更、注销等环节应当执行的前置审批目录。分3批进行清理，将原有226项工商登记前置审批精简85%，目前只有34项。

——简化市场主体登记手续。全国31个省（区、市）出台了住所管理规定，9个省市推进了全程电子化登记试点和电子营业执照应用。

——企业年检制度改为企业年报公示制度。2014年度年报公示率85.1%；截至2015年7月14日，全国274.7万户企业纳入经营异常名录，占应公示企业的14%。

（2）积极探索"三证合一""一照一码"登记制度改革。制定"三证合一""一照一码"信息化建设方案和数据规范，推进法人和其他组织统一社会信用代码制度建设。目前全国29个省（区、市）开展了"三证合一"改革试点，并在2015年底前全国范围内实行"一照一码"登记模式。

（3）"大众创业、万众创新"的新局面正在形成。

——大学生创业开始成为趋势。国家统计局的数据显示，2014届大学生中约有19.1万人选择了自主创业。

——新增市场主体速度加快。截至2015年上半年，全国新增市场主体685.1万户，比上年同期增长15.4%；注册资本（金）12.9万亿元，同比增长38.4%；新登记企业200.1万户，增长19.4%，注册资本（金）12万亿元，增长43.0%。上半年平均每天新登记企业1.11万户，注册资本（金）665.5亿元。

——吸纳就业明显增加。例如，在长沙市，2014年新登记私营企业和个体工商户带动全市就业人口22万人，同比增长67%；6780名大学生、退役军人、下岗人员通过"绿色通道"办理工商登记，实现自主创业，同比增长32.8%。

——创业带动就业的效果显著。湖南万睿医药有限公司从事药品和医疗器械经营，2014年3月8日申请，3月10日领取营业执照，然后边建设仓库、购买设备、招聘人员、洽谈业务边申请许可证，4月17日许可证取得后，即正式投入经营。2014年，该公司实现销售额1.5亿元，吸纳就业人员50人。

（4）在稳定经济增长中发挥重要作用。

——简政放权改革释放经济增长的正能量。调研中地方反映，如果没有简政放权，经济下行压力会更大。实践表明，简政放权改革进展大的地区，经济增速就相对较快。例如，2015年上半年，广东实现地区生产总值同比增长7.7%，高于全国0.7个百分点。深圳上半年经济增长8.4%，增速高于全国各省，比2014年同期提高0.4个百分点，增速比一季度提高5.7个百分点。

——通过激发企业活力稳增长。以率先实现"四证合一"的前海自贸区为例，从2013年1月至2015年6月30日，入驻的企业从253家增至35015家，其中金融企业从153家增至18848家，注册资本从165亿元增至19183亿元，主要经济指标均呈现倍数增长。

二 推动简政放权纵深发展面临的突出矛盾

调研组了解到，深化简政放权改革中的突出问题，与一年前相比有很大不同，即主要不是一个放权数量的问题，而是触及行政体制深层次的矛盾。我们把客观分析简政放权纵深发展面临着的突出矛盾作为评估的重要内容。总的考虑是：

（1）简政放权改革处于"深水区"，面临着的矛盾和问题深刻复杂。

（2）从简政放权的实践看，深层次的体制性矛盾不解决，不仅改革的"乘数效应"难以发挥出来，还使得纵深推进简政放权的空间受限。

（3）能不能在"含金量"高的简政放权上取得决定性成果，有赖于对这些深层次矛盾的客观分析和准确判断。

4. 监管转型滞后是深化简政放权改革的突出矛盾。

2014年以来，国务院确立了"放管结合"的改革思路，强调加强事中事后监管。但是，由于监管体制改革尚未破题，监管转型滞后于简政放权改革的实际进程，与新阶段经济社会发展的现实需求和广大社会成员的期盼有着明显差距。总的看，监管还处于相当被动的状态，并成为简政放权纵深发展的"最大短板"。

（1）监管体制改革尚未破题。这次股市震荡直接反映出金融监管体制改革的滞后：金融混业经营已经成为现实，但金融监管仍然是分业监管，股市震荡中部门间缺乏有效协调；不少地方把工商局、食品药品监管局、质量监督局合并为"市场监管局"，但工作机制没有转变，"只有物理反应没有化学反应"；"谁审批、谁监管"在实践中往往演变成了"不审批就不用监管""要监管就要审批"。

（2）监管方式比较陈旧。一说到"监管"，习惯于"大检查、明察暗访、交叉检查、巡查、抽查"等传统方式，大数据等应用尚未普及。以湖南为例，按传统方式搞税务稽查，70多万户纳税人需要20年才能通查一轮。利用大数据的"精确制导"，能明显提高监管效率。但很多地方在省级层面，工商、国税、地税、质监等业务系统与行政审批工作平台尚未实现信息互通、资源共享，难以形成大数据的协同监管。近年来，各地一些安全事故频发，甚至出现天津港这种严重的爆炸事故，不能不说与监管体系建设滞后直接相关。

（3）社会参与监管严重不到位。监管中政府唱"独角戏"、社会参与监管严重滞后，由此导致"监管失灵"的矛盾具有普遍性；行业自律缺失，行业协会严重缺乏公信力，难以有效发挥传统"行帮商会"的作用。

（4）监管立法滞后。法治监管的基础仍然薄弱。例如：反垄断执法工作在国务院反垄断委员会领导下由商务部反垄断局、国家发改委价格监督检查和反垄断局、国家工商行政管理总局反垄断与反不正当竞争执法局三个机构行使反垄断职能，存在多头执法和执法标准不统一的问题；原计划近期推出的注册制改革，由于《证券法》尚未修改，这项改革不可避免地受到掣肘；《城市综合管理法》长期未出台，以行政规章为依据的城管执法越来越被动。

5. 部门职能调整滞后是深化简政放权改革的制约因素。

从调研中反映出的问题看，简政放权改革倒逼政府职能转变的特点十分突出。总体看，政府职能与新阶段经济社会转型的大趋势存在多方面的不适应：一是政府的经济管理职能比较强，战略管理职能比较弱；二是行政审批职能比较强，市场监管职能比较弱；三是对内经济职能比较强，对外经济职能比较弱；四是经济职能比较强，社会职能比较弱。深化简政放权改革要与加快政府职能转变同步，否则简政放权改革向纵深推进的效果就会大打折扣。

（1）向市场和社会放权仍有较大空间。当前，后置审批问题仍然比较突出。例如，在长沙市开一家网吧，要按照消防、公安、文化部门的顺序审批才能取得许可证。其中消防又要经过"建设工程消防设计审核"（13个工作日）、"建设工程消防验收"（13个工作日）、"公共聚集场所投入使用、营业前消防安全检查"（7个工作日）三个阶段共33个工作日。此外"红顶中介"依靠行政权力承揽业务和垄断服务导致企业负担增加的现象具有一定的普遍性。

（2）改革触及部门职能的重新定位问题。比如，大幅度削减行政审批事项之后，作为行政审批主要部门的国家发改委，职能就面临重新定位问题：是成为专司经济社会发展规划与政策的综合部门，还是转为监管主体，面临方向性的抉择。

（3）部门职能调整不到位直接影响简政放权效果。例如，不少中介就是直接与部门行政职能挂钩。目前，与部门职能相关的行政审批中介服务（如雷气水环交等评估）有441项。有的部门从自身本位出发，不同意把某些中介取消或转为技术性服务。这反映出，如果部门职能转变不到位，中介清理很难有大的突破。

（4）部门职能调整不到位制约权力清单和责任清单。一些部门对简政放权后要做什么并不是很清晰。在政府职能定位仍然有些方面不合理的情况下出台权责清单，有可能把不合理的权力列入权力清单中，而把缺位的责任遗失在责任清单外。纵深推进简政放权，首先要求各级政府及政府部门明确自己"该干什么"，并向社会公开，"不该干"的事项一律取消。

6. 行政权力结构改革滞后是深化简政放权改革的主要掣肘。

调研中看到，简政放权之所以"牵一发而动全身"，就在于它已经触及深层次的行政权力结构调整。纵深推进简政放权改革面临的主要掣肘是行政权力结构不合理。

（1）行政权力配置不合理的矛盾突出。例如，一些部委把主要精力放在管微观审批、管资源配置等繁杂的具体事务上，中长期战略规划职能比较薄弱；有的部委在决策职能不到位的情况下，反而希望扩大执法权，组建专业化执法机构和队伍。是不是每个部委都要组建专业化的执法机构和队伍，值得商榷。

（2）部门间职能交叉、权责不清的问题仍然存在。例如，教育部门下放了教师资格评审权，但地方上的人事劳动部门又把这项权力收回来；在学校管理上，职业技术学院归教育部门管，技工学校归人社部门管；在职业资格管理上，民政、人社部门都有社会工作师资格证。无论是消费市场监管、垄断行业监管还是金融监管，都面临多个部门各管一段、行政资源难以有效整合的问题。

（3）权力运行机制不合理，行政范围内决策权、执行权、监督权既相互制约又相互协调的格局尚未形成。以国家发改委为例，既管投资审批，又管宏观调控，还负责价格监管等微观事务，赋予其一些本应属于其他相关部委的决策权，而一些应成为决策主体的部门没有真正成为有效的决策主体；行政部门内部决策权与执行权不分，难以形成专业化的执行队伍。这样，不仅弱化了行政决策权，而且使行政执行力不强的问题凸显。综合看，简政放权改革向纵深推进，需要向现有的行政权力结构"动刀子"。

7. 中央地方事权调整滞后是深化简政放权改革的深层次矛盾。

从调研的情况看，深化简政放权改革"自上而下"的特点突出，中央层面的改革举措倒逼地方改革行动。与此同时，一些地方在"指定动作"外，结合实际，在简政放权的"自选动作"上有新的特点和新的突破。但是由于中央地方事权调整与深化简政放权改革不同步，地方层面改革难以深入推进。由此，合理调整中央地方事权的现实需求全面增强。

（1）中央地方事权调整总体上滞后于简政放权进程。目前法律、行政法规、国务院决定指定地方实施的行政许可事项清单还有863项，其他形式指定地方实施的具有许可性质的事项清单还有187项。这些事项地方无权调整，只能在行政效率、办事流程上做一些优化，由此限制了地方简政放权的空间。

（2）中央向地方放权的进程和财力调整的进程不同步。以湖南为例，2015年湖南实际征收的涉企行政事业性收费项目为66项，其中中央立项57项，省级立项9项。要减少省级企业收费，直接涉及中央地方财力问题，需要中央统一部署。再以株洲市为例，2014年株洲涉企行政事业收费为5.98亿元，其中依据湖南省级文件的收费规模为0.17亿元，其余均依据国务院文件。

（3）市县政府不适应的问题凸显。由于机构编制调整与简政放权改革不配套，并且随着上级政府和部门下放事项的增多，基层政府普遍存在人手不够、能力建设难以适应等问题。尤其是县乡政府在多方面存在"责任大、权力小"问题；一些专业性强的管理部门，在权力下放时面临基层承接能力的问题，省级部门有专业技术、设备和人才优势，而市县在这些方面条件相差很大；中央统筹安排与地方改革试点存在矛盾。比如，深圳前海在2014年6月制定出台的负面清单只有59条，比上海更为精简，但在"四个自贸区共用一张清单"的规定下，前海只能采用全国统一清单。

三 纵深推进简政放权改革的相关建议

从面临的深层次的矛盾与问题来看，简政放权改革已不简单是一个政府放权和"瘦身"的阶段，而是进入以攻克四大矛盾为重点、以调整优化行政权力结构为关键、以完善政府治理为目标的新阶段。总的考虑是：

（1）面对经济下行压力，要使市场在资源配置中起决定性作用和更好发挥政府的有效作用，推动经济转型升级取得决定性成果，需要坚定不移地推动简政放权改革向纵深发展。

（2）深化简政放权改革是一个长期过程，需要从长计议、把握全局、突出重点，着眼于到2020年形成现代政府治理的基本框架，尽快形成纵深推进简政放权改革的行动路线图。

（3）解决简政放权深层次的矛盾与问题，释放简政放权改革的"乘数效应"，需要排除各方干扰，强化统筹协调。

8. 明确"打通最后一公里"的具体目标。

这一年来，"打通最后一公里"成为多方面的共识。从有利于激活市场、激活企业的现实需求看，建议尽快明确具体目标，以实质性扩大简政放权的受益面。

（1）全面实施企业自主登记制度。建议在全面实行"三证合一""一证一码"的基础上，明、后两年实施企业自主登记制度，建立全国范围内企业自主登记注册网络平台。建议鼓励支持有条件的地方，尽快组织试点。

（2）适时取消企业一般投资项目备案制。为避免备案制转化为变相审批，建议除政府和国有企业投资之外，企业一般投资项目一律由企业依法依规自主决策，不再需要备案；民营企业投资，如不涉及公共资源，不再实施招投标。

（3）尽可能少用或不用产业政策干预企业投资行为。调研中不少企业家强调："在好的环境和政策优惠之间，更愿意要前者。"用产业政策干预企业投资行为，不仅容易导致某些领域的产能过剩，还容易导致权力寻租和人为的政策不公。建议尽快对各类产业政策进行评估，在此基础上进行全面清理。

9. 把加快监管转型作为简政放权改革的重点。

确立2020年基本形成法治化监管框架的改革目标，对现有监管体制进行系统性重构，把"放管结合"落到实处，提升"管"的效率，消除各方面对进一步削减和下放审批权的某些顾虑。

（1）对现有市场监管体制进行总体设计。总的看，市场监管转型滞后，反映出现行监管体制的深层次矛盾：推进监管转型既涉及政府职能转变，又涉及政府机构调整；既涉及中央层面，又涉及地方层面；既涉及综合协调，又涉及相关立法。为此，需要出台中央层面深化监管体制改革的总体方案。

（2）以专业化、技术化、标准化为重点创新监管方式。以建立大数据监管系统为抓手，实现精准打击的信息化监管模式，形成协调监管、随机抽查、责任追溯、经营者异常名录、"黑名单"等现代化监管方式。建议从我国国情出发，认真研究借鉴发达国家在这方面的成熟做法。

（3）调动包括社会公众、媒体、法律等多方面的力量加强市场监管。从本次调研中反映的问题看，在政府"唱独角戏"的条件下，即使给监管部门增加编制，也难以全面解决监管中的矛盾与问题，根本出路在于调动多方力量，尤其是社会力量，形成全社会的监管合力，构建多元监管体系。

（4）适时调整市场监管机构。从现实情况看，以下三个方面的监管机构调整具有迫切性：

——从国家层面组建统一消费市场监管机构的时机条件基本成熟。互联网时代为建立涵盖生产、流通、消费全过程的监管体系提供了重要条件。建议尽快整合国家食品药品监督管理总局、国家质量监督检验检疫总局和国家工商行政管理总局的消费品安全监管职能。此外，从天津港等特重大事故救援中暴露出来的问题出发，要提高生产安全监管与防灾救灾效率，有必要形成专业化、技术化的国家应急救援体系，统筹消防等多方力量。

——统一反垄断职能。从反垄断的执法实践看，统一反垄断职能势在必行。建议整合商务部反垄断局、国家发改委价格监督检查和反垄断局、国家工商行政管理总局的反垄断执法权，组建国家反垄断局。可以考虑作为国务院的直属执行机构，也可以考虑放在商务部。

——建立统一的金融监管体制条件成熟。随着"互联网＋金融"的创新层出不穷，银行业、证券业、保险业金融机构之间相互渗透和交叉的趋势不断增强，对分业监管模式提出现实挑战。建议整合银监会、保监会和证监会职能，组建国家金融监管总局，形成"统一领导、分级负责、条块结合"的金融监管新体制。

10. 实现职能定位调整优化与规范部门权责清单有机结合。

在某些部门职能定位不合理的条件下，部门权责清单的出台难以取得预期效果。为此建议：

（1）按照经济社会发展要求调整优化部门职能定位。如国家发改委，需要尽快明确其在中长期规划和宏观政策方面的职能定位，弱化其监管和审批职能，以此为"锚"进行实质性的职能调整。

（2）调整优化部门内设机构。如商务部，市场秩序司、市场建设司、市场运行司等，有必要进行整合。

（3）按照新的部门职能定位规范部门权责清单。由此，使部门权责清单的出台能够充分体现政府职能转变和管理流程优化。

11. 调整优化行政权力结构与规范部门权责清单有机结合。

为使部门权责清单的出台建立在行政权力结构优化的基础上，

建议统筹谋划、尽快启动新一轮大部门制改革。

（1）调整综合性部门和专业部门之间的关系。例如，理顺国家发改委与专业部委之间的关系，部分职能交由专业部委行使更为有效的，尽可能交由专业部委行使，强化国家发改委的战略规划和统筹协调职能。

（2）调整专业部门之间的关系。能由一个部委统一行使的职能，尽可能整合到一个专业部委；专业部委职能交叉部分，明确主体责任。

（3）实现决策权、执行权、监督权既相互独立又相互制约。在已实施大部门体制的部门进行改革试点，形成三种权力的专业分工，强化政府治理的有效性；建议全面深化以三权分设为重点的大部门制改革。

12. 在全国范围内推广普及行政审批标准化、信息化。

从广东的改革实践看，行政审批标准化、信息化有利于形成克服部门利益的倒逼机制，有利于全面优化行政服务流程，提高行政效能。建议：

（1）以行政审批标准化、信息化规范约束政府行为。推广网上服务大厅模式，形成标准化的综合办事指南，实现行政审批公开透明，让人们清清楚楚看到行政审批卡在哪个部门。

（2）抓紧出台全国行政审批标准化、信息化的改革方案。加强中央层面的顶层设计，形成覆盖中央、省、市、县、镇、村六级的网上政务服务网络，推进行政事项编码、经办部门、项目名称、设定依据、服务对象等标准化和统一化。

（3）建立全国统一的社会信用体系。借鉴海南食品药品监管的经验，推行"法人承诺制"，原有事前审批事项改由企业自行承诺、自行承担法律责任和接受事后的违规处罚。充分运用大数据资源实现企业信用信息互联共享，实现"一处失信、处处受限"。

13. 加快清理"红顶中介",推行"一业多会"。

以清理"红顶中介"、规范发展社会组织为重点发挥行业协会、商会的自律作用,提升社会组织对政府放权的承接能力。建议:

(1) 摸清"红顶中介"的家底。为杜绝瞒报,建议聘请第三方机构参与调查,并且发动社会监督。

(2) 自上而下清理与行政审批相关的中介服务事项。取消无法律法规依据的中介服务项目;有法律依据的中介服务项目实现规范化。

(3) 推行"一业多会"。在推动"红顶中介"去行政化的同时,形成有效的竞争机制,使得更多的社会组织有能力承接政府下放的行业管理事项。

14. 建立中央与地方公共职责分工体制。

以合理划分中央与地方事权规范各级政府权责清单,形成合理的中央地方分级分层体制,建立中央地方公共服务职责分工体制,使简政放权改革能够在理顺中央地方关系上有所作为。建议:

(1) "放权"与"放钱"同步推进。以中央部委为重点,全面清理、废除对企业的不合理收费,带动地方清费减负;建立以一般性转移支付为主的中央转移支付体系,确保地方政府拥有与下放事权相匹配的财力。

(2) 按照中央、省、市(县)三级政府的框架梳理各级政府权责清单。明确界定全国性、地方性、跨区域公共产品职责,明确交叉事项的主体责任;随着更多事权的下放,机构编制、经费和人员配备向基层政府倾斜。

(3) 规范条条与块块之间的关系。例如,对基本社会保障等应归入中央政府管理的全国性事务,由分级管理改为中央垂直管理;建议随着地方试点组建市场监督管理局,将市场监管划归地方管理,人、财、物改为同级政府掌管,便于地方政府负总责和实现有效问责。

（4）赋予地方改革试点权。例如，广东自贸区前海蛇口片区有条件直接实现与香港商事制度接轨并形成更为精简的负面清单。建议中央突破"四个自贸区共用一张清单"的做法，赋予其更大试点权。株洲探索建设投资项目审批改革，对其他地方有比较好的借鉴意义，建议给予试点权限，鼓励其进一步总结经验、深化改革试点。

15. 加快简政放权改革的相关立法、修法。

调研中发现，无论是中央部委还是地方政府，都提出进一步下放权力面临现行某些法律法规的制约。建议以加快法律法规"立改废释"引领简政放权改革向纵深发展。

（1）推动政府职能法定化。例如，推动市场监管由行政为主向法治监管为主转变，形成市场监管的法律框架：研究出台综合性《市场监管法》，强化市场监管的权威性；修改《食品安全法》和《药品管理法》，实行最严格的食品药品质量与安全监管制度；将反行政垄断纳入《反垄断法》，对国有垄断行业等相关行业监管内容进行清理、修改，使这些行业监管体现公平竞争；适应金融领域混业经营的大趋势，修改《中国人民银行法》《银行业监管法》和《证券法》。

（2）推动行政程序法定化。例如，修改《国务院组织法》，明确行政决策权与执行权分开的原则，严格依照法律条文设置执行机构。尽快出台《行政程序法》，对行政行为的实施方式、过程、步骤、时限做出系统的规范。

（3）推进机构编制法治化。尽快制定出台《国家机构编制法》，实现编制管理主体法定、程序法定，以预算控制编制。

以监管转型为重点深化简政放权改革（24 条建议）[*]

（2015 年 9 月）

以简政放权为重点的政府改革是本届政府的最大亮点，其在释放改革活力、促进经济转型、应对经济下行压力中发挥了重要作用。但从近年来食品药品监管问题与近期股票市场的异常波动可以看出，监管转型滞后于简政放权改革进程，与扩大内需、拉动消费的现实需求和广大社会成员的期盼有着明显差距。总的看，监管还处于相当被动的状态，并成为简政放权纵深发展的"最大短板"。

总的建议是：以监管转型为重点深化简政放权改革，为全面激发市场活力、释放内需潜力、推进经济转型升级创造良好的制度环境。

一 把监管转型作为深化简政放权的重点

简政放权进入"深水区"触及监管转型滞后的深层次矛盾。当前，监管转型面临的问题相当突出，需要"啃硬骨头"。

1. 监管转型滞后的问题突出。最近的股市异常波动和天津爆

---

[*] 中改院课题组：《以监管转型为重点深化简政放权改革（24 条建议）》，2015 年 9 月。

炸事故，从不同侧面暴露了监管转型滞后的问题：监管理念变革滞后具有普遍性；监管体制改革尚未破题，监管的漏洞比较多；监管方式比较陈旧，社会参与监管严重不到位；监管立法滞后。

2. 监管转型滞后掣肘简政放权改革。虽然行政审批权下放仍有很大空间，但由于监管转型不到位，担心"一放就乱"成为政府部门进一步下放权力的主要顾虑。当前的一个突出问题是，"谁审批、谁监管"的传统思维方式，在实践中往往演变成了"不审批就不用监管""要监管就要审批"。就是说，不把事前审批与事中事后监管严格区分开来，并形成事中事后为主的监管体制，简政放权改革很难向纵深推进。

3. 以监管转型为重点形成深化简政放权的现实路径。建议把监管转型作为深化简政放权改革的主攻方向，对现有监管体制进行总体设计和系统性重构，以此带动"含金量"更高、社会受益面更广、带动经济转型升级更直接的行政权力下放。

二 以监管转型破题"放管结合"

"放管结合"的目标在于全面激发市场活力、企业活力，主要矛盾在于监管要跟上。近两年，尽管确立了"放管结合"的改革思路，强调加强事中事后监管，但由于监管体制改革尚未破题，实践中如何"放管结合"尚未取得重要进展。

4. 完善包括专业性监管和综合性监管在内的监管体系，实现行政审批与市场监管严格分开。建议尽快形成完善监管职责体系的具体方案，为政府部门深化简政放权创造条件。

（1）完善专业性监管。专业性监管机构不再行使审批权，如中国证监会。未来资本市场实行注册制，限期取消行政审批事项，成为专业监管部门。

（2）完善综合性监管。更多领域采取综合性监管，形成宽职能的监管队伍。在食品药品安全、工商质检、公共卫生、安全生产、文化旅游、资源环境、农林水利、交通运输、城乡建设、海洋渔业等领域内推行综合执法，有条件的领域可以推行跨部门综合执法。

（3）行政审批与监管分离。一些需要保留审批事项的部门，应当成为科学规范、有效的审批部门，行政审批与市场监管在机构上严格分开。

5. 推行法人承诺制，形成以企业信用为基础的事后监管。对必须保留审批的事项，由监管部门向申请企业提供责任承诺书和审批要件清单，企业法人签署对材料真实性负责和对虚假材料承担责任的法人承诺书后，审批部门可当场或当天发放批件和许可证。事后，监管部门在规定时间内组织现场核查，如发现企业造假，再对其进行严厉惩处。

6. 全面实施企业自主登记制度。建议在实行"三证合一""一证一码"的基础上，1—2年内实施企业自主登记制度，建立全国范围内企业自主登记注册网络平台。建议鼓励支持有条件的地方组织试点。

7. 适时取消企业一般投资项目备案制。为避免备案制转化为变相审批，建议除政府和国有企业投资之外，企业一般投资项目一律由企业依法依规自主决策，不再需要备案；民营企业投资，如不涉及公共资源，不再实施招投标。

三 推动金融监管转型是当务之急

金融监管转型处于重要历史关节点。无论是提振经济信心，还是加快经济转型升级，都有赖于一个健康、稳定的资本市场。这就需要以规范、稳定资本市场为重点，形成标本兼治的改革行动方案。

8. 金融监管转型处于重要历史关节点，稳定资本市场牵动影响全局。这次股市异常波动中，场外配资、融资融券、股指期货等在非理性助涨助跌中扮演了重要角色。应当说，金融创新倒逼金融监管转型的特点十分突出。当前，稳定资本市场不仅牵动经济转型，还涉及社会稳定。建议以稳定资本市场为首要任务，在破题金融监管转型上迈出实质性步伐。

9. 尽快出台"资本市场政策托底"的一揽子的救市方案。当前"资本市场政策托底"出台了不少政策，但这些政策仍需要进一步完善，并形成制度化的安排。

（1）确定资本市场干预的底线。例如：承诺在股指低于某临界点时，监管部门要进行强力干预，给市场以稳定的预期。

（2）形成强有力的资本市场应急机制。形成财政与货币政策的联动机制，形成包括监管部门在内的多部门稳定资本市场的合力。

（3）加快推出提振资本市场信心的重大改革方案。如服务业市场开放、结构性减税、国有企业混合所有制改革等方案，形成资本市场的实质性利好。

（4）以中国证券金融股份有限公司为主体形成制度化的筹资机制。"证金公司"在稳定股市中发挥了重要作用，但在危机应对上并不专业。建议形成不以营利为目的、专业化、规范化管理的国家资本市场平准基金。

10. 以上市公司强制分红为重点，建立以保护投资者权益为导向的资本市场监管体制。改变资本市场监管重筹资功能、轻投资者保护功能的传统监管理念和监管方式，形成上市公司对投资者负责的制度约束。

（1）建立强制性分红机制，形成长期不分红上市公司的退市机制。

（2）建立和完善针对上市公司的中小投资者集体诉讼制度。

（3）提高证券业违法犯罪处罚力度，形成引导价值投资、遏制过度投机的长效机制。

11. 以统筹协调为起点，形成金融混业监管的新体制。此次股市异常波动涉及场外配资、股权质押贷款、伞形信托等的清理和整顿，这表明稳定资本市场已不仅仅局限于证券业，还需要银行业、保险业相关监管部门的通力配合。建议加快完善"一行三会"协调机制，尽快形成混业监管的制度性、机制性安排。

四　以监管转型释放内需潜力

适应全社会消费需求升级的大趋势，尽快在强化消费市场监管、服务业市场监管和垄断行业监管方面取得重大突破，以形成释放内需的重要保障，这是监管转型的重中之重。

12. 监管转型滞后制约内需大市场潜力的释放。当前，国内消费需求低迷有一个收入问题，但更有消费品市场监管不到位的突出矛盾：不少消费者宁愿购买高价洋奶粉也不愿意消费价格低廉的国产奶粉；随着服务型消费全面快速增长，服务业成为创新创业比较集中的一个领域，但与工业领域监管相比，服务业领域尚未形成有效的监管标准。

13. 以建立溯源体系为重点加快消费品市场监管转型。20世纪90年代以来，美国、欧盟、日本等逐步引入了消费品全程标识追溯系统。目前国内产品溯源技术在食品、药品、化妆品、保健品、农产品等领域开始推行，但产品溯源标准参差不齐，而且主要由企业主导，难以真正获得消费者信赖。建议由质监部门牵头，建立国家层面权威的第三方消费品溯源平台，形成统一标准，实现全程溯源，保证溯源数据信息的真实性和完整性。

14. 尽快形成服务业市场监管标准体系。从国际经验看，服务业领域监管过度会阻碍创新，监管不到位会导致企业"劣币驱逐良币"，关键问题是监管要有科学的标准。建议从发展势头快、创新速度快、容易出问题的服务业领域入手建立监管标准：在生活性服务业领域重点加快健康、教育、文化、电信等监管标准建设,在生产性服务业领域重点加快互联网金融、电子商务、研发、设计等监管标准建设。

五 以大数据为重点创新监管方式

大数据时代为实施有效的监管提供了重要的技术基础,充分利用大数据技术创新监管方式,成为降低监管中的人力物力成本、提高监管效能的重大任务。

15. 建立大数据监管系统,实现监管部门信息共享。建议尽快从国家层面形成大数据监管平台的实施方案。

(1)尽快建立全国统一的信用信息共享交换平台,消除部门间信息壁垒,实现监管信息共享。

(2)推动监管事项全覆盖,建立实时监管机制。

(3)启用市场主体信用信息公示系统,工商登记及监管信息可通过互联网向社会公开。

(4)充分运用大数据资源实现企业信用信息互联共享,形成联合惩戒机制,实现失信企业"一处违法、处处受限"。

16. 以专业化、技术化、标准化为重点创新监管方式。建议从我国国情出发,认真研究借鉴发达国家在这方面的成熟做法。

(1)逐步建立全国统一的信用标准规范体系,形成统一社会代码制度,以组织机构代码为基础对法人和其他组织进行身份标识,实现机构信用体系全覆盖。

(2)打造包括政务诚信、商务诚信、社会诚信和司法公信等在内的社会信用体系,实现社会信用体系与国际惯例接轨。

(3)形成精准打击的信息化监管模式,形成协调监管、随机抽查、经营者异常名录、"黑名单"等现代化监管方式。

(4)推动监管队伍专业化,在监管机构率先推行公务员职务与职级并行、职级与待遇挂钩制度，突出专业技术职级在确定干部工资、福利等方面的作用。

17. 充分发挥行业协会、商会的自律作用。近年来消费安全问题频发，不仅反映了政府市场监管职能的缺位，同时也反映了行业自律、行业规范的严重缺失。改革开放以来，虽然各行各业形成了数量众多的中介组织，但这些中介组织大多是行政机构的附属物，缺乏应有的独立性，由此使其在维护市场公平竞争中的作用十分有限。

（1）与政府简政放权的改革相配套，摸清"红顶中介"的家底，加快推动现有商会、行业协会的"政会分开"、去行政化。

（2）支持各个行业的民营企业在自愿的基础上联合建立各类商会、行业协会，以承接政府更大程度下放的行业管理职能，使其在行业自律、社会监督上有职有权。

（3）推行"一业多会"，形成有效的竞争机制，及时淘汰缺乏行业自律的商会、行业协会。

（4）尽快修改相关法律，对行业组织的专业性、独立性、治理框架作出规范，通过建立完善的法人治理结构，形成自己的社会责任担当。

18. 调动包括社会公众、媒体等多方面的力量加强市场监管。在政府"唱独角戏"的条件下，即使给监管部门大量增加经费和编制，也很难全面解决监管中的矛盾与问题，出路在于调动多方力量，尤其是社会力量，形成全社会的监管合力，构建多元监管体系。

（1）建立健全企业信用信息公示制度，及时发布信息，接受社会公共监督。

（2）健全舆论监督机制，允许媒体通过新闻报道、调查、评论等多种方式，对市场主体违法行为进行监督。

（3）运用和规范互联网监督，支持公众利用微信、即时通信工具等新媒体对市场主体进行监督。

六 调整优化市场监管权力结构

监管转型不是一个简单的技术问题，它触及深层次的行政权力结构调整。建议充分考虑监管转型的迫切性、现实性，以强化统一性、专业性、权威性为目标，尽快调整优化市场监管机构，形成金融监管、消费市场监管、垄断行业监管有效性的体制保障。

19. 尽快组建国家金融监管总局。除了稳定资本市场需要强化金融监管机构统筹协调之外，随着"互联网＋金融"的创新层出不穷，银行业、证券业、保险业金融机构之间相互渗透和交叉的趋势不断增强，对分业监管模式提出现实挑战。从这次股市异常波动看，迫切需要整合银监会、保监会和证监会的职能，组建国家金融监管总局，形成"统一领导、分级负责、条块结合"的金融监管新体制。

20. 尽快组建专司消费市场监管的国家市场监督管理总局。互联网时代为建立涵盖生产、流通、消费全过程的监管体系提供了重要条件。当前，不少地方政府成立了综合性的市场监管局并取得较好的效果。建议尽快整合国家食品药品监督管理总局、国家质量监督检验检疫总局和国家工商行政管理总局的消费品安全监管职能。这三个机构作为国家市场监督管理总局的执行局，使其成为独立性、专业化的消费品安全监管机构。

21. 尽快建立统一的国家反垄断局。我国自2007年《反垄断法》出台以来，反垄断执法工作在国务院反垄断委员会领导下由商务部反垄断局、国家发改委价格监督检查和反垄断局、国家工商行政管理总局反垄断与反不正当竞争执法局三个机构行使反垄断职能。从反垄断的执法实践看，由于三家反垄断机构调查及处罚难以统一协调，使反垄断的效果大打折扣。从反垄断的执法实践看，统一反垄断职能势在必行。建议整合商务部反垄断局、国家发改委价格监督检查和反垄断局、国家工商行政管理总局的反垄断执法权，组建国家反垄断局。

七 加快推进市场监管法治化进程

从实践看，以行政监管为主的传统市场监管模式难以避免监管的主观性随意性，难以形成专业化、技术化、标准化的现代化监管模式，市场监管走向法治化是大势所趋。建议确立2020年基本形成法治化监管框架的改革目标，对现有监管体制进行系统性重构。

22. 加快市场监管重要法律的立改废释。为使监管转型于法有据，建议以加快重点领域法律完善促进监管领域改革。

（1）适应金融监管转型的现实需求，修改《中国人民银行法》《银行业监管法》和《证券法》，形成混业监管的法律规范。

（2）研究出台综合性的《市场监管法》，强化市场监管的权威性；修改《食品安全法》和《药品管理法》，实行最严格的食品药品安全监管制度。

（3）将反行政垄断纳入《反垄断法》，对国有垄断等相关监管内容进行清理、修改，使这些行业监管体现公平竞争。

（4）以行政规章为依据的城管执法越来越被动，尽快出台《城市综合管理法》，提高城市管理的权威性。

23. 依法梳理和公布各级政府监管权责清单。与各级政府出台权责清单相适应，按照职权法定、高效便民、权责一致的要求，突出监管权责清单公开透明。

（1）公布各级政府监管权责清单，使每项监管事项都能够落实到具体的监管部门。

（2）公布监管部门权责清单，以公开化、透明化促进监管机构依法监管，规范监管程序。

（3）对于无法律依据的监管部门一律取消，防止因过度监管增加企业负担和抑制市场活力。

24. 依法规范监管程序。要在各类市场监管法律法规中对监管程序进行明确界定和规范。由于我国没有一部《行政程序法》，监管程序缺乏上位法的依据，建议尽快制定出台《行政程序法》，并将监管程序的法律规范作为重要内容之一，对政府监管程序进行严格规范。

高水平开放下的政府治理（26条建议）[*]

（2021年4月）

国家"十四五"规划和2035年远景目标纲要提出"实行高水平对外开放，开拓合作共赢新局面"，并强调"建设职责明确、依法行政的政府治理体系"。当前，高水平开放已经成为影响我国改革发展全局的关键因素，对提升政府治理效能及优化当前对外经济政策等具有重要作用。无论是适应以服务贸易为重点的开放新趋势，还是适应规则等制度型开放的新要求，以及适应转向经济全球化重要推动者的要求，都需要通过统筹国际国内，完善和改进治理方式，构建职责明确、依法行政的政府治理体系，不断提升政府治理效能。

一　高水平开放挑战政府治理

1. 我国进入高水平开放的新发展阶段。

近年来，我国对外开放开始由过去的商品和要素流动型开放为主，向规则、规制、管理、标准等制度型开放为重要特征的高水平开放转变，开放的内涵与外延发生深刻变化。第一，我国走向高水

---

[*] 中改院课题组：《高水平开放下的政府治理》，2021年4月。

平开放的主要趋势表现为由"引进来"为主转向"引进来""走出去"并重、由货物贸易为主转向以服务贸易为主、我国在经济全球化中的角色由积极参与者转向重要推动者。第二，我国高水平开放的时代特征以构建国内国际双循环新发展格局为基本要求、以推动自由贸易进程为战略目标、以服务贸易发展为重大任务、以打造对外开放新高地为重要突破、以构建高水平社会主义市场经济体制为重要保障。

2. 高水平开放倒逼政府治理变革。

在内外形势发生深刻复杂变化的背景下，高水平开放对政府治理变革提出新的要求、新的挑战。第一，以内需为导向的高水平开放要求强化政府需求管理。第二，推进以服务贸易为重点的开放对提升政府治理效能提出新的要求。第三，转向规则等制度型开放对提升政府治理效能提出新的要求。第四，转向经济全球化的重要推动者对提升政府治理效能提出新的要求。

3. 政府治理面临的突出矛盾。

当前，政府治理与高水平开放趋势不相适应的矛盾凸显，集中表现在国内需求管理不到位、服务业行政垄断和市场垄断尚未真正打破、市场监管变革滞后、落实竞争中性原则的体制框架尚未形成等方面。

二 以释放国内消费市场潜力为目标强化政府需求管理

4. 政府要成为促进公共消费的主体。

城乡居民的公共需求全面快速增长，全社会需求结构发生深刻变化，对公共消费提出新要求。从实践看，公共消费不足不仅挤占私人消费、制约消费潜力释放，而且容易增大中等收入群体的脆弱性。为此，争取到2025年初步形成公共消费体系，公共消费占比达到15%左右，公共消费结构进一步优化，公共消费体制机制进一步完善。

5. 以扩大中等收入群体为目标完善政府收入分配调节机制。

政府要肩负起收入分配调节职能，在以扩大中等收入群体为重点的利益结构调整上取得重大突破。一方面，推动形成中等收入群体为主体的消费新格局，中等收入群体消费占全社会消费总额的比重将由目前的46%左右提升至70%—80%，真正成为拉动消费的"主力军"。另一方面，完善政府收入分配调节机制，提升劳动报酬占比，提升一线劳动者报酬水平，增加居民财产性收入，加快税收结构变革。

6. 适应国内消费升级创新扩大进口的政策体制。

（1）充分发挥进口贸易促进创新示范区作用，积极探索扩大进口政策体制创新，切实降低关税水平，推动跨境电商综合改革试验，最大限度提升进口贸易自由化便利化水平，建设国际商品展示交易平台，打造区域扩大进口的重要基地。

（2）取消部分进口药品和医疗产品的增值税，建议适时取消药品及常见病所使用的医疗器械进口增值税，为解决老百姓看病贵提供重要条件。

三　适应服务贸易发展提升政府治理效能

7. 把服务业领域反垄断作为提升政府治理效能的重大任务之一。

（1）打破服务业领域的行政垄断与市场垄断。建议在教育、医疗、文化娱乐、交通运输等领域，进一步破除行政垄断，强化反垄断审查，全面放开社会资本准入。

（2）尽快修订《反垄断法》，增加并细化反行政垄断的内容，将竞争政策以及相应的公平竞争审查制度纳入《反垄断法》。

（3）加快形成服务业市场全面开放的政策体制环境。按照"非禁即准"的要求，凡是法律、行政法规未明令禁止进入的服务业领域，应向社会资本开放，鼓励引导社会资本参与发展服务业；进一步完善公平竞争的市场环境，消除不同产业间政策的差异；深化土地要素市场化配置改革，实现服务业与工业同地同价；逐步提升非公有制机构和公益性社会组织各类人才的社会保障水平，最大限度地缩小体制内外各类人才基本社会保障水平。

8. 放松重点领域服务业行政管制。

（1）教育市场扩大开放。对内简化审批流程、精简审批，对外开展独立办学试点并深化合作办学改革，加大政策支持力度，提升办学自主权。

（2）医疗健康市场加快开放。对内全面放开准入限制、大幅缩减审批事项，对外取消股比限制、支持合资办医，创新开放政策。

（3）文化娱乐市场全面开放。对内降低准入门槛、深化文化体制改革，对外审慎扩大开放，以提升供给质量为目标强化监管。

9. 服务业领域全面实施负面清单管理。

推进服务业领域审批制度改革，在电信、教育、医疗、健康、文化等内外投资者关注、国内市场缺口较大的服务业领域，全面实施负面清单管理，实行企业自由生、自主营、自由死等政策，最大限度提高企业自主权。一是在服务业领域全面实施"准入前国民待遇＋负面清单"管理制度；二是以全面实施市场准入负面清单制度取代传统行政审批制度；三是尽快形成内外资共同适用的负面清单管理模式。

10. 建立健全跨境服务贸易负面清单管理制度。

以实施服务贸易负面清单管理制度为重点打造升级版的双边多边自由贸易协定，争取到2025年，以服务贸易负面清单为主要模式尽快实现现有区域自贸协定升级，涵盖金融服务与电子商务议题的区域自贸协定数量占比提升至50%左右，我国与已签署区域自贸协定对象国（地区）间的贸易额占贸易总额的比重提升至50%以上。建议率先在海南自由贸易港推出我国第一份跨境服务贸易负面清单。

四 推进规则、规制、标准、管理与国际对接

11. 构建与国际通行规则相衔接的制度体系。

（1）推进边境上领域的规则对接，持续降低关税总水平，争取到 2025 年我国关税总水平由目前的 7.5% 下降至 4% 左右，其中零关税商品占比由目前的 50% 左右提升至 60% 以上，推进负面清单规则与国际接轨对接。

（2）在充分试验基础上推进边境后规则的对接，推动货物贸易进口便利化规则对接，以标准对接为重点提升服务贸易自由化便利化水平，强化知识产权保护的内外规则对接与合作。

（3）加强新规则的试验与对接，加强数据跨境流动的先行试验，加快探索环保标准与国际对接，以强化竞争政策的基础性地位为重点实现国内政策与国际的对接。

12. 健全外商投资准入前国民待遇加负面清单管理制度。

（1）大幅缩减市场准入负面清单。在教育、医疗、电信等服务业领域进一步放宽市场准入门槛，大幅缩减负面清单条目，使各类市场主体平等进入负面清单之外的行业与领域；制定负面清单动态调整机制；根据我国产业结构变化情况，建立市场准入负面清单的效果评估机制，鼓励第三方机构参与评估，及时对负面清单进行动态调整，不断完善市场准入制度体系。

（2）完善外商投资负面清单配套管理措施。参照国际经贸谈判负面清单模板，详细列明负面清单管理措施与相关描述，提高负面清单的可操作性；更多采取比例限制、岗位限制、差别待遇等方式，降低负面清单的行业限制强度；完善负面清单的附件体系，为关键领域及未来新业态预留空间；通过立法提升负面清单的稳定性与可预期性；建立"棘轮机制"，明确负面清单限制措施"只减不增"。

（3）全面清理各类"隐性壁垒"。全面清理不合理审批事项；尽快制定与准入负面清单相配套的审批清单；开展负面清单外无审批试点。

（4）全面落实准入前国民待遇。将准入前认证限定在满足最低标准要求的范围以内，除涉及人身生命健康、国家安全、系统性风险和生态环境保护等特定事项保留前置审批外，放宽对市场准入前置条件的限制，并最大程度在市场准入后，管理过程中保持中性；进一步细化准入阶段的管理权力、要素供给、融资方式、进出口权、税收政策、法律保护、司法救济等一系待遇标准，给内外企业明确预期。

13. 稳慎推进人民币国际化。

（1）扩大银行业、证券业、保险业对外开放。有序降低外资银行在国内设立机构、经营业务的准入门槛，实现各类银行金融机构公平竞争；着力打破外资银行的政策壁垒，逐步取消存贷比，简化行政审批手续；以外资参与高风险证券公司重组为重点，推进证券业市场对外开放，鼓励外资保险公司将先进经验和技术引入国内市场，寿险、医疗保险和养老保险等领域进一步向外资保险公司放开。

（2）稳妥推进人民币资本项目可兑换。扩大人民币在周边国家区域化使用的便利性，加强双边和多边货币合作，以"一带一路"为重点推动跨境人民币投融资业务持续发展，支持境内的人民币优质机构到境外发行人民币业务等，待时机、条件成熟时再全面实施人民币资本项目可兑换。

14. 完善出入境、海关、外汇、税收等环节管理服务。

（1）完善出入境管理服务，持续降低永久居留申请门槛，注重政策集聚人才的效果，为长期就业外籍人员提供稳定居留预期。

（2）完善海关管理服务，持续优化口岸营商环境，深化国际大通关机制化合作，支持扩大进口、促进出口、强化监管、优化服务。

（3）完善外汇管理服务，推进外汇管理体制创新，加快推进外汇管理与国际接轨。

（4）完善税收管理服务，打造与国际接轨的"非接触式"税收服务体系，实行与国际接轨的事中事后税收监管模式，加快形成与国际接轨的政府与市场共治格局。

五　适应落实竞争中性原则的政府治理变革

15. 把竞争中性作为完善政府经济治理的基本原则。

逐步确立竞争中性原则，符合全球经贸规则重构新趋势，符合我国深化市场化改革的特定要求，是优化营商环境的重大举措。需要按照竞争中性原则，实现对各类企业一视同仁、平等对待，由此进一步增强我国巨大内需市场的对内、对外吸引力。

16. 从制度上保障政府对国企、民企、外企一视同仁。

（1）以完善市场准入制度为重点实现公开市场。全面实施内外资一致的市场准入负面清单；全面清理不合理审批事项；开展负面清单外无审批试点。

（2）在公开市场的前提下实现各类企业公平竞争。实现国有企业与民营企业公平竞争；实现不同地区市场主体的公平竞争；实现内外资企业的公平竞争。

（3）加快实现体制内外政策的平等。实现体制内外人才评价与保障政策平等；实现体制内外资金获取机会平等；实现事业单位、民营企业、公益性社会组织政府采购政策平等。

17. 政府要为各类市场主体平等获取资源要素创造基础条件。

（1）把深化要素市场化配置改革作为应对变局开拓新局的重要举措，重在推动经济体制的制度集成创新，坚持目标引领和问题导向相结合分类推进要素市场化配置改革。

（2）着力推进土地要素市场化配置改革，发挥市场在土地资源配置中的决定性作用，加快建立健全城乡统一的建设用地市场，适应土地要素市场化改革推动城乡融合发展的体制机制创新。

（3）加快推动劳动力、资金、技术、管理等要素的市场化配置，以促进劳动力城乡流动为重点推动劳动力市场化配置改革，以完善多层次资本市场为重点推进资本要素市场化配置改革，以科技成果产权激励制度改革为重点推动技术要素市场化配置改革，以数据产权界定和数据交易市场培育为重点推进数据要素市场化配置改革。

18. 以竞争政策为基础加快推进产业政策转型。

（1）以竞争政策为基础加快推进产业政策转型，并用竞争政策协调产业政策及相关经济政策。

（2）从以产业政策为导向转向以竞争政策为基础，全面清理妨碍公平竞争的产业政策，全面实施普惠化的产业政策，全面实施功能性的产业政策，制定适用产业扶持政策的负面清单。

（3）强化对各类经济政策的公平竞争审查，赋予市场监管机构对经济政策的审查权，形成经济政策的审查标准和审查程序，强化重点领域的公平竞争审查。

六　适应监管转型的政府治理变革

19. 实现市场监管的主要对象由商品为主向服务为主过渡。

进入新发展阶段，释放服务型消费需求的巨大内需潜力直接依赖于服务业市场监管的有效性，推进以服务业为重点的开放进程也与市场监管的能力水平直接相关。一是加强重点服务业领域的市场监管；二是通过在有条件的省份建立统一权威的市场监管协调机构，统筹全省监管资源，提升监管效率；三是借鉴疫情防控的成功经验，将数字技术广泛应用于市场监管领域，推进市场监管的数字化、智能化转型。

20. 探索建立数字经济领域包容审慎的触发式监管机制。

（1）改变传统监管理念，对新经济业态实行包容审慎监管，充分激发市场主体创新活力。

（2）加强对市场违法新现象的事中事后监管，防止出现"监管真空"和"监管漏洞"。

（3）充分发挥平台企业对各类商家的管理能力，适度赋予平台企业监管权限，明确划分监管部门和平台企业的监管职责，进一步完善政府监管平台、平台监管商家的模式。

（4）充分利用大数据等现代信息技术手段对海量市场主体实行精准监管，创新监管机制，彻底打破监管部门、行业企业、行业组织之间的"信息壁垒"，调动各方参与监管的积极性，建立沟通顺畅、高效配合的多方协同监管机制，加快形成监管合力。

21. 推进服务业、知识产权、数字经济、公共服务等领域的监管规则与国际对接。

（1）加快提升服务业领域市场监管的国际化水平，以服务贸易为重点大力推行高端品质认证，建立健全社会第三方服务认证认可制度，在旅游、教育、健康医疗、文化娱乐、金融等服务业领域开展标准认证工作，对取得官方或国际协会认证的企业给予优先推介、税收减免等，在保证国家安全的前提下允许境外企业在我国提供相关服务。

（2）完善知识产权保护国际合作机制，积极参与国际知识产权规则制定。

（3）加快构建数字服务贸易监管标准体系，加强对数字知识产权监管，强化对数字服务贸易监管的国际协调，积极参与数字服务贸易规则制定。

（4）按照《政府采购协定》中的相关规则，加快修订与完善

《政府采购法》《招投标法》，加快加入世界贸易组织《政府采购协定》进程。

22. 加快推进监管法治化。

（1）研究出台《知识产权法》，并将现有的《专利法》《商标法》《著作权法》等纳入其中，明确我国知识产权保护范围，对侵犯知识产权行为的惩治做出具体规定。

（2）加快出台《数据安全法》，细化《电子商务法》等相关法律。

（3）推进政府购买公共服务法治化，将政府购买公共服务纳入《政府采购法》，出台政府采购负面清单，完善政府采购的政策体系。

（4）研究出台综合性的《市场监管法》，将反行政垄断纳入《反垄断法》。

七　健全开放安全保障体系

23. 统筹开放与安全。

（1）统筹国内发展和优化外部环境，积极推动共建"一带一路"，共建开放合作、开放创新、开放共享的世界经济，为国内发展创造良好外部环境。

（2）加快构建新型周边关系，针对周边国家不同情况、不同形势采取不同对策，积极推动落实 RCEP，推动实现区域合作共赢。

（3）处理好中美、中欧等大国关系，推进大国协调和合作，构建总体稳定、均衡发展的新型大国关系。

（4）以统筹开放与安全有效防范各类经济社会风险，健全国家对外开放安全保障体系，在积极促进和保护外商投资的同时有效预防和化解国家安全风险。

24. 创新应对经贸摩擦的政策工具。

（1）坚持把稳定就业作为应对外部经贸摩擦的基础保障。重视经贸摩擦对国内就业的冲击，加强就业监测与保障；加快构建实体经济与人力资源协同发展的产业体系；不断完善社会政策，有效控制失业率，实现就业与经济社会发展的良性互动。

（2）坚持把金融稳定作为应对外部经济风险的基石。将防范和化解金融风险作为应对外部经贸摩擦的重中之重，打通货币政策传导机制，强化财政政策在扩大内需和结构调整上的作用，形成政策合力；不断增强金融服务实体经济的能力，监管政策要考虑实体经济承受力，把握好结构性去杠杆的力度，积极防范风险。

（3）全面降低企业制度性交易成本，激发企业活力。改革以企业税、流转税、增值税为主的税制；进一步降低企业税费负担。

（4）加强国际宏观经济政策协调。加强全球范围内的政策协调合作；加强国际经贸和运输领域的通力合作；优化我国参与国际宏观经济政策协调的体制机制。

25. 健全外商投资国家安全审查、反垄断审查和国家技术安全清单管理、不可靠实体清单等制度。

（1）建立常设性的外资安全审查机构——外国投资安全审查委员会，在国家安全委员会指导下开展工作，对涉及国家安全的外国投资（包括绿地投资和并购投资）进行审查，强化国家安全审查的部门协调，进一步提升安全审查主体的层次与权威性。

（2）进一步完善安全审查与监管制度。加强外资安全审查配套立法；设置外资安全审查救济渠道及监督机制；不断完善"不可靠实体清单"制度。

（3）大力推动并引领外资安全审查制度的国际协调，将外资安全审查制度控制在合理限度内，并将其适用原则纳入双多边国际投资条约。

26. 建立重要资源和产品全球供应链风险预警系统。

（1）加快构建全产业链安全保障体系。加大核心关键供应链的财政支持力度；组建国家芯片产业发展联盟；加快科技创新投融资体系。

（2）积极发挥企业在供应链安全中的主体作用。加大对核心关键供应链上企业技术研发的支持力度；加快建设国家重点实验室；搭建核心关键供应链的国际平台。

（3）加强国际收支监测，保持国际收支基本平衡和外汇储备基本稳定。

（4）构建海外利益风险预警防范和保护体系，完善领事保护工作体制机制，提升对外援助对国家海外利益的综合支撑服务能力，维护海外中国公民、华侨、企业、机构安全和正当权益。

第六篇

建言民富优先

党的十七届五中全会明确提出,"以科学发展为主题,以加快转变经济发展方式为主线"。中改院认为,加快发展方式转型,实现公平与可持续的科学发展,在很大程度上取决于如何把握二次转型与改革的走向,为此,需要将民富优先作为二次转型与改革的重要特点和基本走向。2010年,明确提出国民收入倍增计划。中改院建议以转变发展方式为主线加快推进收入分配制度改革,到2020年力争中等收入群体扩大到6亿人左右,占比达到40%左右,为公平稳定可持续发展打下坚实的社会结构基础。2011年,中改院撰写出版中国改革研究报告《民富优先——二次转型与改革走向》,提出"民富优先的二次转型是我国跨越中等收入陷阱,顺利进入高收入国家行列的战略选择""以转变发展方式为导向改革收入分配制度""尽快制订并实施国民收入倍增计划"等观点,受多方面的高度关注。推进中等收入群体倍增,调整和优化社会结构,是21世纪初中改院的重要建议。这些观点与建议集中地回答了我国作为一个发展转型中的大国走向共同富裕所面临的重大问题。

尽快制订并实施国民收入倍增计划（12条建议）[*]

（2010年4月）

尽快制订并实施未来10年的国民收入倍增计划，是后危机时代我国缓解并缩小收入差距的现实需求，是化解社会矛盾、构建和谐社会的客观要求，也是未来5—10年我国发展方式转型的关键所在。

一　建议尽快制订未来10年的国民收入倍增计划

提出国民收入倍增计划，旨在破解工业化生产能力与社会居民消费能力差距不断扩大的现实问题，在保障经济持续增长的同时提高全民收入水平，构建有利于消费的制度基础，以实现公平与可持续发展的基本目标。

1. 我国进入"不分好蛋糕就做不大蛋糕"的关键时期。改革开放30年，我国以"做大蛋糕"为核心目标和重点任务的发展方式取得历史性成就，社会产品供给日益丰富，温饱问题基本解决，

---

[*] 中改院课题组：《尽快制订并实施国民收入倍增计划（2010—2020）（12条建议）》，2010年4月。

实现了"供给管理"的预期目标。当前，突出的问题是居民收入增长长期低于同期经济增长速度，且存在严重的收入差距和分配不公，导致社会消费能力明显不足。当务之急，应加强"需求管理"，"分好蛋糕"，方能调动各方面积极性，"做大蛋糕"。

2. "分好蛋糕"需要尽快制订并实施国民收入倍增计划。要"分好蛋糕"，目的在于实现"民富"。从当前的矛盾看，重点在于改变劳动者报酬占GDP比重与居民收入占国民收入比重持续下降的格局，扭转城乡、区域、不同社会群体之间收入差距不断扩大的趋势。这客观上要求实施惠及全民的国民收入倍增计划。日本20世纪60年代开始实施的"国民收入倍增计划"是其突破发展瓶颈的关键。其后10年间，日本国民收入实际年平均增长率达11.5%，形成了近亿人的中等收入群体，由此奠定了经济增长和社会稳定的基础。

3. 明确未来10年国民收入倍增计划的约束性指标。建议把提高消费率作为国民收入倍增计划的最终目标，力争到2020年消费率和居民消费率分别达65%和55%左右。在此基础上，明确国民收入倍增计划的核心目标。建议从四个层面制定详细的国民收入倍增计划目标："两个不低于、两个提高、一个缩小、一个扩大"（简称"2211"）。

（1）居民收入增长速度不低于GDP增长速度，劳动者报酬增长速度不低于企业利润增长速度。初步估算，考虑通货膨胀因素，建议城乡人均收入年均增长不低于15%，到2015年翻一番，到2020年翻两番。

（2）不断提高劳动报酬占比和居民收入占比，到2015年分别提高到50%和65%左右；到2020年分别提高到55%和70%左右。

（3）不断缩小城乡收入分配差距，到2015年控制在3.2∶1左右；到2020年控制在3∶1左右。

（4）不断扩大中等收入群体，到 2015 年达到 30%，争取到 2020 年达到 40% 左右。

二 未来 10 年实现国民收入倍增目标具有比较好的现实条件

应当说，当前我国在实现国民收入倍增计划目标上，有比较多的有利条件。

4. 较大的增长潜力是实现国民收入分配结构调整目标的基础。过去 30 年，我国经济年均增长 9.8%；其中 2001—2008 年间年均增长 10.2%。有研究表明，从我国资本积累、劳动投入和全要素生产率的变动看，经济自然增长率呈逐步提高的趋势，未来 10—20 年，达到 8%—9% 的自然增长率完全有可能。考虑到 3%—4% 左右的通货膨胀率等因素，经济名义增长可达到 11%—13%。在这个大背景下，建议：

（1）居民名义收入年均增长比经济增长快 2—3 个百分点，国民收入倍增计划中提出的居民收入年均增长达到 15% 的可行性非常大。

（2）从中等收入群体看，研究表明当前我国中等收入群体占总人口的 23%，并且以每年一个百分点的速度增长。随着经济增长潜力的释放以及公共政策的倾斜，"扩中"速度有望每年提高 1.5 个百分点。由此，未来 5 年、10 年中等收入群体分别达到 30% 和 40% 左右的可能性较大。

5. 城市化进程提速是缩小城乡差距的重要条件。不断提高城市化进程，可以有效缩小城乡差距。从各省实际情况看，城市化水平越高，城乡收入差距越少。例如，贵州城市化率只有 28.24%，其城乡收入差距高达 4.5；上海城市化率为 88.70%，其城乡收入差距仅为 2.33。有研究表明，城市化率对城乡收入差距的影响系数为 -0.0276。1998—2008 年我国城市化率每年提高 1.23 个百分点。

因此，如果城市化率能够保持甚至略高于这一速度，每年提高 1—1.3 个百分点左右，未来 10 年左右累计提高 10—13 个百分点，城乡收入差距将缩小 0.28—0.36 个点，差距控制在 3∶1 的可能性就相当大。

6. 数量型人口红利的逐步弱化将倒逼劳动力成本上升，使国民收入分配结构开始向劳动者倾斜。未来 5—10 年，劳动力数量的优势将逐步消失，需要尽快培养质量型人口红利，由此对国民收入分配结构调整形成"倒逼"。有研究表明，在 2004 年全国农村劳动力总量 49695 万中，扣除农业必要劳动力等因素，可供转移的劳动力不超过 5800 万，剩余率只有 11.7%。2010 年沿海地区的民工荒表明，我国的招工难问题有可能长期化，这将直接倒逼劳动力成本上升。例如，上海市 2006 年最低工资标准为 750 元，2008 年则上升到 960 元，2010 年 4 月起最低工资标准又将上调 15%；广东省最低工资标准在 2010 年 5 月起将平均提高 21.1%。

7. 以公平为基调的公共政策调整使国民收入分配结构改善出现好的势头。近几年，公共政策尤其是社会政策的调整，使中低收入群体的收入状况有了明显改善。以公共服务体系为例，基本公共服务差距对城乡收入差距的影响权重达 30%—40%。近几年农村社会福利体系的逐步建立（教、医、救、养），使农民的实际收入逐步提高，缓解了城乡收入差距扩大的趋势。测算表明，如果未来 10 年左右投资 15 万亿—20 万亿元在基本公共服务体系进行建设，可以初步实现城乡基本公共服务均等化，扭转再分配的逆向调节作用。

8. 发达地区在国民收入分配格局调整上的先行先试可以积累相关经验。面对内外环境的变化，一些发达地区开始率先在国民收入分配格局上推出大的改革措施，走在全国前列。例如，2009 年广东省出台了《广东省基本公共服务均等化规划纲要（2009—2020

年)》，10年间将投入财政资金近2.5万亿元以推进基本公共服务均等化，年均增长15.4%。发达地区的先行先试，不仅有助于加快推进基本公共服务均等化进程，而且对调整区域内收入分配格局将产生重要影响。

三 实现国民收入倍增目标重在推进政策调整和体制创新

从现实情况看，国民收入倍增计划实施的重点在于规范国有资源的配置，并推进相关的政策调整与体制创新。

9. 以"民富"为目标调整国有资源配置。当前收入分配差距过大的最大问题在于国有资源配置的不合理。

（1）调整国有资源布局。当前，收入分配差距扩大的一个重要原因是国有资源在很大程度上配置于市场领域而不是公共领域。着眼于调整国民收入分配基本格局，建议加快国有资源配置的结构性调整。比如，要反思央企涉足房地产开发的现象。国有资本涉足房地产，应主要限定在提供保障性住房和廉租房领域。

（2）推进国有资源的税费改革。尽快推进资源税改革，改革国有资源的税费体系，理顺资源性产品的分配格局，改变少数企业享受资源红利的格局。

（3）对垄断行业实行收租与分红制度。尽快建立常态化的垄断行业和国有企业收租分红机制。建议将征收"特别收益金"改为征收"超额利润税"，将垄断利润以税收名义收归公共所有，并不断提高国有企业上缴租、税的比重。同时，建立全口径的财政预算体系，涵盖国有企业的资源使用租金和利润分红。

10. 落实"民富优先"，创造条件让更多群众拥有财产性收入。当前，居民收入差距的很大一部分来源于财产性收入，亟须通过体制机制创新，贯彻落实党的十七大提出的"创造条件让更多群众拥有财产性收入"。

（1）推进农村集体土地流转制度改革，使农民真正享受到土地资产增值的红利。土地是农民最重要和最主要的财产，建议尽快出台土地物权法配套法规，明晰农村土地产权并赋予农民产权主体的地位，使农民拥有物权性质、可转让的土地使用权，进而保障农民能够充分享受土地流转的增值收益。

（2）规范和完善资本市场，保障投资者权益。着眼于居民财产性收入，应积极完善资本市场，建设法治环境，开放理财业务，为社会提供公平、健康的投资理财环境。

（3）推行"职工持股计划"，使职工真正享受到企业增值红利。建议"十二五"鼓励中小企业率先探索，让职工无偿或低价获得企业股票，参与分红，条件成熟时推广到大中企业。

11. 控制政府财政收入增长速度，调整财政支出结构。当前的财政问题核心不是总量不足，而是结构不合理。

（1）建议合理控制各级政府的财政收入增长速度。一方面，预算内财政收入增长速度以不超过上年 GDP 增速为宜；另一方面，控制预算外收入规模，尤其是改革地方政府土地出让金管理制度。建议条件成熟时，取消预算外收入制度，使预算外收入、非预算收入全部纳入全口径财政预算管理范围内。

（2）调整财政支出结构，使财政支出更多地用于公共服务供给。建议未来 10 年左右，在基本公共服务均等化方面投入 15 万亿—20 万亿元，年均增长 5% 左右，使基本公共服务均等化水平明显提高，由此提高中低收入群体的实际收入水平。

（3）加快各级政府财政收入及公务人员收入公开化进程。收入分配之所以成为社会矛盾焦点之一，重要原因在于政府财政和官员收入的不公开。为此：第一，在控制行政成本的同时，重要的是推进政府预算与支出的公开化，使财政收支置于人大与社会监管之下。第二，规范公务员的工资外收入，全面实施阳光工资制，取消实物分配，消除灰色收入。尤其要取消各级政府和国有企业提供的福利性住房分配制度。第三，加强反腐败力度，杜绝腐败等形成的黑色收入。

12. 把国民收入倍增计划纳入"十二五"规划，形成对政府的约束性指标。实施国民收入倍增计划有利于促进发展方式转变。为此，建议尽快出台操作性强的国民收入倍增计划，并把这些指标作为"十二五"规划的约束性指标。

以转变发展方式为导向改革收入分配制度（16 条建议）[*]

（2010 年 12 月）

我国经济发展方式转变的实质，是实现发展导向由经济总量向国民收入的历史性转变，走公平与可持续的科学发展之路。如何按照经济发展方式转变的要求推进收入分配制度改革，是"十二五"时期迫切需要解决的重大课题。

一　收入分配制度改革需要明确的中长期目标

1. 尽快提高城乡居民的实际收入水平。考虑到我国经济发展由生产推动型向消费推动型转变的现实需求，建议将城乡居民收入和劳动者报酬增长作为"十二五"规划的约束性指标。

（1）确保城乡居民收入的实际增长不低于 GDP 增长速度，实现居民收入增长和经济发展同步。按照年均 8% 的实际增长，到 2020 年使城乡居民实际收入翻一番。

（2）确保劳动报酬增长与劳动生产率提高同步。按照年均增长

---

[*] 中改院课题组：《按照发展方式转变的要求推进收入分配制度改革（16 条建议）》，2010 年 12 月。

不低于10%的速度，到"十二五"末，使我国劳动报酬占GDP的比重从当前的35%左右提高到50%左右，接近中等收入国家的合理区间。

2. 有效缓解和缩小收入分配差距。"十二五"时期应将有效缓解和缩小收入分配差距作为重要目标并规定约束性指标。

（1）控制城乡收入差距。建议到"十二五"末城乡居民名义收入差距由当前的3.3∶1缩小到3∶1左右，到2020年控制在2.5∶1左右。

（2）控制行业收入差距。考虑到我国行业间工资差距的垄断因素，"十二五"应重点控制垄断行业的过高收入，在这个前提下有可能将行业差距从当前的11倍缩小到7倍左右。

（3）扩大中等收入群体比例。目前，我国中等收入群体的比例大概为23%，大大滞后于工业化的实际进程。建议"十二五"以年均提高2个百分点为约束指标，5年后使中等收入群体占比达到33%，2020年达到40%左右，接近中等收入国家水平。

3. 确立财产权保护的基本制度。确立财产权保护的基本制度既是完善市场经济的基本要求，也是提高居民财产性收入的基础保障。把确立财产权保护制度作为收入分配制度改革的基本目标之一，对稳定社会预期、营造公平分配的社会环境意义重大。建议在《物权法》的基础上，加快财产权制度改革。

（1）进一步提高私人财产权保护在整个法律体系中的地位。依照国际惯例，将私有财产权纳入公民的基本权利体系，加大对私人财产权的保障力度。

（2）加强和完善私人财产权相关的行政立法。严格按照《物权法》清理、修改和规范诸如城市拆迁条例等不利于私人财产权保护的相关规定，使各类行政条例都能够体现强化私人财产权保护的要求。

（3）完善关于征收、征用私人财产的相关法律制度。设置严格的征收、征用原则和程序。明确界定因公共利益征收征用私人财产的范围，在征收、征用私人财产中实行公民参与制度和听证制度等，避免因不规范操作侵害私人财产权。

4. 规范收入分配秩序，增加收入分配的透明度。无论是提高居民收入水平，还是调节收入分配关系，确立和保护财产权，都有赖于财产公开和透明有序的收入分配秩序。把确立财产公开制度和透明有序的分配秩序作为收入分配制度改革的基本目标之一，将大大提高整个国家在收入分配领域的治理能力和治理水平，为中长期收入分配治理奠定重要基础。

（1）在完善工资标准的基础上，全面实施阳光工资制，提高收入透明度。清理、规范各类津贴、补贴，取消实物分配，消除灰色收入。

（2）健全以权力监督、行政监督为主，司法监督和社会舆论监督为辅的多层次监督体系，加大对公务员财产的监督力度，逐步创造条件在全社会实行财产公开和申报制度。

（3）实现财政预算和国有资产管理公开化、透明化，加强人大的审计和监督。

二 加快建立完善的劳动报酬保障机制

5. 劳动报酬偏低是一个客观现实。

（1）劳动报酬占 GDP 比重处于历史低点。根据省际收入法 GDP 构成数据，这一比重 1990 年为 53.4%，1995 年为 52.8%，2000 年为 51.4%，2006 年为 40.61%，2007 年为 39.74%。从 2000 年到 2007 年，下降了 11.66 个百分点。

（2）劳动报酬增长速度落后于劳动生产率增长速度。按照国家统计局 1998—2007 年数据，全部国有及规模以上非国有工业企业的全员劳动生产率提高了1.33倍，而同期企业职工的平均工资仅提高了0.83倍。

（3）2007年，我国劳动报酬占比（39.74%）远低于美国（55.81%）、英国（54.5%）、瑞士（62.4%）、德国（48.8%）等发达国家，也低于2006年韩国（45.4%）、俄罗斯（44.55%）、巴西（40.91%）等新兴经济体。

6. 重在解决劳动报酬形成机制。我国劳动报酬偏低有一个发展阶段和水平的问题，但更重要的是体制机制问题。例如，在市场经济条件下，为避免由雇主单方确定薪酬标准的不合理性，多数国家都采取工会、雇主组织共同协商的方式，但我国至今尚未形成完善、有效的工资集体谈判机制。现有企业工会领导大多数是企业的中高层管理人员，造成工会干部难以全面反映和代表职工利益。由此，相当多基层工会组织为劳动者维权的作用尚未充分发挥出来。同时，雇主组织建设还处在起步阶段，尚未建立跨行业、跨地区的处理劳工关系的雇主组织，使劳动谈判仅限于单个企业中的职工与雇主之间，还不能适应劳动力跨企业、跨行业流动的现实需求。

7. 采取综合性措施完善劳动报酬保障机制。

（1）在就业不充分条件下提高劳动报酬并不现实，应建立就业优先的体制机制。把城乡就业率作为宏观调控优先指标；实施城乡统一的公共就业服务制度，实现就业援助、就业培训、就业服务的城乡一体化；以打破行政垄断为重点扩大中小企业和服务业就业；建立有利于全民创业的体制机制，重点推进对科技创业、高校毕业生创业和农民工创业的扶持力度。

（2）加快建立企业主、工会、政府三方共同协商的工资谈判机制。政府要建立最低工资标准定期提升的制度，各地最低工资标准应当不低于当地社会平均工资的50%左右；加强工会在工资集体协商谈判中的作用，使劳动报酬能够随劳动生产率的提高而同步提高；建立由政府、工会、企业主三方代表组成的薪酬委员会，在工资谈判中发挥经常性作用。

(3) 统一劳动力市场政策，实现全体劳动者同工同酬。把消除城乡之间的薪酬歧视作为完善劳动力市场、实现城乡一体化的重点；实现垄断行业用工市场化，杜绝因特权而非劳动生产率提高的因素造成行业收入差距；逐步实现体制内外薪酬福利制度的统一。

(4) 完善和落实初次分配领域的劳动法律法规。推进工资集体协商专项立法，在全国范围内明确工资支付范围、标准，使工资形成机制规范化；在法律上使同工同酬明确化，可执行；加大《反垄断法》落实力度，在《关于进一步规范中央企业负责人薪酬管理的指导意见》的基础上，出台《国有企业薪酬监督管理条例》，规范国企尤其是垄断行业的收入水平。

三　以基本公共服务均等化为重点完善再分配

8. 充分估计基本公共服务在调节收入差距中的作用。从现实看，基本公共服务差距成为实际收入差距的重要组成部分。例如，我国城乡居民人均收入比已达到 3.33∶1，若把基本公共服务，包括义务教育、基本医疗、社会保障等因素考虑在内，城乡居民人均实际收入差距则高达 5—6 倍。据此估算，城乡基本公共服务差距对城乡居民人均实际收入差距的影响度在 30%—40% 左右。有研究表明，农村家庭主要劳动力平均受教育年限每增加 1 年，贫困发生风险就可以降低 12.9%；家庭非农收入比重每增加 1 个百分点，贫困发生率就可以降低 3.2%。除城乡差距之外，地区差距、不同社会群体之间的收入分配差距，都在不同程度上受基本公共服务差距影响。

9. 把基本公共服务均等化作为新阶段完善再分配的重点。

(1) 我国收入分配差距是在公共需求全面快速增长与公共产品

短缺、基本公共服务不到位的矛盾突出的特定背景下拉大的。

（2）基本公共服务均等化是建设消费大国的重要举措。据测算，2005年中国城乡居民用于教育和医疗的额外支出对其他商品和服务消费产生的挤出效应达到5810.7亿元。初步估计，如果政府在城乡基本公共服务均等化上的投入到位，消费率大概可以提高4—5个百分点。

（3）基本公共服务均等化是投资于人，对提升人力资源素质，建设创新大国具有决定性影响。

（4）十六届六中全会提出"逐步实现基本公共服务均等化"。"十一五"时期，我国已做了较多的实践探索，包括城乡义务教育免费、农村新型合作医疗制度建立等。"十二五"在这些方面更有条件集中突破。

10. 尽快制定并实施全国基本公共服务均等化规划。

（1）确立基本公共服务最低标准。建议对义务教育、公共卫生与基本医疗、基本社会保障、公共就业服务、基本住房保障五项社会最急需的基本公共服务制定全国性最低标准。

（2）设置基本公共服务投入约束性指标。使其增长高于GDP、财政收入增长速度，并确保新增财政收入在基本公共服务上的投入更多地用于农村、落后地区、贫困人群。

（3）考虑到加快城市化进程的需要，"十二五"时期应使基本公共服务均等化与农民工尤其是新生代农民工市民化相衔接，与城乡户籍制度改革相衔接，重点解决农民工市民化进程中急需的基本公共服务。

四 以理顺收入分配关系为目标推进财税体制改革

11. 重视财税体制在收入分配中的调节作用。财税体制改革滞后是收入分配关系难以理顺的根本原因。1994年分税制改革以来，我国财税体制在激励地方政府做大经济总量上的效应明显，但在收入分配调节中的作用有限。从初次分配看，政府收入占比过高，各类税费、国有企业收入、国有资源收益等在内的政府收入占GDP的38%—39%，在一定程度上压缩了居民收入和劳动报酬提高的空间；从再分配看，基本公共服务支出财政占比偏低，目前还不到总支出的40%，而且基本公共服务对收入分配差距的正向调节作用不足。对以做大经济总量为目标的财税体制进行整体性重构，已成为新时期收入分配制度改革不可回避的重大任务。

12. 新一轮财税体制改革要以理顺收入分配关系为基本目标。

（1）1994年以来扩大财政收入在整个国民收入中的比重、中央财政在整个财政收入中的比重的历史使命已经完成。新时期以"藏富于民"为基本趋向，既可以发挥财税体制在调节收入分配中的作用，又可以在扩大国内消费需求上有所作为。

（2）在初次分配中，可以考虑将国有资产租金和利润、土地出让金等预算外收入和非预算收入纳入财政预算，形成规范的全口径财政收入体制。与此同时，实施结构性减税政策，降低政府生产税的比重，改变个人所得税以工薪阶层承担为主的局面，切实降低低收入者税负，在提高居民收入和劳动报酬份额中发挥作用。

（3）在再分配中，调整财政支出结构，注重大幅度降低经济建设支出和行政管理费用的占比，为推进基本公共服务均等化奠定重要的财政基础。

13. 推进收入分配、财税、行政体制的联动改革。收入分配制度改革既涉及现行财税体制，也涉及政府自身，考虑到单项改革突破的难度，建议"十二五"时期实现收入分配、财税、行政体制的联动改革，在三个领域交叉的共性环节重点突破。从现实看，可以考虑把基本公共服务均等化作为突破口，形成三个领域改革协同推进的局面。

五　收入分配制度改革的关键在于政府转型

14. 收入分配差距有市场的因素，但重要的是政府因素。初次分配中，国有垄断行业所造成的收入分配不公，根源在于明显的行政性倾向和自身利益倾向。如果政府角色不转变，国有资本配置的定位问题不解决，只对垄断性国有企业收租分红，能解决部分问题，但不能解决源头问题。再分配中，基本公共服务的收入分配调节作用不到位，很大程度上在于政府职责的不明确。当前中央地方财税关系主要以激励做大经济总量为导向，各级政府在经济建设上的目标很清楚，但在收入分配关系调节的职责分工上尚缺乏明确的制度安排。而且，过大的、不合理的行政支出对政府的基本公共服务投入产生了明显的"挤出效应"。

15. 政府转型对收入分配制度改革具有决定性作用。理顺初次分配关系，重要的是通过政府转型，以民富优先为目标调整国家、企业、居民的分配格局；建立再分配体系，重要的是通过政府转型，划分中央地方在收入分配调节中的分工与责任；建立公平分配的基础制度，重要的是通过政府转型，规范行政支出，杜绝与公权力相关的腐败和不合理的收入。

16. 适应民富优先的目标推进政府转型。

（1）以公益性为目标调整国有资本配置。在公共服务型政府的框架下制定国有资本战略性调整的整体方案，将更多的国有资本配置在公益性领域，并加快公益机构改革，充分发挥国有资本在调节收入分配关系中的重要作用。

（2）建立中央地方在收入分配中的职责分工体系。明确各级政府在基本公共服务中的责任分工，使基本公共服务职责法定化、可问责。

（3）制订削减行政支出的计划。我国行政支出存在很大压缩空间，"十二五"使行政成本在现有水平上削减15%—20%是有可能的。

从国富优先走向民富优先（8条建议）[*]

（2011年2月）

我国进入公共产品短缺时代，发展型需求成为经济发展的内生动力，在客观上要求实现改革导向从国富优先向民富优先转变。第一，释放13亿人的发展型需求对公平分配提出新的要求，我国已到了"不分好蛋糕就做不大蛋糕"的历史新阶段。第二，要分好蛋糕，突出的矛盾在于国富优先的改革导向。在过去30年的改革进程中，由于采取了政府主导型的市场经济模式，我国在改革导向上带有国富优先的突出特征。第三，国富优先在集中力量办大事、扩展经济总量、反贫困上都取得了重要成效。但也要看到，进入新阶段，国富优先使财富集中于国家，不仅难以有效释放13亿人的发展型需求，还会强化政府主导的投资扩张，扭曲市场，延缓经济结构调整，加剧生产过剩的矛盾。如何从变化了的形势出发，做出民富优先的战略选择，是我国二次转型与改革的首要和全局性课题。

一　从国富优先向民富优先的历史性转变

我国从计划经济时代走来，计划经济的主要基础是公有制，国

---

[*] 中改院课题组：《民富优先——二次转型与改革走向》，2011年2月。

富优先是计划经济的重要特征。历史地看，以国富优先为基本特征的发展模式在生存型阶段的特定背景下取得了举世瞩目的成就。但是，进入发展型新阶段，国富优先的负面效应开始凸显，我国已站在由国富优先向民富优先转变的历史新起点上。

1. 私人产品短缺与国富优先的历史性作用。

（1）国富优先有效地推进了经济起飞。在生存型阶段，解决私人产品短缺的问题，关键在于做大经济总量。改革开放30多年来，通过政府主导的经济发展模式使各种资源向政府手中集中，发挥了"集中力量办大事"的体制优势，实现了经济快速发展。1978—2009年，我国经济总量大幅提升、国家财政能力不断增强。国内生产总值由3645.22亿元增加至343464.7亿元，年均增长9.9%；人均国内生产总值由不足228美元增加至3744美元，按照世界银行的标准，我国已经进入中等收入国家的行列。财政收入由1978年的1132.26亿元增长至2009年的68518.3亿元，增长了60.5倍。

（2）国富优先在满足全社会生存型需求和反贫困上卓有成效。由于我国采取的是渐进式的市场化改革道路，市场机制不完善、民间投资难以启动等问题一直都很突出。在市场力量不足的特定背景下，政府集中社会财富扩大生产，有效地缓解了私人产品短缺的状况，满足了全社会的生存型需求。城乡居民收入增长幅度较大。城镇居民家庭人均可支配收入从1978年的343.4元增加至2009年的17174.7元，增长895.4%；农村居民家庭年均纯收入由1978年的133.6元增加至2009年的5153.2元，增长860.6%。在贫困人口的大幅减少上取得举世瞩目的成就。

（3）国富优先使生产能力快速扩张，我国成为全球生产大国和贸易大国。国富优先的发展方式在促进经济快速增长上具有明显优势。例如，各级政府集中社会财富在基础设施上进行的巨额投资，是许多国家难以实现的。这是我国经济长期快速增长的重要因素。

——2010年，我国经济总量首次超过日本，成为世界第二大经济体。国内生产总值占世界的比重由1978年的1.75%增至2008年的7.14%，在世界经济中的地位越来越突出。

——我国成为世界性生产大国。在世界16种主要工业品和农业品中，产量第一的品种由1978年的1种增加至2008年的9种，具体到工业品，已有210种产量居全球第一。

——我国成为世界贸易大国。进出口贸易总额大幅攀升，外贸总额由1978年的206.4亿美元增长到2009年的22075.35亿美元，年均增长16.27%，占世界贸易总额的比重从1.65%增长到7.88%，其中，出口总额排名世界第二，进口总额排名世界第三，成为仅次于美国、德国的第三大贸易国；到2010年9月，外汇储备达到26483.03亿美元，稳居世界第一大外汇储备国家。

2. 公共产品短缺下国富优先的历史缺陷。

（1）国富优先不利于劳动者报酬的快速增长。在GDP总量一定的背景下，政府收入占比的提高势必会压低企业或居民所占份额。从收入法核算的GDP看，主要表现为政府收入对居民收入的挤占，劳动者报酬占比从1994年的51.2%持续下降到2007年的39.7%。从国际比较看，我国劳动者在初次分配中的占比低于大多数世界重要的经济体。2007年，美国劳动报酬占比为53.13%，英国为53.22%，法国为51.51%，德国为48.61%，韩国为46.05%，日本为51.29%。需要说明的是，工业化加速推进特别是重化工业阶段，劳动者报酬占比会相对偏低，并伴有少数年份的下降，但持续下降现象少见。例如，日本和韩国在其重化工业阶段，劳动者报酬占比也曾出现过低于40%的年份，但没有出现过长期持续下降的趋势。因此，我国劳动者报酬占比偏低，一定程度上是发展阶段的体现，但自1995年以来的持续下降问题不能简单用发展阶段来解释。

（2）国富优先客观上抑制了社会消费需求。"国富优先"使国家生产力增长优先并快于民众消费能力的增长，导致社会总需求不足，经济发展缺乏内生动力。"国富优先"会因为国家生产力、国家财富增长快于社会收入增长与消费能力增长，由此加剧国内生产过剩的矛盾。一方面，我国部分产能已经严重过剩；另一方面，我国消费率长期处于较低水平，持续呈现下降趋势，尤其是2000年以来，消费率下降更为明显。

（3）国富优先成为收入分配差距不断扩大的突出因素。如果考虑到城乡基本公共服务的因素，城乡居民实际收入差距可能达到5—6倍。国富优先导致城乡差距持续扩大。例如，土地成为地方政府的第二财政，农民难以从土地增值中获益，成为拉大城乡差距的突出因素。而且，政府财政收入增长并没有保证城乡基本公共服务均等化。1978—2009年，我国城乡居民名义收入差距从2.57倍扩大到3.33倍。尽管农村内部、城市内部的基尼系数差距都在0.4以下，但由于城乡差距的持续扩大，基尼系数接近0.5。

——国富优先背景下的垄断行业收入过高，成为拉大收入分配差距的重要因素。石油、电力、电信、烟草等行业的员工人数不到全国职工人数的8%，但其收入却相当于全国职工工资总额的60%。与此同时，人力资源和社会保障部统计，目前，电力、电信、金融、保险、烟草、石化等行业职工的平均工资是其他行业职工平均工资的2—3倍，如果再加上工资外收入和职工福利待遇上的差异，实际收入差距可能达到5—10倍。

——国富优先使财富向政府集中，但财税体制存在收入分配逆向调节。例如，2008年，城镇居民人均收入中，转移性收入3928.2元，占23%；农村居民人均纯收入中，转移性收入323.2元，占6.8%。农村居民获得的转移性收入仅相当于城镇居民的8.2%。在城乡之间、国有单位与非国有单位之间，不同地域、不同身份的人们在教育、医疗卫生、社保、就业等方面执行不同的政策，享受不均等的公共服务，不仅拉大了当前的收入分配差距，还造成了起点不公平、机会不公平的问题，成为居民收入差距扩大的重要因素。

二 由民富优先走向公平与可持续发展

民富优先是针对我国新时期发展阶段的变化，适应新时期社会矛盾阶段性变化的历史性选择。新时期树立民富优先的发展理念和发展导向，有利于化解当前面临的经济社会矛盾。在二次转型与改革中，确立民富优先的改革导向，就是走公平与可持续的科学发展之路。

3. 民富优先有利于扩大消费。

（1）民富优先有利于提高居民消费总量。提高居民收入是消费能力和消费总量扩张的前提，没有居民实际收入水平的快速提高，扩大消费总量的目标很难实现。而民富优先主要是优先提高城乡居民收入水平，所以，民富优先有利于提高消费总量。居民实际收入水平过低，在很大程度上是由于政府收入过高挤占了民间收入。在政府收入占比高于世界水平的背景下，通过削减政府收入来增加居民收入的空间巨大。

（2）民富优先有利于形成良好的居民消费预期。民富优先要求政府把自己的财政收入主要用于公共服务领域，这将有利于形成良好的居民消费预期。由于医疗和社会保障等基本公共服务供给不到位，也由于教育、医疗、社会保障等基本公共服务的价格上涨速度超过了人均收入的增长速度，家庭把部分收入存入银行，以防不测，导致城乡居民的消费预期不稳、边际消费倾向下降，减少了即期消费。

虽然经过近年来持续加大投入，但政府公共服务支出总体仍然不足。2008 年，教育、医疗和社会保障三项公共服务支出占政府总支出的比重合计只有 37.7%，与人均 GDP3000 美元以下国家和人均GDP为3000—6000美元的国家相比，分别低5个和16.3个百分点。由于政府公共服务支出总体不足，迫使居民用自身的收入来支付快速增长的教育、医疗、社保等支出，不仅挤压了居民的其他消费增长，而且强化了居民的谨慎预期，降低了居民消费倾向。国际经验表明，如果坚持民富优先的发展导向，随着发展水平的提升，政府公共服务支出在政府支出中的比重呈现逐步上升趋势。特别是人均GDP在3000—10000美元阶段，公共服务在政府支出中的比重将显著提升。以教育、医疗和社会保障三项主要公共服务为例，国际平均升幅达到13个百分点。其中，教育支出保持相对稳定，而医疗和社会保障支出分别大幅增加了4个和10.7个百分点。当人均GDP超过1万美元后，政府公共服务支出占比才逐步趋稳。

4. 民富优先有利于缩小收入分配差距。

（1）民富优先有利于缩小城乡收入差距。与农村相比，城市发展更容易带来经济总量的提高。为此，在国富优先战略下，各级政府往往把主要精力用于城市发展，集中力量做大城市经济，形成了明显的"马太效应"，进一步加大了城乡差距。以固定资产为例，1997—2009年，城市固定资产投资在全社会固定资产投资中的占比不断上升，从76.67%上升到86.34%；城乡人均固定资产投资虽然比例一直在7.3∶1的高位波动，但绝对额在不断扩大。再以基本公共服务为例，虽然近几年来各级政府加大了对农村基本公共服务的投入力度，但与城市相比，依然存在较大的差距。这在客观上造成了城乡居民实际收入差距的拉大。若能以民富优先为导向，进一步加大对农村经济社会发展的倾斜性投入，将有利于缩小城乡差距。

（2）民富优先有利于缩小地区收入差距。由于地区资源禀赋不同，经济潜在增长能力也有明显差距。国富优先下，把考核发展的指标集中在GDP增长上，使各级政府不论地区经济发展的基础和可行性，一味地追求高增长，造成了大量的环境污染和资源浪费，也造成了地区间经济发展的巨大差异。近年来，中西部地区在全国GDP总量中的占比持续下降，2009年西部12省区人口占全国的27.9%，而GDP总量仅占全国的18.3%。而在民富优先下，各地发展的考核不能仅仅局限于考核经济增长，要全面考察经济与社会、人文与环境、稳定与治安等多重指标。对于为国家中长期可持续发展而放慢脚步、牺牲总量与速度的，应给予全国范围内优厚的一般性转移支付奖励，并逐步建立地区间横向转移支付的体制机制，由此缩小地区收入差距。

（3）民富优先有利于缩小行业收入差距。国富优先在行业领域中突出地表现为大量垄断性尤其是行政垄断性行业的存在，这已经成为行业收入差距扩大的重要原因。从世界各国行业差距看，我国的行业差距，无论从哪个方面来衡量，都处于较高的水平，特别是垄断行业的收入大大超出行业平均水平。中改院2010年改革调查问卷统计结果显示，62.99%的专家认为，在改革和完善收入分配制度的途径中，规范垄断行业收入，尤其是对国有企业进行"分红收租"最为重要。为此，亟须在民富优先下，完善国有企业收租分红制度，扭转行业分配差距过大的局面。

5. 民富优先有利于促进社会公平。

（1）民富优先有利于实现起点公平。在发展型新阶段，广大社会成员要求起点公平，要求平等的发展权。民富优先要求国家财政取之于民，用之于民，通过为困难群体提供教育、健康等方面的基本公共服务，扩展他们的可行能力，使他们能够与其他社会群体站在同一个起跑线上竞争。市场经济条件下，尤其是在转型时期，社会成员在财富和收入分配方面有较大差距是难以避免的。但是，国家可以在民富优先导向下，通过基本公共服务支出缩小财富和收入分配差距，最终实现人的发展的起点公平。国家扩大对农村、落后地区、困难群体的义务教育、基本医疗、公共就业等基本公共服务，将大大提升人力资本投入，有效保障人的发展的起点公平。

（2）民富优先有利于保障过程公平。在经济转轨过程中，往往会出现这样的现象：国家集中社会财富办的许多企业成为行政垄断企业，这些企业在竞争中比民营企业享有更多的行政垄断特权，使得市场经济条件下的过程公平难以实现。而民富优先的改革，要求打破行政垄断，赋予容纳绝大多数人就业的民营企业和中小企业以公平的竞争环境和制度环境。民营经济"新36条"鼓励民间资本参与市政公用事业和政策性住房建设，参与教育、医疗、文化等社会公用事业领域。这是民富优先的重要举措，既有利于壮大民营经济，还有利于使民营经济成为参与公共领域、社会事业建设、推进公平发展的重要力量。

（3）民富优先有利于促进结果公平。国富优先在两个方面加大了结果公平的难度：一是在初次分配领域，垄断行业和不平等竞争现象所造成的分配差距过大，这种差距很难通过再分配进行矫正；二是在再分配领域，收入调节在许多情况下是逆向调节，就是初次分配收入高的人，在享受基本公共服务方面水平也高。民富优先与国富优先的发展理念恰好相反，既要求在初次分配中减少国家收入的比重，打破行政垄断，使各类企业实现公平竞争，削弱因政府因素所造成的不平等，还要求充分发挥财税政策在再分配中的调节作用，实现基本公共服务均等化。因此，民富优先更有利于实现结果公平。

三　民富优先的战略选择

释放和扩大社会的总需求，形成消费主导的基本格局，既是经济发展的内生动力，也是发展方式转变的目标追求。这些年来，我国在经济总量快速扩张的同时，消费率持续走低，主要矛盾在于国民收入分配结构严重不合理。城乡差距、行业差距、地区差距、贫富差距的不断拉大，严重制约了中低收入者消费能力和消费水平的提高。城乡居民消费需求和消费结构的提升，关键在于形成公平合理的国民收入分配格局。着眼于中长期发展，民富优先的战略选择，就是要实现从物的发展到人的发展的导向转变，从经济总量向国民收入的导向转变。

6. 从物的发展到人的发展。

（1）我国正临近人口红利拐点。在过去30年的改革进程中，我国通过市场化释放了大量的农村剩余劳动力，劳动力供给一度呈现如阿瑟·刘易斯所谓的劳动力无限供给状态。这时工资取决于维持生活所需的生活资料的价值，多年来难以真正有效增长。但是当前，低端劳动力开始由剩余向短缺转变的迹象十分明显。有专家预测，我国于2013年左右，有可能出现"刘易斯转折点"，届时靠劳动力增加获得人口红利的局面将会大大改变，廉价劳动力的优势将不复存在。

（2）由人口红利转向人力资本红利是大势所趋。国际经验表明，所有的先行国家和地区，都曾经在一定的发展阶段上或多或少地得益于"人口红利"。然而，"人口红利"从来不是永久性的增长因素。随着人口结构转变的完成，这种特殊的增长因素最终要消失殆尽。从现实情况看，我国以劳动力数量的增长使社会总产出更低廉、更丰富的发展模式已经开始走向终结，必须由数量型人口红利转向人力资本红利。1978—2004年，自然资源、资本、劳动力投入对经济快速增长的贡献达68%，而全要素生产率仅占32%。随着经济的进一步发展，如何实现由人口大国向人力资本大国的转型，发展高素质劳动力支撑的、具有高附加值、高劳动生产率的产业，提高国际竞争力，是经济发展方式转变的大势所趋。

（3）由物质资本主导转向人力资本主导。从国际经验看，一个国家从中等收入国家迈向高收入国家，实现经济发展由物质资本主导向人力资本主导的转变是必经之路。第一，物质资本的收益率是逐步递减的，人力资本的收益率是上升的，人力资本主导才能实现中长期的持续增长。第二，人力资本的提升才可以保证产业升级，才能在国际市场中占据高端产业链，这是进入高收入国家行列所必需的。第三，高收入国家的居民对环境保护的要求更高，靠物质资本投入对环境的破坏是全社会所不能接受的。第四，全社会人力资本的普遍提高使得中等收入群体成为最大的社会群体，这也是高收入国家的一个重要特征。第五，高收入国家往往以软实力和创新力强为基础，这必须建立在普遍提高人力资本的基础上。从现实看，我国资源环境的巨大压力，以及人口红利的消失，都需要加快实现由人力资源大国向人力资本大国的转变。

7. 发展导向由经济总量转向国民收入。

（1）经济发展的最终目的是提高全民福祉。我国由生存型阶段向发展型阶段的历史性提升，在本质上要求把经济发展的最终目标定位于人的全面发展。而人的全面发展是指所有人的全面发展。这就是说，经济发展的最终目的不是简单地追求经济总量，不是简单地追求一部分人的富裕，而是要把提高全民福祉作为发展的根本目标。所谓全民福祉，就是全体社会成员可行能力的提高，即提高个人过自己愿意追求的生活的能力。每个社会成员都能够有条件、有能力追求自己所希望的生活，是进入发展型阶段所有发展问题的本质。发展方式需要转变，从本质上看，主要是在现行的发展方式下，经济总量的快速增长并不能自然带来多数人福祉的提高。从这个意义上说，转变经济发展方式的根本目的是提高全民福祉。

（2）国民收入导向比经济总量导向更能够体现全民福祉。在现代市场经济条件下，全民福祉取决于两个重要的变量：一个是经济总量指标，经济总量越大，全民福祉越大；另一个是国民收入分配结构合理，国民收入分配越公平，全民福祉越大。也就是说，在国民收入分配格局公平的条件下，经济总量越大，全民福祉越大；在经济总量既定的条件下，国民收入分配格局越公平，全民福祉越大。

当前应以扩大经济总量为重点，还是以调整国民收入分配格局为重点来解决全民福祉问题？从现实情况看，调整国民收入分配结构更是问题的关键所在。第一，现阶段经济总量的扩大伴随着收入分配差距的扩大，而不是缩小。第二，在现有经济结构条件下，经济总量的扩张以较高的资源环境为代价，从中长期看，降低了全民福祉。第三，经济总量的扩张伴随居民消费率的降低，这样的扩张是不可持续的。第四，调节国民收入分配不仅能够使广大中低收入者福祉提高，还可以使经济总量的增长建立在消费主导的坚实基础上。

（3）确立发展方式转变的国民收入导向。在改革开放初期的生存型阶段，我们曾提出了"让一部分人先富起来""效率优先、兼顾公平"等口号，在发展特征上带有鲜明的经济总量导向。历史地看，这与当时两个大背景有关：一是当时私人产品短缺，扩大经济总量的矛盾更为突出；二是当时计划经济时代的平均主义矛盾十分突出，经济运行效率的矛盾十分突出。但是今天，我国已由私人产品短缺走向公共产品短缺，收入分配由原来的平均主义走向差距过大，过大的城乡差距、行业差距、地区差距、贫富差距，已成为制约全民福祉提高的突出矛盾。改革开放之初，提倡"让一部分人先富起来"，并不是不让其他人富裕，其初衷是最终实现先富带动和帮助后富，最终走向共同富裕。确立发展方式转变的国民收入导向，就是要实现共享式发展，全面提高国民收入水平，实现城乡居民收入普遍较快增长，缩小收入分配差距，使发展成果惠及所有社会成员。

8. 走向消费大国。

（1）再不能为生产而生产。《中共中央关于制定国民经济和社会发展第十二个五年规划的建议》指出,"把扩大消费需求作为扩大内需的战略重点,进一步释放城乡居民消费潜力,逐步使我国国内市场总体规模位居世界前列"。在生存型阶段和私人产品普遍短缺的特殊背景下,GDP快速增长解决了私人产品短缺的突出矛盾。从世界经济发展史上看,各发达国家和地区都经历过这个阶段,就是尽可能地提高本国、本地区的生产能力,尽可能地占领国际市场。只有如此,才能形成快速的资本积累和经济起飞。但到了发展型阶段,或者说中等收入阶段,如果继续为生产而生产,就会造成生产过剩的危机。当前,我国成为世界工厂,但居民消费率却降到历史低点。如何改变这样的经济增长,已经引起了许多专家学者的反思。马克思过去讲经济增长的异化,主要是讲劳动者变成了纯粹的生产工具,生产的产品越多,劳动者的相对社会地位越低。现在我国经济增长方式的许多方面的确值得深思。无论从国际还是国内形势看,都再不能为生产而生产了。

(2) 成为消费大国才能避免"中等收入陷阱"。当前人们讨论"中等收入陷阱"问题,在很大程度上源于这次国际金融危机。这次国际金融危机给我们的警醒是,如果外部市场萎缩,外部动力逐步衰减,那么,我国作为一个出口大国,靠什么能够维持原来的快速增长势头?现在看来,进入后危机时代,国际经济再平衡确实是一个中长期的过程,甚至是一个痛苦的经济结构调整过程。对于我国来说,如果仍把希望寄托在外部市场的恢复上,能否避免"中等收入陷阱"的确是一个未知数。只有建设消费大国,才能有效地避免经济发展的外部风险,实现经济的稳定增长,在此基础上实现产业结构的转型和升级。

(3) 成为消费大国才能使世界第二经济大国的地位更加牢固。国际经验表明,立足于国内消费的经济发展模式更具稳定性,大国经济往往需要建立在消费主导的基础上。尽管我国已超越日本成为世界第二经济大国，但我国却是一个消费小国。我国作为一个拥有13亿人口的大国，在过去30年中依靠出口导向成为世界第二经济大国，在世界经济史上是没有先例的，这在很大程度上源于第三次全球化浪潮的历史机遇。过去英国、美国、德国、日本的经济起飞和经济赶超，作为大国经济，尽管都有赖于国际市场，但都没有达到今天我国对外贸的依赖程度。作为小国经济，如新加坡、韩国等，可以长期侧重于外贸出口主导型发展模式，但如美日等大国经济，在经过一定的发展阶段后，都实现了由生产主导向消费主导转换的历史过程，从而产生了经济增长的内生动力。未来5—10年，在全球经济再平衡前景不明的背景下，如果我国不能尽快实现由生产大国向消费大国的转变，要想真正挤入发达国家行列是不现实的。但反过来说，如果能够把握13亿人口大国的优势，及时调整政策，主动实现投资主导型向消费主导型的转变，真正建成消费大国，就完全有条件巩固第二经济大国的地位，并有条件在GDP总量上赶超美国。

（4）成为消费大国才能在新一轮全球化中赢得主动。我国尽管成为世界第二经济大国，但在全球经济再平衡中处于相当被动和尴尬的局面。2010年，我国出口面临欧美多个国家贸易保护主义的"围堵"。形形色色的贸易摩擦，从具体产品层面向产业政策、汇率制度等宏观层面延伸。在欧美国家的一些人士看来，我国的崛起是在和他们争夺"饭碗"，所以要尽可能地遏制。我国要在国际上确立更好的形象，在外交舞台上赢得主动，确实需要实现由生产大国向消费大国的转变。随着经济实力的增强和国际地位的提升，我国在国际社会中的话语权相应增大。从后危机时代全球经济再平衡的趋势看，实现由生产大国向消费大国的转变，形成13亿人的世界消费市场，为全球经济复苏和长期增长提供持续动力，是我国承担大国责任的重要表现。

早在 1986 年，邓小平就指出，"我们是社会主义国家，国民收入分配要使所有的人都得益，没有太富的人，也没有太穷的人，所以日子普遍好过"。反之，"如果搞资本主义，可能有少数人富裕起来，但大量的人会长期处于贫困状态，中国就会发生闹革命的问题"。1990 年 12 月，邓小平又指出，"共同致富，我们从改革一开始就讲，将来总有一天要成为中心课题。社会主义不是少数人富起来、大多数人穷，不是那个样子。社会主义最大的优越性就是共同富裕，这是体现社会主义本质的一个东西。如果搞两极分化，情况就不同了，民族矛盾、区域间矛盾、阶级矛盾都会发展，相应地中央和地方的矛盾也会发展，就可能出乱子"。1993 年 9 月，邓小平强调，"怎样实现富裕，富裕起来以后财富怎样分配，这都是大问题。题目已经出来了，解决这个问题比解决发展起来的问题还困难。分配的问题大得很"。

从这些年的改革发展实践看，提出和解决分配问题不宜过早，也不宜过迟。过早不易矫正过去的平均主义，过迟会陷入两极分化。但是今天，平均主义已非主要问题，而两极分化的危险越来越逼近。不提出和解决分配问题，收入分配差距不会自动缩小。解决这一问题，以民富优先为导向的二次转型与改革是重大的战略选择。

民富优先的二次转型与改革（9条建议）[*]

（2011年2月）

我国是一个转型中的大国，也是一个发展中的大国。转型和发展必须紧紧依靠改革，以改革促转型，以改革谋发展。如果说过去30年的一次转型主要是改变生产关系，做大经济总量的话，未来30年我国将面临改变经济结构、提高经济质量的新课题，这在客观上要求启动二次转型。我国的二次转型，基本导向是民富优先，基本目标是实现公平与可持续的科学发展，基本任务是改变经济结构，基本路径是建设消费大国。

民富优先的二次转型，必然依赖于民富优先的二次改革。在一次改革制度红利逐步递减的情况下，迫切需要通过二次改革释放城市化红利、结构优化红利和人力资本红利等，为中长期的经济发展提供源源不断的内生动力。

一 民富优先的二次转型

我国过去30年的改革开放，是现代化进程中的第一次转型。在这次转型中，通过改变生产关系，做大经济总量，实现了经济起

---

[*] 中改院课题组：《民富优先——二次转型与改革走向》，2011年2月。

飞，但体制创新的任务远未完成，经济运行质量并不高，经济结构不合理的矛盾仍十分突出。从国际经验看，由中等收入阶段成功迈进高收入国家行列的现代化进程，重要的在于实现经济结构的转型。没有这一过程，很难完成整个现代化进程。未来 30 年，我国需要开启民富优先的二次转型，完成整个经济结构的现代化转型，为进入高收入国家行列创造条件。

1. 一次转型：改变生产关系，做大经济总量。

1978 年以来开启的第一次转型，主要在于改变生产关系，解放和发展生产力，做大经济总量，实现经济起飞。改革的路径是改变计划经济时代的生产关系，建立和完善市场经济体制。经过 30 多年的改革，尽管生产关系的变革仍未结束，但经济起飞的任务已经完成，成为世界第二大经济体。

到 2003 年左右，我国初步建立了社会主义市场经济体制框架。单一的公有制被以公有制为主体多种所有制的共同发展所取代，非公有制经济已经成为国民经济的重要组成部分。目前非公有制经济创造的国内生产总值已占 GDP 的 60% 左右，吸纳的就业人数占全国城镇就业人数的 70% 以上；实现了从政府集中管制的价格机制向市场决定的价格机制转变，在社会商品零售总额和生产资料销售总额中，市场调节价所占比重已分别达到 95.6% 和 92.4%；宏观调控体系逐步健全，部门间协调机制逐步形成，计划规划、财政、金融、产业政策等方面的协同作用明显增强，调控方式实现了由直接调控向间接调控的转变，调控手段实现了由主要依靠行政手段向主要依靠经济和法律手段的转变;① 实行了全方位的对外开放，成为对外开放程度最高的经济体之一；公民社会初露端倪，截至 2007 年 6 月底，全国各类民间组织为 35.7 万个，其中社会团体 19.4 万

---

① 张平：《民族振兴的壮丽诗篇 举世瞩目的辉煌成就》，《中国投资》2009 年第 10 期。

个；民办非企业单位 16.2 万个；基金会 1193 个。①

2. 二次转型：改变经济结构，建设消费大国。

(1) 改变投资消费结构，由生产大国转向消费大国。尽管我国已是世界第一的人口大国，世界第二的经济大国，但却是个消费小国。据测算，我国人口占世界总人口 1/4，但消费总量却只占世界的 4%。未来 5—10 年，在全球经济再平衡前景不明的背景下，如果我国不能实现由生产大国向消费大国的转变，要想真正进入发达国家行列是不现实的。只有把握 13 亿人口大国的优势，及时调整政策，主动实现投资主导型向消费主导型的转变，真正建成消费大国，才有条件避免"中等收入陷阱"，顺利进入高收入国家行列。

(2) 改变产业结构，由制造业大国转向服务业大国。从国际经验看，凡进入高收入行列的国家，主要的产业链均处于世界的高端，尤其是形成了以现代服务为主导的产业结构。如欧盟服务业近 50% 的工作机会是由知识密集型服务行业提供的；美国知识密集型服务业对其 GDP 的贡献率高达 50%；韩国知识密集型服务业对 GDP 的贡献率也达到 22.1%。从我国的实际看，制造业一直都是第一大产业部门，占 GDP 的比重稳定在 40% 以上，制造业更多地集中在低端水平，主要是资源投入型，资源能源压力大。以原油为例，2009 年我国原油进口依存度首次突破国际公认的 50% 的警戒线。实现从制造业大国向服务业大国的转变，有利于缓解资源环境压力，有利于解决就业问题，有利于培育中等收入群体。

(3) 改变要素结构，由人力资源大国转向人力资本大国。只有根本改变人力资源状况，才能真正改变经济结构。改革开放以来，我国在人口方面经历了一个大的转型，即从人口大国转向人力资源大国，但仍不是人力资本大国。截至 2009 年底，全国 15 岁以上人

---

① 俞可平：《中国公民社会研究的若干问题》，《中共中央党校学报》2007 年第 6 期。

口平均受教育年限接近 8.9 年；主要劳动年龄人口平均受教育年限为 9.5 年，其中受过高等教育的比例仅为 9.9%，新增劳动力平均受教育年限为 12.4 年，[①] 这些指标都不同程度地落后于世界平均水平。据预测，2020 年，我国适龄劳动人口将超过 9 亿，比发达国家劳动力的总和还多 3 亿，到 2034 年，我国人口将达到 14.86 亿，需要尽快加大人力资本投入力度，加大教育、医疗等相关投资，改变劳动力素质偏低的格局。

（4）改变城乡结构，由城乡二元经济转向城乡一体化。从国际经验看，从中等收入迈向高收入国家的过程，也是城乡一体化的过程。凡进入高收入行列的国家，都成功地实现了由城乡二元经济向一元经济的过渡。在这个过程中，相当多的国家开始出现"城市化之痛"，因大量农民工难以融入城市而掉进"中等收入陷阱"。城市化是我国中长期经济社会发展的主要动力所在，未来 5—10 年，城市化仍将保持快速发展的趋势。但在现有城乡二元制度结构下，农民工等流动人口超过 2.5 亿人，工作在城市，但不是真正的城市人口，积累了越来越多的"城市化之痛"。为此，要加快推进人口城市化，打破农民、农民工融入城市的各种障碍，在人口城市化的基础上全面推进城乡一体化，推进土地市场一体化，让农民更多地分享城市化的收益。

3. 走向公平与可持续的科学发展。

（1）改变经济结构要求民富优先。二次转型与一次转型相比，在发展指标上有着明显不同的结构性特征。可以从经济发展阶段、消费结构、收入结构、财政支出结构、产业结构、人力资本结构、城市化水平以及城乡结构等方面做相应的比较。（见表1）

[①] 中华人民共和国国务院新闻办公室：《中国的人力资源状况》，新华网，2010 年 9 月 10 日。

表1　　　　　　第一次转型与第二次转型的结构性特征比较

指标	第一次转型国富优先	第二次转型民富优先
最终目标	追求经济总量的增长	追求人的全面发展
经济增长动力	以要素投入型为主,包括资金、资源、环境的高投入	以智力投入为主,主要是人力资源投入
经济发展阶段	人均GDP 4000美元以下	人均GDP 4000美元以上
居民消费倾向	居民消费倾向偏低,储蓄率高	居民消费倾向较高,储蓄率偏低
消费结构	生存型消费为主	发展型消费为主
收入结构	劳动者报酬偏低	劳动者报酬大幅提高
财政支出结构	经济建设型财政	公共服务型财政
产业结构	工业化为主	服务业为主
社会结构	金字塔型	橄榄型
人力资本结构	要素投入	人力资本投入
城市化水平	工业化推动	服务业推动
城乡结构	城乡二元	城乡一体

在主要指标方面,一次转型与二次转型可以从人均GDP、城镇化率、产业结构、消费贡献率、劳动者报酬占GDP比重、基尼系数、城乡居民收入差距和恩格尔系数等方面衡量(见表2)。

表2　　　　　　第一次转型与第二次转型的主要指标

序号	指标	中等收入国家	高收入国家
1	人均GDP(美元)	≤4000	≥11000
2	三次产业结构(%)	第一产业10左右 第二产业40—50 第三产业30—40	第一产业5以内 第二产业30左右 第三产业65左右
3	恩格尔系数(%)	≤40	20左右
4	居民消费率(%)	≤40	≥60
5	城镇化率(%)	≤50	≥60
6	中等收入群体占比(%)	≤25	≥50
7	劳动者报酬占GDP比(%)	≤40	≥60

续表

序号	指　标	中等收入国家	高收入国家
8	基本公共服务财政支出比重（%）	≤40	≥50
9	平均受教育年限（年）	≤9	≥12

(2) 二次转型的基本导向是民富优先。在改变经济结构的过程中，几乎所有指标的实现，都要求民富优先，要求城乡居民收入的普遍较快增长。具体来看，到2020年消费率和居民消费率分别达到65%和55%左右，实现建设消费大国的任务，需要实施国民收入倍增计划，尽快提高城乡居民的实际收入水平。确保城乡居民收入的实际增长不低于GDP增长速度，实现居民收入增长和经济发展同步。按照年均8%的实际增长，到2020年使城乡居民实际收入翻一番。考虑到多数居民的收入来自劳动报酬，还需要实现劳动报酬倍增。按照年均增长不低于10%的速度，到"十二五"末，使得我国劳动报酬占GDP的比重从当前的35%左右提高到50%左右，接近中等收入国家的合理区间。不断提高劳动报酬占比和居民收入占比，到2015年分别提高到50%和65%左右；到2020年分别提高到55%和70%左右。改变城乡结构，推进健康的城市化，需要不断缩小城乡收入分配差距，可以考虑到2015年控制在3.2∶1左右；到2020年控制在3∶1左右。不断扩大中等收入群体，到2015年达到30%，争取到2020年达到40%左右。

(3) 民富优先的二次转型将产生深远的历史影响。如果说一次转型的历史使命是实现经济起飞，那么，二次转型将创造出一个公平与可持续发展的科学发展模式，使经济发展成果惠及13亿人。一次转型在实现大国经济起飞上具有历史性贡献，也创造了世界经济史上的奇迹，但还没有实现公平分配的历史性课题。二次转型将真正创造出有中国特色的社会主义模式，实现邓小平所提出的共同富裕目标，把13亿人口带到发达国家行列，其历史地位不亚于第一次转型。

我国的二次转型还具有世界意义。国际金融危机之前，世界经济格局形成了三个相互联系又相互独立的板块。第一个板块是以中国、印度为代表的亚洲板块，主要从事制造业；第二个板块是欧美板块，以发达的金融服务业在全球配置资源，属于消费板块；第三个板块是资源出口国板块，包括澳大利亚、俄罗斯、巴西、石油输出国组织和非洲等国家。国际金融危机之后，欧美消费板块的衰退为全球经济增加了不确定性和风险，国际经济再平衡面临多方面难以克服的难题。走向消费大国，开启13亿人口大市场的消费能量，将为世界经济再平衡做出独特贡献。

二 二次转型依赖二次改革

制度红利是改革的前提条件，没有制度红利就没有改革。过去30多年，正是由于经济转轨能够带来巨大的制度红利，才会有市场化改革的推动力。今天，我国面临的问题与过去30年有很大的不同，就是一次改革的制度红利逐步递减甚至趋于消失。但也要看到，随着发展阶段的历史性变化，制度红利的形式也在发生深刻变化。从现实情况看，二次改革的制度红利空间仍然很大。从这个意义上说，启动二次改革的时机和条件已经成熟。

4. 一次改革的制度红利逐步递减。

（1）一次改革主要释放了三种制度红利。过去30多年的市场化改革，通过建立市场经济体制，释放了三种红利模式，促进了经济的快速发展。

——人口红利。市场化改革，首先推动了更多的劳动者进入劳动力市场。我国是一个城乡二元结构国家，农村劳动力在改革开放初期具有无限供给的特征，这决定了工资水平长期难以提高。历史地看，一次改革调动了2亿多廉价农村劳动力进入城市，为经济增长提供了源源不断的人口红利。这是我国经济快速增长，效率比计划经济时代高的一个非常重要的原因。正是因为廉价劳动力的优势，我国才得以成为世界生产大国和贸易大国。

——廉价资源红利。在计划经济时代，我国常常强调自己是一个矿产资源丰富的大国，主要原因是多种矿产资源处于闲置状态，缺乏开发和利用。在这种条件下，资源价格必然处于廉价的状态。市场化改革激发了矿产资源的利用，使大量的廉价资源释放到生产中去，也是工业化快速推进，经济快速发展的重要原因。

——全球化红利。在经济转轨过程中，我国成功地抓住了第三次全球化浪潮的历史性机遇，推行了全面对外开放的政策，加入了WTO，分享了全球化的红利。这种红利主要表现在两个方面：一是大量引进外资，弥补了自身资本积累不足的问题，实现了经济的高投资、高增长；二是大量对外出口，弥补了本国居民消费不足的问题，通过对外贸易的发展解决了1亿多人口的就业问题。

（2）一次改革的制度红利呈现递减趋势。由于国内发展阶段的历史性变化，以及国际环境的历史性变化，一次改革所带来的三种制度红利正逐步递减，甚至消失。

——人口红利逐步递减。由市场化改革所释放的大量廉价劳动力优势已经不复存在，目前低端劳动力短缺的现象开始出现，农村劳动力无限供给的条件正在改变。与此同时，人口老龄化加速了这一进程。老年人口出现首次增长高峰，60岁以上人口将从"十一五"年均净增480万提高到"十二五"的800万左右，2015年总量将突破2亿，占总人口的14.8%。"未富先老"的人口结构开始受到多方面的关注。

——廉价的资源红利逐步减少。随着资源大量开采后变得日益稀缺，长期以来形成的资源价格红利正在逐步减少。比如，近年来，我国已经呈现商品价格迅速攀升的趋势。2003—2007 年，铁矿石价格上涨 2.74 倍，原油价格上涨 2.32 倍，原铝价格上涨 1.87 倍，精炼铜价格上涨 4 倍。2007 年，我国 GDP 总量占全球的 6%，但能源消耗占全球的 15%，钢铁消耗占 30%，水泥消耗占 54%，单位资源产出水平仅相当于美国的 1/10，日本的 1/20。长期形成的高投入、高污染、低产出、低效益的格局没有根本改变，使水质、大气、土壤等污染严重，生态环境问题突出。世界银行的研究报告指出，当前我国环境损失占当年 GDP 总量的 3%，如果不改变现有发展方式，2020 年将上升到 13% 以上。[①] 总的来看，环境压力加速了廉价资源红利的终结。

——传统的全球化红利进一步减少。这次国际金融危机始于美国，导致了欧美经济的"去杠杆化"。从目前的形势看，欧美作为带动全球经济发展的消费集团，其内部市场的萎缩是中长期的，由此使全球经济三大集团相互依存、平衡发展的大格局被打破。2010 年以来，尽管全球经济在缓慢复苏，但越来越看到，以美元为中心的国际货币体系固有的矛盾并未解决，原有国际分工格局被打破的趋势不可逆转，传统的全球化红利模式已呈现不可持续的态势。我国过去高度依赖的欧美市场在短期内难以恢复元气，决定了原有全球化红利很难持续。

5. 二次改革的制度红利空间很大。

国际经验表明，一个国家进入工业化中期之后，发展的红利模式将发生深刻转变，主要表现在三个方面：一是城市化加速带来经济发展的红利；二是经济结构转型加快带来经济发展的红利；三是人力资本取代人口数量增加带来经济发展的红利。目前，我国已进入工业化中后期，通过二次改革释放这三个方面红利的空间很大。

---

① 陈新华：《改变命运，创造新的能源格局》，《投资环境论坛》2008 年第 12 期。

（1）城市化的制度红利空间很大。国际经验表明，当城市人口占总人口比例达到30%时，也即城市化率达到30%时，城市化速度会明显大幅攀升，城市化进入急速发展阶段，这一过程一直会持续到城市化水平达到60%以上，由此会创造出巨大的城市化红利。

1996年，我国城市化水平第一次达到30%以上（30.48%），2009年城市化水平达到46.59%，正处于城市化向高级阶段提升、飞跃的紧要关头，正处于一个城市化超常发展的新阶段。按照现有城市化发展速度，未来3—5年之内，也即"十二五"的初期或中期，城市化水平完全有可能达到50%以上；未来10年左右，城市化水平将提升到60%左右，进入城市化的高级阶段。如果我国能够把握城市化时代的客观趋势，推进城乡一体化的体制创新，打破城乡二元体制，将会创造巨大的城市化制度红利。如果城市化提高1个百分点，就有大约1300万人口由农村进入城市，居民消费总额大约增加1200亿元。按这个预测，如果我国城市化率在未来10年左右提高10—15个百分点，仅居民消费就可以拉动1.2万亿—1.8万亿元。考虑到消费的乘数，以3倍测算，可以拉动3.6万亿—5.4万亿元的消费总量增长。目前农村外出从业劳动力约1.5亿人，[①] 据测算，若其中的40%变成市民，其消费水平达到城市居民平均消费水平，以2009年消费水平计算，当年居民消费总额将增加3600亿元。

（2）优化经济结构的制度红利空间很大。按照"结构红利假说"，由于各部门具有不同的生产率水平和生产率增长率，因此当投入要素从低生产率水平或者低生产率增长的部门向高生产率水平或高生产率增长部门流动时，就会促进总生产率的增长，从而带来结构红利。从三次产业的边际收益看，农业最低，工业居中，服务

[①] 资料来源：根据第二次全国农业普查结果，国家统计局，2007年。

业最高。当包括劳动力在内的资源要素红利递减的时候,可以通过资源要素向高端制造业、服务业流动产生结构红利。

——通过制度改革优化经济结构的空间巨大。尽管我国已成为世界制造业大国,但是制造业处于国际产业链低端,服务业发展远远滞后于工业化进程。从三次产业就业结构看,第三产业就业人口比重增长缓慢,2005—2008年增长不到1个百分点。第二产业明显高于世界平均水平,服务业的比例明显过低。服务业的世界平均水平大概是60%,而我国长期徘徊在35%—40%。有专家预测,我国将成为全球最大的服务类消费市场。[①] 未来10年,城市人口将上升到6.3亿,这一庞大的人群构成了"中国服务"未来的客户主体。考虑到美国总人口才3亿左右,我国不管是当前城市人口的3.5亿,还是中高收入家庭的1.4亿,都是一个非常庞大的市场(见图1)。

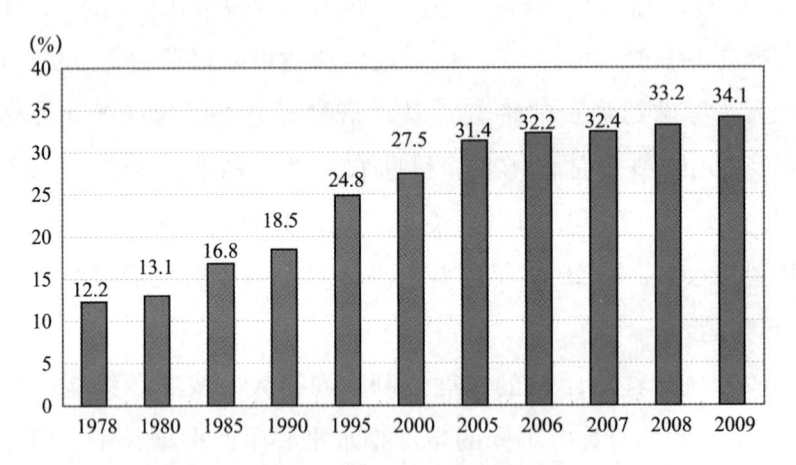

图1 1992—2009年我国第三产业就业比重(单位:%)

数据来源:国家统计局:《中国统计年鉴2010》,中国统计出版社2010年版。

[①] 季琦:《从"中国制造"到"中国服务"》,《每日经济新闻》2008年11月1日。

——发展战略性新兴产业的潜力相当大。后哥本哈根时代，低碳经济已成为新一轮经济增长的主要推动力。有预测表明，到2012年，国内有10%新生产的汽车是节能与新能源汽车。按届时汽车年产量100万辆计算，我国新能源车产能将达到年产100万辆。这不仅意味着节油7.8亿升，减少230万吨二氧化碳、7800万吨一氧化氮和780万吨碳氢化合物的排放，更意味着500亿—1000亿元的整车销售收入（按每辆车5万—10万元估算）。这100万辆新能源汽车将带动325亿—650亿元的上游产值和1315亿—2630亿元的下游产值①。对新兴产业发展的规划表明，到2015年和2020年，战略性新兴产业占GDP的比重由2010年的3%分别提高至8%和15%。②一旦相关制度改革到位，战略性新兴产业会成为重要的经济增长点。

(3) 人力资本的制度红利空间很大。进入工业化中期之后，随着以劳动力数量增长的红利模式终结，所有跨入高收入行列的国家都是通过投资于人的制度安排，实现了由数量型人口红利转向质量型人口红利。由于我国劳动力素质普遍低下，人力资本投资起点低，而且投资于人的基本公共服务体系相当不完善，所以通过改革拓展人力资本红利的制度空间巨大。当前，我国人力资本对经济增长的贡献率大体为35%，而发达国家的这一比率大体为75%，③说明我国人力资本对经济增长的贡献存在很大的发展空间。

6. 二次转型依赖二次改革。

(1) 二次转型的制度红利有赖于经济体制改革。

——城市化红利的释放有赖于市场化改革。从深层次看，我国

---

① 尹乐、黄铮、许赫男、李佩洁：《中国的清洁革命Ⅱ——低碳商机》，国研网，2009年8月。
② 李良：《新兴产业主题基金发展空间巨大》，《中国证券报》2010年12月6日。
③ 郭婧：《中国人力资本对经济增长贡献存在很大发展空间》，新华网，2008年4月13日。

城市化进程长期受到行政力量的深刻影响，具有明显的行政主导特征，形成了独特的"行政—经济区"，这使得城市化进程基本上是在各自的行政区域内配置资源，自成体系、相对独立，导致城市化红利难以完全释放。即使在区域经济一体化的背景下，城市群、城市带的发展也遭遇了行政区划的障碍，不利于城市间的要素流动与资源整合，亟须推进市场化改革，充分发挥市场资源配置的优势，尽快形成经济主导的城市化新格局，才能有效释放城市化红利。

——结构红利的释放有赖于市场化改革。当前，民营经济难以进入相关垄断行业，是服务业发展缓慢、难以形成以服务业为主导的产业结构的重要根源。推进市场化改革，在破除垄断上取得实质性的新突破，营造一个良好的竞争秩序和竞争环境，促使企业提高自主创新能力，实现企业转型升级，进而调整产业结构，将有利于提高整个国民经济运行质量和竞争力。

——人力资本红利的释放有赖于市场化改革。客观地看，我国市场化在取得巨大进展的同时，改革还远未完成，集中表现为资源要素领域的市场化改革迟迟没有启动，这在很大程度上助长了企业主要依靠资源要素投入而形成的低成本扩张和粗放型增长，而不愿加大人力资本投入，进而使企业乃至整个社会都疏于人才培养，人力资本提高缓慢。另外，市场机制不健全的背景下，比如，垄断行业的存在，造成了居民收入分配极大的差距，使低收入者尤其是农民工仍处于满足基本生存需求的阶段，无力投资于人力资本建设。为此，市场化改革在加快完善宏观经济体制，理顺国家、企业、劳动者收入分配上的新突破，对实现"藏富于民"、释放人力资本红利具有重要意义。

(2) 二次转型的制度红利依赖于社会体制改革。

——城市化红利的释放有赖于社会体制改革的推进。城市化红利与人口城市化密切相关。而人口城市化缓慢主要在于城乡二元的公共服务制度安排。当前2.3亿农民工生活在城市，却享受不到与城市居民同等的基本公共服务待遇，使得他们在城市与农村之间"摇摆"。这种城乡基本公共服务的制度差异，在很大程度上抑制了农民工在城市消费，使得这个庞大群体的消费需求难以释放。加快城市化进程，必须率先打破户籍制度基础上城乡有别的基本公共服务制度，实现城乡基本公共服务均等化，才能有效释放城市化的红利。

——结构红利的释放有赖于社会体制改革的推进。当前经济结构调整的重点在于加快服务业的发展，而教育、医疗、文化等基本公共服务本身就是服务业的重要内容。适应人的自身发展的消费需求，这就需要加快教育、医疗、文化等事业单位改革，通过改革加大教育、医疗、文化等公共产品的供给，才能有效释放结构红利。

——人力资本红利的释放有赖于社会体制改革的推进。公共教育、公共卫生与基本医疗、公共就业服务等基本公共服务的短缺严重制约了劳动者素质的提高，使得人力资本的提升受到限制。释放人力资本红利，重要的是实现基本公共服务均等化，建立投资于人的发展型社会体制。

（3）二次转型的制度红利有赖于行政体制改革。

——城市化红利的释放有赖于改变行政主导的城市化模式。从现实情况看，人口城市化滞后，深刻的根源在于行政主导的城市化模式。行政主导的城市化模式使城市政府主要关心工业发展带来的经济总量，而不关心农民工市民化。行政主导的城市化模式不改变，人口城市化缓慢的状况就难以改观。这会大大制约我国城市化红利的释放。而且，新时期发展城市圈经济、城市群经济，实现区域经济一体化，是优化城市空间资源配置、增加城市化红利的重要举措，同样有赖于改变政府主导的城市化。为此，实现城市化由政府主导向市场主导的转变，成为新时期政府转型的重大课题。

——结构红利的释放有赖于改变行政主导的工业化模式。地方政府主导的工业化模式以做大经济总量为特征,助长了以高污染、高能耗、高碳排的重化工业扩张,忽视了服务业发展,扭曲和延缓了经济结构调整的步伐,使得我国难以获得结构优化的红利。因此,实现工业化模式由政府主导向市场主导的转变,是获取结构性红利的重要条件。

——人力资本红利的释放有赖于以公共服务为中心的政府转型。人力资本红利的释放直接对政府的公共服务职能提出新的要求。如果没有政府公共服务职能的完善,政府在包括职业教育在内的教育体系上的投入不足,就很难实现由人口红利向人力资本红利的转变。改变地方政府行为中的总量偏好、投资偏好、国有偏好、短期政绩偏好等,使其能够将主要职能转向公共服务领域,是获得人力资本红利的重要前提和重要基础。

三 确立民富优先的二次改革导向

要获得二次转型的制度红利,重要的是把民富优先作为二次改革的基本导向。第一,以市场化为主线推进经济体制改革,强化市场在资源配置中的基础性作用,是实现民富优先的基础。第二,以基本公共服务均等化为主线推进社会体制改革,提供惠及13亿人的基本公共服务,有利于为广大中低收入者提供更好的发展机会和发展能力,有利于实现共同富裕。第三,以政府转型为主线推进行政管理体制改革,努力实现公共服务型政府建设的重大突破,将为民富优先创造最有利的制度条件。

7. 以市场化为主线的经济体制改革。

(1) 是坚持市场主导下的政府,还是政府主导下的市场?金融危机以来,有人把政府主导的经济增长模式作为我国的发展模式。这是需要进一步讨论的:在经济生活领域,是坚持市场主导下的政府,还是政府主导下的市场?市场化改革基本完成,还是尚未完成？最近有专家提出，我国市场化导向改革基本完成，下一步主要是社会改革。当前，社会领域的转型和改革十分突出，但说市场化改革基本完成为时尚早。我国虽然初步建立了市场经济体制，但市场化改革的任务并未完成。

这个判断主要基于三个基本事实：一是国企改革滞后、民营经济发展的种种困难，说明市场化改革在有的方面还不到位。二是价格改革仍需推进。一般性商品价格改革取得重大进展，要素市场化改革进展并不大，有的问题还尚未破题，比如说土地批租等问题。三是市场竞争机制有待完善。虽然市场机制建设有了很大进展，但是平等竞争的制度环境并未全面形成。

（2）政府主导不等于我国新时期的发展模式。政府主导的经济增长方式利大于弊，还是弊大于利？从现实的经济生活看，政府主导的经济增长方式存在几个问题：政府对资源的垄断范围在某些方面不是在缩小而是有所扩大，比如对某些重要资源；行政定价、行政控制在某些方面有所扩大；垄断行业的垄断行为在某些方面不是缩小，而是有所扩大；民营经济有了一定的发展，但发展还面临相关的制约因素，"玻璃门"还没有被打破。

历史地看，政府主导的经济增长方式在一定时期对拉动经济增长有重大的历史贡献，并使得我国获得一次改革的人口红利、廉价资源红利和全球化红利。但今天看，矛盾问题逐步突出。从现实看，政府主导型的经济增长方式同转变经济发展方式的要求相悖。新阶段的城市化红利、结构红利、人力资本红利难以在政府主导的经济增长方式下实现。也就是说，在市场经济体制初步形成、经济发展红利发生深刻变化的特定背景下，政府主导的经济增长方式具有不可持续性，弊大于利，并已成为经济生活中的突出问题。

（3）市场化改革有利于形成公平竞争的制度环境。

——资源要素价格市场化更有利于公平竞争。例如，农村土地价格的行政控制，其结果是土地成为地方政府的"第二财政"。而且，土地要素价格的行政控制容易使一些与政府部门关系好的企业低价拿到土地，容易造成腐败寻租。再如，金融要素的行政控制，使得银行资金主要贷给了国有垄断企业，中小企业难以获得发展资金。如果资源要素市场化的改革到位的话，初次分配中的收入差距和收入不公现象会大大减少。

——垄断行业市场化更有利于公平竞争。这些年，垄断行业依靠行政垄断地位进行扩张，获得垄断的超额利润，扩大了行业收入分配差距，助长了收入分配不公。要实现藏富于民，重要的是加快垄断行业改革，使不同所有制的企业都能够有一个公平竞争的市场环境。

——市场化有利于民营经济和中小企业发展。民营经济和中小企业是解决中低收入者就业的主体部分，但由于垄断行业改革滞后，公平竞争的市场秩序并未形成，民营经济和中小企业发展缺乏应有的制度环境。市场化最重要的任务之一是赋予民营经济和中小企业平等的发展地位。

(4) 以民富优先为导向推进市场化改革。

——推进资源要素价格改革，更加注重中高级生产要素市场化。全面推进水、电、石油、天然气等资源型产品价格改革，建立反映资源稀缺程度、市场供求关系的资源型产品价格体系框架。适应现代服务业发展的要求，以及放开公共服务领域的改革要求，重点推进人才、技术、金融、教育、医疗、文化等领域中高级生产要素的市场化改革。

——推进垄断行业改革。更加注重通过打破垄断，营造公平竞争市场环境，提高经济质量。垄断天然地阻碍技术创新和技术进步，扼杀企业的活力和创造性。在市场经济条件下，公平有序的竞争则会给企业带来外部压力，从而促进优胜劣汰，提高自主创新能力。以破除行政垄断为重点，放开市场、引入竞争，基本完成国有经济战略性调整，建立公平、有效的市场竞争格局。

——为民营经济发展创造良好的制度环境。民营企业是我国最具活力、最能容纳就业的微观经济主体。民营经济大多数是依靠某种竞争优势而生存发展的。与大型垄断国有企业相比，民营经济更具有创新的积极性和主动性。为此，新阶段的市场化改革，要为民营经济的发展开辟更大的市场空间和制度空间。以民营经济新36条颁布为契机，集中解决束缚民营经济发展的历史遗留问题，拓展民营经济发展的体制空间，明显改善民营经济发展的制度环境。

——建立城乡一体化的体制机制。着眼于加快人口城市化进程，释放城市化红利，建设消费大国，在打破城乡二元制度结构上取得实质性突破，推进农民工市民化，走新型城市化道路，充分释放城乡居民发展型需求，为扩大内需创造有利条件。

——形成有助于扩大就业的体制机制。实施就业优先的国家战略，建立与市场经济相适应的就业体制，形成就业优先的宏观调控体制，形成有助于创造就业机会、有助于培育人力资本优势的经济结构，明显改善就业形势和就业环境。

——推进收入分配体制改革。加快调整初次分配格局中政府、企业、居民的占比，着力提高居民收入在国民收入分配中的比重和劳动报酬在初次分配中的比重，有效缩小收入分配差距，扩大中等收入群体规模，建立透明有序的收入分配秩序，健全私人财产权保护制度。

——深化财税体制改革。以公共财政建设为目标，着力完善中央地方财税关系，深化财政预算制度改革，完成增值税由生产型向消费型的转型，建立有利于科学发展的财税体制，充分发挥财税体制在调节收入分配关系上的作用，使公共财政的阳光普照13亿人。

——深化金融体制改革。着力解决民营经济、中小企业融资难的体制性矛盾，推进民间金融发展，推进人民币国际化进程，发展消费型金融，建立经济增长方式转变的金融支持体系。

8. 以基本公共服务均等化为主线的社会体制改革。

（1）适应公共需求转型的要求推进社会体制改革。

——社会体制改革要与公共需求转型相适应。在一次改革中，由于私人产品短缺的矛盾特别突出，广大社会成员的公共需求并未释放出来，改革主要在于通过市场化改革解决私人产品短缺的问题。此时，社会领域的改革任务并不十分突出，社会体制改革被作为经济体制改革的组成部分或配套措施。但是今天，二次改革则面临公共需求全面快速上升的突出矛盾，没有教育、医疗卫生、社会保障等领域的改革，公共需求得不到有效的满足。为此，新阶段的社会体制改革，就是要通过社会体制的创新，提高基本公共服务供给能力，使整个改革能够与公共需求转型的趋势相适应。

——社会体制改革重在建立投资于人的基本公共服务体制。建立惠及13亿人的基本公共服务体制在二次改革中具有全局性意义。一是对提高居民消费预期，建设消费大国具有重大作用；二是对于全面提高人力资本投资，实现由人口大国向人力资本大国的转型具有重大作用；三是有利于推进人口城市化，对释放城市化红利具有重大作用。

——社会体制改革重在建立国家层面的利益协调机制。在二次改革中，利益主体已经多元化，社会分化、社会矛盾、社会冲突已成为社会运行的常态。但在国家层面尚未建立起重大利益协调机制，使得社会问题日益突出。如果不采取相关措施，不仅有效缓解无望，还可能进一步加剧矛盾，增加经济领域的危机因素，增大解决问题的难度。为此，社会体制改革重在建立重大利益协调机制，为广大社会成员提供平等的发展能力、发展机会和发展条件，有效缩小城乡差距、地区差距、贫富差距。

(2) 以基本公共服务均等化为主线推进社会体制改革。

——以基本公共服务均等化为主线释放城市化红利。以基本公共服务均等化为主线推进社会体制改革，重在创造人口城市化红利。为此，要把农民工市民化作为社会体制改革的重中之重。要注重通过城乡基本公共服务均等化开启农村市场，尽快使农民工成为历史，为建设消费型大国创造良好的社会体制基础。

——以基本公共服务均等化为主线释放结构红利。社会体制改革要与经济结构调整的要求相适应。一方面，做大教育、医疗、文化等基本公共服务，促进现代服务业发展，使广大社会成员能够享受到质量更高、数量更多的基本公共服务。另一方面，通过基本公共服务均等化，全面提升国家在人力资本上的投入，为经济结构的转型升级提供更多高素质的劳动者。

——以基本公共服务均等化为主线释放人力资本红利。把建立基本公共服务体制、实现基本公共服务均等化的目标同以人为本、提高人口素质、建设人力资源大国的战略目标结合起来。实质性地提高义务教育、公共卫生和基本医疗投入，形成全社会增加人力资本投资的良好制度氛围，为提高自主创新能力奠定坚实基础。

(3) 积极构建发展型社会体制。

——建立基本公共服务均等化的体制机制。以提供基础教育、公共卫生、公共就业服务、基本社会保障、基本住房保障等事关民生的基本公共服务为重点，创新基本公共服务体制，实现城乡基本公共服务均等化。

——建立发展型就业体制，创造充分就业和平等就业的制度条件。解决经济社会深层次结构性矛盾，劳动者的素质结构改善，就业能力提升；公共就业服务体系进一步完善，逐步实现城乡就业体制一体化。

——建立利益协商和对话机制，维护社会和谐稳定。适应我国社会结构和利益格局的发展变化，有效的诉求表达渠道和利益协调机制初步形成，公民"知情权、参与权、表达权、监督权"得到落实，初步建立起社会和谐稳定的制度框架。

9. 以政府转型为主线的行政体制改革。

（1）行政体制改革要以政府转型为主线。

——以民富优先为导向，需要实现政府由经济建设主体向经济性公共服务主体的转变。国富优先最重要的体制根源是政府作为经济建设性主体集中国民财富。政府继续作为经济建设主体，不仅会扭曲资源要素价格，误导企业低成本扩张，还不利于破除行政垄断，不利于通过竞争改善经济质量和经济运行效率。这就要求政府从微观经济主体的羁绊中解放出来，为经济发展提供良好的经济性公共服务。

——以民富优先为导向，需要实现从以 GDP 为中心向以"人"为中心的政府转型。突出强调政府在提供基本公共服务中的主体地位、主导作用，使政府成为社会性公共服务的主体，在协调重大利益关系、克服发展失衡、提升人力资本、维护社会公平正义等方面扮演重要角色。

——以民富优先为导向，需要使政府成为公共治理主体。随着经济社会的发展，公共治理结构中的一些矛盾也凸显出来。例如，行政成本增大、行政效率低下的问题；政治参与积极性提高与表达渠道不相适应的问题；一些政府官员的腐败现象与社会监督机制不健全的问题；利益主体多元化与社会组织发展滞后的问题；公共政策制定中的公众参与问题等，这些都对改革行政管理体制、完善公共治理结构提出新的要求。

（2）着力实现行政体制改革的新突破。

——在完善政府经济职能上取得重要突破。合理界定政府与市场的边界，在行政审批制度改革上取得新的进展。建立市场化的宏观调控体制,增强中长期规划的科学性和约束性。强化央行在宏观调控中的独立地位,增强宏观调控的科学性、预见性和有效性。建立现代市场监管体制,确保市场监管的有效性。加强政府对外经济职能,国有资产管理职能,为人民币国际化、企业走出去创造良好的制度环境。

——在政府公共职责保障机制建设上取得重要突破。合理界定政府与社会的边界,强化政府在基本公共服务供给中的主体地位和主导作用。建立从中央到地方各级政府的职责分工及其保障机制。以新一轮财税体制改革为契机,按照事权与财力均衡的原则建立中央与地方职责分工体制,使各级政府公共职责明确化、规范化、法定化。在此基础上,建立符合公共服务型政府要求的绩效评估体系和行政问责制度。

——在以事业单位改革为重点的公共服务体系建设上取得重要突破。以建立完善公共服务体系为目标,基本完成事业单位改革。将事业单位改革置于全国公共服务体系建设的总体框架下统筹安排,强化事业单位的公益性,充分利用包括事业单位、企业、社会组织在内的多方面的力量增加公共服务供给。

——在改革调整行政权力结构上取得重要突破。以建立健全大部门体制为重点,大胆探索在行政范围内建立公共权力有效协调与制衡的体制机制,基本形成行政决策权、执行权、监督权既相互制约又相互协调的权力结构和运行机制。

——在政府自身建设与改革上取得重要突破。集中解决群众意见大、制约政府公共权力规范行使的突出矛盾和问题,在建立阳光政府、效能政府、廉洁政府、法治政府方面取得明显成效。

(3) 以政府转型形成二次改革的合力。

——注重形成中央与地方合力。要在中央与地方关系由以经济总量为导向以基本公共服务均等化为导向的转变上取得新突破,在建立以基本公共服务为导向的政绩考核体制上取得新突破，在合理配置公共资源、形成事权与财力均衡的中央与地方关系上取得新突破，使地方政府工作的重点从关心经济总量转变到关心经济运行质量、实现基本公共服务均等化上来，进一步形成中央与地方推进全面改革，转变发展方式的合力。

——注重形成部门间合力。由于多种因素的影响，政府部门之间的掣肘成为影响改革进程的突出因素。针对转变发展方式相关改革跨部门、跨领域的特点，要特别注重通过跨部门协调整合行政资源提高政府效能，在行政部门间形成推进全面改革、转变发展方式的合力。

——注重形成政府、市场、社会的合力。转变发展方式不是政府的"独角戏"，政府、市场、社会是一种互补与合作的关系。要特别注重正确界定政府、市场、社会三者的行为边界，使政府、市场、社会关系规范化、制度化，最大限度地发挥三者的比较优势，形成政府、市场、社会在推进全面改革、转变发展方式中的合力。

以民富优先为导向的发展转型（10条建议）[*]

（2011年6月）

消费水平的高低，既是衡量民富优先发展以及民生水平的重要指标，也是实现公平与可持续发展的关键因素。近年来，我国消费率持续走低，主要原因在于现行的以投资、出口为主导的增长方式。"十二五"时期，我国初步实现由投资主导向消费主导的转型，既是转变经济发展方式的成败所在，也是改革攻坚的重点所在；既影响短期宏观经济稳定，又决定着长期的可持续发展。

一 确立民富优先的发展导向

近年来，我国经济发展面临的突出矛盾是：GDP增速很快，消费率不升反降。产生这个问题的深层次原因在于：以做大GDP、国富优先发展为主要特征的政府主导型经济增长方式，使国家生产能力的增长快于居民消费能力的增长，并不断拉大贫富差距。应当说，改变投资—消费失衡，的确有一个转变发展导向的问题，即要从追求GDP总量导向转向国民收入导向，从国富优先的发展导向

---

[*] 中改院课题组：《"十二五"：以民富优先为导向的发展转型》，2011年6月。

转向民富优先的发展导向。

1. 我国的经济增长方式具有国富优先的明显特征。

(1) GDP 增长快于居民收入增长。"十一五"时期，我国 GDP 年均增长 11.2%，城镇居民人均可支配收入年均增长 9.7%，农村居民人均纯收入年均增长 8.9%。"十一五"时期城乡居民收入增速是历史上最高的 5 年，但和 GDP 的增速相比还有很大差距。

(2) 国家财政收入增长快于 GDP 增长。2010 年，我国财政收入增长率为 20.88%，GDP 增长率为 10.3%。

(3) 国有资本扩张快于 GDP 增长。2005—2009 年，国有企业资产总额从 25.4 万亿元增加到 53.5 万亿元，年均增长 20.5%，既快于 GDP 增长，也远远快于民间资本的扩张速度。

(4) 政府控制大量资源，政府主导的特点突出。

2. 新阶段国富优先发展面临的突出矛盾。

为了迅速做大经济总量、尽快解决普遍贫穷的问题，我国采取了国富优先导向的发展方式，这是短缺经济背景下的历史选择。问题在于，国富优先的增长走到今天，开始面临突出的矛盾。

(1) 偏好于做大经济总量，经济社会发展失衡。

——经济总量、财政实力不断增强，"蛋糕"迅速做大。

——社会建设和发展滞后，社会矛盾日益突出。

(2) 偏好投资出口，投资—消费结构失衡。

——消费率不断走低，投资—消费明显失衡。我国投资率长年居高不下，而消费率持续走低。尤其在过去 10 多年经济快速增长的过程中，消费率仍然在下降。1978 年，我国的最终消费率为 62.1%，2008 年降至 48.6%，为改革开放以来的最低水平。其中居民消费率下降尤为明显，1978 年居民消费率为 48.8%，2008 年下降到历史最低点 35.3%，其中 7 亿农民的消费仅占 8 个百分点。

——投资出口带来被动的货币超发，影响宏观经济稳定。

——投资出口主导的经济增长过于依赖外部市场，受外部市场波动的影响明显。

（3）偏好重化工业，产业结构失衡。

——经济增长过于依赖重化工业投资。2009年，重化工业新增投资占新增城镇固定资产投资的46.6%。

——服务业占比长期在低水平上徘徊。我国服务业的比重长期徘徊在40%左右，2009年最高，但也仅为43.36%，低于中等收入国家的平均水平10个百分点左右（2008年为53%），不及低收入国家在2000年44%的平均水平。

（4）国民收入分配格局的失衡。

——企业和政府收入占比持续上升。企业、政府在初次分配中的占比从20世纪90年代中期的16%左右，上升到目前的20%以上。

——居民收入占比持续下降。居民收入占比从20世纪90年代中期的65%左右下降到目前的60%以内。

2009年，我国人均GDP在世界排名第99位，而我国的最低工资在世界183个国家和地区中排在第158位。国民收入分配格局的失衡，是消费主导格局难以形成、收入差距不断扩大的重要因素。

3. 发展导向从国富优先走向民富优先的现实需求。

（1）解决经济社会失衡问题。民富优先增加老百姓的收入，并且政府加大对社会领域的投入，大部分支出用于解决教育、医疗、基本住房保障等问题，政府加大社会领域的投入，从而走出一条经济社会均衡发展的道路。

（2）解决投资—消费失衡问题。现行发展方式最突出的矛盾就是国家的生产能力的增长长期快于老百姓的消费能力的增长。民富优先将带来民众消费能力的提升，扩大社会总需求，使经济增长由过度依赖投资出口向消费、投资、出口协调拉动转变，促进经济可持续增长，形成内生增长动力。

（3）解决产业结构失衡问题。产业结构失衡最突出的表现是服务业比重偏低。民富优先提高老百姓的消费能力，在现阶段将明显拉动生产型、消费型服务业发展，扭转产业结构失衡。例如，文化消费严重不足制约了文化产业发展，而文化消费不足的主要原因在于居民消费能力不足、消费结构不合理，不适应消费需求的变化。如果这些问题能够得以解决，文化产业增加值占 GDP 比重由目前的 2.5% 左右上升到 5% 以上，从而成为国民经济支柱性产业是大有可能的。

（4）解决国民收入分配格局失衡问题。以民富优先为导向的改革的实质是建立"藏富于民"的制度基础，加大对居民收入分配的倾斜力度，扭转收入分配格局失衡的局面。

1990 年 12 月，邓小平在一次谈话中指出，"共同致富，我们从改革一开始就讲，将来总有一天要成为中心课题"。1993 年 9 月，他又指出，"怎样实现富裕，富裕起来以后财富怎样分配，这都是大问题。题目已经出来了，解决这个问题比解决发展起来的问题还困难。分配的问题大得很"。现在看来，以民富优先为目标导向的转型与改革，已成为当下我国的重大课题。从国富优先走向民富优先是发展方式转变的战略选择，是发展导向变化的基本趋势。从追求 GDP 总量的发展导向转变为国民收入的发展导向，其实质是国富优先转向民富优先，其根本在于由对物的追求转向对人的自身发展的追求。以科学发展为主题的"十二五"规划，适应了这个阶段性的变化，是在内外环境变化的过程中做出的发展战略的历史选择。

二　初步实现投资主导向消费主导的历史转型

近年来，我国消费率持续走低，主要原因在于现行的以投资出口为主导的增长方式。未来 5 年，我国的需求结构将发生重大变化，由投资出口拉动为主的需求结构向消费拉动为主的需求结构转变将是一个基本趋势。为此，"十二五"时期我国经济发展方式转变的成败在于，能不能初步实现由投资主导向消费主导的转型。

4. 投资—消费失衡成为经济生活和经济运行的突出矛盾。造成失衡的原因包括：收入分配制度改革滞后，中低收入者的消费能力难以得到有效提升；公共服务体制建设滞后，广大社会成员在教育、医疗等方面个人支出过大，影响了消费预期，挤压了私人产品消费。尽管"十一五"时期我国社会零售总额规模年均增长18.1%，但投资增长速度更快，导致消费率持续下降。虽然最近一两年消费率有所回升，但当前实际消费增速又出现了回落迹象，居民消费倾向尚未明显改善。消费率的不断下降，使经济增长被迫更加依赖于投资出口，进一步强化了原有的增长方式，进一步增大了经济生活和宏观经济运行的矛盾。

5. 以拉动消费为重点推进政策调整。总体来说，如果相关政策和改革到位，"十二五"时期我国有可能初步实现从投资主导向消费主导的转型，即力争用5年左右的时间把消费率从48%提高到55%左右，把居民消费率从35%提高到45%左右，初步形成消费主导的基本格局。

（1）提高居民消费能力。居民实际收入水平偏低限制了其消费能力的提升。我国劳动者报酬占比从1994年的51.2%持续下降到2007年的39.7%。这样10余年持续下降的情况，并不多见。

（2）改善居民消费倾向。由于历史"欠账"比较多，尽管这些年国家明显加大了基本公共服务均等化的投入，但仍然不能满足社会需求，导致城乡居民的消费预期不稳、边际消费倾向下降。

（3）提升消费结构。从发展趋势看，我国社会消费结构发生了重大变化，发展型需求全面快速增长。不少大中城市家庭子女教育支出的比重已占家庭总收入的近1/3；住房保障成为迫切的公共需求,但供给短缺。由此,要提振居民消费预期、提高居民消费率,提升消费结构,需要提供基本而有保障的公共服务以满足人们日益增长的公共需求。

(4)优化消费环境。近年来,食品安全等问题频发,消费环境有明显恶化的趋势,这对消费者的消费信心产生了直接的负面影响。这不仅在于企业缺乏道德自律,更在于当前监管体制的内在缺陷,即"多头管理、职能交叉、管理效率低下"的问题还相当突出。

6. 以拉动消费为重点的改革。"十二五"时期,拉动居民消费重在推进相关改革。

(1) 2011年内尽快出台收入分配改革方案。这项改革,不仅社会各方面非常期盼,而且对拉动消费也具有决定性影响。

(2) "十二五"时期有条件初步实现城乡基本公共服务均等化。"十一五"以来,中央加大了公共服务领域的投资,广东等省已明确提出基本公共服务均等化的时间表。"十二五"规划也明确提出建立健全基本公共服务体系。总体来看,"十二五"时期有条件初步实现城乡基本公共服务均等化。这样,不仅有利于改变消费预期,对化解社会矛盾也具有重要影响。

(3) 加快推进农民工市民化。2011年的政府工作报告明确指出:"把有稳定劳动关系并在城镇居住一定年限的农民工,逐步转为城镇居民。"长三角、珠三角、重庆等地区已经开始着手解决农民工问题,估计在2—3年内会有一定的突破。"十二五"时期全面解决有条件的农民工市民化问题的时机成熟、条件具备。让农民工成为历史,对扩大消费、缓解收入分配差距、化解社会矛盾、促进城乡一体化具有多方面的意义。

(4) 加快城镇基本住房保障体系建设。我国2011年的政府工作报告指出,2011年再开工建设保障性住房、棚户区改造住房共

1000万套，改造农村危房150万户，"十二五"全国城镇保障性住房覆盖面达到20%左右。在当前房价比较高的情况下，加大保障性住房建设不仅可以拉动内需，加快转变经济发展方式，也是改善民生、维护社会稳定的重大工程，社会对此有很高的期待。

三　着力解决拉动消费的中长期转型与改革问题

解决投资—消费失衡，拉动居民消费，既需要解决某些紧迫的问题，也需要研究解决深层次的重大改革问题。

7. 关于推进以扩大消费为重点的财税体制改革。总体上，从扩大消费需求、加快转变经济发展方式的要求看，当前宏观税负偏高，财税体制改革仍然滞后。回过头来看，1994年分税制改革以来形成的财税体制在激励做大经济总量上的效应明显，但在调节收入分配上的作用不足。实施民富优先的发展，需要使财税体制在收入分配调节中扮演重要角色。这就需要尽快出台并启动新一轮以民富优先为目标的财税体制改革。按照基本公共服务均等化的要求调整中央与地方的财税关系，到"十二五"末期努力实现各级政府事权与财力的基本平衡。

8. 关于加快以公益性为重要目标、优化国有资源配置的改革。一段时期以来，我国推进了国有资本的分类改革，提出国有资本有进有退的目标思路。从"十一五"的实践看，国有资本在竞争性领域进多退少，国有垄断行业扩张的速度快于GDP增长。这不仅不利于加快改善民生，而且挤占了民营经济发展的空间，加大了收入分配不合理的因素，使垄断行业改革难上加难。

当前，公共产品短缺已经取代私人产品短缺成为我国经济社会发展的突出矛盾。在这个特定背景下，不能继续把国有资源更多地用在做大GDP上，应把一部分国有资本配置在公共服务领域。"十二五"头两年，应在加快研究的基础上，尽快出台进一步优化国有资本配置的改革方案。同时，加大对国有垄断行业收租分红的力度，用于补充基本公共服务投资。

9. 尽快适度开放教育、医疗、文化市场。在确立政府主体地位和主导作用的同时，为吸引社会投资，适应多元公共服务需求，需要尽快适度开放教育、医疗、文化市场。

（1）适度放宽教育、医疗、文化的市场准入，调动包括企业、社会组织在内的社会力量扩大供给。

（2）政府要采取公共服务外包等多种形式促进形成基本公共服务多元供给体系。

（3）选择有条件的地区率先放开教育、医疗、文化市场，进行试点探索。

10. 关于以政府转型为主线的行政体制改革。加快以政府转型为主线的行政体制改革，是"十二五"时期加快转变经济发展方式和改革攻坚的关键和重点。"十一五"时期，行政体制改革在大部门体制改革等方面有一定进展，但与加快转变经济发展方式、形成内需和消费驱动格局的要求还有明显差距：第一，经济运行中的政府主导特征有明显强化的趋势，市场在资源配置中的基础性作用受到一定程度的削弱，这也是投资消费失衡的深层次原因。第二，市场监管体制和市场流通体制改革滞后，反映出政府市场监管中的责任缺位、监管体制的低效率，以及市场流通环节的某些秩序混乱，这也是消费环境恶化的重要原因。第三，政府自身利益倾向日趋突出，行政成本膨胀等问题不仅有禁无止，而且有进一步扩大的势头，这也是造成国民收入分配格局失衡的一个重要因素。

从我国的现实需求看，确实到了从改变生产关系、做大经济总量转向改变经济结构、建设消费大国的历史拐点。为此，"十二五"时期要把调整经济结构、形成公平与可持续的科学发展，作为改革攻坚的重要目标。这既是"十二五"改革的突出特点，也是二次转型与改革的历史任务。无论是发展还是改革,"十二五"确实是历史转型的关键5年。把握"十二五"改革的突出特点,对加快推进"十二五"经济发展方式转变和改革攻坚具有重要意义。

努力形成 6 亿中等收入群体（13 条建议）*

（2012 年 12 月）

中等收入群体不仅是维护社会稳定的中坚力量，也是释放消费红利的主力军。未来几年，落实中共十八大报告提出的城乡居民收入翻番目标，重在实现中等收入群体规模翻番，即由目前的大约 3 亿人左右，到 2020 年形成 6 亿中等收入群体。随着人口城镇化的推进和服务业的快速提升，我国扩大中等收入群体的基础条件已经具备。以民富优先为导向实现转型与改革的新突破，并形成公平有序的社会生态及其制度安排，增强中等收入群体的身份认同感，成为牵动全局的紧迫任务。

一 扩大中等收入群体是个大战略

改革开放以来，我国中等收入群体形成速度缓慢，社会结构演进滞后于经济结构，成为制约经济社会转型的突出"瓶颈"。

1. 我国中等收入群体发展严重滞后。

（1）中等收入群体比重偏低。国内外不同研究对中等收入群体的划分标准不尽相同，但不论是以收入或财产为主要标准，还是以

---

* 中改院课题组：《形成 6 亿中等收入群体的转型与改革》，2012 年 12 月。

职业为主要标准，或者以综合标准来衡量，当前我国中等收入群体人数少、比重低都是不争的事实。按照中国社科院社会学所"当代中国社会结构变迁研究"课题组的研究，我国中等收入群体比例为23%左右。美国波士顿调查公司的调查报告也指出，目前中国中产阶级家庭所占的比例大约为24%。按照23%—24%的比例测算，我国中等收入群体规模为3亿人左右。总体来看，我国"橄榄型"收入结构尚未形成，低收入者比重仍偏大。

（2）中等收入群体比重低于国际平均水平。2011年，我国人均GDP超过5000美元，中等收入群体不到总人口的1/4。从国际比较看，在人均GDP5000美元的阶段，美国中产家庭比重达到60%以上；日本有90%的人自认是中间阶层，60%自认处于"正中间"；韩国新中产和旧中产的比重合计达40%。

（3）中等收入群体发育滞后于经济发展水平。当前，我国的经济结构已进入工业化中期阶段，甚至有些指标已经进入了工业化后期阶段。但是，社会结构指标尚未实现整体性转型，大部分重要的社会结构指标仍然处在工业化初期水平，据相关机构预测，社会结构滞后于经济结构大约15年。

2. 中等收入群体比重过低制约经济社会发展。

（1）制约消费潜力释放。从国际经验看，中等收入群体是拉动消费需求的主力。中等收入群体比重过低，导致我国消费长期提而不振、扩而不大。长期以来，我国消费率落后于世界同等发展水平国家，与我国中等收入群体比例过低直接相关。例如，根据中国家庭金融调查数据，家庭储蓄主要是富人的储蓄。收入前10%的家庭，其储蓄率达60%，储蓄额占当年中国总储蓄额的75%。前5%的家庭储蓄率更是高达69%，储蓄额占当年总储蓄额的62%。相比之下，大约50%的中国家庭当年是没有任何储蓄的。储蓄额的不足直接导致即期消费与远期消费的不足。

（2）导致社会结构失衡。一般而言，中等收入群体比重达到40%—50%，表明一个社会结构初步形成"橄榄型"结构。从国际经验看，工业化比较成功的国家，都在工业化中期之后形成了"橄榄型"的社会结构，从而有效地化解了社会矛盾。中等收入群体比重过低，使我国社会结构远远没有达到"橄榄型"，至少还差17个百分点左右。由于低收入群体数量较为庞大，导致社会群体之间、甚至整个社会处于一种"结构紧张"的状态，社会矛盾更易激化，社会问题和社会危机更易发生。

（3）加剧利益矛盾冲突。中等收入群体的崛起以及由此形成的"中产信念"是社会稳定和发展的基石。在中等收入群体所占比重较大的社会里，贫富分化的状况得到改善，低收入群体对社会的信任度比较高，有利于社会秩序的稳定。相反，在收入差距比较大的情况下，高收入群体和低收入群体容易产生对立。近年来，由于我国收入分配改革滞后，广大劳动者收入水平偏低，在一定程度上加剧了劳资矛盾。例如，2001年我国劳动争议案件大约为15.5万件，到2011年已经突破了60万件。

3. 扩大中等收入群体牵动经济社会转型全局。

（1）决定经济转型成败。从世界经济史看，到了工业化中后期，由于重化工业对生产资料的改造，工业生产能力过剩不可避免，但成功的工业化国家最终能够扩大中等收入群体，由此使得生产过剩的矛盾大大缓解。从我国的情况看，能否形成中等收入群体为主的社会结构，决定消费主导经济转型的成败。

（2）成为社会和谐稳定的关键。从我国的现实情况看，随着多元社会格局的形成，中等收入群体在社会稳定和谐中的地位全面凸显，扩大中等收入群体成为社会转型的历史性课题。当前的社会矛盾主要是发展中的矛盾，核心是利益关系问题，要害是中等收入群体发育滞后。如果能够在扩大中等收入群体上有大的作为，逐步形成中产阶层主导的社会结构,对未来社会稳定和国家长治久安意义重大。

(3) 关乎改革共识和方向选择。在社会利益失衡的特定背景下,改革在多方面缺乏共识,在很大程度上源于尚未真正确立以人为本的改革观。改革开放之初,在我国处于生存型阶段的特定条件下,把解放生产力、发展生产力作为改革目标能够赢得社会共识,但是今天我国已经迈向发展型新阶段,在这个新阶段,人的自身发展成为转型与改革的核心课题。如果不把人的自身发展作为改革目标,改革很难赢得广泛的社会共识和社会支持。把扩大中等收入群体作为改革目标,就是要把人的自身发展作为首要和核心目标,真正确立以人为本的改革观,最大限度地增大改革的普惠性。

二 2020年实现中等收入群体倍增是一个大目标

党的十八大报告提出,到2020年,实现国内生产总值和城乡居民人均收入比2010年翻一番,全面建成小康社会。从我国经济社会转型的客观要求看,落实党的十八大报告的收入倍增目标,关键是确立中等收入群体倍增的目标,使中等收入群体规模由当前的3亿人左右,扩大到2020年的6亿人左右。

4. 由中等收入群体倍增走向公平可持续。

(1) 国民收入倍增重在实现中等收入群体倍增。2020年形成6亿人的中等收入群体,既体现收入倍增的重大成果,又意味着稳定消费主体的形成;意味着利益关系调整的新突破,从而奠定"橄榄形"社会结构的重要基础;意味着贫富差距的逐步缩小,从而形成走向共同富裕的大趋势。未来几年,如果城乡居民收入的倍增继续伴随贫富差距扩大、两极分化加剧,即使城乡居民人均收入翻番的目标实现了,也并不能保证收入分配结构调整的成功,这种倍增也是一种无效、甚至有害的倍增,将积聚难以承受的社会高风险。也就是说，国民收入倍增要充分考虑到现有收入分配结构，向中低收入群体倾斜。

（2）以中等收入群体倍增释放消费潜力。有研究指出，占人口不到30%的中等收入者，其消费约占社会消费总量的50%。以2010年城镇居民收入数据测算，到2020年，如果城镇中等收入群体比重提高到40%—45%左右，在不考虑人口规模变动的情况下，每年将新增消费规模0.75万亿元，10年将带来7.5万亿元左右的新增消费。

（3）以中等收入群体倍增走向公共治理。在经济转轨和社会转型时期，社会阶层的重新分化是必然趋势，每个社会都存在地位较低的社会群体，但问题的关键不在于有没有底层群体的存在，而在于处在社会底层的人群日趋定型，缺乏改变自己命运的渠道和机会，无法实现公正、合理、开放的向"上"流动，由此带来社会结构的固化。通过加快扩大中等收入群体，使更多的中低收入者进入中等收入群体行列。

（4）以中等收入群体倍增走向共同富裕。改革开放初期邓小平就已经提出，我国发展到一定阶段后就需要解决共同富裕的问题。实现由一部分人先富到"共同富裕"，主要矛盾在于不断扩大中等收入群体。党的十八大报告明确提出"实现发展成果由人民共享"，要求"规范收入分配秩序，保护合法收入，增加低收入者收入，调节过高收入，取缔非法收入"。无论是"提低"还是"调高"，归根结底其落脚点都是"扩中"。只有中等收入群体扩大，才能加快改变一部分人富裕、一部分人贫穷的局面，逐步形成共同富裕的大趋势。

5. 确立中等收入群体倍增的基本目标。

从经济社会转型的大局出发，在下一步出台的收入分配改革规划中，具体落实党的十八大报告所提出的国民收入翻番计划，明确提出中等收入群体倍增的基本目标。从现阶段的基本国情出发，到2020年，我国中等收入群体扩大的总体目标是：在目前大约23%的基础上，每年提高2个百分点，到2020年努力达到40%以上，由此使中等收入群体规模扩大到6亿人左右。

6. 2020年有条件形成6亿中等收入群体。

（1）人口城镇化是中等收入群体倍增的重要载体。由于工业收益与服务业收益远高于农业收益，发达国家历史上中等收入群体的形成，主要源于人口城镇化及其经济结构的转型升级。从我国城镇化的历史来看，城市扩张和城镇人口增长为中等收入群体的扩大创造了良好的条件。改革开放30多年来，我国城市迅猛扩张，城镇人口数量也稳定增长，1978年城镇人口数量为1.72亿，2011年增长为6.91亿，是1978年的4.0倍。估计到2020年，我国人口城镇化率至少还有15个百分点左右的提升空间，也就是说，到2020年，人口城镇化率有望达到50%左右，按照总人口15亿测算，新增实际城镇人口累计将达2.5亿—3亿，成为新增中等收入群体的"后备军"。

（2）服务业主导的经济转型为中等收入群体提供就业空间。一般而言，以中等收入群体为主的社会，必然是服务业比重超过50%的社会。中等收入群体的扩大要依托于服务业的发展和转型，国家"十二五"规划纲要明确提出，服务业比重5年间要上升4个百分点。如果消费主导的经济转型明显加快，服务业比重每年提升1.5—1.8个百分点、服务业就业比重每年提升1.5—2个百分点，那么到2020年，服务业比重有望达到60%左右，服务业就业比重有望达到50%以上。按照这个预测，到2020年全国劳动就业人口大约为9.3亿，其中在服务业就业的人口将不少于4.5亿。2011年，我国劳动就业人口总数为7.64亿左右，服务业就业比重为35.7%，则就业人口仅为2.7亿左右。初步测算表明，2011—2020

年，服务业累计新增就业人数将有望超过1.8亿。这部分人群收入明显高于社会平均水平，将成为中等收入群体的重要组成部分。

（3）城乡一体化进程加快是扩大中等收入群体的重要推动力。未来几年，我国城乡一体化进程将大大加快。随着农业现代化和城乡二元体制的打破，将会有相当数量的农民成为中等收入群体。按照党的十八大报告的要求，改革征地制度，提高农民在土地增值收益中的分配比例，农民的财产性收入将有望大幅提升。一方面，农业规模化经营将使部分农民成为中等收入群体；另一方面，城乡个体工商户的发展将有助于扩大中等收入群体。初步测算，考虑到2020年人口总量将接近15亿，人口城镇化率可能达到或超过50%，届时如果7.5亿农村户籍人口有20%成为中等收入者，农民中新增中等收入群体将有望达到1.5亿人。

7. 明确中等收入群体倍增的行动路线。

（1）制定中等收入群体的评判标准。从我国的现实情况看，中等收入群体的评判标准中应以收入为主要指标，综合考虑主观认同、职业声望、教育程度、消费水平等综合指标，制定符合我国国情的中等收入群体评判标准。

（2）突出人力资本在扩大中等收入群体中的重要作用。有研究表明，人力资本投资对于提高居民收入的作用十分明显。这就需要以培育人力资源和提高人力资本为重点，加快就业体制改革和产业结构调整，推进就业和教育的匹配发展。

（3）提高农民土地的财产性收入。一是建立健全农村土地流转制度，保障农民在土地流转中的权益。用于公共用途的农村集体土地可由政府按法定程序、按市场价格进行征用补偿。建立非公共用途的农村集体用地直接进入市场的机制，形成农村集体建设用地流转的统一、规范的管理措施与办法，形成城乡一体的土地有形市场和土地市场监管体系。二是以土地流转交易所为平台，健全完善土地流转服务机制。建立农村产权交易所，组织农村土地承包经营权挂牌出让。三是推进城乡建设用地增减挂钩试点，使用增减挂钩指标的土地出让净收益要返还给农民。

（4）以提高居民财产性收入为目标规范资本市场发展。一是完善证券市场分红制度，加大对中小股民的分红让利，使城乡居民获得更多资产性收入；二是建立保护中小投资者合法利益的制度体系，进一步强化和细化对投资者损害赔偿的民事责任制度；三是积极拓展居民投资渠道，为城乡居民财产提供更多保值升值途径；四是加快培育机构投资者，积极发展财富管理行业。

三　民富优先是一个大趋势

实现中等收入群体倍增需要藏富于民。从改革实践看，国富优先不利于城乡居民收入的提高。实现改革发展导向由国富优先走向民富优先，成为我国新阶段转型与改革的大趋势。

8. 由国富优先走向民富优先。

（1）国富优先是以往经济增长方式的突出特征。长期以来，我国的经济增长方式存在某些国富优先的突出特征。"国富优先"不是"国富民穷"，更不等于"国穷民富"。"国富优先"主要是特指国家财富积累速度超过居民财富积累速度：一是 GDP 增长速度快于居民收入增长速度；二是国家财政收入增长快于 GDP 增长；三是国有资本扩张速度快于经济增长速度。

（2）从国富优先走向民富优先的历史拐点。随着内外环境的变化，长期以来国富优先的发展，客观上导致投资消费结构失衡、产业结构失衡和国民收入分配格局失衡。当前，我国正处于改变国富优先发展导向的历史拐点，如果未来5—8年不能有效实现由国富优先向民富优先的转变，消费主导的历史转型则很难有实质性突破。

(3) 走"以民富促国富"之路。就发展结果而言，国富、民富都十分重要，民富国强是我们追求的基本目标。现阶段，"民富优先"要求更加充分发挥市场配置资源的基础性作用，让企业与个人成为经济生活中的主体，并且使广大社会成员更能公平地分享改革发展的成果；要求创造的新增财富更多地集中到居民手中；要求扭转居民收入和劳动报酬比重下降的趋势，进而提高居民的消费能力。

(4) "民富优先"将使城乡居民成为"民富"的主体。一方面，实现民富优先要求优化和调整国民收入分配格局，切实提高"两个比重"（居民收入在国民收入分配中的比重、劳动报酬在初次分配中的比重），实现"两个同步"（劳动者报酬与劳动生产率同步、居民收入增长与经济增长同步）；另一方面，民富优先要求改善民生，推动基本公共服务均等化总体实现。

9. 藏富于民：尽快实现城乡居民收入倍增。

(1) 确定缩小城乡差距的约束性指标。一是2016—2017年：努力使城镇居民家庭人均可支配收入实际年均增长7.5%—8.5%，农村居民家庭人均纯收入实际年均增长9%—9.5%，则2017年城乡居民人均收入分别达到3.5万元和1.2万元左右，城乡居民收入差距缩小到2.9∶1以内；二是2018—2020年：努力使城镇居民家庭人均可支配收入实际年均增长7%—7.5%，农村居民家庭人均纯收入实际年均增长8%—9%，则2020年城乡居民人均收入分别达到4.1万元和1.6万元左右，城乡居民收入差距缩小到2.8∶1以内。

(2) 确保城乡居民收入增长同步并略快于GDP增长。一是基于未来8年GDP年均增速为7%—8%的条件下，城乡居民人均收入增速指标设定为年均应不低于7.5%；二是城乡居民人均收入增长应为实际收入增长，而不是名义增长；三是城乡居民收入的实际增长应是城乡居民的共同增长。

（3）以工资谈判协商制度为重点建立劳动者报酬增长保障机制。一是明确劳动报酬占 GDP 比重的约束性目标。未来 5—8 年，考虑通货膨胀因素，劳动者报酬年均增长不应低于 10%，使劳动报酬占 GDP 比重从目前大约 40% 提高到 50%—55%，接近或者达到中等收入国家的合理区间。二是加快建立企业、工会、政府三方共同协商的工资谈判机制，加快新《工资条例》的出台。三是统一城乡劳动力市场，实现全体劳动者同工同酬。四是修改和完善劳动法，保障劳动者权益。

10. *改善民生：基本公共服务均等化总体实现。*

（1）建立和完善以廉租房为重点的住房保障体系。一是严格限定经济适用房的受益范围。逐步减少建设出售式经济适用房，加快向租赁式经济适用房转型，把住房领域的公共资源主要用于中低收入者。二是加快完善以廉租房为重点的住房保障体系。短期内应严格落实廉租房"只租不售"的要求；在廉租房房源充足的前提下，逐步放宽申请标准，优先满足最困难家庭的住房保障前提下，让更多的中低收入者能够享受廉租房。三是引入民间资本，引导企业、社会、个人多方参与保障性住房建设，加大力度解决保障房建设的融资难问题。四是加快建立较为完善、健康的房地产市场，促进住房提供方式的多元化。

（2）加快推进城乡和不同群体基本公共服务制度的统一。由于过去 30 多年的改革主要是调整增量利益，制度安排上的"双轨制"未根本打破，制度不公的问题相当突出。公共服务体制安排上的制度不公现象比较严重，基本公共服务按照公务员、事业单位、国有企业、民营企业、城乡居民等分"三六九等"。未来 3—5 年，加快城乡、区域、不同群体间的基本公共服务制度的统一和对接，初步形成全国一体化的基本公共服务体制。

（3）努力缩小财政投入不同社会群体基本公共服务的差距。一是建立财政投入均等化约束性指标，缩小公共教育、公共医疗卫生、社会保障、公共就业服务和基本住房保障等方面的多维差距。二是规范专项转移支付制度，进一步清理、取消效果不大、支出不规范的专项转移支付。三是探索建立横向转移支付制度。加大发达地区对欠发达地区的财政帮扶力度，在"对口支援"的基础上，引导和鼓励同级政府间发展制度化、规范化的横向转移支付，保证欠发达地区政府能够提供达到全国最低标准的基本公共服务。四是建立有效的基本公共服务转移支付的监督评价体系，着力提高中央财政公共服务转移支付效果。

四　形成中等收入群体身份认同的大环境

规范的收入分配秩序是扩大中等收入群体的基本保障，也是中等收入者身份认同感逐步增强的重要条件。当前，灰色收入成为普遍现象，腐败问题日益突出，收入分配不公已成为全社会最为关注的焦点问题。在这一特定背景下，要使工薪阶层为主体的中等收入者普遍认同自己的经济社会地位，迫切要求以公开、透明为重点，加快建立收入分配的基础制度，建立公正有序的分配秩序，以此为基础形成中等收入群体身份认同的大环境。

11. 身份认同感缺失妨碍中等收入群体释放"正能量"。

（1）中等收入群体身份认同感缺失。一般认为，中等收入群体的显著特征不仅在于财富多寡、收入高低，更多的是一种精神状态与生活方式，即保持着理性与建设性。近年来，一些研究机构公布中等收入群体比例后，往往会受到社会普遍的质疑。相当多收入比较高的社会群体并不认同自己属于中等收入群体。无论与收入差距较大还是较小的国家相比，我国中等收入群体认同度均偏低，多数民众对自身所处的社会位置持消极态度。有专家通过调查指出，我国认为自己属于中层的还不到40%，认为自己属于中下层、下层的将近55%。而日本的民意测验表明，90%的日本人自称"中产阶层"，瑞典的中等收入阶层主观认同率高达80%，德国的中等收入阶层主观认同率为75%。即使在印度的孟买、新德里等贫民窟和高楼大厦并存的地区，也有60%的人认为自己是中层。

（2）身份认同缺失导致中等收入群体难以发挥有效作用。一方面，由于缺乏对自身的身份认同，我国中等收入群体的消费意愿和消费信心往往不足，以至于其对扩大消费的作用并不明显；另一方面，中等收入群体的受挫感、负担过重等因素导致中等收入群体身份认同缺失，严重影响了中等收入群体对现有分配秩序和社会秩序的认同，严重影响中等收入群体对自身未来发展的信心，以至于其"社会稳定器"的作用尚未完全发挥出来。

12. 中等收入者身份认同缺失根源在于收入分配不公。

（1）灰色收入影响中等收入群体对自身地位的准确判断。有调查研究认为，2008年，我国没有被统计的隐性收入为9万多亿元，其中5.4万亿元可以认为是灰色收入。可以说，中等收入群体主要是以工薪阶层为主，收入稳定，同时也相对透明。但社会上高收入群体，尤其是权力拥有者，通过各种手段获得大量的灰色收入，导致中等收入群体在主观上对自身社会地位做出错误的判断，从而难以认同自己的身份。可以说，灰色收入过大、收入分配不透明很大程度上影响了中等收入群体对自己阶层地位的认同。

（2）腐败问题加剧中等收入群体的相对剥夺感。庞大的中等收入群体是社会的稳定器，得益于稳定的收入，中等收入群体普遍对未来充满信心。但是，腐败问题愈演愈烈，许多中等收入者本身成为腐败的直接受害人，很大程度上增强了他们的相对剥夺感和不公平感。

（3）收入分配差距过大促使中等收入群体向"下流"沦落。

随着社会财富向资本和权力集中，中等收入群体与高收入群体之间的差距越来越大，容易使中等收入群体沦为"下流"。从底层迈进中等收入群体很难，但要从中等收入群体滑入底层却非常简单，只要失业、单位效益下降或者家庭成员生病，这些偶然因素就可以消灭一个中等收入者。当前，中等收入群体社会支出和个人负担沉重，税费较高。以一个人每月收入10000元为例，扣除个人所得税、"五险一金"，再加上每月还房贷3000—4000元，缴纳物业管理费、水电费、电话费和上网费，再加上衣食住行等日常诸多生活支出，以及子女教育费、父母赡养费，就造成了工资"白领"的现象。

13. 强化身份认同重在建立公开、透明的收入分配基础制度。

（1）建立完善的收入分配基础数据信息体系。一是尽快完善身份信息登记制度，建立完善的国家人口基础信息库。以公安人口信息为基础，融合人口和计划生育、人力资源和社会保障、住房和城乡建设、民政、教育、交通、工商、税务、统计等部门和金融系统的相关信息资源，建立以公民身份号码为唯一代码的国家人口基础信息库。二是建成完善的收入分配基础数据信息体系。以国家人口基础信息库为基础，建立完善的收入分配基础数据信息系统；推进居民财产和收入信息联网，加强银行等金融机构、税务部门、房地产管理部门等不同部门之间的信息联通，将相关信息整合到收入分配基础数据信息系统。

（2）加快推动居民财产申报制度的建立。一是建立完善的纳税申报体系。将居民财产申报和纳税申报相结合，及时调整自行纳税申报的范围和标准，鼓励如实自愿进行纳税申报，完善纳税申报体系。二是逐步完善居民财产申报系统。加快推进居民财产申报立法工作，明确居民财产申报的管理职能部门；明确财产申报的范围和程序。三是完善金融实名制度、反洗钱制度，加快建立规范的现金管理制度。四是加强居民财产申报的监督。对财产申报不实超出一定程度或故意隐瞒、编造财产信息的行为，要采取一定的防范和惩处措施。

（3）尽快建立和不断完善居民财产信息严格保护机制。一是加快推动公民财产信息和个人信息保护立法。尽快出台《个人信息保护条例》或《公民财产信息保护条例》。二是严格要求合法、规范使用居民收入和财产信息。严格规定居民财产信息的查询权限，强化信息使用者的保密责任。三是依法从严对泄露公民收入和财产信息行为的追究和惩处。

扩大中等收入群体，跨越中等收入陷阱（8 条建议）[*]

（2016 年 6 月）

我国是一个转型与改革中的大国，"十三五"既面临经济转型的突出优势，也面临中等收入陷阱的严峻挑战。与拉美国家有很大的不同，所面临的中等收入陷阱风险主要表现在转型与改革滞后所带来的经济与社会矛盾叠加：（1）产业结构低端锁定的风险；（2）人口城镇化发展滞后的风险；（3）贫富差距持续扩大、中等收入群体比重偏低的风险；（4）低福利的风险。在这个特定背景下，跨越中等收入陷阱成为"十三五"经济转型的重大课题。

一 扩大中等收入群体是跨越中等收入陷阱的重要条件

1. 一个国家或地区进入中等收入阶段后，能否跨越中等收入陷阱的一个关键因素在于不断扩大中等收入群体。以韩国为例，其仅仅用了 10 年左右的时间就完成了从中等收入向高收入国家行列的跨越，重要原因之一是韩国在进入中等收入阶段后贫富差距有所缩小，中等收入群体明显增加。相反，某些拉美国家在进入中等收

---

[*] 中改院课题组：《跨越中等收入陷阱的体制创新》，2016 年 6 月。

入国家行列后，由于贫富差距持续扩大，导致其长期徘徊在中等收入阶段。

某些拉美国家发展长期停滞的重要原因还有一个所谓的"高福利陷阱"。即在进入中等收入阶段后，由于日益扩大的收入差距，政府大幅增加社会保障支出，脱离国情实施"福利赶超"政策，由此导致财政赤字、债务危机，以及经济增长停滞等一系列危机。我国正处在由中等收入向高收入国家迈进的重要阶段，吸取国际经验教训，需要立足我国现阶段的基本国情，既注重着力改善民生，让发展成果更多惠及全体社会成员，又要继续弘扬中华民族勤劳致富的精神，激励人们通过劳动创造美好生活。

2. 我国面临着跨越中等收入陷阱的多方面挑战。第一，收入分配差距较大，我国社会橄榄型的利益结构尚未形成。第二，居民消费率偏低。如果未来5年扩大中等收入群体有实质性进展，我国居民消费率就会有一个明显提升。第三，中等收入群体的身份认同感不强。

党的十八大将"中等收入群体持续扩大"作为全面建成小康社会的重要目标之一。习近平总书记强调，扩大中等收入群体，关系全面建成小康社会目标的实现，是转方式调结构的必然要求，是维护社会和谐稳定、国家长治久安的必然要求。从我国的实际情况看，中等收入群体比重偏低，不仅抑制潜在消费需求的有效释放，阻碍经济转型升级的实际进程，而且难以形成橄榄型的社会利益格局，不利于社会和谐稳定。可以说，中等收入群体是全面建成小康社会的主体力量，没有中等收入群体的持续扩大，就难以形成支撑小康社会的重要基石。到2020年，实现"城乡居民人均收入比2010年翻一番"的目标，重中之重的任务就是在提高低收入群体收入水平的同时，扩大中等收入群体。

二　扩大中等收入群体：形成跨越中等收入陷阱的优势

3. 我国仍是一个转型发展中的大国，扩大中等收入群体，对我国走向公平可持续发展的意义重大。它意味着巨大的消费需求潜力的释放，从而支撑GDP年均6%—7%的中速增长；意味着利益关系调整的新突破，从而奠定橄榄型社会结构的重要基础；意味着贫富差距的逐步缩小，从而形成走向共同富裕的大趋势。总体来看，未来我国应在目前中等收入群体大约占人口总数的25%的基础上，年均提高2—3个百分点，到2020年努力达到40%左右，由此使中等收入群体规模扩大到6亿人左右。

4. 到2020年，我国是有条件形成6亿规模中等收入群体的。第一，人口城镇化是扩大中等收入群体的重要载体。由于工业收益与服务业收益远高于农业收益，发达国家历史上中等收入群体的形成，主要源于人口城镇化及经济结构的转型升级。改革开放以来，我国城镇化快速推进，城镇人口数量稳步增长，2015年是1978年的4.48倍。"十三五"时期，在深化户籍制度改革和城乡基本公共服务均等化总体实现的条件下，新增城镇户籍人口中的一部分人有可能进入中等收入群体。第二，服务业主导的产业结构将为中等收入群体提供广阔的就业空间，并将使部分就业群体成为中等收入者。从国际经验看，中等收入群体的扩大有赖于服务业的快速发展。从我国的情况看，2008年GDP每增长1个百分点，新增就业只能达到70万—80万人；近两年GDP每增长1个百分点，新增就业能达到150万人左右。也就是说，就业问题既和速度相关联，也和产业结构相关联。随着经济转型升级，形成以服务业为主导的产业结构，既是扩大就业的主要载体，又是增加就业者收入的重要因素。第三，创新创业将使部分就业人群成为中等收入群体。创新创业不仅能带动就业，而且可以扩大中等收入群体范围，优化社会结构。当前，大众创业、万众创新已成为我国扩大就业、增加劳动者报酬的重要举措。尤其是在经济下行压力增大的背景下，大众创业、万众创新有效激发了市场主体的活力，推动形成了新一轮创新创业潮。2015年全国新登记企业443.9万户，增长21.6%，注册资本29万亿元，增长52.2%，均创历年新登记数量和注册资本总额新高。无论是自主创业者，还是创新型技术人才，都将成为我国扩大中等收入群体的坚实基础。

5. 扩大中等收入群体，关键在于创新体制机制。第一，建立劳动者报酬的保障机制。由于工资谈判协商机制的长期缺失，劳动者报酬很难与劳动生产率增长同步。从实际情况看，提高劳动者报酬，政府的主要任务是积极推进劳动报酬协商机制的建立。第二，以基本公共服务均等化为重点加大再分配力度。这些年，基本公共服务供给的差距已成为城乡、地区、不同社会群体实际收入差距的重要因素之一，建议"十三五"以城乡基本公共服务均等化为重点统筹协调收入再分配。第三，加快财税体制改革。建议"十三五"财税体制改革要与收入分配改革同步，比如，调整财政支出结构，建立与基本公共服务均等化要求相适应的转移支付制度；推进结构性减税；加快个人所得税改革，尽快实行"以家庭为单位"的税收征缴方式，减轻中等收入群体的实际税负。第四，尽快改革征地制度，提高农民在土地增值收益中的分配比例。加快推进农村土地确权进程，赋予农民长期而有保障的土地使用权，实现农民土地使用权的物权化；尽快改革征地制度，使农民成为农村土地流转的法定谈判主体，保障并提高农民在土地流转中的权益。第五，深化教育改革，调整教育结构。从实践看，从一般性的劳动力到技能型劳动力的转型是产业结构升级对就业人口的客观要求，问题在于教育结构与转型升级、发展服务型经济不相适应。"十三五"需要加快以现代职业教育为重点的教育结构改革，重点是以提高人力资本为目标，扩大与就业结构相适应的教育投资，使新进入劳动力市场的大学生等群体尽快成长为中等收入群体。

三 扩大中等收入群体：供给侧结构性改革的重大任务

6. 以服务业市场的开放为重点推动产业结构变革。当前，产业结构由工业主导向服务业主导转型，是我国工业化进入后期时产业结构演进的客观规律。问题在于，服务业市场开放滞后成为新阶段市场化改革的突出短板。所以，"十三五"要以打破行政垄断和市场垄断为重点，加快服务业市场的开放，这对于扩大中等收入群体至关重要。

7. 以全面实施居住证制度为重点推动城镇化结构变革。2015年我国常住人口的城镇化率达到56.1%，户籍人口城镇化率为39.9%。也就是说，我国提高户籍人口城镇化率蕴藏着巨大潜力。如果2020年户籍人口城镇化率达到50%左右，意味着将有10%左右的农村转移人口真正融入城镇，成为新增的中等收入群体。目前，城乡二元户籍制度存在的历史条件已发生了根本变化，建议"十三五"全面实施居住证制度，以之取代城乡二元的户籍制度。

8. 以公益性为重点调整国有资本配置。国有垄断行业所造成的收入分配不公，是全社会普遍关注的焦点问题。为此，需要调节垄断行业的过高收入，严格规范和控制国有垄断行业的工资福利，将隐性福利阳光化、规范化、货币化，以缩小不同行业间的收入差距。与此同时，要以简政放权为重点加快政府转型。例如：进一步向企业放权，降低企业制度性交易成本；依法保护企业家财产权和创新收益，形成企业家健康成长的宽松环境；加强产权保护，重点是保护城乡居民的财产权，增强人们的财产安全感。

第七篇

建言二次转型

推进以发展方式转变为主线的经济转型,是中改院较早提出的重要建议。2009年,中改院承担国家"十二五"经济体制改革重大研究课题,提交"以发展方式转变为主线推进'十二五'改革"的建议报告,被用作国家制定"十二五"规划的重要参阅件,"以经济发展方式转变为主线"被写入"十二五"规划纲要。2010年,中改院提出"二次转型与改革"的理论命题,主张第二次转型要以民富优先为目标。中改院建议,要在"十二五"规划中把收入分配调整指标作为约束性指标,构建由国富优先转向民富优先的收入分配制度保障。近年来,在疫情的严重冲击下,我国加快构建双循环新发展格局。面对国际国内日益复杂的形势,中改院研究撰写《中国消费——构建双循环新发展格局》年度改革研究报告,提出"推进消费导向的经济转型,以此形成经济增长的新动力"的主张,受到多方面的高度关注。

深化以发展方式转变为主线的"十二五"改革（21条建议）[*]

（2009年9月）

"十二五"将是我国改革发展十分关键的5年。在国际金融危机深刻影响和国内发展方式转型的特定背景下，我国"十二五"改革发展将面临前所未有的严峻挑战，以改革破解发展难题的任务非常艰巨。未来几年，抓住历史机遇，全面推出"一揽子"改革计划，集中解决我国经济社会发展的深层次体制性矛盾，形成发展方式转型的活力、动力和合力，走出一条以扩大内需为主线的发展新路子，建立与科学发展相适应的体制机制，是方方面面对"十二五"改革发展大业的热切期盼。

一 对"十一五"改革要做客观评价

对"十一五"改革进程做出客观评价，不仅对明确"十二五"改革的目标和重点有重要作用，而且涉及对改革方向的评估。

1. 总体取得一定进展，但在一些领域未能实现预期目标。"十一五"时期，我国在推进经济体制改革、社会体制改革、行政体制

---

[*] 中改院课题组：《"十二五"改革规划研究》，2009年8月。

改革等方面均取得较大进展。中改院对"十一五"改革进展的专家问卷调查显示，79.10%的专家认为"十一五"改革取得一定进展。56.78%的专家认为在局部领域有所突破。

由于某些特殊因素，"十一五"一些领域的改革进展缓慢。例如，政府主导的经济增长模式不仅没有得到扭转，而在一定程度上有所强化，市场化改革进程低于预期。这说明，改革任务仍十分艰巨。

2. 反危机取得明显效果，但结构性问题突出，投资成为经济增长的主要动力。"十一五"经济增长在相当大程度上还是依赖于投资。尤其是在反危机的特定时期，以投资为重点的刺激政策成为保持经济增长的主要动力，这客观上导致发展对改革的依赖程度在下降，制度变革促进发展的空间在压缩，突出表现在包括投资消费结构、产业结构、区域结构等在内的结构性问题没有明显改善。

3. 单项改革有明显突破，但综合性改革进展不大。"十一五"农村改革使农民普遍受益；基本公共服务改革有重大突破，在"民生五年"中社会普遍受益。与此同时，一些涉及多部门的综合性改革，进展不大。例如，垄断行业改革滞后，国进民退在某些领域具有一定的普遍性；财税体制改革未能如期启动，积弊日增。

4. 行政体制改革滞后。行政体制改革有所进展，但总体上尚未有大的突破。例如，大部门制在一定程度上还流于就职能调整谈行政改革的范畴，中央地方关系远未得到理顺。

二 应对内外环境变化，尽快实现由经济总量导向向国民收入导向的转变

明确"十二五"改革导向必须从国际环境的重大变化和我国发展阶段变化的大背景出发，把握改革发展的机遇。

5. "十二五"改革发展面临新的挑战。从国际上看，"十二

五"我国必将成为全球第二大经济体，发展面临的国际压力将明显加大，不排除出现世界经济再次动荡的可能。从国内看，社会需求结构发生重大变化，社会矛盾呈现阶段性的突出特征。具体表现在：经济快速增长同发展不平衡、资源环境的突出矛盾、公共需求全面快速增长与公共产品短缺的突出矛盾、经济持续增长与收入分配结构不合理的突出矛盾、经济发展社会进步与公共治理建设滞后的突出矛盾。谋划"十二五"改革要从发展阶段变化的基本国情出发。

6. 明确把转变发展方式、构建公平与可持续发展的体制基础作为"十二五"改革的战略目标。未来5—10年，发展方式转变将成为我国改革的主线：第一，后危机时代世界经济将进入低速增长，这意味着我国出口导向必须转向内需导向。第二，"十二五"我国将面临刘易斯拐点，剩余劳动力不再充裕，意味着低成本制造不再具有可持续的竞争优势。第三，高投资难以持续，意味着投资驱动经济增长能力减弱。第四，节能减排成为世界性趋势，意味着资源消耗性经济难以维持。从发展面临的突出矛盾和趋势看，"十二五"要把转变发展方式作为改革的基本目标，构建科学发展的体制基础。

7. 推进发展导向转变，打破GDP增长必须达到8%的思维，把提高居民收入作为"十二五"改革的基本指标。从发展的约束条件看，未来5年经济增长很难再保持也没有必要保持两位数增长：一是国内外环境的变化决定了很难保持两位数增长；二是经济高速增长，就业、收入分配等问题就必然能迎刃而解的思维定式很难成立。就业弹性系数持续下降就是典型反映。建议"十二五"要真正打破GDP增长不低于8%的思维迷信，尤其是弱化地方政府的投资冲动。建议把提高居民收入和消费率作为衡量"十二五"改革和发展的基本指标，明确提出"消费率和居民消费率分别达到65%和

55%"的战略目标，推进发展导向从 GDP 总量导向向国民收入导向转变。

三　把推进社会改革放在突出位置

"十二五"时期应充分重视社会矛盾激化以及由此引发的一系列问题，把推进社会体制改革作为重中之重。

8. "十二五"要谨防社会矛盾激化导致社会领域发生大问题。在社会领域有两个基本判断：第一个判断是，随着各级政府调控经济能力的提高，尽管世界经济还存在复杂风险，但"十二五"我国发生大的经济问题的概率不大，完全有能力保持 7% 以上的增长。要谨防的是不恰当的社会政策激化为社会矛盾，导致社会领域发生大问题。第二个判断是，中长期我国社会问题还是利益冲突和利益矛盾，政治色彩的冲突不会成为主流。

9. 重视培育和发展社会组织。全面调整稳定的思维，从表层稳定、刚性稳定走向制度稳定和弹性稳定。不仅要继续加大对社会建设的投入，更要鼓励社会组织发展，尤其是形成能真正代表不同利益主体的社会组织，构建社会的自稳定机制。社会组织建设应重点加强代表劳方利益的工会建设和代表企业利益的资方组织（例如企业家联合会）建设，建立起劳资双方平等协商机制，政府由"救火队员"角色转为制度建设者。

10. 努力扩大中等收入群体规模。建议明确提出"未来 5 年中等收入群体扩大一倍"的目标，实施"扩中工程"，把推进职业教育、培养大量技术熟练工人作为"扩中工程"的现实途径。

11. 把就业作为社会建设和宏观调控的首要任务。就业是市场经济条件下社会稳定的基础条件，建议把促进就业调整为社会建设和宏观调控的首要目标，"十二五"明确提出将实际失业率控制在 5% 的约束性指标。

四 把关键领域的改革突破作为"十二五"规划的约束性目标

"十二五"改革的任务很多，需要把现实与可能相结合，从需求出发，抓住重点，有所突破。

12. 重点推进以协调劳资关系为重点的收入分配体制改革。在规划中明确提出：第一，居民收入增长速度不低于 GDP 增长速度，劳动者报酬增长速度不低于企业利润增长速度。第二，提高劳动报酬占比和居民收入占比，到 2015 年分别提高到 50% 和 65% 左右；到 2020 年分别提高到 55% 和 70% 左右。第三，缓解城乡收入分配差距扩大的趋势，到 2015 年控制在 3.2∶1。

13. 尽快启动新一轮财税体制改革，力争在预算、财政管理、税收等方面有重大突破。"十二五"要把推进新一轮财税体制改革作为重要任务。第一，构建包括社会保障预算在内的全口径预算制度，提高预决算透明度。第二，基本完成省直县财政体制改革，理顺中央地方关系，改革转移支付制度实现中央地方关系从以经济总量为基础向以基本公共服务均等化为重点的转变。第三，加快推进税制改革，推进资源税、个人所得税、遗产税、物业税等制度的改革和完善，试点地方主体税种的培育。

14. "十二五"要"让农民工成为历史"。解决农民工问题主要不是财力问题，而是认识问题。从现实出发，只要下定决心，5 年内完全有可能实现"让农民工成为历史"。建议把"让农民工成为历史"的思想融入规划文本，着力打破二元制度安排，全面消除对农民工和农村的制度性歧视。"十二五"尤其要在全面打破城乡二元户籍制度、基本公共服务制度和土地制度上实现重大突破，使农民工真正融入城市，扎根城市。

15. 推进以征地制度改革为重点的土地制度改革。当前，相当多的经济矛盾、社会冲突与征地制度直接相关，"十二五"要改革现行征地制度，严禁"先用后征"，政府征地应严格限定于公共利益，以商业利益为主的经营性土地征地应建立农民与开发商直接协商谈判机制，保障农民、市民在土地征用上的宪法权力，以切实保护私人财产。对于地方政府的土地财政问题，"十二五"时期要结合财政体制改革和中央地方事权划分，尽快实现实质性突破。基本思路是分离政府经营土地和管理土地的职能，把经营土地的职能收到中央，取消地方政府征地权力，同时强化地方政府管理土地的职能。

五 把政府转型作为"十二五"改革的重点

改变以 GDP 为主要目标的增长方式，不能不触及政府转型。总的判断是，"十二五"改革对政府转型的依赖性全面加强。

16. 明确提出把政府转型作为"十二五"改革的重点。"十一五"政府转型有所进展，但总体滞后于现实需求，并且政府转型的滞后越来越成为制约经济社会改革的突出矛盾。从发展方式转型的角度出发，"十二五"要明确提出把政府转型作为改革的重大任务，推进包括行政体制在内的全领域改革，加快实现由经济建设型政府向公共服务型政府的转变。

17. 调整中央地方关系，实现事权从环节划分向项目划分的转变。目前政府转型突出的难点在于地方政府转型滞后。"十二五"推进政府转型的切入点在于有效理顺中央地方事权关系。在明确辖区责任的基础上，要从"决策—执行"角度划分各级政府事权转变为从项目角度划分各级政府事权。把社会保障等事关全国的事权上收到中央，加大地方政府在公共就业等方面的事权责任。

18. 调整财政支出结构，把基本公共服务均等化支出占比提高到 50%。"十二五"加大财政在基础教育、基本医疗卫生、基本社会保障和公共就业服务方面的支出安排，占财政支出比重要明显提高，使财政加快转型为公共财政。

19. 把"让农民工成为历史"作为政府约束性指标。从各地实践看，地方政府很难解决农民工问题，必须由中央和地方共同推动。建议：第一，建立以中央和省级政府为责任主体、市县政府负责具体实施和管理的分工体系，为"十二五"农民工市民化提供强有力的财力保障和组织保障。第二，把政府土地收益的一部分用于解决农民工基本住房保障问题。第三，保障农民工公共就业服务，尽快把农民工纳入所在城市就业、失业统计范围，建立包括农民工在内的劳动力资源及就业状况调查统计登记分析制度。

六 注重选择好"十二五"的改革策略

"十二五"改革面临复杂的内外环境，既涉及对改革方向的基本判断，更涉及多方面重大的利益关系调整。为此，改革的策略安排十分重要。

20. 以小突破撬动大改革，把基本公共服务均等化作为"十二五"改革的突破口。"十二五"推进改革，不宜提过于宏大的目标，重在各个领域有一定程度的突破。从社会需求和改革共识看，"十二五"要把基本公共服务均等化作为撬动点，五年初步实现基本公共服务均等化，以此带动财政、行政、城乡等领域的改革。

21. 建立高层次的改革协调机制。由部委推动各自领域改革，缺乏统一协调，在某些关键问题上缺乏战略思维，甚至改革的总体战略目标出现虚置。在内外形势变化复杂化、社会利益多元化的背景下，"十二五"改革挑战更大、难度更大。需要有一个高层次的改革协调机制，统筹规划各项中长期改革，改变部门改革的格局。为此，建议尽快在中央层面成立改革协调机构。

以发展方式为主线的二次转型（9条建议）[*]

（2010年2月）

当前，中国反危机保增长取得重要成果，但宏观政策再次面临两难选择：积极财政政策和适度宽松货币政策不退出，通胀和资产泡沫问题已出现苗头；扩张性的政策退出，又面临经济增长基础不稳的窘境。事实上，宏观政策的两难集中体现了中国经济内生增长能力不足的问题，而经济内生增长能力的问题，归根结底需要靠转型与改革来解决。在宏观政策微调的同时，应当把握历史机遇，立足于中长期和治本，推进第二次转型与改革。

一 第二次转型的客观基础形成

由生存型阶段步入发展型阶段，实际上是一个快速走向现代化的进程，发展的各项指标将处于一个急速提升的时期。这一时期，也是对制度创新要求最密集的时期，如果在制度创新上跟不上，会出现发展的中断，如果制度创新能够适应发展的步伐，将会使一个国家或地区快速步入现代化。

---

[*] 中改院课题组：《第二次转型——处在十字路口的发展方式转变》，2010年2月。

1. 社会矛盾的阶段性变化是第二次转型与改革的基本动力。

当前，人们对改革基本问题的疑惑，如果放在社会矛盾的阶段性变化中考察，许多问题就比较容易看得清楚。有人说，改革的共识，改革的动力已不复存在。事实上，共识与动力取决于什么样的改革，第一次转型的改革与生存型阶段和经济起飞是相适应的，以原有的改革思路和改革模式解决发展型新阶段的新问题，不仅难以使问题得到有效解决，还会使一些矛盾更为突出。例如"效率优先，兼顾公平"的改革思路，在打破"平均主义"的改革初期不仅有效，也容易得到多数人的拥护，社会的阶段性矛盾使然。但是放在今天不仅会使收入分配差距拉大的矛盾更为突出，还不利于扩大国内消费，加剧产能过剩的矛盾，也难以得到多数人的认同。应当看到，以公平与可持续发展为主题的第二次转型与改革反映了社会矛盾阶段性变化的客观趋势，是体现多数人需要的改革。集中解决多数人利益优先的问题，完全可以得到绝大多数人的拥护和支持。

2. 中国推进第二次转型与改革，再保持20—30年的中高速增长是可能的。

当前，人们对中国经济前景抱有疑虑，重要的原因是拉动GDP的"三驾马车"前景不明。一是出口导向不可持续；二是投资主导不可持续；三是国内消费前景不明。事实上，主要矛盾在于启动国内消费。出口可以采取稳定外需的政策，但不能过度指望其有多大进展。只要消费上去了，较高的投资率也不能算不合理，只要二者相匹配。尽管中国目前消费率不高，但应看到中国由生存型步入发展型新阶段，扩大国内消费面临许多客观有利条件。如果能够尽快启动第二次转型与改革，突破制约消费的制度瓶颈，完全有条件保证较高的消费率。第一，中国收入分配差距相当大，通过调节收入分配结构扩大消费的潜力巨大。第二，中国进入城市化时代，通过加快城市化进程扩大国内投资、消费潜力巨大。第三，中国进入城乡一体化时代，数亿农民转变为城市居民，提高消费潜力巨大。第四，中国进入公共产品短缺时代，通过提供惠及13亿人的基本公共服务提高消费的潜力巨大。

3. 中国推进第二次转型与改革，社会稳定和谐可期。

中国第二次转型与改革的一个鲜明的特征是告别增长主义，实现公平与可持续发展的有机结合。不再为增长而增长，尤其是不能再以增长为由忽视社会和谐。在第二次转型中，适应阶段性矛盾的要求，将大大加快重大利益格局调整的步伐，将优化国民收入分配格局，缓解收入分配持续拉大的势头。第二次转型还将建立惠及13亿人的基本公共服务体系，使经济增长建立在多数人的自身发展的基础之上。第二次转型与改革，还将通过完善公共治理，培育公民社会，确保公民的参与权与表达权。这些问题如果能够得到解决，社会矛盾就会大大缓解。与此同时，一个有活力、健全的社会体制的形成，反过来还会为经济持续增长注入更为持久的动力。

二 第二次转型的外部机遇难得

国际经验表明，每当国际经济秩序大调整的时候，都伴随着大国的转型与大国经济的兴衰。二战后的美国通过推行马歇尔计划实现了划时代意义的转型，从此美国第一强国的地位得以确立。与第一次转型与改革相比，中国面临的外部环境尽管有挑战，但总体上比较有利。进入后危机时代，全球化秩序的调整在多方面对中国利用国际市场实现经济发展方式转型提供了有利的条件。如果中国能够实施更为积极主动的对外开放战略，利用国际金融危机带来的新契机，更为主动地融入全球经济，把握在新一轮全球化中的主动权，抓住国际经济结构调整的先机，加快推进第二次转型与改革，就可以大大加快国内经济发展方式转型的步伐。

4. 通过"走出去"转变经济发展方式面临难得的历史机遇。

新一轮全球经济结构调整，将通过全球公司在全球范围内配置资源来完成。中国作为世界制造业中心，而且拥有巨额外汇储备，如果能够在国内企业"走出去"、人民币国际化等方面取得重要进展，完全有可能形成一大批有国际竞争力的全球企业，在全球范围内配置资源，全面提升中国企业的国际竞争力。

（1）后危机时代更有利于中国企业"走出去"。参与和整合国际制造业产业链上高附加值的两端环节（研发、设计和物流、营销等环节）、高技术产业，是新一轮全球化中转变经济发展方式的捷径。中国早在20世纪90年代就已提出"企业走出去"的战略，但由于国际环境的客观因素以及本国制度安排的主观原因，"企业走出去"收效不大。但是今天，走出去面临比较有利的环境。一方面，中国企业"走出去"的"红利"在增加，企业在国外组织生产和投资，直接在国际市场上销售产品，可以在很大程度上避免人民币升值产生的不利影响，同时可以绕过目标国的贸易壁垒和其他管制，有力地扩大国际市场份额，提升自身的国际竞争实力。另一方面，在欧美等发达国家经济普遍不景气的条件下，中国企业收购国外制造业两端环节的政治壁垒客观上呈减少趋势。如果我们能够把握机遇，扩大政府间合作，为"走出去"创造外交环境；进一步出台政策鼓励扶持企业"走出去"，建立起一套促进企业国际化完善的政策、服务、监管体系和协调机制，就完全可以在企业"走出去"上取得重要突破。考虑到经济发展方式转型的战略需要，有针对性地培育有全球意识、战略思维能力，有自己的核心技术和技术能力、拥有全球认同的品牌和信誉、具备重组和整合全球资源能力的跨国公司。选择一些有潜力的大型企业作为培育跨国公司的试点，借助符合国际规则的政策手段予以支持，立足自身发展阶段和实际国情，利用全球化机遇，探索培育跨国公司之路。

（2）人民币国际化面临难得的历史机遇。人民币国际化将为中国在更大范围内走出去、转变经济发展方式提供有利条件。从外部需求看，此次发源于美国的国际金融危机使各国对以美元为主的国际货币体系格局有了更为清醒的认识，寻求可替代的贸易媒介和储备货币以减少对美元的依赖成为各国的战略选择，不少国家把眼光投向了人民币，目前已经有部分亚洲国家把人民币作为交易货币。从自身发展趋势看，随着中国经济规模的不断扩大，2020年有望超过美国成为全球第一大经济体，这对未来10年左右的人民币国际化形成倒逼态势。

中国以进出口结构调整为重点推进人民币的区域化和亚洲化，可以走出一条渐进式的人民币国际化道路。作为亚洲制造中心，中国对亚洲国家和地区是贸易逆差，而且这个逆差还会长期存在。东盟对中国贸易的依存度不断提高，目前中国和东盟各国已互为第四大贸易伙伴，这些都意味人民币有潜在的支付需要。中国可以充分利用"10+1""10+3"等多边和双边贸易协定，扩大双边结算与合作协议①的国别范围，在这些国家设立中资银行海外分行或在国外银行中发展人民币业务，促进人民币的跨国使用和结算。中国还可以通过人民币对外直接投资推进区域化进程。在贸易项下没有出现逆差的情况下，资本项下的逆差是必需的。美国自战后就是最大的资本输出国。资本项下的逆差要与企业"走出去"战略相结合，应当优先考虑周边亚洲国家、往来贸易频繁的国家、有战略合作需要的国家和地区。周边国家的人民币流通已经非常普及，对人民币的认同度也相当的高，这为人民币的直接输出提供了一定的现实基础。如果中国能够积极主导创建亚洲货币基金、亚洲货币单位和亚

---

① 截至2005年，中国已与越南、蒙古、朝鲜、俄罗斯、老挝、尼泊尔等国家签订了双边结算与合作协议。

洲汇率机制，逐步提高人民币的影响力并使之成为区域内的主导货币，并逐渐提高人民币在亚洲货币单位中的权重，待条件成熟时，则会使人民币分步骤地完全替代货币区内其他国家或地区的货币，真正实现人民币区域化。

而且，中国还可以充分利用香港人民币离岸中心的辐射作用。在内地人民币对外还存在兑换和流通上的管制、人民币自由化没有完全实现时，离岸中心是人民币走向区域化关键货币的重要渠道。借助香港发达的金融市场开展人民币的离岸业务，会使香港成为人民币通向周边国家的流通枢纽和集散中心，可以更加有效地使人民币在周边国家得以流通，更快地成为区域化货币（见表1）。

表1　　　　　　　　人民币国际化进程及特征

国际化阶段	流通范围	货币特征和职能
自由化阶段	自由出入国境	实现自由兑换和币值稳定，在国际上具有较高信用度的货币
区域化阶段	与中国接壤或临近、经济往来频繁且人民币流通较普及的周边国家	边贸中价值尺度和交易媒介；双边或区域结算工具；区域内国家的主要储备货币之一
全球化阶段	全球范围的市场和国家	国际贸易中计价工具、结算手段；国际金融市场的主要借贷和投资货币；世界各国主要储备货币之一

5. 新兴经济体的崛起为中国实施贸易多元化战略提供了有利的条件。

新兴经济体的崛起是新一轮全球化的重要趋势。金融危机爆发前，新兴经济体经济发展快于发达经济体。根据IMF公布的数据，2007年发达经济体经济仅增长2.7%，新兴和发展中经济体经济增长8%。中国、印度和俄罗斯3国对全球经济增长的贡献超过50%。目前新兴经济体在世界出口总额中所占的比重已经由1970年的20%跃升至43%,能源消耗量已经超过全球总量的一半,占据了过去5年间全球新增石油需求的4/5,并持有世界外汇储备的70%。[①] 美林证券的研究表明,2008年来自新兴经济体的消费为世界经济增长贡献约1个百分点,而美国仅为0.2个百分点。另据统计,全球新兴经济体货币财政当局所掌握的资金近5万亿美元,新兴经济体的储蓄率在33.5%,而发达国家只有不到20%。[②] 新兴经济体的整体崛起将为中国拓展对外合作空间提供新机遇。

当前新兴经济体不仅面临保增长的短期任务,还面临发展模式转型的中长期挑战,无论是解决短期还是中长期问题,都有赖于区域内经济合作。应该说,新兴经济体多数是出口导向发展模式,以贸易保护主义为主要特征的"去全球化"使增长问题"雪上加霜"。出路就在于通过新兴经济体的合作,形成在一定程度上独立于发达国家的经济循环。

(1)"金砖四国"之间的合作潜力巨大。在中国的制造业、俄罗斯的能源行业、巴西的矿业和印度的信息技术产业之间,四国完全可以互为补充。[③] 随着"金砖四国"和亚洲其他新兴经济体在后危机时代全球化中地位和作用的变化,中国可以充分利用中国与俄罗斯、印度和巴西之间的互补性以及与其已经奠定的合作基础,通过与它们的合作获得中国在转变发展方式需要的资源和其他支持。再以中国与东盟的合作为例,两者应在现有区域经济合作的基础上,进一步发展双边贸易,同时还应逐渐地向投资方面侧重,加快经济一体化进程。

[①] 《新兴经济体改变全球经济》,中国宏观经济信息网,2006年10月8日。
[②] 姜跃春:《新兴经济体的发言权》,《瞭望》2009年第13期。
[③] 俄罗斯、印度、巴西的最大贸易伙伴均为中国,对中国的贸易依存度较高;中印两国的巨大市场需求,可以对国际制造业的价格产生深远影响。

（2）周边新兴经济体期望中国为其提供市场，将促进中国由投资—出口拉动型向消费主导型发展转变。新兴经济体大都实行出口导向型的发展模式，国际金融危机爆发后其实体经济遭到的冲击和损害程度比发达国家更为严重。如果应对不当，多年的发展成果可能毁于国际金融危机。随着以美国为代表的发达经济体对其储蓄消费失衡的结构性矛盾的调整，整个东亚地区对中国的依赖性逐步增强。未来10年，中国可以在推进人民币区域化的同时，以发展中国—东盟自贸区为重点开拓亚洲贸易新格局。尽管受到国际金融危机冲击，中国和东盟各国今年前9个月双边贸易额仍接近1500亿美元，双方相互投资不断扩大，至今累计已超过600亿美元。在东盟自由贸易区基础上，中国还可以进一步加强次区域合作，如东北亚合作、中亚合作、中印合作等，以此促进整体区域合作。积极参与和利用亚太经合组织（APEC）促进亚洲一体化。博鳌亚洲论坛自2001年成立以来，成为亚洲各国经济、社会、政治、外交交流与对话的一个重要平台。中国可以借助博鳌亚洲论坛等平台建立有效的区域治理机制。随着这个平台在亚洲和全球影响力的不断提高，完全形成亚洲地区国家合作和区域治理的新机制。

（3）中国与其他新兴经济体合作也面临广阔的前景。中国利用上海合作组织平台，加快与西亚国家间的自由贸易进程。充分利用好这一平台，消除贸易中的技术壁垒，降低关税，营造有吸引力的投资贸易环境，扩大成员国间经济贸易往来。另外，中国和非洲国家有着长期而密切的交流与合作，未来进一步合作的空间很大。截至2008年底，中国对非直接投资存量超过50亿美元。2008年中非贸易额达到1068亿美元，提前两年实现2006年中非合作论坛北京峰会设定的目标（到2010年达到1000亿美元）。

6. 中国在国际社会发言权的增加有利于国内发展方式转型。

中国在全球治理中话语权增加是一个必然趋势。改革开放以来，中国经济实力不断增强，国际地位日益上升。截至2008年末，中国已成为世界第三经济大国，2009年甚至有可能超过日本成为全球第二大经济体。外贸总额位居世界第三，国家外汇储备已多年连续位列全球之首，主要农产品和工业产品产量已经居世界首位，其中172类工业产品产量居世界第1位。当前，无论是解决国际金融秩序，还是国际经济结构调整，都离不开中国的参与（见表2）。

表2　　1978—2007年中国主要经济指标居世界的位次

年份	国内生产总值	人均国内生产总值	进出口贸易总额	出口额	进口额	外商直接投资	不包括黄金的国际储备
1978	10	168	29	33	29	—	38
1980	11	162	25	29	22	57	36
1985	8	163	11	17	11	7	12
1990	11	183	16	15	18	12	9
1995	8	151	11	11	12	2	4
2000	6	140	8	7	8	9	4
2001	6	136	6	6	6	6	4
2002	6	133	6	5	6	1	2
2003	6	131	4	4	3	1	2
2004	6	131	3	3	3	2	2
2005	4	132	3	3	3	4	2
2006	4	132	3	3	3	4	1
2007	4	127	3	2	3	6	1

资料来源：联合国统计司数据库、世界银行数据库、国际货币基金组织数据库、联合国贸发会议数据库。转引自《数据中国三十年——改革开放三十年统计资料汇编》，中国经济景气月报增刊。

中国可以利用后危机时代的新契机，更为主动地融入全球化，参与全球治理，把握在新一轮全球化中的主动权，把握国际经济结构调整的先机，争取在全球经济秩序调整中的主动权，实质性地提高国际竞争力。

（1）在全球性问题上，中国可以进一步主动承担大国责任，树立大国形象。中国作为一个举世关注的大国，主动承担国际责任，既关系到全球经济复苏，关系到中国经济社会发展的外部环境，也关系到中国的国际形象。未来5—10年，在发展低碳经济、全球经济金融秩序调整中承担更多的责任，将大大提升中国的国际地位。

（2）在国际规则制定中争取更多的话语权。中国经济增长对全球经济增长率的贡献率已多年居世界第一位。根据英国《经济学家》的估计，2000年以来中国对全球GDP增长的贡献相当于印度、巴西和俄罗斯三大新兴经济体总和的2倍。但是中国还没有真正参与到全球治理中，与其近年来在世界上的政治地位、经贸发展速度和所拥有的巨大发展潜力极不相称。后危机时代正酝酿着新一轮国际经济秩序的大调整，不仅国际投资、贸易、金融等规则会产生重要变化，WTO、IMF、世界银行等国际组织都将随之产生重要调整，相关国家的参与权和表达权都会有重要变化，中国作为对世界影响力日益增强的经济大国，应当抓住机遇主动地参与游戏规则的制定。

（3）中国可以主动提出各项国际经济秩序调整的主张。如果中国能够早做准备，在国际经济秩序改革中提出既符合自身利益，又能够代表多数国家长远利益的方案，则能够使自己的主张有效地影响国际规则。中国可以考虑积极参与国际组织的改革，积极参与包括G20、IMF、世界银行、WTO等国际组织改革、谈判和协商，争取更多的发言权。在发展低碳经济、改革国际金融秩序、世界经济复苏等国际事务中扮演更为积极主动的角色。在处理好同美国、欧盟等发达国家之间关系的同时，努力发展同新兴市场经济国家之间的关系，为影响国际规则创造良好的条件。

三　第二次转型与第二次改革

面对新的形势和新的挑战，需要尽快推进第二次转型。从这个意义上说，第二次转型与第二次改革相互联系、相互促进。推进第二次转型直接依赖第二次改革。

7. 第二次转型的实质是发展方式转型。

这些年来，我们一直强调推进经济发展方式转型，但"十一五"的实践表明，这一进展相当有限。问题的根源在于，转变经济发展方式已经受到其他更为广泛的因素制约，比如说社会基础和行政体制。因此，第二次转型的实质是包括经济发展方式转型、社会需求转型、政府转型在内的转型。这就需要强调发展方式转型的三根支柱：一是强调经济增长方式转变，更大程度地发挥市场在资源配置中的基础性作用，充分发挥扩大内需在经济增长中的重要作用；二是强调社会公共需求转型，构建适合我国特点的发展型社会体制和政策体系；三是强调政府转型，加快建设公共服务型政府。

8. 第二次转型与第二次改革具有明显的结构性特点。

应当说，发展方式转型涉及的是结构性问题。比如：第一，体制与政策的矛盾。在这次反危机中，应当说政策调整很到位，及时地推出了一揽子经济刺激计划。但相应的一揽子改革尚未顺势推出，使得引发危机的一些深层次矛盾和问题并没有得到很好解决。第二，体制与体制的矛盾。比如，投资消费失衡的突出矛盾，既有市场体制缺陷的原因，也有社会体制不健全的原因。解决投资消费失衡不仅要推进市场化改革，还需要把改革进一步延伸到社会领域、行政领域和文化领域。第三，政策与政策的矛盾。应当说，政策与政策之间的矛盾对各领域改革工作的衔接和配套都有重大影响，同时也对市场的信心和预期产生较大影响。只有推动结构性改革，第二次转型才能取得实质性突破。

9. 在第二次改革中实现第二次转型的基本目标。

现在看，推进第二次转型，必须启动第二次改革。比如，要扩大消费，构建消费大国，需要尽快启动国民收入分配体制改革，调整收入分配格局；要适应城市化时代，就需要打破城乡二元结构，推进行政管理体制改革；要解决公共产品短缺问题，就需要加快推进公共服务体制建设；如果没有低碳经济体制机制建设和政策调整，则低碳经济难以得到有效发展；而以公共服务型政府为目标的政府转型进程，则直接决定了政府作用的有效性。

由物质型向服务型消费转型（15条建议）[*]

（2014年4月）

"十三五"，随着我国进入工业化中后期，消费结构开始由物质型消费为主向服务型消费为主转型。13亿人的服务型消费全面快速增长，既是我国经济转型升级的最大亮点和突出优势，也是经济转型升级的重要推动力。把握我国进入服务型消费新时代的大趋势，就能抓住转型发展的历史机遇，赢得供给侧结构性改革的主动权。

一 "十三五"：服务型消费全面快速增长的新阶段

把握消费升级的大趋势，释放13亿人的服务型消费新需求，引领服务型消费新供给，成为"十三五"深化供给侧结构性改革的战略重点。

1. 由物质型消费为主向服务型消费为主转型的大趋势。

（1）中等收入群体成为重要的消费主体。"十三五"我国进入中高收入阶段，将有3亿左右的人口成为中等收入群体。中等收入群体的趋优消费成为推动消费结构由物质型消费为主向服务型消费

---

[*] 中改院课题组：《消费变革：中国正由物质型向服务型消费转型》，《上海证券报》2014年4月26日。

为主转型的重要力量。

（2）"80后""90后""00后"等新生代消费主体的崛起。目前我国"80后"的总人口数是2.28亿，"90后"是1.74亿，"00后"是1.26亿，三大群体总人数大约为5.28亿，成为服务消费、时尚消费、互联网消费的主力军。

（3）物质型消费需求增速趋缓，服务型消费占比不断提高。2000—2014年，我国城镇居民人均服务型消费支出从1960.92元提高到7563.44元，年均增长9.4%，2014年服务型消费支出比重达到45.32%的高位。

2. 服务型消费成为拉动经济增长的新引擎。

（1）服务型消费领域的产业发展速度远高于GDP增长。2015年，我国GDP增速为6.9%，第二产业增长率为6.0%，而服务型消费领域的相关产业大都保持两位数的增长，全国实物商品网上零售额增长31.6%，远超过社会消费品零售总额的增长速度。

（2）服务型为主的消费成为经济增长的主要驱动力。服务型消费的快速增长，使投资与消费在拉动经济增长中的地位、作用发生历史性变化。2014年，我国最终消费支出贡献率为51.6%；2015年，最终消费对GDP增长贡献率为66.4%，比上年高出14.8个百分点，消费在拉动经济增长中"第一推动力"的地位逐步稳固。

（3）服务型消费带来巨大的投资需求。以健康消费为例，预计到2020年，我国医疗卫生市场总规模将突破一万亿美元；据中国科学技术战略研究院研究预测，到2020年，我国仅生物医药产业将形成约8万亿元的支柱产业。

（4）服务型消费成为引领创新创业的重要载体。根据《2014年度创业者报告》，创业者最看好的行业基本上都是服务行业。例如，2014年底，全国网店直接带动就业累计逾1000万人，其中大学生创业的网店带动就业人数约为618万人，贡献率达到六成。

3. 消费结构升级成为经济转型升级的驱动力。

（1）服务型消费推动经济服务化。2008年国际金融危机爆发以来，在国内外经济形势发生深刻复杂变化的背景下，我国服务业增加值从2008年的13.1万亿元增长到2013年的26.2万亿元，已经实现了规模上的倍增，2015年服务业增加值更是高达34.16万亿元。

（2）服务型消费推动高端制造的兴起。"服务型消费+高端制造"正在塑造"中国智造"的新模式。尽管智能制造发轫于西方，但最大的消费市场在中国。据《可穿戴设备研究报告》显示，2015年，我国智能可穿戴设备市场规模为125.8亿元，增速高达471.8%。

（3）服务消费带动新支柱产业兴起。按照国际上的标准，产业增加值在国民生产总值中所占比重达5%左右的产业可以达到支柱产业水准。大健康产业占GDP的比重将接近5%，"十三五"头两三年就有望跻身支柱产业之一。据测算，2014—2050年，我国老年人口的消费潜力占GDP的比例将从8%左右增长到33%左右，养老产业有望成为最具发展潜力的支柱产业之一。

二 "十三五"：消费结构变化下的经济社会生活变革

消费结构变化是一场深刻的革命。我国进入消费新时代，服务型消费正在引发经济社会生活等方方面面的变化。13亿人的服务型消费全面释放，意味着生活方式、生产方式、商业模式、社会结构走向现代化，意味着共享社会发展基本格局的形成，并引发政策和制度结构的深刻变革。培育发展新动力、拓展发展新空间、构建产业新体系，需要把释放13亿人的服务型消费作为供给侧结构性改革的战略重点。

4. 服务型消费引发生活方式的深刻变革。

（1）更加追求生活品质。随着"80后""90后""00后"等新生代社会群体逐步成长为社会的中坚力量，人们对生活品质的追求越来越高，由此形成推动产业变革的新动力。

（2）更加追求绿色、健康。我国进入高收入阶段后，人们更加追求绿色、健康的生活方式，由此形成全社会推动绿色转型、绿色增长的新动力。

（3）更加追求高质量教育、文化产品。2005—2006学年，仅有65名中国籍中学生持因私护照赴美读中学；而到了2012—2013学年，美国私立高中已有23795名中国籍学生，7年间增长了365倍。

5. 服务型消费引发生产方式的深刻变革。

（1）以生产为中心转向以服务为中心。尽管社会仍然需要简单的加工制造，但加工制造在经济中的作用越来越小；服务在整个社会化大生产中的地位作用凸显，经济越来越服务化；生产的本质是服务，制造商越来越倾向于提供整体服务解决方案；价值创造越来越向服务环节倾斜，简单加工制造环节的利润越来越微薄。

（2）大规模定制化时代的到来。消费者对个性化、差异化产品需求的增长，促使传统的大批量标准化、流水线生产向大规模定制化转型。总的趋势是：不少消费者在服装、配饰、家居用品、家装、汽车等领域选择私人定制产品，企业按客户需求定制相关产品；在传统行业利润微薄的条件下，采用大规模定制化生产，可使企业获得差异化的竞争力，并保持相对较高的利润率；消费者参与产品研发和设计，消费者与生产者互动越来越成为制造业形成差异化产品和服务、降低市场风险的重要手段。

（3）"互联网+"对传统产业的创造性颠覆和重构。服务型消费新时代，消费和生产都越来越离不开互联网带来的增值服务，由此引发"互联网+"对传统产业的颠覆和重构。

6. 服务型消费引发商业模式的深刻变革。

（1）企业发展更加依赖于创意。能不能形成新的创意，满足消费者差异化、多样化的需求，成为企业立于不败之地的关键因素，由此推动创意经济时代的来临：创意密集型产业取代土地、劳动力密集型产业成为一个大趋势，创意决定着企业的生死存亡。

（2）企业更多地成为服务解决方案供给商。与传统企业生产一种产品或服务不同，新时期的企业，尤其是创新型企业，越来越多地成为服务解决方案供给商。

（3）企业越来越依赖于专业化的核心竞争力。由于消费者对服务质量的苛刻追求，一种服务的解决方案，往往需要多家专业化企业联合完成。在这种情况下，企业越来越依赖于专业化的核心竞争力。

7. 服务型消费引发社会结构的深刻变革。

（1）服务型消费推动中产阶层的兴起。中产阶层作为一个社会角色，很重要的特征是具有趋优消费，不仅仅是满足于传统的物质性消费，还追求生活质量，追求服务型消费。

（2）服务业成为扩大就业的主渠道。2015年服务业占GDP的比重达到50.5%的历史最高水平。未来5年，服务业增加值按年均8%增长测算，每年新增就业将达到1200万人左右。就是说，只有形成以服务业为主体的产业结构，才能形成新增就业不断扩大的新常态。

（3）服务型消费有利于调整利益结构。释放教育、医疗等服务型消费需求，需要政府加大教育、医疗等公共服务支出和不断提高基本公共服务均等化程度，有利于打破服务业垄断格局，从而减少垄断造成的收入分配不平等。

三 "十三五"：消费结构变革驱动投资转型。

我国进入服务型消费新时代，供给侧面临突出的结构性矛盾，表现在物质型消费的某些供给过剩与许多服务型消费供给不足的矛盾并存。关键问题在于，要在加快从投资主导向消费主导的转型上尽快达成共识，适应服务型消费趋势，加快改变以传统重化工业项目为主的投资结构，实质性扩大服务业领域的投资。

8. 物质型消费供给过剩与服务型消费供给不足的结构性矛盾突出。

（1）物质型消费供给过剩。物质型消费供给过剩，不仅表现在传统制造业上，新兴制造业也开始出现产能过剩问题，甚至有的项目一上马，市场供给就已经出现过剩。

（2）服务型消费供给严重不足。我国作为一个成长中的经济体，服务型消费热点不断涌现，但在教育、养老、健康、文化等服务型消费方面供给短缺的矛盾比较突出。

（3）有效供给不足导致服务型消费大量外流。以教育为例，人们对高质量教育的需求快速增加，但国内教育质量多年来改善缓慢。我国自费出国留学人数由2011年的31.48万人增长到2014年的42.3万人，如果按人均支出10万元估算，需要支出4000多亿元人民币，而且留学人员呈现低龄化趋势。

9. 适应服务型消费趋势推进投资转型。

（1）供求失衡的根源是投资消费结构失衡。物质型消费领域产能过剩与大多服务型消费领域供给严重不足并存，重要的原因就在于我国投资消费结构长期失衡，投资结构与消费结构不匹配。

（2）以消费结构升级为导向的投资转型。在去产能的过程中，切实将产能过剩的重化工业和过度基础设施投资降下来，把投资的重点转向教育、医疗、社会保障等公共消费领域上。这不仅能够改善国内消费预期，而且能够有效缩小城乡差距和化解社会矛盾。

10. 加大生活性服务业领域的投资。

（1）加大社会需求最急迫的生活性服务业投资。居民和家庭服务、健康服务、养老服务、旅游服务、体育服务、文化服务等是社会需求量大、有效供给不足的重点领域。

（2）加大人口城镇化相关生活性服务业投资。据测算，我国每增加一个市民，在教育、医疗、文化、基础设施等领域需新增综合投资至少10万元，人口城镇化率每提高1—1.5个百分点，需新增1500万—2000万人，年综合投资大概在1.5万亿—2万亿元。人口城镇化率提高一个百分点，将拉动最终消费增长约1.6个百分点。

（3）培育、做大生活性服务业支柱产业。加大健康产业投资，争取到2020年，大健康产业占GDP的比例由目前的4%—5%提升到10%左右。推动传统媒体与新兴媒体融合发展，争取到2020年形成一批实力较强的文化企业集团，使文化产业增加值占GDP的比例由目前的6%左右提升到8%左右。鼓励社会资本进入基本生活照料、康复护理、精神慰藉、文化服务、紧急救援、临终关怀等领域，到2020年使养老产业对GDP的拉动作用由目前的3%左右增加至6%左右。

四 "十三五"：推动房地产由规模型转向服务型

我国进入服务型消费新时代，房地产不再是简单满足基本居住需求，而是融入了大量的服务型需求。"十三五"，在去库存的同时，推动房地产业由规模型转向服务型，已成为房地产业可持续发展的重要方向。

11. 房地产处于从规模型转向服务型的历史拐点。

（1）规模型房地产发展不可持续。2010年，我国房地产投资增速为33.2%，达到历史的高点，近5年来一路下滑，2015年，全国房地产投资增速下滑至2.8%，比2014年回落7.7个百分点，成为1998年以来的最低位。

（2）服务型房地产需求逐步增大。一是随着我国人口老龄化进程加快，房地产刚性需求与以往相比在减弱，规模发展的峰值已过。二是"80后""90后"逐步成为购房的主要群体，这部分群体更加追求房地产的服务品质，更加追求个性化的房地产服务，单纯居住型房产已不能满足这部分社会群体的需求。三是随着城镇化进程加快，人们的生活工作节奏明显加快，一家人都参加工作成为普遍现象，房屋不仅承载着家庭对居住功能的需求，还需要满足家人对健康、医疗以及家政等服务的需要。四是随着社会中高收入群体的扩大，人们对房产服务功能的需求明显提升，养老地产、旅游地产、文化地产受到购房者追捧。

（3）以房地产向服务型转变扭转企业业绩下滑。1998—2014年，我国房地产开发投资由3614.2亿元增长到95036亿元，年均增速超过20%。但企业利润快速下滑，2014年，营业利润同比负增长近36%。在房地产整体低迷的大背景下，万科、保利、恒大等服务型转型领先的企业却逆势而上，获得比较好的业绩。万科2015年中期报告显示，公司上半年净利润67.9亿元，同比增长23.6%；保利地产上半年净利润的增速更是超过40%。

12. 初步形成房地产服务化的新格局。

（1）探索服务型房地产新业态。着力推动房地产细分市场的发育，在具有良好市场潜力和发展前景的商业地产、养老地产、旅游地产、产业地产、文化地产等领域，形成专业化的细分市场，形成一批具有专业品牌、高品质的房地产商，推动房地产形成新的产业链，实质性提升房地产行业附加值，扭转行业利润不断下滑的局面。

（2）发展服务型房地产新模式。超越原有的以住宅为主的发展模式，转向以服务为中心实现商业模式创新。这就需要在房地产领域推行大规模定制化服务模式，使相当一部分房地产商能够把设计、研发作为核心业务做精做专，形成为客户量身定做、以提供整体解决方案的发展新模式。

（3）发展"互联网+房地产"。支持房地产企业运用大数据、云计算、移动互联等新技术提升服务水平，发展客户参与房地产设计的新产品、新模式、新平台，成为房地产转型升级的重中之重。

五 "十三五"：形成消费驱动经济增长的新格局

以全面释放服务型消费潜力为重点，形成消费拉动经济增长的新格局，对"十三五"转型闯关成功具有决定性意义。深化供给侧结构性改革，需要在形成服务型消费有效供给的体制环境上尽快取得突破，争取到2020年消费总规模达到50万亿元左右，使消费对经济增长的贡献率稳定在65%左右，基本形成服务型消费引领新业态快速发展的新格局。

13. 形成服务型消费有效供给的制度环境。

（1）破除服务型消费供给制度瓶颈。放开市场，引入竞争，鼓励和引导各类社会资本投向社会急需的服务型消费领域。简化审批流程，取消不合理前置审批事项，加强事中事后监管。放宽新注册服务业企业场所登记条件限制，允许居民在家创业。

（2）着力改善服务型消费市场环境。提高服务业消费市场监管标准，实行统一执法，形成企业规范、行业自律、政府监管、社会监督有机结合的监管体系。建立完善全国统一的信用信息共享交换平台，实施失信联合惩戒，逐步形成以诚信为核心的服务业监管制度。

（3）完善服务型消费质量标准体系。建立健全服务型消费质量标准体系是完善市场秩序、扩大服务型消费的重要条件。加快建立家政、养老、健康、体育、文化、旅游等服务型消费领域标准体系，推动消费质量标准与发达国家接轨。

14. 到2020年消费总规模达到50万亿元。

（1）以10%左右的消费增速拉动经济增长。2015年，社会消费品零售总额达到30.1万亿元，同比增长10.6%，而同期GDP增速为6.9%。也就是说，消费增长如果低于10.6%，GDP增速有可能会比6.9%更低。

（2）消费增速下降应引起高度重视。尽管"十二五"期间，我国社会消费品零售总额由2011年的18.39万亿元增长到2015年的30.09万亿元，年均增速达到13.4%，但应当清醒地看到，消费增长率总体上是呈现下降势头的。2011年，社会消费品零售总额增长率为17.1%，5年来一路下滑至2015年的10.6%。在工业去产能、房地产去库存的条件下，客观地看，消费以10%左右的速度增长是有一定难度的。

（3）关键是扩大服务型消费供给。社会消费品零售总额保持10%左右的增速，到2020年，我国社会消费品零售总额将达到48.3万亿元。这样的消费增长规模，可以为去产能、房地产去库存创造有利条件，赢得时间，最大限度地避免"转型阵痛"。

15. 消费对经济增长的贡献率稳定在65%左右。

（1）消费对经济增长的贡献率不应低于60%。尽管2013—2015年，消费对经济增长的贡献率从48.2%增长到66.4%，但应当看到，这是在产能过剩严重的条件下实现的。也就是说，未来在过剩产能"出清"的条件下，消费率对经济增长的贡献率还应当更高。

（2）使消费对经济增长的贡献率稳定在65%左右。总的来看，"十三五"期间，消费对经济增长的贡献率将稳定在60%—65%的区间，可以在确保6%—7%左右经济增长的条件下，实现投资消费的动态平衡。

（3）形成以服务型消费拉动投资的良性循环。使消费对经济增长的贡献率稳定在65%左右的合理区间，要避免走投资主导拉动经济的"回头路"。如果走了"回头路"，不仅不利于工业去产能和房地产去库存，还会积累更大的经济运行风险。稳定经济需要增加投资，但投资的增加应当建立在消费驱动的前提下，建立在投资效益提升的基础上。未来几年，比较理想的状态是通过供给侧结构性改革，以服务型消费拉动投资，在产业创新的条件下，实现投资消费两旺。

（4）以服务型消费引领新业态快速发展。形成"互联网＋生活性服务业"新业态，以"互联网＋"形成教育、文化、旅游、餐饮服务新业态，形成一批"服务型消费＋高端制造"的新业态品牌。以服务型消费引领智慧城市新业态，形成一批比较成熟的智慧城市产业集群，形成一批专业化的知名国产品牌。

走向消费新时代的转型与改革（12条建议）[*]

（2014年5月）

我国进入消费新时代。消费主导经济转型有其特定的背景与客观基础：（1）经过36年的改革开放，我国由生存型阶段进入发展型新阶段，全社会消费释放的大趋势正在形成。（2）未来5—10年经济增长的前景，在很大程度上取决于能否充分释放13亿人消费需求的巨大潜力。（3）需要尽快实现从投资出口拉动向消费主导新增长方式的转变，以走出一条消费主导经济转型的新路子。

一　我国经济社会进入发展型新阶段

1. 从生存型阶段进入发展型新阶段。

（1）改革开放之初的生存型阶段。1978年我国人均GDP不足400美元，还处于贫困的生存型阶段。以恩格尔系数为例，当年城乡居民恩格尔系数分别为57.5%和67.7%，加权恩格尔系数超过60%，城乡居民收入主要用于食物支出，农村贫困率高达30.7%。

从发展目标看，在生存型阶段，社会成员的奋斗目标是为了满

---

[*] 中改院课题组：《我国进入消费主导经济转型新时代》，《上海证券报》2014年5月7日。

足包括吃、穿、住、行等基本需求，解决基本生存问题；社会生产高度依赖于生产要素的大量投入，人的劳动和学习潜能没有得到充分释放，技术、创新等新型生产要素发挥的作用有限。

从结构特征看，生存型阶段的经济发展水平不高，以温饱为特征的衣食住行等基本物质需求是整个消费需求的主体。农业在国民经济中的比重较高，工业、服务业的比重较低，经济发展对人力资本的要求较低。多数社会成员从事农业生产，社会贫困发生率较高，社会分化不明显。

（2）新世纪以来的发展型新阶段。随着我国经济发展水平的不断提高，社会产品供给不断扩大，生存型阶段的突出矛盾得到有效解决，进入新的历史阶段。发展阶段的转变伴随着一系列的结构调整。根据课题组前期研究，可以把经济发展水平、消费结构、产业结构、就业结构、城镇化率等指标作为判断发展阶段变化的一个衡量标准。

我国在21世纪初（2000—2003年）开始由生存型阶段向发展型阶段的过渡，目前已经基本完成过渡。以消费结构为例，城镇居民恩格尔系数在1996年降到50%以下，2000年农村居民恩格尔系数也降到50%以下；2013年，城乡居民恩格尔系数进一步降到35%和37.7%，双双突破40%。

2. 发展型新阶段城乡居民需求的突出特点。

（1）生存型阶段消费需求的基本特点。

第一，城乡居民的收入主要用于衣食等支出。1981年，城镇职工家庭衣食支出占家庭生活总支出的比重达71.45%，农村居民家庭的衣食支出占消费总支出的比重更是高达73.01%；城乡居民服务消费比重明显偏低。1982年城镇居民文娱用品与书报杂志支出占比仅为5.50%，农村居民文化生活服务支出占比仅为2.24%。

第二，城乡居民耐用消费品数量明显不足。1978年，全国每百人拥有的"老四样",没有一件超过 10 台。衡量居民消费均衡程度的城乡居民消费多元化系数明显偏低。课题组通过测算消费多元化指数,发现 1981 年城乡消费多元化指数分别仅为 1.4 和 1.26,表明在个体消费结构中,食物消费等比重过高,其他消费占比明显不足。

(2) 发展型新阶段消费需求的特点。与生存型阶段相比较,第一,城乡居民的收入用于衣食等支出的比重明显下降。恩格尔系数迅速降低。2012 年,城乡居民用于衣食的支出占消费总支出的比重分别降至 47.17% 和 46.04%。第二,城乡居民耐用消费品数量持续增长。一些耐用消费品进入市场饱和阶段,并由过去的"奢侈品"变成居民生活的"必需品",如冰箱、彩电、洗衣机等。第三,城乡居民消费多元化系数明显提高。2000 年城乡消费多元化指数超过 1.6,2009 年城乡消费多元化指数均提高到 1.7,消费结构中各类消费日益均衡。

3. 公共产品短缺成为发展型新阶段的突出矛盾。

公共产品短缺是社会发展的重要表现。在初步解决温饱、实现小康以后,人们的需求进一步发生变化,由主要是解决温饱转变为要求解决就业、公共卫生、基本医疗、义务教育、社会保障、食品安全、环境安全等。而由于多方面原因,包括义务教育、公共卫生与基本医疗、基本社会保障、公共就业服务、基本住房保障、环境保护、公共安全等公共产品短缺的矛盾越来越突出。公共产品短缺成为城乡居民的普遍感受。

从增长的经验看,如果公共产品短缺问题得不到解决,发展型消费需求得不到有效满足,不仅会降低人们对未来的预期从而降低消费率,老百姓上学难、看病贵、养老无保险,还会造成较多的社会问题。

二　我国消费释放的大趋势

4. 消费总量不断扩大，消费结构升级加快。

（1）消费水平提高、消费规模扩大。1978—2012年，我国人均消费水平以及城乡居民消费水平均呈现稳定提升态势。全国平均消费水平从184元增长到14098元，以1978年为基数增长了1334.1%。随着消费水平的不断提高，城乡居民消费总规模不断扩大。1978—2012年，城乡居民最终消费支出从1759.1亿元增长到19.04万亿元。2012年，农村居民消费总规模达到4.23万亿元，城镇居民消费总规模达到14.81万亿元。2012年城乡居民消费增量超过2万亿元，相当于20世纪90年代中期一年的总消费量。

（2）消费结构不断升级。城乡居民消费结构沿着"生活必需品—耐用消费品—服务消费品"的次序不断升级。

第一，从生存型消费向发展型消费升级。从发展阶段出发，课题组把居民消费划分为生存型消费和发展型消费，前者包括食品和衣着支出。过去20余年来，我国城乡居民生存型消费需求比重逐步下降，从1990年的67.61%和66.57%分别下降到2012年的47.17%和46.04%。值得关注的是两个时间点，即在2000年和2006年，城乡居民的发展型消费首次超过生存型消费。这表明我国经济增长的需求端开始发生质变。

第二，从物质消费向服务消费升级。全社会对服务的需求快速增长，明显超过物质消费增长速度。以城乡居民医疗保健、交通通信、文教娱乐三项服务需求为例：在城镇居民方面，1985—2012年，城镇居民人均消费性支出年均增长12.62%，其中医疗保健、交通通信、文教娱乐这三大类支出的年均增速为16.69%，超过人均消费性支出增速4个百分点以上；这三大类消费支出占人均消费性支出的比重从1985年的12.79%上升到2012年的33.3%。在农村居民方面，1985—2012年，农村居民人均生活性消费支出年均增长11.44%，这三项支出年均增速为16.59%，超出人均生活性消费支出增速5个百分点。

第三，从传统消费向新型消费的升级。随着人们温饱问题的解决，人们对绿色消费、信息消费、便捷消费等新型消费的需求进一步提高。

5. 支撑我国消费需求释放的三大趋势。

（1）新型城镇化的大趋势。未来5—8年，是我国城镇化快速发展的时期。从国际经验看，城镇化率处于30%—70%的时期，是城镇化加快发展的阶段。2013年我国城镇化率为53.73%，正处于快速发展的区间。如果以平均1%—1.2%的速率推进，到2020年我国的城镇化率有望提高到60%以上，这将成为13亿人消费释放的载体。如果2012年农村居民消费水平从6457元提高到全国平均消费水平13946元，静态估算当年将新增4.8万亿元消费规模。

（2）服务业发展的大趋势。未来5—8年，是服务业加快发展的重要阶段，这将有效缓解服务业供给缺口，释放居民被抑制的消费需求。例如，目前，我国健康产业仅占国内生产总值的5%左右，而美国2009年就达到了17.6%。如果我国健康产业占比达到10%，按2012年经济总量估算，也将有2.6万亿元的增量空间。再如，当前，我国潜在的文化消费能力是4万多亿元，2013年仅为1.6万亿元左右，大约有3万亿元的空间没有释放出来。

（3）人口结构变化的大趋势。未来20年，我国人口老龄化日益加重，到2030年，全国老年人口规模将翻一番。随着老龄人口的增多，纯消费者将持续增加，消费在GDP中的占比也将提高。

三　13亿人消费大市场与中国增长前景

6. 2020年13亿人的消费规模与结构。

（1）城乡居民消费规模的初步预测。本报告采用最优消费率方法，初步测算结果表明，我国的黄金储蓄率为41.8%，最优消费率为58.2%。2012年我国实际消费率为49.2%，比最优消费率低了9个百分点。如果通过政策调整与体制创新，把被抑制的潜在消费释放出来，就可能形成新的现实消费需求。初步计量估算表明，到2020年我国潜在消费规模将达到44.6万亿—47.2万亿元。如果这些被抑制的消费需求得到完全释放，那么到2020年，我国消费总量将达到54.3万亿—59.5万亿元。

（2）消费结构变化的初步预测。恩格尔系数与收入之间具有比较强的相关性：城镇居民恩格尔系数与城镇居民人均可支配收入的相关性达到0.852，农村居民恩格尔系数与农村居民人均纯收入的相关性达到0.935。进一步测算表明，城镇居民收入与恩格尔系数的弹性为-0.282，即城镇居民可支配收入每提高1个百分点，城镇居民恩格尔系数下降0.282个百分点；农村居民收入与恩格尔系数的弹性为-0.392，即农村居民纯收入每提高1个百分点，农村居民恩格尔系数下降0.392个百分点。

中共十八大提出到2020年我国城乡居民收入实现倍增的目标，这意味着城乡居民年均收入增长达到7.2%左右。据此估算，城市居民恩格尔系数有可能下降到25%左右；农村居民恩格尔系数将下降到30%以下，从而进入大众消费时代。

7.13亿人的消费需求将拉动7%左右的中速增长。

消费是经济增长的原动力，但消费需求释放能带来多大程度的增长，则需要进行相关的定量分析。本报告通过构建消费—人力资本—长期增长模型，以2011年为起点进行预测。2011年我国消费率为49.1%，居民消费率为35.7%；未来5—10年，经过努力，我国消费率可以达到60%左右，居民消费率达到50%左右。

以此为基准情景，对我国经济增长的情景做初步预测。测算结果表明，未来5—10年，我国经济增长实现7%以上的增长是有可能、有条件的。对此,要有充分的信心。就是说,坚定把扩大内需、释放消费需求作为稳增长、调结构、促改革的战略重点是完全符合我国现阶段基本国情的。

8.13亿人的消费需求将带动经济结构的有效调整。

(1) 消费需求释放与产业结构调整。通过建立2006—2010年产业结构与消费需求结构的矩阵并对其进行分析可发现,发展型需求每增长1个百分点,第一产业比重将下降1.33个百分点,第二产业比重将下降1.58个百分点,第三产业比重将提高2.91个百分点。到2015年,如果城乡居民发展型消费需求比重达到55%,第三产业比重将达到48.82%,年均提高1.16个百分点;到2020年,如果城乡居民发展型消费需求比重达到58%,第三产业比重将达到57.53%,年均提高1.4个百分点。

(2) 消费需求释放与就业结构调整。服务业是劳动密集型产业,对拉动就业有重要作用。如果2020年服务业就业占比达到50%以上,按8亿就业人口规模保守估算,服务业吸纳就业人数将达到4亿人,比现在新增1.2亿个就业岗位。服务业将取代第二产业,成为吸纳农村劳动力转移的重要途径。

(3) 消费需求释放与城乡结构前景。第一,到2020年,农村居民人均消费水平有望实现倍增,城乡居民消费水平从2012年的3.26缩小为2.14左右。第二,按60%的城镇化率测算,8亿左右的城镇居民消费总额达到38万亿元(2012年不变价);6亿左右的农村居民消费总额达到11.7万亿元,是当前农村消费规模4.2万亿元的2.79倍。第三,居民消费总额达到49.7万亿元;农村居民消费占比从2012年的21.67%上升到2020年的23.3%。这将使我国农村真正成为一个大市场。

(4) 消费需求释放与收入分配结构调整。初步测算表明,居民消费率每提高1个百分点,短期内可以导致劳动者报酬占比上升

0.553个百分点；长期内可以导致劳动者报酬占比上升1.35个百分点。如果居民消费率到2020年提升10个百分点左右，劳动者报酬将提升13.5个百分点左右，国民收入分配结构将得到实质性的改善。

9.13亿人的消费大市场支撑我国进入高收入国家行列。

13亿人的消费需求的有效释放，将带来7%左右的中速增长。基于2012年中国经济总量，本报告对2020年的增长前景进行初步预测。结果表明，如果内需得到有效释放，2020年我国人均GDP将达到11506.18—15270.75美元，这表明我国将成功跨越中等收入陷阱，进入到高收入国家行列。

四　加快投资主导走向消费主导的转型

10.13亿人的消费大市场是我国最大的优势。

世界银行数据显示，1978—2011年，美国、日本、欧盟居民消费年均增长分别为6.30%、5.92%和5.89%，同期我国居民消费增长速度为11.52%。我国居民消费总量与美日欧的差距明显缩小。如果我国消费需求增长保持在近5年（15%）的速度，其他经济体消费增速保持不变。以此初步预测，到2020年，我国消费市场规模与发达经济体的差距将明显缩小。

预计在未来3—5年左右，我国消费市场规模将超过日本消费市场；2020年我国消费市场规模将达到美国的50%。考虑到人民币升值因素，这一比重有可能进一步提高到60%—70%；2020年我国消费市场规模有望达到欧盟市场的50%以上。随着我国消费市场规模与日本、欧洲、美国的差距将快速缩小，13亿人消费大市场具有其他国家不可比拟的突出优势，可以支撑任何形式的产业发展和产业创新，这些优势是其他国家所无法比拟的。

11.明确消费主导经济转型的基本方向。

（1）尽快形成消费决定未来中长期增长的共识。在当前宏观经济面临比较大的下行背景下，经济增长正处于换挡的关键时期，各方对经济增长的担忧主要在于：随着投资拉动作用的逐步下降，消费能否成为促进经济增长的主要动力。这使得在释放消费需求的一些政策措施和体制调整方面还缺乏共同认识和自觉行动。因此，当务之急是尽快形成消费拉动经济增长的政策共识。

（2）明确消费主导经济转型的基本目标。着眼于维持7%—8%的经济增长速度，使经济运行处于合理区间，未来5—8年分两步实现消费主导的基本目标：

第一，到2016年，初步实现消费主导。其主要标志：最终消费率从49%提高到55%；居民消费率从35%提高到45%；消费贡献率稳定在40%以上，消费初步成为经济增长稳定的内生动力。

第二，到2020年，基本实现消费主导。其主要标志：最终消费率进一步提高到60%以上；居民消费率提高到50%以上；消费贡献率稳定在50%以上，消费基本成为经济增长稳定的内生动力。

第三，实现基本消费公平。把实现城乡基本公共服务消费平等作为基本消费平等的重要目标。到2016年，以制度统一为重点加快城乡基本公共服务均等化进程；到2020年，总体实现城乡基本公共服务均等化。

第四，推进结构调整。通过消费释放推进结构的加快调整。通过释放服务业的投资需求，带动投资结构的有效调整；推进城镇化率及服务业比重每年分别再提高1—1.5个百分点；就业弹性系数明显改善，使年新增就业人口达到1000万人以上。

（3）明确消费主导经济转型涵盖需求端与供给端的双重转型。从我国的情况看，我国经济增长面临的挑战与成熟市场经济国家明显不同。在成熟的市场经济国家，随着工业化和城镇化的进程，投资和消费在经济增长中的地位会自发转换。我国既有一个工业化和城镇化的问题，还有一个尚未完成的经济转轨即市场化的问题。

一方面，在供给端上，我国市场化改革还远不到位，市场在资源配置中的基础性作用和地位往往受到行政力量以及行政垄断的干扰，许多的投资并非市场驱动。消费主导的一项重大任务是推进市场化改革，使供给端建立在需求端的基础上，并且以此提高供给端的效率。另一方面，从需求端看，由于投资主导，导致城镇化滞后于工业化，消费需求释放的速度慢于投资扩张，我国消费需求在很大程度上还没有得到充分释放。消费主导经济转型迫切需要通过体制机制变革释放潜在消费需求，把我国的突出优势转化为现实优势。

12. 以改革的突破形成消费主导经济转型的强大动力。

（1）加快服务业领域的开放改革。进入发展型新阶段，消费的本质是享受服务，是通过服务改进社会福祉。从发展趋势看，服务业是消费新时代的支柱产业，需要在明确服务业发展目标的前提下，加快服务市场的对内和对外开放，推进服务业发展的政策调整，着力打破制约服务业发展的障碍，形成服务业主导的发展格局。

（2）推进消费主导的投资转型。消费主导的经济增长，并不是不要投资，而是要能够满足消费需求的有效投资。进入消费新时代，我国的有效投资需求不仅不会萎缩，反而会因消费升级引致更大的投资需求。关键是推进投资自身的转型，尽快形成市场决定的投资消费动态平衡新格局。

（3）加快人口城镇化的转型。与生存型阶段不同的是，我国新阶段城镇化的历史使命发生了重大变化，它承担着扩大内需的历史使命，承担着转变经济发展方式的历史使命，也承载着城乡一体化的历史使命。关键在于加快推进由劳动力城镇化向人口城镇化的转型，有效释放农村消费大市场，要以公共资源配置均等化为重点加快中小城镇发展。

（4）激活消费新时代的社会资本。消费新时代，经济社会发展对社会资本的投资需求全面增大，为适应这一要求，应尽快把激活社会资本作为服务业发展的重点，推进激活社会资本为重点的市场化改革，这就需要以公益性为重点调整优化国有资本战略布局。

（5）推进消费时代的利益结构的调整。利益结构是否合理，能否实现藏富于民，有效扩大中等收入群体，是消费能否有效释放的重要因素。为此，需要把中等收入群体倍增作为改革追求的目标，推进基本公共服务均等化，着力打破利益固化藩篱。

（6）形成有利于释放消费需求的市场环境。消费新时代对市场环境的需求全面提高，当前消费被抑制的一个重要原因在于消费安全、消费权益保护等问题还比较突出。为此，需要加快改革市场监管体系，形成消费安全的大环境；优化市场体系，降低消费成本；加大新型消费支持力度，释放新型消费需求。

（7）准确定位消费时代的政府新角色。从投资主导转向消费主导，对政府提出了不同的要求。在投资主导的增长方式中，政府可以直接充当投资主体，可以直接拉动投资。走向消费新时代，要求加快政府主导型经济增长方式，转变政府职能：一是成为促进公共消费的主体，为新型消费等提供支持；二是成为有效市场监管和消费环境创造的主体，保障消费安全与消费市场秩序；三是成为创造良好营商环境的主体，保障资源配置能够按着需求导向和市场导向进行有效配置。

加快形成服务业主导的经济结构（25 条建议）[*]

（2015 年 6 月）

"十三五"时期是我国经济转型升级的最后"窗口期"。面对国际国内发展环境和条件的深刻变化，转型与改革的时间空间约束全面增强。在这个特定背景下，在经济转型上"明大势、看大局"，重在适应服务型消费全面快速增长的客观趋势，加快形成服务业主导的经济结构。为此，就"十三五"规划制定提出如下建议：

一　把握"十三五"服务业主导经济转型升级的大趋势

总的判断是：加快形成服务业主导的经济结构，是工业转型升级的客观要求，是城镇化转型升级的客观要求，是 13 亿人消费结构转型升级的客观要求，是内外发展环境深刻复杂变化背景下的现实性、战略性和主动性选择。

1. 工业转型升级对生产性服务业的依赖性全面增强。"十三五"是我国从"中国制造"走向"中国智造"的关键时期。从国

---

[*] 中改院课题组：《"十三五"加快形成服务业主导的经济结构（25 条建议）》，《简报》总第 1024 期，2015 年 6 月。

际经验看，制造业的转型升级离不开研发、物流、销售、信息等生产性服务业的快速发展。当前我国生产性服务业占 GDP 比重只有 15% 左右；相比之下，作为先进制造业强国，德国生产性服务业占 GDP 比重在 45%—50%。到 2020 年要初步完成从工业 2.0 向 3.0 的升级，并奠定工业 4.0 的重要基础，关键在于走出一条以生产性服务业带动制造业高端化的新路子。

2. 人口城镇化对生活性服务业的依赖性全面增强。2013 年我国人口城镇化率仅为 36%，而 2012 年世界人口城镇化率已达到 52% 左右，我国加快人口城镇化进程还有很大空间，预计到 2020 年将达到 50% 左右。"十三五"从规模城镇化走向人口城镇化，意味着有近 4 亿农业转移人口进城，这将带来巨大的教育、医疗、文化等发展型消费需求，也将为生活性服务业释放巨大的市场空间。

3. 尽快形成服务型消费拉动经济结构转型升级的新格局。当前，我国消费结构正在从物质型消费向服务型消费升级。目前，城镇居民服务型消费比重已接近 40%，预计到 2020 年服务型消费占比可能提高到 45%，一些发达地区甚至可能达到 50%—60%。消费结构升级带来巨大的消费需求。预计消费规模有可能从 2013 年的 30 万亿元提高到 2020 年的 45 万亿—50 万亿元。消费需求的释放将为我国应对经济下行压力提供重要支撑。这就需要加快消费驱动的经济转型，以消费引领创新、以创新引领供给，在扭转投资消费失衡格局的同时，为服务业主导的经济转型提供内生动力。

二 把 2020 年形成服务业主导的经济结构作为"十三五"规划约束性目标

总的判断是："十三五"基本实现由工业主导向服务业主导的转型牵动影响改革发展全局，不仅是保持 7% 左右经济增速的重要前提，也是形成质量效率型经济增长方式的决定性因素。

4. 服务业主导牵动影响转型升级全局。一是近几年，我国服务业每增长一个百分点，带动 GDP 增长约 0.4 个百分点。如果"十三五"服务业年均增长 10%，则可以带动 4 个百分点的经济增长，为中速增长奠定重要基础；二是目前服务业每增长 1 个百分点能吸纳约 100 万个新增就业，如果服务业年均增长 10%，则未来 5 年每年将吸纳新增就业 1000 万人左右，成为吸引就业的主要渠道，并为创新创业开辟巨大的市场空间；三是如果 2020 年服务业占比达到 55%，能源消耗量将下降 14% 左右，二氧化硫将减排 18% 左右，将有效地摆脱重化工业的路径依赖，为形成绿色发展新常态创造有利条件。

5. "十三五"有条件形成服务业主导的新格局。一是服务业进入快速发展时期，2001—2013 年我国服务业年均实际增长 10.6%，2015 年第一季度我国服务业占比首次超过 50%，成为结构转型升级的历史性标志；二是服务业的投资空间巨大，教育、医疗等服务需求远没有得到满足，到 2020 年总体实现基本公共服务均等化，至少需要新增数十万亿元的投资；三是我国工业部门 80% 以上是制造业，属于高度市场化部门，而服务业 50% 以上仍被行政力量垄断，一旦加快服务业市场开放，将释放巨大的增长潜能。

6. 明确服务业主导经济结构的基本目标。建议把服务业占比到 2020 年达到 55% 作为"十三五"经济结构调整的约束性指标，争取生产性服务业占 GDP 比重从 15% 提高到 30%—40%；实现服务业两位数的增长，服务业规模从 2014 年 30.7 万亿元扩大到 2020 年 48 万亿—53 万亿元。

三 加快服务业市场开放

总的判断是：我国服务业发展不缺市场需求、不缺资金，关键在于市场开放，重点在于激活社会资本。"十三五"能否在经济转型升级上取得决定性成果，调动全社会的力量把服务业"蛋糕"做大，主要取决于服务业市场的开放进程。

7. 服务业市场开放既是经济结构调整的关键，又是市场化改革的战略重点。改革开放37年来，工业部门绝大多数领域的市场已经高度开放，但服务业领域市场开放严重不足，服务业难以利用国内社会资本和外资做大"蛋糕"。"十三五"深化市场化改革，让市场在资源配置中发挥决定性作用，重中之重是让市场在服务业领域发挥决定性作用。

8. 着力破除服务业领域垄断。服务业领域全面实施企业投资的负面清单管理，各类资本平等进入负面清单之外的服务行业和领域。研发、物流、销售、信息等生产性服务业对社会资本全面开放，在以电力、电信、石油、民航、邮政等为重点的垄断行业，进一步破除各种形式的行政垄断；垄断行业的自然垄断环节吸纳社会资本广泛参与，健全城市公用事业特许经营制度，积极引导社会资本参与；加快以教育、医疗、健康、养老等为重点的生活性服务业市场对社会资本的全面开放。将反行政垄断纳入《反垄断法》，对国有垄断行业、城市公用事业、公共服务等领域的行政垄断行为进行界定，清理不合理的行政法规。

9. 放开服务业领域市场价格。修订《政府定价目录》，明确界定竞争性领域的服务业。凡竞争性领域的服务业，政府原则上不进行价格限制，全面放开价格管制。区分垄断与非垄断行业，建立不同的价格形成机制。对自然垄断环节的服务业，仍实行政府定价；对竞争性环节的服务业，政府全面放开价格控制，引入竞争机制，实行企业自主定价，推动服务企业在竞争中形成价格。区分基本公共服务与非基本公共服务，对其实行不同的定价机制。在"保基本"的前提下，非基本公共服务价格主要由市场决定；政府定价范围主要限定在重要公用事业、公益性服务、网络型自然垄断环节；

对基本公共服务领域，政府仍保留定价权，以保障公益性。

10. 加快服务业领域投资便利化改革。负面清单管理的成效应当落实到中小企业在服务业领域的投资便利化上。除国有资本投资需要项目备案之外，对社会资本投资不再审批，不再实施项目备案。在全面实施"三证合一"，推行"一证一号"的基础上，借鉴发达国家经验，尽快实施企业自主登记制度。

11. 依托"互联网+"，加快形成服务业创新创业的制度环境。扩大国家中小企业发展基金规模，支持和鼓励更多的地方政府设立中小企业发展基金，引导地方政府、创业投资机构及其他社会资金支持初创期的中小企业和微型企业发展。搭建中小企业创新创业的制度平台。鼓励科技人员以技术入股，支持中小企业实行职工持股。建立中小企业公共信息平台，鼓励中小企业通过资源整合、资产重组，形成产业联盟。推动传统大企业向创新型企业转型，把做强生产性服务业作为深化国企改革、发展混合所有制的重要任务，培育一批高端生产性服务业企业集团。加快知识产权法院的试点和普及，实现知识产权民事、行政、刑事案件"三审合一"，抓紧研究出台《知识产权法》。

12. 加快服务业发展的政策调整。调整服务业与工业用地政策，对列入国家鼓励类的服务业在供地安排上给予倾斜，采取过渡式的办法逐步缩小服务业与工业用地价格差距，最终实现工业与服务业"同地同价"。抓紧落实国家关于服务业发展的价格政策，在全国范围内加快推进工商业水电气"同网同价"，服务业与工业平等使用水电气等资源要素。把实现服务业体制内外人才政策平等作为实施国家创新驱动战略的重要举措，实现服务业体制内外人才政策平等。改变各类科研课题集中在体制内科研院所、知名高校以及科研与实际脱节的状况，新增各类科研课题向社会科研机构倾斜，向一线科研人员倾斜，鼓励和支持事业单位人才到社会科研机构就业创业。

四 以"一带一路"为总抓手加快服务贸易强国进程

总的判断是：我国是服务贸易大国，但还不是服务贸易强国。在全球经济格局深刻变化和"一带一路"倡议深度实施的大背景下，从服务贸易大国走向服务贸易强国，成为我国"十三五"形成开放型经济新格局的战略选择。

13. 我国正处于从服务贸易大国向服务贸易强国转型的关键时期。2014 年，我国服务贸易规模超过 6000 亿美元，成为全球第三大服务贸易国，但"大而不强"的特点突出。2014 年我国服务贸易占外贸总额比重为 12.3%，远低于 2013 年全球平均 19.6%、美国 22.1% 和印度 26.5% 的水平。建议把提高服务贸易占比作为"十三五"对外开放的重大任务，争取到 2020 年，服务贸易总额超过 1 万亿美元，服务贸易占外贸总额比重提高到 20%。

14. 以服务贸易为重点形成自由贸易新格局。把发展服务贸易、特别是跨境金融服务，作为四个国内自贸区转型升级的重点，全面实施负面清单管理制度和外商投资准入前国民待遇，打造服务业市场对外开放的实验窗口。加快同"一带一路"沿线国家和地区商建自由贸易区，形成自由贸易区网络，拓展与这些国家在金融、信息、物流业等服务领域的开放合作。扩大双边和区域服务贸易协定，打破一些国家对我国服务贸易的壁垒，争取"十三五"率先在新兴经济体、欧洲等国家和地区取得突破。

15. 加快发展服务外包，助推服务业企业"走出去"。扩大服务外包示范城市范围，培育若干个具有特定服务区域和特色领域供应链整合能力的示范城市。重点发展软件和信息技术、研发、设计、互联网、医疗、教育、健康护理、文化创意、交通物流等领域服务外包。尽快改革服务业企业"走出去"的审批制度，构建包括金融服务体系在内的服务业企业"走出去"的服务平台。争取国际服务贸易规则制定的主导权，以更加主动的态度推进双边、多边、区域等层面的服务贸易谈判。在推进 APEC、G20 等多边贸易谈判上发挥引领作用，在中美投资和贸易谈判、中欧投资协定谈判等方面实现重要突破。

五　以结构性改革破解服务业发展的结构性矛盾

总的判断是：我国改革开放以来所形成的一整套政策与体制安排，带有激励工业发展、抑制服务业发展的突出特征，走向服务业主导的经济转型升级面临结构性矛盾的重大挑战。加快推进财政、税收、金融、教育等结构性改革，成为走向服务业主导的重大任务。

16. 改革中央地方财税关系，改变地方政府对重化工业的过度依赖。合理界定中央地方职责分工，实现各级政府支出责任与财力相匹配。以形成有效的地方治理为目标改革中央地方财税关系，探索通过消费税、房地产税、资源税等改革赋予地方政府稳定税源，形成健全的地方税体系，由此实质性改变竞争性地方政府模式，使地方政府摆脱对重化工业的过度依赖。

17. 形成有利于服务业发展的税制结构。继续推进有增有减的结构性减税，进一步加大对现代服务业、新兴产业、中小微型企业、创业创新的减税力度，争取"十三五"时期每年结构性减税达到万亿元。争取 2015 年完成服务业的"营改增"改革，形成服务业与工业公平税负的税制结构。改革企业所得税，试点将企业公益性支出全部纳入抵扣范围。

18. 形成有利于服务业发展的金融结构。大力发展城市社区银行等中小银行，构建为中小微企业和创业创新服务的银行体系。扩大财政支持的中小企业贷款担保基金，建立中小微企业贷款风险补偿和融资性担保风险补偿机制，帮助中小企业降低融资成本。加快互联网金融等新业态发展，鼓励和支持互联网金融机构利用大数据、云计算等提高运营效率，降低企业融资成本，创新产品和服务。进一步改革完善资本市场，加大利用资本市场为创新型企业融资的力度。

19. 以发展职业教育为重点加快调整教育结构。"十三五"把发展现代职业教育放到更加突出的位置，实质性降低社会资本进入中等职业与高等职业教育领域的门槛；简化设立职业教育学院的审批，在土地使用、财政支持、政府购买公共服务、人才培训等方面给予民办职业教育机构和公办机构同等的地位和待遇。鼓励职业学校与合作企业通过学徒制、委托培养、购买合同等多种方式深入合作，对企业举办职业教育和培训的投入部分给予税收抵扣。加快专业与产业对接、课程内容与职业标准对接、教学过程与生产过程对接、学历证书与职业资格证书对接、职业教育与终身学习对接；探索把高等学校分成综合型大学、研究型大学、技术应用型大学，加快推动一批高校转型为技术应用型高校，选择一批高等职业学校升级为技术应用型大学，不断提高技术应用型大学在校生占比。

六 以政府购买服务为重点加快公共服务业市场开放

总的判断是：随着全社会公共产品需求全面快速增长，以政府机构和事业机构为主的传统公共服务体制难以为继。以政府购买服务为重点加快公共服务业市场开放，充分利用市场力量、社会力量扩大公共服务供给，成为"十三五"创新公共服务体制的重点。

20. 明确"十三五"政府购买公共服务的约束性指标。在传统事业单位体制下，政府购买公共服务发展相对滞后。2013年我国政府采购规模占全国财政支出的比重为11.7%，其中服务类仅占9.4%。而欧美发达国家政府采购规模占财政收入的比例为30%—

40%，服务类占采购总额的50%以上。建议把形成公共服务多元供给主体、多元竞争主体作为"十三五"完善政府购买公共服务制度的基本目标，加快形成法治化、规范化、透明化的政府购买公共服务的体制机制安排，争取到2020年使政府采购规模占财政支出比重达到15%—20%，服务类占政府采购总额比重提高到30%—40%。

21. 政府购买公共服务对体制内事业单位与公益性社会组织一视同仁。除某些特殊领域外，多数公共服务领域原则上都要引入竞争机制，政府通过合同、委托等方式向社会组织购买公共服务。体制内的事业机构与体制外的公益性社会组织之间的公平竞争，在同样成本下，谁能够提供更多的公益性，政府就向谁购买公共服务。着眼于2020年基本公共服务均等化目标总体实现，加快形成公共资源配置社会化、市场化的政策体制安排，形成事业机构、社会组织、企业单位组成的多元公共服务供给主体的新格局。

22. 推动科教文卫事业单位去行政化。实施政事分开、管办分离。科教文卫等主管部门主要负责公共服务领域的宏观决策、宏观管理和监管，将微观职能下放到事业单位。按照事业单位的公益性强弱，而非行政级别高低确定配置公共资源。把事业单位改造成为法定机构，实质性推动事业单位去行政化，保持并提升其专业性、独立性。研究制定事业单位向公益性社会组织转型的综合性改革方案和实施办法，联动推进行政体制改革、事业单位改革和社会治理体制改革。

23. 放开公共资源市场。与事业机构改革和发展公益性社会组织有机结合，适应多元化的公共需求，全面放开教育、医疗、养老、文化等民生领域的公共资源市场。适应城镇化进程，把全面放开市政工程类尤其是中小城镇的公共资源市场作为发展混合所有制的重大举措，允许社会资本通过特许经营等方式参与基础设施投资和运营，在污水处理、轨道交通、供水供暖等城镇基础设施领域全面推广PPP模式。与政府简政放权和建设低成本政府相适应，全面放开公车等行政机关类公共资源市场，发挥市场在公共资源配置中的决定性作用和更好发挥政府作用，切实降低行政成本。

24. 加快建立公益法人制度。借鉴国外经验，结合我国国情，赋予公益性社会组织公益法人地位。建立公益法人财产权保护制度，创新公益法人认定方式。成立独立的公益法人认定机构，如公益法人认定委员会，对公益法人进行认定，降低公益法人准入门槛。参照国际惯例，对公益性社会组织的捐赠免税，对其从事的公益性活动收益免税。政府依据公益法人提供的公益性服务，确定财政支持规模。

25. 加快政府购买公共服务立法。将政府向社会购买公共服务纳入《政府采购法》，规定政府向社会购买公共服务的范围和程序，使之规范化、制度化。尽快出台《公共资源监管法》，明确界定公共资源社会化、市场化配置的范围和监管程序，加强社会公众监督和媒体监督，提高监管的有效性。进一步细化政府向社会购买公共服务的指导目录，使其更具有可操作性。

由工业主导向服务业主导转型（11条建议）*

（2016年3月）

经济的可持续增长主要源于经济结构的调整变化。"十三五"，我国经济转型升级的核心是产业结构变革：一方面，工业化进入中后期，服务业加快发展是大趋势；另一方面，由于长期以来优先发展工业的方针，产业结构不合理的矛盾越来越突出，需要加快产业结构转型来补齐"短板"。

一 "十三五"：服务业主导的产业结构转型

"十三五"是我国产业结构转型的关键时期。一方面，我国工业化中后期与全球新一轮工业革命呈现历史交汇，工业转型升级对发展生产性服务业的依赖性全面增强；另一方面，新型城镇化发展到了加速阶段，对发展现代服务业的需求日益迫切。在这个特定背景下，服务业主导的产业结构转型，成为我国"十三五"产业结构变革的战略选择。

---

* 中改院课题组：《产业变革：由工业主导向服务业主导转型》，《上海证券报》2016年3月1日。

1. 工业转型升级的历史关节点。

（1）产能过剩呈现全面性、长期性和绝对性的特点。目前，我国一类行业39个行业几乎都存在产能过剩的问题，并出现了煤炭、水泥等卖不过"白菜价"的现象。从具体行业看，产能过剩的行业已经由过去的钢铁、水泥、有色金属、煤化工、平板玻璃等传统产业蔓延至多晶硅、风电设备等新兴产业。我国上一轮比较严重的产能过剩发生在1997年亚洲金融危机期间，产能过剩主要发生在纺织、家电等下游行业，位于上游的石化、钢铁及水泥等的产能利用率则处于90%以上的高位。相比之下，新一轮的产能过剩则主要发生在钢铁等上游资本密集型行业。从历史情况看，消化上一轮过剩的产能经历44个月左右，而新一轮的产能过剩可能经历的时间要更久。

（2）企业盈利水平下降的挑战。2014年，我国制造业500强企业的平均利润率仅为2.7%，远低于世界制造业的平均利润率。其中，利润率大于10%的企业仅有23家。2015年全年消费者价格指数（CPI）增幅1.4%，尚未实现年初3%的目标，创六年来最低，而工业品出厂价格指数（PPI）跌幅为5.2%，"剪刀差"达到6.6%。2015年1—10月，我国大中型钢铁企业主营业务亏损720亿元，亏损面达47.52%。截至2015年底，工业企业盈利负增长已经持续一年多，PPI连续40多个月负增长，钢铁、铁矿石、煤炭、石油、石化等重化工业亏损尤为严重。

（3）以简单加工制造和规模扩张为主的生产型制造难以为继。中国制造业还处于全球价值链的中低端，工业大而不强、核心技术受制于人、缺乏全球知名品牌等矛盾十分突出。低成本优势逐步失去，工业增速快速下滑。国际金融危机之前的2007年，我国第二产业增长速度为15%，国际金融危机之后，第二产业增长速度逐步下降到2014年的7.3%，2015年前三季度又进一步下滑到6.0%。

2. "十三五"走向服务业主导的大趋势。

(1) 全球新一轮工业革命与生产性服务业重要性凸显。"工业3.0"与"工业4.0"时代到来，生产要素软化的特征十分突出，与"工业2.0"时代有很大不同。一个国家是否是工业强国，并不取决于有多大的生产能力，而是更加依赖于是否具有强大的工业服务能力。

(2) 城镇化转型升级，对发展生活性服务业提出新的要求。随着"80后""90后"等新生代社会群体成为主流人群，一方面对城镇服务品质的要求急剧增加，另一方面他们更加倾向于选择在服务业领域而非传统工业领域就业。过去靠重化工业起家的城市如果缺乏服务品质，人口就会流出。由于教育、健康、文化、养老、娱乐等生活性服务业的发展滞后，我国城镇化滞后于工业化进程的矛盾仍然十分突出。

(3) 现代服务业发展是迈向高收入国家的重要前提。自20世纪50—60年代以来，进入高收入阶段的国家无一例外地经历了一场向服务经济转型的结构性变革，即服务业的产值和就业贡献在经济社会发展中占据主导地位。

3. 2020：形成以服务业为主导的产业结构。

(1) 服务业规模不断扩大。2000—2014年，我国服务业增加值从3.97万亿元左右增长到30.6万亿元左右，扩张了7.8倍，服务业增加值基本实现每5年翻一番。2012年是一个拐点，服务业增加值达到24.3万亿元，规模首次超过工业（24.02万亿元）。2015年，第二产业增加值为27.4万亿元，第三产业增加值为34.2万亿元，比第二产业高出6.8万亿元，服务业规模超过工业已是大势所趋。

(2) 服务业增速超过工业。进入21世纪以来，服务业增速在绝大多数年份都超过工业。自 2001 年第二产业中工业占 GDP 的比重首次被第三产业占比超过后，除 2003 年、2004 年、2010 年和 2011 年这 4 年外，14 年间有 10 个年份第三产业增速高于第二产业增速。2015 年，第二产业增长速度为 6.0%，第三产业增长速度为 8.3%，第三产业比第二产业高出 2.3 个百分点。应当说，在工业去产能的大背景下，服务业不仅成为稳定经济的主要因素，也成为拉动经济增长的主要引擎。

（3）服务业开始成为拉动 GDP 增长的主导力量。2013 年，我国第三产业对国内生产总值增长的拉动为 3.7 个百分点，与第二产业对国内生产总值增长的拉动持平。2014 年，我国第三产业对国内生产总值增长的拉动为 3.5 个百分点，比第二产业高出 0.1 个百分点。

（4）走向服务业主导的战略目标。国家"十二五"规划明确提出，"到 2015 年，服务业增加值占国内生产总值的比重较 2010 年提高 4 个百分点"，即从 43% 提高到 47%。但实际上，在 2015 年，这一比重已经达到 50.5%，比"十二五"规划提出的目标要求高出约 3.5 个百分点。也就是说，"十三五"或者更长一段时间内，服务业占比年均提升 1.2 个百分点是有可能的。预计到 2020 年，我国服务业占比将由现在的 50.5% 提升到 58% 左右，有可能接近 60%，由此我国将基本形成以服务业为主导的产业结构。

二 "十三五"：实现由生产型制造向服务型制造转型

新一轮工业革命伴随着制造业的重大变革，对加快发展服务型制造提出新的要求。服务业主导的产业结构转型，不是不要工业，而是要加快发展以设计、研发为龙头的生产性服务业，实现由生产型制造向服务型制造转型的重大突破。在这个前提下，我国有望到 2020 年初步完成从"工业 2.0"向"工业 3.0"的升级，并奠定

"工业4.0"的重要基础。

4. 把握全球制造业向服务型转型升级的大趋势。

（1）制造业向服务环节延伸。在"工业3.0""工业4.0"时代，制造业已不单纯是制造过程，而是逐步转变为"生产+服务"的整个流程。如苹果、IBM等企业，不再仅仅关注生产过程，而是将重心逐步转移到产品的开发、改进、销售、售后服务以及回收等领域，在整个流程中生产的作用越来越小，服务在整个流程中的作用越来越大。

（2）服务环节居于价值链高端。新工业革命时代，处于简单加工制造环节的企业只处于辅助性的地位，随时可以被其他厂商所取代，没有产品的定价权。而研发、采购、储存、物流、营销、服务、融资和技术支持服务等环节，成为产品价值产生的主要来源。在整个价值链分配中，服务环节的企业在价值分配中处于主导地位，拥有产品的定价权。

（3）服务环节主导价值分配。以苹果公司产品iPhone的价值构成为例，尽管其主要是在我国组装，但事实上我国工厂所获得的价值微乎其微，仅占利润的1.8%，而拥有核心技术和知识产权的苹果公司却获得巨额利润，据估算，每部iPhone对美国GDP贡献达400美元。

（4）企业竞争力取决于服务环节。全球500强企业所涉及的51个行业中，有28个属于服务业；56%的企业在从事服务业。以苹果公司为例，目前，美国苹果公司主要是负责品牌和产品设计以及销售，基本不介入产品的生产环节，其全部产品生产环节几乎都是依靠外国的代工厂获得。

5. 以"互联网+"提升生产性服务业。

（1）中国制造"补短板"重在发展生产性服务业。尽管我国工业从数量指标上已经到了工业化中后期，但是生产性服务业尚未从制造业中剥离出来并独立发展，还停留在工业化中前期阶段。数据显示，2010年发达国家生产性服务业占服务业的比重普遍在60%—70%。高端制造业发展比较好的国家，如美国和德国的信息、设计、研发、物流、销售等生产性服务业占GDP比重大多在43%左右，而我国生产性服务业占服务业的比重仅在35%左右，占GDP的比重仅在15%左右。生产性服务业发展水平滞后导致产业结构"低端锁定"。

（2）"互联网+"是新工业革命时代提升生产性服务业的突出优势。互联网是新工业革命时代的核心资源。我国越来越多的企业依靠"互联网+"做强了生产性服务业。按照中国互联网协会发布的《2015中国互联网产业综述与2016发展趋势报告》，截至2015年11月，我国手机上网用户数已超过9.05亿，再创新高，月户均移动互联网接入流量突破366.5兆，互联网宽带接入用户超2.1亿，这一市场规模优势是任何一个发达国家都难以比拟的。

（3）以"互联网+生产性服务业"把握新工业革命先机。把发展"互联网+生产性服务业"作为落实《中国制造2025》的重点，推动大数据、云计算、物联网、移动互联网在生产性服务业中的广泛应用。到2020年，以研发、金融、物流等为重点的生产性服务业占GDP的比重将从现在的15%左右提升至30%左右，基本实现倍增。

6. *以生产性服务业引领制造业走向中高端。*

"十三五"，确立以生产性服务业引领制造业走向中高端的工业转型升级战略，搭建制造业走向中高端的服务平台，发展面向"工业3.0""工业4.0"的生产性服务业，推动传统产业改造，形成引领制造业向价值链高端提升的新动力。到2020年，在基本消化传统产业过剩产能的同时，稳定制造业增长速度，稳步提升制造业创新能力，为2025年迈入制造强国行列打下具有决定性意义的基础。

7. 以转型升级为重点破题国企改革。

国有企业在我国工业领域占有举足轻重的地位，国有企业转型升级的成功对我国工业转型升级具有全局性意义。在国家产业变革条件下，国有企业转型成功与否，是检验国企改革是否成功的"试金石"。建议尽快形成新阶段国有资本战略布局调整的分类改革方案。第一，部分国有资本需要在国家制造业服务化中扮演重要角色。第二，部分国有资本需要通过优化重组去产能和实现转型升级，要以提升产业集中度为重点推动国企并购重组，整体优化国家生产布局。第三，部分国有资本需要转移到公共服务领域，尤其是一些确实需要从原有产业领域退出的国企，可以采取国家扶持、转换为公益性国企等办法进行改革，争取到 2020 年，形成国有资本合理配置的新格局。

三 "十三五"：加快形成创新驱动体制机制

服务业主导的产业变革，需要形成创新引领的新格局。从改革实践看，产业的业态创新、模式创新、技术创新都很重要，但带有根本性的是体制创新。多年来，产业结构调整滞后，有新业态、新模式、新技术发展缓慢的问题，更有深层次的体制机制问题。创新驱动，重在解决阻碍创新的深层次体制机制问题。

8. 产业创新重在解决深层次的体制机制问题。

（1）产业创新对激发中小企业活力提出新的要求。从国际经验看，大企业经过多年的成长，创新有"船大难掉头"的突出特点。不少国际上知名的服务型制造业是从中小企业成长起来的，如苹果、微软等。目前中小企业发展严重滞后成为创新能力不足的突出因素。以每千人拥有企业数量为例，我国平均为 16 个，只有发达国家的三分之一。有数据显示，我国拥有将近 20% 的世界 500 强企业，创新企业却仅占 5%。

（2）科技创新能力不强的突出矛盾是科技体制改革滞后。从现实情况看，我国技术创新能力不强，主要不是投入不足的问题，而是集中反映在科技创新体制改革滞后导致的科技成果转化能力低。

一方面，我国用于研发的经费快速增长。据联合国教科文组织发布的《2015 年科学报告：面向 2030》显示，目前美国用于研发的投资占全球总额的 28%，中国以 20% 的份额紧随其后，超越欧盟（19%）和日本（10%）。另一方面，由于产学研用脱节，我国科技成果转化率一直偏低，成为制约我国科技创新的突出"短板"。

有数据显示，美国、日本科技成果转化率已达到 80%，英、法、德等国家的科技成果转化率也达到 50% 以上。而我国科技成果只有 10%—30% 应用于生产，其中真正能形成产业化的科技成果仅占其中的 20% 左右。

（3）创新驱动需要体制平台。从国际经验看，创新驱动需要形成相关体制平台支撑，如美国硅谷等，对集聚各类创新要素十分关键。从我国实际情况看，第一，尽管形成了各类工业园区，但多数以传统产业为主，发挥集聚创新要素的作用明显不足，引导社会创新创业的作用不大。第二，国家重大科研基础设施带有封闭性的突出特点，对企业、社会开放程度低，科研基础设施闲置与企业缺乏创新服务并存。第三，创新创业的风险投资体系不完善，各类风险投资基金在支持产业创新中的作用不足，金融支持创新的体制机制不完善。

9. 形成大众创业、万众创新的体制环境。

（1）积极扶持中小企业发展。创新中小企业服务方式。由重服务个体转变到服务体系建设；创新中小企业融资方式，为中小企业提供多元化的融资渠道，不断扩大企业信贷抵押担保物范围；鼓励地方政府设立各类创业投资基金等新的融资模式，支持草根创业。

（2）全面推行企业自主登记制度。建议：在自由贸易试验区实施企业一站式登记注册的基础上，尽快建立全国统一的企业自主登记注册网络平台，在企业注册时间上与国际接轨；加强部门间政策协调，尽快将个体工商户纳入"三证合一、一照一码"；加快推进企业简易注销制度改革，在目前试点的基础上，尽快在全国实施个体工商户、未开业企业以及无债权债务企业简易注销程序。

（3）取消企业一般投资项目备案制。市场经济条件下，在政府严格管理城乡规划、土地利用、环境保护、安全生产等事项的前提下，企业一般投资项目一律应当由企业依法依规自主决策，不再需要备案。建议适时取消企业一般投资项目备案制，将投资决策权彻底交还给企业。

（4）以公平竞争政策取代产业政策。从实践看，某些产业政策在推动产能过剩中起到推波助澜的作用，泛化产业政策容易扭曲市场主体的投资行为。市场经济条件下，政府的主要职责之一就是营造良好的市场环境，尽可能少用产业政策去干预企业投资行为，使各类市场主体根据市场变化来决定自身的投资行为。为此，需要改变通过政府选择、政府补贴、行政主导直接配置资源的做法，尽快清理、废除通过各类优惠政策和政府补贴引导产业发展的各项政策，改变政府人为扭曲市场信号和不公平竞争的局面。

10. 以推进科技成果转化为重点创新科技体制。

（1）建立科技成果转化的有效手段。下放科技成果使用、处置和收益权。除国防、国家安全、国家利益及重大社会公共利益的科技成果外，一般科技成果的使用权、处置权和收益权，全部下放给符合条件的项目承接单位，科技成果转移转化所得收入全部留归单位，纳入单位预算，实行统一管理。提高科研人员成果转化收益比例，加大对科研人员的股权激励。赋予领军人才更大人财物支持权、技术路线决策权，鼓励各类企业、高校、科研院所通过股权、期权、分红等激励方式，调动科研人员创新积极性。

（2）完善技术创新的市场机制。一是发挥企业在国家创新决策中的重要作用。吸收更多企业参与研究制定国家技术创新规划、政策和标准，提高专家咨询组中企业家的比重，竞争类产业技术创新由企业依据市场需求自主决策。二是完善以企业为主体的技术创新机制。鼓励构建以企业为主导、产学研相互合作的产业技术创新战略联盟。三是提高普惠性的政策支持力度。加大结构性减税，逐步将国家对企业技术创新的投入方式转变为以普惠性财税政策为主，加大创新产品和服务的政府采购力度。

（3）强化企业创新主体地位和主导作用。一是加快培育一批有国际竞争力的创新型领军企业，支持科技型中小企业健康发展；二是形成企业、高校、科研院所的合力，建设一批国家技术创新中心；三是与制造业转型升级的方向相适应，加快突破新一代信息通信、石墨烯、生物医药、机器人等领域的核心技术；四是加强技术和知识产权交易平台建设，建立从实验研究、中试到生产的全过程科技创新融资模式，促进科技成果资本化、产业化。

11. 搭建有利于创新创业的服务平台。

（1）以创新驱动为目标推动传统产业园区转型升级。产业园区是我国工业化的重要载体。"十三五"，推动制造业转型升级要把产业园区的转型升级作为重要任务，推动产业园区提质增效升级，协调发展先进制造业和现代服务业。

（2）积极发展众创空间等新型创新创业服务平台。地方政府应把扩大众创空间作为促进区域经济发展的重大举措。重点依托各地高新技术产业开发区、科技企业孵化器、小企业创业基地、高等院校、科研院所等，形成一批创新创业、线上线下、孵化投资相结合的新型众创空间。

（3）加快国家重大科研基础设施向社会开放。发挥科研设施与仪器对科技创新的支撑作用，加快推进科研设施与仪器向社会开放，鼓励社会创新，明显提高科技资源利用效率，避免科研设施与仪器闲置浪费。

（4）完善支持创新创业的风险投资体系。科技创新离不开风险投资体系。"十三五"要建立完善的风险投资体系，包括种子基金、创业投资基金（VC）、私募股权投资基金（PE）、创业板市场等。

推进消费导向的经济转型（9条建议）[*]

（2021年5月）

当前，我国进入消费新时代，消费成为拉动经济增长的第一动力，实现增长方式由投资导向转向消费导向是个客观趋势；加快构建以国内大循环为主体、国内国际双循环相互促进的新发展格局，关键在于扩大内需，在于发挥14亿人消费大市场的规模效应和集聚效应。

一　消费对经济增长的贡献

1. *消费成为经济增长的第一拉动力。*

1978年，我国最终消费支出对GDP增长的贡献率仅为38.7%，而资本形成总额（投资）对GDP增长的贡献率达到66.7%，是最终消费支出对GDP增长贡献率的2倍。党的十八大以来，随着我国经济由高速增长阶段转向高质量发展阶段，消费对经济增长的拉动作用开始趋于稳定。2013—2019年，我国GDP增长速度分别为7.8%、7.4%、7%、6.8%、6.9%、6.7%和6.1%；这7年间，仅2013年消费对经济增长的拉动点数低于投资1个百分点。2014—2019年，

---

[*] 中改院课题组：《中国消费——构建双循环新发展格局》，2021年5月。

消费对经济增长的拉动点数分别高出投资 0.8 个、3.3 个、1.5 个、1.4 个、1.6 个和 1.6 个百分点，消费已连续 6 年成为拉动经济增长的第一动力。

2. 消费对经济增长的贡献率开始趋于稳定。

从发展阶段看，一个经济体经过前工业化、工业化、后工业化阶段，消费率呈现"U 型"曲线走势。与改革开放初期有很大的不同，近 10 年来，消费对经济增长的贡献率持续增长是建立在消费结构升级的基础上。服务型消费的快速增长，使投资与消费在拉动经济增长中的地位作用发生历史性变化，消费在拉动经济增长中的"主角"地位逐步确立。2011 年，消费对经济增长的贡献率达到 65.7%，高于投资对经济增长的贡献率 14.6 个百分点。这 10 年间，消费对经济增长的贡献率稳定在 60% 左右。据统计，2011—2019 年，消费对经济增长的贡献率平均为 60.5%，而同期投资对经济增长的贡献率平均仅为 39.9%，低于消费 20 个百分点以上。

3. 消费对经济增长的拉动作用逐季回升。

2020 年的新冠肺炎疫情对我国经济发展产生严重冲击。由于我国疫情较早得到防控，成为全球唯一率先实现经济正增长的主要经济体。其中，消费对经济增长的拉动作用逐步恢复。2020 年，我国经济增长速度为 2.3%，其中，最终消费支出对经济增长的拉动点数为 -0.5 个百分点，低于投资对经济增长拉动 2.7 个百分点。2020 年 1—4 季度，我国 GDP 增速分别为 -6.8%、3.2%、4.9% 和 6.5%。随着我国疫情防控率先取得较好效果，消费市场逐步恢复，我国超大规模市场的潜力得以不断释放，消费对经济增长的拉动作用逐季回升。数据显示，2020 年 1—4 季度，最终消费支出对 GDP 增长的拉动点数分别为 -4.3 个、-2.3 个、1.4 个和 2.6 个百分点。也就是说，从第三季度开始，最终消费支出对经济增长的拉动点数由负转正，这表明最终消费支出已经从前两个季度下拉态势中恢复过来，并呈现持续回复的势头。

二 消费成为拉动经济增长的重要动力

4. 消费对经济增长的贡献率将逐步恢复。

（1）2021年我国经济增长速度将恢复至8%以上。2020年，我国经济增速为2.3%，成为全球唯一实现经济正增长的主要经济体。着眼于国际国内形势，2021年《政府工作报告》提出2021年我国经济增长6%以上的预期目标。与此同时，国际货币基金组织、世界银行、经合组织三大国际组织对2021年我国GDP增速预测值分别为8.2%、6.9%、6.8%，高于全球平均水平3.0个、2.7个、1.6个百分点。总的来看，2021年我国经济增长有可能达到8%以上。

（2）消费对经济增长的贡献率将恢复至50%以上。随着我国疫情得到较好的控制，居民收入稳定增长，2021年，我国消费有望持续回升。2021年1—2月，受同期基数较低影响，社会消费品零售总额同比增长33.8%。与2019年1—2月份相比，社会消费品零售总额增长6.4%，基本上恢复消费的常态化增速。有学者预计，2021年，消费对经济增长的贡献率将达到57.7%，拉动GDP增长4.9个百分点。

（3）促进消费与投资有效融合。消费与投资构成扩大内需的两大组成部分，两者对促进经济增长至关重要。当前，强调消费导向并不是不要投资，而是要通过消费需求来引导更有效、更合理的投资，最大限度地提升投资效率，避免无效投资造成产能过剩与资源浪费。2021年，我国经济发展牢牢把握扩大内需这个战略基点，关键要在促进消费和扩大投资的结合点上取得实质性突破。

5. 消费对经济增长的贡献率将逐步趋于稳定。

经济增长依靠内需支撑，符合大国经济的一般规律。目前，欧美发达国家最终消费支出对经济增长的贡献率一般在70%—80%之间。从近5年的情况看，消费对我国经济增长的贡献率波动幅度较大。即使2015年全年消费对经济增长的贡献率达到69%，但这是在投资增速快速下降条件下实现的。近几年来，随着投资增速进一步反弹，消费对经济增长的贡献率出现再次回落的趋势，尤其是在疫情情况下，经济增长再次主要依靠投资驱动。当前，我国消费市场快速恢复，消费对经济增长的拉动作用由负转正，并呈现稳定提升的态势。未来10—15年，消费对经济增长的贡献率将稳定在65%—70%。

6. 消费支撑经济可持续增长。

（1）2021—2035年将实现5%左右的中速增长。改革开放以来，我国GDP增长速度明显加快，经过40多年的发展，不仅成为全球第二大经济体，而且与美国经济总量的差距不断缩小。据统计，1978—2019年，我国GDP年均增速达到9.4%。2020年，受疫情影响，全年GDP增速仅为2.3%。从2021年到2035年的经济发展质量关系到我国基本实现社会主义现代化。综合各方面的预测判断，2021—2035年，我国GDP增速将保持5%左右的年均增速。

（2）14亿人的消费需求释放将拉动经济中速增长。消费是经济增长的原动力，但消费需求释放能带来多大程度的增长，则需要进行相关的定量分析。课题组通过构建"消费释放—人力资本—长期增长"模型，以2019年为起点进行预测。2019年，我国消费率为55.4%，居民消费率为38.8%。未来5—15年，经过努力，我国消费率可以达到65%—70%，居民消费率达到55%—60%。以此为基准情景，考虑乐观情景与谨慎情景，对我国经济增长的情景做初步预测。在基准情景下，未来15年，我国经济增长实现5%左右的增长是有可能、有条件的。

三 消费导向转型的经济增长

7. 经济增长：由投资主导转向消费主导。

（1）投资主导的经济增长模式难以持续。从现实情况看，投资拉动经济增长要明显快于消费，但投资如果满足不了需求，便是无效投资。近10多年来，在投资主导的模式下，物质型消费供给过剩，不仅表现在传统制造业领域，而且新兴制造业也出现产能过剩问题。按照全球制造业的一般标准，当企业产能利用率在90%以下且持续下降时，产能过剩的问题将会出现并且有可能恶化。据统计，2006—2019年，我国工业产能利用率平均为76.9%。与此同时，投资效率持续下降，并给地方政府带来不同程度的经济金融风险。

（2）从投资拉动转向消费拉动。当前，某些物质型消费领域产能过剩与大多服务型消费领域供给严重不足并存，重要的原因就在于我国投资消费结构长期失衡，投资结构与消费结构不匹配。从投资率和消费率变动趋势角度看，1978—2019年我国投资率总体呈现上升趋势，1982年处于历史最低点，仅为31.9%；2010年上升到历史最高点，为47%，上升幅度达到近15个百分点；到2019年，投资率仍然保持在43.1%的高位。在这个特定背景下，实现经济增长由投资导向转向消费导向，既是经济的高质量发展的现实要求，也是满足城乡居民对美好生活向往的重要举措。

（3）2025：最终消费率将达到60%左右。我国进入新发展阶段，降低经济增长的波动，需要不断提升最终消费率。到2025年，最终消费率提高到60%左右，其中，居民消费率提高到45%左右，使消费成为稳定经济增长的内生动力。

8. 产业结构变革：由工业主导转向服务业主导。

（1）从工业主导转向服务业主导的大趋势。我国进入工业化后期，产业结构演进的一个基本趋势是从工业经济向服务经济转变，形成服务业主导的新格局。2019 年，我国人均 GDP 约为 10276 美元，第三产业占比为 53.9%；就业结构中第三产业就业人员占比为 47.4%。尽管第三产业吸纳就业接近五成，成为绝对主力，但与高收入国家相比还相差 20 多个百分点。初步预测，如果"十四五"期间服务业占 GDP 的比例达到 60% 左右，服务业就业占比达到 55% 以上，人均 GDP 将达 1.2 万美元左右，从而步入高收入国家行列。

（2）服务业开始成为拉动经济增长的主要动力。随着我国开始进入工业化后期，服务业成为国民经济的主导产业，服务业对经济增长的贡献率持续提升。2015 年，服务业对经济增长的贡献率首次超过工业并突破 50%，达到 55.9%。2010—2019 年，服务业对国内生产总值的贡献率从 39.0% 增长到 59.4%，提高了 20.4 个百分点，而同期工业对国内生产总值的贡献率从 57.4% 下降至 36.8%，下降了 20.6 个百分点。这"一升一降"反映了我国经济增长动力机制发生重大转变。

（3）服务业结构逐步优化。近年来，我国生产性服务业占比有所提升，但与发达国家相比，我国生产性服务业占比仍然偏低。未来 5 年，随着技术研发的不断深入，我国生产性服务业占服务业的比重将逐步提升，到 2025 年有望达到 55% 左右。

9. 产业链变革：消费结构升级引领产业链走向中高端。

（1）产业结构升级取决于消费结构升级。一个经济体的消费结构升级要快于产业结构升级。没有消费需求释放，产业结构调整将成为无源之水。只有围绕消费升级的方向进行投资、创新和生产，才能最大限度地提高投资和创新的有效性、提升产业竞争力，进而实现经济提质增效。未来几年，需要加大消费对产业升级的引领作用，以消费升级带动产业升级，引导相关领域的科技创新和基础设施建设、公共服务等领域的新投资，促进产业结构升级和创新消费供给，进而加快培育形成经济发展的新动力。

（2）技术升级在一定程度上取决于消费结构升级。中长期的经济增长依赖于技术进步，但技术进步不是随机的，而是有着明确的需求导向和市场导向。世界科技史表明，几次工业革命的基本出发点都是为了满足不断扩大的市场需求。例如，美国航天航空领域不断推出新技术，很重要的原因之一就在于这些技术可以很快地投入市场，转化为社会的消费需求。因此，技术升级重要的是适应消费结构升级的趋势，适应市场需求变化的趋势。

（3）以消费结构升级引领新业态快速发展。在当前新业态不断涌现的基础上，适应新消费、新群体的趋势，加快创新生活性服务业的业态。加快线上线下融合，培育新型服务消费。例如，以"互联网+"形成家庭服务、健康服务、养老服务新业态，以"互联网+"形成教育、文化、旅游、餐饮服务新业态。

第八篇

建言二次改革

进入21世纪,随着我国加入WTO,中改院提出"从基础性改革转向结构性改革"的政策建议。2002年,进一步提出"积极稳妥推进结构性改革"的政策建议。2009年,面对国际金融危机的严重冲击,提出"以改革应对危机挑战"的政策建议,并在二次转型的基础上,中改院提出"二次改革"。2010年撰写出版《第二次改革——中国未来30年的强国之路》。2013年6月,中改院提交了"改革跑赢危机的行动路线30条建议",这份建议报告被用作十八届三中全会决议起草的重要参阅件。中改院长期呼吁以结构性改革破解经济转型中的结构性矛盾。2016年,中改院撰写提交"赢在转折点:以经济转型为目标的结构性改革(30条建议)",被用作中共十九大报告起草的重要参阅件。2021年,提出"消费导向转型的结构性改革"的主张,这些政策建议和观点,在我国结构性改革的理论与实践方面产生了积极影响。

积极稳妥地推进结构性改革（11条建议）[*]

（2002年5月）

  结构性改革是改革推进到一定阶段的必然要求，它强调制度框架的改革和经济调控规则的改变，主要目的是为企业创新发展提供一个良好的制度及规制环境。我国经过20多年的市场化改革，经济体制转轨正面临许多新的矛盾和挑战。其一，我们采取的渐进式改革的方法在实践中取得历史性成就，同时改革中积累和遗留下来的深层次问题、结构性矛盾日益集中地凸显出来，日益对改革进程和经济社会的稳定发展形成制约。其二，无论是在宏观经济层面或是经济运行层面，结构性调整和结构性改革交织在一起，结构调整在相当大程度上依赖于结构性改革，结构性改革为结构调整注入新的动力与活力。这是我国经济转型时期的重要特点。其三，经济全球化趋势的加快和我国正式成为世贸组织成员，从外部对我国结构性改革的目标和进程提出新的要求，带来新的动力和压力。从我国经济改革和发展的现实进程出发，进一步解决制约经济发展和社会稳定的深层次矛盾和体制性障碍，关键是按照"三个代表"的要求，以重大利益关系的调整和体制创新为重点，积极稳妥地推进结

---

[*] 中改院课题组：《积极稳妥地推进结构性改革的建议》，《中改院简报》总第392期，2002年5月。

构性改革。

一　当前体制性的结构问题越来越成为制约我国改革进程和影响经济社会稳定的突出矛盾，与改革之初相比较，现阶段改革所面临的内外部环境和条件都发生了重要变化，经济社会生活中存在的主要矛盾和主要问题已发生重要转移。适应形势，改革面临许多新的重点和任务

1. 要把对重大社会利益关系进行有效协调作为结构性改革的重要任务，并由此使经济结构与社会结构、政治结构之间相适应。经济改革在某种意义上是经济利益关系的变革和重新调整，在此过程中必然有人受益，有人受损。关键是经济改革能够兼顾利益相关各方，并通过相应的社会改革对利益受损者以及社会弱势群体给予合理的补偿和救助。伴随改革开放的过程，我国原有的社会利益机制、利益格局以及相应的社会结构发生了重大的变化。改革新阶段，迫切需要对重大社会利益关系做出主动的、积极的调整。这已成为当前我国改革所面临的突出矛盾。

目前，我国社会改革相对滞后于经济改革，并由此带来一系列社会矛盾和社会问题，这突出地表现在：第一，社会保障体制改革不到位，严重制约经济改革；第二，就业机制不顺，就业矛盾尖锐，形势严峻。据统计，目前我国下岗职工和失业人员总量已经达到1460万，未来5年需要就业机会的人数除每年新成长劳动力200万外，每年还将增加1600万的劳动力供给。在待就业人口中，就业弱势群体持续扩大。随着我国加入WTO，农村劳动力供大于求趋势加剧，就业问题更加突出。第三，人力资源开发难以适应改革开放的实际进程。一方面，我国劳动力资源规模大，但层次低；另一方面，熟悉世贸规则的外向型专业人才和服务业人才短缺，并存在人才流失的危机。第四，各个阶层的收入差距拉大，社会利益冲

突比较突出。目前，各阶层的收入差距拉大已不仅体现在城乡之间、地区之间，并且体现在不同行业和城镇居民内部之间。突出的问题是，生活在贫困线以下的城市人口有逐渐增多的趋势。

随着我国经济改革的深入，实践中产生的经济社会矛盾和问题已经超越了经济改革本身。稳妥地推进政治体制改革，已成为深化经济体制改革的重要条件。这首先表现在政府管理体制和政府职能转变滞后于经济改革的实际进程是当前最为突出的矛盾之一。其次，对政府权力的有效监督，尤其是有效的社会监督不足。由此弱化了公共服务职能。同时造成行业主管部门及地方政府对企业的侵权行为严重，加大了企业的交易成本。此外，与经济改革进程相适应的法治建设薄弱。

2. 市场化改革的进展在不同领域不平衡，改革发展的实践对制度结构的互补性、协调性提出更迫切的要求。市场化改革进程的不平衡表现在多个层面。如在市场体系建设中，产品市场的建设较快，市场化程度较高，包括资本市场、劳动力市场在内的要素市场建设相对滞后；在企业层次上，非国有企业适应市场竞争所发生的改革发展较快，国有企业作为经济体制改革的中心环节和难点，仍然是下一步推进改革的重中之重；相对于微观层次市场结构的多元化，宏观层面上经济管理体制的改革进展缓慢等。这种各层次改革进程不相一致的情况，在多个层面造成一系列的体制摩擦和利益矛盾。

政府对经济领域过多的干预和控制已远不能适应我国目前市场结构的变化，并且在实践中严重影响微观市场主体进一步创新的积极性。如金融资源的配置机制不完善，成为制约国有企业资产重组和非国有经济扩张的"瓶颈"。首先，相对于非国有经济在国民经济组成中所占的比重，作为现代组织生产最重要的金融资源在非国有部门的配置极不对称。信贷市场中近80%的资源由国有银行垄断,并通过金融补贴和信贷支持主要流向国有经济。其次,政府对民间资本进入金融领域仍然没有放开,非国有金融机构和民间资金市场很不发达。更重要的是,由于缺乏竞争和效率,金融领域积累的潜在的风险对市场环境造成极大的威胁。有效的国有资产管理体制不到位,国有企业构建规范公司治理结构和建立现代企业制度缺乏前提。从近几年的实际情况看,陷入停产、半停产甚至关闭的国有企业越来越多,下岗职工日益增加,发展后劲积累更加乏力。造成这种状况的深层次原因是,适应于市场经济的国有资产管理体制尚未形成,政企不分、政资不分仍然是困扰国有企业改革进程的突出问题。

现实中经济结构的矛盾很多是由制度结构的不合理所造成的。在实践中,经济层面上的结构性矛盾与制度层面上的结构性问题是交织在一起的。结构性问题不仅存在于经济层面,也同样存在于制度和体制层面。在一定意义上,体制性的结构矛盾是产生各种经济结构问题的根源。加快推进市场化改革进程,解决深层次的体制性结构问题,对有效促进经济结构调整和经济社会发展更具根本性。

3. 新时期,面临外部环境的压力和新挑战,任何单一的改革措施都不能从根本上解决制度结构的问题,必须通过寻求新的动力和方式,寻求长期见效的途径。我国改革进入新的阶段,任何单一的改革措施或宏观经济政策方面的安排都难以带动其他领域和部门的调整和发展。从近几年的实践情况出发,为促进国民经济的稳定增长,政府围绕扩大内需采取了一系列的宏观调控手段。增发国债、增加政府支出、实施积极的财政政策是当前我国扩大内需的重要举措。在此过程中,连续几年来民间投资没有被真正启动,这与预期的政策目标有很大差距。另一个突出矛盾是,我们在试图加大财政投资力度,扩大内需的同时,近年来年税收收入总量大幅增长,并超过 GDP 增长速度。在税收增收结构中,增值税、所得税增长最快。实践说明，仅仅通过加大宏观经济政策的力度或通过某一方面制度安排的调整，其作用是短期的和有限的，也会由此而错失推进制度改革的良机，增大改革的难度和成本。当前我国经济改革多方面的现实矛盾都要求，应当对近年来的改革思路做出积极调整，以使改革重新获得新的动力和进展，释放改革的潜能。

二 深刻把握新时期改革的深层次矛盾和主要特点，应当以重大利益关系的调整和体制创新为重点，积极推进结构性改革

经济体制转轨是一个长期的过程，它不仅是一种运行机制代替另一种运行机制，它本质上是体制创新与新体制结构因素不断积累的过程，并且这个转轨过程必然是经济结构、社会结构以及政治结构有机结合、整体转变的过程。顺应效率和发展的要求逐步推进和实现这种结构性的调整和改革，对经济转轨国家来说最具实质性意义。事实上，在经济全球化背景下，适应于发展环境的深刻变化，推进结构性改革，为经济的持续稳定增长寻求出路，也是当今许多发展中国家和发达国家正在共同致力实现的目标。

作为发展中的大国和经济体制转轨国家，我国推进结构性改革既有与其他国家相同的共性，又有特殊的规定性。当前，我们既要解决制约经济发展的经济结构矛盾，比如城乡结构、产业结构、就业结构等，但更要关注在我国经济转轨的特定时期，优化制度性结构对经济发展和社会稳定的根本性作用。

4. 以人民群众的利益为根本出发点和最终的归宿，将在新时期改革进程中更加突出。使人民群众在改革过程中受益和得到实惠，是过去20多年我国经济改革取得成功的重要经验。我国改革的最终目的是要实现广大百姓的共同富裕。随着改革的逐渐深入，原有的利益格局已经发生了重要变化。现实生活中出现了与人民群众利益相背离的现象和问题，影响了人们对改革的预期，挫伤了人们理解、支持和参与改革进程的积极性。

在错综复杂的外部环境下，在不确定性因素日益增多的情况下，我们的改革更需要广大人民群众的理解和支持，这是进一步推进改革，并保持社会稳定的关键。实施并推进结构性改革，应当客观地分析改革的基础和条件，注重分析和把握改革的主要推动力。新时期推进结构性改革，需要格外强调广大群众在改革中的地位和作用，高度重视广大群众拥护改革的程度和参与改革的热情。按照"三个代表"的要求，将人民群众的根本利益放在首位，应当始终是改革的根本出发点。市场经济的优势在于它在不同社会及文化中的差异性及适应性。在某种意义上，我国社会主义市场经济的本质是人民市场经济，是广大人民群众作为主要获益者的市场经济。因而它的根本优势在于广大人民群众不断获取利益基础上的广泛参与。作为顺利推进我国结构性改革的重要保证，明确结构性改革的目标，增强改革的透明度，让广大群众了解改革的进程和内容，并使他们中的多数在改革中获益，过去是、下一步仍然是我们顺利推进结构性改革应予坚持的重要原则。

5. 加快推进产权制度改革，打造与新体制有效运行相适应的制度性、社会化的基础。改革进入新的阶段，实现产权制度改革的突破至关重要。产品短缺是计划经济体制突出的特征和现象。但从制度的缺陷讲，传统计划经济体制最大的短缺是产权主体的短缺，它的基本特点是产权主体的单一化。这是传统经济体制下不可能产生竞争、没有经济活力的制度原因。经过20多年的改革进程，我国的产权制度改革在某些方面已经有所突破，已形成以公有制为主体、多种经济成分共同发展的基本格局。但同时也应看到，我国产权制度改革的任务还远未完成。突出的问题是，国有经济比重过大、战线过长的状况依然存在。到2000年末，全国国有及国有控股企业（不含金融）总户数有19.1万户（1998年末为23.8万户）。另据有关部门统计，2000年在全部国有企业中，资不抵债和空壳企业（即损失挂账大于所有者权益）合计为8.5万户，占全部国有企业户数的44.5%。随着市场经济的逐渐展开和深入，产权主体的社会化成为一个必然的要求和趋势。结合我国经济改革的实际进程，以无偿和有偿相结合的原则，多种途径实现企业家尤其是创业型企业家的价值，规范推进具有我国特色的职工持股制度，有效构建企业与职工的利益共同体，由此推进产权主体由单一化向多元化、社会化的转变，打造社会主义市场经济的微观制度基础，是新时期经济改革的重要任务。此外，要从法律上赋予和保障农村土地产权关系，为农民增收创造根本性的制度条件。加快推进产权制度改革，需要尽快明确两个政策层面上的问题。一是结合我国国有企业改革的实际进程，对国有资产的量化问题应当具体分析、分类对待。经过客观的评估和严格的程序，从国有净资产的增值部分拿出一块来实现企业家价值和推进职工持股制度，这不能算作国有资产的流失，而是对企业家和职工付出劳动的应有报偿，是对其所做贡献的充分承认和肯定，有利于对企业家和职工形成更大的激励，有利于企业稳定和社会稳定，更有利于国有资产的保值增值。二是对于"谁投资，谁所有"的原则应当给予新的、全面的解释。在产权改革过程中，只强调物质资本投资者的控制权和剩余索取权，而不承认人力资本投资者的收益权是不全面的，也不符合技术、管理等生产要素参与分配的大原则。

6. 推进结构性改革，要把优化制度结构，实现宏观经济政策与市场化改革措施有效结合，作为两项主要目标。结构性改革不仅仅在于注重一项新的制度安排，而是更重视制度结构的合理性。因为任何一项制度在一定的时期内都有其结构性，都以其他制度安排为补充。制度的互补性及其合理结构是一项新制度充分发挥效应的基础和前提。从我国的实际看，实施和推进结构性改革，就是针对新旧两种体制的结构性矛盾，加快培育和发展新体制因素，进一步调整和优化新体制的制度结构，以完善和充分释放市场机制的潜在效率，最大限度地实现制度创新和制度变革对经济增长及社会发展的根本性作用。为此，在建立了社会主义市场经济基本框架的基础上，配套改革、整体攻坚具有相当的迫切性。结构性改革既要求经济体制改革的相互配套，同时也要求与社会改革、政治改革的密切结合。伴随经济改革产生的矛盾和问题，已超越了经济本身。全面的配套改革越来越成为一个大趋势。需要强调的是，旨在解决经济结构矛盾的宏观经济政策必须与体制改革措施有效结合。从一定意义上说，经济转型时期体制创新对促进结构调整和经济社会发展的作用更具根本性。从总体上说，出于稳定宏观经济和克服亚洲金融危机、治理通货紧缩的需要，我国在采取相应的宏观经济政策、促进经济持续稳定增长方面取得了较大成功，而在实质性推进制度创新方面相对不足，并也影响了宏观经济政策的应有效应。因此，新时期推进改革，必须实现宏观政策与改革措施的有效结合，政策目标要与市场化改革的目标相一致，改革的措施必须适应于宏观经济发展的需要，努力消除限制生产力发展的体制障碍。

7. 在整体保持渐进的前提下，要适时推进经济改革的阶段性突破和局部改革的实质性突破。实践证明，我国由计划经济向市场经济体制转轨的过程中，采取渐进的改革以避免社会震荡是成功的。但是，改革走到今天，由于环境和背景发生了明显变化，迫使我们必须加快改革。一是改革过程中积累的深层次矛盾和问题已无法回避，也难以继续维持下去。为此，应当加快我国未完成的改革及薄弱环节，尽量防止由于改革不到位而使旧的不合理的体制存续太长，或者是形成体制的真空，从而破坏改革的整体效果。在此过程中，审时度势，把握时机，实现改革的阶段性突破以及局部改革的实质性突破是必然的选择。二是在更加开放的条件下参与国际市场竞争，归根到底是体制和机制的竞争。在一定程度上，要赢得竞争的优势，关键是要赢得制度的优势。加入 WTO，将把我国的改革开放推向新的阶段。适应世贸规则的要求，在 5 年的过渡期内大致完成体制改革的主要方面与国际市场惯例的接轨，这将是一个硬约束。从这个意义上说，加入 WTO 是我国的第二次改革、第二次开放，并且比照以往，这次改革开放有更明确的目标和更强的约束性。

三 推进结构性改革的主要任务，是要努力实现我国新时期的制度创新

在当前阶段，加快推进结构性改革的基本目标和主要任务，就是着力解决阻碍生产力发展和社会稳定的体制结构矛盾，使社会主义市场经济体制更加成熟、更加完善，通过结构性改革实现新时期的制度创新。

8. 以放松管制、创造有利于微观主体创业和创新的市场环境为重点，加快宏观经济改革。第一，深化金融体制改革。其目标应当是形成有效率的金融资源的配置机制和能有效应对金融风险、保持金融稳定的防范机制，提高国内金融机构的国际竞争能力。为此，应当通过全面解决不良债权和推进股份制改革实现国有商业银行经营机制的根本转变，加快国有商业银行的改革进程；大力发展中小金融机构，解决中小企业和县域经济融资难、发展难的问题；在严格监管的前提下，允许民间资本进入金融服务业；完善货币市场体系，适时推进利率市场化改革；完善和规范资本市场建设，充分发挥资本市场优化资源配置、提高资产运营效率的作用等。

第二，尽快完善有效的国有资产管理和运营体制。改革的主要任务是两项：一是改变国有资产所有权由单一所有转为分级所有，以调动多方面的投资积极性；二是完善国有资产委托运营制度，实

现国有资产管理的市场化。与国有经济的战略性调整和国有大中型企业规范的公司制、股份制改革相适应，应当尽快实现政府的公共管理职能和国有资产所有者职能的分离，完善新型的国有资产管理、运营和监督体系，保证国有资产产权主体到位，监督到位，依法行使所有者权利。在此过程中，通过向企业派出监事会，加强外部监督当然很重要，但我国很多企业改革的实践说明，通过授权经营，使企业家成为国有资产授权经营的代表，有利于调动企业的积极性，有利于国有资产的保值增值。此外，要加快完善与市场经济体制相适应的国有企业管理者、技术骨干的有竞争性的激励约束制度，包括产权激励制度，确保国有部门人力资本的积累和充分发挥作用。

第三，完善非国有经济发展的制度、法律环境。在世界经济大范围衰退、扩大内需成为基本政策目标的情况下，建立并完善私人财产的保护制度，打破非国有经济市场准入的制度障碍，实现对非国有经济的国民待遇，拓宽非国有经济的投资空间，并加大金融机构对非国有经济的融资力度，允许民间资本参与金融领域的改革，都是发展非国有经济、实现体制创新的客观要求。在我国加入WTO，在有限的过渡期内逐步对外资开放市场的背景下，优先对内开放，加快促进非国有经济的发展更具迫切性。

第四，进一步促进财税体制改革。以启动民间资本为目标，客观上需要进一步推进财税体制改革。要以政府公共投资为主转向发挥财税杠杆引导作用为主，规范公债发行使用制度，试行地方政府公债和地方市政专项债券。同时，实现积极财政政策的转型，使国债资金运作由目前的直接投资逐步转变为由国债支持结构性减税和税制改革。

9. 以农村土地使用制度改革为重点，加快农村改革。首先，加快城市化改革进程具有战略性意义。在未来的10年至20年，农村剩余的1亿至2亿人口转移到城市，不仅是深化农村改革的基本任务之一，更是促进我国城市改革和整个经济改革的战略目标之一。实现这个战略目标有利于促进我国经济结构的优化，有利于为经济社会的可持续发展奠定坚实基础。为此，必须在思想观念上有足够的、正确的认识，并尽快改革户籍管理制度，基本打通城市与农村在户籍制度方面的通道，为城市化进程创造必要条件。

其次，尽快明确农民对农村土地长期而有保障的产权关系。加快农地制度创新的关键是，实现农地使用权的长期化、资本化和市场化：要赋予农民土地的长期使用权，并授予农民对所承包土地的转让、抵押、入股等处置权。在确保农民土地使用权的前提下大力推动培育农村土地流转市场，并对农民的各项土地权益提供法律保障。

最后，加快农村生产经营组织制度创新。鼓励农民以土地入股、劳动力入股，大力发展公司加农户、产学研相结合、产加销一体化的农业产业化组织。培育发展农业生产及服务合作社与农业协会等组织，为农户的生产、经营提供社会化服务。重塑乡、村两级政府组织，发挥集体经济的组织功能，为农户创造良好的经营环境。

10. 以创造公正、稳定的社会环境为重点加快社会改革。首先，实质性地推进收入分配制度改革，规范社会分配秩序。要重新认识劳动和劳动价值理论，促进按劳分配和按要素分配相结合。结合产权制度改革，建立有中国特色的职工持股制度，确立资本、技术、管理、劳动力等生产要素参与分配的途径，形成国家对收入分配关系的有效调节机制，规范分配秩序，并积极寻求结构性改革进程中合理的财产分配关系，为人们创造进一步获得利益的空间。

其次，加快完善社会保障制度，建立稳固的社会安全网。进一步依法扩大养老、医疗、失业等社会保险的覆盖面，逐步提高社会统筹层次；通过国有股减持、征收利息税、发行国债、提高社会保险费占财政支出比重等途径，充实社会保障基金，保证社保资金按时足额发放；更加关注社会弱势群体，进一步完善最低生活保障制度，建立普遍的城市居民最低生活保障制度，逐步提高保障水平。此外，增加对农村扶贫、救灾和社会救济的支出，保障农民的基本生活和农村的稳定。

最后，加大人力资源开发力度。寻求人力资源开发与配置的市场化途径，建立有效的产权激励机制，形成合理的人事管理制度等，都是在新形势下通过体制创新促进人力资源开发的有效途径。应当把提高全社会劳动力素质，作为人力资源开发不可忽视的重要任务。

面对我国当前尖锐的就业矛盾和严峻的就业形势，针对下岗职工中年龄偏大、无技能和低技能、女性等弱势群体比例增大的情况，应当将对此群体的再就业培训作为当前我国人力资源开发的一项重要任务。

11. 以转变政府职能和实现法治为重点稳妥推进政治体制改革。第一，加快政府改革具有相当的关键性。加入 WTO，在更加开放的条件下参与国际竞争，更多的是政府效率的"比拼"。适应加入 WTO 和结构性改革的要求，政府活动的范围、方式及其职能都应当彻底转变。要尽快清理并大幅度削减政府行政性审批；进一步明确划分中央政府与地方政府的立法和行政管理权限，加强中央政府权威；强化政府公共职能，规范政府行为，树立和提升政府信用，促进政府管理体制由管制向监控方式转变。

第二，加强法治建设。按照 WTO 的规则和我国的承诺，对现行法律法规进行有针对性的清理，对不符合 WTO 规则和我国对外承诺的法律、行政法规和规章的有关规定，要如期完成修订或废止工作，并加快新的立法。要强化"宪法至上"，落实依法行政。严格执法力度，切实防止"人治"大于"法治"，坚决杜绝司法腐败。

第三，加强民主政治建设和对行政权力的监督。一方面，要通过加强司法力度加大对行政权力和行政行为的监督；另一方面，要通过培育和发展社会中介、公益组织、行业协会等非政府组织，提高行政行为的社会参与程度，增强民主性和透明度。要进一步制定完善相关的制度，如听证制度、公开制度、行政协助制度等，为促进民主政治建设和行政监督提供制度保障。

以改革应对危机挑战（24条建议）[*]

（2009年2月）

2009年是我国改革发展十分关键的一年。面对国际金融危机和国内发展转型的双重挑战，需要用改革的办法破解难题。过去30年的实践证明，无论面临的挑战有多艰巨、困难有多严峻，只要深化改革，就能有效应对危机，破解难题，减少压力，促进发展。

在当前出台4万亿投资计划、十大产业振兴规划的同时，如何尽快推出并实施"一揽子"改革，集中解决经济社会发展的深层次体制性矛盾，建立与发展型阶段相适应的体制机制，走出一条兼顾短期和中长期、标本兼治的新路子，走出一条以内需为基础的发展新路子，是方方面面对下一步改革的热切期盼。

一 金融危机与全面转型双重压力下的改革下一步

如何积极主动地布局下一步改革，寻求以改革的办法破解发展难题，实现新阶段改革的重大突破，化危机为转机，已成为当前最急迫的全局性问题。

---

* 中改院课题组：《以改革应对危机难题的建议（24条）》，《中改院简报》总第733期，2009年2月26日。

1. 国际金融危机远未结束，改革发展面临前所未有的挑战。

（1）危机前所未有。从全球角度看，这场国际金融危机在世界范围内是百年一遇的。从国内角度看，这场危机也是我国改革开放30年来遭遇的最大挑战。

（2）危机的影响不是局部的，而是全局的。这次国际金融危机对我国的冲击表现在整个经济领域，不仅外贸出口受到很大冲击，而且不同企业、行业、地区都受到较大程度的影响；危机还反映在社会领域，如失业和困难群体增多等一系列问题。

（3）危机的影响不是短期的，而是中长期的。金融危机加剧的态势并没有缓和。从世界范围看，2009年，美国、欧洲、日本这三个经济体可能出现负增长，危机何时见底难以预料。相当一段时期，我国再寄希望于外部市场来缓和国内生产过剩的矛盾并不现实。

2. 国际金融危机对实体经济的影响日趋加深，经济增长方式转型需要全面提速。

（1）国际金融危机对我国经济的冲击主要是实体经济。主要表现为出口大幅度下滑，造成国内出口导向型企业和相关产业的萎缩。

（2）实体经济领域暴露的突出问题集中反映了经济增长方式转型的严重滞后。进入发展型阶段，在客观上要求实现经济增长由以投资拉动为主转变为以消费拉动为主。然而，进入21世纪以来，我国以高投资和高出口为主要特征的增长模式反而得到一定程度的加强，因此，在这次金融危机中受到的冲击较大。

（3）以投资驱动为主的增长方式已经到了难以为继、非改不可的地步。这次国际金融危机背景下，我国通过出口化解国内生产相对过剩危机的空间大大缩小，必须实现经济增长由以投资拉动为主转变为以消费拉动为主。

3. 面对金融危机与增长方式转型的双重压力，经济社会可持续发展面临突出的体制性矛盾。

（1）经济增长方式转型与某些市场化改革不到位的矛盾。1995年我国就提出转变经济增长方式，但由于资源要素等领域市场化改革滞后，体制上缺乏应有的激励和约束，使得转变经济增长方式难以实现。

（2）社会公共需求转型与公共产品供给短缺的矛盾。进入21世纪，我国由生存型阶段进入发展型阶段。全社会全面快速增长的公共需求同基本公共服务不到位、基本公共产品短缺的矛盾已日益成为突出的社会矛盾。这一矛盾不解决，消费低迷的状况就很难从根本上改观。

（3）政府作用的发挥与政府自身建设与改革滞后的矛盾。一是危机中政府公信力与政府自身建设滞后的突出矛盾；二是经济增长方式转型与政府主导的经济运行机制之间的突出矛盾；三是扩大消费需求与政府公共服务职能不健全之间的突出矛盾。

4. 推进"一揽子"改革，为"一揽子"经济刺激方案提供制度保障。

（1）尽快推出"一揽子"改革方案对提振市场信心至关重要。给全社会强有力的信心，需要在一系列政策出台的同时，加快推出"一揽子"改革方案。

（2）以市场化改革破解"保增长"难题。把市场化改革进一步拓展到资源要素等领域，使投资能够反映市场真实需求；建立相应的激励约束机制，淘汰高能耗、高污染、高排放的产能；加快推进财税、金融体制改革，完善宏观调控，解决中长期、深层次的体制问题。

（3）以积极的社会变革缓解经济压力。当前扩大内需，重要的在于提供惠及13亿人的基本公共服务，为广大社会成员提供一个良好的未来预期，解决扩大消费支出的后顾之忧，扭转"高储蓄、低消费"的倾向。

（4）实施更为积极主动的对外开放战略。国际金融危机既对对外开放带来巨大冲击，也带来历史性机遇。比如，我国有可能在参与新一轮国际秩序重建中获得更大的发言权、人民币国际化进程有可能加快等。

（5）应对危机需要加大政府自身建设与改革力度。从总体上看，政府进入了危机管理过程。提高政府工作的预见性、前瞻性，形成政府与市场、社会应对危机的合力，发挥中央地方两个积极性等，从多方面对加大政府自身建设与改革提出新的要求。

二 以市场化改革的新突破促进经济平稳增长

以市场化改革在关键领域和核心环节的实质性突破促进经济增长方式转型，实现标本兼治。

5. *尽快推进资源环境价格改革。*

（1）尽快出台资源价格改革方案。建立切实反映市场供求、资源稀缺程度、污染损失成本以及代内与代际公平成本的价格形成机制，把推进资源税改革作为近期资源价格改革的重点。

（2）在成品油价格改革基础上推进能源价格改革。坚持能源价格形成机制的市场化改革方向，建立弹性良好、竞争充分与监管有效的市场定价机制；建立健全能源供给成本公开与监管制度；建立资源储备体系，进一步增强政府的能源供给调控能力和能源价格间接干预能力。

（3）加快建立环境产权制度。尽快启动环境产权改革，刺激环保投资，把环保产业打造成为国民经济支柱产业。

6. *实质性推进垄断行业改革。*

（1）防止产业振兴中的"国进民退"。把打破垄断作为危机中提高产业投资效率的关键举措，进一步为国有企业改革创造良好外部环境。

（2）在重点行业实现反垄断改革的实质性突破。加快推进铁路体制改革，深化民航改革，积极推进邮政开放进程。

（3）把打破行政垄断作为反垄断的重点。加快推进结构重组，形成竞争性市场结构；建立独立的反垄断机构，提高行政垄断行为的被追究率；破除各类资本进入垄断行业的壁垒。

7. 扩大社会投资，关键在于进一步打破民营经济发展的制度障碍。

（1）当务之急是解决民营经济融资难问题。短期重在采取应急措施，中长期重在加快金融体制改革，建立多层次的金融体系。具体地，应加大民营企业融资的直接政策支持；加快制度创新，从根源上消除民营企业融资难问题。

（2）尽快完善对民营经济的财税支持体系。改革现行企业所得税制，减轻税收负担；完善相关税制，维护合法权益；加大财政对民营企业的支持力度。

（3）打破"玻璃门"，为扩大民营经济投资创造条件。尽快出台"非公36条"的具体实施细则；制定引导民营资本发展的产业规划和投资目录；制定明确的时间表，支持民营资本进入垄断行业。

（4）支持鼓励民营企业技术创新与产业升级。完善健全民营企业技术创新的法制环境；鼓励民营企业大力提升自身创新能力；充分利用财政补贴政策，加大财政支持力度。

8. 启动农村消费重在深化农村改革。

（1）加快推进农村土地流转，促进农村经济发展。统筹规划，尽快出台土地流转规划；因地制宜，推进农村土地流转；加快试点，启动农村宅基地流转。

（2）加快农村金融体制改革，构建农村普惠金融。发展多种形式的新型农村金融组织；鼓励并支持发展以合作金融和政策金融为重点的农村普惠金融；加大对返乡农民工的金融服务力度。

（3）抓住有利时机，适时推进粮食价格形成机制改革。建立以市场供求决定为主、政府经济调节为辅的粮食价格形成机制，逐步缩小与国际粮价的差距；建立和完善粮食储备制度、对消费者的保护制度；实施"绿箱"政策，对粮食生产给予相应补贴。

9. 在实施积极财政政策中加快财税体制改革。

（1）加大财政收支结构调整力度，充分发挥财政在引导投资中的作用。全面落实增值税转型；加快促进中小企业发展的税制调整；发挥财政支出作用，引导创业投资；利用财政贴息等方式，引导高新技术扩大投资。

（2）"收租、分红、减税"，建立国家与国有企业正常的利益分配机制。尽快向国有企业和垄断行业收取资源使用租金，建立全口径财政收入体系；建立常态化的国有企业和垄断行业分红机制；加大对企业的减税力度。

（3）以发行地方债为突破口，加快调整中央与地方财政关系。尽快出台相关规定，为地方债奠定制度基础；培育地方稳定财源，发挥地方政府在稳定经济增长中的重要作用。

10. 在实施适度宽松的货币政策中推进金融体制改革。

（1）稳定资本市场，防止资本市场对实体经济的冲击。把改革作为稳定资本市场信心的基础，加强基础制度建设，尽快出台相关政策，稳定市场运行。

（2）稳步推进利率市场化改革。把推进利率市场化作为应对国际金融危机的重要举措，加大贷款下浮幅度，合理选择改革路径，逐步推进利率市场化。

（3）在创新中加快构建多层次的金融体系。提高金融竞争度，鼓励金融创新进程；深化金融体制改革，夯实金融创新基础；支持民间金融合法合规发展。

三 以社会变革化解经济压力

跳出经济看经济，不仅要调整经济政策，也要改进社会政策。着眼全局、立足长远，深化社会体制改革，加强公共服务体制建设，形成以国内消费为基础的增长模式，实现经济社会协调发展。

11. 采取积极社会政策，防止经济压力与社会问题双向传导和相互强化。

（1）以解决农民工和大学生就业为重点，全面实施积极的就业促进政策。积极开发新的就业岗位，稳定与扩大就业机会；健全公共就业服务体系，加大投入力度，尤其是加强对农民工的技能培训，并加强劳动者权利保护力度。

（2）防止经济波动对城乡居民尤其是弱势群体的过度冲击，加大对城乡低收入群体的救助力度。尽快出台政策以稳定市场、稳定收入水平；加大最低生活保障制度、专项救助和失业救济等基本社会保障力度。

（3）公共政策出台要充分考虑社会心理因素，要正视危机，稳定预期，提振信心。提高政府公信力，政策出台应注重公正性，强化公众参与，注重稳定社会预期。

12. 推进社会体制改革，为形成以消费为基础的发展方式提供支撑和保障。

（1）加大公共服务投入力度，推进基本公共服务均等化。把强化政府基本公共服务职能作为下一步行政管理体制改革的重点，加大基本公共服务投资力度，未来10年，初步建成惠及13亿人的基本公共服务体系。

（2）深化收入分配制度改革，调整分配结构，让更多的劳动者共享改革发展成果。采取减税、分红等方式，规范初次分配秩序，实现"藏富于民"；采取税收改革、加大转移支付力度、加强基本公共服务保障等措施加强再分配，扭转收入差距扩大的趋势。

（3）规范和稳定资本市场运作，保护与增加公民财产性收入。加强住房保障，构建多层次的住房市场；推进证券市场规范化建设，加大对证券市场的监管和信息公开，避免因市场不规范运作造成居民财产的损失。

13. 以城乡基本公共服务均等化为突破口，推进城乡一体化进程。

（1）推进城乡基本公共服务均等化，切实保障农民自身发展权益。未来5—10年，应当按照"完善体系、对接制度、提高水平、重点支持"的总体思路，逐步统一城乡基本公共服务制度。

（2）推进城乡基本公共服务均等化，为新阶段全面统筹城乡发展开启"窗口"。把城乡基本公共服务均等化作为缩小城乡收入差距、提高农村劳动力素质、发展现代农业、扩大农村消费需求的重大任务，采取强有力的措施落实。

（3）以城乡基本公共服务均等化为主线，构建城乡经济社会发展一体化的体制机制。以构建农村新型养老保险制度，统筹解决农民工的基本公共服务为重点推进城乡一体化，不仅有利于启动农村大市场，还可以为农村土地流转、打破城乡二元户籍制度、完善乡村治理等多方面的改革创造有利条件。

14. 构建利益表达的多元化渠道，协调不同群体利益关系，为有效推进社会体制及相关领域改革创造条件。

（1）加强公民合法权利的保护，构建利益均衡机制。保护城乡征地拆迁、工人下岗失业、劳资关系、城市物业管理等方面弱势群体的正当权益；遏制房地产商、行业垄断企业等特殊利益群体的衍生；转变政府职能，强化国家的自主性与超越性。

（2）推进社会建设，形成有效的利益凝聚、诉求表达和协商谈判等利益均衡机制。加强制度建设，构筑利益表达的重要机制；加强社会建设，积极稳妥地发展各类社会组织。

（3）树立稳定新思维，正确看待和处理因利益关系失衡而出现的群体性事件。当前社会矛盾的主要特点是群体性的利益矛盾，要以调整利益关系的方式来解决。应构建公共治理框架，提高化解社会矛盾的制度化水平。

四 国际金融危机与积极主动的对外开放战略

把握国际金融危机给我国对外开放带来的新机遇，着眼于提高对外开放质量，积极主动地布局下一步对外开放。

15. 加强国际经贸合作，积极应对国际贸易保护主义。

（1）积极应对国际金融危机下的贸易保护主义。清醒认识当前全球性贸易保护主义抬头并蔓延的态势，客观分析贸易保护主义对我国对外开放进程的影响，以更加积极主动的对外开放理念破除贸易保护主义。

（2）立足当前，着力巩固和加强双边经贸关系。加大国际技术与设备采购力度；尽快制订中长期自由贸易谈判计划，充分利用经济特区优势，推进双边自由贸易进程。

（3）着眼未来，主动拓展以区域合作为基础的多边经贸合作。积极开展与东盟各国的合作；充分利用上海合作组织平台；借助博鳌亚洲论坛促进形成亚洲合作机制；加强与非洲国家的交流与合作。

16. 积极参与国际经济秩序重建，维护国家利益。

（1）积极参与国际金融救援，树立良好的国际形象。参与国际金融援助不仅有助于减轻危机对其他国家造成的困境，也能为自身带来多方面的经济利益，并有助于树立良好的国际形象。

（2）推进国际金融监管合作与秩序重建，提高我国国际地位。在共同推动建立国际资本流动监控、协调机制上扮演重要角色，积极参与国际金融监管合作，并保留参与监管标准制定和修改的权利。

（3）主动参与国际新规则制定，充分表达自身利益诉求。在国际货币体系改革中，在 IMF、世界银行、WTO 等国际组织变革中，争取更大的发言权。

17. 抓住国际产业调整的机遇，加快构建企业"走出去"的一整套战略体系。

（1）鼓励、支持国内企业抓住机遇，积极主动地"走出去"。把资源、能源、高科技产业等特定产业作为战略重点，鼓励民营企业充分发挥机制灵活的优势。

（2）利用全球资源价格下调机遇，积极参与全球资源布局，加强国家战略资源储备。合理利用巨额外汇储备，采取并购国际资源类企业、加大国际战略资源采购等方式在全球范围内进行能源战略布局。

（3）积极稳妥地参与国际高端金融业。鼓励国内金融企业积极稳妥地走出去。在走出去的同时，建立风险防范机制，并加大国内体制改革与政策支持力度，为参与国际高端金融业奠定基础。

（4）加大科技创新力度，主动拓展国际高新技术产业。全面促进国内产业升级；支持国内高新技术企业参与国际高新技术行业与企业；积极开展国际化经营，建立跨国研发联盟。

（5）加快企业"走出去"战略支持体系建设。放宽对跨国并购的审批；设立"收购基金"，加大融资支持力度；加大金融扶持力度；发挥经济外交的作用。

18. 积极创造有利条件，稳步推进人民币国际化进程。

（1）把推进人民币国际化作为新阶段对外开放的战略目标。人民币国际化可以带来以国际铸币税收入为主的巨大收益，有助于降低外汇储备规模、防范和降低汇率风险，有助于提升我国的国际地位。

（2）做实做好人民币的区域结算，为国际化奠定基础。通过边境贸易推进人民币的区域化;通过人民币对外直接投资推进区域化进程;进一步深化和扩大区域货币合作;充分利用香港人民币离岸中心的辐射作用。

(3) 以加快汇率市场化改革为重点,为人民币国际化创造制度条件。加快汇率市场形成机制建设;积极推进人民币的自由可交换;建立防范人民币国际化负面影响机制;加快推进经济增长方式转变,为人民币国际化奠定坚实的经济基础。

五 危机中的政府自身建设与改革

加快政府自身建设与改革,既是贯彻落实中共十七届二中全会关于在2020年建立中国特色行政管理体制的重要举措,也是确保扩大内需、产业振兴与调整顺利推进的重要制度保障。

19. 以提高领导力、执行力和公信力为重点,全面加强政府在危机中的应对能力。

(1) 改善宏观调控决策机制,增强前瞻性和预见性。加强政府的国民经济综合平衡、经济运行监测、区域协调发展、宏观经济和社会发展的预测预警和信息引导等职责;加强预算和税政管理、财税调节收入分配、公共财政体系建设等职责;加强防范和化解金融风险,推进金融业改革和发展,协调解决金融运行中重大问题等职责。

(2) 改革和完善宏观调控执行机制,确保宏观调控效果。按照就业优先的原则,建立关于民营经济、中小企业的宏观调控综合协调机制;建立资本市场稳定的宏观调控综合协调机制;建立房地产市场稳定的宏观调控综合协调机制。

(3) 从社会反映最突出的食品药品、垄断行业监管入手,建立严格的监管体制。以食品药品安全为突破口,完善对消费市场的监管机制;在落实4万亿元投资的同时,加强对垄断行业的监管;探索建立独立性、权威性、专业化的监管机构。

20. 以政府为主导，调动市场与社会的积极性，形成化解危机的合力。

（1）政府要坚定不移地推进市场化改革，充分发挥市场在资源配置中的基础性作用。完善创业政策服务体系，营造良好的创业环境；政府投资应优先考虑能够拉动社会投资的项目；在企业重组中，更多地发挥市场的作用。

（2）以加大公共服务投资为契机，放开公共服务领域的市场准入。放宽基本公共服务投资的准入限制；创新政府基本公共服务投资体制；鼓励社会资金参与公共服务项目建设。

（3）充分发挥社会组织在化解危机中的积极作用。鼓励专业经济合作组织为企业排忧解难；鼓励公益性社会组织在困难群体救助中发挥积极作用；推进政社分开，为社会组织发展提供良好的制度环境。

21. 发挥中央、地方两个积极性，共克时艰。

（1）除特殊项目外，尽可能将一些投资审批权限下放到地方。进一步深化外商投资项目的审批权下放；规范土地审批权的下放；下放一般性社会领域的投资审批权限。

（2）建立中央地方公共服务分工体制，促进地方政府增加民生投资。按照公共服务的属性，合理划分中央与地方职责；做到中央地方公共服务支出责任与财力相匹配；逐步实现中央地方公共服务职责规范化和法制化。

（3）采取多种渠道缓解地方财政压力。探索建立完善的地方政府发债制度；加大中央对地方的转移支付力度，实质性增加一般性转移支付比例。

（4）以加强农村基本公共服务为目标，推行省直管县财政体制、乡财县管乡用。在"省直管县"财政体制探索的基础上，中央宜出台相关鼓励和支持的政策，以有效地解决"省直管县"财政中显现出来的新矛盾。在"乡财县管乡用"试点的基础上，进一步规范县财政对乡镇财政的指导管理，将过去乡镇预算外资金、自筹资金和统筹资金全部纳入乡镇财政管理，拓宽财政管理领域，增强乡镇财政能力。

22. 加快政府职能转变，创新政府管理方式。

（1）建立政府应对危机重大决策民主程序，广泛征求社会意见。明确政府行为准则，推动科学决策；依法规定各类行政决策主体的决策权限，严格规范行政决策程序；进一步拓宽民主决策渠道，探索建立重大决策市民听证会制度。

（2）建立完善应急机制，提高突发事件处置能力。建立突发事件反应机制；建立突发事件应急预案和应急救援队伍；加强对公众的危机教育。

（3）以基本公共服务为导向，建立政府业绩评价体系。建立以基本公共服务为导向的政绩考核评价体系；建立基本公共服务均等化的评价指标体系；建立基本公共服务均等化的政府问责制。

（4）以决策、执行、监督严格分开为重点，实质性推进大部制改革。大部制改革是一个循序渐进的过程，当前的大部制改革重在实现决策、执行、监督三权分离。

23. 加强政府自身建设，建立高效、廉洁的政府。

（1）以政府支出透明为重点，建设"阳光政府"。明确各级政府的主要负责人是政务公开的第一责任人；加快政务公开立法，使政务公开经常化、制度化和规范化；建立与政务公开配套的法律、法规和规章。

（2）采取综合措施削减行政成本。减少行政开支，杜绝浪费；强化预算约束，规范财政支出；推行电子政务，提高行政效率。

（3）以完善政府财政监督为重点，加大反腐败力度。加大对政府预算的监督；加大人大对部门预算和预算执行的监督；加强人大对财政转移支付的监督；在危机中加大反腐败力度。

24. 尽快建立高层次、综合性的改革协调机构。

从改革的总体态势看，新阶段的改革是以政府转型为主线的结构性改革。从经济领域看，投资消费失衡的问题是结构性问题，需要有一个结构性改革方案；从城乡角度看，城乡经济社会一体化问题是结构性问题，也需要有一个结构性改革方案；同时，新阶段改革需要解决政策与体制之间、体制与体制之间、增量改革与存量改革之间的配套问题。结构性改革各项任务的推进，都有赖于政府转型。新阶段的结构性改革，既涉及政策体系的创新，又涉及制度结构的变革，还涉及包括政府部门利益、地方利益、企业利益在内的利益关系调整。为此，在中央层面建立一个研究、统筹、协调、组织试点，专司改革的高层次综合机构尤为重要。

建立高层次改革协调机构（9条建议）[*]

（2013年1月）

党的十八大报告把"完善体制改革协调机制，统筹规划和协调重大改革"，作为行政体制改革的重大任务之一。党的十八大后，尽快建立一个高层次改革协调机构，以加强对经济体制、行政体制改革的组织、协调和指导，现实需求增大，各方共识增多。为此，提出如下建议。

一 建立改革协调机构，加强改革顶层设计

改革开放初期，我国曾成立了高层次的经济体制改革协调机构——国家体改委，到10年前体改办撤销。10年后党的十八大之所以再次强调建立改革协调机制，最重要的是今天的改革形势发生了深刻变化，改革更需要加强顶层设计。可以说，建立高层次的改革协调机构，着力改革顶层设计，其现实性、重要性不亚于20世纪80年代。

1. 撤销体改委与当时过于乐观的改革形势估计直接相关。20世纪八九十年代，原国家体改委承担了许多重要领域改革的理论研

---

[*] 中改院课题组：《关于建立高层次改革协调机构的建议》，《简报》总第940期，2013年1月。

究、规划设计、组织协调、实践指导等职能,在改革关键时期发挥了重要的历史作用。但到了20世纪末,对改革曾经有这样一个判断,认为到21世纪初,社会主义市场经济体制框架初步形成。在这个总体框架内,各部门、各地区按照既定的设计,重点抓好落实,到2020年能够建成比较完善的社会主义市场经济体制。这是当年撤销国务院体改办的主要因素。

今天看,不仅经济体制改革远未完成,政治、文化、社会等新的改革任务又逐步提出来,改革顶层设计从总体上滞后于改革实践。以收入分配改革为例,党的十六大时就提出"调高、提低、扩中"的思路,直到今天尚未有一个总体改革方案出台。

2. 未来5—10年改革的深刻性、艰巨性和复杂性全面增强。现实的情况一再表明,改革不仅要走很长的路,而且矛盾与困难比原有的估计要大得多、严重得多。例如:

(1) 改革任务全面加重。党的十八大提出经济、政治、文化、社会、生态"五位一体"发展和改革的重大任务,远超过改革开放之初经济体制改革的范畴。这就需要立足现实,着眼中长期,对全面改革进行顶层设计、规划统筹,以把握改革的主动权。

(2) 改革的艰巨性增强。比较容易的改革,相当一部分已经完成。而涉及面宽、触及利益层次深、配套性强、风险比较大的改革,尚未实质性破题。并且,随着内外环境的深刻复杂变化,改革面临错综复杂的矛盾和问题只会增多,不会减少。同时,改革面临的这类重大课题,大都带有"牵一发而动全身"的特点,其全局性、复杂性日益增大。为此,加强改革顶层设计,统筹协调改革推进的现实性全面增强。

(3) 改革的复杂性日益突出。在利益矛盾增大、增多的大背景下推进改革,不能不面临利益掣肘的巨大挑战。有利则改、无利不动,甚至利用改革强化既得权力和既得利益。在缺乏顶层设计和综合协调的情况下，部门分头推进改革的方式，很难保证改革不走形变样。

3. 建立高层次改革协调机构的三个可选方案。从总的来看，新阶段改革顶层设计对建立改革协调机构提出三大要求：第一，具有较高的权威性；第二，利益相对超脱；第三，具有较强专业性。考虑到这三大要求，可以考虑如下三个方案：

方案1：在中央设立改革领导小组。由中央的主要负责人直接领导，负责改革的顶层设计和顶层推进，制定重大改革的总体规划和相关领域的综合配套措施、统筹协调相关各方形成改革合力，以充分发挥中央总揽全局、协调各方的领导作用。建议借鉴中央机构编制委员会的体制安排，在国务院设立办事机构，负责具体组织落实中央改革领导小组的改革决策。

方案2：设立国务院改革领导小组。在国务院主要领导的直接领导下，下设精干的办公室，具体负责改革的顶层设计、统筹规划和协调指导。

建议成立的改革协调机构不宜设置为一般的议事机构或部际协调机构，应定位为高层次的工作机构，以统筹各项改革的顶层设计，协调重大改革的具体实施，发挥中央、国务院领导全面改革的参谋助手作用。

方案3：成立中央或国家层面的改革决策咨询机构。下设精干办公室，主要承担：第一，联系和服务于改革决策咨询机构的专家，组织进行重大改革的调查研究；第二，筹备组织定期和根据临时需要举行的改革决策咨询委员会议；第三，联系改革研究机构及其知名专家学者，建设全国性改革决策咨询网络；第四，组织相关研究机构参与重大改革专题研讨。

二 顶层设计与部门推动有机结合

从近10年来的改革实践看，改革需要克服部门利益，但又不能绕过部门推进改革。成立改革协调机构，就是将改革顶层设计、统筹规划、综合协调和指导督办与部门推动有机结合，形成推进改革的合力。

4. 既要保证改革协调机构的权威性、也要充分调动部门改革自主性。在20世纪80年代和90年代初，国家体改委在改革关键时期发挥了重要的历史作用。作为一个利益超脱、专司改革的国务院组成部门，国家体改委主导了多项重要领域的改革。20世纪90年代中后期，由于职能逐步细化，体改委开始参与一些涉及职能部门的具体改革。这就难免与一些部门的职能产生交叉重叠，引发矛盾。这也是体改委被撤并的原因之一。

总结历史经验，改革协调机构要着力于改革的顶层设计、统筹规划、综合协调和指导督办，把统筹协调和部门具体推动结合起来，二者缺一不可。

5. 充分估计改革顶层设计、顶层推动和统筹协调的现实需求。目前，改革已经进入深水区，面临各种既得利益的掣肘。

（1）部门利益突出。以行政审批为例，行政审批权的改革往往以"合并同类项"的形式出现，某些领域的行政审批名义上看数量减少了，但实际审批事项却有增无减。这其中不乏掺杂了某些部门利益。

（2）地方利益突出。在现行的中央地方关系下，近年来地方政府的自身利益倾向有逐步增强的趋势。

（3）行业垄断利益突出。行业政企分开长期难以转变，背后是巨大的行业利益链条。由此看来，仅靠部门很难实质性推进改革。

6. 把改革的统筹协调与部门推动紧密结合。

（1）明确高层次改革协调机构同部门之间的改革分工。高层次改革协调机构重在建立跨部门的协调机制、超脱部门利益的推进机制，以加强改革的系统性、整体性、协同性，有效推进深层次、综合性改革。

（2）充分发挥各部门的业务优势。明确部门推进改革中的分工，充分发挥各部门具体推动改革的业务优势，以保证部门对改革决策的认可和推进改革的责任担当。

（3）支持部门和地方的改革试点。给予部门和地方一定的改革探索权，鼓励部门地方创新改革的推进方式。

（4）在新一轮大部门体制改革中推动部门实现决策权、执行权和监督权的分开。

三 整合现有改革协调机制，合力推进改革

新时期推进改革，需要顶层设计和顶层推动，也需要广泛的社会参与。这就需要在新成立高层次改革协调机构的同时，形成充分利用多方智慧、凝聚改革共识的新机制。

7. 原国家体改委之所以能够在改革协调上发挥重要作用，重要原因在于调动各方面的资源研究、谋划和探索改革。

（1）注重联系智库。形成相关研究力量和研究网络，充分利用各方智慧为改革出谋划策。

（2）注重联系地方。谋划地方改革试点，通过以点带面、总结地方经验普及和推进改革。

（3）注重国际合作、交流与研讨。通过考察、总结、借鉴国际先进经验推进改革。

8. 整合现有的改革协调机构。这几年，为了推进相关方面的重要改革，先后由中央领导同志牵头成立专门的改革领导小组。这些改革领导协调机构在调动各部门力量、配套推进专项改革中发挥了重要作用。建议在此基础上，新成立的改革协调机构，要有效整

合、充分利用现有改革协调机制所形成的资源，以加强全面改革的顶层设计、统筹规划、协调指导和监督推进。这样，既有利于统筹规划全面改革，又有利于把现有的力量整合起来。

9. 成立专项改革研讨小组。建议在整合现有改革协调机构的同时，可考虑设立各类专题改革研讨小组。形成改革研究广泛的社会网络，集中多方智慧为改革出谋划策。这样，既能够确保改革总体规划的科学性和有效性、又能够确保各类专项改革规划之间的协调配套。

改革跑赢危机的行动路线（30条建议）[*]

（2013年5月）

我国改革正处于深水区和攻坚阶段。与以往相比，改革的深刻性、复杂性、艰巨性前所未有：转型与改革交织融合，经济转型、社会转型、治理转型都直接依赖于重大改革的突破；利益失衡的矛盾日益突出，改革需要在调整重大利益关系上取得进展；转型倒逼改革，改革的时间和空间约束全面增强。在这个特定背景下，改革与危机赛跑的特点突出，尽快形成"改革跑赢危机"的行动路线至关重要。

一 以化解风险和危机为导向的改革攻坚

我们的思路性建议是：客观把握全面转型的大趋势，抓住突出矛盾和问题，以化解风险和危机为导向，形成未来3—5年改革攻坚的行动路线。

1. 经济转型到了关节点，改革重在形成公平可持续的市场经济体制。

（1）经济矛盾和风险日益凸显。例如：以投资消费失衡为主要

---

[*] 中改院课题组：《改革跑赢危机的行动路线（30条建议）》，《中改院简报》总第949期，2013年5月31日。

特征的结构性矛盾凸显，内生增长动力远未形成；产业结构转型升级缓慢，服务业比重长期徘徊在40%左右；资源环境约束全面加大，环境危机因素增多；创新能力严重不足。尤其是产能过剩呈现全面性、长期性的突出特点。不仅传统的钢铁等产业，而且太阳能光伏等战略性新兴产业，都面临巨大的产能过剩压力。

（2）经济转型到了向消费主导转变的关节点。如果说前一阶段投资拉动增长还有战略回旋余地的话，那么在欧美等外部市场需求萎缩呈现中长期趋势、国内产能过剩的今天，回旋余地已大大缩小。在这种形势下，继续靠投资拉动经济增长，不仅会导致投资边际效益下降，还会加大产能过剩的危机。出路在于：增强国内消费需求对经济增长的拉动作用；释放服务消费需求的巨大潜力；推进消费主导的经济转型与改革。

（3）依靠政府主导和政策刺激拉动增长难以为继。过去长期实行的政府主导型经济增长方式，例如以追求GDP增长为首要目标、以扩大投资规模为重要途径，成为投资消费失衡的体制性根源以及政府债务风险加大的重要因素。经济转型的关键在于理顺政府与市场关系，在更大程度、更广范围发挥市场在资源配置和扩大内需中的基础性作用。

2. 社会转型处于临界点，改革重在建立有效协调利益关系的体制机制。

（1）利益关系失衡日益突出，社会道德危机、信任危机问题突出。贫富差距仍有扩大的趋势，基尼系数长期居高不下；一些企业为追逐利润而造假，威胁到食品、药品安全，引起全社会的广泛关注。

（2）社会转型到了能否有效化解利益冲突的临界点。20年来，群体性事件增加了10倍，其中因土地征用、房屋拆迁、环境污染等利益冲突引发的群体性事件占80%以上。这种利益矛盾的群体冲突协调不好，将激化其他社会矛盾，并使社会冲突有所升级，甚至成为局部性、全局性危机的导火索。

（3）社会结构不合理的矛盾突出。按有关分析，目前我国中等收入群体规模只占总人口的23%左右。中低收入者难以向上流动，是社会利益冲突和社会危机事件增多的特定因素。社会转型的关键在于破题收入分配改革，尽快提高中等收入群体的比重。

3. 治理转型到了关键点，改革重在建立有效解决腐败的体制机制。

（1）腐败正在成为引发危机的导火索。相比于其他经济社会矛盾，腐败更容易成为社会不满情绪的"催化酶"，容易把"低级别、低烈度"的利益冲突催化为"高级别、高烈度"的社会危机。

（2）治理转型到了有效解决体制机制性腐败的关键点。在"增长主义"倾向下，某些部门和行业的官员拥有的权力，与转型时期政府掌控的重要资源结合在一起，形成比较突出的体制机制性腐败，成为治理转型的难点和重点。

（3）"把权力关进制度的笼子里"。从现实生活来看，腐败问题的形成与发展，根源在于权力运行缺乏严格有效的体制机制约束。治理转型，就是要有效约束权力、监督权力、问责权力，提高政府公信力。

二 以理顺政府与市场关系为重点的改革攻坚

我们的思路性建议是：抓住扩大内需的战略机遇，释放人口城镇化的最大潜力，关键在于以市场化改革为最大红利，形成以拉动消费支撑7%—8%中速增长的体制格局。

4. 以理顺资源要素价格为重点深化价格改革。建议1—2年内，全面推进成品油、天然气市场价格形成机制改革；加快完善煤电价格联动机制；全面实行水电气梯级价格制度；加快资源税改革。2—

3年内，建立完善的碳源碳汇监测与调控机制，逐步扩大碳交易范围，适时建立全国性碳交易市场体系；全面开展排污权交易。

5. 以利率、汇率市场化改革为重点推进金融体制改革。

（1）加快推进利率市场化进程，实现各类市场主体平等使用金融资源。建议1—2年内，在稳定存款利率的同时尽快放开贷款利率下限；2—3年，以大额可转让定期存单为重点，逐步放开存款利率；5年左右，基本实现以上海银行间同业拆放利率为基准的市场化利率。

（2）加快汇率形成机制改革。建议1—2年内，重点改革外汇市场交易机制，减少行政干预；2—3年内进一步放宽汇率浮动空间，将汇率弹性提高1—2倍，引导市场形成人民币汇率双向预期和双向波动；未来5年，基本取消结售汇及其他外汇管制措施。

（3）加快人民币国际化进程。扩大人民币在跨境贸易投资中的使用；拓展人民币使用的地域范围；推进在岸市场开放与离岸市场培育，稳步推进资本项目开放。

6. 以放开市场、引入竞争为重点推进垄断行业改革。实现不同所有制企业依法平等使用生产要素、公平参与市场竞争、同等受到法律保护，支持民间资本进入垄断行业，拓展民间资本投资空间。建议2—3年内，对铁路、电力、电信、石油、民航、邮政等行业，将自然垄断和竞争环节切实分开。竞争性的对民间资本全面放开，自然垄断的吸纳民间资本广泛参与。对城市公用事业，尽快健全特许经营制度，形成合理的价格形成机制，积极引导民间资本参与。对食盐等政企分开滞后的领域，在加快政企分开、实行管办分离的基础上对民间资本放开。建议开征垄断利润调节税。

7. 以公益性为目标优化国有资本配置。

（1）明确国有资本提高普遍福利的目标。进入发展新阶段，面对公共产品短缺的突出矛盾，国有资本公益性严重不足。建议1—2

年内，出台新的国有资本布局调整优化方案，推动国有资本从一般竞争性领域退出，重点配置到义务教育、基本公共医疗以及基本住房保障等公共产品领域；建议3年内划拨20%—30%的上市公司国有股权到社保体系。

（2）对短期内难以退出一般竞争性领域的国有资本，逐步提高收租分红比例。减少并逐步取消特殊优惠和特殊保护，建立常态化的国有企业收租分红机制，确保"十二五"末期不低于30%。

8. 加快农地物权化制度创新，建立城乡统一的土地市场。

（1）尽快完成土地确权，保障农民土地用益物权主体地位。建议2—3年内，基本完成全国范围的农村土地确权登记；尽快叫停一些地方"土地换社保"等不合理做法；尽快修改《物权法》，将农村土地使用权明确列为可抵押的财产权。

（2）落实土地承包关系保持稳定并长久不变。建议尽快修改《土地管理法》，赋予农民长期而有保障的土地占有、使用、收益和处置权利。

（3）建立城乡统一、同权同价的土地市场。完善土地交易市场，尽快形成农民承包土地和宅基地使用权的抵押、入股的制度安排；完善征地补偿的法律规定，对失地农民实行公平补偿；严格限定公益性征地范围，主要通过盐碱地、荒地等改造而非占用耕地获得增量建设用地。

9. 以服务业开放带动新的全面开放。

（1）适应社会需求变化加快服务业全面开放。在银行、证券、保险、电信、邮政快递等行业进一步放开市场准入，取消经营范围限制；在教育、医疗、文化等行业扩大开放试点的同时，调整服务业用地政策，创新服务业政策体系。

（2）加快实施双边与多边自由贸易区战略。在多哈回合受阻、发达国家急于经济复苏的背景下，推进自由贸易区谈判已成为许多国家的现实选择。建议 2—3 年内，争取与海湾合作委员会、澳大利亚、挪威、南部非洲关税同盟、韩国等国家和地区的自由贸易区谈判取得实质性突破。

（3）加强与新兴经济体的全面合作。以金砖国家为重点，拓展与新兴经济体在双边贸易、能源、清洁能源经济、IT 技术发展等方面的全面合作；充分利用新兴经济体合作平台，积极参与全球治理重构，在世界经济再平衡与世界经济秩序重建中发挥更大作用。

三 以协调利益关系为重点的改革攻坚

我们的思路性建议是：以民富优先为导向，以扩大中等收入群体为重点，以创新社会管理为关键，尽快形成常态化的利益诉求表达机制、利益协调机制、利益共享机制。

10. 把中等收入群体倍增作为协调利益关系的重大任务。中等收入群体是多元化社会中利益矛盾与冲突的天然缓冲器和自然稳定器。未来 5—10 年，全面协调利益关系的重中之重，是形成中等收入群体为主体的橄榄型社会结构。建议 2014 年出台《中等收入群体倍增国家规划》，明确提出中等收入群体倍增的目标：即每年占比提高 2 个百分点左右，争取到 2020 年达到 40%；人口规模从 3 亿扩大到 6 亿左右。

11. 尽快破题收入分配改革。

（1）推动建立工资协商谈判机制，形成劳动报酬正常增长的保障机制。建立健全由政府、工会、企业主三方代表组成的薪酬委员会，在工资谈判中发挥经常性作用，使劳动报酬随劳动生产率的提高而同步提高。

（2）改革个人所得税制，实质性降低工薪阶层税负。加快建立综合与分类相结合的个人所得税制度，实质性降低工薪阶层税负，加大对资本所有者、富裕阶层的税收调节力度；改革以个人为单位申报的做法，逐步过渡到以家庭为单位申报；对中低收入家庭，实行"即征即免"政策。

（3）规范收入分配秩序，提高收入分配透明度。在党政机关、事业单位和国有企业中全面实施阳光工资制，提高收入透明度，清理、规范各类津贴、补贴、福利，取消实物分配，消除灰色收入；监管和调控垄断行业国企高管的过高收入要有实招；尽快建立覆盖全民的财产登记制度。

12. 以制度统一为重点加快基本公共服务均等化进程。

（1）实现城乡基本公共服务制度对接。建议：2—3年内，重点推进城乡居民养老保险、医疗保险的"二险合一"；3—5年内，实现城镇职工基本养老保险制度的统一，解决长期存在的职工养老保险"双轨制"弊端。

（2）创新公共服务供给方式。在政府承担最终责任的前提下，充分发挥市场机制作用，采取合同外包、特许经营、政府采购、公共服务券等方式鼓励社会力量的参与，增强基本公共服务供给的可持续性。

13. 按公共资源优化配置的要求深化财税体制改革。

（1）推进以直接税为主的税制转型。在推进"营改增"改革的同时，建议：修订《消费税暂行条例》，由向企业征收改为向居民征收，由"价内征收"转向"价外征收"；以房产税、遗产税和赠予税的开征为重点健全财产税体系。

（2）加快调整财政支出结构，尽快形成公共财政基本格局。争取到2015年，用于教育、医疗卫生、社保就业、保障性住房四项基本公共服务的支出占国家财政总支出的比重由2012年的35%提高到50%左右，占GDP的比重由8.48%提高到不低于12%。

（3）建立公共服务导向的中央地方财税关系。建议3—5年内，基本理顺央地财税关系：继续推动财政体制扁平化改革，争取使五级财政框架扁平化到三级框架；提高地方政府增值税分成比例，将财产税作为地方税收体系的重要支柱；结合服务业增值税改革统筹考虑国税地税合并。

14. 尽快改变城乡二元户籍制度。

（1）出台农民工市民化的国家规划。建议：在国家城镇化规划中明确提出2020年总体实现农民工市民化的大目标；2—3年内，初步实现有条件的农民工市民化；3—5年内，基本解决存量农民工的市民化；到2020年总体实现农民工市民化。

（2）明确户籍制度改革的目标与时间表。建议：1—2年内，剥离户籍的福利分配功能，在中小城镇全面取消户籍制度，建立人口登记制度；3—5年内，除了个别特大城市外，其他大中城市的户籍制度基本放开，全面实施人口登记制度；5—8年内，全面实行以身份证代码为唯一标识的人口登记制度。

15. 以强化公益性、专业性、独立性为重点深化事业机构改革。

（1）突出公益性。教育、医疗等事业机构重在保障基本公共服务的公平供给，尤其要扭转基本公共服务"逆向转移"的格局。

（2）强化专业性。全面取消事业机构行政级别，减少政府对事业机构不适当的干预，建立以专业技术评价为导向的事业机构激励机制。

（3）提高独立性。加快公共服务机构的立法进程，明确公共服务机构的设立、变更等法律程序，形成政事分开、管办分离的新机制。

16. 向社会放权，着力推进社会组织发展。

（1）加快发展公益性社会组织。建议：1—2年内，全面推行社会公益组织备案制，鼓励支持社会公益组织的发展；加快农村合作组织发展；尽快形成社会组织的税收优惠制度，逐步提高公益捐赠扣除比例。

（2）推进官办社会组织转型。建议分三步走：第一步，加大官办社会组织的公开透明度，包括善款筹集与使用、内部运行公开；第二步，利用社会需求和社会压力，加强专业化，改革内部治理机制，提高运行效率；第三步，逐步推进"去行政化"，最终实现社会组织"领导人自选、活动自主、经费自筹"。

（3）鼓励社会组织参与公共事务。加快社区自治进程，扩大社区决策的民主参与范围，形成社区建设合力；提高社会自治程度，把政府从繁杂的社会事务中解放出来。

17. 以改革信访制度为重点建立利益协调机制。

（1）尽快研究、统筹部署司法体制改革与信访制度改革的行动方案。建议：1—2年内，建立法律援助机构与政府信访部门的协作机制，使法律援助机构成为信访的"第二窗口"；3—5年内，加快司法体制改革，扩大诉讼范围，将更多的信访案件纳入司法轨道中解决；5—8年内，在全社会树立司法的最终裁判权威，使信访制度转变为化解社会矛盾的辅助渠道。

（2）建立健全公共政策社会参与制度，形成多渠道的利益协商对话机制。开门搞决策，凡涉及群众切身利益的公共政策，要让群众参与讨论；进一步完善听证会制度，使之成为公众表达利益诉求、监督权力运行的重要平台。

四 以着力解决体制机制性腐败为重点的改革攻坚

我们的思路性建议是：加快政府向市场和社会放权，以权力公开透明为重点推进政治体制改革。通过3—5年的努力，实现权力运行规范化、公开化，走出一条权力约束权力与社会监督权力有机结合、有效抑制腐败的新路子。

18. 全面深化行政审批制度改革。

（1）加大政府放权力度。建议人大或者国务院尽快建立行政审批法律审查机制和量化管理机制，提高行政审批改革的透明度。建议1—2年内，削减三分之一以上行政审批权，提前实现本届政府的预期目标。

（2）全面削减生产经营活动中的审批事项，尤其是大幅度减少服务业的投资审批。严格按照《行政许可法》的要求，最大限度缩小投资项目审批、核准、备案的范围，减少审批事项，最大限度减少微观经济活动的许可，尽可能将审批权下放给省市两级政府。

19. 推进干部人事制度改革。把反腐败与遏制不断扩大的特权相结合，重在推进干部人事制度改革。建议：尽快全面建立公务员的聘任制，打破"铁饭碗"，形成包括领导干部在内的公务员正常上下、退出机制；改革干部考核体制，切实把公共服务实现度和群众满意度作为评价、考核、奖励、问责干部的重要标准；从新退休干部开始，争取通过5年左右的努力取消待遇终身制。

20. 推进公共资源配置的市场化、公开化。建议尽快出台《公共资源监管法》，明确界定公共资源市场化配置的范围和监管程序。自然资源方面，在确保公共利益的前提下，完善土地、矿产资源"招拍挂"制度，将市场化配置的范围扩展到河流、森林、山岭等各类公共资源；社会资源方面，推进各类公共工程承包经营权配置的市场化，在城镇公用事业领域特许经营权的出让上全面引入竞争机制；行政资源方面，在完善政府采购的同时，加快推进行政系统服务资源配置的市场化；公共资源方面，加快建立公平公正的有形交易市场。

21. 全面推进政务公开。

（1）将政务公开扩展到整个公共服务领域。建议本届政府任期内，按照《政府信息公开条例》要求，制定全国统一的政务公开指导目录，划分自动公开和核准公开的范围，详细规定政务公开的内容与程序，以形成社会监督问责的基础。

（2）提高财政预算公开透明度。建议：尽快成立隶属国务院的国家预算委员会，专司预决算编制，形成"预算委员会编制—财政部门执行—人大监督"的格局；以"三公"经费的全公开、可查阅、可质询为重点，逐步把政府所有收支全部纳入预算管理；建立健全政府公共预算、政府性基金预算、社会保险预算、国有资本预算，推进四套预算一体化，实现全口径预算公开。

22. 分步推进官员财产公开。

（1）加快从内部申报转向外部公开。建议尽快形成国家层面的行动计划，争取2—3年内推动重要官员及其直系亲属的财产、就业、出国情况从内部申报转向外部公开。

（2）制定官员财产公开的过渡性改革方案。在操作上可实行三个"率先"：一是新当选或新任命官员率先公开；二是新任官员中领导干部率先公开；三是财产中不动产率先公开。

（3）逐步完善官员财产公开的技术体系。加快完善官员财产公开制度相关的社会诚信体系、信息统计体系以及完善预防资金外逃的技术条件。

23. 按司法权公正、独立行使的要求深化司法体制改革。

（1）扩大和规范司法公开的事项、内容。以司法文书公开为重点，从审判公开的规范化入手，将司法公开纵深扩展到立案、庭审、执行、听证、审务等各个环节。

（2）探索建立中央地方双重法院体制。建议由中央层面的法院体系，专门负责土地、税收、金融、破产、涉外和知识产权等领域的经济案件审理，以克服经济领域司法的地方保护主义；一般民商事案件与治安刑事案件、家庭婚姻继承案件、青少年犯罪案件仍由地方法院受理。

（3）探索法院系统省级垂直管理。建议：基层法院和中级人民法院由省、自治区和直辖市垂直管理；铁路、林业、农垦法院等专门法院全部并入地方法院系统。

（4）强化司法权的独立公正行使。建议设立独立的行政法院、破产法院、治安法院等专门法院；在法院内部权力配置上，实现行政与业务相分离，推进审理权与裁判权合一的改革；建议司法经费独立预算，并由中央财政专门拨付。

24. 强化人大监督职能。

（1）落实人大对政府财政预决算的审议和监督职能。尽快出台《预算监督法》，明确人大预决算监督权的范围、内容、程序和操作方法；调整相应的机构设置和人员配置，强化人大对财政预算的审查权和最终批准权。

（2）将审计等部门划归到人大。建议将审计监督部门划归到人大，建立大监督体系；建议逐步撤销地方统计局，建立自上而下的统计垂直管理体系，强化地方调查总队职能。

五 把握改革的主动权

我们的思路性建议是：在改革进入全面调整利益关系的背景下，实现改革突破，不仅需要顶层设计，更需要顶层协调，合理选择改革突破口，以把握改革的主动权。

25. 营造良好的改革氛围。我国正处在经济转型、社会转型、治理转型的关键时期。未来5—8年，促进转型、跑赢危机才是改革的硬道理。一些国家"中等收入陷阱"的教训至为深刻。转型发展的关键时期，需要继续解放思想，形成改革共识，在"以改革促进转型、化解危机"上排除各种干扰，以强化中央在重大改革决策上的权威。

26. 短期改革与中长期改革兼顾。转型改革会有阵痛，但不转型、不改革将会使矛盾和问题积累下来，中长期将面临更为严峻的危机挑战。当前，尤其需要防止以增长取代转型，以政策调整取代改革，以小修小补的改革取代深层次改革。既要充分考虑改革的可行性，也要考虑社会可接受度，给社会良好的改革信心和预期。建议优先部署和推进最直接、最有效化解危机的改革以及具有广泛社会共识的改革；对于社会有期待、一时难以实施的改革，要明确提出时间表，积极创造条件尽早推出。

27. 把政府改革作为突破口。政府改革"牵一发而动全身"，应作为新阶段全面改革的主攻方向。建议：以优化权力结构为主线，把政府改革与党的改革相结合，以务实推进政治体制改革的新突破；以政府向市场放权为重点转变政府经济职能，带动市场化改革的新突破；以政府向社会放权为重点转变政府社会职能，带动社会体制改革的新突破；按照决策权、执行权、监督权既相互制约又相互协调的要求，破题大部门体制改革。

28. 自上而下的改革与自下而上的改革相结合。对于全国层面的改革，需要中央明确目标、原则、方向，由中央出台专项规划统一部署；充分授权地方在多个领域做超前、大胆的改革创新，鼓励地方改革探索与试点；推行"开门改革"，建立改革的公共参与机制，充分利用互联网等新技术广泛吸收民间智慧完善改革方案。

29. 改革先行先试与立法推进相结合。改革既需要通过行政权威推动，也需要法律权威推动；既需要通过试点探索突破，也需要在试点的基础上形成法律法规。对一时拿不准、难以"一刀切"的重大改革，鼓励地方、各类主体先行先试；对有试点基础、有广泛共识的重大改革，尽快进入立法程序，给社会明确的改革预期，降低改革的社会风险。建议用法律的形式将改革目标上升为国家意志，强化法律约束性；加强改革程序立法，逐步将改革的社会参与、改革程序的透明等纳入法治化轨道。

30. 加强改革的顶层协调。建议在中央或国务院设立改革领导小组。由中央或国务院主要领导直接领导，设立精干办公室，具体负责改革的顶层设计、统筹规划和协调指导。新成立的改革协调机构不宜设置为一般的议事机构或部际协调机构，应定位为高层次工作机构，以统筹各项改革的顶层设计，协调重大改革的具体实施，发挥党中央、国务院领导全面改革的参谋助手作用。

以处理好政府与市场关系为主线的"十三五"改革（20条建议）[*]

（2014年8月）

"十三五"是我国经济社会发展的重要历史转型期，也是我国经济体制改革攻坚的关键时期。按照中共十八届三中全会《决定》以处理好政府与市场关系为核心的指导思想，以落实《决定》提出的经济体制改革目标任务为依据，争取到2020年，在经济体制改革重要领域和关键环节改革上取得决定性成果。

一 处在重要历史转型期的"十三五"

1. 增长、转型、改革高度融合，增长与转型直接依赖于改革的突破。

（1）经济增长新常态的形成处于历史关节点。从2010年经济从两位数的增速下降开始，我国7%左右经济增长速度新常态形成并稳定下来，大致需要5年左右的时间。就是说，"十三五"将是我国经济增长速度新常态形成的关键时期。

---

[*] 中改院课题组：《以处理好政府与市场关系为主线——"十三五"深化经济体制改革的目标与任务》，2014年8月。

（2）由于经济发展方式转变的滞后，经济增长新常态的形成带有很大的不确定性。未来5年左右，如果没有经济发展方式、经济结构、增长动力的实质性转换，不仅7%左右的经济增长新常态难以真正形成，还有可能出现经济增速大幅回落，并有可能引发系统性的经济风险甚至经济危机。

（3）增长前景取决于经济转型能否有实质性进展。依靠高投资率拉动经济增长的时代将成为历史，出口对经济增长贡献率为负的局面短期内很难改变，13亿人的潜在消费需求释放可以支撑未来5—10年7%左右的中速增长。

（4）增长、转型直接依赖于改革的重大突破。从现实看，无论是投资主导还是出口拉动模式，背后深层次的体制问题是政府主导。以理顺政府与市场关系为主线的经济体制改革取得重大突破，成为增长、转型的基本前提和基本条件。

2. 利益失衡的矛盾突出，改革需要在调整重大利益关系上取得进展。

利益关系失衡日益突出，并且到了必须解决的临界点。"十三五"只有突破利益固化藩篱，在调整重大利益关系上取得进展，改革才有条件完成转变经济发展方式，全面建设小康社会的历史任务，才能为未来10—20年的公平可持续发展奠定重要基础。

3. 改革的时间和空间约束日益增强。

如果1—2年内能够把握改革主动权，2—3年内实现重大领域和关键环节改革的新突破，确保经济转型取得实质性进展，就会使经济增长保持在7%左右，就有条件实现党的十八大提出的到2020年城乡居民收入比2010年翻番的目标，按照世界银行的标准就可能进入高收入国家行列。

二　实现经济发展方式转变的重大突破

4. 以实现经济发展方式转变的重大突破为目标。

（1）"十二五"经济发展方式取得重要进展，但尚未取得实质性突破。例如，消费对经济增长的拉动作用明显增强，但消费率偏低的局面未根本改变；服务业发展水平有所提升，但服务业占比仍然偏低；城镇化进程明显加快，但人口城镇化发展严重滞后。

（2）"十三五"实现经济发展方式转变的重大突破的约束性指标。

——实现由投资主导向消费主导转型的重大突破。

——到2020年基本实现消费主导。最终消费率从49.8%提高到60%以上；居民消费率从36.2%提高到50%；消费贡献率稳定在60%以上，消费基本成为经济增长稳定的内生动力。

——实现由工业主导向服务业主导转型的重大突破。争取到2020年，服务业占GDP的比例达到60%左右；服务业就业占比达到50%左右。

——实现由规模城镇化向人口城镇化转型的重大突破。到2020年，名义城镇化率达到65%左右，人口城镇化率达到50%以上。

5. 以理顺政府与市场关系为主线。

（1）突出激活13亿人的消费大市场的体制创新。把加快资源要素市场化作为加快完善现代市场体系的重点；把激发社会资本活力和创造力作为发展混合所有制的重点，建立有竞争、有活力的基本经济制度；使政府成为创造市场环境的主体；以扩大中等收入群体为目标破题收入分配改革。

（2）突出服务业市场开放的体制创新。在更多领域、更大范围实现服务价格由市场供求关系决定；加快服务业市场对内开放进程；加快服务业市场对外开放进程；推进服务业领域的结构性改革。

（3）突出人口城镇化体制创新。把加快农村土地物权化改革作为健全城乡发展一体化体制机制的重点；以振兴中小城镇为重点推进城乡要素平等交换和公共资源均衡配置；把改变竞争性地方政府增长模式作为深化财税体制改革的重点。

6. 建立比较完善的市场经济体制框架。

争取到2020年，建立比较完善的市场经济体制框架，初步形成市场决定资源配置的基本格局；经济转型取得实质性突破，7%左右的增长态势基本形成；以全面实施负面清单管理为重点的政府转型基本到位，建立政府有效履行经济职能的制度体系；以建设法治市场经济为重点，实现政府与市场关系法定化，初步形成法治化的营商环境。

三 基本形成市场决定资源配置的新格局

7. 加快资源要素价格改革。

（1）加快资源性产品价格市场化改革。建立能够反映国内市场供需情况的原油期货市场逐步实现成品油价格的市场化浮动；全面推行反映资源稀缺程度和市场供求关系的天然气价格形成机制；形成市场化的电力价格形成机制；工商业用电、用水、用气完全市场化；实施排污权有偿使用和交易制度，形成排污权价格市场形成机制，推进环境费改税并扩大环境税的征收范围。

（2）加快要素价格市场化改革。一是加快推进存款利率市场化；二是加快汇率市场化形成机制改革；三是加快中高级人才、技术要素市场化。

（3）建立城乡统一的建设用地市场。加快实现集体经营性建设用地出让、租赁、入股，实行与国有土地同等入市、同权同价；完善对被征地农民合理、规范、多元的保障机制；完善土地租赁、转让、抵押二级市场。

（4）加快公共资源市场化配置进程。一是拓宽公共资源市场化配置的范围；二是尽快建立统一的公共资源交易平台网络；三是加快建立公共资源的收益共享机制。

8. 推进服务业市场的全面开放。

（1）服务业对社会资本全面开放。全面放开服务业对国内社会资本的准入限制：在银行、证券、保险、电信、邮政快递等行业进一步放开市场准入，取消经营范围限制；打破教育、医疗、文化等行业对社会资本的限制；对于互联网等新型金融业态，应当在规范监管的基础上，鼓励和支持其发展，形成金融业多元竞争的格局。

（2）加快服务业对外开放。一是积极建立负面清单制度和外商投资准入前国民待遇；二是逐步把服务业外商投资审批制改为登记备案制；三是加快扩大双边和区域服务贸易协定。

（3）推进服务业的体制创新与政策调整。一是加快服务业发展的财税体制改革与财税政策调整；二是推进服务业发展的金融体制改革与金融政策调整；三是推进服务业发展的土地制度改革与土地政策调整。

9. 全面激活社会资本。

（1）社会资本决定市场活力。

（2）以打破行政垄断为重点拓宽社会资本投资空间。一是垄断行业竞争环节对社会资本全面放开；二是垄断行业自然垄断部分吸纳社会资本广泛参与；三是城市公用事业健全特许经营制度，积极引导社会资本参与；四是食盐等政企分开滞后的领域，在加快政企分开、实行管办分离的基础上对社会资本放开。

（3）积极鼓励发展混合所有制。一是发展以民营资本为主的混合所有制。将国有独资形式的企业严格限定于对涉及国家安全的少数国有企业和国有资本投资公司、国有资本运营公司；将国有绝对控股的企业严格限定于涉及国民经济命脉的重要行业和关键领域，探索由多家国有资本经营公司共同控股，避免一股独大；在某些需要国有资本特殊支持的支柱产业和高新技术产业等行业，主要采取相对控股，国有股权比例尽可能不超过51%；没有国有资本参与也能更好发展的领域，视具体情况国有股逐步退出，最终实现由社会资本控股。二是实现非公有制企业参与国有企业改革的新突破。

（4）形成创新创业的制度环境，创造中小企业大发展的空间。一是全面实施企业自主登记制度，降低创新创业门槛；二是做大做实国家中小企业发展基金；三是建立小微企业贷款风险补偿和融资性担保风险补偿机制；四是发展面向中小企业的债券市场。

（5）推进国有资本战略性调整。一是增大公益性国有资本比重；二是将部分国有资本划归社保基金。将划拨给社保基金的比例由目前10%提高到30%左右；三是提高国有资本收租分红上缴国家财政比例；四是以管资本为主创新国有资产管理体制。大力推进国有资产资本化，改革国有资本授权经营体制。全面推进国有企业分类监管。在准确界定不同国有企业功能的基础上，根据国有企业不同业务性质实行分类监管：根据企业属性和产业特征，按公益类、功能类和竞争类三个类别对国有企业实行分类管理，建立健全国有企业现代管理制度。合理增加国有企业市场化选聘比例，合理确定并严格规范国有企业管理人员薪酬水平、职务待遇、职务消费、业务消费。

四 深化以简政放权为重点的政府改革

10. 以全面实行负面清单管理为重点破题政府职能转变。

（1）政府职能转变的关键是全面实施负面清单管理。一是推行负面清单管理有利于明确界定政府与市场边界；二是推行负面清单管理有利于实现政府向市场放权到位；三是推行负面清单管理有利于倒逼行政权力结构调整优化；四是推行负面清单管理有利于建设法治政府，并实现政府与市场关系法定化。

（2）以负面清单管理倒逼行政审批制度改革。一是尽快推动负面清单管理对内外资同步实施；二是推动负面清单管理在更多地区实验；三是在国内推广经商便利指数。

（3）明确各级政府的权力清单。明确地方层面实行权力清单制度的时间表：1—2年内，推动中央各部委对外公开权力清单规范化、制度化，充分利用新闻发言人制度对社会做出合理的解释，自觉接受社会监督；2—3年内，由省级政府带头，实现权力清单制度向市、县级政府普及。

11. 实现政府职能转变新突破的重点任务。

（1）建立公平竞争导向的宏观调控。一是将宏观调控与行政审批职能严格分开；二是将货币政策与金融市场化改革有机结合；三是将财政政策与财税体制改革有机结合。

（2）推进市场监管由行政为主向法治化为主的转变。一是适应负面清单管理，建立以事后监管为主的新体制。二是组建综合性、强有力的市场监管机构。成立国务院消费市场监管委员会，整合国家工商总局、国家质量监督检验检疫总局等市场监管职能，强化消费市场监管的统一性、有效性；强化国务院反垄断委员会功能，整合商务部、国家发改委、国家工商总局的反垄断执法权，着力增强其反行政垄断的功能。三是形成政府监管与行业自律、社会监管的合力。四是形成市场监管的法律框架。尽快把负面清单管理纳入行政许可法，为统筹行政审批与监管改革提供法律依据。研究出台综合性的《市场监管法》，确立市场监管机构的法律地位；修改《食品安全法》和《药品管理法》，实行最严格的食品药品安全监管制度；将反行政垄断纳入《反垄断法》。

（3）全面推进政府购买公共服务。一是把培育公共资源市场作为发展政府购买公共服务重大任务；二是将政府购买公共服务纳入政府采购的范围，修订《政府采购法》，使政府购买公共服务行为有法可依；三是加大培育社会组织、机构和企业作为公共服务的承担主体；四是以公益性为目标加快事业机构与社会组织改革；五是建立法治化的公共服务监管体制，建议出台《公共资源监管法》。

12. 加快法治政府的建设进程。

（1）加快政府与市场关系的立法。加快修改完善《企业国有资产法》，尽快出台《公共资源监管法》，进一步完善国家宏观调控法律体系和市场监管的法律体系。

（2）严格落实政府依法行政。加快修改《行政许可法》《行政诉讼法》，尽快出台《行政程序法》。

（3）改革经济司法体制。加快建立中央地方双重法院体制。建立中央法院主要负责经济案件、地方法院主要负责民事案件审理的双重法院体制，改变当前分级管理的司法体制，实现中央地方司法权的有效分工，发挥中央地方两个优势。加快推进司法体制去行政化和司法公开。

五 以突破利益固化格局为重点的利益关系调整

13. 突破利益固化格局成为"十三五"改革攻坚的难点。

（1）利益固化的格局基本形成。例如，贫富差距仍呈现扩大趋势；尚未形成组织化的利益格局。这就给解决利益结构失衡问题留下了巨大的改革空间。

（2）利益格局固化的突出特点。例如，中低收入群体收入增长缓慢。

（3）处理好政府与市场关系的核心是突破利益固化格局。一是理顺政府与市场关系需要突破利益固化格局；二是破除行政垄断需要突破利益固化格局；三是调整收入分配结构需要突破利益固化格局。

14. 突破利益固化格局的重点任务。

(1) 实现中等收入群体倍增。尽快出台中等收入群体倍增计划。即每年占比提高 2 个百分点左右,争取到 2020 年达到 40%;人口规模从 3 亿扩大到 6 亿左右。

(2) 推进收入分配制度改革。一是推动建立工资协商谈判机制,形成劳动者报酬正常增长的保障机制。加快建立企业主、工会、政府三方共同协商的工资谈判制度,统一城乡劳动力市场,实现全体劳动者同工同酬,加强最低工资的监管力度,切实保障劳动者权益。二是以结构性减税为重点减轻中低收入者负担。三是以提高居民财产性收入为目标规范资本市场发展。四是建立公开透明的收入分配基础制度。尽快建立完善的基础数据信息体系,加快居民个人收入记录和统计,争取尽快覆盖所有的城乡居民;以官员财产公开为重点,逐步形成覆盖全民的财产申报制度;建立公职人员的收入、财产动态监察制度。

(3) 赋予农民土地财产权。一是推进农村土地使用权物权化改革,并在统一规划管理和用途管制下,赋予农民处置权(流转、抵押、担保权利等)。二是改革收益分配机制。提高征地补偿,建立集体土地产权交易的收益分配机制。将农村土地流转的增值收益"返还"给农民。三是建立农民土地财产权的法律保障。通过《土地管理法》《物权法》修改确保农民土地权能。

(4) 建立公平可持续的社会保障制度。一是统一不同群体间养老保险制度;二是设立统一标准、水平适度的最低养老保障;三是实现养老保险制度安排与劳动力市场正向激励;四是以财力持续实现社会保障可持续。

15. 关键是以建立公共服务为导向的中央地方财税关系。

(1) 明确中央地方公共职责分工。一是合理界定中央政府的公共职责;二是合理界定省级政府的公共职责;三是合理界定县(市)

政府的公共职责。

（2）建立公共服务支出与财力匹配机制。一是制定财政供给清单；二是适度扩大地方政府增值税的分成比例；三是把新增加的物业税等更多地划归县（市）基层政府，作为地方政府稳定的税源；四是建立以一般性转移支付为主的中央地方转移支付体系。

（3）建立以公共服务为导向的问责与考评制度。一是建立公共服务评价指标体系，实行中央对地方的公共服务问责制；二是建立以公共服务为导向的干部政绩考核制度。

六　形成深化经济体制改革的动力、合力

16. 充分认识改革在增长转型中的全局性作用。

（1）经济新常态不仅仅是速度上的新常态，更是结构上的新常态。加快结构性改革形成消费主导的投资消费关系新常态、服务业主导的产业结构新常态、以人口城镇化为主的新型城镇化新常态、创新驱动的新常态，牢牢把握打造中国经济升级版的主动权。

（2）跳出短期看长期、跳出速度看结构。改革要着眼于解决长期、结构性问题，敢于用短痛换长痛，实现标本兼治。在宏观政策上要有定力，坚守不刺激的宏观经济政策，不因短期内经济增长扰动而放弃中长期的转型改革目标。

（3）坚定改革自信。

17. 要进一步解放思想。

（1）市场在资源配置中起决定性作用没有例外。一是使市场在资源配置中起决定性作用是市场经济的一般规律。在经济生活领域，尽管有不少领域具有一定的特殊性，但不能因所谓的特殊性来否定市场、排斥市场。二是国有资本的特殊性除了国家经济安全之外，仍需要遵循市场规律。与其他所有制企业平等使用生产要素、公开公平公正参与市场竞争、受到法律同等保护。三是在严格规划

管制和用途管制的前提下,市场在农村土地资源配置中仍然要起决定性作用。

(2) 在激活社会资本上进一步解放思想。一是对待国有资本、社会资本不能厚此薄彼;二是赋予国有资本、社会资本同等的法律地位;三是不能回避破除行政垄断的问题;四是大胆发展民营资本控股的混合所有制。

(3) 发挥市场中的社会力量。一是充分发挥社会力量在市场监管中的作用;二是大胆推动社会组织去行政化;三是政府按照公益性大小支持社会组织。

(4) 注重发挥农民在农村改革中的主体作用。一是相信农民是理性人;二是相信农民是土地的主要守卫者;三是相信农民是农村改革的创造者。

18. 形成全面深化改革的大氛围。

(1) 营造改革舆论氛围。一是把研究改革、宣传发动改革作为全面深化改革领导小组的一项重要职能;二是注重通过媒体宣传改革营造改革良好的社会氛围;三是充分利用媒体征集改革民意。

(2) 凝聚改革共识。一是确立民富优先的改革导向;二是优先解决老百姓呼声大的收入分配不公的问题;三是优先解决权利平等、制度平等的问题。

(3) 形成改革的社会合力。一是对未形成方案的重大改革,积极引导各方参与讨论;二是对已出台方案的改革,在实施之前做好有明确时间要求的试点工作;三是对正在实施的方案,在实施进程中,鼓励各方参与、监督、反馈。

19. 建立改革目标实现的约束机制。

(1) 把改革目标纳入政绩考核体系。一是明确改革责任主体;二是建立有效的改革问责机制;三是选拔在改革上有成绩的领导干部。

（2）建立改革第三方评估机制。引入与改革责任主体、改革对象相对独立的第三方评估，将社会评估组织和专家等纳入评估主体范围，客观地反映改革的真实情况。

20. 加强改革的顶层设计、协调与推动。

（1）加强改革顶层设计。尽快出台经济体制改革行动方案，实现经济体制改革与其他改革配套。

（2）形成良好的改革工作机制。建议经济体制和生态文明体制改革专项小组不宜设置为一般的议事机构或部际协调机构，应定位为高层次工作机构。

（3）形成良好的改革推进机制。一是形成中央层面的改革推进机制；二是形成地方层面的改革推进机制；三是建立改革的社会参与机制。

（4）明确改革优先顺序和主攻方向。一是优先推进转变经济发展方式直接相关的改革。二是把财税体制改革作为深化经济体制改革的主攻方向。建议"十三五"尽快出台加快中央地方财税体制改革行动方案，为带动经济体制改革的深入推进创造条件。三是明确经济体制改革的路线图时间表（见表1）。

表1　　　　"十三五"经济体制改革路线图和时间表

重点任务	窗口期（1—2）年	重点突破期 （2—3年）	全面突破期 （3—5年）
经济发展方式转变的重大突破	投资审批体制改革取得重要突破，实现从投资主导向消费主导的转型。	服务业领域开放改革取得实质性突破，初步实现从工业主导向服务业主导的转型。	从规模城镇化向人口城镇化的转型改革基本完成。

续表

重点任务	窗口期（1—2）年	重点突破期（2—3年）	全面突破期（3—5年）
形成市场决定资源配置的新格局	资源要素价格改革基本完成，营造创新创业的市场大环境，公平竞争的现代市场体系基本建立。	垄断行业改革取得重大进展，以公益性为重点优化国有资本配置取得重要突破，形成有竞争、有活力的基本经济体制。	在全国范围内建立城乡统一的建设用地市场。
以全面实施负面清单管理为重点的政府职能转变	全面实行负面清单管理，初步实现市场监管由行政为主向法治化为主的转变。	在建立公平竞争导向的宏观调控，推进政府购买公共服务上取得重要突破。	初步完成以"三权分设"重点优化政府组织结构，初步建成法治政府的制度框架。
以突破利益固化格局为重点的利益关系调整	公共服务导向的中央地方财税关系基本确立，赋予农民土地财产权。	收入分配制度改革取得重要突破，建立公开透明的收入分配秩序。	公平可持续的社会保障制度基本建立，总体实现基本公共服务均等化。

赢在 2020 转折点的改革行动（30 条建议）[*]

（2017 年 3 月）

我国经济增长与增长方式正在发生趋势性变化，经济转型开始成为经济生活的主题。深化以经济转型为目标的供给侧结构性改革，对开启蕴藏着的经济增长新动能，对发挥经济发展方式变革的决定性作用，以及对利益结构冲击的深度和复杂程度，都不亚于 1978 年开启的改革开放。它不仅决定我国经济发展的未来，而且将对全球经济增长产生重大影响。

2017—2020 年是我国经济转型的"最后窗口期"。抓住 2020 年这个时间节点，以结构性改革破解结构性体制矛盾，不仅有利于解决经济转型的短期矛盾，而且还将实现经济发展的新旧动能转换，努力赢得一个 10—20 年的重要发展期。

一 经济转型决定增长前景

尽管短期的经济增长面临某些不确定性，但由于经济转型升级

---

[*] 中改院课题组：《赢在 2020 转折点的改革行动——2017—2020 经济结构性改革的 30 条建议》，《经济参考报》2017 年 3 月 1 日。

蕴藏着巨大的增长潜力，未来5—10年，我国的发展仍将处于重要的战略机遇期。这是我国中长期持续增长的最大潜力。

1. 赢在转折点的时间窗口在2020年。2020年是经济转型的历史关节点：产业结构正由工业主导向服务业主导转型。到2020年，服务业占比可能达到58%左右，初步形成服务制造化和制造服务化相互融合、金融与实体经济相互促进的新格局。到2020年，户籍人口城镇化率有望达到50%左右，城镇居民服务型消费比重将由目前的40%左右提高到50%左右，消费总规模有可能扩大到50万亿元左右。到2020年，服务贸易规模有望超过1万亿美元，占我国贸易总额比重将达到20%以上。

2. 着力解决经济转型滞后的突出矛盾。到2020年，以研发为重点的生产性服务业占GDP的比重要从2015年的15%左右提升至30%左右，全面提升制造业和农业的服务化水平，解决企业层面转型滞后的矛盾。国有企业去产能基本完成，初步实现传统国有企业向创新型企业的转型升级。解决区域层面转型滞后的矛盾，初步完成包括东北老工业基地、资源依赖型省市的经济转型升级。

3. 释放经济转型升级的巨大增长潜力。经济转型将带来增长动力的转型，形成保持中速增长的重要源泉。未来几年，我国在信息消费、健康消费、旅游休闲消费、教育消费、文化消费、养老消费、体育消费、绿色消费等新型消费领域，都将产生数万亿元级别的市场规模。户籍人口城镇化将直接带动近百万亿元左右的投资与消费需求。消费对经济增长的贡献率将稳定在65%—70%。

4. 以经济转型实现未来10年6%—6.5%左右的中速增长。在服务业领域行政垄断和市场垄断逐步打破的条件下，服务业年均增长速度将保持在9%左右，按照这个增速测算，每年将带动经济增长3.8—4.3个百分点。加上人口城镇化、消费结构升级带来的巨大增长叠加效应，有望使经济增长速度在未来5年保持在6.5%左右，未来10年保持在6%左右。

5. 推进经济发展方式的革命性变革。未来5—10年，是经济转型出现革命性变革的重要阶段：推动新一轮科技革命与经济转型有机融合。到2020年初步完成从"工业2.0"向"工业3.0"的升级，2025年基本完成"工业3.0"的升级，在"工业4.0"上形成一大批具有国际领先水平的产业集群。以大数据、云计算、物联网、智能化、传感技术等新技术推动生产方式、生活方式变革，使新经济比重到2020年达到40%左右，2025年达到50%左右。以制度创新带动科技创新与产业创新，形成和放大创新的联动效应。

6. 以经济转型带动社会转型。以经济转型创造更多中高收入就业岗位，奠定橄榄型社会形成的重要基础。从国际经验看，进入高收入阶段的国家，中等收入群体比例之所以超过50%，重要前提是50%以上的人口成为城镇居民，并大都在服务业领域就业。未来5—10年，如果能够顺利推进经济转型，我国的中等收入群体比重有可能达到45%左右。

7. 以经济转型倒逼治理转型。经济转型涉及市场治理、社会治理、政府治理的深刻变革，牵一发而动全身。以经济转型倒逼政府转型，重塑政府与市场、政府与社会关系，到2020年，初步实现国家治理体系和治理能力现代化。

8. 以经济转型提升我国对全球经济的重要影响。以我国的服务型消费为例，尽管起步晚，但绝大多数领域呈现爆发式增长，旅游、教育、电子商务、手游、物流、机器人等新型消费市场规模均达到全球第一，某些领域通过2—3年就达到市场规模全球第一。未来10年左右，服务型消费有望推动我国成为全球第一大消费市场。我国对世界经济增长的贡献率将保持在25%—30%。

二　结构性改革决定经济转型进程

经济转型的本质，是通过结构调整和制度变革，实现结构再平衡和结构升级。以结构性改革破解结构性体制矛盾，对经济转型具有决定性影响。

9. 服务业对社会资本全面开放。未来几年，深化供给侧结构性改革的重点是加快推进服务业市场开放。打破服务业领域的行政垄断、行政管制和行政壁垒，1—2年内全面放开竞争性领域、非基本公共服务领域价格管制，争取到2020年使服务业领域市场化程度接近工业领域的水平。研发设计、第三方物流、融资租赁、信息技术服务、节能环保服务、检验检测认证、电子商务、商务咨询等领域有序放开市场准入，取消某些不合理的经营范围限制。教育、医疗、健康、养老、文化等非基本公共服务领域全面放开市场准入，基本公共服务领域原则上引入竞争机制。争取到2020年，除了高档娱乐服务业外，全国基本实现服务业用地与工业用地"同地同价"，实现体制内外人才政策待遇平等，实现各类所有制企业平等参与政府采购。

10. 以振兴实体经济为目标加快税收结构调整。经济转型升级客观要求推进税收结构性改革。改革以企业税、流转税为主的税制，进一步提高直接税比重，改革个人所得税征收方式，扩大财产税征收范围，探索启动开征遗产税、赠与税等新型税种。加快房地产税立法，推进消费税改革，将房地产税和消费税作为未来地方政府的主体税种，降低对增值税的依赖度。

11. 以职业教育为重点推进教育结构改革。总的看，我国教育改革滞后于经济转型进程，并成为制约转型升级的重要因素。未来5年，要下大决心深化教育结构性改革。例如：支持社会资本、外资兴办职业教育。简化设立职业教育学院的审批制度，在土地使用、财政支持、政府购买、人才培训等方面给予民办职业教育机构和公办机构同等的地位和待遇。鼓励以股权出让、股份合作、联合培养等多种方式，引导社会资本进入公办职业教育机构。推动一批普通本科高等学校转变成应用技术型高等学校和高等职业教育学校。

12. 以扩大中等收入群体为重点深化收入分配制度改革。建议适应全面建成小康社会进程，与国家减贫计划相配套，出台《扩大中等收入群体国家规划》，通过健全劳动者报酬的保障机制、基本公共服务均等化、减轻中低收入者税负等，努力实现到2020年中等收入群体占比达到45%，规模扩大到6亿人左右。

三 以落实农民土地财产权为重点释放经济转型的巨大红利

以落实农民土地财产权为重点推动城乡关系二次变革，有利于盘活农村土地资源，释放城乡一体化巨大红利；有利于为国内过剩资本找到新的投资空间，形成农业农村发展的巨大新动能；有利于开拓经济转型的内需空间，为去产能、去库存开辟巨大市场空间。这是推进农业供给侧结构性改革的重大举措。

13. 以落实农民土地财产权释放内需潜力。当前，我国解决农业农村现代化的客观条件出现新的变化。国内资本由短缺走向过剩，全社会对绿色食品、高质量农业的需求日益增多，如果土地产权制度安排得当，就有条件引导部分社会资本流向农业农村。由此，形成农业农村发展的新动能。

14. 扩大农村土地承包权流转范围。农村土地承包权限于本集体经济组织内流转，不仅容易压低交易价格，还容易形成新的"地主"。按照十八届三中全会提出的"允许农村集体经营性建设用地出让、租赁、入股，实行与国有土地同等入市、同权同价"的精神，建议在严格农村土地用途管制和规划限制的前提下，扩大农村土地承包权的流转范围，简化农村土地承包权流转程序，使农村土地承包人可依法自主决定土地承包权流转。

15. 从法律上赋予农民长期而有保障的土地财产权。建议修改《土地管理法》：赋予农村土地使用权人的土地用益物权，使其拥有对土地使用权依法享有占有、使用、收益的权利；突破土地承包经营期限为三十年的限制，实现农村土地承包关系稳定并长久不变。

16. 落实农民宅基地及住房财产权。从法律上赋予农民对宅基地使用权的用益物权性质，赋予其占有、使用、收益、转让、抵押、继承的完整权利。改变目前以成员资格无偿分配的制度，明确使用期限；尽快结束现行法律限定农民宅基地"一户一宅"、转让限于本村村民之间的半商品化状况。

17. 打破城乡建设用地市场分割，统一城乡用地市场。打通城乡资本、土地和住宅市场，实现双向流通，推进乡村房地产与城市国有房地产两个市场接轨。建立两种所有制土地"同地同价同权利"的平等制度，形成公开、公正、公平的统一交易平台和交易规则，只要符合相关法律，遵守交易规则，无论政府、农民集体、国有土地用地单位等，都可以在统一的土地交易市场从事土地交易。

18. 2020：让城乡二元的户籍制度成为历史。尽快制定并实施"以全面实行居住证制度取代城乡二元户籍制度"的具体行动方案，到2020年基本建立以身份证号为唯一标识、全国统一的居住证制度；统筹推动户籍制度和农村土地财产权制度改革，让农民"带着土地财产权进城"。建议中共十九大明确宣布，2020年全面取消城乡二元户籍制度。

四 以自由贸易为主线加快推进开放转型

在经济全球化与国内经济转型历史交汇的大背景下，推进以自由贸易为主线的开放转型，不仅将为经济转型与结构性改革注入强大动力，而且将对全球自由贸易和经济全球化带来重要影响，使我国由经济全球化的重要参与者转变为主要引领者。

19. **以自由贸易战略引领经济全球化。** 从短期看，自由贸易和经济全球化进程将经历一个重大调整，但从中长期看，自由贸易大趋势难以逆转。经济全球化新动力正在孕育形成。2015年，服务贸易占全球贸易的比重达到23%；若按附加值计算，这一比重估计达到50%左右。技术革命和信息革命大大降低全球化成本，推动全球化向前走。这就需要主动适应和引领经济全球化，积极参与WTO，推进开放、包容、共享、均衡的自由贸易进程，促进经济全球化可持续发展。

20. **以建立自由贸易区网络为目标推进"一带一路"进程。** 在经济全球化新变局的大背景下，"一带一路"成为经济全球化的新主角。在推进基础设施互联互通与产能合作的同时，需要明确把自贸区网络建设作为"一带一路"的重要目标。按照先易后难、循序渐进的原则，采取"早期收获计划"、框架协议、双边投资协定等形式，共建形式多样的双边、多边自贸区。例如，以打造东盟—中国"10+1升级版"推动与东南亚国家的合作进程；加快推进上海合作组织自由贸易进程；推进中国—海合会自贸区进程；提速亚太自贸区建设，以建立区域全面经济伙伴关系协定（RCEP）为突破，争取到2020年亚太自贸区实现重大突破；争取2020年建立中欧自贸区。建议以服务贸易为重点，尽快合并中欧投资协定谈判和中欧自贸协定谈判。

21. **尽快形成以服务贸易为重点的开放新格局。** 服务业市场开放是服务贸易发展的基础。建议：尽快形成国家层面服务业市场双向开放的行动计划，明确2020年服务贸易占外贸总额比重达到20%以上的目标，推动服务贸易与服务业市场开放的融合；出台服务业对外开放政策目录，打破各类垄断，稳定、增强社会资本和外资的预期；推进教育、文化、医疗、健康等生活性服务业，以及建筑设计、会计审计、商贸物流、电子商务等生产性服务业有序对外开放，支持外资以特许经营方式参与能源、水利、环保、市政等基础设施建设运营；支持具备条件的服务业企业"走出去"开拓国际市场。

22. 以服务贸易为重点推进国内自贸区转型。这几年，国内自贸区以负面清单为重点的改革取得重要进展，但负面清单目前仍有122项，其中80余项针对服务贸易。推进以服务贸易为重点的开放转型，关键在于把服务贸易开放先行先试作为国内自贸区建设的主要目标。参照国际经验，尽快减短负面清单，争取到2020年把自贸区服务贸易负面清单压缩到40项以内。

23. 加快推进产业项下的自由贸易进程。从不同区域的特定优势出发，支持具备条件的地区率先实行旅游、健康、医疗、文化、职业教育等产业项下的自由贸易政策，走出一条开放转型的新路子，为全国范围内的全面推开积累经验。比如，海南可以探索健康医疗、旅游、职业教育项下的自由贸易。

24. 全面推进粤港澳服务贸易一体化。推进粤港澳服务贸易一体化，重要的是在管住货物贸易的同时全面放开人文交流。鼓励并支持粤港澳三地青年人积极开展多种形式的沟通、对话、交流；率先在广东实施港澳居民自由落户政策；鼓励港澳人才到广东就业创业；推进三地服务业投资自由化，扩大港澳在广东省服务业投资自由化的范围；创新粤港澳服务贸易负面清单管理模式，加快粤港澳通关体制一体化，推进三地行业标准与管理规则对接。建议：在中央层面建立协调机制，加强对粤港澳服务贸易一体化的指导、督办、落实；建立三地共同参与的联席会议制度，形成粤港澳服务贸易一体化的合作机制。

25. 强化国家对外经济战略职能。作为开放大国，我国面临越来越多的全球经济事务。务实推进开放转型、有效防范开放风险，亟须改变对外经济职能分散、缺乏统筹的格局，强化统一领导、统一协调的对外经济职能。建议加快谋划、统筹研究我国新阶段对外开放战略体系建设，强化对外开放中长期规划协调职能；整合协调各部委对外经济合作和对外援助职能；整合分散在不同部门的国际人才管理职能，成立国家移民局，专司国际人才管理事务。

五 处理好政府与市场关系决定结构性改革成败

以政府与市场关系为重点深化结构性改革，决定经济转型进程。深化结构性改革，要紧紧抓住政府与市场关系这个"牛鼻子"，使市场在资源配置中起决定性作用，在激发市场活力、企业活力上形成良好的制度预期，并实现全面深化改革的重大突破。

26. 以市场手段为主推进"去产能、去库存、去杠杆"。"去产能、去库存、去杠杆"的本质是实现市场自身的供求平衡，主要由行政力量推动很难持续奏效。这就需要按照中央经济工作会议提出的"防止已经化解的过剩产能死灰复燃"要求，尊重市场规律，形成更多运用市场手段、法治手段的改革行动方案，推动企业优胜劣汰、优化重组。

27. 强化政府在"降成本、补短板"上的重要职责。一方面，以降低制度性成本激发市场活力。最大限度地实现企业注册登记便利化，形成全国统一的企业简易注销方案，适时取消企业一般投资项目备案制。一般投资项目一律由企业依法依规自主决策，对企业违法行为，政府以事后监管为主；推行法人承诺制。另一方面，以补短板促进去产能和去库存。例如，去库存主要的矛盾在三四线城市。政府的主要作用不在于限制中心城市房地产市场交易，而在于加快补人口城镇化这个"短板"，为三四线城市房地产去库存找到现实出路。

28. 形成政府主要管资本的国有资本管理新体制。国有资本从低效、无效的产能领域退出，更多配置在高效的产能领域和公益性领域，是供给侧结构性改革的重大任务，也是国企转型升级的关键所在。建议把实现国有资产管理体制由"管企业"向"管资本"的转型作为深化国企改革的主攻方向。尽快出台国有资本投资、运营公司的改革方案。以发展混合所有制为重点扩大社会资本参与。垄断行业尽快向社会资本推出一批重大项目，敢于让利，让社会资本有盈利的预期。要明确界定公益性国企和竞争性国企，这是国有资本战略布局调整的前提。建议：从国家层面形成"关系国家安全和国民经济命脉的重要行业和关键领域"明确的目录与标准，为国有资本有进有退提供指导；将政府履行国有资本所有权的宏观管理、资本运营、监督评价三种职能严格分开行使。

29. 推进以监管变革为重点的简政放权改革。无论是加快服务业市场开放还是防范经济金融风险、落实国家食品安全战略，都需要把监管变革摆在政府改革的突出位置。当前的突出矛盾是，行政审批与市场监管合二为一的体制下，重审批、轻监管的格局难以改变，监管的独立性、权威性、专业性难以实现。建议：把监管变革作为深化简政放权改革的重点，实现由行政型监管为主向法治化监管为主转型；加快调整金融、垄断行业、食品药品监管权力结构，推进监管与行政审批的有效分离。

30. 加强经济转型的顶层设计。经济转型具有长期性、系统性、深刻性、复杂性和艰巨性，需要在全社会形成共识，更需要有打持久战和攻坚战的准备。建议尽快出台面向2025国家经济转型的中长期规划，强化经济转型与结构性改革的统筹协调与顶层推动，鼓励地方结合实际探索创新，充分发挥基层的首创精神。

推进消费导向转型的结构性改革（11条建议）[*]

（2021年5月）

形成14亿人的消费大市场，既是我国改革开放40多年的突出成就，也是"加快构建以国内大循环为主体、国内国际双循环相互促进的新发展格局"的突出优势。"十四五"时期，加快推进消费导向转型，着力破解制约消费潜力释放、消费结构升级的突出矛盾，就能够形成我国经济中长期可持续增长的重要动力。

一 将推进消费导向转型作为改革的重大任务

未来几年推进消费导向转型，是以释放14亿人的消费潜力为基础，充分发挥消费双循环新发展格局中的重大作用，形成经济持续增长的重要支撑，形成结构性改革的内在动力。

1. 适应经济社会发展趋势推进消费导向转型。

（1）消费导向转型是构建新发展格局的重大任务。从国内大循环看，推进消费导向转型，需要把握消费结构升级的基本趋势，不断提高供给质量和水平，实现消费函数与生产函数的关联匹配，形

---

[*] 中改院课题组：《中国消费——构建双循环新发展格局》，2021年5月。

成产业关联畅通和经济循环流转。从国际大循环看，改革开放以来，我国充分利用要素成本优势，参与国际经济大循环，形成市场和资源"两头在外"的发展模式，并推动自身经济高速增长。当前，更高层次参与国际经济大循环，需要发挥我国超大规模市场优势。因此，推进消费导向转型，不仅可以使我国在新形势下参与国际分工与合作中处于更加有利的位置，也有助于提升国内大循环的效率和水平，形成国内国际双循环相互促进的新局面。

（2）消费导向转型是实现经济中长期持续增长的务实选择。一方面，我国消费潜力释放、消费结构升级是一个长期过程。从美国消费升级的历程看，服务型消费比重由45%提升至50%用了13年，由50%提升至60%用了20年。我国消费结构升级仍将持续15—20年的时间。另一方面，根据对我国GDP潜在增长能力的测算，在"十四五"乃至更长的时期里，经济仍有能力保持中速增长，但需要有与之相适应的总需求保障。

（3）消费导向转型是赢得国际合作竞争新优势的重大举措。坚持扩大内需的战略基点，不仅有利于我国自身经济增长，而且有利于应对国际环境变化带来的新挑战。例如，如果将我国服务型消费大市场与欧盟发达的服务业相结合，将释放千亿级美元的服务贸易发展潜力，不仅有利于中欧双方经济的可持续增长，也对维护多边贸易体制产生重要影响。

2. 消费导向转型涉及深层次的结构调整。

（1）消费导向转型促进经济领域重大关系的调整。一是优化生产和消费关系。推进消费导向转型，将推动消费率稳步提升，由此促进形成与我国发展阶段相适应的、更加协调的投资和消费关系。二是引领产业结构优化调整。我国消费结构中个性化、精细化消费需求不断增强，服务型消费全面快速增长，将对优化供给结构和产业结构提出新的要求。三是带来要素投入与创新驱动关系的优化调整。我国超大规模内需可以为科技创新产品提供广阔市场，降低科技创新的成本和不确定性，为打造科技自立自强的战略支撑提供重要动力。

（2）消费导向转型促进社会利益结构的调整。一是有利于缩小收入差距。服务型消费需求不断增长，将推动服务业集聚发展，有助于吸收农村剩余劳动力，进而缩小城乡收入差距。二是有利于扩大中等收入群体。消费导向转型趋势下，居民教育、健康等服务消费逐步提升，将提升劳动者人力资本水平。三是有利于改善社会治理。消费日益个性化、多元化形成了多元化的消费主体，为形成更加多元有效的社会治理提供了丰富土壤。

（3）消费导向转型促进政府治理变革。释放居民巨大消费潜力，既需要完善二次分配的政策与制度，使得国民收入更多向居民倾斜；也需要以提升财政公共性为重点，形成基本公共服务均等化的新格局，充分发挥公共政策在促进消费导向转型上的积极作用。

3. 消费导向转型需要打破诸多结构性矛盾的掣肘。

（1）有效解决消费潜力与消费能力可持续性不足的结构性矛盾。我国虽然拥有全球规模最大的中等收入群体，但其仅占人口总数的30%左右，不仅低于巴西等发展中国家10个百分点以上，更远低于发达国家60%的水平。

（2）解决居民收入稳定增长与消费意愿不足的结构性矛盾。2020年12月，我国居民杠杆率（居民债务占GDP的比重）达到62.2%，比5年前提高了23个百分点；居民债务占收入的比重达到108%。居民杠杆率的持续提升，不仅对消费产生挤出效应，也对我国经济金融安全产生不利影响。

（3）解决消费结构升级与供给体系优化滞后的结构性矛盾。这突出表现于高端产品通胀与一般消费品价格低迷共存、服务型消费需求加大与供给不足并存、大众消费品供给过剩与个性化消费品供给不足并存。

二　以扩大中等收入群体为重点的利益结构调整

中等收入群体持续扩大，是释放消费潜力、扩大内需的重要基础。推进消费导向转型，重在加快扩大中等收入群体规模，形成以中等收入群体为主体的"橄榄型"社会结构。

4. 消费导向转型下扩大中等收入群体的现实性凸显。

中等收入群体不仅具有较强的消费意愿，也具备较强的消费能力，是支撑消费潜力释放的主要人群。目前，我国中等收入群体规模在全国占 29.4%，其消费总支出约占全国的 46.5%。估算表明，我国中等收入群体占比每提升 1 个百分点，将增加 1.1 万亿元的消费支出。未来 15 年，如果我国中等收入群体规模由目前的 4 亿多人扩大至 8 亿人，将累计释放近 30 万亿元的消费规模。当前，需要尽快改变中等收入群体发展滞后的现实，尤其是解决相当一部分中等收入群体比较脆弱的问题，避免出现"一场大病""一场意外"就使其成为低收入群体的情况。

5. 建议明确中等收入群体扩大的目标。

未来几年，如果能够通过收入分配改革等多种举措使更多低收入者进入中等收入群体行列，实现扩大中等收入群体的重要突破，并逐步形成更加公平的向上流动机会，将为形成中等收入群体为主体的社会结构奠定重要基础，由此实现中央提出的到 2035 年人的全面发展、全体人民共同富裕取得更为明显的实质性进展。为此，建议明确中等收入群体扩大的目标。"十四五"末期，中等收入群体占比将达到 40% 左右，规模达到 5.6 亿人。到 2035 年，中等收入群体占比提升至 55% 左右，规模扩大到 7.7 亿人左右，基本实现倍增，形成"橄榄型"社会。

6. 以调整财产关系为重点扩大中等收入群体。

一是要扭转实体经济的结构性失衡，防止虚拟经济和房地产异常波动导致中等收入群体规模的下降；二是加快落实农民土地财产权，推动部分农民进入中等收入群体；提升产权保护的制度化与法治化水平，稳定中等收入群体的制度预期；三是以结构性改革破解扩大中等收入群体的结构性矛盾。重点是加快城乡结构调整，在城乡一体化中使部分农民和农民工进入中等收入群体；加快教育结构变革，在提升人力资本中扩大中等收入群体；加快税收结构变革，形成有利于扩大中等收入群体的新税制。

7. 以扩大中等收入群体为重点深化收入分配制度改革。

（1）要优化一次收入分配格局，着力提升劳动报酬占比。未来5年，劳动报酬占GDP比重要从2017年的47%提高到50%以上。着力提升一线劳动者报酬水平，完善企业工资宏观调控体系，以促进扩大中等收入群体。

（2）重点要提升低收入群体的收入水平，争取到2025年，月收入2000元以下的低收入群体减少至4亿人。为此，需要加大对农民工等低收入群体的职业技能培训力度，在全面脱贫的基础上适当提高各地最低生活保障水平。

（3）要加强收入再分配政策的调节力度。有效缩小再分配差距，关键是加强收入再分配政策的调节力度。进一步加大财政转移支付的规模，提高转移支付资金的精准性，借鉴"精准扶贫"经验，充分利用消费数据、收入数据等优化财政转移支付的内部结构；有效发挥税收对收入差距的调节作用，探索开征遗产税和赠予税，并加强对个人所得税征收的监管；发挥政府的政策引导和环境建设作用，营造和鼓励第三部门的慈善参与。

三 适当增加公共消费

国家"十四五"规划明确提出,"全面促进消费,提升传统消费,培育新型消费,适当增加公共消费"。在消费导向转型趋势下,增加公共消费既是扩大消费的重要内容,也是促进居民消费、优化消费环境的重大任务。

8. 增加公共消费的现实性增强。

城乡居民的公共需求全面快速增长,全社会需求结构发生深刻变化。这个变化,早在2003年SARS危机时就已显现,并且在过去15年中日益突出。从实际情况看,增加公共消费的现实性增强。一是扩大中等收入群体需要公共消费更快增长;二是实现农民工市民化要求政府37.7万亿元的公共消费支出;三是适应人口老龄化趋势需要加大公共消费,满足城乡养老服务需求。

当前,我国公共消费面临总量不足、结构不合理的突出矛盾。比如,数据显示,发达国家的医疗、教育及社会保障三部分支出在财政支出中的比重普遍达到60%以上,而我国占比只有34%,尤其是社会保障和卫生投入方面,与发达国家相比差距较大。由此,增加公共消费的现实性正在全面增强。

9. 着眼于消费升级态势适当扩大公共消费。

(1) 到2025年,初步形成公共消费体系。公共消费规模接近20万亿元,占GDP的比重达到15%左右;教育、医疗卫生、社保就业、保障性住房四项基本公共服务的财政支出占国家财政总支出的比重由2020年的38%提高到45%左右,占GDP的比重由9%提高到12%左右。

(2) 加快实现基本公共服务均等化。到2025年初步实现城乡基本公共服务均等化,为农民创造良好的制度预期,激活农村大市场;在增加中西部地区公共消费中推进区域基本公共服务均等化。

10. 全面促进农村公共消费。

农村消费升级在多方面依赖于公共消费。例如，农村汽车消费的前提是农村道路基础设施畅通；农民计算机、手机等信息产品的消费，有赖于农村新基建的完善；农村空调、洗衣机等的普及，有赖于农村电力和自来水等基础设施健全。为此，到 2025 年，要推动城乡基本公共服务制度统一。"十四五"时期，财政支持农村，重点是促进公共消费，实现城乡居民基本消费权益的平等化；加快补齐农村公共消费短板。这就需要优先发展农村义务教育、职业教育和学前教育；优先发展农村公共卫生和基本医疗服务；优先发展农村基本养老服务。

11. 以公共消费为重点的中央与地方关系。

"十四五"规划提出"更好发挥中央、地方和各方面积极性，着力固根基、扬优势、补短板、强弱项"。"十四五"时期，以适当增加公共消费为导向，更好发挥中央和地方在推进消费导向转型中的积极性，形成科学合理的中央和地方公共消费事权和支出责任。为此，一是要明确中央和地方公共消费事权和支出责任；二是形成稳定的地方政府公共消费资金来源机制，比如，把消费税作为地方主体税种；三是形成规范化、制度化的地方融资渠道；四是发挥国有企业在增加公共消费中的补充作用。

第九篇

建言二次开放

在全球经济格局发生深刻复杂变化和"一带一路"倡议全面实施的大背景下,中改院明确地提出"以服务贸易为重点的二次开放"的建议。2017年初,中改院撰写出版《二次开放——全球化十字路口的中国选择》改革研究报告,系统提出二次开放的基本内涵与政策主张。2019年,中改院撰写出版《新型开放大国——共建开放型世界经济的中国选择》,提出"要适应经济全球化新形势主动推进高水平开放"的政策建议,提出"以加强制度性、结构性安排为重点实现高水平开放的新突破"的建议。面对2020年突如其来的新冠肺炎疫情,适应我国构建双循环新发展格局的趋势,提出以高水平开放形成改革发展新布局、推进以制度型开放为重点的高水平开放等观点和政策建议,受到广泛关注。

中欧自贸区：深化中欧合作的重大选项（13条建议）[*]

（2016年6月）

中欧应抓住机遇，排除政治干扰，建立中欧自贸区，坚定推进以服务贸易为重点的双向市场开放，各自深化结构性改革，以经贸合作优先带动社会、文化、治理等全方位合作，携手推进全球贸易自由化进程。

从现在到2020年是建立中欧自贸区的关键时期。双方做出什么样的战略选择，关系中欧合作前景。尤其是英国脱欧带来新变数，对中欧自贸进程提出迫切需求。

一 全球自由贸易发展大趋势下的中欧合作

全球经济贸易格局发生深刻变化，中欧需要主动把握全球自由贸易发展的大趋势，不断深化双方全面战略伙伴关系。

1. 全球自由贸易发展大趋势。

（1）全球经济服务化进程加快。2011年全球服务业增加值占全球GDP的比重超过70%，许多新兴经济体陆续进入工业化中

---

[*] 中改院课题组：《中欧自贸区——2020：深化中欧合作的重大选项》，2016年6月。

后期。

（2）服务贸易成为新一轮全球化和全球贸易自由化的重要引擎。2014年全球服务贸易额达到9.8万亿美元，2000—2014年间增长了7倍左右。

（3）服务贸易成为全球贸易规则升级的焦点。TiSA正在加快谈判，TPP、TTIP等多边自贸区谈判都把服务贸易规则作为谈判重点。

（4）服务贸易成为全球经济治理变革的重要动力。长期以来服务贸易规则主要由发达国家主导制定。构建一个新兴经济体能够参与的、更具包容性的服务贸易体系，有利于推动全球经济治理变革。

2. 中国经济转型升级与全球贸易自由化进程交汇的趋势。

（1）中国产业结构正由工业主导向服务业主导转型。2015年，中国服务业增加值占GDP的比重达到50.5%；到2020年，中国服务业规模将超过50万亿元人民币（7.7万亿美元），占GDP比重有可能达到58%左右。

（2）服务业将支撑中国未来10年的中速增长。到2020年，服务业对中国经济增长的贡献率有望从2014年的62.8%提高到72%—80%。预计未来10年，服务业将年均增长8%以上，这将支撑中国6%左右的中速增长。

（3）中国服务业市场开放与全球服务贸易快速发展形成交汇。中国在服务业市场开放上出台了一系列改革举措，与全球服务贸易发展形成交汇，服务业成为中国吸引外资的主要领域。

（4）中国以加快实施自贸区战略为重点推动全球自由贸易进程的趋势。中国陆续设立了四个自由贸易试验区，在服务贸易和服务业市场开放等方面加快先行先试。同时，加快建立双边多边自贸区，努力在全球贸易新规则尤其是服务贸易规则的形成中发挥积极作用。

3. 欧盟经济复苏和实现可持续增长的趋势。

（1）欧盟经济复苏增长面临的挑战增多。欧盟经济增长动力不足的问题仍然突出，经济复苏越来越受到地缘政治风险、难民危机、恐怖主义等非经济因素的掣肘。

（2）全球服务贸易发展给欧盟带来新机遇。服务贸易是欧盟贸易竞争的强项和贸易顺差的重要来源，是欧盟经济新一轮增长的重要引擎。

（3）依托服务贸易优势发挥欧盟在全球经济新格局中的重要作用。包括中国在内的新兴经济体服务业的快速发展，为欧盟拓展服务贸易提供了巨大的市场空间。加快与中国的服务贸易自由化进程，有助于提升欧盟的全球影响力。

二 2020：建立中欧自贸区的可行性

为适应全球贸易自由化的大趋势，2020年建立中欧自贸区，既有客观需求，又有现实可行性。

4. 2020：深化中欧合作的重要机遇。

（1）中欧经济转型的关键期。未来5年，是中国服务消费大市场的形成期，是欧盟长期增长动力的重塑期。中国居民消费结构正在由物质型消费为主向服务型消费为主转型，估计到2020年，城镇居民服务型消费的比重将达到50%左右，一些发达地区将达到60%以上。

（2）中欧经济互补性的增强。加快中欧服务贸易进程，欧盟可以充分利用近14亿人的服务业大市场，实现经济复苏和可持续发展；中国则可以充分借鉴欧盟的先进技术和先进管理经验发展现代服务业，实现经济转型升级的突破。

（3）全球服务贸易新规则的形成。以服务贸易为重点建立中欧自贸区，将给全球服务贸易新规则的形成带来重大影响。

（4）建立中欧自贸区的时机选择。中国巨大的服务贸易市场将给"先入者"带来更大红利。对欧盟来说，无论与哪个国家建立自贸区，都难以获得像中欧自贸区这样大的市场规模效应。如果把中欧自贸区建立的时间定在2030年，欧盟将很有可能错失14亿人服务业大市场的快速增长期。

5. 2020：以服务贸易为重点启动中欧自贸区进程。

（1）服务贸易成为中欧贸易的主要增长点。2020年初步形成中欧一体化的服务大市场，中国服务贸易总额有望达到1.2万亿美元，中欧服务贸易总额将达到2000亿—2200亿欧元的规模，占中国服务贸易总额的比重由13.2%提高到20%；中国从欧盟进口的服务总规模有望达到1098亿—1432亿美元，扩大1.8—2.7倍。

（2）中欧服务贸易合作将对中国经济转型形成推动力。通过与欧盟的服务业合作，尤其是通过学习和借鉴欧盟"工业3.0""工业4.0"的先进经验，中国将有效提升服务业的供给能力。

（3）中欧服务贸易合作将对欧盟经济增长和就业产生重大影响。欧盟将获得进入中国服务市场的先行者红利，形成经济增长和就业增长的新动力。

6. 2020：建立中欧自贸区的重要基础。

（1）中欧合作已有40年，双方形成了广泛的政治互信。中欧业已形成全面紧密的经贸关系，也没有地缘政治利益冲突。

（2）建立中欧自贸区的共识在扩大。中国对建立中欧自贸区的态度积极，德国等欧盟成员国均明确表达了对建立中欧自贸区的积极态度。

（3）中国"一带一路"与欧盟"容克计划"相互兼容。中国是唯一一个向"容克计划"注资的非欧盟国家，德国等欧盟成员国是亚投行的发起成员国。

7. 2020：建立中欧自贸区的行动建议。

第一步：签署框架协议。明确谈判目标、谈判主要内容、谈判时间框架、谈判机构以及早期收获计划。

第二步：完成重点领域谈判。完成货物贸易、服务贸易、投资等主要谈判，同时加快收获早期项目成果。

第三步：正式建立中欧自贸区。2020年，争取货物贸易、服务贸易、投资等主要谈判条款生效，为形成一体化的中欧大市场奠定坚实基础。

三 合并推进中欧BIT谈判与FTA谈判

从全球投资协定与贸易协定相融合的趋势出发，尽快合并中欧BIT与FTA谈判，加快实施早期收获项目。

8. 合并推进BIT谈判与FTA谈判的趋势判断。

（1）BIT融入FTA的趋势明显。投资开放、投资促进和权益保护等BIT谈判内容越来越多地融入FTA协定。

（2）中欧仅谈BIT而不谈FTA，困难大且成果有限。中欧双方在BIT上的分歧直接涉及服务贸易领域开放问题，需要在FTA框架下解决。按目前BIT谈判的进度，很可能会耗时过长，导致双方错过进入彼此市场的有利时机。

（3）合并推进中欧BIT谈判与FTA谈判具有可行性。从转型和发展的进程看，中国明显快于越南，中欧有条件推进FTA与BIT合并，并使中欧市场相互开放的程度不低于欧越自贸协议所规定的。

9. 合并中欧BIT谈判与FTA谈判的行动建议。

（1）扩大谈判范围。以中欧BIT文本为主，把服务业市场准入和服务贸易作为中欧BIT谈判的重点内容，适当加入金融等服务贸易内容；把BIT谈判升级为中欧BITT（Bilateral Investment and Trade Treaty，投资贸易协定）谈判。

（2）扩大实施地域。在双方达成协议之前率先在特定区域试点，探索双方共同关注的服务贸易内容、开放路径与开放方式。

（3）扩大支持中欧 FTA 谈判的欧盟成员国数量。发挥德国等态度比较积极的成员国的作用，加强与欧盟中南欧和中东欧成员国的沟通。

10. 在合并推进中加快实施早期收获项目。

一是以海关合作为重点的贸易便利化；二是以人民币国际化为重点的中欧货币金融合作；三是以环保技术为重点的技术合作；四是以电子商务为重点的新兴产业合作；五是加强中欧基础设施投资合作；六是扩大中欧政府采购合作。

四　2020：中欧深化结构性改革的重大课题

深化结构性改革破解结构性矛盾，已成为中欧的共同选择，成为建立中欧自贸区的重要条件。

11. 深化中欧合作面临的结构性矛盾。

（1）欧盟。一是面临某些行业和就业调整带来的强大压力，欧盟对中国采取了某些贸易保护措施；二是欧盟颁布了大量技术法规和标准，并制定了相应的合格评定程序，直接或间接地构成了贸易壁垒；三是服务贸易自由化和便利化不足。

（2）中国。一是中国经济领域出现比较严重的产能过剩问题，某些领域甚至相当突出；二是中国服务业市场开放滞后，尤其是服务业对外开放的程度不高；三是服务贸易比重偏低。2014 年，中国服务贸易额占外贸总额的比重仅为 12.3%，比全球平均水平低 8.3 个百分点。

（3）深化结构性改革的共同选择。着眼于 2020 年建设中欧自贸区的基本目标，需要中欧双方共同推进结构性改革，破解中欧经贸合作中的结构性矛盾。

12. 深化欧盟结构性改革的相关建议。

（1）推进劳动力市场改革。提高欧盟劳动力市场的灵活性，减少政府对劳动力市场的干预，提高企业在用人、薪资、待遇方面的自主性；提高福利制度的弹性。

（2）放开对华高新技术出口管制。在双方加强知识产权保护合作的同时，欧盟需尽快消除对华高新技术出口管制。以减排技术为例，欧盟通过国际贸易向中国转移了大量的碳排放。欧盟有条件也有责任加大对华低碳技术出口，帮助中国降低碳排放强度。

（3）显著降低技术性贸易壁垒。欧盟需要尽快给予中国企业与其他市场经济国家同等的地位和待遇；进一步向中国开放欧盟服务市场，包括商业服务、金融、电信、分销、旅游、教育、运输、医疗与保健、建筑、环境、娱乐等服务业；审慎使用反垄断调查。

（4）消除劳务合作中的人员流动壁垒。进一步简化旅游、商务、留学、就医、工作等签证申请程序。

13. *深化中国结构性改革的相关建议。*

（1）推进服务业市场开放。破除服务业领域的行政垄断与市场垄断；加快推行准入前国民待遇和负面清单制度，缩小负面清单的限制范围；实行服务业外商投资登记备案制，在一般服务贸易部门，外国公司设立变更相关审批逐步改为备案管理。

（2）提高服务贸易比重。以服务贸易为重点加快建设国内自贸区，明显减少自贸区负面清单中关于服务贸易的限制措施，并加快在全国范围内复制推广；以服务贸易为重点开展中欧等双边多边投资贸易谈判。到2020年，中国服务贸易占中国外贸总额有望由2014年的12.3%提高到20%，服务贸易占全球服务贸易总额的比重有望由2014年的6.2%提高至10%，形成传统服务贸易和现代服务贸易均衡发展的贸易结构。

（3）深化国企改革。坚定推进产能严重过剩领域的国企"去产能"；推进国有资本的战略性调整，从房地产等一般竞争性领域退出，从自然垄断行业、城市公用事业的可竞争环节退出；提高国有资本经营收益划拨全国社保基金的比例，落实 2020 年国有资本经营收益划拨公共财政不低于 30% 的目标。

（4）提高政府购买公共服务比重。以政府购买公共服务为重点加快公共服务业市场开放，进一步放宽外资参与政府购买公共服务的范围，形成多元供给主体的格局。

（5）以监管转型为重点深化政府改革。在"放管服"上尽快破题，加快监管转型进程，提升市场监管的法治化程度。

从全球化的趋势看，从中欧关系的大局看，从各自转型增长的趋势和需求看，中欧应抓住机遇，排除政治干扰，建立中欧自贸区，坚定推进以服务贸易为重点的双向市场开放，各自深化结构性改革，以经贸合作优先带动社会、文化、治理等全方位合作，携手推进全球贸易自由化进程。

在二次开放中推进自由贸易与全球治理变革（12条建议）[*]

（2016年9月）

"十三五"，我国扩大对外开放与新一轮全球化形成历史交汇。以服务贸易为重点全面实施自由贸易战略，加快服务业市场的双向开放，在开放中创造有利于我国经济转型升级的外部条件，在开放中推进全球自由贸易进程，在开放中提升我国参与全球治理的制度性话语权，成为"二次开放"的历史使命。

一　"十三五"："二次开放"的历史新起点

1. 新一轮全球自由贸易的大趋势。

（1）服务贸易成为全球自由贸易的新引擎。据WTO统计，2000年全球服务贸易额为1.44万亿美元，到2014年已经达到9.8万亿美元。2001—2014年，全球服务贸易在大多数年份以高于GDP和货物贸易的速度增长。自2012年以来，全球服务贸易增速在大多数年份约为货物贸易增速的3—5倍。2014年，全球服务贸易增长率为6%，

---

[*] 中改院课题组：《在开放中推进自由贸易与全球治理变革》，《上海证券报》2016年9月6日。

而同期全球 GDP 增速只有 2.5%，全球货物贸易增速仅为 0.8%。服务贸易的快速增长给全球贸易带来新的动力。

(2) 区域贸易协定成为自由贸易的主要载体。截至 2016 年 1 月 18 日，全球范围内已有 417 份区域自由贸易协定生效，其中，货物贸易协定 136 份，服务贸易协定 1 份，货物与服务贸易协定 129 份，比 10 年前增加了 2 倍。新一代区域贸易协定成为塑造自由贸易新规则的载体。近年来，许多国家尤其是欧美发达国家签订的区域贸易协定涵盖的内容不仅包括货物贸易自由化，还包括服务贸易自由化、农产品贸易自由化、投资自由化、竞争规则、政府采购、国有企业、中小企业、环境标准和劳动标准在内的新一代贸易投资议题。

(3) 全球进入新一轮贸易投资规则重构期。各国正加快建立双边、多边自贸区，特别是美欧正主导推动以市场准入为核心的"第一代"贸易规则向以规制融合为核心的"第二代"贸易规则转变。TPP、TTIP、RCEP 等超大型区域贸易协定对全球贸易投资格局和贸易投资规则的影响巨大。特别是由于 TPP 和 TTIP 具有明显的排他性，一旦签订实施，将对世界经济产生重要影响：一是巩固以美国为首的发达国家在全球贸易投资规则制定上的主导地位；二是产生贸易转移效应，两大自贸区以外的国家的贸易空间将会受到明显挤压；三是 TPP 和 TTIP 的高标准给新兴经济体和发展中国家带来明显压力；四是 TPP 与 TTIP 形成"合围"，无论在贸易空间还是治理空间上，都对我国形成客观挤压。

2. 我国服务业市场双向开放与全球自由贸易进程的历史交汇。

(1) "一次开放"与制造业全球化的历史交汇。在工业化初期，我国抓住全球货物贸易需求扩张和发达国家制造业转移的历史机遇，推动制造业开放与制造业全球化的直接融合，成为全球第二大经济体和第一大货物贸易国，为全球经济和贸易增长做出巨大贡献。当前，在全球经济服务化的背景下，以工业市场开放为重点的

"一次开放"空间日益缩小，亟须转向以服务业市场开放为重点的"二次开放"。

（2）"二次开放"与服务业全球化的历史交汇。一方面，全球已经进入服务经济主导时代；另一方面，随着我国城乡居民消费结构由物质型为主向服务型为主转变，我国服务贸易需求快速上升，对服务业市场的双向开放提出了迫切要求。在这个特定背景下，加快服务业市场的双向开放和以服务贸易为重点的全球自由贸易进程形成历史交汇。

（3）我国站在"二次开放"的历史新起点。"十三五"是开放转型的历史窗口期，推动由货物贸易为主向服务贸易为重点的开放转型，已经成为我国由制造业大国走向服务业大国必须要闯的"关口"。在全面深化改革与对外开放直接融合的背景下，"二次开放"的历史使命是以服务贸易为重点全面实施自由贸易战略，在开放中创造有利于经济转型升级的外部条件，在开放中推进全球自由贸易进程。

3. 我国在推动全球自由贸易进程中的重要角色。

（1）为全球经济贸易持续增长提供新动力。随着城乡居民服务需求的快速上升，我国服务贸易增长进入快车道。2001—2014年，我国服务贸易总额在绝大多数年份保持两位数的增长，规模从719亿美元一路攀升到6043亿美元，14年间扩张了8倍多。2015年前三季度，服务贸易同比增长15.9%，占对外贸易的比重为14.6%。过去三年，服务贸易增速均超过GDP增速，比货物贸易增速高出一倍以上。未来五年，我国服务贸易潜力的释放，将进一步为全球贸易和经济增长注入新的动力。

（2）推动双边、多边自由贸易进程。自2001年加入WTO后，目前我国对外总体关税水平已从15.3%降至9.8%，并不断削减非关税贸易壁垒，积极推动WTO框架下《贸易便利化协定》谈判等。

在 WTO 多哈多回谈判受阻的形势下，我国加快实施自由贸易区战略，目前已经签署并实施 14 个自贸协定，涉及 22 个国家和地区，以此推进双边、多边自贸进程。未来依托"一带一路"建设，我国将在推动双边、多边、区域性、全球性自贸进程中发挥更加积极的作用。

（3）以公平可持续为导向推动全球贸易投资规则重构。自贸区不断加快对外开放体制机制的改革创新，以主动改革形成中国经验和中国方案。"十三五"，我国加快以公平可持续为导向的贸易投资规则建设，将有力增强我国在全球贸易投资规则制定上的影响力和话语权，使我国成为构建开放、包容、公平、可持续的全球经济新秩序的重要推动者。

二 "十三五"：形成以服务贸易为重点的对外开放新格局

4. 推进以服务贸易为重点的外贸转型。

（1）服务贸易成为对外贸易的"短板"。2014 年，我国服务贸易额占外贸总额的比重仅为 12.3%，比全球平均水平低 8.3 个百分点。在世界前十大服务贸易国中，我国人均服务贸易额为 448 美元，是美国的 12%，德国的 6%，日本的 16%。服务贸易的比较竞争优势主要集中在资源、劳动力密集型传统行业，在知识、技术密集型行业尤其是生产性服务行业处于明显的竞争劣势地位。2013 年，我国生产性服务贸易逆差为 663.8 亿美元，占当年服务贸易逆差的 56.0%。

（2）实现 2020 年服务贸易占比达到 20%，形成以服务贸易为重点的对外开放新格局。抓住新一轮服务贸易自由化的历史机遇，提高服务贸易比重，争取到 2020 年，我国服务贸易占对外贸易的比重至少达到 20%；占世界服务贸易总额的比重将由 2014 年的 6.2% 提高至 10%；形成传统服务贸易和现代服务贸易均衡发展的贸易结构，争取在电信、信息技术、电子商务、健康医疗、教育等现代服务贸易领域形成竞争新优势。

（3）2020年服务贸易占比有条件达到20%。一是随着消费升级和人口城镇化进程加速，到"十三五"末城镇居民服务型消费占比有条件由目前的不到40%提升到50%左右，服务型消费的快速增长将带动服务贸易的增长。二是制造业服务化和服务业结构的调整升级，都将带动服务贸易比重进一步提升。三是"一带一路"重大项目落地，将显著带动相关服务贸易增长。

5. 破题以服务贸易为重点的国内自贸区建设。

（1）国内自贸区建设重在破题服务贸易开放。目前，国内自贸区在实施负面清单管理方面取得了明显成效，在服务业市场开放领域走在全国前列。但与内外需求相比，自贸区在服务贸易开放上仍然限制较多，如《自由贸易试验区外商投资准入特别管理措施（负面清单）》列出的122项的负面清单中，有80余项针对服务业。"十三五"应尽可能缩小负面清单中不利于扩大服务贸易的项目，为其他地区实施负面清单管理提供可复制、可推广的重要经验。

（2）加快对服务贸易开放制度的先行先试。实行更加开放的服务贸易市场准入机制，加快推动跨境服务由正面清单管理向负面清单管理转变，减少负面清单中的限制性措施。打破开业权、人员移动、技术性等服务贸易壁垒。采取与服务贸易特点相适应的通关管理模式。以国内自贸区为平台，加快涉外经济体制改革，建立与国际接轨的市场开放、市场运行体制和政策体系。

（3）以服务贸易为重点优化自贸区布局。在加快四大自贸区建设的基础上，近期又在以服务业为主导、服务业发展较快的其他沿海、沿边和内陆地区增设7个产业侧重点不同的自由贸易试验区。今后还应继续推动一批边境合作区升级为自贸区，在服务贸易自由化和服务业市场开放上加大力度，扩大我国与周边地区服务贸易，促进新兴服务出口。与主要贸易伙伴合作建设跨境合作贸易园区，把服务贸易特别是跨境金融服务作为境外经济合作区建设的重要任务。

6. 关键是服务业市场的双向开放。

（1）以服务业市场双向开放提升服务贸易比重。从发达国家的经验看，服务业市场开放大大促进了服务贸易发展。现实看，我国服务业双向市场开放面临许多障碍，不仅面临发达国家的贸易投资壁垒，也面临新兴经济体服务业市场开放不足的挑战。例如，根据WTO服务贸易总协定的标准，印度仅承诺开放12项、占比21%的服务贸易市场，远低于欧盟承诺开放42项、占比75%的服务贸易市场。再如，发达国家在电子技术、航空、信息通信技术、生命科学技术、能源环境等领域都尚未对发展中国家开放；美欧等发达国家还通过技术壁垒、国家安全审查等手段限制外国企业进入。

（2）推动与自由贸易伙伴之间的双向市场准入。加快建立双边和区域服务贸易协定。打破一些国家对我国服务贸易的壁垒，共同削减关税和非关税壁垒。率先在新兴经济体、欧洲等国家和地区取得突破。签订投资相互保护和促进协定，支持企业"走出去"。推动政府采购市场互惠对等开放。

（3）有序扩大服务业对外开放。加快推行准入前国民待遇和负面清单模式，缩小负面清单的限制范围。有序推进金融、教育、文化、医疗等重点领域开放；与加快实施自贸区战略相结合，在我国经济转型和产业升级亟须的服务领域与贸易伙伴优势互补的服务领域，优先向自贸协定伙伴开放；大力发展服务外包业务。

三 "十三五"：以"一带一路"推进双边、多边自贸进程

7. 以建设自贸区网络为目标加快"一带一路"建设。

（1）以建设自贸区网络为重要目标。一是以"一带一路"沿线国家为重点建立更多双边、多边自贸区，推动双边、多边自由贸

易进程。二是以"一带一路"战略节点的国家和地区为重点,打通"一带一路"自由贸易大通道,逐步形成互利共赢的区域大市场。三是构建互利共赢、共同发展的贸易投资规则,在形成国际经贸规则新体系中注入更多中国元素。

(2) 以服务贸易为重点。把提高服务贸易开放水平作为加快实施自贸区战略的重点,形成"一带一路"服务大市场。在全球需求萎缩、市场成为最稀缺资源的背景下,利用13亿人服务业大市场的优势,推动服务业市场的双向、对等、互惠开放,促进服务贸易自由化、便利化,充分发挥服务业市场双向开放对调结构、转方式、促就业的作用。

(3) 以基础设施互联互通为依托。加快推进"一带一路"沿线油气管道、电网、信息网等关键基础设施"无缝衔接",打通"一带一路"在陆上、海上、空中的贸易流、物流、人流、信息流通道,着力构建连接我国与自由贸易伙伴的经济大走廊,提升贸易物流便利化水平。

8. 2020年争取中欧自贸区的重大突破。

(1) 中欧贸易的需求巨大、空间巨大。中欧作为世界两大经济体,相比于中欧经济总量占世界经济总量的1/3,双方贸易总量在全球贸易总量中的占比仅为1.5%左右,中欧经贸合作还有巨大的拓展空间。经过近38年的改革开放,我国在一些工业、制造业部门和基础设施领域积累了全球领先的技术和经验,但目前服务业尤其是生产性服务业发展仍是"短板"。欧盟已经进入后工业化时期,经济服务化的特点十分突出,尤其是电子技术、航空、信息通信技术、生命科学技术、能源环境等生产性服务业和健康管理等生活性服务业有先进的技术和成熟的管理经验。中欧经济结构之间的差异,意味着中欧巨大的贸易空间。

(2) 中欧贸易的最大潜力在服务贸易上。服务贸易已经成为中欧贸易的主要增长点。到 2020 年，如果我国服务贸易总额达到 1.2 万亿美元、与欧盟的服务贸易比重由 2013 年的 13.2% 提高到 20%，双方服务贸易总额将达到 2000 亿—2200 亿欧元。

（3）尽快启动中欧自贸区可行性谈判。在世界贸易格局和规则复杂变化的形势下，建立中欧自贸区是我国逐步构筑立足周边、辐射"一带一路"沿线国家和地区、面向全球的自贸区网络的关键一步，具有全局性、共赢性、战略性的重大意义。"十三五"，应谋求中欧投资协定谈判和中欧自贸区谈判同步进行。建议中欧政府委托智库开展中欧自贸区可行性联合研究，鼓励各类智库围绕中欧自贸区开展广泛的合作交流。

（4）关键在于打破中欧服务贸易壁垒。一是推动中欧服务贸易自由化、便利化，逐步打破开业权、人员移动、技术性等服务贸易壁垒，在降低补贴、政府采购、技术许可、环境标准等方面建立共识。二是以服务贸易为重点建设中欧贸易园区和产业合作园区，先行试验中欧自由贸易的制度与政策，积极探索中欧贸易投资规则和标准的对接。三是加快中欧服务业市场双向开放。在医疗健康、设计研发、养老服务、职业教育等服务市场领域，放宽对欧盟企业的市场准入。推动欧盟减少服务贸易领域对我国的出口管制。深化中欧金融服务领域的开放合作。

9. 把"10+1"自贸区升级版建成"一带一路"多边自贸区范本。

（1）以"类欧盟"为导向建设中国—东盟自贸区升级版。"10+1"自贸区已经成为新兴经济体和发展中国家共同构建互利互惠、合作共赢的贸易投资规则的新范本。"十三五"，可以借鉴欧盟模式，在各国平等协商的前提下，加快实现我国与东盟 10 国的人流、物流、资金流、信息流在区域内无障碍流通和基础设施互联互通，为形成以自由贸易、共同市场、货币合作为重要特征的区域经济一体化格局奠定重要基础。

（2）以服务贸易为重点。逐步将对我国香港和澳门特区的服务贸易开放承诺引入中国—东盟自由贸易协定；在缩短过渡期的基础上，力争使零关税的税目占比和贸易额占比达到95%—100%；逐步扩大自贸区谈判覆盖议题，在电子商务、竞争政策、政府采购、环境等新议题上达成共识，为建设2.0版本的升级版奠定重要基础。

（3）把"10+1"升级版的成功经验复制到其他自贸区建设中。参照中国—东盟自贸区升级版以及中韩自贸区的做法，积极推动"10+3"自贸区谈判；与欧亚经济联盟协商建立自贸区，促进贸易便利化；尽快开展联合研究，以自由贸易为重点建立金砖国家更紧密经济伙伴关系框架，推动金砖国家自贸区进程，增强金砖国家影响全球贸易投资规则制定的合力。

四 "十三五"：推进全球经济治理变革

10. 全球经济治理变革正处于历史关口。

（1）全球经济治理结构不适应全球经济转型的需求。国际金融危机凸显现行全球经济治理与经济转型的内在矛盾。一是经济转型的动力不足，依靠需求管理政策刺激经济增长不仅难以持续，而且积累了越来越多的问题，触发新一轮经济危机的风险加大。二是经济转型缺乏稳定可预期的外部环境，主要国家经济金融风险外溢、全球地缘政治复杂动荡等外源性风险加大经济转型的困难。三是随着科技创新、产业创新、金融创新步伐加快，金融安全等老问题未解决，网络安全等新问题又起，给全球治理带来新的挑战和风险。四是新兴经济体在全球治理中的话语权与其对世界经济的贡献不相匹配，反过来对其经济转型与可持续增长形成限制。

（2）现行全球经济治理格局制约了新兴经济体转型升级进程。贸易保护主义严重抬头，新的贸易保护主义更加隐蔽，新兴经济体通过自由贸易获得全球化红利的门槛明显提高。现行治理体系下,发达国家可以通过多种途径转嫁危机,但新兴经济体却由此面临国际资本频繁流动、汇率大幅波动、贸易环境恶化等风险。此外,现行治理体系缺乏对全球性经济金融危机的风险协调控制。例如,能源价格巨幅波动,给正处于工业化关键时期、对大宗商品有巨大需求的新兴经济体和发展中国家带来很大的不确定性和风险。

(3)全球经济治理机制改革滞后。2008年的国际金融危机爆发以来,新兴经济体在世界经济中的份额进一步上升。在此趋势下,G20逐步取代G7成为全球经济治理的重要平台。与此同时,面对世界经济转型需求和世界经济格局的复杂深刻变化,二战后建立起来的全球经济治理"三驾马车"——WTO、世界银行、IMF改革滞后,在维护全球经济、金融、安全秩序上越来越力不从心。

11. 积极推动服务贸易新规则的建立。

(1)积极参与双边、多边和区域服务贸易自由化进程。把服务贸易自由化作为商签双边和区域贸易协定的重要目标,积极参与和引领服务贸易规则制定。以服务贸易集中的亚洲和欧洲为重点,签订双边、多边和区域服务贸易协定。根据经济转型和产业结构调整的需要,深入研究TISA议题对国内经济转型和深化改革的影响,统筹考虑对不同议题的出价,推动多边服务贸易协定发展。

(2)加快国内自贸区服务贸易开放试验。加快上海自贸区等对TISA中的高标准条款进行压力试验和隔离试错,探索"服务贸易负面清单+准入前国民待遇"的开放模式;在《内地与香港关于建立更紧密经贸关系安排》和《海峡两岸经济合作框架协议》(ECFA)框架下建设服务业开放试验区,为推进服务贸易自由化积累经验;在试验基础上形成全国推广的时间表,提高服务贸易开放水平。

(3)加快建立与国际贸易规则接轨的服务贸易法规体系。尽快制定出台《中国服务贸易法》及相关配套法律,以法律形式对服市场准入原则、服务贸易的税收、投资、优惠条件等加以规定；建立不同层次、不同阶段相互协调的服务贸易法律法规以及切实可行的规章制度，推动我国服务贸易制度化、规范化。

12. 推进以经济转型为导向的全球经济治理变革。

（1）提升新兴经济体集体话语权。"十三五"，继续推进国际货币基金组织、世界银行的治理结构改革，增加新兴经济体和发展中国家的投票权，支持更多发展中国家平等参与现有的全球经济治理机制；以增量改革倒逼存量改革，在与新兴经济体共建全球性、区域性经济治理新机制上扮演积极角色。

（2）推进新老机制、平台的合作与融合。处理好G7与G20的关系，使G7能够在G20框架下承担大国责任，使新兴经济体和发展中国家能在G20平台上平等参与G20议题选择和议程设置，促进国际秩序朝着平等公正、合作共赢的方向发展；推动WTO多边贸易体系建设和高标准的自贸区网络建设相结合，既要支持WTO框架下的服务贸易协定、信息技术协定、政府采购协定以及投资协定的建立和完善，也要积极参与区域贸易协定的整合，打造开放包容的区域经济合作框架；加快建设亚投行与金砖国家开发银行，推动亚投行与世行等共建多边金融合作网络，形成能有效化解风险、促进经济转型与可持增长的全球金融治理新格局。

（3）加强宏观经济政策的国际协调。利用G20以及APEC等区域次区域合作平台和机制，加强各国宏观经济与宏观政策的信息沟通。不断提高宏观经济政策的透明度。参与构建国际性、区域性多边金融监管机制和平台，支持《巴塞尔协议Ⅲ》等国际金融治理规则落地等。

中国走向"二次开放"的战略选择（11条建议）[*]

（2017年3月）

改革开放40年来，我国在坚持独立自主、自力更生的基础上，始终坚持对外开放的基本国策，从引进来到走出去，从加入WTO到共商共建"一带一路"，成功实现从封闭半封闭到全方位开放的伟大转折。当前，经济全球化出现新变局，我国面临贸易保护主义的严峻挑战。习近平总书记一再强调："中国开放的大门不会关闭，只会越来越大。"客观地看，作为开放大国，坚定地推动以自由贸易为主线、以服务贸易为重点的"二次开放"进程，不仅是经济转型升级的客观要求，也是应对经济全球化新变局的重要举措。

一　内外发展环境变化与"二次开放"

在经济全球化新变局的严峻挑战下，我国仍始终坚持互利共赢的开放战略。加快推进以服务贸易为主线的"二次开放"不仅会打开一个对外开放的新局面，而且将以实际行动推动经济全球化惠及各国人民。

---

[*] 中改院课题组：《二次开放——全球化十字路口的中国选择》，2017年3月。

1. 经济全球化新变局下自由贸易的大趋势。

（1）从短期看，自由贸易和经济全球化进程将经历一次重大调整。近两三年来，经济全球化逆潮涌动，一些国家贸易保护主义、单边主义、孤立主义倾向加剧，冲击国际经济政治秩序，经济全球化面临许多新的挑战。以 G20 为例，其经济总量占到全球的 85%。2009—2017 年，G20 中 8 个发达国家实施的贸易保护主义措施达 3946 项，平均每个经济体为 493.3 项。[①] 此外，英国脱欧、特朗普上台后采取的一系列贸易保护主义等事件，给经济全球化带来诸多的不确定性。

（2）从中长期看，在全球经济高度融合的背景下，自由贸易仍是个大趋势。诺贝尔经济学奖获得者迈克尔·斯宾塞与罗伯特·梭罗的研究表明，二战后年经济增长率达到 7% 或者更高水平，并且维持 25 年或更长时间增长的经济体，一个共同的特征就是开放。[②] 实际上，经济全球化是市场机制内在作用的结果，自由贸易的本质是市场机制在跨境、跨区域及更大地理范围内发挥配置资源的作用。正如习近平主席在博鳌亚洲论坛 2018 年年会开幕式上的主旨演讲中强调，"综合研判世界发展大势，经济全球化是不可逆转的时代潮流"。

2. 以自由贸易为主线、以服务贸易为重点的"二次开放"将使我国赢得国内经济转型与国际竞争的主动。

（1）我国经济转型升级与全球化新趋势呈现历史交汇。把握好这个历史交汇，主动推进开放转型，不仅能为国内经济转型升级创造良好的外部环境，而且能有效提升我国在全球经济治理中的制度

[①] 《新兴经济体增长势头良好博鳌论坛呼吁协作抵御保护主义》，《经济参考报》2018 年 4 月 9 日。

[②] 《发展中国家基础设施建设可以推动发达国家结构性改革》，《中国工商时报》2017 年 2 月 3 日。

性话语权。例如，全球服务贸易发展与我国服务型消费需求增长相交汇。尽管全球货物贸易低迷，但服务贸易快速发展，成为经济全球化的重点。如果能够把国内消费结构升级和推动全球服务贸易便利化进程有机结合起来，就可以通过扩大开放推进国内的产业结构升级，释放出产业升级的巨大红利。

（2）以主动开放适应全球经济一体化的新趋势。当前，全球处于消费结构升级的关键时期，这是服务贸易快速发展的重要背景。我国主动推进服务贸易领域的开放，有利于抓住全球经济服务化的大趋势促进自身发展。在经济结构调整上，全球普遍面临需求不足的挑战。我国主动扩大开放，依托不断扩大的国内消费市场，不仅有利于促进国内经济转型升级，还能够为全球经济复苏提供重要动力。

（3）推进以货物贸易为主的"一次开放"转向以服务贸易为重点的"二次开放"。改革开放40年来，我国"把门打开"，积极发展对外贸易，在实现货物贸易由小变大的过程中，推动了我国经济的高速发展，实现了由工业化初期向工业化后期的历史跨越。当前，适应经济全球化新特点与我国经济转型升级大趋势，我国以扩大开放赢得国内发展和国际竞争的主动，关键在于以自由贸易为主线、以服务贸易为重点加快开放转型，实现从"一次开放"向"二次开放"的跨越（见表1）。

表1　　　　　　　　从"一次开放"到"二次开放"

	一次开放	二次开放
起点	低收入水平 工业化初期（国内） 制造业全球化（国际）	中等偏上收入水平 工业化中后期（国内） 服务业全球化（国际）
外部环境	全球化的制度安排比较稳定	全球化的制度安排不稳定，面临变数

续表

	一次开放	二次开放
内部禀赋	劳动力无限供给，资本短缺	劳动力供给下降，资本剩余
开放重点	货物贸易 制造业市场开放	服务贸易 服务业市场开放
开放途径	融入既有的国际市场	通过"一带一路"主动开辟新市场
资本流向	"引进来"为主，净流入	"引进来"和"走出去"并重，净流出
开放路径	加入WTO	全面实施自由贸易战略
开放体制	构建外向型经济体制：围绕出口导向战略形成一系列鼓励和扶持出口型工业发展的体制机制	构建开放型经济新体制：以自由贸易为导向构建对外开放的体制机制
国际角色	国际规则的接受者、参与者、跟随者	国际规则的推动者、促进者

数据来源：迟福林：《二次开放——全球化十字路口的中国选择》，中国工人出版社2017年版。

3. 近14亿人的消费大市场是我国扩大开放的突出优势。

（1）近14亿人的消费结构升级是"二次开放"的最大优势。如果说过去"一次开放"中我国的最大优势是廉价劳动力成本优势、制造业低成本优势的话，"二次开放"突出的优势则是我国拥有全球大市场。第一，我国可以依托全球大市场实现自身的经济转型升级；第二，我国从生产大国走向消费大国，将使经济发展建立在提高居民生活水平的基础上，并成为拉动全球经济增长的重要力量；第三，走向消费大国，为全球经济增长提供巨大空间，是我国推动经济全球化进程最大的优势所在；第四，如果"二次开放"能够充分发挥自身的内需优势，我国就能在应对中美经贸摩擦上把握主动权。

（2）我国将成为全球最重要的消费市场之一。数据显示，2017年，我国社会消费品零售总额达到36.6万亿元人民币，消费品市场规模稳居世界第二。未来5—10年，服务型消费有望推动我国成为全球第一消费大市场。从实际情况看,我国服务型消费尽管起步晚,但绝大多数呈现爆发式增长,不少领域通过2—3年就达到市场规模全球第一。旅游市场、教育市场属于传统领域,与人口规模和经济发展水平有很大关系,一旦市场开放,很快就能成为全球规模第一的大市场。预计在服务型消费的拉动下,到2020年,我国的消费规模将达到50万亿元左右。

(3)我国消费升级将对全球经济增长做出重要贡献。近几年,我国最终消费对世界消费增长的年均贡献率已经是世界第一。2013—2016年,按照不变的美元价格计算,我国最终消费对世界消费增长的年均贡献率为23.4%,而美国、欧元区、日本分别为23%、7.9%和2.1%(见图1)。[1] 据相关方面预计,2016—2021年我国消费增量将高达1.8万亿美元,相当于2021年英国的消费市场规模。[2] 我国在2016—2021年期间的消费增量相当于一个英国市场,这一市场开放将对全球经济增长产生重大影响。

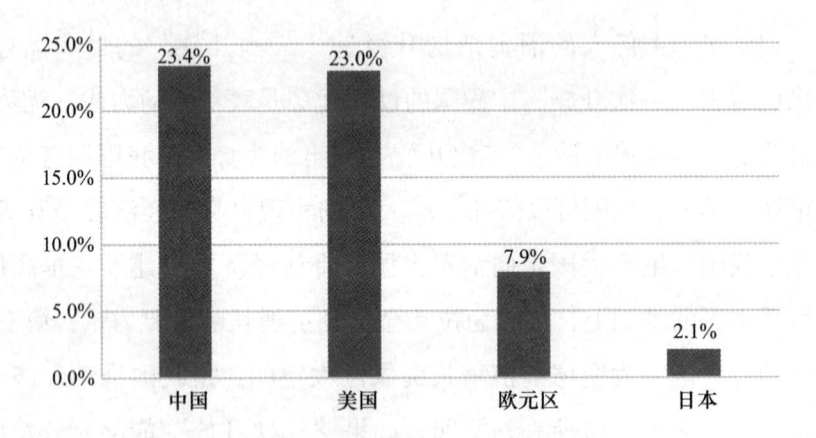

图1　2013—2016年最终消费对世界消费增长的年均贡献率

数据来源:国家统计局综合司。

---

[1] 《2017年中国经济对世界经济增长的贡献率34%左右》,《人民日报》2018年4月3日。
[2] 阿里研究院:《中国消费新趋势——三大动力塑造中国消费新客群》,2017年5月。

二 把服务贸易作为"二次开放"的重点

从现实情况看,一方面,我国产业结构升级的方向是从工业主导走向服务业主导,破解服务有效供给不足的突出矛盾;另一方面,我国"二次开放"的短板集中在服务业领域,服务业领域的开放程度仍不及制造业。也就是说,新阶段加快形成全面开放新格局,推进贸易强国建设,重点和难点都集中在服务贸易。

4. 服务贸易已成为全球自由贸易的重点与焦点。

(1) 全球服务贸易呈现加快发展的大趋势。数据显示,2010—2016 年,全球服务贸易额由 7.7 万亿美元增加至 9.7 万亿美元,增幅为 26%。服务贸易规模的不断扩大使得其在全球贸易中的占比不断提升。例如,2016 年,全球服务贸易占全球贸易总额的 23.8%,比 2010 年提高 3.8 个百分点,比 2011 年提高 4.1 个百分点(见图2)。

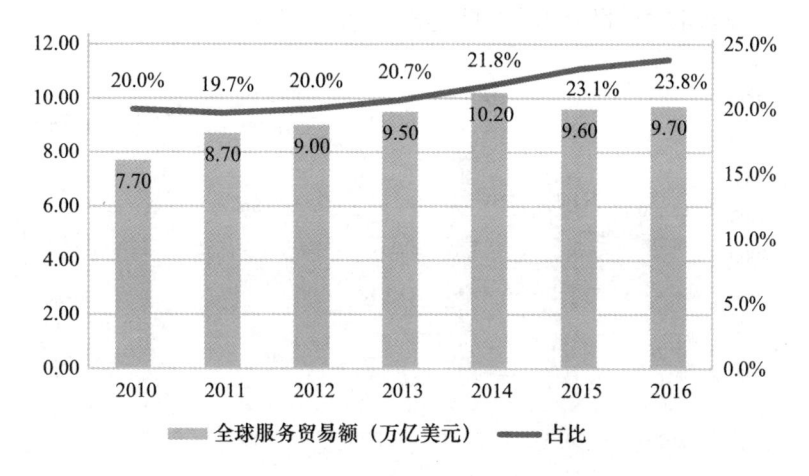

图 2　2010—2016 年全球服务额及占比

数据来源:世界贸发组织统计数据库(UNCTAD)。

(2) 服务贸易成为全球多边、双边贸易投资协定的焦点与重点。从目前情况看，全球已有 48 个国家加入了国际服务贸易谈判（TISA），覆盖全球 70% 的服务贸易。无论是区域全面经济合作伙伴关系（RCEP）、中日韩自贸区等多边自贸区谈判，还是中欧、中新自贸协定升级版等双边投资贸易协定谈判，相当一部分都涉及服务贸易。也就是说，服务贸易自由化和便利化水平很大程度上影响全球和区域自由贸易进程。

5. 服务贸易已成为我国开放转型的重点。

（1）服务贸易在我国对外贸易中的地位不断提升。近几年来，随着我国经济转型升级，服务业规模不断扩大，带动服务贸易进入快速发展期，服务贸易规模迅速扩大，服务贸易占对外贸易总额的比重不断上升。数据显示，2012—2017 年，我国服务贸易年均增长 7.7 个百分点，高于货物贸易 6.4 个百分点；2017 年，我国服务贸易总额达到 6960 亿美元，较 5 年前增长了 44.8%；占服务贸易的比重达到 14.5%，较 5 年前提升了 3.4 个百分点。可以说，服务贸易已经成为我国对外贸易发展的新引擎（见图 3）。

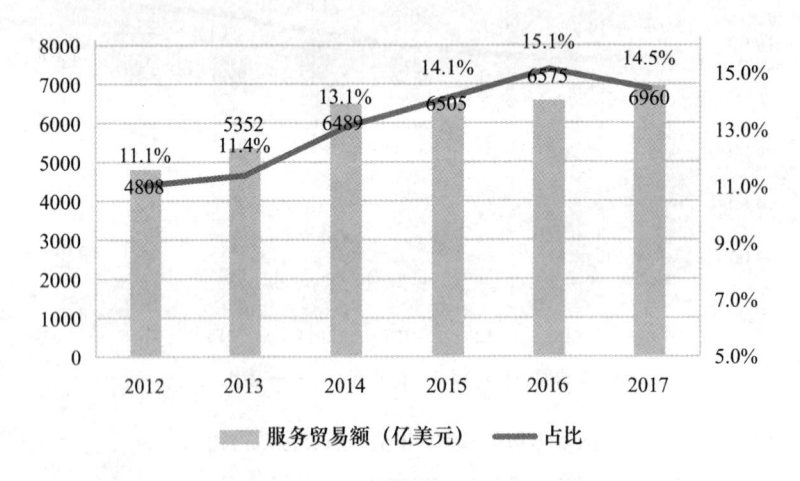

图 3　2010—2017 年我国服务贸易总额及占比

数据来源：商务部服务贸易和商贸服务业司。

（2）服务贸易发展影响我国经济转型升级的实际进程。在"一次开放"中，我国抓住了全球货物贸易需求扩张和发达国家制造业转移的历史机遇，推动了我国经济快速增长，成为了全球第二大经济体和第一大货物贸易国。当前，全球服务贸易快速发展与我国经济转型升级进程再一次形成历史交汇，国际市场和国内市场高度融合是个大趋势，国内经济转型升级与服务贸易发展的联系日益紧密。在这个大背景下，迫切需要抓住"二次开放"的重要历史机遇，通过发展服务贸易在短期提高服务型消费产品供给数量的同时，在长期提升我国服务型消费产品的供给能力与供给水平。

（3）我国服务贸易发展将为全球贸易持续增长注入新动力。据统计，2016年，我国服务贸易总额占世界的6.8%。未来几年，无论是消费结构升级还是制造业转型升级，都蕴藏着巨大的服务贸易需求。估计到2030年，我国将成为全球最大的服务进口国，占全球服务进口总额的13.4%，约为2016年的3倍，领先于美国（7.7%）和德国（5.8%）。[①]

6. 加快形成以服务贸易为重点的对外贸易新格局。

（1）服务贸易规模有望实现倍增。未来3—5年，如果考虑到服务业对外开放进程加快等因素，我国服务贸易有望保持年均10%左右的增长。到2020年，我国服务贸易有望达到1万亿美元以上，有望实现倍增，占外贸总额的比重达到20%左右。

（2）不断优化服务贸易结构。随着"一带一路"建设、全球贸易进程的不断深入，在提升传统服务贸易竞争优势的基础上，以优化服务贸易结构提升我国在全球服务贸易中的竞争力。到2020年，知识密集、技术密集和高附加值服务出口占服务出口总额的比重有望达到60%左右。

[①] 迟福林：《打造"一带一路"内陆开放新高地》，《北方经济》2018年第3期。

（3）提升我国在全球自由贸易规则重构中的话语权。适应全球自由贸易的新趋势，以服务贸易为重点，通过积极参与双边、多边和区域服务贸易协定，积极参与和引领全球服务贸易规则制定，主动推进全球贸易投资规则重构，实现我国由贸易规则的跟随者向开放、包容、共享的新贸易规则的引领者转变。争取2020年实现服务贸易额占全球服务贸易的比重达到10%以上。

三 实现"二次开放"的重点突破

适应全球服务贸易快速发展和国内经济转型的大趋势，加快推动以货物贸易为主的"一次开放"走向以服务贸易为重点的"二次开放"，形成新阶段自由贸易的制度安排，不仅牵动影响转型发展全局，更是推动我国形成全面开放新格局的重要基础。

7. 扩大服务业市场开放。

（1）服务业市场开放滞后成为开放转型的突出短板。改革开放40年来，我国工业领域的市场开放程度达到90%以上，而服务业领域的市场开放程度只有50%左右。由于服务领域大多被市场垄断或行政垄断，从而导致服务供给短缺、价格不低、质量不高等突出矛盾，成为市场化改革的突出短板。

（2）同步推进国内服务业市场开放与服务贸易开放。党的十九大报告明确提出"推进贸易强国建设"。在服务贸易与服务业市场开放直接融合的新形势下，建设贸易强国的重点、难点和焦点大都在服务贸易以及服务业对外开放程度上。为此，一方面，适应国内消费结构升级的趋势，破除国内服务业行政垄断和市场垄断，推进服务业市场的便利化改革，使社会资本进入相关的服务领域，激发服务业领域的市场活力；另一方面，适应服务贸易快速发展的大趋势，有序推进服务业市场双向开放。

8. 推进"一带一路"产能合作与服务贸易开放融合的进程。

（1）推进"一带一路"建设由产能合作扩大到服务贸易。据统计，2017年，我国与"一带一路"沿线国家或地区服务贸易额占其贸易总额的比重仅为8.2%。从趋势看，"一带一路"沿线国家和地区的经济互补性较强，尽管有些产能在我国富余，但是对发展中国家仍具有一定竞争力，所以我国绝不是简单的产能输出，而是输出一些有质量的、有发展前景的产能，并将产能合作逐步扩大到服务贸易领域。为此，需要在深化产能合作的同时，以服务贸易为重点，加大金融、科技、信息、文物保护、旅游、跨境电子商务、医疗等领域的合作，深挖服务贸易合作空间。

（2）适应"一带一路"产能合作的需求，需要进一步推进以金融为重点的服务贸易发展。从过去几年的情况看，金融业"走出去"不仅滞后于实体经济"走出去"的进程，也不适应"一带一路"产能合作对金融的实际需求。与发达国家发展服务贸易合作相比，我国与"一带一路"沿线国家和地区开展服务贸易合作具有相对优势。为此，在发挥好亚洲基础设施投资银行和丝路基金作用的同时，需要进一步推进金融领域的国际合作，以形成更多共建"一带一路"的融资机制。

（3）实行"一带一路"产业项下的自由贸易政策。支持具备条件的地区率先与"一带一路"沿线国家与地区实行旅游、健康、医疗、文化、职业教育等产业项下的自由贸易政策，走出一条开放转型的新路子。

（4）以服务贸易为重点加快构建多边、双边自贸区网络。未来几年，如果能在主动扩大开放的同时，加快推进与欧盟、日本、东盟等经济体的服务贸易自由化、便利化进程，既可以在短期内有效应对美国贸易摩擦，也将深刻影响全球贸易格局。

9. 优化区域开放布局，推进区域经济一体化进程。

（1）以西部大开放带动西部大开发。党的十九大报告明确提出，"优化区域开放布局，加大西部开放力度"。充分利用西部地区的资源能源优势，以"一带一路"建设为纽带，加强西部地区与"一带一路"沿线国家的经济合作，例如，推进能源矿产资源项下自由贸易区建设，以构建现代化交通运输体系为重点促进基础设施的互联互通。

（2）以扩大开放加快东北等老工业基地振兴。开放度不足是制约东北地区经济发展的"突出短板"，是产业结构调整滞后、体制机制改革难以破题的症结所在。新形势下，东北地区应加快融入"一带一路"建设，以中俄蒙经济走廊建设为抓手，以推进基础设施投资合作和互联互通为依托，以制造业产业园区为平台，以建立东北亚自贸区网络为目标，以发展生产性服务贸易和服务业市场开放为重点，加快构建东北对外开放的大通道、大平台、大布局，由此形成东北振兴的新动力。

（3）以扩大开放推动中部地区崛起。我国推进"一带一路"建设、长江经济带建设等新的重大发展战略，为中部地区发展带来了新的机遇。党的十九大报告指出："发挥优势推动中部地区崛起。"抓住区域协调发展的重大战略机遇，以扩大开放形成中部地区发展的新动力，在积极发展货物贸易的同时，加快推动服务贸易开放，鼓励支持企业"走出去"，加快打造内陆开放型经济高地。

10. 以服务贸易为重点打造对外开放新高地。

（1）以服务贸易为重点加快国内自贸试验区转型。党的十九大报告指出，"赋予自由贸易试验区更大改革自主权"。适应经济全球化的新趋势，国内自贸试验区需要在服务贸易发展和服务业市场开放上发挥先行先试的重要作用，在自贸试验区内更大范围突破服务业开放的限制，对标国际服务贸易规则，先行先试。

（2）以粤港澳服务贸易自由化推进大湾区建设。2018年5月，国务院发布了《进一步深化中国（广东）自由贸易试验区改革开放方案》明确提出"深入推进粤港澳服务贸易自由化"。从现实情况看，体制壁垒成为制约粤港澳服务贸易自由化的突出障碍。例如，广东服务业尚未对港澳完全开放、人员在三地难以自由流动、粤港澳服务业标准不统一等。为此，需要尽快实现粤港澳服务贸易自由化体制机制的实质性突破。例如，率先实现广东服务业对港澳的全面开放；在管住货物的前提下全面放开粤港澳人文交流等。

（3）以服务贸易为重点，加快海南自由贸易港建设。这是中央着眼于内外发展大局，着眼于中长期做出的战略部署。海南要利用建设自由贸易港的契机，从国家对外开放的全局出发，加快推动服务业的全面开放，大力发展文化、教育、旅游、互联网、医疗健康、金融、航运、会展等现代服务业，加快服务贸易创新发展，尽快形成以服务业为主体的产业结构，以在推动我国服务贸易开放方面发挥示范引领作用。

11. 适应消费结构升级，主动扩大进口。

（1）主动扩大优质产品与服务进口。习近平主席在博鳌亚洲论坛2018年年会开幕式上的主旨演讲中强调："内需是中国经济发展的基本动力，也是满足人民日益增长的美好生活需要的必然要求。中国不以追求贸易顺差为目标，真诚希望扩大进口，促进经常项目收支平衡。"从现实情况看，服务型消费需求快速增长已成为人们对美好生活需要的突出特征。例如，加快推进医药和康复养老等优质服务的进口力度，取消服务进口领域不合理的限制措施，不断提高产品与服务进口的自由化、便利化水平。

（2）进一步降低高端消费品关税水平。适应新时代人们对美好生活需要全面提升的趋势，进一步降低奢侈品、日用消费品进口关税水平，让更多消费留在国内。

（3）取消部分进口药品和医疗产品的增值税。根据财政部2017年最新关税税率调整，我国进口药品最惠国税率为2%—4%，而进入销售还需要在此基础上征17%的增值税，较高药品税赋使得进口药品价格上升30%左右。[①] 适时取消药品及常见病所使用的医疗器械进口增值税，为解决老百姓看病贵提供重要条件。

---

① 《下月起抗癌药等28项药品零关税，从税率调整看患者受益多少》，凤凰网，2018年4月25日。

"一带一路"为经济全球化开新局（17条建议）[*]

（2017年3月）

"一带一路"倡议来自中国，但成效惠及世界。"一带一路"秉承共商、共建、共享原则，践行开放、包容、平等、互利的务实行动，成为反对贸易保护主义、推动全球经济治理变革的新引擎，成为打开包容性经济全球化新局面的新钥匙。2013年以来，以"五通"为主要内容的"一带一路"建设，之所以能够赢得国际社会的广泛共识和积极参与，就在于其为区域和全球经济增长注入新动力，为世界经济走出阴霾带来新希望。

一 "一带一路"不断引领经济全球化

2013年以来，以"五通"为主要内容的"一带一路"建设，之所以能够赢得国际社会的广泛共识和积极参与，就在于其为区域和全球经济增长注入新动力，为世界经济走出阴霾带来新希望。

1. 推动全球经济再平衡。"一带一路"本质上是通过提高有效供给来催生新的需求，实现世界经济再平衡。例如，推动我国优势

---

[*] 中改院课题组：《"一带一路"为经济全球化开新局》，《浙江日报》2017年3月29日。

产能和高端装备制造走出去,与"一带一路"沿线国家和地区的工业化需求形成互补,不仅有利于提高有效供给满足消费需求,还能带动欠发达国家的技术进步,将有力推进联合国《2030年可持续发展议程》,从而实现发展再平衡。

2. 重塑全球经济治理制度。2008年,国际金融危机以来,以发达国家为主导的全球经济治理机制作用在减弱,而中国发起设立的亚投行、丝路基金在推动全球经济治理变革中的作用不断提升,使新兴经济体和发展中国家有更多机会参与到全球经济治理中来。随着G20、金砖机制、上合组织、亚投行、丝路基金、新开发银行等新型国际机制和制度的发展,"一带一路"倡议不仅是对现有全球经济治理规则的补充与完善,增强新兴国家和发展中国家的话语权,更为重塑全球经济治理新格局注入动力。有分析认为,"一带一路"计划不仅是一个宏大的经济计划,它还是全球关系与治理的一个典范,中国正引导全人类建设一个统一、和谐与繁荣的世界。

3. 重构全球价值链。随着中国经济转型升级,制造业迈向中高端,部分劳动密集型产业和资本密集型产业正加快向"一带一路"沿线国家和地区转移,使处于工业化初期的欠发达国家有机会搭上新一轮经济全球化的列车,参与到世界经济分工中来,提高工业化水平。以纺织业为例,由于劳动力成本上升等因素,我国纺织业正加快向孟加拉国、塔吉克斯坦等国转移。孟加拉国已发展成为仅次于我国的全球第二大服装出口国。

二 "一带一路"承载经济全球化三大任务

以基础设施互联互通为依托,以产能合作和服务贸易为重点,以建立多层次、多种形式的自由贸易区网络为目标,这既是"一带一路"可持续发展的重要制度安排,也是"一带一路"推动经济全球化的重大任务。

4. 以基础设施互联互通为依托。2014年11月，国家主席习近平在主持召开加强互联互通伙伴关系对话会上指出，"今天，我们要建设的互联互通，不仅是修路架桥，不光是平面化和单线条的联通，而更应该是基础设施、制度规章、人员交流三位一体"。基础设施互联互通是加快实施自贸区战略的重要保障，其本身也会带来大量的自由贸易和投资需求，需要积极探索实行基础设施项下的自由贸易政策，加快推进"一带一路"沿线铁路、公路、油气管道、电网、信息网等关键基础设施的"无缝衔接"；推进通关便利化，尽快实现大通道、大通关，为推进双边、多边自由贸易区建设创造条件。

5. 以产能合作和服务贸易为重点。目前，"一带一路"沿线国家和地区间的产能合作和金融合作已经展开。但总的看，以金融业为重点的服务业企业滞后于实体企业"走出去"步伐，也滞后于产能合作的实际需求。开展国际产能合作，尤其应该注重同时推动工程承包、研发设计、相关咨询、第三方认证、金融、保险、物流、采购企业"走出去"，把产能合作与服务贸易"两结合"作为推动我国走向服务贸易强国的重要途径。

6. 以建立自由贸易区网络为目标。一要以自由贸易区网络安排保障"一带一路"稳定性。未来"一带一路"面临的国际环境更加复杂，干扰因素将明显增多。不管形势如何变化，制度安排可以保障"一带一路"的稳定性，而多种形式的自由贸易区网络就是基本的制度安排。同时，通过构建"一带一路"自由贸易区网络，巩固我国与周边及沿线国家的经贸合作关系，拓展国际合作领域，创新合作机制，使"一带一路"在全球经济治理中发挥重要作用。二要以自由贸易区网络安排防范风险。"一带一路"推进过程中面临的政治、经济、社会环境风险将明显增多，不确定性增强。一方面，要加强风险研判，建立预警和防范机制。另一方面，要加快构建自由贸易区网络,通过这一制度安排来有效规避风险,以不变应万变,推进"一带一路"倡议的顺利实施。三要以自由贸易区网络赢得国内发展和国际竞争的主动。以"一带一路"沿线国家和地区为重点,加快建立跨国、跨区域自由贸易区网络,探索对外开放新的路径和模式,有利于我国在国际经贸规则制定中赢得主动,有利于拓展经济转型空间,有利于创造更好的外部发展环境,有利于在新一轮全球贸易自由化进程中发挥更大作用。

三 推进"一带一路"自由贸易区网络建设

"一带一路"沿线国家和地区发展水平参差不齐,既有发达经济体,也有发展中经济体,很难用一个标准、一个规则、一个模式来建立自由贸易区网络,必须依据开放、包容、共享、均衡的目标要求,打造多层次、多类型、灵活多样的双边、多边、区域性、全球性自由贸易区,或实施多种形式的自由贸易政策,以点连线、以线带面,重点突破,务实推进,逐步形成"一带一路"自由贸易区网络。

7. 探索建立"一带一路"多边自由贸易区。建立上合组织自由贸易区。尽快确立上合组织自由贸易区的发展目标,显著降低关税和非关税壁垒,提升贸易投资便利化水平,在欧亚大陆次区域内形成统一市场。加快制度与机制对接,提高贸易便利化程度。加快推进贸易投资、市场准入、海关监管等方面的制度与机制对接,提升贸易投资自由化、便利化水平。

8. 推进中国—海合会自贸区进程。在"一带一路"框架下,推动国际产能合作与海合会的经济结构多元化战略对接,相互借力,推动经济结构加快优化调整,带动中国与海合会经济合作。以开展能源项下的自由贸易为重点,打造能源经济共同体。推动能源价值链合作,推动油田工程技术服务、设备贸易、行业标准对接。

加强可再生能源和绿色能源开发和技术创新领域的合作。加快建立中国—海合会石油战略储备机制，建立能源安全合作基金等。

9. 把中国—中东欧合作（"16+1"）发展为多边自由贸易区网络。推进"一带一路"倡议与"16+1"合作机制的有效对接；加强在公路、铁路、港口、机场、电信、油气管网等基础设施建设领域的合作。促进中国和中东欧国家双向投资和贸易的便利化水平。探索实行产能项下和装备制造业项下的自由贸易政策安排。合作建设自由工业港区和自由经济区。

10. 推进"一带一路"双边自由贸易区建设。推进已取得实质性谈判成果的双边自贸区进程，加快中国—斯里兰卡、中国—马尔代夫自贸区谈判进程。升级已有的双边自由贸易区，推动中国—东盟自由贸易区、中国—新西兰、中国—韩国、中国—澳大利亚、中国—智利、中国—秘鲁等自贸区升级版建设。启动与主要贸易伙伴的双边自贸区谈判。加快与巴西、墨西哥等拉美国家双边自由贸易区谈判。推动中国与以色列自由贸易区谈判，争取尽快达成中以双边自由贸易协定。启动中国与尼泊尔、孟加拉等南亚国家自贸区进程，加快构建中尼、中孟自由贸易区。

四 实行"一带一路"的自由贸易政策

"一带一路"基础设施互联互通、国际产能和装备制造合作与灵活多样的自由贸易政策安排相结合，是务实推进"一带一路"自由贸易区网络的重要选项。

11. 以设施联通为目标推进基础设施项下的自由贸易。依托中巴经济走廊，逐步将瓜达尔港打造成以能源资源储备加工为重点的自由贸易区；依托中蒙俄经济走廊，加快推进中国与俄、蒙毗邻地区跨境铁路、公路等基础设施互通互联，推进中俄、中蒙贸易投资便利化制度安排，推进以能源矿产电力等产业为重点的中蒙、中俄跨境自由贸易示范区建设；依托中印缅经济走廊，提速国家大通道建设，打造沿边自由贸易区；依托中国—中亚—西亚经济走廊，加快石油管道和天然气管道等能源基础设施互联互通，以实行自由工业港区发展模式为目标，积极开展能源项下自由贸易。把基础设施互联互通作为推进贸易投资便利化的重要内容，实行基础设施项下的自由贸易政策，获享关税优惠，带动我国机械、装备、零部件等相关产品出口以及金融保险、研发设计、科技咨询、信息技术、现代物流等服务产品出口。

12. 以产能合作为重点推进能源项下自由贸易。与沿线能源生产国签订双边、多边能源自由贸易与产业合作协议。优先保障合作伙伴的石油供给，共同建立能源价格风险管理机制，共同建设石油合作战略储备基地，共同研究建立能源产业基金等，稳步推进能源项下的双边、多边自由贸易合作。在"一带一路"沿线国家和地区的能源通道节点城市，建设具有自贸区性质的能源加工园区、能源保税港区、新能源产业园区、能源跨境经济合作区、以能源为重点的工业港区等，对能源贸易和投资自由化、便利化的制度安排进行先行先试，打造区域能源贸易中心、能源共同储备基地、能源合作创新中心等。

13. 以在全球范围内配置资源为目标推进制造业项下自由贸易。推进与"一带一路"沿线国家和地区制造业项下的自由贸易与投资便利化，引导制造业向周边和沿线发展中国家转移，打造由我国主导的区域价值链，实现产业链的整体升级。利用我国在高端装备制造领域的优势，积极参与境外产业集聚区、经贸合作区、工业园区、工业港区、经济特区等合作园区建设，在合作区内实行自由贸易政策和相关制度安排，实现中国制造的全球布局和资源配置的全球化。

14. 开展多种形式的服务业项下自由贸易。与"一带一路"沿线国家和地区开展以教育、健康、医疗、旅游、文化、金融、免税购物、会展为重点的服务业项下的自由贸易试点。参照发达国家和国际上高水平自贸区的服务开放模式和标准，以"负面清单"管理模式推进服务业开放；通过放宽准入门槛和经营范围限制、拓展开放领域等，吸引境外服务业投资者进入国内市场，有效促进服务业竞争、提升服务水平。

五 建立"一带一路"多种形式经济合作圈

"一带一路"倡议重在推动沿线各国在基础设施、制造业、服务业、能源资源等多个领域开展广泛合作，为提振区域经济和世界经济注入新的动力。为此，通过建立多种形式的经济合作圈，对贸易和投资自由化、便利化的制度安排进行先行先试，打造区域贸易中心。

15. 打造能源经济合作圈。在中国和"一带一路"沿线国家和地区的能源通道节点城市，建设具有自贸区性质的能源加工园区、能源保税港区、新能源产业园区、能源跨境经济合作区、以能源为重点的工业港区等。对能源贸易和投资自由化、便利化的制度安排进行先行先试，打造区域能源贸易中心、能源共同储备基地、能源合作创新中心等。共建中国—沙特—伊朗能源经济合作圈。构建"一带一路"能源治理新机制，深化能源双边多边合作，形成互利共赢的能源合作规则，促进公平可持续的区域和全球能源治理格局，以提高发展中国家和新兴经济体在全球能源定价中的话语权。

16. 建立旅游经济合作圈。以旅游经济合作圈提升开放合作水平。借助"一带一路"基础设施互联互通建设，促进区域内旅游交通设施便利化；加强"一带一路"沿线区域旅游合作，充分发挥各地区位优势和旅游资源优势，共同打造边境、跨境、境外旅游合作区；在我国"一带一路"地区沿线旅游枢纽城市和港口城市，建设一批丝路国际旅游港。积极与周边和"一带一路"沿线国家和地区开展旅游项下的自由贸易，建立旅游产业贸易和投资自由化、便利化的体制机制安排。在"一带一路"有条件的国家和地区完善旅游签证政策，逐步实施落地免签、过境免签和旅游免签等便利化措施和政策，推行无障碍旅游，提高沿线国家旅游签证便利化水平。

17. 建立医疗健康产业合作圈。加快建设以欧盟、东盟等为重点合作对象的健康医疗服务自贸园区。逐步对外资开放医疗服务业，吸引国际医疗服务机构、国际商业医疗保险机构进驻，推动我国医疗健康服务产业经济的升级和"一带一路"沿线国家和地区协同发展。通过建立健康产业基金、健康科技园区、健康服务业合作示范基地等合作平台，形成"资金、政府、科研"的合作体系，打造一批面向"一带一路"沿线国家和地区的国际化医疗保健机构。充分发挥我国传统医疗产业优势，与多国开展业务合作、推广中医文化，积极发展中医药服务贸易，拓展与"丝绸之路经济带"沿线国家的合作。

总的判断是：我国发展的内外部环境发生深刻变化。从外部环境看，发达国家贸易保护主义、孤立主义等倾向加剧，使经济全球化的不确定性上升；从内部看，我国经济转型升级的趋势基本形成，经济转型与国际经济格局变化交织在一起，转型的双向影响明显增强。"一带一路"是反对贸易保护主义，构建开放、包容、共享、均衡的经济全球化新主角，承载着以构建自由贸易区网络为目标、促进全球自由贸易进程的新使命。要以"一带一路"为总抓手，加快形成我国对外开放的大平台、大通道、大布局，赢得国内经济转型和国际市场竞争的主动。

（1）"一带一路"外延的扩大。"一带一路"秉持的开放、包容、共享、均衡的理念，是一个开放式的倡议，将逐步跨越"一带一路"沿线国家，成为包括发达国家在内的全球共商、共建、共享的大平台，由此在推进新的经济全球化中承担主要角色。例如，美国并不属于"一带一路"沿线国家，随着"一带一路"建设向纵深推进，估计美国等发达国家将加入"一带一路"朋友圈中。就是说，在经济全球化的新背景下，"一带一路"是以65个国家为主体、以亚欧合作为重点，逐步扩大到全球的"65＋"。

（2）"一带一路"内涵的升级。为什么"一带一路"倡议能赢得广泛的国际共识？重要原因在于，"一带一路"承载着推进新经济全球化的重要使命。

一是以基础设施为依托。基础设施互联互通是实现"一带一路"倡议"五通"的关节点。"一带一路"沿线国家和地区基础设施建设需求巨大。有研究表明，2016—2020年"一带一路"沿线国家和地区基础设施合意投资需求至少达10.6万亿美元。巨大的基础设施建设不仅可以增加当地的就业与收入，而且对实现"一带一路"沿线相关国家、地区发展战略对接具有关键性作用。

二是以产能合作和服务贸易为重点。目前，"一带一路"沿线国家和地区间的产能合作和服务贸易合作已经展开。总的来看，服务贸易远滞后于货物贸易及企业"走出去"进程，滞后于产能合作的实际需求。2016年前三季度，我国与"一带一路"沿线国家和地区服务贸易额仅占贸易总额的10%，低于我国服务贸易占比18%的平均水平。重货物贸易而轻服务贸易，贸易自由化、便利化程度比较低，导致"一带一路"沿线国家和地区贸易成本居高不下。未来，在深化产能合作的同时，拓展服务业领域的合作，成为"一带一路"可持续发展面临的重大任务。

（3）以构建多层次的自由贸易区网络为目标。以"一带一路"沿线国家和地区为重点，加快建立跨国、跨区域自由贸易区网络，探索对外开放新的路径和模式，有利于拓展经济转型空间；有利于我国在新的国际经贸规则制定中赢得主动，创造更好的外部发展环境；有利于在新一轮全球贸易和投资自由化、便利化进程中发挥更大作用。

——实施制度化、便利化的安排。无论是建立双边自由贸易区，还是构建多边自由贸易区，或是开展多种形式的自由贸易，都需要尽快形成制度安排，在投资贸易便利化上实现重要突破。

——实现双方、多方的优势互补。构建"一带一路"自由贸易区网络，需要立足沿线国家和地区的基本国情，发挥各自的资源优势，实现优势互补、互惠互利，形成利益共同体、命运共同体。

——推进"一带一路"的可持续进程，增强各方对全球经济一体化的信心。在全球贸易保护主义抬头的特定背景下，推进"一带一路"自由贸易区网络建设，对促进全球经济一体化和改善全球经济治理结构有重要影响。同时，有利于增强各方对全球经济一体化的信心，共同反对各种形式的贸易保护主义。

（4）"一带一路"地位的提升。"一带一路"既包括对新兴市场、发展中国家和转型国家的开放，也包括对西方发达国家的开放，而且将"一带一路"沿线国家和地区与我国区域开放开发直接融合。因此，"一带一路"不仅仅是国家区域性平台，更是一个引领开放、包容、共享、均衡的经济全球化大平台，有助于构建内外互动、相互融合的新发展大格局。

应对中美经贸摩擦的思考与对策（10条建议）[*]

（2018年7月）

当前，中美经贸摩擦成为影响我国发展的重大外部风险因素。综合各方面情况看：美国贸易挑战的中长期影响大于短期影响；间接影响大于直接影响；多边影响大于双边影响。应对美国贸易挑战的主要出路在于：立足中长期，以深化改革、扩大开放释放经济转型升级蕴藏的巨大内需潜力，由此把握优势、赢得主动。为此，提出以下10点建议。

1. 立足经济转型升级蕴藏的巨大内需潜力，形成我国独特优势。我国的经济转型升级蕴藏着巨大内需潜力。比如，城乡居民国消费结构正在稳步升级，预计到2020年，我国城镇居民服务型消费比重将由目前的45%左右提高到50%左右；我国消费规模有望达到50万亿元左右，加上引致投资需求，内需潜力将达到百万亿元。从全球角度看，从中长期看，这是我国的一个独特优势。

2. 有效释放内需潜力，不仅可以实现可持续增长，而且可以

---

[*] 中改院课题组：《以深化改革释放巨大的内需潜力——应对中美经贸摩擦的思考及对策（10条建议）》，《简报》总第1182期，2018年7月。

有效应对美国贸易挑战，赢得主动。初步估算表明，在服务业领域行政垄断和市场垄断逐步打破的条件下，服务业增加值年均增长速度将保持在9%左右，每年将带动经济增长3.8—4.3个百分点。加上人口城镇化、消费结构升级带来的增长叠加效应，有望使经济增长速度在未来10年保持在6%左右，未来15年保持在5%。

依托这个内需大市场，我国可以形成应对美国贸易挑战的战略主动。如果美国继续扩大对我国产品加征关税的范围，我方可以采取差别化的应对策略：一方面，对美方有理有力有节地予以反制，维护自身利益；另一方面，主动大幅度降低非美产品的进口关税，大幅扩大非美资本的市场开放。考虑到中美经贸摩擦的中长期性、艰巨性，需要尽快把释放内需潜力作为战略举措，以赢得主动。

3. 着力降低企业税负等成本，激发实体经济活力，以此作为短期的重大战略举措。"实体稳，全局稳；实体危，全局危。"我国经济生活领域面临的问题，突出体现在实体经济上。面对美国贸易挑战，要把振兴实体经济作为根本立足点。

（1）短期内全面降低税负，实质性减轻实体经济负担。这些年中央高度强调降低企业税负，并且出台了一系列举措。调研中，不少企业反映要以企业前几年的真实税负水平为基础来减税，而不仅是名义税率的降低。否则，企业也难以享受到减税的红利和实惠。上半年我国税收增速远大于GDP增速和城乡居民收入增速，对此要引起高度重视，尽快实施实质性的减税举措。

（2）加快产权纠纷案例的平反进程。这对稳定民营企业预期有着极为重要的作用。过去两年来这方面有大的进展，还需要加快推进，有一起纠正一起。同时，加快出台《民法典》，形成企业家和个人财产权保护的制度规范。

（3）加快降低制度性交易成本，有效对冲要素成本的合理上升。比如，明显降低企业融资成本，以提高市场化程度明显降低水电气网等要素成本。

4. 适应消费结构升级趋势加快调整优化国有资本配置结构。国有资本在释放内需潜力中大有可为，关键在于适应社会需求变化，优化调整国有资本配置结构。

（1）把调整优化国有资本整体布局作为发展混合所有制的重点。推动国有资本从僵尸企业、夕阳产业、无效产能领域退出，尽快配置到战略性新兴产业和公益性领域。

（2）尽快出台公益性国企的指导目录。形成国有资本进入公共服务领域的具体办法，推动国有资本在扩大公共服务供给上做出更大贡献。

（3）着力提高国有资本的投资效益。在竞争性领域更多发展社会资本控股的混合所有制，形成有利于激发企业家精神、发展创新型企业的治理结构。

5. 以服务业市场开放为重点深化供给侧结构性改革。服务领域面临突出的"有需求、缺供给"的矛盾，这就需要加快服务业市场开放，吸引更多资本进入，以扩大服务的有效供给。

（1）破除服务业领域的行政垄断和市场垄断，推进服务业市场向社会资本的全面开放。建议把推进服务业市场向社会资本的全面开放作为有效激活和扩大民间投资的重大举措，凡是法律法规没有明令禁入的服务业领域，都应该向社会资本开放，建立全国统一开放、竞争有序的服务市场体系。

（2）加快形成市场决定服务价格的新机制。对竞争性领域服务业和垄断行业的可竞争性环节，加快形成主要由市场决定的价格形成机制；对非基本公共服务，全面放开价格管制。例如，对营利性民办学校、社会办养老机构等价格由经营者自主定价、政府监管；政府定价范围主要限定于基本公共服务领域、重要公用事业、公益性服务等。

6. 以扩大服务贸易开放为重点形成全面对外开放的新格局。以内需为基础扩大对外开放，关键是推进服务贸易为重点的开放转型。这不仅可以有效满足全社会服务型消费的全面快速增长，而且可以从中国制造转向中国市场，真正惠及世界，并且缓解某些紧张的经贸关系。这就要把服务贸易发展作为重点，确立建设服务贸易强国的战略目标。估计到2020年，服务贸易规模将达到1万亿美元，占外贸总额比重达到20%左右，占全球服务贸易比重达到10%。

7. 适应消费需求升级主动扩大药品等优质产品与服务进口。以药品等社会反映突出的商品与服务为切入口，加快推进医药和康复养老等优质服务的进口力度，取消服务进口领域不合理的限制措施，显著提高服务进口的自由化、便利化水平。同时，加快建立与扩大进口相适应的政策体系，包括进一步降低高端消费品关税水平。

8. 以服务贸易为导向创新负面清单框架。最近，我国公布了全国负面清单（2018版）以及自由贸易试验区负面清单（2018版），大幅放宽了投资准入标准。未来几年，既要进一步削减负面清单长度，更要着眼于服务贸易发展，创新负面清单制度，加快实施"准入后国民待遇"，凡是在我国境内注册的企业，都一视同仁、平等对待，以打造一个公平竞争的市场环境。

9. 以产能合作和服务贸易为重点推动"一带一路"倡议的实施。生产性服务业和生活性服务业将成为推动"一带一路"产能合作和人文交流的重点。为此，需要把服务贸易作为"一带一路"进程中双边多边自由贸易的战略重点，形成以服务贸易带动和促进产能合作的新局面。当前是以扩大服务贸易开放为重点推进双边多边自由贸易进程。在中韩自贸区、中日韩自贸区、亚太自贸区、中欧投资协定谈判中，重点推进服务业有序对外开放，在促进服务贸易自由化和便利化上取得新突破。

10. 以服务贸易为重点加快推动自由贸易试验区转型和海南自由贸易港发展，打造对外开放新高地。

（1）以服务贸易为重点加快国内自贸试验区转型发展。一方面，更大范围突破服务业对外开放的限制；另一方面，加快服务贸易开放先行先试。在国内自贸试验区，借鉴国际服务贸易最新规则，先行先试，为全面对接国际贸易规则积累经验。

（2）打好海南自由贸易港这张牌。建设海南自由贸易港是中央着眼于内外发展大局，从中长期出发做出的一个战略部署。从国家战略出发，要把服务贸易作为海南自由贸易港的突出特色，以服务业市场的全面开放为突破，发挥海南在新阶段全面深化改革中的战略作用。

面对美国贸易挑战，我们需要立足自身、把握趋势、突出优势、深化改革。以扩大内需为重要目标深化市场化改革，不仅有利于我国积极应对中美经贸摩擦，而且对我国中长期经济发展以及全球经济都有着重要影响。应当说，新阶段全面深化改革，其复杂程度、敏感程度、艰巨程度不亚于40年前，需要进一步解放思想，需要突破利益固化格局，尤其是政府自身利益的掣肘。这就需要释放内需潜力加强顶层设计和顶层推动。

以高水平开放形成改革发展新布局（16条建议）[*]

（2020年1月）

我国"十四五"建设更高水平开放型经济新体制，重在以高水平开放为主线形成改革发展新布局，推动高质量发展，赢得国际合作竞争的主动。总的思路是：以加快服务业市场开放为重点，主动对接高水平国际经贸规则，形成高水平开放下的有效政府治理，到2025年基本形成更高水平开放型经济新体制。

一　把握高水平开放三大趋势

1. 从制造业领域为主的开放走向服务领域为重点的开放。

一方面，服务贸易成为全球自由贸易的重点、焦点。2008—2018年，全球货物贸易年均增长1.9%，低于服务贸易平均增速近2个百分点。2005—2018年，全球服务出口由2.66万亿美元增加至5.85万亿美元，增加了120%；2018年，全球服务出口占贸易出口总额的23.1%，比2005年提高近3个百分点，比2011年最低

---

[*] 中改院课题组：《以高水平开放形成改革发展新布局——建设更高水平开放型经济新体制的目标与任务》，2020年1月。

点提高了 3.7 个百分点。另一方面，服务贸易成为全球贸易规则重构的焦点。国际贸易规则的重点从货物贸易向"货物贸易—服务贸易—投资"转变，服务贸易在双边、区域贸易投资谈判中的比重逐渐增大，成为各国谈判和博弈的焦点。例如，中国—新西兰自由贸易协定谈判中，对服务业领域的开放程度已与《服务贸易协定》（Ti-SA）谈判要求基本相同；中韩自由贸易协定中，电信与金融领域的开放均有实质性突破。

2. 从商品和要素流动型开放走向规则等制度型开放。

全球范围内的贸易保护主义和贸易摩擦多数来自于规则和制度上的冲突。维护以规则为基础的多边贸易体制，对制度型开放提出新的要求。例如，"零关税、零壁垒、零补贴"逐渐成为国际经贸规则调整的重要趋势之一，但国内相关制度安排还难以达到这个要求。近年来我国设立的自由贸易试验区（港），主要在于探索制度型开放。以探索负面清单管理为例，重点是国内经济体制与国际规则相衔接。

3. 从经济全球化的参与者到经济全球化的推动者。

当前，我国已经成为世界第二大经济体、第一大工业国、第一大货物贸易国、第一大外汇储备国。党的十八大以来，我国提出了"构建人类命运共同体"的倡议和共建"一带一路"倡议。共建"一带一路"倡议及其核心理念已先后被写入联合国、二十国集团、亚太经合组织以及其他区域组织等有关文件中。目前，我国在世界银行投票权升至第三位（从 4.45% 上升至 5.7%），仅次于美国和日本（分别为 15.87% 和 6.83%）；在国际货币基金组织的投票权份额从 3.8% 提高至超过 6%，排名由第六跃居至第三。

二 "十四五"高水平开放的基本目标

4. 以加快服务业市场开放为重点。

经济服务化是当前经济全球化的重要趋势，对外开放由工业领域为主转向服务业领域为主是经济全球化的时代特征。和工业领域一样,一个国家服务业领域的发展也难以"闭门造车",需要以开放创新的形式获得国际竞争力。为此,一方面,推进服务业市场开放,是加快服务贸易谈判、扩大服务贸易的重要前提。我国改善同欧美日等发达国家之间的经贸关系,把握开放的主动权,关键在于服务业市场开放。另一方面,适应国内服务型消费升级的大趋势,推动教育、健康、文化、养老、信息等服务业市场开放,形成服务贸易不断扩大的新格局。

5. 主动对接高水平国际经贸规则。

一方面,以实现竞争中性为例,按照国际经贸规则,促进各类企业公平竞争,本身就是我国加快经济转型升级、促进高质量发展的内在要求。另一方面,以服务业市场开放为例,它既符合国际经贸规则变革的大方向,也与我国市场决定资源配置的改革方向相吻合。"十四五"加快市场化改革,要按照竞争中性原则,遵循国际惯例建成国际社会普遍认可的高标准市场体系,形成开放与改革相互促进的新格局。

6. 加快形成高水平开放下的有效政府治理。

政府是高水平开放最重要的推进主体和责任主体,要把完善政府治理作为建设更高水平开放型经济新体制的"重头戏"。一方面,适应竞争中性原则完善政府治理,从现实看,在高水平开放的背景下完善政府治理,关键是落实竞争中性原则。另一方面,形成高水平开放的政府治理,需要以市场监管转型为重点实现"放得开、管得好"。

7. 到2025年基本建成更高水平开放型经济新体制框架。

(1) 基本实现服务业全面开放,初步建成服务贸易强国。争取到2025年,我国服务贸易总额达到1.5万亿美元左右,占外贸总额的比重达到20%以上;知识密集、技术密集和高附加值服务出口占服务出口总额的比重达到60%以上；服务贸易国际竞争力明显提升，服务贸易逆差占服务贸易的比重由目前的32.6%下降到20%左右，初步实现由贸易大国向贸易强国的转变。

（2）在投资贸易自由化上实现实质性突破。"十四五"初期，率先在海南自由贸易港实行"零关税、零壁垒、零补贴"政策；"十四五"中期，在国内各自由贸易试验区实行压力测试；"十四五"末期，初步建立"零关税、零壁垒、零补贴"的政策体制框架。

（3）基本形成内外资一视同仁的规则制度体系。以贯彻实施《中华人民共和国外商投资法》为重点，对标国际先进水平加快对外开放法律的立改废释进程；争取到2025年，基本建成法治市场经济的制度框架，使高水平开放于法有据。

（4）"一带一路"自由贸易区网络建设取得重要突破，对外贸易多元化的格局初步形成。争取到2025年，我国对外贸易的国际市场结构更趋多元，与新兴市场的贸易占比由2018年的57.7%提升到60%以上，基本实现对外贸易结构进一步优化的目标。

（5）我国在经济全球化进程中的制度性话语权明显提升。充分发挥亚投行、丝路基金的作用，提升我国在世界银行、货币基金组织中的地位作用，利用好G20、APEC、东盟10+3等国际及区域组织做好宏观政策协调，推动多层级国际宏观经济政策协调框架的建立，在区域和全球层面搭建互补国际宏观经济政策协调框架，避免大国间的战略误判及争端升级，降低贸易摩擦等因素对外贸产业链的负面影响，扩大我国在贸易、金融等领域的国际影响力和话语权。

三 "十四五"推进高水平开放的重大任务

8. 以打破垄断为重点推进服务业市场全面开放。

一是破除服务业领域的行政管制和行政垄断；二是服务业领域

对外资和社会资本同步开放；三是形成服务业领域投资贸易自由化的制度安排。例如，破除服务业市场壁垒，彻底打破服务业市场分割和地区封锁，凡是法律法规没有明令禁入的服务业领域，都应该向异地社会资本开放，建立全国统一开放、竞争有序的服务市场体系；建立公平竞争的市场规则，实现包括市场准入、准入后和经营过程中民企、外资和国企享受同等待遇；全面清理制约服务业市场公平竞争的政策法规。

9. 以强化竞争政策基础性地位为重点优化营商环境。

一是强化竞争政策基础地位，从以产业政策为导向转向以竞争政策为基础，加快实现体制内外政策的平等；二是落实公平竞争审查制度，提升公平竞争审查的专业性、权威性，对接国际通行规则完善审查范围、审查标准和操作程序，实现审查于法有据；三是加快建立以事中事后监管为主的现代市场监管体系；四是形成以管资本为主的国有资产监管体制，加快从"管企业"走向"管资本"进程，以发展混合所有制为重点鼓励社会资本参与，加快推进国有资本的战略性调整；五是加快探索和建立自由企业制度，全面实施企业自主登记与简易注销制度；六是强化财产权和知识产权保护的国际化、法治化，加快构建与高水平开放相适应的财产权保护法规制度体系，对标国际高标准投资贸易规则，完善知识产权保护和运用体系。

10. 以服务贸易为重点打造对外开放新高地。

一是主动对标国际上最高水平开放标准，重点在制度型、结构性开放上聚力、发力；二是以服务贸易为重点推进自由贸易试验区转型升级，加快服务贸易开放的先行先试，在试验基础上提出服务贸易新规则，争取到"十四五"末，初步形成中国版国际贸易规则特别是服务贸易新规则；三是加快推进粤港澳服务贸易一体化，率先推进服务行业管理标准和规范全面对接；四是在海南自由贸易港推动"零关税、零壁垒、零补贴"的重大突破。

11. 立足长期重塑中美新型大国关系。

一是以长期视角和战略思维化解中美经贸摩擦，防止在多边经贸形势上出现重大战略误判；二是积极争取与美国互降关税，推动中美零关税试点；三是以平等协商为原则尽快重启中美投资协定谈判；四是在维护多边贸易体制中拓宽解决中美经贸摩擦的空间，我国在条件成熟时积极考虑加入全面与进步跨太平洋伙伴关系协定（CPTPP）；五是加快推进国际机构改革，推动建立国际经济政策协调机制，加强与美国在全球治理框架下的合作，中美应在全球治理框架、国际公共产品提供等方面达成诸多共识，维护共同利益。

12. 加快构建高标准双边多边自贸区网络。

一是推动尽快完成中日韩自贸区谈判，采取灵活方式实现中日韩自贸区谈判的突破；二是加快推进亚太区域经济一体化进程，以包容、开放为基本导向，采用先易后难、灵活多样的方式开展谈判，尽快收获早期收益，并逐步向高标准过渡；三是以服务贸易为重点深化中欧经贸合作，建议以欧盟—越南自由贸易协定（EVFTA）为参考，宣布启动中欧自贸谈判，或至少启动中欧自贸区可行性研究；同时在中欧自贸谈判中加大服务贸易、数字贸易等新兴贸易的比重，并通过采用过渡期、实现产业项下自由贸易等多种方式，最终达成高标准、广覆盖的自贸协定。

13. 推进"一带一路"产能合作与服务贸易相融合。

一是统筹产能合作与服务贸易融合发展，通过服务贸易合作带动我国制造业全球布局，进一步建立健全区域合作的供应链、产业链和价值链，推动转型升级；二是构建"一带一路"双边多边自由贸易网络，采取分类推进、灵活多样的自贸安排，打造多层次、多类型的自由贸易区；三是推进"一带一路"与京津冀协同发展、长江经济带发展、粤港澳大湾区建设、东北振兴、西部大开发、沿边地区开放发展等区域发展战略相融合;四是借助"一带一路"推进人民币国际化进程。

四 "十四五"加快推进高水平开放的行动建议

14. 加强建设更高水平开放型经济新体制的顶层设计。

(1) 建设更高水平开放型经济新体制是一项系统工程,具有深刻性和复杂性。涉及服务业市场开放、国有企业改革、财产权与知识产权保护、资源要素市场化、财税体制改革、金融体制改革等,是经济体制适应高水平开放的系统性重构。不仅涉及政府与市场关系、政府与社会关系、中央与地方关系等变革,还涉及现有法律法规体系的变革。

(2) 尽快出台"十四五"建设更高水平开放型经济新体制的总体方案,明确提出我国作为新型开放大国,推进高水平开放的目标要求、重点任务和主攻方向。

(3) 推动高水平开放的相关立法,使改革于法有据。一是以落实《外商投资法》为重点加快相关配套法律的立改废释。我国《外商投资法》于2020年1月1日开始正式实施。与此相适应,加快修改土地管理法、专利法、证券法,制定资源税法等法律法规,使其与《外商投资法》一致起来。二是尽快出台《知识产权法》。参考《建立世界知识产权组织公约》与《与贸易有关的知识产权协定》,形成一部统一的《知识产权法》,并将现有的《著作权法》《专利法》《商标法》等纳入《知识产权法》中。三是制定专门的《外国投资安全审查法》,对有关外资安全审查机制的结构、运行模式、决策方式、监督机制等做出明确具体的规定。

15. 赋予地方更大的对外开放试点权。

在高水平开放上进一步解放思想,推行地方改革开放试点免责机制,克服地方干部在扩大开放、推动改革中的不敢为、不敢试。

建立改革开放人才的选拔与培养机制：真正挖掘有闯劲、有创新思想的改革开放人物，并配置到改革的关键岗位上；增强各级干部的改革开放意识，形成改革人才的培养机制。一方面，赋予自由贸易试验区（港）更大开放自主权，强化自由贸易试验区（港）相关立法工作；另一方面，支持地方政府因地制宜实行产业项下自由贸易政策。

16. 尽快破题高水平开放的政府治理。

党的十九届四中全会《决定》对国家治理体系和治理能力现代化进行系统的部署。从我国全面融入世界经济的现实看，国家治理体系和治理能力现代化的实现路径，需要与高水平开放相适应。为此，建议以形成高水平开放的政府治理为重点，尽快出台"十四五"国家治理体系和治理能力现代化的行动方案，以形成高水平开放带动全面深化改革的新布局。

在高水平开放中赢得未来（16条建议）[*]

（2021年5月）

面对经济全球化受到的严峻挑战，全球经济复苏与国际合作比以往任何时候都更加需要相互合作，需要相互开放市场，需要坚定维护以多边主义为核心的合作机制。我国致力于推进高水平开放，推动建设更高水平开放型经济新体制；致力于推动贸易和投资自由化便利化，深化区域经济一体化，巩固供应链、产业链、数据链、人才链，坚定不移构建开放型世界经济。

一　扩大开放深刻改变中国、深刻影响世界

改革开放40多年来，我国坚持打开国门搞建设，坚持以开放促改革发展，既释放了巨大的发展潜能，促进了经济快速增长，也重塑了自身在全球经济格局中的地位。可以说，中国40多年的快速发展，重要密钥之一在于不断扩大开放。

1. 在扩大开放中实现经济快速增长。

1978年的改革开放，开启了我国与世界的"合群"进程，由此中国在积极参与国际大分工中实现了经济的高速增长。1978年，

---

[*] 中改院课题组：《赢得未来——高水平开放的中国与世界》，2021年5月。

我国国内生产总值仅为 3679 亿元人民币，2020 年突破 100 万亿元人民币。1979—2019 年，按不变价计算，我国 GDP 年均增长 9.4%，远超世界平均增速（2.9%），占世界比重从 1.8% 提高至 16% 左右。① 2020 年，世界经济下滑 4.3%，我国经济逆势增长，实现了 2.3% 的正增长，稳居世界第二位，占世界经济的比重提升至 17% 左右。②

2. 成为世界经济增长的主引擎。

1961—1978 年，我国对世界经济增长的年均贡献率仅为 1.1%；1979—2012 年，我国对世界经济增长的年均贡献率达到 15.9%，仅次于美国，位居世界第二位；2013—2018 年，我国对世界经济增长的年均贡献率达到 28.1%，居世界第一位；2018 年，我国对世界经济增长的贡献率为 27.5%，2019 年、2020 年超过 30%。③

3. 成为全球投资贸易增长的重要力量。

按美元计算，2001—2019 年，我国货物进口平均增速达 13.0%，④ 远高于世界平均增速。2020 年，在全球贸易普遍下滑的背景下，我国货物进出口总额 321557 亿元，比上年增长 1.9%。从对外投资来看，2019 年我国对外直接投资 1369.1 亿美元，流量规模仅次于日本（2266.5 亿美元），蝉联全球第二，流量占全球比重连续 4 年超过一成，占世界的比重达到 10.4%；2019 年末，我国对外直接投资存量达 2.2 万亿美元，次于美国（7.7 万亿美元）和荷兰（2.6 万亿美元），保持全球第三，存量占全球比重达到 6.4%。⑤

---

① 根据世界银行数据库测算。
② 国家统计局副局长盛来运：《我国是全球唯一实现经济正增长的主要经济体》，2021 年 2 月 28 日，环球网。
③ 《国际地位显著提高国际影响力持续增强——新中国成立 70 周年经济社会发展成就系列报告之二十三》，国家统计局网站，2019 年 8 月 30 日。
④ 根据 UNCTAD 数据计算得出，https://unctadstat.unctad.org/EN/。
⑤ 商务部：《2019 年度中国对外直接投资统计公报》，2020 年 9 月 16 日。

4. 成为世界工厂和世界市场。

我国加入 WTO 后，凭借全球规模最大、门类最全、配套最完备的制造业体系，深度参与国际分工和全球产业链体系，成为"世界工厂"。随着我国进入工业化后期，在消费结构升级和扩大开放的双重推动下，我国开始成为"世界市场"。例如，2019 年，我国社会消费品零售总额达到 5.96 万亿美元，同期美国为 6.22 万亿美元，相差仅为 2700 亿美元；我国已成为仅次于美国的第二大进口国，进口规模占全球比重已由 2001 年的 3.8% 上升至 2019 年的 10.8%，略低于美国占全球的比重（12.3%）。[①]

二 以扩大内需为导向推进高水平开放

未来 5—10 年，我国经济转型升级处于关键时期并蕴藏着巨大的内需潜力，成为我国推进高水平开放的独特优势和基本条件。构建国内国际双循环新发展格局，需要发挥超大规模市场优势，以内需为导向推进高水平开放，加快形成与大国经济相适应的开放体系。

5. 我国经济转型升级蕴藏巨大内需潜力。

从消费结构看，2019 年，我国服务型消费占比为 45.9%，估计到 2025 年将达到 52% 左右，开始进入服务型消费社会。从产业结构看，2020 年，我国服务业占 GDP 的比重为 54.5%，估计到 2025 年，我国服务业占比有可能接近 60%。从城乡结构看，随着城市化和城市群的发展，估计到 2025 年，我国常住人口城镇化率将达到 66% 左右。[②]

[①] 张茉楠：《打造中国超大规模市场优势须改革与开放相互促进》，《中国经济时报》2020 年 12 月 29 日。

[②] 迟福林：《以高水平开放构建"双循环"新发展格局》，《经济参考报》2020 年 9 月 30 日。

6. 内需潜力释放将支撑未来10—15年的中速增长。

2020年，我国社会消费品零售总额（39.2万亿元）和全国固定资产投资（不含农户）（51.9万亿元)[①] 合计已达到91.1万亿元，这个巨大的市场是我国经济中速增长的重要的动力。未来几年，我国服务业增加值年均增长速度将保持在6%左右，每年将带动经济增长2—3个百分点；加上人口城镇化、消费结构升级带来的增长叠加效应，经济增长速度在未来10—15年将保持在5%左右。

7. 立足扩大内需推进高水平开放进程。

超大规模内需市场潜力的释放，将为我国实现高质量发展提供更大空间，也将为经济全球化注入更多正能量。初步测算，百万亿元级别的内需市场规模将为未来5—15年中国实现4%—5%的经济增长奠定重要基础。进入新发展阶段，扩大内需在引领高水平开放中的基本导向作用全面凸显。一方面，消费结构升级对世界多样化高品质的产品、服务产生更多需求。到2030年，我国累计商品进口额有望超过22万亿美元。[②] 另一方面，随着我国经济全面深度融入世界，释放14亿人的内需潜力，需要以更高水平开放融入国际经济循环。例如，目前我国95%的高端专用芯片、70%以上智能终端处理器以及绝大多数存储芯片依赖进口。[③] 中国提出的"双循环"是基于内需大市场做出的战略选择。以扩大内需为基本导向的高水平开放，就是要实现内外市场联通、要素资源共享，就是要构建更加开放的国内国际双循环。

[①] 国家统计局：《中华人民共和国2020年国民经济和社会发展统计公报》，2021年2月28日，国家统计局网站。

[②] 习近平：《在第三届中国国际进口博览会开幕式上的主旨演讲》，新华网，2020年11月4日。

[③] 《依靠科技创新规避"卡脖子"风险》，中国经济网，2019年10月31日。

三 以强大国内市场推动全球自由贸易进程

未来几年，依托强大国内市场，加快推进双边多边自由贸易进程，深化区域经济一体化，巩固供应链、产业链、数据链、人才链，有效应对贸易保护主义与单边主义，并为推动建设开放型世界经济与全球经济复苏注入新的动力。

8. 把握区域经贸合作的大趋势。

（1）以区域合作为重点的自由贸易大趋势。多哈回合谈判陷入停滞以来，面对日益高涨的贸易保护主义，多边进程面临挑战，签订区域贸易协定（RTA）的国家数量激增。目前，WTO 所有成员均签订了至少一个 RTA，区域合作已成为世界各国推进自由贸易的重要方式。

（2）区域合作水平向更高标准、宽领域、强排他演进大趋势。从 CPTPP、日本—欧盟经济伙伴关系协定（EPA）、美墨加贸易协定（USMCA）等最新签订的自由贸易协定内容看，条款在广度和深度上都超越了 WTO。《服务贸易总协定》（GATS）以正面清单为主，而 CPTPP、EPA 以及 USMCA 在服务贸易和投资领域均采用了负面清单模式，并在服务业部门实行准入前国民待遇。金融和电信业是服务部门开放的重点领域。此外，USMCA、EPA 还加入了允许金融数据跨境转移的内容。电信服务章节对电信网络的接入和使用进行了规范和承诺。此外，区域自贸协定强排他的趋势明显。例如，CPTPP 通过原产地规则等实现了对区域外其他国家的歧视；USMCA 将毒丸条款引入；等等。

（3）疫情冲击下区域合作需求进一步加强。2021 年 1—2 月，全球区域货物与服务贸易协定通知数量达到 49 个，为历年最高。[①]

[①] 根据 WTO RTA 数据库统计得出。

未来几年，各国为尽快实现本国经济复苏与贸易投资增长，推进高水平区域合作仍是有很大可能采取的重要举措。

9. 立足内需深化区域经济一体化。

（1）以推动区域全面经济伙伴关系协定为基础推进亚太区域经济一体化进程。按照 RCEP 协定的相关开放承诺，加快出台相关配套措施，并推动海关、监管、投资等国内相关政策、制度调整，以此推动 RCEP 协定的尽快落地实施考虑到发达国家与发展中国家开放水平差异较大，亚太自贸区可考虑建立一个多层次的自贸协定，不同层次对应不同开放标准，并明确过渡期，以加快协商进程。

（2）以服务贸易为重点务实推进中日韩自贸进程。

——以服务贸易为重点加快中韩自贸区升级版谈判，在知识产权、文化旅游、电子商务、金融服务、研发、工业设计和数据处理等领域实现双边开放的重要突破，逐步推进双边服务标准的对接、服务市场的融合。

——以医疗健康为重点深化中日合作，积极推进与日本医疗健康服务标准、监管规则的对接，提升我国医疗健康产业发展质量。

——强化制造业产业链供应链领域的合作，在汽车制造、电子通信、机械设备、工业机器人等制造业领域形成分工合作新机制，推动三国制造业向全球价值链的上游发展。

——以"中日韩+"模式拓展三国合作空间，推进东北亚区域经济一体化进程。

（3）排除干扰实现中欧经贸合作的重要突破。2016 年，中改院课题组和欧洲政策研究中心就中欧自贸区开展研究时，提出中欧应尽快启动中欧自贸区可行性研究。当前，中欧双方应本着相互尊重、排除干扰的态度看待双边关系。总的看，推动中欧投资协定尽快生效，不仅符合中欧双方的经济与战略利益，更多全球经贸格局与经济全球化进程也会产生重大利好。

（4）积极考虑加入CPTPP。习近平主席在亚太经合组织（APEC）视频峰会演讲时表示"中方将积极考虑加入全面与进步跨太平洋伙伴关系协定"。CPTPP是面向21世纪的高标准贸易协定，体现了全球新一代自由贸易规则演进的大方向。近两年我国推进高水平开放，要把加入CPTPP作为重点任务之一，在服务贸易、知识产权协定、竞争中立、电子商务、政府采购、国有企业和指定垄断、中小企业、投资者—国家争端解决机制（ISDS）等方面加快形成新的制度安排，以在新发展阶段国际产业合作中把握更大的主动权，并由此形成深化市场化改革的新动力。

10. 推动共建"一带一路"高质量发展。

（1）推进"一带一路"公共卫生合作。加大对"一带一路"沿线发展中国家抗疫物资的支持，包括必要的卫生医疗设备、检测试剂、疫苗、应急物资和人员等；加大开展技术合作交流的力度，建立密切的技术沟通机制，分享相关防控和诊疗技术，携手共同应对疫情，真正体现你中有我、我中有你的人类命运共同体精神。率先建立"一带一路"公共卫生全球行动协调机制，使各国在面对公共卫生危机时共同采取更为及时、有效的措施和行动。

（2）统筹产能合作与服务贸易，形成"一带一路"产业链与供应链新布局。开展国际产能合作，要更加注重推动工程承包、研发设计、相关咨询、第三方认证、金融、保险、物流、采购等服务业企业"走出去"，以服务贸易合作提升产能合作水平，带动关联产业的上、下游国际市场需求。例如，通过技术服务贸易，促进制造业同信息技术密集型服务业高度融合，以服务型制造为核心的新业态参与全球产业链的结构再调整和价值链重构，把生产要素的国内合理配置提升到全球范围配置，促进形成制造业的全球布局，提升我国制造业的国际竞争力。

（3）构建多种形式双边区域自贸网络。充分考虑"一带一路"

沿线国家和地区发展水平、发展需求、制度差异、承受能力。本着先易后难、循序渐进的原则,实行服务业项下、基础设施项下、制造业项下的自由贸易政策,探索建立多种形式的经济合作圈,重点深化公共卫生、数字经济、绿色发展、科技教育合作,促进人文交流。

四 以制度型开放推动构建高水平市场经济体制

"十四五"规划纲要提出,"全面深化改革,构建高水平社会主义市场经济体制"。作为14亿人口的大国,保持战略定力,办好自己的事,要把握开放与改革高度融合的时代特征,以构建新发展格局为基本要求,走出一条以高水平开放促进深层次市场化改革的新路子。

11. 高水平开放与高水平市场经济体制直接融合。

高水平开放依赖于高水平的市场经济,高水平市场经济的重要特征是开放竞争程度高。从高水平开放的实践看,无论是达成中欧投资协定,还是加入CPTPP,都对建设高水平市场经济体制提出新的要求。未来几年,我国实现高水平开放新突破重在加强制度性、结构性安排。所谓"制度性",其重点是开放市场、公平竞争,建立与国际基本经贸规则相衔接的开放型经济体系。所谓"结构性",重点是扩大对外开放的领域和范围,即从一般制造业领域的开放扩大到以金融等为重点的服务业领域开放。这就需要加快推动以货物贸易为主向以服务贸易为重点的开放转型进程,需要加快推动由商品和要素流动型开放向规则等制度型开放转型进程。

12. 以制度型开放促进制度性变革。

开放是最大的改革,制度性变革依赖于制度型开放。推进规则、规制、标准、管理等制度型开放,是形成以服务贸易为重点高水平开放新格局的基本需求,并成为服务业领域制度性变革的重大任务。"十四五"建设更高水平开放型经济新体制,需要在服务业领域的制度型开放和制度性变革上实现重大突破。一方面,要推进服务贸易领域规则、规制、管理、标准等更大程度与国际接轨。例如,率先在医疗健康、教育等社会需求较大的服务业领域引入国际先进管理标准;另一方面,要实质性推动服务业领域市场对内对外开放进程,尽快打破服务业领域的各类市场垄断与行政垄断。由此,既为释放民营企业的强大活力创造市场条件,又为外资企业发展拓展更大投资空间。

13. 以制度型开放与制度性变革全面激发市场活力。

(1) 推进服务业开放和服务贸易发展。适应经济全球化大趋势与国内经济转型升级的需求,协同推进强大国内市场和贸易强国建设,关键是加快补齐服务贸易发展的突出短板。"十四五"要同步推进生活性服务业和生产性服务业领域的服务贸易开放进程,争取到2025年服务贸易额占外贸总额的比重由目前的14.6%提高至20%以上;适应创新型国家建设进程,要实现知识密集型服务贸易占服务贸易比重的明显提升;要明显提升旅游、文化、健康、教育等生活性服务贸易以及研发、设计、金融等生产性服务贸易的国际竞争力。

(2) 深化以要素市场化改革为重点的深层次市场化改革。高水平开放有赖于高标准市场体系。建设高水平市场经济体制,核心在于深化要素市场化改革,充分发挥市场在资源配置中的决定性作用。例如,深化土地要素市场化改革,建立城乡统一的土地要素市场;着眼于释放人力资本活力,尤其是科研人员的活力,加快改革人才管理体制,建立以人为中心的科技创新激励机制,释放巨大的创新潜能;保护企业家产权,激发企业家潜能,充分发挥企业家在资源优化配置中的重要作用;打造市场化、法治化、国际化营商环境,在竞争中性、市场透明、知识产权、环保标准等方面加大制度安排，切实减少不必要的行政干预。

（3）强化竞争政策的基础性地位。

——明确产业政策应以不妨碍公平竞争为基本原则，改变以往以倾斜性的行政力量对市场资源的直接配置，大幅减少现有中央各部门、地方产业补贴与扶持项目，使市场在资源配置中真正发挥决定性作用。

——要强化对新出台产业政策进行公平竞争审查，建立投诉举报、第三方评估等机制，坚决防止和纠正排除或限制竞争行为，不得保护落后产业。

——突出产业政策的战略引导功能，制定适用产业扶持政策的负面清单，将产业政策严格限定在具有重大外溢效应或关键核心技术领域，并尽量通过政府购买、鼓励直接融资等市场方式支持其发展。

五 以高水平开放应对百年未有之大变局

面对百年未有之大变局，中国以高水平开放推动形成改革发展新布局，不仅对自身中长期发展有着重大影响，而且将给世界经济增长和经济全球化进程带来重大利好。

14. 在高水平开放中构建国内国际双循环新发展格局。

以国内大循环为主体，绝不是自我封闭、自给自足，而是要坚持开放合作的双循环。一方面，我国已经成为世界第二大经济体、第一大工业国，并有望成为全球第一大消费市场，具备构建双循环新发展格局的现实基础。另一方面，我国进入新发展阶段，需求结构和生产函数发生重大变化，生产体系内部循环不畅和供求脱节现象显现，"卡脖子"问题突出，结构转换复杂性上升。未来几年，加快构建双循环新发展格局，需要在高水平开放中强化开放合作，更加紧密地与世界经济联系互动。

15. 赢得更高层次国际合作竞争与全球治理的主动。

(1) 应对贸易单边主义与保护主义。近年来，单边主义与贸易保护主义抬头，并威胁全球自由贸易进程。2019年，全球货物贸易量同比下降0.1%，出现10年来的首次下降。[①] 2020年，在新冠肺炎疫情的冲击下，贸易保护主义与单边主义势头进一步上升。面对单边主义、贸易保护主义挑战，面对新冠肺炎疫情的严重冲击，我国坚持改革开放不动摇，继续推出扩大开放的重大举措，对维护经济全球化大局、维护多边贸易体制、推进世界经济增长都将产生重大影响。

(2) 以服务贸易和数字贸易为重点积极参与全球经贸规则制定。随着服务贸易与数字贸易的快速增长，其逐渐成为全球经贸规则重构的焦点。从推进全球自由贸易进程出发，积极参与和引领建设开放、包容、共享、均衡的区域性和全球性服务贸易协定，带动新兴经济体和发展中国家平等参与区域和全球服务贸易体系建设，提出符合发展中国家实际的服务贸易与数字贸易规则，释放全球服务贸易需求潜力。同时，积极参与构建开放包容的数字贸易规则，与其他数字贸易大国形成数字贸易项下的自由贸易政策安排。

(3) 以推进WTO改革为重点积极参与全球经济治理。在坚持最惠国待遇、国民待遇、关税约束、透明度、特殊与差别待遇等世贸组织的基本原则和核心价值基础上，抓住争端解决机制这一关键，推进世界贸易组织上诉机制、贸易争端解决机制等方面的改革。同时，发挥G20在完善多边贸易体制与全球经济治理中的重要作用。

(4) 在广泛协商、凝聚共识基础上改革和完善全球治理体系。

---

① 《去年全球贸易量出现十年来首次下降，新冠疫情正雪上加霜》，2020年2月26日，界面新闻。

经济全球化遭遇逆流的重要原因之一在于经济全球化的发展红利并未被公平共享。经济全球化需要转向更加包容的新模式。从全球经济可持续增长的目标出发，构建包容性全球化的制度保障，坚持把共商共建共享贯彻到全球化和区域化制度安排中，使更多的国家、地区和群体能够参与到经济全球化进程中并公平分享红利，推动经济全球化朝着更加开放、包容、普惠、平衡、共赢的方向发展。

16. 赢得与世界共同发展、融合发展的未来。

推进合作共赢、合作共担、合作共治的共同开放，建设开放型世界经济，是各国的共同责任。经济全球化的大势没有改变，各国走向开放、走向合作的大势没有改变。中国坚持高水平开放，主动推进双边多边自由贸易进程。例如，积极推动尽快签署区域全面经济伙伴关系协定（RCEP），尽快完成中欧投资协定谈判，加快推进中日韩自贸协定谈判进程等。中国坚定不移全面扩大开放，坚定不移推进全球自由贸易进程，坚定不移地参与全球经济治理变革，将为国际社会注入更多正能量。